10ª EDIÇÃO 2022

COMO PASSAR

EDUARDO DOMPIERI

OAB
SEGUNDA FASE

PRÁTICA PENAL

- PEÇAS PRÁTICAS
- QUESTÕES DISCURSIVAS
- Exercícios práticos OAB/EXAME UNIFICADO resolvidos pela OAB
- Peças prático-profissionais OAB/EXAME UNIFICADO resolvidos
- Modelos de peças práticas

WANDER GARCIA
COORDENADOR DA COLEÇÃO

ANA PAULA DOMPIERI
COCOORDENADORA DA COLEÇÃO

ATUALIZADO CONFORME LEIS:
- 14.155/2021
- 14.188/2021
- 14.197/2021

2022 © Editora Foco

Coordenador: Wander Garcia
Cocoordenadora: Ana Paula Garcia
Autor: Eduardo Dompieri
Diretor Acadêmico: Leonardo Pereira
Editor: Roberta Densa
Revisora Sênior: Georgia Renata Dias
Assistente Editorial: Paula Norishita
Capa Criação: Leonardo Hermano
Projeto gráfico: R2 Editorial
Diagramação: Ladislau Lima
Impressão e acabamento: Plena Print

Dados Internacionais de Catalogação na Publicação (CIP) de acordo com ISBD

D673c   Dompieri, Eduardo

Como passar na OAB 2ª fase: prática penal / Eduardo Dompieri ; coordenado por Wander Garcia, Ana Paula Garcia. - 10. ed. - Indaiatuba, SP : Editora Foco, 2022.

376 p. ; 17cm x 24cm. – (Como Passar)

Inclui bibliografia e índice.

ISBN: 978-65-5515-467-2

1. Direito. 2. Ordem dos Advogados do Brasil - OAB. 3. Exame de Ordem. 4. Direito Penal. I. Garcia, Wander. II. Garcia, Ana Paula. III. Título. IV. Série.

2022-370   CDD 340   CDU 34

Elaborado por Odilio Hilario Moreira Junior - CRB-8/9949

Índices para Catálogo Sistemático:

1. Direito 340   2. Direito 34

DIREITOS AUTORAIS: É proibida a reprodução parcial ou total desta publicação, por qualquer forma ou meio, sem a prévia autorização da Editora Foco, com exceção do teor das questões de concursos públicos que, por serem atos oficiais, não são protegidas como Direitos Autorais, na forma do Artigo 8º, IV, da Lei 9.610/1998. Referida vedação se estende às características gráficas da obra e sua editoração. A punição para a violação dos Direitos Autorais é crime previsto no Artigo 184 do Código Penal e as sanções civis às violações dos Direitos Autorais estão previstas nos Artigos 101 a 110 da Lei 9.610/1998.

NOTAS DA EDITORA:

Atualizações do Conteúdo: A presente obra é vendida como está, atualizada até a data do seu fechamento, informação que consta na página II do livro. Havendo a publicação de legislação de suma relevância, a editora, de forma discricionária, se empenhará em disponibilizar atualização futura. Os comentários das questões são de responsabilidade dos autores.

Bônus ou *Capítulo On-line*: Excepcionalmente, algumas obras da editora trazem conteúdo extra no *on-line*, que é parte integrante do livro, cujo acesso será disponibilizado durante a vigência da edição da obra.

Erratas: A Editora se compromete a disponibilizar no site www.editorafoco.com.br, na seção Atualizações, eventuais erratas por razões de erros técnicos ou de conteúdo. Solicitamos, outrossim, que o leitor faça a gentileza de colaborar com a perfeição da obra, comunicando eventual erro encontrado por meio de mensagem para contato@editorafoco.com.br. O acesso será disponibilizado durante a vigência da edição da obra.

Impresso no Brasil (02.2022)   Data de Fechamento (02.2022)

2022

Todos os direitos reservados à
Editora Foco Jurídico Ltda.
Avenida Itororó, 348 – Sala 05 – Cidade Nova
CEP 13334-050 – Indaiatuba – SP

E-mail: contato@editorafoco.com.br
www.editorafoco.com.br

SUMÁRIO

ORIENTAÇÕES AO EXAMINANDO 1

1. **PROVIMENTOS CFOAB 144/2011, 156/2013 E 174/2016: O NOVO EXAME DE ORDEM** 1
2. **PONTOS A SEREM DESTACADOS NO EDITAL DO EXAME** 5
    2.1. Materiais/procedimentos permitidos e proibidos 5
    2.2. Legislação nova e legislação revogada 6
    2.3. Critérios de correção 6
3. **DICAS DE COMO ESTUDAR** 8
    3.1. Tenha calma 8
    3.2. Tenha em mãos todos os instrumentos de estudo e treinamento 8
    3.3. 1º Passo – Leitura dos enunciados das provas anteriores 9
    3.4. 2º Passo – Reconhecimento das leis 9
    3.5. 3º Passo – Estudo holístico dos exercícios práticos (questões discursivas) 9
    3.6. 4º Passo – Estudo holístico das peças práticas (peças prático-profissionais) 10
    3.7. 5º Passo – Verificar o que faltou 11
    3.8. Dicas finais para resolver os problemas 11
    3.9. Dicas finais para o dia da prova 11

EXERCÍCIOS PRÁTICOS 13

1. **DIREITO PENAL** 13
    1.1. Fontes, princípios e aplicação da lei penal 13
    1.2. Teoria do crime 20
    1.3. Penas, concurso de crimes e ação penal 44
    1.4. Extinção da punibilidade 55
    1.5. Crimes contra a pessoa 64
    1.6. Crimes contra o patrimônio 76
    1.7. Crimes contra a dignidade sexual 98
    1.8. Crimes contra a fé pública 106
    1.9. Crimes contra a Administração Pública 107
    1.10. Crimes relativos a drogas 115
    1.11. Outros crimes do Código Penal e legislação extravagante 127
2. **DIREITO PROCESSUAL PENAL** 139
    2.1. Inquérito policial e outras formas de investigação criminal 139
    2.2. Ação penal e ação civil 143

2.3. Jurisdição e competência; conexão e continência 147
2.4. Questões e processos incidentes 157
2.5. Prova 158
2.6. Prisão, medidas cautelares e liberdade provisória 171
2.7. Processo e procedimentos; sentença, preclusão e coisa julgada 184
2.8. Processo dos crimes de competência do júri 193
2.9. Recursos e ações autônomas de impugnação 200
2.10. Revisão criminal 209
2.11. Execução penal 212
2.12. Legislação extravagante 227

PEÇAS PRÁTICO-PROFISSIONAIS 237

Resolução da peça prático-profissional – modelo de *HABEAS CORPUS* 238
Resolução da peça prático-profissional – modelo de RELAXAMENTO DE PRISÃO EM FLAGRANTE 240
Resolução da peça prático-profissional – modelo de APELAÇÃO 242
Razões de apelação 243
Resolução da peça prático-profissional – modelo de MEMORIAIS 246
Resolução da peça prático-profissional – modelo de MEMORIAIS 249
Resolução da peça prático-profissional – modelo de APELAÇÃO 252
Resolução da peça prático-profissional – modelo de DEFESA PRÉVIA 255
Resolução da peça prático-profissional – modelo de RECURSO EM SENTIDO ESTRITO 258
Recurso em Sentido Estrito – petição de interposição 258
Razões de Recurso em Sentido Estrito 258
Resolução da peça prático-profissional – modelo de MEMORIAIS 261
Resolução da Peça Prático-Profissional – modelo de QUEIXA-CRIME 264
Resolução da peça prático-profissional – modelo de MEMORIAIS 267
Resolução da peça prático-profissional – modelo de DEFESA PRÉVIA 271
Resolução da peça prático-profissional – modelo de RECURSO EM SENTIDO ESTRITO 277
Recurso em Sentido Estrito – petição de interposição 277
Razões de Recurso em Sentido Estrito 278
Resolução da peça prático-profissional – modelo de APELAÇÃO 281
Razões de apelação 282
Resolução da peça prático-profissional – modelo de APELAÇÃO 285
Razões de apelação 286
Resolução da peça prático-profissional – modelo de RELAXAMENTO DE PRISÃO EM FLAGRANTE 291

ORIENTAÇÕES AO EXAMINANDO

1. Provimentos CFOAB 144/2011, 156/2013 e 174/2016: o Novo Exame de Ordem

O Conselho Federal da Ordem dos Advogados do Brasil (OAB) publicou em novembro de 2013 o Provimento 156/2013, que alterou o Provimento 144/2011, estabelecendo as normas e diretrizes do Exame de Ordem. Confira o texto integral do provimento, com as alterações promovidas pelos provimentos 167/2015, 172/2016 e 174/2016:

O CONSELHO FEDERAL DA ORDEM DOS ADVOGADOS DO BRASIL, no uso das atribuições que lhe são conferidas pelos arts. 8º, § 1º, e 54, V, da Lei n. 8.906, de 4 de julho de 1994 – Estatuto da Advocacia e da OAB, tendo em vista o decidido nos autos da Proposição n. 2011.19.02371-02,

RESOLVE:

CAPÍTULO I

DO EXAME DE ORDEM

Art. 1º O Exame de Ordem é preparado e realizado pelo Conselho Federal da Ordem dos Advogados do Brasil – CFOAB, mediante delegação dos Conselhos Seccionais.

§ 1º A preparação e a realização do Exame de Ordem poderão ser total ou parcialmente terceirizadas, ficando a cargo do CFOAB sua coordenação e fiscalização.

§ 2º Serão realizados 03 (três) Exames de Ordem por ano.

CAPÍTULO II

DA COORDENAÇÃO NACIONAL DE EXAME DE ORDEM

Art. 2º É criada a Coordenação Nacional de Exame de Ordem, competindo-lhe organizar o Exame de Ordem, elaborar-lhe o edital e zelar por sua boa aplicação, acompanhando e supervisionando todas as etapas de sua preparação e realização. (NR. Ver Provimento n. 156/2013)

Art. 2º-A. A Coordenação Nacional de Exame de Ordem será designada pela Diretoria do Conselho Federal e será composta por: (NR. Ver Provimento n. 150/2013)

I – 03 (três) Conselheiros Federais da OAB;

II – 03 (três) Presidentes de Conselhos Seccionais da OAB;

III – 01 (um) membro da Escola Nacional da Advocacia;

IV – 01 (um) membro da Comissão Nacional de Exame de Ordem;

V – 01 (um) membro da Comissão Nacional de Educação Jurídica;

VI – 02 (dois) Presidentes de Comissão de Estágio e Exame de Ordem de Conselhos Seccionais da OAB.

Parágrafo único. A Coordenação Nacional de Exame de Ordem contará com ao menos 02 (dois) membros por região do País e será presidida por um dos seus membros, por designação da Diretoria do Conselho Federal. (NR. Ver Provimento n. 150/2013)

CAPÍTULO III
DA COMISSÃO NACIONAL DE EXAME DE ORDEM, DA COMISSÃO NACIONAL DE EDUCAÇÃO JURÍDICA, DO COLÉGIO DE PRESIDENTES DE COMISSÕES DE ESTÁGIO E EXAME DE ORDEM E DAS COMISSÕES DE ESTÁGIO E EXAME DE ORDEM

Art. 3º À Comissão Nacional de Exame de Ordem e à Comissão Nacional de Educação Jurídica compete atuar como órgãos consultivos e de assessoramento da Diretoria do CFOAB.

Art. 4º Ao Colégio de Presidentes de Comissões de Estágio e Exame de Ordem compete atuar como órgão consultivo e de assessoramento da Coordenação Nacional de Exame de Ordem.

Art. 5º Às Comissões de Estágio e Exame de Ordem dos Conselhos Seccionais compete fiscalizar a aplicação da prova e verificar o preenchimento dos requisitos exigidos dos examinandos quando dos pedidos de inscrição, assim como difundir as diretrizes e defender a necessidade do Exame de Ordem.

CAPÍTULO IV
DOS EXAMINANDOS

Art. 6º A aprovação no Exame de Ordem é requisito necessário para a inscrição nos quadros da OAB como advogado, nos termos do art. 8º, IV, da Lei n.º 8.906/1994.

§ 1º Ficam dispensados do Exame de Ordem os postulantes oriundos da Magistratura e do Ministério Público e os bacharéis alcançados pelo art. 7º da Resolução n. 02/1994, da Diretoria do CFOAB. (NR. Ver Provimento n. 167/2015)

§ 2º Ficam dispensados do Exame de Ordem, igualmente, os advogados públicos aprovados em concurso público de provas e títulos realizado com a efetiva participação da OAB até a data da publicação do Provimento n. 174/2016-CFOAB. (NR. Ver Provimento n. 174/2016)

§ 3º Os advogados enquadrados no § 2º do presente artigo terão o prazo de 06 (seis) meses, contados a partir da data da publicação do Provimento n. 174/2016-CFOAB, para regularização de suas inscrições perante a Ordem dos Advogados do Brasil. (NR. Ver Provimento n. 174/2016)

ORIENTAÇÕES AO EXAMINANDO – OAB 2ª FASE

Art. 7º O Exame de Ordem é prestado por bacharel em Direito, ainda que pendente sua colação de grau, formado em instituição regularmente credenciada.

§ 1º É facultado ao bacharel em Direito que detenha cargo ou exerça função incompatível com a advocacia prestar o Exame de Ordem, ainda que vedada a sua inscrição na OAB.

§ 2º Poderá prestar o Exame de Ordem o portador de diploma estrangeiro que tenha sido revalidado na forma prevista no art. 48, § 2º, da Lei n. 9.394, de 20 de dezembro de 1996.

§ 3º Poderão prestar o Exame de Ordem os estudantes de Direito dos últimos dois semestres ou do último ano do curso. (NR. Ver Provimento n. 156/2013)

CAPÍTULO V
DA BANCA EXAMINADORA E DA BANCA RECURSAL

Art. 8º A Banca Examinadora da OAB será designada pelo Coordenador Nacional do Exame de Ordem. (NR. Ver Provimento n. 156/2013)

Parágrafo único. Compete à Banca Examinadora elaborar o Exame de Ordem ou atuar em conjunto com a pessoa jurídica contratada para a preparação, realização e correção das provas, bem como homologar os respectivos gabaritos. (NR. Ver Provimento n. 156/2013)

Art. 9º À Banca Recursal da OAB, designada pelo Coordenador Nacional do Exame de Ordem, compete decidir a respeito de recursos acerca de nulidade de questões, impugnação de gabaritos e pedidos de revisão de notas, em decisões de caráter irrecorrível, na forma do disposto em edital. (NR. Ver Provimento n. 156/2013)

§ 1º É vedada, no mesmo certame, a participação de membro da Banca Examinadora na Banca Recursal.

§ 2º Aos Conselhos Seccionais da OAB são vedadas a correção e a revisão das provas.

§ 3º Apenas o interessado inscrito no certame ou seu advogado regularmente constituído poderá apresentar impugnações e recursos sobre o Exame de Ordem.(NR. Ver Provimento n. 156/2013)

Art. 10. Serão publicados os nomes e nomes sociais daqueles que integram as Bancas Examinadora e Recursal designadas, bem como os dos coordenadores da pessoa jurídica contratada, mediante forma de divulgação definida pela Coordenação Nacional do Exame de Ordem. (NR. Ver Provimento n. 172/2016)

§ 1º A publicação dos nomes referidos neste artigo ocorrerá até 05 (cinco) dias antes da efetiva aplicação das provas da primeira e da segunda fases. (NR. Ver Provimento n. 156/2013)

§ 2º É vedada a participação de professores de cursos preparatórios para Exame de Ordem, bem como de parentes de examinandos, até o quarto grau, na Coordenação Nacional, na Banca Examinadora e na Banca Recursal. (NR. Ver Provimento n. 156/2013)

CAPÍTULO VI
DAS PROVAS

Art. 11. O Exame de Ordem, conforme estabelecido no edital do certame, será composto de 02 (duas) provas:

I – prova objetiva, sem consulta, de caráter eliminatório;

II – prova prático-profissional, permitida, exclusivamente, a consulta a legislação, súmulas, enunciados, orientações jurisprudenciais e precedentes normativos sem qualquer anotação ou comentário, na área de opção do examinando, composta de 02 (duas) partes distintas:

a) redação de peça profissional;

b) questões práticas, sob a forma de situações-problema.

§ 1º A prova objetiva conterá no máximo 80 (oitenta) questões de múltipla escolha, sendo exigido o mínimo de 50% (cinquenta por cento) de acertos para habilitação à prova prático-profissional, vedado o aproveitamento do resultado nos exames seguintes.

§ 2º Será considerado aprovado o examinando que obtiver, na prova prático-profissional, nota igual ou superior a 06 (seis) inteiros, vedado o arredondamento.

§ 3º Ao examinando que não lograr aprovação na prova prático-profissional será facultado computar o resultado obtido na prova objetiva apenas quando se submeter ao Exame de Ordem imediatamente subsequente. O valor da taxa devida, em tal hipótese, será definido em edital, atendendo a essa peculiaridade. (NR. Ver Provimento n. 156/2013)

§ 4º O conteúdo das provas do Exame de Ordem contemplará as disciplinas do Eixo de Formação Profissional, de Direitos Humanos, do Estatuto da Advocacia e da OAB e seu Regulamento Geral e do Código de Ética e Disciplina, podendo contemplar disciplinas do Eixo de Formação Fundamental. (NR. Ver Provimento n. 156/2013)

§ 5º A prova objetiva conterá, no mínimo, 15% (quinze por cento) de questões versando sobre Estatuto da Advocacia e seu Regulamento Geral, Código de Ética e Disciplina, Filosofia do Direito e Direitos Humanos. (NR. Ver Provimento n. 156/2013)

CAPÍTULO VII
DAS DISPOSIÇÕES FINAIS

Art. 12. O examinando prestará o Exame de Ordem no Conselho Seccional da OAB da unidade federativa na qual concluiu o curso de graduação em Direito ou na sede do seu domicílio eleitoral.

Parágrafo único. Uma vez acolhido requerimento fundamentado, dirigido à Comissão de Estágio e Exame de Ordem do Conselho Seccional de origem, o examinando poderá realizar as provas em localidade distinta daquela estabelecida no caput.

Art. 13. A aprovação no Exame de Ordem será declarada pelo CFOAB, cabendo aos Conselhos Seccionais a expedição dos respectivos certificados.

§ 1º O certificado de aprovação possui eficácia por tempo indeterminado e validade em todo o território nacional.

§ 2º O examinando aprovado somente poderá receber seu certificado de aprovação no Conselho Seccional onde prestou o Exame de Ordem, pessoalmente ou por procuração.

§ 3º É vedada a divulgação de nomes e notas de examinados não aprovados.

Art. 14. Fica revogado o Provimento n. 136, de 19 de outubro de 2009, do Conselho Federal da Ordem dos Advogados do Brasil.

ORIENTAÇÕES AO EXAMINANDO – OAB 2ª FASE

Art. 15. Este Provimento entra em vigor na data de sua publicação, revogadas as disposições em contrário.

Ophir Cavalcante Junior, Presidente
Marcus Vinicius Furtado Coêlho, Conselheiro Federal – Relator

2. Pontos a serem destacados no edital do exame

2.1. Materiais/procedimentos permitidos e proibidos

O Edital do Exame Unificado da OAB vem adotando as seguintes regras em relação aos materiais:

Materiais/Procedimentos permitidos

- Legislação não comentada, não anotada e não comparada.
- Códigos, inclusive os organizados que não possuam índices temáticos estruturando roteiros de peças processuais, remissão doutrinária, jurisprudência, informativos dos tribunais ou quaisquer comentários, anotações ou comparações.
- Leis de Introdução dos Códigos.
- Instruções Normativas.
- Índice remissivo.
- Exposição de Motivos.
- Súmulas.
- Enunciados.
- Orientações Jurisprudenciais.
- Regimento Interno.
- Resoluções dos Tribunais.
- Simples utilização de marca-texto, traço ou simples remissão a artigos ou a lei.
- Separação de códigos por clipes e/ou por cores, providenciada pelo próprio examinando, sem nenhum tipo de anotação manuscrita ou impressa nos recursos utilizados para fazer a separação.
- Utilização de separadores de códigos fabricados por editoras ou outras instituições ligadas ao mercado gráfico, desde que com impressão que contenha simples remissão a ramos do Direito ou a leis.

Observação: As remissões a artigo ou lei são permitidas apenas para referenciar assuntos isolados. Quando for verificado pelo fiscal advogado que o examinando se utilizou de tal expediente com o intuito de burlar as regras de consulta previstas neste edital, articulando a estrutura de uma peça jurídica, o material será recolhido, sem prejuízo das demais sanções cabíveis ao examinando.

Materiais/Procedimentos **proibidos**

- Códigos comentados, anotados, comparados ou com organização de índices temáticos estruturando roteiros de peças processuais.
- Jurisprudências.

- Anotações pessoais ou transcrições.
- Cópias reprográficas (xerox).
- Impressos da internet.
- Informativos de Tribunais.
- Livros de Doutrina, revistas, apostilas, calendários e anotações.
- Dicionários ou qualquer outro material de consulta.
- Legislação comentada, anotada ou comparada.
- Súmulas, Enunciados e Orientações Jurisprudenciais comentadas, anotadas ou comparadas.

Os examinandos deverão comparecer no dia de realização da prova prático-profissional já com os textos de consulta com as partes não permitidas devidamente isoladas por grampo ou fita adesiva de modo a impedir sua utilização, sob pena de não poder consultá-los.

O examinando que descumprir as regras quanto à utilização de material proibido terá suas provas anuladas e será automaticamente eliminado do Exame.

Por fim, é importante que o examinando leia sempre o edital publicado, pois tais regras podem sofrer algumas alterações a cada exame.

2.2. Legislação nova e legislação revogada

Segundo o edital do exame, "legislação com entrada em vigor após a data de publicação deste edital, bem como alterações em dispositivos legais e normativos a ele posteriores não serão objeto de avaliação nas provas do Exame de Ordem".

Repare que há dois marcos: a) data da entrada em vigor da lei (não é a data da publicação da lei, mas a data em que esta entra em vigor); b) data da publicação do edital.

Portanto, atente para esse fato quando for estudar.

2.3. Critérios de correção

Quando você estiver redigindo qualquer questão, seja um exercício prático (questão discursiva), seja uma peça prático-profissional (peça), lembre-se de que serão levados em conta, para os dois casos, os seguintes critérios previstos no Edital:

a) adequação das respostas ao problema apresentado;
   - peça inadequada (inepta, procedimento errado): nota zero;
   - resposta incoerente ou ausência de texto: nota zero;
     Obs.: A indicação correta da peça prática é verificada no nomem iuris da peça concomitantemente com o correto e completo fundamento legal usado para justificar tecnicamente a escolha feita.

b) vedação de identificação do candidato;
   - o caderno de textos definitivos não poderá ser assinado, rubricado ou conter qualquer palavra ou marca que o identifique em outro local que não o apropriado (capa do caderno), sob pena de ser anulado;

c) a prova deve ser manuscrita, em letra legível, com caneta esferográfica de tinta azul ou preta;

ORIENTAÇÕES AO EXAMINANDO – OAB 2ª FASE

- letra ilegível: nota zero;

d) respeito à extensão máxima;

- 150 linhas na peça processual / 30 linhas em cada questão;
- fragmento de texto fora do limite: será desconsiderado;

e) respeito à ordem de transcrição das respostas;

f) caso a prova exija assinatura, deve-se usar:

ADVOGADO...

- Penas para o desrespeito aos itens "e" e "f": nota zero;

g) nas peças/questões, o examinando deve incluir todos os dados necessários, sem identificação e com o nome do dado seguido de reticências:

- Ex: Município..., Data..., OAB...;
- Omissão de dados: descontos na pontuação;

Por outro lado, apesar de não previstos textualmente no edital, temos percebido que a examinadora vem adotando, também, os seguintes critérios:

a) objetividade;

- as respostas devem ser claras, com frases e parágrafos curtos, e sempre na ordem direta;

b) organização;

- as respostas devem ter começo, meio e fim; um tema por parágrafo; e divisão em tópicos (na peça processual);

c) coesão textual;

- um parágrafo deve ter ligação com o outro; assim, há de se usar os conectivos (dessa forma, entretanto, assim, todavia...);

    Obs.: porém, quanto às questões da prova prático-profissional que estiverem subdivididas em itens, cada item deverá ser respondido separadamente.

d) correção gramatical;

- troque palavras que você não conheça, por palavras que você conheça;
- leia o texto que você escreveu;

e) quantidade de fundamentos;

- Cite a premissa maior (lei), a premissa menor (fato concreto) e chegue a uma conclusão (subsunção do caso à norma e sua aplicação);
- Traga o maior número de fundamentos pertinentes; há questões que valem 1,25 pontos, sendo 0,25 para cada fundamento trazido; o examinando que fundamenta sua resposta num ponto só acaba por tirar nota 0,25 numa questão desse tipo;
- Tempestade de ideias; criatividade; qualidade + quantidade;

f) indicação do nome do instituto jurídico aplicável e/ou do princípio aplicável;

g) indicação do dispositivo legal aplicável;

- Ex.: para cada fundamento usado pelo examinando, é NECESSÁRIO citar o dispositivo legal em que se encontra esse fundamento, sob pena de perder até 0,5 ponto, a depender do caso;

h) indicação do entendimento doutrinário aplicável;

i) indicação do entendimento jurisprudencial aplicável;

j) indicação das técnicas interpretativas;

– Ex.: interpretação sistemática, teleológica etc.

3. Dicas de como estudar

3.1. Tenha calma

Em primeiro lugar, é preciso ter bastante calma. Quem está para fazer a 2ª fase do Exame de Ordem já está, literalmente, com meio caminho andado.

A diferença é que, agora, você não terá mais que saber uma série de informações sobre as mais de quinze principais disciplinas do Direito cobradas na 1ª fase. Agora você fará uma prova delimitada, na qual aparecem questões sobre um universo muito menor que o da 1ª fase.

Além disso, há a possibilidade de consultar a legislação no momento da prova. Ah, mas antes era possível consultar qualquer livro, você diria. Pois é. Mas isso deixava muitos examinandos perdidos. Primeiro porque não sabiam o que comprar, o que levar e isso gerava estresse, além de um estrago orçamentário. Segundo porque, na hora da prova, eram tantos livros, tantas informações, que não se sabia o que fazer, por onde atacar, o que levava a uma enorme perda de tempo, comprometendo o bom desempenho no exame. E mais, o examinando deixava de fazer o mais importante, que é conhecer e usar a lei. Vi muitas provas em que o examinando só fazia citações doutrinárias, provas essas que, se tivessem feito menção às palavras-chave (aos institutos jurídicos pertinentes) e aos dispositivos legais mencionados no Padrão de Resposta da examinadora, fariam com que o examinando fosse aprovado. Mas a preocupação em arrumar a melhor citação era tão grande que se deixava de lado o mais importante, que é a lei e os consequentes fundamentos jurídicos.

Então, fica a lembrança de que você fará um exame com temas delimitados e com a possibilidade, ainda, de contar com o apoio da lei na formulação de suas respostas, e esses são fatores muito positivos, que devem te dar tranquilidade. Aliás, você já é uma pessoa de valor, um vencedor, pois não anda fácil ser aprovado na 1ª, e você conseguiu isso.

3.2. Tenha em mãos todos os instrumentos de estudo e treinamento

Uma vez acalmado o ânimo, é hora de separar os materiais de estudo e de treinamento.

Você vai precisar dos seguintes materiais:

a) todos os exercícios práticos de provas anteriores do Exame Unificado da OAB (**contidos neste livro**);

b) todas as peças práticas de provas anteriores do Exame Unificado da OAB (**contidas neste livro**);

c) resolução teórica e prática de todos os exercícios e peças mencionadas (**contida neste livro**);

d) explicação teórica e modelo das principais peças processuais (**contidos neste livro**);

e) todas as súmulas de direito penal e processo penal;

f) doutrina de qualidade sobre direito penal e processual penal; nesse sentido recomendamos o livro "Super-Revisão OAB: Doutrina Completa", da Editora Foco (www.editorafoco.com.

br); você também pode usar outros livros de apoio, podendo ser um livro que você já tenha da sua área.

g) Vade Mecum de legislação + Informativos recentes com os principais julgamentos dos Tribunais Superiores (contidos no Vade Mecum de Legislação FOCO, que é o Vade Mecum com o melhor conteúdo selecionado impresso do mercado – confira em www.editorafoco.com.br).

3.3. 1º Passo – Leitura dos enunciados das provas anteriores

A primeira providência que deve tomar é ler todos os exercícios e todas as peças já cobradas pelo Exame Unificado da OAB. Nesse primeiro momento não leia as resoluções teóricas dessas questões.

Repito: leia apenas os **enunciados** dos exercícios e das peças práticas. A ideia é que você tenha um "choque de realidade", usando uma linguagem mais forte. Numa linguagem mais adequada, eu diria que você, ao ler os enunciados das questões da 2ª fase, ficará **ambientado com o tipo de prova** e também ficará com as **"antenas" ligadas sobre o tipo de estudo** que fará das peças, da jurisprudência e da doutrina.

3.4. 2º Passo – Reconhecimento das leis

Logo após a leitura dos enunciados das questões das provas anteriores, **separe** o livro de legislação que vai usar e todas as leis que serão necessárias para levar no exame e **faça um bom reconhecimento** desse material.

Quando chegar o dia da prova, você deverá estar bem íntimo desse material. A ideia, aqui, não é ler cada artigo da lei, mas, sim, conhecer as leis materiais e processuais pertinentes, atentando-se para seus capítulos e suas temáticas. Leia o sumário dos códigos. Leia o nome dos capítulos e seções das leis que não estão dentro de um código. Procure saber como é dividida cada lei. Coloque marcações nas principais leis. Dê uma olhada no índice remissivo dos códigos e procure se ambientar com ele.

Os dois primeiros passos devem durar, no máximo, um dia estudo.

3.5. 3º Passo – Estudo holístico dos exercícios práticos (questões discursivas)

Você deve ter reparado que as questões discursivas presentes neste livro estão classificadas por temas de direito material e de direito processual.

E você deve lembrar que é fundamental ter à sua disposição, além das questões que estão neste livro, a jurisprudência aplicável, um bom livro de doutrina e um *Vade Mecum* de legislação, como o indicado por nós.

Muito bem. Agora sua tarefa é fazer cada questão discursiva (não é a *peça prática*; trata-se do *exercício prático*), uma a uma.

Primeiro leia o enunciado da questão e tente fazê-lo sozinho, como se estivesse no dia da prova. Use apenas a legislação. E não se esqueça de utilizar os **índices**!!!

Antes de fazer cada questão, é muito importante coletar todas as informações que você tem sobre o tema e que conseguiu extrair da lei.

Num primeiro momento, seu trabalho vai ser de "tempestade de ideias". Anote no rascunho tudo que for útil para desenvolver a questão, tais como dispositivos legais, princípios, entendimentos doutrinários que conhecer, entendimentos jurisprudenciais, técnicas interpretativas que pode citar etc.

Depois da tempestade de ideias, agrupe os pontos que levantou, para que sejam tratados de forma ordenada, e crie um esqueleto de resposta. Não é para fazer um rascunho da resposta e depois copiá-lo. A ideia é que faça apenas um esqueleto, um esquema para que, quando estiver escrevendo a resposta, você o faça de modo bem organizado e não esqueça ponto algum.

Quando terminar de escrever uma resposta (e somente depois disso), leia a resolução da questão que está no livro e anote no papel onde escreveu sua resposta **o que faltou nela**. Anote os fundamentos que faltaram e também a eventual falta de organização de ideias e eventuais outras falhas que identificar. Nesse momento, tenha autocrítica. A ideia é você cometer cada vez menos erros a cada exercício. Depois de ler a resolução da questão presente neste livro, deverá buscar na legislação cada lei citada em nosso comentário. Leia os dispositivos citados por nós e aproveite também para conferir os dispositivos legais que têm conexão com o assunto.

Em seguida, pegue seu livro de doutrina de referência e leia o capítulo referente àquela temática.

Por fim, você deve ler todas as súmulas e precedentes jurisprudenciais referentes àquela temática.

Faça isso com todas as questões discursivas (*exercícios práticos*). E anote nos livros (neste livro e no livro de doutrina de referência) tudo o que você já tiver lido. Com essa providência você já estará se preparando tanto para os *exercícios práticos* como para a *peça prática, só* não estará estudando os modelos de peça.

Ao final desse terceiro passo seu *raciocínio jurídico* estará bastante apurado, com um bom *treinamento da escrita* e também com um bom conhecimento da *lei*, da *doutrina* e da *jurisprudência*.

3.6. 4º Passo – Estudo holístico das peças práticas (peças prático-profissionais)

Sua tarefa, agora, é resolver todas as peças práticas que já apareceram no Exame Unificado da OAB.

Primeiro leia o enunciado do problema que pede a realização da peça prática e tente fazê-la sozinho, como se estivesse fazendo a prova. Mais uma vez use apenas a legislação. Não se esqueça de fazer a "tempestade de ideias" e o esqueleto.

Terminado o exercício, você vai ler a resolução da questão e o modelo da peça trazido no livro e anotará no papel onde escreveu sua resposta o que faltou nela. Anote os fundamentos que faltaram, a eventual falta de organização de ideias, dentre outras falhas que perceber. Lembre-se da importância da autocrítica.

Agora você deve buscar na legislação cada lei citada no comentário trazido neste livro. Leia os dispositivos citados e aproveite, mais uma vez, para ler os dispositivos legais que têm conexão com o assunto.

Em seguida, leia a jurisprudência pertinente e o livro de doutrina de sua confiança, com o objetivo de rememorar os temas que apareceram naquela peça prática, tanto na parte de direito material, como na parte de direito processual.

Faça isso com todas as peças práticas. E continue anotando nos livros tudo o que já tiver lido.

Ao final desse terceiro passo você sairá com o *raciocínio jurídico* ainda mais apurado, com uma melhora substancial na *sua escrita* e também com ótimo conhecimento da *lei*, da *doutrina* e da *jurisprudência*.

3.7. 5° Passo – Verificar o que faltou

Sua tarefa, agora, é verificar o que faltou. Leia os temas doutrinários que ainda não foram lidos, por não terem relação alguma com as questões resolvidas neste livro. Confira também as súmulas e os informativos de jurisprudência que restaram. Se você fizer a marcação do que foi e do que não foi lido, não haverá problema em identificar o que está faltando. Faça a marcação com um lápis. Poder ser um "x" ao lado de cada precedente jurisprudencial lido e, quanto ao livro de doutrina, faça um "x" nos temas que estão no índice do livro. Nos temas mais importantes pode fazer um "x" e um círculo. Isso permitirá que você faça uma leitura dinâmica mais perto da prova, apenas para relembrar esses pontos.

Leia também as demais peças processuais que se encontram no livro e reserve o tempo restante para pesquisa de jurisprudência de anos anteriores e treinamento, muito treinamento. Para isso, reescreva as peças que já fez até chegar ao ponto em que sentir que pegou o jeito.

3.8. Dicas finais para resolver os problemas

Em resumo, recomendamos que você resolva as questões e as peças no dia da prova usando as seguintes técnicas:

a) leia o enunciado pelo menos duas vezes, a primeira para ter ideia do todo e a segunda para anotar os detalhes;

b) anote as informações, perguntas e solicitações feitas no enunciado da questão;

   – Ex.: qual é o vício? / fundamente / indique o dispositivo legal;

c) busque a resposta nas leis relacionadas;

d) promova uma tempestade de ideias e ANOTE TUDO o que for relacionado;

   – Ex.: leis, princípios, doutrina, jurisprudência, fundamentos, exemplos etc.;

e) agrupe as ideias e crie um esqueleto de resposta, respondendo às perguntas e solicitações feitas;

f) redija;

g) revise o texto, buscando erros gramaticais.

3.9. Dicas finais para o dia da prova

Por fim, lembre-se de que você está na reta final para a sua prova. Falta pouco. Avise aos familiares e amigos que neste último mês de preparação você estará um pouco mais ausente. Peça ajuda nesse sentido. E lembre-se também de que seu esforço será recompensado.

No dia da prova, tome os seguintes cuidados:

a) chegue com muita antecedência;

   – o Edital costuma determinar o comparecimento com antecedência mínima de 1 hora e 30 minutos do horário de início;

b) leve mais de uma caneta permitida;
- a caneta deve ser azul ou preta, fabricada em material transparente;
- não será permitido o uso de borracha e corretivo;

c) leve comprovante de inscrição + documento original de identidade, com foto;

d) leve água e chocolate;

e) se ficar nervoso: se você for religioso, faça uma oração antes de iniciar a prova; outra providência muito boa, havendo ou não religiosidade, é você fazer várias respirações profundas, de olhos fechados. Trata-se de uma técnica milenar para acalmar e concentrar. Além disso, antes de ir para a prova, escute suas músicas preferidas, pois isso acalma a dá um ânimo bom.

No mais, tenha bastante foco, disciplina, perseverança e fé!

Tenho certeza de que tudo dará certo.

Wander Garcia

Coordenador da Coleção

EXERCÍCIOS PRÁTICOS

1. DIREITO PENAL

1.1. Fontes, princípios e aplicação da lei penal

(OAB/Exame Unificado – 2017.2 – 2ª fase) No dia 29 de dezembro de 2011, Cláudio, 30 anos, profissional do ramo de informática, invadiu dispositivo informático alheio, mediante violação indevida de mecanismo de segurança, com o fim de obter informações pessoais de famoso ator da televisão brasileira, sem autorização do titular do dispositivo. Após longa investigação e representação da vítima, o fato e a autoria de Cláudio foram identificados no ano de 2014, vindo o autor a ser indiciado e, posteriormente, oferecida pelo Ministério Público proposta de transação penal em razão da prática do crime do Art. 154-A do Código Penal, dispositivo este incluído pela Lei nº 12.737/12. Cláudio aceitou a proposta de transação penal, mas, em julho de 2015, interrompeu o cumprimento das condições impostas.

Temeroso em razão de sua conduta, Cláudio procura seu advogado, informando que não justificou o descumprimento e, diante disso, o Ministério Público ofereceu denúncia por aquele delito, tendo o juiz competente recebido a inicial acusatória em agosto de 2015.

Considerando apenas as informações narradas, esclareça, na condição de advogado(a) prestando consultoria jurídica para Cláudio, os seguintes questionamentos.

A) De acordo com a jurisprudência do Supremo Tribunal Federal, é possível a revogação do benefício da transação penal pelo descumprimento das condições impostas, com posterior oferecimento de denúncia? Justifique. **(Valor: 0,65)**

B) Os fatos praticados por Cláudio, de fato, permitem sua responsabilização penal pelo crime do Art. 154-A do Código Penal? Justifique. **(Valor: 0,60)**

Obs.: *o(a) examinando(a) deve fundamentar suas respostas. A mera citação ou transcrição do dispositivo legal não confere pontuação.*

GABARITO COMENTADO – EXAMINADORA
A) Sim, de acordo com a jurisprudência do Supremo Tribunal Federal, é possível a revogação do benefício da transação penal, com posterior oferecimento de denúncia pelo Ministério Público, caso as condições impostas venham a ser descumpridas, nos termos do Enunciado 35

da Súmula Vinculante do STF. Durante muito tempo se controverteu sobre as consequências do descumprimento das condições impostas quando da transação penal, alguns defendendo que apenas seria cabível a execução das mesmas, pois, uma vez homologada, haveria imediata extinção da punibilidade, enquanto outros admitiam a revogação do benefício, que estaria condicionado ao cumprimento das imposições. O STF, diante da controvérsia, pacificou o entendimento, por meio de enunciado vinculante, entendendo que a decisão homologatória de transação penal, nos termos do Art. 76 da Lei nº 9.099/95, não faz coisa julgada material, de modo que, descumpridas suas cláusulas, a situação anterior deve ser retomada, inclusive possibilitando ao Ministério Público o oferecimento de denúncia.

B) Embora, literalmente, os fatos praticados por Cláudio se adequem à figura típica descrita no Art. 154-A do Código Penal, não é possível a responsabilização penal do autor pelo crime em questão, tendo em vista que os fatos ocorreram antes da entrada em vigor da Lei nº 12.737/12, de modo que não pode uma lei mais grave ao acusado retroagir para prejudicá-lo. O princípio da legalidade impõe que não é possível a punição de qualquer pessoa por fato que a lei não define como crime no momento de sua ocorrência. Como consequência desse princípio, estabeleceu o Art. 5º, inciso XL, da CRFB/88 que a lei não retroagirá, salvo para favorecer o réu. No mesmo sentido as previsões do Art. 1º do Código Penal. Assim, diante da irretroatividade da lei penal desfavorável, considerando que os fatos ocorreram em 29/12/2011 e a Lei que introduziu o Art. 154-A no Código Penal somente foi editada no ano de 2012, incabível a punição de Cláudio pelo delito em questão, ainda que a denúncia seja em momento posterior.

Distribuição dos Pontos:

ITEM	PONTUAÇÃO
A) Sim, é possível a revogação do benefício, nos termos da Súmula Vinculante 35 do STF **OU** Sim, pois a decisão que homologa transação penal não faz coisa julgada material (0,65).	0,00/0,65
B) Não é possível a responsabilização penal de Cláudio pelo crime do Art. 154-A do Código Penal, tendo em vista que a lei posterior que de qualquer forma prejudique o acusado não pode retroagir para atingir situação pretérita **OU** tendo em vista que a lei que tipificou a conduta é posterior a data dos fatos (0,50), com base no Art. 5º, inciso XI da CRFB/88 **OU** no Art. 1º do Código Penal (0,10).	0,00/0,50/0,60

(OAB/Exame Unificado – 2015.3 – 2ª fase) No dia 10 de fevereiro de 2012, João foi condenado pela prática do delito de quadrilha armada, previsto no Art. 288, parágrafo único, do Código Penal. Considerando as particularidades do caso concreto, sua pena foi fixada no máximo de 06 anos de reclusão, eis que duplicada a pena base por força da quadrilha ser armada. A decisão transitou em julgado. Enquanto cumpria pena, entrou em vigor a Lei nº 12.850/2013, que alterou o artigo pelo qual João fora condenado. Apesar da sanção em abstrato, excluídas as causas de aumento, ter permanecido a mesma (reclusão, de 1 (um) a 3 (três) anos), o aumento de pena pelo fato da associação ser armada passou a ser de até a metade e não mais do dobro.

Procurado pela família de João, responda aos itens a seguir.

A) O que a defesa técnica poderia requerer em favor dele? **(Valor: 0,65)**

B) Qual o juízo competente para a formulação desse requerimento? **(Valor: 0,60)**

Obs.: *sua resposta deve ser fundamentada. A simples citação do dispositivo legal não será pontuada.*

GABARITO COMENTADO – EXAMINADORA

A) A defesa técnica de João poderia requerer a aplicação da lei nova, que é mais benéfica para o acusado. A redação anterior do Art. 288, parágrafo único, do CP previa que, no caso daquele crime ser praticado com armas de fogo, a pena seria dobrada. Hoje, o dispositivo prevê que a pena, nessa mesma hipótese, será "*apenas*" aumentada de, no máximo, metade. Assim, no caso de João, como sua pena base foi aplicada em 03 anos, a pena final restaria em, no máximo, 04 anos e 06 meses. A nova lei, então, é favorável ao condenado, de modo que pode retroagir para atingir situações pretéritas, na forma do Art. 2º, parágrafo único, do CP.

B) Considerando que já houve trânsito em julgado da sentença condenatória, o juízo competente para formulação do requerimento é o da Vara de Execuções Penais, na forma do enunciado 611 da Súmula não vinculante do STF ou do Art. 66, inciso I, da LEP.

Distribuição dos Pontos:

ITEM	PONTUAÇÃO
A) Poderia requerer a redução de sua pena pela aplicação da Lei 12.850/2013 ou pela aplicação da nova redação do artigo 288, parágrafo único, do Código Penal, que traz previsão mais favorável ao acusado e deve retroagir (0,55), na forma do art. 2º, parágrafo único, do Código Penal **OU** do art. 5º, XL, CRFB (0,10).	0,00/0,55/0,65
B) O juízo competente é o da Vara de Execuções Penais (0,50), na forma do Enunciado 611 da Súmula não vinculante do STF **OU** do Art. 66, inciso I, da LEP (0,10).	0,00/0,50/0,60

(OAB/Exame Unificado – 2012.1 – 2ª fase) Ricardo foi denunciado pela prática do delito descrito no art. 1º da Lei n. 8.137/1990, em concurso material com o crime de falsidade ideológica (art. 299 do CP). Isso porque, conforme narrado na inicial acusatória e confessado pelo réu no interrogatório, obteve, em determinado estado da federação, licenciamento de seu veículo de modo fraudulento, já que indicou endereço falso. Assim agiu porque queria pagar menos tributo, haja vista que a alíquota do IPVA seria menor. Ao cabo da instrução criminal, Ricardo foi condenado nos exatos termos da denúncia, sendo certo que todo o conjunto probatório dos autos era significativo e apontava para a responsabilização do réu. No entanto, atento às particularidades do caso concreto, o magistrado fixou as penas de ambos os delitos no patamar mínimo previsto nos tipos penais, resultando a soma em 03 anos de pena privativa de liberdade.

Como advogado(a) de Ricardo, você deseja recorrer da sentença. Considerando apenas os dados descritos na questão, indique o(s) argumento(s) que melhor atenda(m) aos interesses de seu cliente. (valor: 1.25)

GABARITO COMENTADO – EXAMINADORA

A questão objetiva avaliar o conhecimento acerca dos princípios relativos ao conflito aparente de normas. Há de se levar em consideração que problemáticas não narradas no enunciado não podem ser objeto de exigência. Assim, nos termos da questão, levando em conta apenas os dados fornecidos, o examinando somente fará jus à pontuação integral se desenvolver argumentação lastreada no princípio da consunção (ou princípio da absorção).

Deverá, igualmente, demonstrar conhecimento de que o crime descrito no art. 299 do CP (falsidade ideológica) teria constituído meio para o cometimento do delito-fim (crime contra a

EDUARDO DOMPIERI

ordem tributária – art. 1º da Lei n. 8.137/1990), de tal modo que a vinculação entre a falsidade ideológica e o crime contra a ordem tributária permitiria reconhecer, em referido contexto, a preponderância desse último. Consequentemente, Ricardo somente deveria responder pelo delito previsto no art. 1º da Lei n. 8.137/1990.

Acerca desse ponto e com o intuito de privilegiar o desenvolvimento do raciocínio, não será cobrado o inciso preciso do mencionado artigo da Lei n. 8.137/1990. Todavia, pelo mesmo motivo, eventual resposta que traga apenas a consequência (tipificação da conduta de Ricardo), de maneira isolada e dissociada da correta argumentação e desenvolvimento, não poderá ser pontuada.

Por fim, teses contraditórias no desenvolvimento da aplicação do princípio da consunção maculam a integralidade da questão. Todavia, com o fim de privilegiar a demonstração de conhecimento correto, não serão descontados pontos pela alegação de teses subsidiárias, ainda que inaplicáveis ao caso, desde que não configurem respostas contraditórias.

Distribuição dos Pontos:

QUESITO AVALIADO	FAIXA DE VALORES
Mencionar o princípio da consunção OU o princípio da absorção (0,25)	0,00/0,25
O crime do art. 299 do CP teria constituído meio para o cometimento do delito-fim, que foi o crime contra a ordem tributária (0,60), de tal modo que a vinculação entre a falsidade ideológica e esse último permitiria reconhecer, em referido contexto, a preponderância do delito contra a ordem tributária. Consequentemente, Ricardo deve responder pelo delito descrito no art. 1º da Lei n. 8.137/1990 (0,40). *Obs.1: a mera indicação da consequência, dissociada do correto desenvolvimento, não será pontuada.*	0,00/0,40/0,60/1,00

Comentários do autor:

No que toca ao crime definido no art. 154-A do CP, oportuno que façamos algumas considerações a respeito de recentes mudanças nele promovidas pela Lei 14.155/2021, publicada em 28 de maio de 2021 e com vigência imediata. A primeira observação a fazer refere-se à alteração na redação do *caput* do dispositivo. Até então, tínhamos que o tipo penal era assim definido: *invadir dispositivo informático alheio, conectado ou não à rede de computadores, mediante violação indevida de mecanismo de segurança e com o fim de obter, adulterar ou destruir dados ou informações sem autorização expressa ou tácita do titular do dispositivo ou instalar vulnerabilidades para obter vantagem ilícita.* Com a mudança implementada pela Lei 14.155/2021, adotou-se a seguinte redação: *invadir dispositivo informático de uso alheio, conectado ou não à rede de computadores, com o fim de obter, adulterar ou destruir dados ou informações sem autorização expressa ou tácita do usuário do dispositivo ou de instalar vulnerabilidades para obter vantagem ilícita.* Como se pode ver, logo à primeira vista, eliminou-se o elemento normativo do tipo *mediante violação indevida de mecanismo de segurança.* Trata-se de alteração salutar, na medida em que este crime, de acordo com a redação original do *caput*, somente se aperfeiçoaria na hipótese de o agente, para alcançar seu intento (invadir dispositivo informático), se valer de violação indevida de mecanismo de segurança. Era necessário, portanto, que o sujeito ativo, antes de acessar o conteúdo do dispositivo, vencesse tal obstáculo (mecanismo de segurança). Significa que a invasão de dados contidos, por exemplo, em um computador que não contasse com mecanismo de proteção (senha, por exemplo) constituiria fato atípico. A partir de agora, dada a alteração promovida no tipo incriminador, tal exigência deixa de existir, ampliando, por certo, a incidência do tipo penal. Além disso, até a edição da Lei 14.155/2021, o dispositivo tinha de ser *alheio.* Com a mudança, basta que seja de *uso alheio.* Dessa forma, o crime se configura mesmo que o dispositivo invadido não seja alheio, mas esteja sob o uso de outra pessoa. Agora, a mudança mais significativa, a nosso ver, não se deu propriamente no preceito penal incriminador, mas na pena cominada, que era de detenção de 3 meses a 1 ano e multa e, com a mudança operada pela Lei 14.155/2021, passou para reclusão de 1 a 4 anos e multa. Com isso, este delito deixa de ser considerado de menor potencial ofensivo, o que afasta a incidência da transação penal. Doravante, o termo circunstanciado dará lugar ao inquérito policial. De outro lado, permanece a possibilidade de concessão do *sursis* processual, que, embora previsto e disciplinado na Lei 9.099/1995 (art. 89), sua incidência é mais ampla (infrações penais cuja pena mínima cominada não é superior a 1 ano). Também poderá o agente firmar acordo de não persecução penal, nos moldes do art. 28-A do CPP. Alterou-se o patamar da majorante aplicada na hipótese de a invasão resultar prejuízo econômico (§ 2º): antes era de 1/6 a 1/3 e, com a mudança implementada, passou para 1/3 a 2/3. Como não poderia deixar de ser, houve um incremento na pena cominada à modalidade qualificada, prevista no § 3º, que era de reclusão de 6 meses a 2 anos e multa e passou para 2 a 5 anos de reclusão e multa. Ademais, a qualificadora não faz mais referência expressa à subsidiariedade. É importante que se diga que a Lei 14.155/2021, para além de implementar as mudanças que referimos no crime do art. 154-A, também promoveu mudanças nos crimes de furto e estelionato, de forma a contemplar novas qualificadores e majorantes, tornando mais graves as condutas levadas a efeito de forma eletrônica ou pela internet.

(OAB/Exame Unificado – 2009.2 – 2ª fase) Divino foi condenado definitivamente à pena privativa de liberdade de 1 ano de detenção, pela prática do delito previsto no art. 16 da Lei n. 6.368/1976 (uso de substância entorpecente). Antes de se iniciar o cumprimento da pena, foi publicada a Lei nº 11.343/2006 (nova Lei de Drogas), na qual não está prevista pena privativa de liberdade para condutas análogas à praticada por Divino, mas, tão somente, as medidas previstas no art. 28. Nessa situação hipotética, que argumento jurídico o(a) advogado(a) de Divino poderia utilizar para pleitear a aplicação da nova lei? Qual seria o juízo competente para decidir sobre a referida aplicação? Fundamente ambas as respostas.

RESOLUÇÃO DA QUESTÃO

A lei penal, em consonância com o que estabelece o art. 5º, XL, da CF, não retroagirá, salvo em uma situação excepcional: *em benefício do réu*.

Dito de outro modo, a lei penal é, em regra, irretroativa, devendo, por conta disso, ser aplicada a norma em vigor no momento do fato (*tempus regit actum*).

O art. 2º do Código Penal estabelece as duas hipóteses em que a projeção de efeitos para o passado poderá ocorrer: *abolitio criminis* e *novatio legis in mellius*. Nesses dois casos, a norma penal só pode atingir fatos pretéritos se for em benefício do acusado.

O advento de lei penal mais favorável ao agente (*novatio legis in mellius*), como é o caso do art. 28 da Lei 11.343/2006, faz com que ela projete seus efeitos para o passado, em vista do disposto no art. 2º, parágrafo único, do Código Penal: "a lei posterior, que de qualquer modo favorecer o agente, aplica-se aos fatos anteriores, ainda que decididos por sentença condenatória transitada em julgado".

De outro lado, é competente para decidir sobre a referida aplicação o juízo das execuções penais, conforme dispõem o art. 66, I, da Lei de Execução Penal e a Súmula 611 do STF.

Comentários do autor:

A natureza jurídica do art. 28 da Lei 11.343/2006 gerou, num primeiro momento, polêmica na doutrina, uma vez que, para uns, teria havido descriminalização da conduta ali descrita. O STF, ao enfrentar a questão, decidiu que o comportamento descrito neste art. 28 continua a ser crime, isso porque inserido no Capítulo III da atual Lei de Drogas. Nesse sentido, a 1ª Turma do STF, no julgamento do RE 430.105-9-RJ, considerou que o dispositivo em questão tem natureza de crime, e o usuário é um "tóxico delinquente" (Rel. Min. Sepúlveda Pertence, j. 13.2.2007), entendimento este, até então, compartilhado pelo STJ. Com isso, a condenação pelo cometimento do crime do art. 28 da Lei de

EDUARDO DOMPIERI

Drogas, embora não imponha ao condenado pena de prisão, tem o condão de gerar reincidência. Mais recentemente, a 6ª Turma do STJ, que até então compartilhava do posicionamento do STF e da 5ª Turma do STJ, apontou para uma mudança de entendimento. Para a 6ª Turma, o art. 28 da Lei de Drogas não constitui crime tampouco contravenção. Trata-se de uma infração penal *sui generis*, razão pela qual o seu cometimento não gera futura reincidência. Havia, como se pode ver, divergência entre a 5ª e a 6º Turmas do STJ. Conferir o julgado da 5º Turma, de acordo com o entendimento até então prevalente: "A conduta prevista no art. 28 da Lei n. 11.343/06 conta para efeitos de reincidência, de acordo com o entendimento desta Quinta Turma no sentido de que, *"revela-se adequada a incidência da agravante da reincidência em razão de condenação anterior por uso de droga, prevista no artigo 28 da Lei n. 11.343/06, pois a jurisprudência desta Corte Superior, acompanhando o entendimento do col. Supremo Tribunal Federal, entende que não houve* abolitio criminis *com o advento da Lei n. 11.343/06, mas mera "despenalização" da conduta de porte de drogas"* (HC 314594/SP, rel. Min. FELIX FISCHER, QUINTA TURMA, DJe 1/3/2016)" (HC 354.997/SP, j. 28/03/2017. julgado em 21/08/2018, DJe 30/08/2018). Conferir o julgado da 6ª Turma que inaugurou a divergência à qual fizemos referência: "1. À luz do posicionamento firmado pelo Supremo Tribunal Federal na questão de ordem no RE nº 430.105/RJ, julgado em 13/02/2007, de que o porte de droga para consumo próprio, previsto no artigo 28 da Lei nº 11.343/2006, foi apenas despenalizado pela nova Lei de Drogas, mas não descriminalizado, esta Corte Superior vem decidindo que a condenação anterior pelo crime de porte de droga para uso próprio configura reincidência, o que impõe a aplicação da agravante genérica do artigo 61, inciso I, do Código Penal e o afastamento da aplicação da causa especial de diminui-ção de pena do parágrafo 4º do artigo 33 da Lei nº 11.343/06. 2. Todavia, se a contravenção penal, punível com pena de prisão simples, não configura reincidência, resta inequivocamente desproporcional a consideração, para fins de reincidência, da posse de droga para consumo próprio, que conquanto seja crime, é punida apenas com "advertência sobre os efeitos das drogas", "prestação de serviços à comunidade" e "medida educativa de comparecimento a pro-grama ou curso educativo", mormente se se considerar que em casos tais não há qualquer possibilidade de conversão em pena privativa de liberdade pelo descumprimento, como no caso das penas substitutivas. 3. Há de se considerar, ainda, que a própria constitucionalidade do artigo 28 da Lei de Drogas, que está cercado de acirrados debates acerca da legitimidade da tutela do direito penal em contraposição às garantias constitucionais da intimidade e da vida privada, está em discussão perante o Supremo Tribunal Federal, que admitiu Repercussão Geral no Recurso Extraordinário nº 635.659 para decidir sobre a tipicidade do porte de droga para consumo pessoal. 4. E, em face dos questionamentos acerca da proporcionalidade do direito penal para o controle do consumo de drogas em prejuízo de outras medidas de natureza extrapenal relacionadas às políticas de redução de danos, eventualmente até mais severas para a contenção do consumo do que aquelas previstas atualmente, o prévio apenamento por porte de droga para consumo próprio, nos termos do artigo 28 da Lei de Drogas, não deve constituir causa geradora de reincidência. 5. Recurso improvido" (REsp 1672654/SP, Rel. Ministra MARIA THEREZA DE ASSIS MOURA, SEXTA TURMA, julgado em 21/08/2018, DJe 30/08/2018). Em seguida, a 5ª Turma aderiu ao entendimento adotado pela 6ª Turma, no sentido de que a condenação pelo cometimento do crime descrito no art. 28 da Lei 11.343/2006 não tem o condão de gerar reincidência. A conferir: "Esta Corte Superior, ao analisar a questão, posicionou-se de forma clara, adequada e suficiente ao concluir que a condenação pelo crime do artigo 28 da Lei n. 11.343/2006 não é apta a gerar os efeitos da reincidência." (EDcl no AgRg nos EDcl no REsp 1774124/SP, Rel. Ministro REYNALDO SOARES DA FONSECA, QUINTA TURMA, julgado em 02/04/2019, DJe 16/04/2019). O STJ, em edição de n. 131 da ferramenta *Jurisprudência em Teses*, publicou, sobre este tema, a seguinte tese (n. 7): *As contravenções penais, puníveis com pena de prisão simples, não geram reincidência, mostrando-se, portanto, desproporcional que condenações anteriores pelo delito do art. 28 da Lei n. 11.343/2006 configurem reincidência, uma vez que não são puníveis com pena privativa de liberdade.* No que toca à *abolitio criminis* (art. 2º, *caput*, do CP), esta ocorrerá sempre que uma lei nova deixar de considerar crime determinado fato até então criminoso. É, por força do que dispõe o art. 107, III, do CP, *causa de extinção da punibilidade*, que pode ser arguida e reconhecida a qualquer tempo, mesmo no curso da execução da pena. Além disso, tem o condão de fazer cessar a execução e os efeitos penais da sentença condenatória. Os efeitos extrapenais, todavia, subsistem (art. 2º, *caput*, do CP).

Registre-se, no mais, que o STJ, acerca da retroatividade das disposições da atual Lei de Drogas e também em relação ao tema *combinação de leis*, editou a Súmula 501, cujo teor é o seguinte: "É cabível a aplicação retroativa da Lei 11.343/2006, desde que o resultado da incidência das suas disposições, na íntegra, seja mais favorável ao réu do que o advindo da aplicação da Lei 6.368/1976, sendo vedada a combinação de leis".

PRÁTICA PENAL – 10ª EDIÇÃO   19   EXERCÍCIOS PRÁTICOS

(OAB/Exame Unificado – 2006.2 – 2ª fase) Considere que Júlio tenha subtraído, para si, de uma loja de um shopping, um boné no valor de R$ 42,00. Diante dessa situação, redija um texto, de forma fundamentada, discutindo se a conduta de Júlio constitui crime de furto. Aborde, em seu texto, o conceito de tipicidade conglobante. Extensão máxima: 30 linhas

RESOLUÇÃO DA QUESTÃO

Em princípio, a conduta praticada por Júlio não constitui crime de furto, capitulado no art. 155 do Código Penal.

Trata-se, sim, de *infração bagatelar*. Aplica-se, por conta disso, o princípio da insignificância ou de bagatela, que tem como consequência a exclusão da tipicidade material. Não há, nesse caso, que se falar em crime.

De qualquer forma, para o reconhecimento da infração bagatelar, é de suma importância a análise das circunstâncias que envolvem o caso concreto, levando-se em conta os requisitos consagrados na jurisprudência, a saber: a mínima ofensividade da conduta do agente; a nenhuma periculosidade social da ação; o reduzidíssimo grau de reprovabilidade do comportamento; e a inexpressividade da lesão jurídica provocada.

Para a teoria da tipicidade conglobante, concebida por Eugenio Raúl Zaffaroni, é insuficiente a correspondência formal da conduta ao tipo penal, já que a tipicidade há de ser analisada de forma conglobada, ou seja, deve ser cotejada com todo o ordenamento jurídico.

É necessário que a conduta, portanto, seja contrária ao direito como um todo.

Bem por isso, não se está diante de um fato típico se a conduta é autorizada, por exemplo, pelo Direito Administrativo.

Comentários adicionais:

Nesse sentido, os seguintes acórdãos:

PRINCÍPIO DA INSIGNIFICÂNCIA – IDENTIFICAÇÃO DOS VETORES CUJA PRESENÇA LEGITIMA O RECONHECIMENTO DESSE POSTULADO DE POLÍTICA CRIMINAL – CONSEQUENTE DESCARACTERIZAÇÃO DA TIPICIDADE PENAL EM SEU ASPECTO MATERIAL – DELITO DE FURTO – *"RES FURTIVA"* (UM SIMPLES BONÉ) NO VALOR DE R$ 10,00 – DOUTRINA – CONSIDERAÇÕES EM TORNO DA JURISPRUDÊNCIA DO SUPREMO TRIBUNAL FEDERAL – MERA EXISTÊNCIA DE INQUÉRITOS OU DE PROCESSOS PENAIS AINDA EM CURSO – AUSÊNCIA DE CONDENAÇÃO PENAL IRRECORRÍVEL – PRINCÍPIO CONSTITUCIONAL DA NÃO CULPABILIDADE (CF, ART. 5º, LVII) – PEDIDO DEFERIDO. O PRINCÍPIO DA INSIGNIFICÂNCIA QUALIFICA-SE COMO FATOR DE DESCARACTERIZAÇÃO MATERIAL DA TIPICIDADE PENAL. – O princípio da insignificância – que deve ser analisado em conexão com os postulados da fragmentariedade e da intervenção mínima do Estado em matéria penal – tem o sentido de excluir ou de afastar a própria tipicidade penal, examinada na perspectiva de seu caráter material. Doutrina. Tal postulado – que considera necessária, na aferição do relevo material da tipicidade penal, a presença de certos vetores, tais como (a) a mínima ofensividade da conduta do agente, (b) a nenhuma periculosidade social da ação, (c) o reduzidíssimo grau de reprovabilidade do comportamento e (d) a inexpressividade da lesão jurídica provocada – apoiou-se, em seu processo de formulação teórica, no reconhecimento de que o caráter subsidiário do sistema penal reclama e impõe, em função dos próprios objetivos por ele visados, a intervenção mínima do Poder Público. O POSTULADO DA INSIGNIFICÂNCIA E A FUNÇÃO DO DIREITO PENAL: *"DE MINIMIS, NON CURAT PRAETOR"*. O sistema jurídico há de considerar a relevantíssima circunstância de que a privação da liberdade e a restrição de direitos do indivíduo somente se justificam quando estritamente necessárias à própria proteção das pessoas, da sociedade e de outros bens jurídicos que lhes sejam essenciais, notadamente naqueles casos em que os valores penalmente tutelados se exponham a dano, efetivo ou potencial, impregnado de

EDUARDO DOMPIERI

significativa lesividade. O direito penal não se deve ocupar de condutas que produzam resultado cujo desvalor – por não importar em lesão significativa a bens jurídicos relevantes – não represente, por isso mesmo, prejuízo importante, seja ao titular do bem jurídico tutelado, seja à integridade da própria ordem social. A MERA EXISTÊNCIA DE INVESTI-GAÇÕES POLICIAIS (OU DE PROCESSOS PENAIS EM ANDAMENTO) NÃO BASTA, SÓ POR SI, PARA JUSTIFICAR O RECONHECIMENTO DE QUE O RÉU NÃO POSSUI BONS ANTECEDENTES. – A só existência de inquéritos policiais ou de processos penais, quer em andamento, quer arquivados, desde que ausente condenação penal irrecorrível – além de não permitir que, com base neles, se formule qualquer juízo de maus antecedentes –, também não pode autorizar, na dosimetria da pena, o agravamento do *status poenalis* do réu, nem dar suporte legitimador à privação cautelar da liberdade do indiciado ou do acusado, sob pena de transgressão ao postulado constitucional da não culpabilidade, inscrito no art. 5º, inciso LVII, da Lei Fundamental da República. (HC 84687, em branco, STF)

HABEAS CORPUS. FURTO QUALIFICADO DE UM BONÉ. PRINCÍPIO DA INSIGNIFICÂNCIA. APLICABILIDADE. MÍNIMO DESVALOR DA AÇÃO. BEM SUBTRAÍDO RESTITUÍDO À VÍTIMA. IRRELEVÂNCIA DA CONDUTA NA ESPERA PENAL. PRECEDENTES DO SUPREMO TRIBUNAL FEDERAL. 1. A conduta perpetrada pelo agente – furto qualificado de um boné, que foi recuperado pela vítima no mesmo dia –, insere-se na concepção doutrinária e jurisprudencial de crime de bagatela. 2. Em caso de furto, para considerar que o fato não lesionou o bem jurídico tutelado pela norma, excluindo a tipicidade penal, deve-se conjugar o dano ao patrimônio da vítima com a mínima periculosidade social e o reduzido grau de reprovabilidade do comportamento do agente, elementos que estão presentes na espécie, porque o desvalor da ação é mínimo e o fato não causou qualquer consequência danosa. 3. Precedentes do Supremo Tribunal Federal. 4. Ordem concedida para anular a decisão condenatória. (HC 200801871019, Laurita Vaz, – QUINTA TURMA, 15/12/2008)

PENAL – *HABEAS CORPUS* – FURTO DE UM BONÉ – VALOR DE R$ 50,00 – OBJETO RESTITUÍDO À VÍTIMA – REIN-CIDÊNCIA – APLICAÇÃO DO PRINCÍPIO DA INSIGNIFICÂNCIA OU BAGATELA – POSSIBILIDADE – IRRELEVÂNCIA DA REINCIDÊNCIA E DOS MAUS ANTECEDENTES. PRINCÍPIO DA NECESSARIEDADE DA PENA – ORDEM CONCEDIDA PARA RECONHECER A ATIPICIDADE DA CONDUTA. 1 – Se o bem tutelado nem mesmo chegou a ser ofendido, nem há relevância na conduta praticada, o princípio da insignificância deve ser aplicado, afastando-se a tipicidade. 2 – A aplicação dos princípios da necessariedade e da suficiência afasta a fixação de pena que se mostra excessiva para reprimir conduta irrelevante.

3 – Maus antecedentes e reincidência não impedem a aplicação do princípio da bagatela. 4 – Ordem concedida para absolver o paciente pelo reconhecimento da atipicidade de sua conduta. Expedido alvará de soltura, salvo prisão por outro motivo. (HC 200703000368, JANE SILVA (DESEMBARGADORA CONVOCADA DO TJ/MG), – SEXTA TURMA, 25/08/2008)

1.2. Teoria do crime

(**OAB/Exame Unificado – 2020.3 – 2ª fase**) Beatriz e seu esposo José, no dia 02/01/2021, enquanto celebravam o aniversário de casamento em um restaurante, iniciaram uma discussão, por José entender que a esposa não lhe dispensava a devida atenção. Durante a discussão, José desferiu um soco no rosto de Beatriz, causando-lhe lesão corporal de natureza leve. Testemunhas presenciais do fato chamaram a Polícia, sendo José preso em flagrante, mas posteriormente liberado pelo magistrado, em sede de audiência de custódia.

O Ministério Público ofereceu denúncia imputando a José a prática do crime do Art. 129, § 9º, do Código Penal, havendo habilitação imediata de Beatriz, por meio de seu advogado, como assistente de acusação, já que ela não aceitou ter sido agredida pelo então marido.

O magistrado em atuação no Juizado de Violência Doméstica e Familiar contra a Mulher não recebeu a denúncia, afirmando a inexistência de fato culpável, escorado em laudo apresentado pela defesa indicando que, no momento dos fatos, em razão da paixão, José era inteiramente incapaz de determinar-se de acordo com seu entendimento. Destacou o magistrado a possibilidade de rejeição

PRÁTICA PENAL – 10ª EDIÇÃO 21 EXERCÍCIOS PRÁTICOS

da denúncia por não ser necessária a aplicação de medida de segurança, já que, atualmente, não haveria incapacidade de José.

Insatisfeita com o teor da decisão, Beatriz procura você, como advogado(a), para a adoção das medidas cabíveis e assistência técnica. Na condição de advogado(a) de Beatriz, esclareça os questionamentos a seguir.

A) Para combater a decisão do magistrado, qual o recurso cabível? Justifique. (Valor: 0,60)

B) Existe argumento de direito material para questionar o conteúdo da decisão judicial? Justifique. (Valor: 0,65)

Obs.: o(a) examinando(a) deve fundamentar suas respostas. A mera citação do dispositivo legal não confere pontuação.

GABARITO COMENTADO – EXAMINADORA

A questão exige do examinando conhecimentos sobre os temas recursos e culpabilidade.

Narra o enunciado que José teria cometido um crime de lesão corporal qualificada no contexto de violência doméstica e familiar contra a mulher, figurando como vítima sua esposa Beatriz. Apresentada denúncia pelo Ministério Público imputando a José a prática do crime do Art. 129, § 9º, do CP, o magistrado competente optou pela rejeição da inicial acusatória sob o fundamento de que José seria inimputável na data dos fatos, afastada a culpabilidade.

A) A decisão do magistrado foi de rejeição da inicial acusatória. Contra a decisão de rejeição da denúncia, segundo o Art. 581, inciso I, do CPP, cabe recurso em sentido estrito, a ser apresentado no prazo de 05 dias.

B) Sim, existe, tendo em vista que a paixão não exclui a culpabilidade, nos termos do Art. 28, inciso I, do CP. De acordo com a doutrina majoritária, existe crime quando for praticado fato típico, ilícito e culpável. O magistrado entendeu que, apesar de praticado fato típico e ilícito, não haveria culpabilidade em razão da inimputabilidade momentânea do agente. Um dos elementos da culpabilidade é a imputabilidade, relacionada à capacidade do agente ter consciência de seus atos e determinar-se de acordo com esse entendimento. Ocorre que o Art. 28, inciso I, do CP, prevê expressamente que a emoção e a paixão não excluem a imputabilidade penal, de modo que não poderia o magistrado deixar de receber a denúncia sob o fundamento de que, em razão da paixão, o agente não tinha capacidade de determinar-se de acordo com seu entendimento e, consequentemente, a culpabilidade estaria afastada.

Distribuição dos Pontos:

ITEM	PONTUAÇÃO
A. Caberá recurso em sentido estrito (0,50), nos termos do Art. 581, inciso I, do CPP (0,10).	0,00/0,50/0,60
B. Sim, o argumento seria que, considerando a imputabilidade elemento da culpabilidade, o fato praticado é típico, ilícito e **culpável OU** que não deveria ser afastada a culpabilidade do agente (0,15), tendo em vista que a paixão não exclui a imputabilidade penal (0,40), nos termos do Art. 28, inciso I, do CP (0,10)	0,00/0,15/0,25/0,40/ 0,50/0,55/0,65

Comentários do autor:

Imbuído do propósito de aperfeiçoar o combate à violência psicológica de que é vítima a mulher, modalidade prevista no art. 7º, II, da Lei 11.340/2006, o legislador introduziu no Código Penal, por meio da Lei 14.188/2021, o crime de *violência psicológica contra a mulher*, cuja descrição típica, inserida no art. 147-B, consiste na conduta do agente que *causar dano emocional à mulher que a prejudique e perturbe seu pleno desenvolvimento ou que vise a degradar ou a controlar suas ações, comportamentos, crenças e decisões, mediante ameaça, constrangimento, humilhação, manipulação, isolamento, chantagem, ridicularização, limitação do direito de ir e vir ou qualquer outro meio que cause prejuízo à sua saúde psicológica e autodeterminação*. A pena cominada corresponde a reclusão de 6 meses a 2 anos e multa, se a conduta não constituir crime mais grave. Também foi introduzido no Código Penal por esta mesma Lei o § 13 ao art. 129, *in verbis*: *se a lesão for praticada contra a mulher por razões da condição do sexo feminino, nos termos do § 2º-A do art. 121 deste Código: Pena – reclusão, de 1 (um) a 4 (quatro anos)*. Além disso, a Lei 14.188/2021 alterou a redação do art. 12-C da Lei Maria da Penha, ali introduzindo o risco à integridade *psicológica*, cuja ocorrência dará azo ao afastamento imediato do lar, domicílio ou local de convivência do agressor.

(OAB/Exame Unificado – 2020.3 – 2ª fase) Em uma pequena cidade do interior do Amazonas, uma virose se espalha entre os adolescentes locais, gerando diversos casos de jovens com febre, vômitos e infecções. Considerando a dificuldade de acesso à cidade, que dependia de viagem de barco, e a inexistência de profissionais de medicina no local, os pais dos adolescentes procuram Jorge, 22 anos, estudante de odontologia, para auxílio. Verificando o estado de desidratação dos adolescentes e a urgência da situação, Jorge, que sempre gostara de ler livros sobre medicina, realiza o atendimento e indica os remédios e os tratamentos que deveriam ser realizados. Os adolescentes ficaram curados após o atendimento "médico" de Jorge e, em razão disso, passaram a ser constantes os atendimentos por ele realizados em casos urgentes, com perigo atual à vida e à saúde das pessoas da cidade, mas que não tinham qualquer vínculo com a virose anterior.

Descobertos os fatos e verificado que foram realizados 10 atendimentos diferentes ao longo de um ano, o Ministério Público denunciou Jorge como incurso nas sanções penais do Art. 282 do Código Penal, por 10 vezes, em continuidade delitiva. A proposta de suspensão condicional do processo não foi aceita pelo réu.

Após regular instrução, a pretensão punitiva do Estado foi julgada procedente, sendo Jorge condenado à pena de 10 meses de detenção (pena base no mínimo legal, aumentada de 2/3 em razão da continuidade delitiva), substituída a privativa de liberdade por uma restritiva de direitos.

Intimado da decisão, responda na condição de advogado de Jorge, aos itens a seguir.

A) Existe argumento de direito material a ser apresentado em busca da absolvição de Jorge? Justifique. (Valor: 0,65)

B) Em caso de manutenção da condenação, qual argumento poderá ser apresentado para questionar a capitulação realizada e a pena aplicada? Justifique. (Valor: 0,60)

Obs.: o(a) examinando(a) deve fundamentar suas respostas. A mera citação do dispositivo legal não confere pontuação.

GABARITO COMENTADO – EXAMINADORA

A questão exige do examinando conhecimento sobre o tema dos Crimes contra a Saúde Pública, mais especificamente sobre o delito previsto no Art. 282 do Código Penal, além de conhecimentos básicos sobre o conceito analítico de crime.

Narra o enunciado que Jorge, em diversas oportunidades, realizou "atendimentos médicos" urgentes, o que, em tese, poderia configurar o crime de exercício ilegal da medicina, disciplinado no artigo antes mencionado. Todavia, algumas peculiaridades da situação justificariam um pedido, por parte da defesa técnica, de absolvição em razão da atuação em situação de estado de necessidade.

A) Sim, existe argumento a ser apresentado pelo advogado de Jorge em busca de sua absolvição. O conceito de crime, de acordo com a doutrina majoritária, envolve o fato típico, ilícito e culpável. A princípio, a conduta de Jorge seria típica, já que realizou, com habitualidade, ao longo de um ano, atendimentos médicos sem autorização para exercer a profissão, sendo certo, porém, que tais atendimentos somente eram realizados em situações de emergência. No caso, a conduta narrada seria típica de acordo com as previsões do Art. 282 do Código Penal. Todavia, claramente há situação de estado de necessidade. A todo momento consta do enunciado que Jorge somente atuava em situações de risco e urgência para vida e saúde das pessoas, sendo ainda destacado que a pequena cidade não tinha médico e que a obtenção de um profissional demandaria longo tempo. Assim, todos os requisitos do Art. 24 do Código Penal foram preenchidos. Jorge agiu para salvar perigo atual, que não provocou por sua vontade, cujo sacrifício não era exigível na situação. Em razão disso, o advogado deveria pleitear o reconhecimento do estado de necessidade e, consequentemente, a exclusão da ilicitude da conduta.

B) O argumento a ser apresentado é que, ainda que se considere que o crime foi praticado, haveria crime único do Art. 282 do CP e não concurso de delitos. A capitulação imputada pelo Ministério Público e acolhida pelo magistrado foi equivocada, não se tratando de erro apenas no momento de aplicação da pena. A acusação imputou na denúncia 10 CRIMES autônomos do Art. 282 do CP, o que era equivocado. O crime do Art. 282 do Código Penal é classificado, pela doutrina e pela jurisprudência, como crime de natureza habitual, ou seja, a própria configuração do delito exige situação de habitualidade, reiteração na prática dos atos. Apesar de realizados 10 "atendimentos médicos", essas condutadas reiteradas configurariam, em tese, um crime de exercício ilegal da medicina, que pressupõe essa habitualidade. Assim, deveria a defesa técnica esclarecer que houve equívoco na imputação de 10 crimes, buscando o reconhecimento de delito único e, consequentemente, redução da pena com o afastamento da causa de aumento da continuidade delitiva.

Distribuição dos Pontos:

ITEM	PONTUAÇÃO
A. Sim, deveria a defesa técnica alegar a existência de excludente de ilicitude (0,20), em razão do estado de necessidade (0,35), nos termos do Art. 24 **ou** do Art. 23, inciso I, do CP (0,10).	0,00/0,20/0,30/0,35/0,45/0,55/0,65
B. O argumento é o de que não houve concurso de crimes, mas sim crime único (0,40), diante da natureza de crime habitual da infração imputada **ou** diante da imprescindibilidade da reiteração para configuração do delito (0,20).	0,00/0,20/0,40/0,60

EDUARDO DOMPIERI

(OAB/Exame Unificado – 2017.3 – 2ª fase) Pablo, que possui quatro condenações pela prática de crimes com violência ou grave ameaça à pessoa, estava no quintal de sua residência brincando com seu filho, quando ingressa em seu terreno um cachorro sem coleira. O animal adota um comportamento agressivo e começa a tentar atacar a criança de 05 anos, que brincava no quintal com o pai. Diante disso, Pablo pega um pedaço de pau que estava no chão e desfere forte golpe na cabeça no cachorro, vindo o animal a falecer.

No momento seguinte, chega ao local o dono do cachorro, que, inconformado com a morte deste, chama a polícia, que realiza a prisão em flagrante de Pablo pela prática do crime do Art. 32 da Lei nº 9.605/98. Os fatos acima descritos são integralmente confirmados no inquérito pelas testemunhas. Considerando que Pablo é multirreincidente na prática de crimes graves, o Ministério Público se manifesta pela conversão do flagrante em preventiva, afirmando o risco à ordem pública pela reiteração delitiva.

Considerando as informações narradas, na condição de advogado(a) de Pablo, que deverá se manifestar antes da decisão do magistrado quanto ao requerimento do Ministério Público, responda aos itens a seguir.

A) Qual pedido deverá ser formulado pela defesa de Pablo para evitar o acolhimento da manifestação pela conversão da prisão em flagrante em preventiva? Justifique. **(Valor: 0,60)**

B) Sendo oferecida denúncia, qual argumento de direito material poderá ser apresentado em busca da absolvição de Pablo? Justifique. **(Valor: 0,65)**

Obs.: o(a) examinando(a) deve fundamentar as respostas. A mera citação do dispositivo legal não confere pontuação.

GABARITO COMENTADO – EXAMINADORA

A) A defesa de Pablo deverá formular pedido de liberdade provisória, tendo em vista que, apesar de ostentar diversas condenações pela prática de crimes graves, na situação apresentada, com base nas informações constantes do auto de prisão em flagrante, poderá o juiz verificar que Pablo agiu amparado por causa excludente da ilicitude, de modo que poderá conceder liberdade provisória, mediante termo de comparecimento a todos os atos do processo, conforme previsão do Art. 310, parágrafo único, do CPP.

B) O argumento de direito material a ser apresentado é que Pablo deverá ser absolvido do crime imputado porque agiu amparado por estado de necessidade, que é causa excludente da ilicitude. Todos os requisitos estabelecidos pelo Art. 24 do CP estão preenchidos, tendo em vista que havia situação de perigo atual ao seu filho, não provocada por Pablo, e não tinha ele outra maneira de agir para proteção, tendo em vista que o cão adotava comportamento agressivo e tentava atacar a criança. Além disso, em que pese a relevância da vida de um cachorro para o seu dono, o sacrifício da vida de uma criança não era razoável exigir nas circunstâncias do caso concreto. Não há que se falar em legítima defesa, porém, pois esta pressupõe injusta agressão, o que, por sua vez, somente se configura com um comportamento humano.

PRÁTICA PENAL – 10ª EDIÇÃO

EXERCÍCIOS PRÁTICOS

Distribuição dos Pontos:

ITEM	PONTUAÇÃO
A) **Liberdade Provisória** (0,35), nos termos do Art. 310, parágrafo único, do CPP (0,10), já que o juiz pode verificar, com base nas informações do auto de prisão em flagrante, que Pablo agiu amparado em **causa excludente** de ilicitude (0,15).	0,00/0,15/0,25/0,35 /0,45/0,50/0,60
B) A existência de estado de necessidade (0,40), nos termos do Art. 24 do CP **OU** do Art. 23, inciso I, do CP (0,10), que funciona como causa excludente da ilicitude (0,15).	0,00/0,15/0,25/040/ 0,50/0,55/0,65

Comentários do autor tendo em vista o advento das Leis 13.964/2019 (Pacote Anticrime) e 14.064/2020

Dentre as inúmeras alterações promovidas pela Lei 13.964/2019 está a modificação do art. 310 do CPP. O conteúdo do parágrafo único deste dispositivo foi inserido, com pequenas alterações no seu texto, no art. 310, § 1º. Além disso, – e aqui está a alteração mais significativa -, o Pacote Anticrime promoveu a inclusão, no *caput* deste dispositivo, da *audiência de custódia*. Sobre este tema, valem alguns esclarecimentos. Embora não contemplada, de forma expressa, na CF/1988, a Convenção Americana sobre Direitos Humanos (Pacto de San José da Costa Rica), incorporada ao ordenamento jurídico brasileiro com status de norma dotada de supralegalidade, em seu art. 7º (5), assim estabelece: "Toda pessoa presa, detida ou retida deve ser conduzida, sem demora, à presença de um juiz ou outra autoridade autorizada por lei a exercer funções judiciais (...)". O Conselho Nacional de Justiça, em parceria com o Tribunal de Justiça de São Paulo e também com o Ministério da Justiça, lançou e implementou o projeto "audiência de custódia", cujo propósito é assegurar ao preso o direito de ser apresentado, de forma rápida, a um juiz de direito, ao qual cabe analisar, entre outros aspectos, a legalidade da prisão em flagrante e também a necessidade de a mesma ser convertida em prisão preventiva. Para tanto, o CNJ editou a Resolução 213/2015, cujo art. 1º assim estabelece: *Determinar que toda pessoa presa em flagrante delito, independentemente da motivação ou natureza do ato, seja obrigatoriamente apresentada, em até 24 horas da comunicação do flagrante, à autoridade judicial competente, e ouvida sobre as circunstâncias em que se realizou sua prisão ou apreensão*. Posteriormente, a Lei 13.964/2019, conhecida como Pacote Anticrime, contemplou a audiência de custódia, inserindo-a no art. 310 do CPP. Pela primeira vez, portanto, a audiência de custódia, objeto de tantos debates na comunidade jurídica, tem previsão legal. Como dissemos acima, até então esta matéria estava prevista tão somente na Resolução CNJ 213/2015 e no Pacto de San José da Costa Rica (que ingressou no nosso ordenamento jurídico com status de norma supralegal). Segundo estabelece a nova redação do *caput* do art. 310 do CPP, "após receber o auto de prisão em flagrante, no prazo máximo de 24 (vinte e quatro) horas após a realização da prisão, o juiz deverá promover audiência de custódia com a presença do acusado, seu advogado constituído ou membro da Defensoria Pública e o membro do Ministério Público, e, nessa audiência, o juiz deverá, fundamentadamente: (...)". Posteriormente a isso (com o pacote anticrime em vigor há mais de um ano), o Congresso Nacional, ao apreciar os vetos impostos pelo presidente da República ao PL 6.341/2019 (que deu origem à Lei 13.964/2019), rejeitou (derrubou) vários deles (na verdade, 16 dos 24 vetos). No que toca à audiência de custódia, com a rejeição ao veto imposto pelo PR ao art. 3º-B, § 1º, do CPP (contido no PL 6.341/2019), fica vedada a possibilidade de se proceder à audiência de custódia por meio de sistema de videoconferência (ressalvado o período de pandemia). Doravante, pois, as audiências de custódia deverão ser realizadas presencialmente. O art. 3º-B, § 1º, do CPP conta com a seguinte redação (agora restabelecida com a derrubada do veto): *O preso em flagrante ou por força de mandado de prisão provisória será encaminhado à presença do juiz de garantias no prazo de 24 (vinte e quatro) horas, momento em que se realizará audiência com a presença do Ministério Público e da Defensoria Pública ou de advogado constituído, vedado o emprego de videoconferência* (destacamos). Ponderou o presidente da República, por ocasião de seu veto, que *suprimir a possibilidade da realização da audiência por videoconferência gera insegurança jurídica*. Além disso, segundo também justificou, *o dispositivo pode acarretar em aumento de despesa, notadamente nos casos de juiz em vara única, com apenas um magistrado, seja pela necessidade de pagamento de diárias e passagens a outros magistrados para a realização de uma única audiência, seja pela necessidade premente de realização de concurso para a contratação de novos magistrados*. No mais, registre-se que a Lei 14.064/2020, posterior à elaboração desta questão, incluiu no art. 32 da Lei 9.605/1998 o § 1º-A, que estabelece forma qualificada deste crime na hipótese de as condutas descritas no *caput* serem perpetradas contra cão ou gato. Neste caso, a pena será de reclusão de 2 a 5 anos, multa e proibição de guarda.

(OAB/Exame Unificado – 2016.3 – 2ª fase) Paulo e Júlio, colegas de faculdade, comemoravam juntos, na cidade de São Gonçalo, o título obtido pelo clube de futebol para o qual o primeiro torce. Não obstante o clima de confraternização, em determinado momento, surgiu um entrevero entre eles, tendo Júlio desferido um tapa no rosto de Paulo. Apesar da pouca intensidade do golpe, Paulo vem a falecer no hospital da cidade, tendo a perícia constatado que a morte decorreu de uma fatalidade, porquanto, sem que fosse do conhecimento de qualquer pessoa, Paulo tinha uma lesão pretérita em uma artéria, que foi violada com aquele tapa desferido por Júlio e causou sua morte. O órgão do Ministério Público, em atuação exclusivamente perante o Tribunal do Júri da Comarca de São Gonçalo, denunciou Júlio pelo crime de lesão corporal seguida de morte (Art. 129, § 3º, do CP).

Considerando a situação narrada e não havendo dúvidas em relação à questão fática, responda, na condição de advogado(a) de Júlio:

A) É competente o juízo perante o qual Júlio foi denunciado? Justifique. **(Valor: 0,65)**

B) Qual tese de direito material poderia ser alegada em favor de Júlio? Justifique. **(Valor: 0.60)**

Obs.: o(a) examinando(a) deve fundamentar as respostas. A mera citação do dispositivo legal não confere pontuação.

GABARITO COMENTADO – EXAMINADORA

A) O(A) examinando(a) deve concluir pela incompetência do Juízo, tendo em vista que o crime praticado não é doloso contra a vida. Nos termos do Art. 74, § 1º, do Código de Processo Penal (ou Art. 5º, inciso XXXVIII, alínea *d*, da CRFB), ao Tribunal do Júri cabe apenas o julgamento dos crimes dolosos contra a vida e os conexos. No caso, mesmo de acordo com a imputação contida na denúncia, o resultado de morte foi culposo; logo, a competência é do juízo singular.

B) O(A) examinando(a) deve defender que não poderia Júlio responder pelo crime de lesão corporal seguida de morte, porque aquele resultado não foi causado a título de dolo nem culpa. O crime de lesão corporal seguida de morte é chamado de preterdoloso. A ação é dirigida à produção de lesão corporal, sendo o resultado morte produzido a título de culpa. Costuma-se dizer que há dolo no antecedente e culpa no consequente. Um dos elementos da culpa é a previsibilidade objetiva, somente devendo alguém ser punido na forma culposa quando o resultado não querido pudesse ser previsto por um homem médio, sendo que a ausência de previsibilidade subjetiva, capacidade do agente, no caso concreto, de prever o resultado, repercute na culpabilidade.

Na hipótese, não havia previsibilidade objetiva, o que impede a tipificação do delito de lesão corporal seguida de morte. Também poderia o candidato responder que havia uma concausa preexistente, relativamente independente, desconhecida, impedindo Júlio de responder pelo resultado causado. Em princípio, a concausa relativamente independente preexistente não impede a punição do agente pelo crime consumado. Contudo, deve ela ser conhecida do agente ou ao menos existir possibilidade de conhecimento, sob pena de responsabilidade penal objetiva.

PRÁTICA PENAL – 10ª EDIÇÃO

EXERCÍCIOS PRÁTICOS

Distribuição dos Pontos:

ITEM	PONTUAÇÃO
A) O tribunal do júri não é o juízo competente, pois o crime imputado não é doloso contra a vida (0,55), nos termos do Art. 74, § 1º, do CPP **OU** do Art. 5º, inciso XXXVIII, da CRFB (0,10).	0,00/0,55/0,65
B) Júlio não poderia responder pelo resultado morte (0,25), nem mesmo a título de culpa, em razão da ausência de previsibilidade **OU** porque existe causa relativamente independente preexistente desconhecida **OU** porque a atribuição do resultado violaria o princípio da vedação da responsabilidade objetiva (0,35) Obs.: *A mera repetição do enunciado no sentido de que o resultado decorreu de uma fatalidade em razão de lesão em artéria desconhecida, sem qualquer fundamentação jurídica, não é suficiente para atribuição do segundo intervalo de pontuação.*	0,00/0,25/0,35/0,60

(OAB/Exame Unificado – 2016.2 – 2ª fase) Andy, jovem de 25 anos, possui uma condenação definitiva pela prática de contravenção penal. Em momento posterior, resolve praticar um crime de estelionato e, para tanto, decide que irá até o portão da residência de Josefa e, aí, solicitará a entrega de um computador, afirmando que tal requerimento era fruto de um pedido do próprio filho de Josefa, pois tinha conhecimento que este trabalhava no setor de informática de determinada sociedade. Ao chegar ao portão da casa, afirma para Josefa que fora à sua residência buscar o computador da casa a pedido do filho dela, com quem trabalhava. Josefa pede para o marido entregar o computador a Andy, que ficara aguardando no portão. Quando o marido de Josefa aparece com o aparelho, Andy se surpreende, pois ele lembrava seu falecido pai. Em razão disso, apesar de já ter empregado a fraude, vai embora sem levar o bem. O Ministério Público ofereceu denúncia pela prática de tentativa de estelionato, sendo Andy condenado nos termos da denúncia.

Como advogado de Andy, com base apenas nas informações narradas, responda aos itens a seguir.

A) Qual tese jurídica de direito material deve ser alegada, em sede de recurso de apelação, para evitar a punição de Andy? Justifique. (Valor: 0,65)

B) Há vedação legal expressa à concessão do benefício da suspensão condicional do processo a Andy? Justifique. (Valor: 0,60)

Obs.: o examinando deve fundamentar suas respostas. A mera citação do dispositivo legal não confere pontuação.

GABARITO COMENTADO – EXAMINADORA

A) A tese de direito material a ser alegada pelo advogado de Andy é que, no caso, não poderia ele ter sido punido pela tentativa, tendo em vista que houve desistência voluntária. Prevê o Art. 15 do CP que o agente que voluntariamente desiste de prosseguir na execução responde apenas pelos atos já praticados e não pela tentativa do crime inicialmente pretendido. Isso porque o agente opta por não prosseguir quando pode, ao contrário da tentativa, quando o agente não pode prosseguir por razões alheias à sua vontade. No caso, a execução já tinha sido iniciada, quando Andy empregou fraude. O benefício, porém, não foi obtido, sendo certo que o crime não se consumou pela vontade do próprio agente. Assim, sua conduta se torna atípica e deveria ele ser absolvido.

EDUARDO DOMPIERI

B) Não há vedação legal, podendo Andy fazer jus ao benefício da suspensão condicional do processo. O crime de estelionato possui pena mínima de 01 ano, o que está de acordo com as exigências do Art. 89 da Lei 9.099/1995. Ademais, prevê o dispositivo que não caberá suspensão se o agente já houver sido condenado ou se responder a outro processo pela prática de crime. Todavia, no caso, Andy havia sido condenado pela prática de contravenção penal, logo, não há vedação à concessão do benefício.

Considerações do autor à luz da Lei 13.964/2019 (Pacote Anticrime)

Embora nenhuma repercussão tenha na resolução desta questão, reputo importante fazer referência à alteração promovida pela Lei 13.964/2019 na natureza da ação penal no crime de estelionato. Vejamos. A ação penal, neste delito, sempre foi, via de regra, pública incondicionada. As exceções ficavam por conta das hipóteses elencadas no art. 182 do CP (imunidade relativa), que impunha que a vítima manifestasse seu desejo, por meio de representação, no sentido de ver processado o ofensor, legitimando o Ministério Público, dessa forma, a agir. Com o advento da Lei 13.964/2019, o que era exceção, no crime de estelionato, virou regra. Ou seja, o crime capitulado no art. 171 do CP passa a ser de ação penal pública condicionada à representação do ofendido, conforme impõe o art. 171, § 5º, do CP. Este mesmo dispositivo, no entanto, estabelece exceções (hipóteses em que a ação penal será pública incondicionada), a saber: quando a vítima for: a Administração Pública, direta ou indireta; criança ou adolescente; pessoa com deficiência mental; ou maior de 70 anos ou incapaz.

(OAB/Exame Unificado – 2016.1 – 2ª fase) João estava dirigindo seu automóvel a uma velocidade de 100 km/h em uma rodovia em que o limite máximo de velocidade é de 80 km/h. Nesse momento, foi surpreendido por uma bicicleta que atravessou a rodovia de maneira inesperada, vindo a atropelar Juan, condutor dessa bicicleta, que faleceu no local em virtude do acidente. Diante disso, João foi denunciado pela prática do crime previsto no Art. 302 da Lei 9.503/1997. As perícias realizadas no cadáver da vítima, no automóvel de João, bem como no local do fato, indicaram que João estava acima da velocidade permitida, mas que, ainda que a velocidade do veículo do acusado fosse de 80 km/h, não seria possível evitar o acidente e Juan teria falecido. Diante da prova pericial constatando a violação do dever objetivo de cuidado pela velocidade acima da permitida, João foi condenado à pena de detenção no patamar mínimo previsto no dispositivo legal.

Considerando apenas os fatos narrados no enunciado, responda aos itens a seguir.

A) Qual o recurso cabível da decisão do magistrado, indicando seu prazo e fundamento legal? (Valor: 0,60)

B) Qual a principal tese jurídica de direito material a ser alegada nas razões recursais? (Valor: 0,65)

Obs.: o examinando deve fundamentar suas respostas. A mera citação do dispositivo legal não confere pontuação.

GABARITO COMENTADO – EXAMINADORA

A) O recurso cabível da sentença do magistrado que condenou João é o recurso de apelação, cujo prazo de interposição é de 05 dias e o fundamento é o Art. 593, inciso I, do Código de Processo Penal.

B) A principal tese jurídica a ser apresentada é o requerimento de absolvição do acusado, pois, em que pese ter havido violação do dever objetivo de cuidado, essa violação não representou incremento do risco no caso concreto, pois, ainda que observada a velocidade máxima prevista para a pista, com respeito ao dever de cuidado, o resultado teria ocorrido da maneira como ocorreu. Dessa forma, o examinando pode fundamentar o pedido de absolvição com base na ausência de incremento do risco, sendo essa ausência, de acordo com a Teoria da Imputação Objetiva, fundamento para absolvição. De qualquer maneira, o cerne da resposta é a indicação de que não foi a violação do dever de cuidado a responsável pelo resultado lesivo, de modo que não deveria João ser por ele responsabilizado.

A Banca também considerou como correta a resposta que indicava a inexistência de culpa, apesar da violação do dever objetivo de cuidado, em razão da ausência do elemento previsibilidade, sob a alegação de que João não poderia prever que uma bicicleta atravessaria seu caminho em uma rodovia de tráfego intenso, em local inadequado.

Distribuição dos Pontos:

ITEM	PONTUAÇÃO
A) O recurso cabível da sentença do magistrado é a Apelação (0,35), cujo fundamento legal é previsto no Art. 593, **inciso I**, do CPP (0,10), com prazo de interposição de 05 dias (0,15). 0,00/0,15/0,25/0,35	0,45/0,50/0,60
B) Não foi praticado crime **OU** deveria João ser absolvido (0,15), razão da aplicação da Teoria da Imputação Objetiva, pois ainda que não houvesse violação do dever objetivo de cuidado, o resultado teria ocorrido da mesma maneira que ocorreu, não havendo incremento do risco realizado no resultado **OU** porque não havia culpa em razão da ausência do elemento previsibilidade (0,50).	0,00/0,15/0,50/0,65

(OAB/Exame Unificado – 2015.2 – 2ª fase) No interior de uma casa de festas, Paulo estava bebendo *whisky* com sua namorada Roberta para comemorar um ano de namoro. Em determinado momento, chegou Flávio ao local, ex-namorado de Roberta, indo de imediato cumprimentá-la. Insatisfeito, Paulo foi em direção a Flávio e desferiu três socos em sua cabeça, causando lesões corporais gravíssimas. Paulo foi denunciado pela prática do crime do art. 129, § 2º, do Código Penal, sendo absolvido em sentença de primeiro grau, entendendo o magistrado que, apesar de Paulo ter ingerido grande quantidade de bebida alcoólica conscientemente, a embriaguez não foi voluntária, logo naquele momento Paulo era inimputável.

Flávio procura você na condição de advogado, esclarece que não houve habilitação como assistente de acusação e informa que o prazo de recurso do Ministério Público se esgotou no dia anterior, tendo o Promotor se mantido inerte.

Considerando a situação hipotética, na condição de advogado de Flávio, responda aos itens a seguir.

A) Qual medida processual deve ser adotada pelo ofendido para superar a decisão do magistrado e em qual prazo? Justifique. **(Valor: 0,65)**

B) Qual argumento de direito material a ser alegado para combater a decisão de primeiro grau? Justifique. **(Valor: 0,60)**

Obs.: o examinando deve fundamentar suas respostas. A mera citação do dispositivo legal não confere pontuação.

GABARITO COMENTADO – EXAMINADORA

A) O ofendido, por intermédio de um advogado, poderia apresentar recurso de apelação, ainda que não tenha se habilitado, em momento anterior, como assistente de acusação. Prevê o art. 598 do Código de Processo Penal que, se da sentença não for interposta apelação pelo Ministério Público no prazo legal, o ofendido, ainda que não tenha se habilitado como assistente de acusação, poderá interpor apelação. O prazo será de 15 dias a partir do fim do prazo do Ministério Público. No caso, houve omissão do Ministério Público, então caberá o recurso do ofendido, sendo certo que, diante da sentença absolutória, além da legitimidade existe interesse recursal. Deve ser esclarecido que não basta o examinando afirmar que deveria Flavio habilitar-se como assistente de acusação, caso esta afirmação não venha acompanhada da possibilidade de interposição de recurso de apelação.

B) No mérito, o examinando deveria demonstrar o equívoco da decisão do magistrado. A hipótese narrada indica que a ingestão de bebida alcoólica foi consciente e intencional, ainda que o resultado embriaguez não tenha sido. Contudo, prevê o Art. 28, inciso II, do Código Penal que a embriaguez, voluntária ou culposa, não exclui a imputabilidade penal. Assim, somente a embriaguez completa, decorrente de caso fortuito ou força maior, poderia afastar a culpabilidade, levando a uma absolvição.

Distribuição dos Pontos:

ITEM	PONTUAÇÃO
A) O ofendido poderia interpor recurso de apelação (0,35), na forma do Art. 598 do CPP (0,10), sendo o prazo de 15 dias (0,20).	0,00 / 0,20 / 0,30 / 0,35 / 0,45 / 0,55 / 0,65
B) O argumento é que a embriaguez de Paulo foi voluntária ou culposa (0,15), logo não exclui a imputabilidade penal (0,35), na forma do Art. 28, inciso II, do CP (0,10).	0,00 / 0,15 / 0,25 / 0,35 / 0,45 / 0,50 / 0,60

(OAB/Exame Unificado – 2013.3 – 2ª fase) Félix, objetivando matar Paola, tenta desferir-lhe diversas facadas, sem, no entanto, acertar nenhuma. Ainda na tentativa de atingir a vítima, que continua a esquivar-se dos golpes, Félix, aproveitando-se do fato de que conseguiu segurar Paola pela manga da camisa, empunha a arma. No momento, então, que Félix movimenta seu braço para dar o golpe derradeiro, já quase atingindo o corpo da vítima com a faca, ele opta por não continuar e, em seguida, solta Paola, que sai correndo sem ter sofrido sequer um arranhão, apesar do susto.

Nesse sentido, com base apenas nos dados fornecidos, poderá Félix ser responsabilizado por tentativa de homicídio? Justifique. (Valor: 1,25)

A resposta que contenha apenas as expressões "sim" ou "não" não será pontuada, bem como a mera indicação de artigo legal ou a resposta que apresente teses contraditórias.

PRÁTICA PENAL – 10ª EDIÇÃO 31 EXERCÍCIOS PRÁTICOS

GABARITO COMENTADO – EXAMINADORA

O examinando deve responder que Félix não deve ser responsabilizado por tentativa de homicídio, pois a hipótese narrada enquadra-se naquela descrita no Art. 15, do CP, em sua primeira parte, ou seja, trata do instituto da desistência voluntária. Isso porque, conforme narrado no enunciado, percebe-se que o agente (Félix) desistiu de prosseguir na execução do delito quando ainda lhe sobrava, do ponto de vista objetivo, margem de ação. Assim, conforme o dispositivo legal supracitado, Félix responderia apenas por eventuais atos praticados. Note-se, entretanto, que os atos praticados pelo agente não traduzem a prática de crime, razão pela qual Félix não responde por nada.

Distribuição dos Pontos:

ITEM	PONTUAÇÃO
Félix não responde por tentativa de homicídio, pois agiu em hipótese de desistência voluntária (1,00), instituto descrito na primeira parte do Art. 15 do CP (0,25).	0,00/1,00/1,25
Obs.: Não será pontuada a reprodução de texto legal ou a mera indicação de artigo de lei	

Comentários do autor:

Vale, aqui, estabelecer a diferença entre a *desistência voluntária* e o *arrependimento eficaz*. Neste último, presente no art. 15, segunda parte, do CP, o agente, já tendo realizado tudo que julgava necessário para atingir a consumação do crime, arrepende-se e passa a *agir* para evitar a produção do resultado. Se obtiver sucesso, responde somente pelos atos praticados. Na *desistência voluntária* (presente no art. 15, primeira parte, do CP), diferentemente, o agente, no curso da execução do crime, ainda dispondo de meios para chegar à consumação, desiste, interrompe sua ação. O agente, no primeiro caso, consegue, depois de realizar todos os atos de execução necessários a atingir a consumação do delito, evitar a produção do resultado, visto que, de forma voluntária, agiu para tanto. Note que o *arrependimento eficaz* pressupõe, por parte do agente, uma *ação, um fazer*. Na *desistência voluntária* a situação é diferente. Os atos de execução, neste caso, não são levados a termo. E não são porque o agente, no curso do processo, ainda dispondo de meios para chegar à consumação do crime, desiste. Diz-se, pois, que a *desistência voluntária* pressupõe um *não fazer*. Aqui, o agente também responde somente pelos atos praticados. No caso narrado no enunciado, Felix, que desistiu de dar sequência ao seu objetivo inicial, que consistia em tirar a vida de Paola, não responderá por tentativa de homicídio tampouco por outro delito, já que os atos que antecederam a desistência por ele manifestada não constituem infração penal.

(OAB/Exame Unificado – 2013.3 – 2ª fase) Ricardo é delinquente conhecido em sua localidade, famoso por praticar delitos contra o patrimônio sem deixar rastros que pudessem incriminá-lo. Já cansando da impunidade, Wilson, policial e irmão de uma das vítimas de Ricardo, decide que irá empenhar todos os seus esforços na busca de uma maneira para prender, em flagrante, o facínora.

Assim, durante meses, se faz passar por amigo de Ricardo e, com isso, ganhar a confiança deste. Certo dia, decidido que havia chegado a hora, pergunta se Ricardo poderia ajudá-lo na próxima empreitada. Wilson diz que elaborou um plano perfeito para assaltar uma casa lotérica e que bastaria ao amigo seguir as instruções. O plano era o seguinte: Wilson se faria passar por um cliente da casa lotérica e, percebendo o melhor momento, daria um sinal para que Ricardo entrasse no referido estabelecimento e anunciasse o assalto, ocasião em que o ajudaria a render as pessoas presentes. Confiante nas suas próprias habilidades e empolgado com as ideias dadas por Wilson, Ricardo aceita. No dia marcado por ambos, Ricardo, seguindo o roteiro traçado por Wilson, espera o sinal

EDUARDO DOMPIERI

e, tão logo o recebe, entra na casa lotérica e anuncia o assalto. Todavia, é surpreendido ao constatar que tanto Wilson quanto todos os "clientes" presentes na casa lotérica eram policiais disfarçados. Ricardo acaba sendo preso em flagrante, sob os aplausos da comunidade e dos demais policiais, contentes pelo sucesso do flagrante. Levado à delegacia, o delegado de plantão imputa a Ricardo a prática do delito de roubo na modalidade tentada.

Nesse sentido, atento tão somente às informações contidas no enunciado, responda justificadamente:

A) Qual a espécie de flagrante sofrido por Ricardo? (Valor: 0,80)
B) Qual é a melhor tese defensiva aplicável à situação de Ricardo relativamente à sua responsabilidade jurídico-penal? (Valor: 0,45)

GABARITO COMENTADO – EXAMINADORA

A situação narrada configura hipótese de flagrante preparado (ou provocado). Tal prisão em flagrante é nula e deve ser imediatamente relaxada, haja vista o fato de ter sido preparada por um agente provocador, que adotou medidas aptas a impedir por completo a consumação do crime.

Inclusive, o Verbete 145 da Súmula do STF disciplina que, nas situações como a descrita no enunciado, inexiste crime.

Aplica-se, também, o Art. 17 do Código Penal: o flagrante preparado constitui hipótese de crime impossível.

Sendo assim, a melhor tese defensiva aplicável a Ricardo é aquela no sentido de excluir a prática de crime com base no Verbete 145, da Súmula do STF, e no Art. 17, do Código Penal.

Note-se que o enunciado da questão deixa claro que busca a melhor tese defensiva no campo jurídico-penal. Assim, eventuais respostas indicativas de soluções no âmbito processual (tais como: prisão ilegal que deve ser relaxada), ainda que corretas, não serão consideradas para efeito de pontuação, haja vista o fato de não responderem ao questionado.

Distribuição dos Pontos:

ITEM	PONTUAÇÃO
A) Flagrante preparado (ou provocado) (0,50), pois houve a presença da figura do agente provocador que adotou medidas impeditivas à consumação do crime (0,30). *Obs.: o correto desenvolvimento, dissociado da indicação da correta espécie de flagrante (ou mesmo de indicação errônea) não será pontuado.*	0,00/0,50/0,80
B) A hipótese é de crime impossível (OU o fato é atípico) (0,35), consoante Verbete 145 da Súmula do STF (0,10). *Obs.: A mera indicação ou reprodução do conteúdo da Súmula não pontua.*	0,00/0,35/0,45

Comentários do autor:

O enunciado da questão contempla hipótese do chamado *flagrante preparado* ou *provocado* (delito de ensaio), que constitui modalidade de crime impossível (art. 17, CP), também chamado pela doutrina de tentativa inidônea, inadequada, inútil ou ainda quase crime. O agente provocador, neste caso Wilson, leva o autor (Ricardo) à prática do crime, viciando a sua vontade, e, feito isso, o prende em flagrante. A conduta é atípica, segundo posição do STF esposada na Súmula 145: "Não há crime, quando a preparação do flagrante pela polícia torna impossível sua consumação". Tal situação não

PRÁTICA PENAL – 10ª EDIÇÃO   33   EXERCÍCIOS PRÁTICOS

deve ser confundida com o chamado *flagrante esperado*, em que a polícia ou terceiro aguarda o cometimento do crime. Não há que se falar, neste caso, em induzimento. Outra situação que pode gerar confusão é a assim denominada "ação controlada", que consiste no acompanhamento da prática delitiva até o momento em que a prisão em flagrante gera o melhor resultado para a operação. Tal instrumento de investigação está autorizado pelo art. 3º, III, da Lei n. 12.850/2013.

(OAB/Exame Unificado – 2013.2 – 2ª fase) O Ministério Público ofereceu denúncia contra Lucile, imputando-lhe a prática da conduta descrita no Art. 155, *caput*, do CP. Narrou, a inicial acusatória, que no dia 18/10/2012 Lucile subtraiu, sem violência ou grave ameaça, de um grande estabelecimento comercial do ramo de venda de alimentos, dois litros de leite e uma sacola de verduras, o que totalizou a quantia de R$10,00 (dez reais). Todas as exigências legais foram satisfeitas: a denúncia foi recebida, foi oferecida suspensão condicional do processo e foi apresentada resposta à acusação.

O magistrado, entretanto, após convencer-se pelas razões invocadas na referida resposta à acusação, entende que o fato é atípico.

Nesse sentido, tendo como base apenas as informações contidas no enunciado, responda, justificadamente, aos itens a seguir.

A) O que o magistrado deve fazer? Após indicar a solução, dê o correto fundamento legal. (Valor: 0,65)

B) Qual é o elemento ausente que justifica a alegada atipicidade? (Valor: 0,60)

Utilize os argumentos jurídicos apropriados e a fundamentação legal pertinente ao caso.

A simples menção ou transcrição do dispositivo legal não pontua.

GABARITO COMENTADO – EXAMINADORA

A questão objetiva extrair do examinando conhecimento acerca da absolvição sumária, bem como dos elementos essenciais à configuração da tipicidade penal de uma conduta.

A) O juiz deve absolver sumariamente a ré, devendo fundamentar sua decisão no Art. 397, III, do CPP.

B) Está ausente a tipicidade material. Isso porque, pela moderna doutrina, somente haverá tipicidade se, além da tipicidade formal (subsunção do fato à norma), estiver presente, também, a tipicidade material, assim entendida como efetiva lesão relevante ou ameaça de lesão ao bem jurídico tutelado.

Comentários do autor:

O enunciado, segundo é possível inferir da narrativa, contempla hipótese de incidência do *princípio da insignificância*, que funciona como *causa supralegal de exclusão da tipicidade* (material), atuando como instrumento de interpretação restritiva do tipo penal. Nesse sentido: STJ, REsp. 1171091-MG, 5ª T., rel. Min. Arnaldo Esteves Lima, 16.03.10. Seu reconhecimento, segundo jurisprudência hoje sedimentada, está condicionado à coexistência dos seguintes requisitos (vetores): mínima ofensividade da conduta; nenhuma periculosidade social da ação; reduzido grau de reprovabilidade do comportamento; e inexpressividade da lesão jurídica provocada (STF, HC 98.152-MG, 2ª T., rel. Min. Celso de Mello, 19.05.2009).

EDUARDO DOMPIERI

(OAB/Exame Unificado – 2012.3 – 2ª fase) Mário está sendo processado por tentativa de homicídio uma vez que injetou substância venenosa em Luciano, com o objetivo de matá-lo. No curso do processo, uma amostra da referida substância foi recolhida para análise e enviada ao Instituto de Criminalística, ficando comprovado que, pelas condições de armazenamento e acondicionamento, a substância não fora hábil para produzir os efeitos a que estava destinada. Mesmo assim, arguindo que o magistrado não estava adstrito ao laudo, o Ministério Público pugnou pela pronúncia de Mário nos exatos termos da denúncia.

Com base apenas nos fatos apresentados, responda justificadamente.

A) O magistrado deveria pronunciar Mário, impronunciá-lo ou absolvê-lo sumariamente? (Valor: 0,65)

B) Caso Mário fosse pronunciado, qual seria o recurso cabível, o prazo de interposição e a quem deveria ser endereçado? (Valor: 0,60)

RESOLUÇÃO DA QUESTÃO
A) Deveria absolvê-lo sumariamente, por força do Art. 415, III, do CPP. O caso narrado não constitui crime, sendo hipótese de crime impossível.
B) É cabível recurso em sentido estrito (Art. 581, IV, do CPP); deve ser interposto no prazo de cinco dias (Art. 586 CPP); a petição de interposição deve ser endereçada ao juiz *a quo* e as razões deverão ser endereçadas ao Tribunal de Justiça.

Distribuição dos Pontos:

QUESITO AVALIADO	VALORES
A1) Deveria absolvê-lo sumariamente, por força do Art. 415, III, do CPP (0,35). *Obs.: a mera indicação de artigo não pontua.*	0,00/0,35
A2) A hipótese é de crime impossível (0,30).	0,00/0,30
B1) Recurso em sentido estrito (Art. 581, IV do CPP) (0,15);	0,00/0,15
B2) deve ser interposto em 5 dias (Art. 586, do CPP) (0,15);	0,00/0,15
B3) a petição de interposição deve ser endereçada ao juiz a quo (0,15) e as razões deverão ser endereçadas ao Tribunal de Justiça (0,15).	0,00/0,15/0,30

Comentários do autor:

Cuida-se de hipótese de crime impossível pela ineficácia absoluta do meio empregado pelo agente (art. 17, CP). Com efeito, a substância injetada por Mário em Luciano, a despeito de aquele haver agido com *animus necandi*, é incapaz, inidônea para produzir o resultado morte.

(OAB/Exame Unificado – 2012.3 – 2ª fase) Wilson, extremamente embriagado, discute com seu amigo Junior na calçada de um bar já vazio pelo avançado da hora. A discussão torna-se acalorada e, com intenção de matar, Wilson desfere quinze facadas em Junior, todas na altura do abdômen. Todavia, ao ver o amigo gritando de dor e esvaindo-se em sangue, Wilson, desesperado, pega um táxi para levar Junior ao hospital. Lá chegando, o socorro é eficiente e Junior consegue recuperar-se das graves lesões sofridas.

PRÁTICA PENAL – 10ª EDIÇÃO   35   EXERCÍCIOS PRÁTICOS

Analise o caso narrado e, com base apenas nas informações dadas, responda, fundamentadamente, aos itens a seguir.

A) É cabível responsabilizar Wilson por tentativa de homicídio? (Valor: 0,65)

B) Caso Junior, mesmo tendo sido socorrido, não se recuperasse das lesões e viesse a falecer no dia seguinte aos fatos, qual seria a responsabilidade jurídico-penal de Wilson? (Valor: 0,60)

RESOLUÇÃO DA QUESTÃO

A) Não, pois Wilson será beneficiado pelo instituto do arrependimento eficaz, previsto na parte final do Art. 15 do Código Penal. Assim, somente responderá pelos atos praticados, no caso, as lesões corporais graves sofridas por Júnior.

Obs.: A mera indicação de artigo legal não garante atribuição de pontos. Também não serão pontuadas respostas contraditórias.

B) Nesse caso, como não houve eficácia no arrependimento, o que é exigido pelo Art. 15, do Código Penal, Wilson deverá responder pelo resultado morte, ou seja, deverá responder pelo delito de homicídio doloso consumado.

Distribuição dos Pontos:

QUESITO AVALIADO	VALORES
A) Não, pois Wilson será beneficiado pelo instituto do arrependimento eficaz, (0,35) de modo que somente responderá pelos atos praticados OU somente responderá por lesões corporais graves (0,30).	0,00/0,30/0,35/0,65
B) Como não houve eficácia no arrependimento OU como não houve atendimento à exigência do Art. 15, CP (0,30), Wilson deverá responder pelo resultado morte OU deverá responder pelo crime de homicídio doloso consumado (0,30).	0,00/0,30/0,60

(OAB/Exame Unificado – 2012.1 – 2ª fase) Larissa, senhora aposentada de 60 anos, estava na rodoviária de sua cidade quando foi abordada por um jovem simpático e bem vestido. O jovem pediu-lhe que levasse para a cidade de destino uma caixa de medicamentos para um primo, que padecia de grave enfermidade. Inocente, e seguindo seus preceitos religiosos, a Sra. Larissa atende ao rapaz: pega a caixa, entra no ônibus e segue viagem. Chegando ao local da entrega, a senhora é abordada por policiais que, ao abrirem a caixa de remédios, verificam a existência de 250 gramas de cocaína em seu interior. Atualmente, Larissa está sendo processada pelo crime de tráfico de entorpecente, previsto no art. 33 da Lei n. 11.343, de 23 de agosto de 2006.

Considerando a situação acima descrita e empregando os argumentos jurídicos apropriados e a fundamentação legal pertinente, responda: qual a tese defensiva aplicável à Larissa? (valor: 1,25)

GABARITO COMENTADO – EXAMINADORA

A questão pretende buscar do examinando conhecimento acerca do instituto do erro de tipo essencial, inclusive para diferenciá-lo das demais modalidades de erro. Assim, para garantir pontuação, a resposta deverá trazer as seguintes informações: a tese defensiva aplicável é a de que Larissa agiu em erro de tipo essencial incriminador, instituto descrito no art. 20, *caput,* do CP, pois desconhecia circunstância elementar descrita em tipo penal incriminador. Ausente

EDUARDO DOMPIERI

o elemento típico, qual seja, o fato de estar transportando drogas, faz com que, nos termos do dispositivo legal, se exclua o dolo, mas permita-se a punição por crime culposo e, como o dispositivo legal do art. 33 da Lei 11.343/2006 não admite a modalidade culposa, o fato se tornaria atípico.

Ressalte-se que levando em conta que o Exame de Ordem busca o conhecimento técnico e acadêmico dos examinandos, não serão pontuadas respostas que tragam teses contraditórias. Assim, a resposta indicativa de qualquer outra espécie de erro (seja acidental, de tipo permissivo ou de proibição) implica na impossibilidade de pontuação, estando, a questão, maculada em sua integralidade. Entende-se por tese contraditória aquelas que elencam diversas modalidades de erro, ainda que uma delas seja a correta.

Também com o fim de privilegiar o raciocínio e a demonstração de conhecimento, a mera indicação da consequência correta (atipicidade do fato), dissociada da argumentação pertinente e identificação do instituto aplicável ao caso, não será passível de pontuação. Do mesmo modo, não será pontuada a mera indicação do dispositivo legal, qual seja, o art. 20, *caput,* do CP.

Distribuição dos Pontos:

QUESITO AVALIADO	FAIXA DE VALORES
1. Larissa agiu em erro de tipo essencial (0,30), nos termos do art. 20, *caput,* do CP (0,15). *Obs.1: a mera indicação de artigo não pontua.* *Obs.2: teses contraditórias zeram a questão.*	0,00/0,30/0,45
2. Desenvolvimento jurídico: faltava-lhe consciência de que praticava conduta descrita em tipo penal OU não sabia que portava drogas, circunstância elementar do tipo (0,40) *Obs.: somente será pontuado o desenvolvimento, se houver a correta indicação do instituto aplicável ao caso.*	0,00/0,40
3. Consequência: não houve dolo por parte de Larissa e, como o delito descrito no art. 33 da Lei n. 11.343/2006 não admite a modalidade culposa, o fato é atípico (0,40). *Obs.: a mera indicação da consequência, dissociada da identificação do instituto aplicável à espécie, não pontua.*	0,00/0,40

(OAB/Exame Unificado – 2011.3 – 2ª fase) Carlos Alberto, jovem recém-formado em Economia, foi contratado em janeiro de 2009 pela ABC Investimentos S.A., pessoa jurídica de direito privado que tem como atividade principal a captação de recursos financeiros de terceiros para aplicar no mercado de valores mobiliários, com a função de assistente direto do presidente da companhia, Augusto César. No primeiro mês de trabalho, Carlos Alberto foi informado de que sua função principal seria elaborar relatórios e portfólios da companhia a serem endereçados aos acionistas com o fim de informá-los acerca da situação financeira da ABC. Para tanto, Carlos Alberto baseava-se, exclusivamente, nos dados financeiros a ele fornecidos pelo presidente Augusto César. Em agosto de 2010, foi apurado, em auditoria contábil realizada nas finanças da ABC, que as informações mensalmente enviadas por Carlos Alberto aos acionistas da companhia eram falsas, haja vista que os relatórios alteravam a realidade sobre as finanças da companhia, sonegando informações capazes de revelar que a ABC estava em situação financeira periclitante.

PRÁTICA PENAL – 10ª EDIÇÃO

EXERCÍCIOS PRÁTICOS

Considerando-se a situação acima descrita, responda aos itens a seguir, empregando os argumentos jurídicos apropriados e a fundamentação legal pertinente ao caso.

A) É possível identificar qualquer responsabilidade penal de Augusto César? Se sim, qual(is) seria(m) a(s) conduta(s) típica(s) a ele atribuída(s)? (Valor 0,45)

B) Caso Carlos Alberto fosse denunciado por qualquer crime praticado no exercício das suas funções enquanto assistente da presidência da ABC, que argumentos a defesa poderia apresentar para o caso? (Valor: 0,8)

RESOLUÇÃO DA QUESTÃO

Augusto Cesar, ao fornecer dados financeiros falsos a Carlos Alberto, que serviram de subsídio para que este elaborasse as informações que seriam transmitidas, por meio de relatórios e portfólios, aos acionistas, incorreu no crime do art. 6º da Lei 7.492/1986.

Caso Carlos Alberto fosse denunciado por qualquer crime praticado no exercício de suas funções enquanto assistente da presidência da ABC, a defesa deveria se valer do argumento de que a sua atuação foi desprovida de dolo. Isso porque Carlos Alberto, desconhecendo o propósito criminoso de Augusto Cesar, limitara-se a transmitir aos acionistas as informações que lhe eram fornecidas pelo presidente da companhia, que, dessa forma, se valeu de Carlos Alberto para, com base em dados falsos, fazer chegar aos acionistas situação financeira que não correspondia à realidade. Carlos Alberto, assim, incorreu em erro de tipo essencial, na forma estatuída no art. 20, *caput*, do CP.

GABARITO COMENTADO – EXAMINADORA

A) Sim, pois Augusto César agiu com dolo preordenado, sendo autor mediato do crime previsto no art. 6º da Lei 7.492/1986.

B) Poderia argumentar que Carlos Alberto não agiu com dolo, uma vez que recebera informações erradas. Agiu, portanto, em hipótese de erro de tipo essencial invencível/escusável, com base no art. 20, *caput*, OU art. 20, § 2º, do CP.

Distribuição dos Pontos:

ITEM	PONTUAÇÃO
A) Sim, pois Augusto César agiu com dolo (0,25), sendo autor do crime previsto no art. 6º da Lei 7.492/1986 (0,2). *Obs.: A mera indicação de artigo não é pontuada.*	0/0,2/0,25/0,45
B) Poderia argumentar que não agiu com dolo, agiu em erro de tipo (0,6), nos termos do art. 20, *caput*, OU art. 20, § 2º, do CP. (0,2). *Obs.: A mera indicação do artigo não é pontuada.*	0/0,6/0,8

EDUARDO DOMPIERI

(OAB/Exame Unificado – 2011.3 – 2ª fase) Hugo é inimigo de longa data de José e há muitos anos deseja matá-lo. Para conseguir seu intento, Hugo induz o próprio José a matar Luiz, afirmando falsamente que Luiz estava se insinuando para a esposa de José. Ocorre que Hugo sabia que Luiz é pessoa de pouca paciência e que sempre anda armado. Cego de ódio, José espera Luiz sair do trabalho e, ao vê-lo, corre em direção dele com um facão em punho, mirando na altura da cabeça. Luiz, assustado e sem saber o motivo daquela injusta agressão, rapidamente saca sua arma e atira justamente no coração de José, que morre instantaneamente. Instaurado inquérito policial para apurar as circunstâncias da morte de José, ao final das investigações, o Ministério Público formou sua opinião no seguinte sentido: Luiz deve responder pelo excesso doloso em sua conduta, ou seja, deve responder por homicídio doloso; Hugo, por sua vez, deve responder como partícipe de tal homicídio. A denúncia foi oferecida e recebida.

Considerando que você é o advogado de Hugo e Luiz, responda:

A) Qual peça deverá ser oferecida, em que prazo e endereçada a quem? (Valor: 0,3)

B) Qual a tese defensiva aplicável a Luiz? (Valor: 0,5)

C) Qual a tese defensiva aplicável a Hugo? (Valor: 0,45)

RESOLUÇÃO DA QUESTÃO

Em vista da situação hipotética apresentada, a peça a ser ofertada, dentro do prazo de 10 dias, é a *resposta à acusação* (defesa prévia), na forma estabelecida no art. 406 do CPP, que deverá ser endereçada ao juiz da Vara Criminal do Júri.

A defesa de Luiz deverá sustentar que este agiu sob o manto da *legítima defesa real*, cujos requisitos estão contemplados no art. 25 do CP, visto que, lançando mão dos necessários meios, rechaçou agressão injusta perpetrada por José. Não há, aqui, que se falar em excesso, na medida em que a resposta foi proporcional à agressão impingida. Isto é, o uso dos meios necessários não pode ser qualificado de imoderado.

Não poderia Hugo responder como partícipe pela morte de José. Isso porque o fato ocorreu em resposta à iminente agressão que estaria para sofrer Luiz, o que exclui a ilicitude de sua conduta. É dizer, embora típica a conduta, não pode ser qualificada de antijurídica, visto que Luiz atuou em legítima defesa de direito próprio. Dessa forma, levando em conta o que enuncia a teoria da *acessoriedade limitada*, por nós acolhida, impossível punir o partícipe se o fato praticado pelo autor não é típico e antijurídico.

GABARITO COMENTADO – EXAMINADORA

A) Resposta à acusação, no prazo de 10 dias (art. 406 do CPP), endereçada ao juiz presidente do Tribunal do Júri.

OU

Habeas corpus para extinção da ação penal; ação penal autônoma de impugnação que não possui prazo determinado; endereçado ao Tribunal de Justiça Estadual.

B) A tese defensiva aplicada a Luiz é a da legítima defesa real, instituto previsto no art. 25 do CP, cuja natureza é de causa excludente de ilicitude. Não houve excesso, pois a conduta de José (que mirava com o facão na cabeça do Luiz) configurava injusta agressão e claramente atentava contra a vida de Luiz.

PRÁTICA PENAL – 10ª EDIÇÃO · 39 · EXERCÍCIOS PRÁTICOS

C) Hugo não praticou fato típico, pois, de acordo com a Teoria da Acessoriedade Limitada, o partícipe somente poderá ser punido se o agente praticar conduta típica e ilícita, o que não foi o caso, já que Luiz agiu amparado por uma causa excludente de ilicitude, qual seja, legítima defesa (art. 25 do CP).

OU

Não havia liame subjetivo entre Hugo e Luiz, requisito essencial ao concurso de pessoas, razão pela qual Hugo não poderia ser considerado partícipe.

Distribuição dos Pontos:

ITEM	PONTUAÇÃO
A) Resposta à acusação (0,1), no prazo de 10 dias (art. 406 do CPP) (0,1), endereçada ao Juiz da Vara Criminal / do Júri (0,1). OU *Habeas Corpus* para extinção da ação penal (0,1); que não possui prazo determinado (0,1); endereçado ao Tribunal de Justiça (0,1).	0 / 0,1 / 0,2 / 0,3
B) Legítima defesa (0,3). Não houve excesso, pois a conduta de José configurava injusta agressão e atentava contra a vida de Luiz (OU fundamentação jurídica da legítima defesa) (0,2).	0 / 0,2 / 0,3 / 0,5
C) Não praticou crime (0,2), pois, de acordo com a Teoria da Acessoriedade Limitada, o partícipe somente poderá ser punido se o agente praticar conduta típica e ilícita, o que não foi o caso, já que Luiz agiu amparado por uma causa excludente de ilicitude (0,25). OU Não havia liame subjetivo entre Hugo e Luiz (0,2), razão pela qual Hugo não poderia ser considerado partícipe (0,25).	0/0,2/0,25/0,45

Obs.: A mera indicação de artigo não é pontuada.

Comentários do autor:

A modificação implementada na redação do art. 406 do CPP, promovida pela Lei 11.689/2008 no CPP, permite ao acusado, na resposta à acusação (ou defesa prévia), arguir preliminares e alegar tudo aquilo que interesse à sua defesa, oferecer documentos e justificações, especificar as provas pretendidas e arrolar testemunhas.

De se notar, no entanto, que do enunciado da questão consta que "a denúncia foi oferecida e recebida", nenhuma menção sendo feita ao fato de os réus terem ou não sido citados. Ocorre que só há que se falar em "resposta à acusação" na hipótese de o réu ser citado. É por essa razão que – segundo acreditamos – o gabarito também considerou como correta a impetração de *habeas corpus*.

No Brasil vige a teoria da **acessoriedade limitada**, segundo a qual, para punir o partícipe, é suficiente apurar que o autor praticou um fato típico e antijurídico; para **acessoriedade mínima**, basta que o autor tenha praticado um fato típico; já para a **hiperacessoriedade**, mister que o fato principal seja típico, antijurídico, culpável e punível; há, por fim, a **acessoriedade máxima**, em que o fato principal precisa ser típico, antijurídico e culpável.

Por fim, dentro do tema *legítima defesa*, é importante que façamos algumas ponderações ante alteração promovida pelo Pacote Anticrime no art. 25 do CP. Pois bem. A Lei 13.964/2019, dentre outras diversas modificações implementadas no campo penal e processual penal, promoveu a inclusão do parágrafo único no art. 25 do CP. Como bem sabemos, este dispositivo contém os requisitos da legítima defesa, causa de exclusão da ilicitude. Este novo dispositivo (parágrafo único) estabelece que também se considera em legítima defesa o agente de segurança pública que rechaça agressão ou risco de agressão a vítima mantida refém durante a prática de crimes. Em verdade, ao inserir

EDUARDO DOMPIERI

este dispositivo no art. 25 do CP, nada mais fez o legislador do que explicitar e reforçar hipótese configuradora de legítima defesa já consolidada há muito em sede de jurisprudência. Tem efeito, portanto, a nosso ver, mais simbólico do que prático. Em outras palavras, o parágrafo único do art. 25 do CP, incluído pela Lei 13.964/2019, descreve situação que já era, de forma pacífica, considerada típica de legítima defesa. Afinal, como é sabido, o policial que repele injusta agressão à vida de terceiro atua em legítima defesa. Exemplo típico é o do atirador de elite, que acaba por abater o sequestrador que ameaçava tirar a vida da vítima.

(OAB/Exame Unificado – 2011.3 – 2ª fase) Ao chegar a um bar, Caio encontra Tício, um antigo desafeto que, certa vez, o havia ameaçado de morte. Após ingerir meio litro de uísque para tentar criar coragem de abordar Tício, Caio partiu em sua direção com a intenção de cumprimentá-lo. Ao aproximar-se de Tício, Caio observou que seu desafeto bruscamente pôs a mão por debaixo da camisa, momento em que achou que Tício estava prestes a sacar uma arma de fogo para vitimá-lo. Em razão disso, Caio imediatamente muniu-se de uma faca que estava sobre o balcão do bar e desferiu um golpe no abdome de Tício, o qual veio a falecer. Após análise do local por peritos do Instituto de Criminalística da Polícia Civil, descobriu-se que Tício estava tentando apenas pegar o maço de cigarros que estava no cós de sua calça.

Considerando a situação acima, responda aos itens a seguir, empregando os argumentos jurídicos apropriados e a fundamentação legal pertinente ao caso.

A) Levando-se em conta apenas os dados do enunciado, Caio praticou crime? Em caso positivo, qual? Em caso negativo, por que razão? (Valor: 0,65)

B) Supondo que, nesse caso, Caio tivesse desferido 35 golpes na barriga de Tício, como deveria ser analisada a sua conduta sob a ótica do Direito Penal? (Valor: 0,6)

RESOLUÇÃO DA QUESTÃO

Caio, embora tenha agido com intenção de atingir Tício e causar-lhe a morte (dolo), só o fez porque teve uma falsa percepção da realidade, consubstanciada na suposição de que Tício iria investir contra sua pessoa. A hipótese se amolda à chamada *legítima defesa putativa* (art. 20, § 1º, CP), modalidade de descriminante putativa. Neste caso, podemos afirmar que Caio não praticou crime algum, visto que ausente um de seus elementos, a antijuridicidade. A conduta de Caio, embora típica, é autorizada pelo direito. Dito de outra forma, inexiste contrariedade entre a conduta de Caio e o direito.

Agora, se Caio, ao se defender de agressão por ele suposta, exceder-se, de forma proposital, no número de golpes necessários a repelir a agressão, incorrerá em *excesso doloso*, nos termos do que estabelece o art. 23, parágrafo único, do CP. Aqui, não há como reconhecer a excludente de ilicitude, devendo Caio, por isso, responder pelo resultado que provocou (homicídio doloso).

GABARITO COMENTADO – EXAMINADORA

A) Não, pois atuou sob o manto de descriminante putativa, instituto previsto no art. 20, § 1º, do CP, uma vez que supôs, com base em fundado receio, estar em situação de legítima defesa. Como se limitou a dar uma facada, a sua reação foi moderada, não havendo que se falar em punição por excesso.

B) Ainda que tenha procurado se defender de agressão que imaginou estar em vias de ocorrer, Caio agiu em excesso doloso, devendo, portanto, responder por homicídio doloso, na forma do art. 23, parágrafo único, do CP.

PRÁTICA PENAL – 10ª EDIÇÃO   41   EXERCÍCIOS PRÁTICOS

Distribuição dos Pontos:

ITEM	PONTUAÇÃO
A) Não, pois atuou sob o manto de descriminante putativa, uma vez que supôs estar em situação de legítima defesa, (0,5) nos termos do artigo 20, §1º, do CP (0,15).	0 / 0,5 / 0,65
B) Ainda que tenha procurado se defender de agressão que imaginou estar em vias de ocorrer, Caio agiu em excesso doloso (0,45), na forma do artigo 23, parágrafo único, do CP (0,15).	0 / 0,45 / 0,6

Obs.: A mera indicação do artigo não é pontuada.

(OAB/Exame Unificado – 2010.3 – 2ª fase) Caio, professor do curso de segurança no trânsito, motorista extremamente qualificado, guiava seu automóvel tendo Madalena, sua namorada, no banco do carona. Durante o trajeto, o casal começa a discutir asperamente, o que faz com que Caio empreenda altíssima velocidade ao automóvel. Muito assustada, Madalena pede insistentemente para Caio reduzir a marcha do veículo, pois àquela velocidade não seria possível controlar o automóvel. Caio, entretanto, respondeu aos pedidos dizendo ser perito em direção e refutando qualquer possibilidade de perder o controle do carro. Todavia, o automóvel atinge um buraco e, em razão da velocidade empreendida, acaba se desgovernando, vindo a atropelar três pessoas que estavam na calçada, vitimando-as fatalmente. Realizada perícia de local, que constatou o excesso de velocidade, e ouvidos Caio e Madalena, que relataram à autoridade policial o diálogo travado entre o casal, Caio foi denunciado pelo Ministério Público pela prática do crime de homicídio na modalidade de dolo eventual, três vezes em concurso formal. Recebida a denúncia pelo magistrado da vara criminal vinculada ao Tribunal do Júri da localidade e colhida a prova, o Ministério Público pugnou pela pronúncia de Caio, nos exatos termos da inicial.

Na qualidade de advogado de Caio, chamado aos debates orais, responda aos itens a seguir, empregando os argumentos jurídicos apropriados e a fundamentação legal pertinente ao caso.

A) Qual(is) argumento(s) poderia(m) ser deduzidos em favor de seu constituinte? (Valor: 0,4)

B) Qual pedido deveria ser realizado? (Valor: 0,3)

C) Caso Caio fosse pronunciado, qual recurso poderia ser interposto e a quem a peça de interposição deveria ser dirigida? (Valor: 0,3)

RESOLUÇÃO DA QUESTÃO:

Caio não agiu com dolo eventual.

Isso porque, nesta modalidade de dolo, a vontade do agente não está dirigida à obtenção do resultado lesivo. Ele, em verdade, deseja outra coisa, mas, prevendo a possibilidade de o resultado ocorrer, revela-se indiferente e dá sequência à sua empreitada, assumindo o risco de causá-lo. O *dolo eventual* não deve ser confundido com a *culpa consciente*. Nesta, embora o agente tenha a previsão do resultado ofensivo, espera sinceramente que ele não ocorra. Ele não o deseja (dolo direto) tampouco assume o risco de produzi-lo (dolo eventual). É nesse contexto que se amolda a situação de Caio, visto que a sua postura não pode ser considerada, em face da narrativa exposta no enunciado, de indiferença, na medida em que, a todo momento, ele confiou na sua destreza, o que o fez acreditar que o resultado por ele antevisto não iria ser produzido.

EDUARDO DOMPIERI

Assim sendo, está-se diante da chamada culpa consciente ou ainda culpa com previsão, o que faz com que a competência para o processamento e julgamento do feito, por se tratar de homicídio culposo – e não doloso –, seja do juízo singular. Deve-se, por essa razão, alegar a incompetência do Tribunal do Júri, que tem atribuição tão somente para o julgamento dos crimes dolosos contra a vida.

Nessa esteira, em vista do disposto no art. 419, *caput*, do CPP, deve-se formular pedido de desclassificação para o delito de homicídio culposo.

No mais, na hipótese de Caio ser pronunciado, deverá ser interposto, com fulcro no art. 581, IV, do CPP, recurso em sentido estrito perante o juízo prolator dessa decisão, ou seja, o juiz da vara criminal vinculada ao Tribunal do Júri.

GABARITO COMENTADO – EXAMINADORA

A) Incompetência do juízo, uma vez que Caio praticou homicídio culposo, pois agiu com culpa consciente, na medida em que, embora tenha previsto o resultado, acreditou que o evento não fosse ocorrer em razão de sua perícia.

B) Desclassificação da imputação para homicídio culposo e declínio de competência, conforme previsão do art. 419 do CPP.

C) Recurso em sentido estrito, conforme previsão do art. 581, IV, do CPP. A peça de interposição deveria ser dirigida ao juiz de direito da vara criminal vinculada ao tribunal do júri, prolator da decisão atacada.

Distribuição dos Pontos:

ITEM	PONTUAÇÃO
A) Incompetência do juízo, uma vez que Caio praticou homicídio culposo (0,2), pois agiu com culpa consciente, na medida em que, embora tenha previsto o resultado, acreditou que o evento não fosse ocorrer em razão de sua perícia (0,2)	0 / 0,2 / 0,4
B) Desclassificação da imputação para homicídio culposo OU declínio de competência (0,15), conforme previsão do art. 419 do CPP (0,15).	0 / 0,15 / 0,3
C) Recurso em sentido estrito (0,15), conforme previsão do art. 581, IV, do CPP. A peça de interposição deveria ser dirigida ao juiz de direito da vara criminal vinculada ao tribunal do júri (0,15), prolator da decisão atacada.	0 / 0,15 / 0,3

(OAB/Exame Unificado – 2010.2 – 2ª fase) Pedro, almejando a morte de José, contra ele efetua disparo de arma de fogo, acertando-o na região torácica. José vem a falecer, entretanto, não em razão do disparo recebido, mas porque, com intenção suicida, havia ingerido dose letal de veneno momentos antes de sofrer a agressão, o que foi comprovado durante instrução processual. Ainda assim, Pedro foi pronunciado nos termos do previsto no art. 121, *caput*, do CP.

Na condição de Advogado de Pedro:

I. indique o recurso cabível;

II. o prazo de interposição;

III. a argumentação visando à melhoria da situação jurídica do defendido.

Indique, ainda, para todas as respostas, os respectivos dispositivos legais.

RESOLUÇÃO DA QUESTÃO

É cabível, neste caso, o recurso em sentido estrito (art. 581, IV, CPP), a ser interposto no prazo de cinco dias, conforme preceitua o art. 586 do CPP.

Deve-se buscar a desclassificação de crime consumado para tentado.

Isso porque o envenenamento a que se submeteu José, no intuito de dar cabo da própria vida, constitui a causa efetiva de sua morte, razão pela qual esta não pode ser atribuída a Pedro, que deverá responder por homicídio na modalidade tentada.

Dessa forma, o envenenamento, em relação ao disparo de arma de fogo, constitui uma causa preexistente absolutamente independente. Há, aqui, rompimento do nexo causal, já que o resultado decorre dessa causa independente preexistente, e não da conduta do agente.

Nos termos do art. 13, *caput*, do CP, o resultado só pode ser atribuído a quem lhe deu causa.

GABARITO COMENTADO – EXAMINADORA

(i) – Recurso em Sentido Estrito, nos termos do artigo 581, IV, do Código de Processo Penal. (valor 0,2)

(ii) – 5 dias, nos termos do artigo 586, do Código de Processo Penal. (valor 0,2)

(iii) – deveria ser requerida a desclassificação de crime consumado para tentado, já que a ação de Pedro não deu origem à morte de José. Trata-se de hipótese de concausa absolutamente independente pré-existente. (valor 0,4)

Artigo 13, do Código Penal. (valor 0,2)

(OAB/Exame Unificado – 2006.1 – 2ª fase) Um terrorista internacional queria causar a morte de uma importante autoridade pública. Sabendo, antecipadamente, que a vítima faria uma viagem de cunho político, colocou um explosivo no avião em que essa autoridade seria transportada. O explosivo foi detonado quando a aeronave já havia decolado. Em consequência, ocorreu a morte da autoridade pública e de todas as pessoas que estavam no referido voo. Diante dos fatos descritos na situação hipotética acima, redija um texto em que indique qual a espécie de dolo do agente relativamente à autoridade pública e às demais pessoas que estavam a bordo do avião. Fundamente sua resposta e aborde as espécies de dolo reconhecidas pela doutrina. Extensão máxima: 60 linhas

RESOLUÇÃO DA QUESTÃO

Nos termos do art. 18, I, do Código Penal, há dolo quando o agente quer o resultado ou quando assume o risco de produzi-lo.

São espécies de dolo: *dolo direto de primeiro grau*, que é aquele que se refere ao objetivo principal almejado pelo sujeito ativo; *dolo direto de segundo grau*, que, por sua vez, é o que se refere às consequências secundárias, decorrentes dos meios escolhidos pelo autor para a prática da conduta; no *dolo eventual*, o agente, embora não queira o resultado, assume o risco de produzi-lo.

Podemos ainda mencionar outras modalidades de dolo.

Dolo alternativo é aquele em que o agente deseja um ou outro resultado.

EDUARDO DOMPIERI

> *Dolo natural* é o dolo acolhido pela teoria finalista (sem a consciência da ilicitude); *dolo normativo* é o dolo da teoria clássica.
>
> *Dolo de dano* é a vontade dirigida à efetiva lesão ao bem jurídico; *dolo de perigo* é a vontade de expor a risco o bem tutelado.
>
> Na situação hipotética acima, o agente, terrorista internacional, ao colocar um explosivo no avião em que viajaria a autoridade pública cuja morte era por ele desejada, agiu, em relação a esta, com dolo *direto de primeiro grau*, já que sua morte era o objetivo principal a ser alcançado pelo terrorista.
>
> Quanto às demais pessoas que estavam a bordo do avião, a morte destas era decorrência inevitável e certa do meio escolhido pelo agente para alcançar o objetivo principal: a morte da autoridade pública. Dessa forma, em relação às demais pessoas que estavam no avião, o dolo do terrorista é *direto de segundo grau*.
>
> Não há, aqui, que se falar em *dolo eventual* na medida em que os desdobramentos decorrentes do meio escolhido necessariamente iriam se verificar. Ainda que o avião decole com poucos passageiros a bordo, a morte da tripulação é inevitável, certa. O agente, dessa forma, agiu com menosprezo em relação à vida das demais pessoas.

(OAB/Exame Unificado – 2004 – 2ª fase) Murilo, com intenção de matar Rodolfo, desferiu cinco facadas contra a região torácica deste. Posteriormente, com intenção de ocultar o cadáver para que o crime não fosse descoberto, jogou o corpo em um rio próximo ao local do fato. Em posterior exame de corpo de delito, constatou-se que Rodolfo não falecera em razão das facadas, mas sim do afogamento. Discorra acerca da conduta de Murilo e tipifique-a. No seu texto, discorra, necessariamente, a respeito das justificativas para a tipificação adotada.

RESOLUÇÃO DA QUESTÃO

> Está-se diante do chamado *dolo geral, erro sucessivo* ou *aberratio causae*. O agente, aqui, desfere cinco facadas contra a vítima, que desfalece; ele pensa que ela já morreu e, com o propósito de ocultar seu cadáver, joga-o em um rio próximo ao local do fato. Como defende a maior parte da doutrina, tendo em conta a perfeita correspondência entre o que queria fazer e o que efetivamente fez, deve responder por homicídio qualificado consumado (art. 121, § 2º, III, do CP).
>
> Não será responsabilizado pelo crime de ocultação de cadáver na medida em que, no instante em que foi lançada ao rio, a vítima estava viva. Não havia, pois, àquela altura, cadáver.

1.3. Penas, concurso de crimes e ação penal

(OAB/Exame Unificado – 2020.3 – 2ª fase) Bernardo, em 31 de dezembro de 2018, com a intenção de causar dano à loja de Bruno, seu inimigo, arremessou uma pedra na direção de uma janela com mosaico, que tinha valor significativo de mercado. Ocorre que, no momento da execução do crime, Bernardo errou o arremesso e a pedra acabou por atingir Joana, funcionária que passava em frente à loja e que não tinha sido percebida, causando-lhe lesões corporais que a impossibilitaram de trabalhar por 50 dias. A janela restou intacta. No momento do crime, não foi identificada a autoria, mas, após investigação, em 04 de março de 2019, foi descoberto que Bernardo seria o autor do arremesso.

PRÁTICA PENAL – 10ª EDIÇÃO

EXERCÍCIOS PRÁTICOS

O Ministério Público iniciou procedimento em face de Bernardo imputando-lhe o crime de lesão corporal de natureza culposa, figurando como vítima Joana, que apresentou representação quando da descoberta do autor.

Bruno, revoltado com o ocorrido, contratou um advogado, conferindo-lhe procuração com poderes gerais, constando o nome do ofendido e do ofensor. O procurador apresenta queixa-crime, em 02 de julho de 2019, imputando a prática do crime de tentativa de dano a Bernardo. Ao tomar conhecimento da queixa-crime, Bernardo o procura, como advogado.

Considerando apenas as informações narradas, na condição de advogado(a) de Bernardo, responda aos questionamentos a seguir.

A) Qual argumento de direito processual poderá ser apresentado em busca da rejeição da queixa--crime apresentada? Justifique. (Valor: 0,60)

B) Qual argumento de direito material a ser apresentado para questionar o delito imputado na queixa-crime? Justifique. (Valor: 0,65)

Obs.: o(a) examinando(a) deve fundamentar suas respostas. A mera citação do dispositivo legal não confere pontuação.

GABARITO COMENTADO

A) O argumento é o de que não foram observadas as formalidades legais, tendo em vista que a queixa-crime foi apresentada por procurador sem poderes especiais. De acordo com o Art. 44 do Código de Processo Penal, a queixa-crime poderá ser apresentada por procurador, desde que sejam concedidos poderes especiais. Na hipótese, de acordo com o enunciado, a procuração concedida pelo querelante apenas previa poderes gerais; logo, a queixa deveria ser rejeitada.

B) A intenção de Bernardo era causar um dano à loja de Bruno, tendo o agente iniciado a execução desse ato, o que configuraria crime de tentativa de dano. Ocorre que, por política criminal, no Art. 74 do Código Penal, o legislador previu o instituto do "resultado diverso do pretendido" ou *aberratio criminis*, estabelecendo que quando, por erro na execução, advém resultado diverso do pretendido, o agente responde por culpa se o fato é previsto como culposo. Somente se ocorrer, também, o resultado inicialmente pretendido, será aplicada a regra do concurso formal. Diante da previsão legal, o crime de dano inicialmente pretendido fica afastado. Se houvesse dano e lesão, haveria concurso formal. Não ocorrendo o dano, o crime de tentativa de dano fica afastado, restando apenas o crime de lesão corporal culposa, que efetivamente foi imputado pelo Ministério Público, diante da previsão do Art. 74 do CP.

Distribuição dos Pontos

ITEM	PONTUAÇÃO
A. A queixa-crime somente poderia ter sido apresentada por procurador com poderes especiais **OU** a procuração apenas previa poderes gerais, o que não é admitido, (0,50) nos termos do Art. 44 do CPP (0,10).	0,00/0,50/0,60
B. Houve *aberratio criminis* **OU** houve resultado diverso do pretendido (0,40), devendo o agente responder apenas pelo crime de lesão corporal culposa (0,15), nos termos do Art. 74 do CP (0,10).	0,00/0,15/0,25/0,40/ 0,50/0,55/0,65

EDUARDO DOMPIERI

(OAB/Exame Unificado – 2019.3 – 2ª fase) Eduardo foi preso em flagrante no momento em que praticava um crime de roubo simples, no bairro de Moema. Ainda na unidade policial, compareceram quatro outras vítimas, todas narrando que tiveram seus patrimônios lesados por Eduardo naquela mesma data, com intervalo de cerca de 30 minutos entre cada fato, no bairro de Moema, São Paulo. As cinco vítimas descreveram que Eduardo, simulando portar arma de fogo, anunciava o assalto e subtraía os bens, empreendendo fuga em uma bicicleta. Eduardo foi denunciado pela prática do crime do Art. 157, *caput*, por cinco vezes, na forma do art. 69, ambos do Código Penal, e, em sede de audiência, as vítimas confirmaram a versão fornecida em sede policial. Assistido por seu advogado Pedro, Eduardo confessou os crimes, esclarecendo que pretendia subtrair bens de seis vítimas para conseguir dinheiro suficiente para comprar uma motocicleta. Disse, ainda, que apenas simulou portar arma de fogo, mas não utilizou efetivamente material bélico ou simulacro de arma. O juiz, no momento da sentença, condenou o réu nos termos da denúncia, sendo aplicada a pena mínima de 04 anos para cada um dos delitos, totalizando 20 anos de pena privativa de liberdade a ser cumprida em regime inicial fechado, além da multa. Ao ser intimado do teor da sentença, pessoalmente, já que se encontrava preso, Eduardo tomou conhecimento que Pedro havia falecido, mas que foram apresentadas alegações finais pela Defensoria Pública por determinação do magistrado logo em seguida à informação do falecimento do patrono. A família de Eduardo, então, procura você, na condição de advogado(a), para defendê-lo. Considerando apenas as informações narradas, responda, na condição de advogado(a) de Eduardo, constituído para apresentação de apelação, aos itens a seguir.

A) Existe argumento de direito processual, em sede de recurso, a ser apresentado para desconstituir a sentença condenatória? Justifique. (Valor: 0,65)

B) Diante da confirmação dos fatos pelo réu, qual argumento de direito material poderá ser apresentado, em sede de apelação, em busca da redução da sanção penal aplicada? Justifique. (Valor: 0,60)

Obs.: o(a) examinando(a) deve fundamentar suas respostas. A mera citação do dispositivo legal não confere pontuação.

GABARITO COMENTADO – EXAMINADORA

A questão exige do examinando conhecimentos sobre o tema concurso de crimes, além dos direitos básicos dos acusados. Narra o enunciado que Eduardo teria praticado cinco crimes de roubo, contra vítimas diferentes, todos no bairro de Moema, com curto intervalo de tempo entre os fatos, com o mesmo modo de agir, sendo seu objetivo obter dinheiro suficiente para a compra de uma motocicleta.

A) O argumento a ser apresentado, em sede de recurso, para desconstituir a sentença condenatória, é o de que haveria violação ao princípio da ampla defesa, em sua vertente de defesa técnica, tendo em vista que as alegações finais foram apresentadas pela Defensoria Pública, não sendo o acusado intimado para, querendo, constituir novo patrono. De acordo com o que consta do enunciado, durante a instrução processual, Eduardo foi assistido por Pedro, advogado por ele constituído. Ocorre que, ao tomar conhecimento de que Pedro teria falecido, de imediato o magistrado encaminhou os autos à Defensoria Pública para apresentação de alegações finais, o que foi incorreto, já que o réu deveria ter sido intimado pessoalmente, pois estava preso, para esclarecer se teria interesse em ser assistido pela Defensoria ou se pretendia constituir novo advogado. Ao retirar esse direito do réu, o magistrado violou direito do acusado e o princípio da ampla defesa.

B) Em sede de apelação, poderia ser buscado o reconhecimento da continuidade delitiva, o que geraria redução da sanção penal aplicada. De acordo com o que consta do enunciado, de fato foram praticados cinco crimes de roubo. Mesmo sem emprego de arma de fogo ou simulacro de arma de fogo, houve grave ameaça na subtração dos bens de cinco vítimas diferentes, logo cinco patrimônios foram atingidos e cinco crimes autônomos foram praticados. Ainda que Eduardo tenha confessado os fatos, a pena mínima foi aplicada, não cabendo redução com fundamento na atenuante do art. 65, III, *d*, do CP, nos termos da Súmula 231 do STJ. Todavia, o magistrado reconheceu o concurso material de crimes e somou a pena aplicada para cada um dos delitos. De acordo com o art. 71 do CP, a pena de apenas um dos crimes será aplicada e aumentada de 1/6 a 2/3 quando o agente, mediante mais de uma ação, pratica dois ou mais crimes da mesma espécie, nas mesmas condições de tempo, lugar, maneira de execução, sendo os subsequentes continuação do primeiro. Todas as exigências legais foram preenchidas. Os delitos foram praticados no mesmo bairro, com intervalo de 30 minutos entre eles, sempre com o mesmo modo de execução. A intenção do agente sempre foi praticar vários crimes, um em continuidade do outro, para obter dinheiro suficiente para comprar uma motocicleta. Assim, ao invés do cúmulo material, deveria o magistrado ter aumentado a pena de um dos delitos (04 anos) em 1/6 a 2/3, ou, até mesmo, aplicar a previsão do art. 71, parágrafo único, do CP.

Distribuição dos Pontos

ITEM	PONTUAÇÃO
A. Sim. Tendo em vista que Eduardo deveria ter sido intimado para manifestar seu interesse em constituir novo advogado ou ser assistido pela Defensoria Pública, para oferecimento das alegações finais, em razão do falecimento do antigo patrono (0,40), houve violação ao princípio da ampla defesa (0,15), nos termos do Art. 5º, inciso LV, da CRFB (0,10).	0,00 / 0,15 / 0,25 / 0,40 / 0,50 / 0,55 / 0,65
B. Reconhecimento da continuidade delitiva (0,35), na forma do Art. 71 do CP (0,10), já que os crimes são da mesma espécie e foram praticados nas mesmas condições de tempo, local e modo de execução (0,15).	0,00 / 0,15 / 0,25 / 0,35 / 0,45 / 0,50 / 0,60

(OAB/Exame Unificado – 2019.1 – 2ª fase) Após regular processamento em que figurava na condição de réu solto, Hugo foi condenado pela prática de crime de apropriação indébita majorada ao cumprimento da pena de 01 ano e 06 meses de reclusão e 14 dias-multa, sendo reconhecida a agravante da reincidência, tendo em vista que foi juntada aos autos Folha de Antecedentes Criminais a demonstrar trânsito em julgado, no ano anterior ao da prática da apropriação indébita, de condenação pelo crime de lesão corporal dolosa, praticada no contexto de violência doméstica e familiar contra a mulher.

No momento da sentença, considerando a reincidência, o magistrado aplicou o regime inicial fechado de cumprimento da pena. Destacou, ainda, que, apesar de Hugo estar trabalhando e cuidando de filhos menores, não poderia substituir a pena privativa de liberdade por restritiva de direitos por expressa vedação legal no caso de reincidência dolosa.

Intimado da sentença, Hugo procura seu advogado para a adoção das medidas cabíveis.

Considerando apenas o narrado, na condição de advogado(a) de Hugo, responda aos questionamentos a seguir.

EDUARDO DOMPIERI

A) Diante da reincidência, de acordo com a jurisprudência do Superior Tribunal de Justiça, existe argumento a ser apresentado, em sede de recurso, em busca da aplicação de regime inicial mais benéfico de cumprimento de pena? Justifique. **(Valor: 0,65)**

B) É possível, em sede de recurso, buscar a substituição da pena privativa de liberdade por restritiva de direitos? Justifique. **(Valor: 0,60)**

Obs.: o(a) examinando(a) deve fundamentar as respostas. A mera citação do dispositivo legal não confere pontuação.

GABARITO COMENTADO – EXAMINADORA

A) Sim, existe argumento em busca da aplicação do regime inicial semiaberto para cumprimento da pena. De acordo com a literalidade do art. 33, § 2°, do Código Penal, em sendo o réu reincidente, cabível a aplicação do regime inicial fechado. Ocorre que tal previsão poderá ser extremamente severa diante de situações concretas onde outro regime de cumprimento de pena se mostre mais adequado. Diante disso, procurando mitigar as consequências dessa previsão do Código Penal, a jurisprudência dos Tribunais Superiores, inclusive através da Súmula 269 do Superior Tribunal de Justiça, admite a aplicação do regime inicial semiaberto aos reincidentes condenados ao cumprimento de pena fixada em até 04 anos, desde que favoráveis as demais circunstâncias judiciais. No caso, apesar da reincidência, a pena foi aplicada em 1 ano e 06 meses de reclusão, não sendo reconhecidas circunstâncias judiciais desfavoráveis. Ademais, a reincidência anterior sequer era específica. Diante disso, possível ao advogado de Hugo pleitear a fixação do regime inicial semiaberto de cumprimento de pena. A mera indicação do candidato de que com base na pena imposta o regime inicial adequado seria aberto não é suficiente para atribuição de pontos.

B) Sim, é possível ao advogado buscar a substituição da pena privativa de liberdade por restritiva de direitos. De fato, como destacado pelo magistrado, a princípio, o art. 44, inciso II, do Código Penal, veda a substituição da pena privativa de liberdade por restritiva de direitos na hipótese de o réu ser reincidente na prática de crimes dolosos. Não há dúvida que Hugo era reincidente, já que possuía condenação pela prática de crime doloso anterior, com trânsito em julgado, sendo o crime de apropriação indébita praticado posteriormente.

Todavia, o próprio art. 44, § 3°, do Código Penal, admite a substituição, mesmo diante de reincidência, desde que essa não seja específica e a medida seja socialmente recomendável. Na situação apresentada, Hugo não é reincidente específico sequer na prática de crimes contra o patrimônio, já que a condenação anterior refere-se ao crime de lesão corporal dolosa. Ademais, com base nas informações expostas, a medida seria socialmente recomendável, tendo em vista que Hugo estava trabalhando e cuidava de filhos menores de idade. O crime não envolveria violência ou grave ameaça à pessoa. Assim, excepcionalmente, possível a substituição da pena privativa de liberdade por restritiva de direitos.

PRÁTICA PENAL – 10ª EDIÇÃO

EXERCÍCIOS PRÁTICOS

Distribuição de Pontos

ITEM	PONTUAÇÃO
A. Sim. O advogado poderá argumentar que, apesar da reincidência, as circunstâncias judiciais são favoráveis e que a pena foi fixada abaixo de 04 anos (0,25), sendo cabível aplicação do regime semiaberto (0,30), nos termos da Súmula 269 do STJ (0,10).	0,00 / 0,25 / 0,30 / 0,35 / 0,40 / 0,55 / 0,65
B. É possível a substituição da pena privativa de liberdade por restritiva de direitos, tendo em vista que a reincidência não é específica (0,35) e a medida é socialmente recomendável (0,15), nos termos do Art. 44, § 3º, do CP (0,10).	0,00 / 0,15 / 0,25 / 0,35 / 0,45 / 0,50 / 0,60

(OAB/Exame Unificado – 2013.2 – 2ª fase) Ricardo cometeu um delito de roubo no dia 10/11/2007, pelo qual foi condenado no dia 29/08/2009, sendo certo que o trânsito em julgado definitivo de referida sentença apenas ocorreu em 15/05/2010. Ricardo também cometeu, no dia 10/09/2009, um delito de extorsão.

A sentença condenatória relativa ao delito de extorsão foi prolatada em 18/10/2010, tendo transitado definitivamente em julgado no dia 07/04/2011. Ricardo também praticou, no dia 12/03/2010, um delito de estelionato, tendo sido condenado em 25/05/2011. Tal sentença apenas transitou em julgado no dia 27/07/2013.

Nesse sentido, tendo por base apenas as informações contidas no enunciado, responda aos itens a seguir.

A) O juiz, na sentença relativa ao crime de roubo, deve considerar Ricardo portador de bons ou maus antecedentes? (Valor: 0,25)

B) O juiz, na sentença relativa ao crime de extorsão, deve considerar Ricardo portador de bons ou maus antecedentes? Na hipótese, incide a circunstância agravante da reincidência ou Ricardo ainda pode ser considerado réu primário? (Valor: 0,50)

C) O juiz, na sentença relativa ao crime de estelionato, deve considerar Ricardo portador de bons ou maus antecedentes? Na hipótese, incide a circunstância agravante da reincidência ou Ricardo ainda pode ser considerado réu primário? (Valor: 0,50)

Utilize os argumentos jurídicos apropriados e a fundamentação legal pertinente ao caso.

A simples menção ou transcrição do dispositivo legal não pontua.

GABARITO COMENTADO – EXAMINADORA

A questão objetiva busca extrair do examinando conhecimento de institutos relativos à dosimetria da pena, em especial no tocante à circunstância judicial dos maus antecedentes e à agravante da reincidência. Munido de tal conhecimento, o examinando deve ser capaz de identificar os institutos e também diferenciá-los quando diante de um caso concreto.

Nesse sentido, relativamente ao item 'A', percebe-se que Ricardo possui bons antecedentes.

Eventual sentença condenatória ainda não transitada em julgado não tem o condão de implicar-lhe maus antecedentes, pois isso significaria acréscimo de tempo em sua pena e contrariaria, assim, o princípio do estado de inocência, constitucionalmente previsto.

No item 'B', atendendo-se ao comando da questão, o examinando deve indicar que Ricardo é primário. Isso porque a extorsão foi cometida em 10/09/09, antes, portanto, do trânsito em julgado da sentença que o condenou pelo roubo (ocorrido em 15/05/2010), tal como manda o art. 63 do CP. Não obstante a primariedade de Ricardo, ele é portador de maus antecedentes, pois na data da sentença relativa ao delito de extorsão (18/10/2010) já havia ocorrido o trânsito em julgado da sentença do crime de roubo.

Por fim, em relação ao item 'C', o examinando deve indicar que ainda permanece a primariedade de Ricardo, pois o delito de estelionato foi cometido antes do trânsito em julgado de qualquer outro delito. Perceba-se que um indivíduo somente pode ser considerado reincidente se o crime pelo qual está sendo julgado tiver sido cometido após o trânsito em julgado de sentença que lhe haja condenado por delito anterior, nos termos do art. 63 do CP. Todavia, Ricardo é portador de maus antecedentes, pois na data da sentença relativa ao estelionato já havia ocorrido o trânsito em julgado de duas outras sentenças condenatórias.

(OAB/Exame Unificado – 2013.1 – 2ª fase) Erika e Ana Paula, jovens universitárias, resolvem passar o dia em uma praia paradisíaca e, de difícil acesso (feito através de uma trilha), bastante deserta e isolada, tão isolada que não há qualquer estabelecimento comercial no local e nem mesmo sinal de telefonia celular. As jovens chegam bastante cedo e, ao chegarem, percebem que além delas há somente um salva-vidas na praia. Ana Paula decide dar um mergulho no mar, que estava bastante calmo naquele dia. Erika, por sua vez, sem saber nadar, decide puxar assunto com o salva-vidas, Wilson, pois o achou muito bonito. Durante a conversa, Erika e Wilson percebem que têm vários interesses em comum e ficam encantados um pelo outro. Ocorre que, nesse intervalo de tempo, Wilson percebe que Ana Paula está se afogando. Instigado por Erika, Wilson decide não efetuar o salvamento, que era perfeitamente possível. Ana Paula, então, acaba morrendo afogada.

Nesse sentido, atento(a) apenas ao caso narrado, indique a responsabilidade jurídico-penal de Erika e Wilson. (Valor: 1,25)

O examinando deve fundamentar corretamente sua resposta. A simples menção ou transcrição do dispositivo legal não pontua.

GABARITO COMENTADO – EXAMINADORA

Segundo os dados narrados na questão, Wilson, por ser salva-vidas, tem o dever legal de agir para evitar o resultado e, naquele momento, podia perfeitamente agir. Assim, trata-se de agente garantidor. Nesse caso, responde por delito comissivo por omissão, qual seja, homicídio doloso praticado via omissão imprópria: art. 121 c/c art. 13, § 2º, 'a', ambos do CP. Erika, por sua vez, por ter instigado Wilson a não realizar o salvamento de Ana Paula, responde como partícipe de tal homicídio, nos termos do art. 29 do CP. Não há que se falar em omissão de socorro por parte de Erika, pois, conforme dados expressos no enunciado, ela não sabia nadar e nem tinha como chamar por ajuda.

PRÁTICA PENAL – 10ª EDIÇÃO

EXERCÍCIOS PRÁTICOS

Distribuição dos Pontos:

QUESITO AVALIADO	VALORES
Wilson, por ser agente garantidor (0,30) /responde pelo delito de homicídio (0,30) / praticado via omissão imprópria. (0,30)	0,00 / 0,30 / 0,60 / 0,90
Erika responde como partícipe de tal homicídio (0,35).	0,00 / 0,35

Comentários do autor:

Crime omissivo impróprio (*comissivo por omissão* ou *impuro*), *grosso modo*, é aquele em que o sujeito ativo, por uma omissão inicial, gera um resultado posterior, que ele tinha o dever de evitar (art. 13, § 2°, do CP). Os chamados crimes comissivos, que pressupõem uma conduta positiva, encerram normas proibitivas dirigidas, na maioria das vezes, à população em geral. Já nos crimes comissivos por omissão, a situação é bem outra. A existência do crime comissivo por omissão pressupõe a conjugação de duas normas: uma norma proibitiva, que encerra um tipo penal comissivo e a todos é dirigido, e uma norma mandamental, que é endereçada a determinadas pessoas sobre as quais recai o dever de agir. Assim, a título de exemplo, a violação à regra contida no art. 121 do CP (não matar) pressupõe, via de regra, uma conduta positiva (um agir, um fazer); agora, a depender da qualidade do sujeito ativo (art. 13, § 2°), essa mesma norma pode ser violada por meio de uma omissão, o que se dá quando o agente, por força do que dispõe o art. 13, § 2°, do CP, tem o dever de agir para evitar o resultado. Exemplo sempre lembrado pela doutrina, além daquele contido no enunciado, é o da mãe que propositadamente deixa de amamentar seu filho, que, em razão disso, vem a morrer. Será ela responsabilizada por homicídio doloso, na medida em que seu dever de agir está contemplado na regra inserta no art. 13, § 2°, do CP. No mais – é importante que se diga, esta modalidade de crime omissivo não deve ser confundida com o *crime omissivo próprio* ou *puro*. Neste, o tipo penal cuidou de descrever a omissão. É o caso do crime de omissão de socorro (art. 135, CP). Esta modalidade de crime se perfaz pela mera abstenção do agente, independente de qualquer resultado posterior. Não é admitida, ademais, a tentativa; o crime omissivo impróprio, ao contrário, comporta o *conatus*.

(OAB/Exame Unificado – 2012.3 – 2ª fase) Raimundo, já de posse de veículo automotor furtado de concessionária, percebe que não tem onde guardá-lo antes de vendê-lo para a pessoa que o encomendara. Assim, resolve ligar para um grande amigo seu, Henrique, e após contar toda sua empreitada, pede-lhe que ceda a garagem de sua casa para que possa guardar o veículo, ao menos por aquela noite. Como Henrique aceita ajudá-lo, Raimundo estaciona o carro na casa do amigo. Ao raiar do dia, Raimundo parte com o veículo, que seria levado para o comprador.

Considerando as informações contidas no texto responda, justificadamente, aos itens a seguir.

a) Raimundo e Henrique agiram em concurso de agentes? (Valor: 0,75)

b) Qual o delito praticado por Henrique? (Valor: 0,50)

RESOLUÇÃO DA QUESTÃO

a) Não há concurso de agentes, pois o auxílio foi proposto após a consumação do crime de furto. Assim, não estão presentes os requisitos necessários à configuração do concurso de agentes, mormente liame subjetivo e identidade da infração penal.

b) Favorecimento real (Art. 349, do CP). *Obs.: Respostas contraditórias não serão pontuadas.*

EDUARDO DOMPIERI

Distribuição dos Pontos:

QUESITO AVALIADO	VALORES
A) Não, pois o auxílio foi proposto após a consumação do crime de furto (0,75) OU Não, pois inexistente liame subjetivo e identidade da infração penal entre ambos (0,75).	0,00/0,75
B) Favorecimento real OU praticou o delito descrito no Art. 349, do CP (0,50).	0,00/0,50

Comentários do autor:

Aquele que presta a criminoso, fora dos casos de coautoria ou de receptação, auxílio destinado a tornar seguro o proveito de crime deve ser responsabilizado pelo delito de favorecimento real (art. 349 do CP). Foi exatamente este delito em que incorreu Henrique, que, atendendo a pedido de Raimundo, seu amigo, aceitou guardar em sua residência um veículo que fora por este furtado. Tal crime não deve ser confundido com o favorecimento pessoal, que se dá quando o agente auxilia a subtrair-se à ação de autoridade pública autor de crime ao qual é cominada pena de reclusão (ou de detenção), tal como prevê o art. 348 do CP. Destarte, temos o seguinte: se o auxílio for prestado para tornar seguro o *proveito do crime*, o favorecimento é *real*; se o auxílio for prestado para que *alguém* consiga escapar da ação de autoridade pública em razão da prática de crime, o favorecimento é *pessoal*.

(OAB/Exame Unificado – 2010.2 – 2ª fase) Aurélio, tentando defender-se da agressão a faca perpetrada por Berilo, saca de seu revólver e efetua um disparo contra o agressor. Entretanto, o disparo efetuado por Aurélio ao invés de acertar Berilo, atinge Cornélio, que se encontrava muito próximo de Berilo. Em consequência do tiro, Cornélio vem a falecer. Aurélio é acusado de homicídio. Na qualidade de advogado de Aurélio indique a tese de defesa que melhor se adéqua ao fato. Justifique sua resposta.

RESOLUÇÃO DA QUESTÃO

Estamos aqui diante do chamado erro na execução ou *aberratio ictus*, previsto no art. 73 do CP.

O sujeito que, imbuído do propósito de atingir determinada pessoa, ainda que sob o pálio da excludente da legítima defesa, efetua o disparo, mas, por erro de pontaria, acaba por atingir outra, responderá como se tivesse acertado a pessoa que pretendia. É o que estabelece a regra contida no art. 73, primeira parte, do CP.

Neste caso, preenchidos os requisitos da legítima defesa, contemplados no art. 25 do CP, Aurélio fará jus à excludente de ilicitude, uma vez que, a despeito de ter acertado Cornélio, em razão do que veio a falecer, o fez em erro na execução, devendo, em vista do disposto no art. 73, primeira parte, do CP, ser responsabilizado como se o disparo fosse efetuado contra Berilo. Não são consideradas, conforme preconiza o art. 20, § 3º, do CP, as condições e qualidades da vítima, senão as da pessoa contra quem o sujeito queria investir.

GABARITO COMENTADO – EXAMINADORA

Trata-se o presente caso de um erro na execução (art. 73 do CP, 1ª parte), atendendo-se, conforme o citado artigo, ao disposto no parágrafo 3º do artigo 20 do Código Penal. Por outro lado, verifica-se que Aurélio ao efetuar o disparo agiu em legítima defesa (art. 25 do CP) própria e real. Entretanto, por um erro acertou pessoa diversa (Cornélio) do agressor (Berilo). Mesmo assim, não fica afastada a legítima defesa posto que, de acordo com o art. 20 § 3º do CP, "não se consideram, neste caso, as condições ou qualidades da vítima, senão as da pessoa contra quem o agente queria praticar o crime". Levando-se, ainda, em consideração o fato de que Aurélio agiu em defesa de uma agressão injusta e atual, utilizando-se, ainda, dos meios necessários e que dispunha para se defender. – 1,0 ponto.

PRÁTICA PENAL – 10ª EDIÇÃO   53   EXERCÍCIOS PRÁTICOS

Comentários adicionais:

O erro na execução, presente no art. 73 do CP, não deve ser confundido com o erro sobre a pessoa, este previsto no art. 20, § 3º, do CP, que constitui um equívoco de representação, uma falsa percepção da realidade. É o caso da mãe que, sob a influência do estado puerperal, provoca a morte de recém-nascido pensando tratar-se de seu próprio filho. Deverá, nos termos do art. 20, § 3º, do CP, responder por infanticídio. No erro na execução, temos um resultado diverso do desejado por falta de habilidade ou ainda por acidente. Não há, aqui, falsa representação da realidade, como ocorre no erro sobre a pessoa.

(OAB/Exame Unificado – 2010.2 – 2ª fase) Tomé responde a ação penal submetida ao procedimento ordinário pela suposta prática do delito de estelionato, na modalidade de fraude no pagamento por meio de cheque (CP, art. 171, VI). Condenado o réu em primeira instância, o juiz sentenciante fixou a pena em dois anos de reclusão e vinte dias-multa, omitindo-se quanto à substituição da pena privativa de liberdade por restritiva de direitos. A sentença condenatória foi publicada em 08/03/2010, segunda-feira, mesmo dia da intimação pessoal de Tomé e de seu advogado.

Durante a instrução processual, restou comprovado que Tomé é réu reincidente, constando em sua folha de antecedentes criminais condenação anterior, transitada em julgado, pela prática de delito de furto (CP, art. 155, *caput*). As outras circunstâncias judiciais, no entanto, lhe são plenamente favoráveis.

Em face dessa situação hipotética, indique, com a devida fundamentação, a medida judicial adequada para sanar a referida omissão e o prazo final para sua apresentação, bem como esclareça se Tomé faz jus à substituição da pena privativa de liberdade por restritiva de direitos.

RESOLUÇÃO DA QUESTÃO

Por ter o juiz sentenciante se omitido quanto à substituição da pena privativa de liberdade por restritiva de direitos, Tomé deverá, dentro do prazo de dois dias, opor embargos de declaração, nos moldes do art. 382 do CPP.

Sendo o interregno fixado no dispositivo de dois dias, o prazo final será o dia 10/03/2010.

Ademais disso, Tomé faz jus à substituição da pena privativa de liberdade por restritiva de direitos.

Senão vejamos.

O art. 44 do CP lista os requisitos para a aplicação das penas restritivas de direitos.

A pena privativa de liberdade aplicada a Tomé foi de dois anos de reclusão, inferior, portanto, a quatro anos. Além disso, no cometimento do crime pelo qual foi condenado – estelionato na modalidade de fraude no pagamento por meio de cheque (CP, art. 171, VI), não houve emprego de violência ou grave ameaça à pessoa.

Atendido, portanto, o requisito contido no art. 44, I, do CP.

Embora o réu seja reincidente em crime doloso (art. 44, II), o § 3º do art. 44 abriu uma exceção ao inciso II do dispositivo e permitiu a substituição das penas privativas de liberdade por restritivas de direitos, desde que essa reincidência não tenha se operado em razão da prática do mesmo crime (reincidência específica) e que a medida seja socialmente recomendável.

Tomé não é reincidente específico, já que o crime por ele praticado anteriormente, com decisão transitada em julgado, foi furto.

Por fim, atendido está o requisito do art. 44, III, do CP, já que as outras circunstâncias judiciais lhe são plenamente favoráveis.

EDUARDO DOMPIERI

GABARITO COMENTADO – EXAMINADORA

A peça processual adequada são os embargos de declaração, conforme art. 382 do CPP:

"Qualquer das partes poderá, no prazo de 2 (dois) dias, pedir ao juiz que declare a sentença, sempre que nela houver obscuridade, ambiguidade, contradição ou omissão."

No caso, o prazo final será 10/3/2010, pois a parte interessada dispõe de dois dias para apresentá-la.

Tomé faz jus à substituição da pena privativa de liberdade por restritivas de direitos. Isso porque preenche os requisitos especificados no art. 44 do CP, a saber:

"I – aplicada pena privativa de liberdade não superior a quatro anos e o crime não for cometido com violência ou grave ameaça à pessoa;

(...)

III – a culpabilidade, os antecedentes, a conduta social e a personalidade do condenado, bem como os motivos e as circunstâncias indicarem que essa substituição seja suficiente.

§ 3º Se o condenado for reincidente, o juiz poderá aplicar a substituição, desde que, em face de condenação anterior, a medida seja socialmente recomendável e a reincidência não se tenha operado em virtude da prática do mesmo crime.

Assim, apesar de Tomé ser reincidente, não se trata de reincidência específica, de forma que a vedação prevista no referido § 3º não se aplica no caso.

(OAB/Exame Unificado – 2009.1 – 2ª fase) Bruno foi condenado a três anos de reclusão e ao pagamento de cem dias-multa por portar cédulas falsas — Código Penal (CP), art. 289, § 1º. O requerimento feito pela defesa, que pretendia converter a pena privativa de liberdade em restritiva de direitos, foi denegado pelo magistrado de primeiro grau, em virtude da existência de condenação anterior, já transitada em julgado, pelo crime de estelionato (CP, art. 171). Considerando essa situação hipotética, responda, de forma fundamentada, se é cabível, em tese, a pretendida substituição da pena privativa de liberdade por restritiva de direitos.

RESOLUÇÃO DA QUESTÃO

Considerando a situação acima narrada, é possível, em princípio, a substituição da pena privativa de liberdade por restritiva de direitos.

O art. 44, II, do CP veda a conversão ao reincidente em crime doloso, mas o art. 44, § 3º, do CP autoriza a conversão do condenado reincidente desde que essa reincidência não tenha se operado em razão do cometimento do mesmo crime (reincidência específica) e desde que a medida se revele socialmente adequada.

Comentários adicionais:

O art. 44 do Código Penal estabelece requisitos *objetivos* e *subjetivos* que devem coexistir para tornar possível a substituição da pena privativa de liberdade pela restritiva de direitos.

Reza o inciso I do dispositivo que a pena privativa de liberdade a ser substituída não pode ser superior a quatro anos, exceção feita aos crimes culposos, que não estão sujeitos a esse limite. Além disso, é vedada nos crimes em que o agente, no seu cometimento, tenha feito uso de violência ou grave ameaça contra a pessoa.

PRÁTICA PENAL – 10ª EDIÇÃO   55   EXERCÍCIOS PRÁTICOS

Estabelece o art. 44, II, do CP que a conversão não é permitida ao réu reincidente em crime doloso, ressalvada a hipótese contemplada no art. 44, § 3º, do CP.

O art. 44, III, do CP consagra o chamado *princípio da suficiência*.

(OAB/Exame Unificado – 2009.1 – 2ª fase) Félix, réu primário, foi condenado a 10 meses de detenção e a trinta dias-multa pela prática do delito previsto no art. 29, *caput*, da Lei 9.605/1998. Durante a instrução do feito, comprovou-se que as circunstâncias descritas no art. 44, III, do Código Penal eram favoráveis a Félix. Nesse contexto, o juiz sentenciante converteu a pena privativa de liberdade em pena restritiva de direitos, consistente na prestação de serviços à comunidade, por igual prazo. O advogado contratado pelo réu apresentou o recurso apropriado, pleiteando a conversão da pena privativa de liberdade em multa, uma vez que a prestação de serviços à comunidade era medida mais gravosa ao seu cliente. Nessa situação hipotética, é plausível a pretensão recursal da defesa de Félix? Fundamente sua resposta.

RESOLUÇÃO DA QUESTÃO

Na situação hipotética acima, a despeito de o réu, em princípio, preencher os requisitos necessários à substituição pleiteada, tal é incabível em face do disposto na Súmula 171 do STJ: "Cominadas cumulativamente, em lei especial, penas privativa de liberdade e pecuniária, é defeso a substituição da prisão por multa".

Comentários adicionais:

Confira, sobre o tema, o seguinte acórdão:

CRIMINAL. REsp. PORTE ILEGAL DE ARMA. PENA PRIVATIVA DE LIBERDADE SUBSTITUÍDA POR PENA DE MULTA. IMPOSSIBILIDADE. PENA CUMULATIVA ESTABELECIDA EM LEI ESPECIAL. SÚMULA 171 DO STJ. RECURSO PROVIDO. I. Nos casos em que há previsão cumulativa de pena privativa de liberdade e pecuniária, é vedada a substituição da reprimenda corporal pela de multa, sob pena de alteração da própria cominação legal. Incidência da Súmula 171/STJ. II. Recurso provido, nos termos do voto do Relator (REsp 822.279/SP, Rel. Min. Gilson Dipp, 5ª T., julgado em 22/08/2006, DJ 18/09/2006, p. 361).

1.4. Extinção da punibilidade

(OAB/Exame Unificado – 2020.1 – 2ª fase) Carlos, 43 anos, foi flagrado, no dia 10 de março de 2014, transportando arma de fogo de uso permitido. Foi denunciado, processado e condenado à pena de 02 anos de reclusão, a ser cumprida em regime aberto, e multa de 10 dias, à razão unitária mínima, sendo a pena privativa de liberdade substituída por duas penas restritivas de direitos, consistentes em prestação de serviços à comunidade e limitação de final de semana. A decisão transitou em julgado, para ambas as partes, em 25 de novembro de 2015.

Após a condenação definitiva, Carlos conseguiu emprego fixo em cidade diferente daquela em que morava e fora condenado, para onde se mudou, deixando de comunicar tal fato ao juízo respectivo, não sendo encontrado no endereço constante nos autos para dar início à execução da pena. Por tal motivo, o juiz, provocado pelo Ministério Público, converteu, de imediato, as penas restritivas de direitos em pena privativa de liberdade, determinando a expedição de mandado de prisão.

A ordem de prisão foi cumprida em 20 de dezembro de 2019, quando Carlos foi ao DETRAN/RJ objetivando a renovação de sua habilitação, certo que, após aquele fato, nunca se envolveu em

EDUARDO DOMPIERI

qualquer outro ilícito penal. Desesperada, a família procura você, na condição de advogado(a), para a adoção das medidas cabíveis.

Considerando a situação apresentada, responda, na condição de advogado(a) de Carlos, aos itens a seguir.

A) Para questionar a decisão do magistrado de converter a pena restritiva de direitos em privativa de liberdade e expedir mandado de prisão, qual o argumento de direito processual a ser apresentado? Justifique. **(Valor: 0,60)**

B) Existe argumento de direito material a ser apresentado para evitar que Carlos cumpra a sanção penal imposta na sentença? Justifique. **(Valor: 0,65)**

Obs.: o(a) examinando(a) deve fundamentar suas respostas. A mera citação do dispositivo legal não confere pontuação.

GABARITO COMENTADO

Narra o enunciado que Carlos foi condenado definitivamente ao cumprimento da pena privativa de liberdade de 02 anos, em regime inicial aberto, substituída por duas restritivas de direito. Todavia, Carlos se mudou sem informar ao juízo e acabou por não dar início ao cumprimento da pena restritiva de direito imposta, de modo que o magistrado converteu a PRD em pena privativa de liberdade, após requerimento do Ministério Público.

A) A Pena Restritiva de Direito (PRD), em caso de descumprimento, poderá ser convertida em privativa de liberdade, desde que o descumprimento seja injustificado, nos termos do Art. 44, § 4º, do CP. Exatamente pela exigência de que o descumprimento seja injustificado que deve o apenado ser intimado para manifestação, em especial para esclarecer os motivos pelos quais não vem cumprindo a PRD imposta. Não se controverte que para garantir a efetividade das penas restritivas de direitos, faz-se necessária a existência de regras rígidas no sentido de que o seu descumprimento acarrete uma consequência rigorosa para o condenado faltoso. Assim, é prevista a conversão da PRD em PPL quando do seu descumprimento injustificado. Desta forma, antes da conversão, a defesa deve ser intimada para justificar aquele descumprimento, não podendo ser abandonados os princípios do contraditório e da ampla defesa. Na hipótese, a conversão ocorreu sem a oitiva da defesa previamente, o que acarreta a nulidade da decisão respectiva.

B) Sim, o argumento é o de que ocorreu prescrição da pretensão executória, de modo que deve ser reconhecida a extinção da punibilidade do agente. Transitada em julgado a decisão condenatória, se inicia o prazo da prescrição da pretensão executória, que tem por base a pena aplicada, nos termos do Art. 110 do CP. Na hipótese, foi aplicada a pena de 02 anos de reclusão, de modo que o prazo prescricional é de 04 anos, com base no Art. 109, inciso V, do CP. Entre a data do trânsito em julgado (25/11/15) e a data da prisão de Carlos (20/12/19) foi ultrapassado o prazo prescricional de 04 anos. Assim, deverá ser declarada extinta a punibilidade pela prescrição da pretensão executória, nos termos do Art. 107, inciso IV, do CP.

PRÁTICA PENAL – 10ª EDIÇÃO

EXERCÍCIOS PRÁTICOS

(OAB/Exame Unificado – 2015.3 – 2ª fase) No dia 02 de março de 2008, Karen, 30 anos, funcionária do caixa do Supermercado Rei, subtraiu para si a quantia de R$ 700,00 (setecentos reais) do estabelecimento, ao final de seu expediente. No dia seguinte, percebendo a facilidade ocorrida no dia anterior, Karen voltou a subtrair determinada quantia do caixa do supermercado. Ainda na mesma semana, a funcionária, com o mesmo *modus operandi*, subtraiu, por mais duas vezes, valores pertencentes ao estabelecimento comercial. Ocorre que as condutas de Karen foram filmadas e os vídeos foram encaminhados para o Ministério Público, que ofereceu denúncia pela prática do crime descrito no Art. 155, § 4º, II, do Código Penal, por quatro vezes, na forma do Art. 71 do mesmo diploma legal. Em 20 de abril de 2008 a denúncia foi recebida, tendo o feito seu regular processamento, até que, em 25 de abril de 2012, foi publicada decisão condenando Karen à pena final de 02 anos e 06 meses de reclusão e 12 dias multa, substituída por restritiva de direitos. Para cada um dos crimes foi aplicada a pena mínima de 02 anos de reclusão e 10 dias multa, mas fixou o magistrado a fração de 1/4 para aumento da pena, em virtude do reconhecimento do crime continuado. As partes não interpuseram recurso de apelação.

Considerando que não existe mais possibilidade de interposição de recurso da decisão, responda aos itens a seguir.

A) Qual a tese defensiva a ser alegada, de modo a impedir que Karen cumpra a pena que lhe foi aplicada?

Fundamente. **(Valor: 0,65)**

B) Quais as consequências jurídicas do acolhimento dessa tese? Aquela condenação poderá ser considerada para efeito de reincidência futuramente? **(Valor: 0,60)**

Obs.: o examinando deve fundamentar suas respostas. A mera citação do dispositivo legal não confere pontuação.

GABARITO COMENTADO – EXAMINADORA

A) A questão exige do candidato conhecimento do tema da prescrição. Foi narrada, na hipótese, a condenação de Karen por quatro crimes de furto qualificado, sendo de 02 anos a pena definitiva de cada um deles. Reconhecida a continuidade delitiva, a pena final fixada foi de 02 anos e 06 meses de reclusão. Prevê o Art. 119 do CP que, em caso de concurso de crimes, a análise da prescrição deverá ser feita sobre a pena de cada um dos crimes isoladamente. Assim, no caso, a prescrição deveria considerar a pena aplicada de 02 anos para cada um dos delitos, não de 02 anos e 06 meses. A pena fixada entre 01 e 02 anos prescreverá em 04 anos, na forma do Art. 109, V, do CP. Entre o recebimento da denúncia e a publicação da sentença condenatória, foram ultrapassados mais de 04 anos; logo, ocorreu a prescrição da pretensão punitiva do Estado. Diante do exposto, a tese defensiva a ser alegada é a ocorrência da prescrição da pretensão punitiva do Estado em sua modalidade retroativa.

B) A consequência jurídica do acolhimento da tese é o reconhecimento da extinção da punibilidade de Karen, na forma do Art. 107, inciso IV, do Código Penal. Além disso, considerando que a prescrição foi da pretensão punitiva, essa condenação não gerará qualquer efeito, não podendo funcionar como maus antecedentes, reincidência ou título executivo na esfera cível.

EDUARDO DOMPIERI

Distribuição dos Pontos:

ITEM	PONTUAÇÃO
A) Ocorrência da prescrição da pretensão punitiva (0,40), já que a análise da prescrição ocorre de acordo com a pena fixada para cada um dos delitos em separado (0,15), segundo o Art. 109, V, do CP e/ou Art. 119, CP (0,10).	0,00/0,15/0,25/0, 40/0,50/0,55/0,65
B) A principal consequência é a extinção da punibilidade (0,35), na forma do Art. 107, IV, do CP (0,10), não podendo aquela condenação funcionar como reincidência por não gerar qualquer efeito, já que a prescrição é da pretensão punitiva estatal e não executória (0,15).	0,00/0,15/0,25/0, 35/0,45/0,50/0,60

(OAB/Exame Unificado – 2014.3 – 2ª fase) No dia 06/07/2010, Júlia, nascida em 06/04/1991, aproveitando-se de um momento de distração de Ricardo, subtraiu-lhe a carteira. Após recebimento da denúncia, em 11/08/2011, e regular processamento do feito, Júlia foi condenada a uma pena privativa de liberdade de 01 ano de reclusão, em sentença publicada em 08/10/2014. Nem o Ministério Público nem a defesa de Júlia interpuseram recurso, tendo o feito transitado em julgado em 22/10/2014.

Sobre esses fatos, responda aos itens a seguir.

A) Diante do trânsito em julgado, qual a tese defensiva a ser alegada em favor de Júlia para impedir o cumprimento da pena? **(Valor: 0,75)**

B) Quais as consequências do acolhimento da tese defensiva? **(Valor: 0,50)**

O examinando deve fundamentar suas respostas. A mera citação do dispositivo legal não confere pontuação.

GABARITO COMENTADO – EXAMINADORA

A questão exige do candidato conhecimento acerca do tema prescrição. O enunciado deixa clara a data de nascimento de Julia, demonstrando que esta era menor de 21 anos na data dos fatos. Entre o recebimento da denúncia e a data da publicação da sentença condenatória foram ultrapassados mais de 03 anos. A pena privativa de liberdade definitiva aplicada para Julia foi de 01 ano, que, na forma do art. 109, V, do CP, prescreve em 04 anos. Ocorre que, como Julia era menor de 21 anos na data dos fatos, o prazo prescricional deverá ser contado pela metade, conforme prevê o art. 115 do CP; dois anos, portanto.

Nesse sentido, para fazer jus à pontuação relativa ao item 'A', considerando-se comando da questão, a tese defensiva a ser alegada para impedir o cumprimento da pena é justamente a ocorrência da prescrição da pretensão punitiva retroativa, pois entre o recebimento da denúncia e a publicação da sentença condenatória foi ultrapassado o prazo prescricional de dois anos, nos termos acima descritos. Fundamenta-se, tal resposta, no art. 109, V, c/c 115, ambos do CP.

Ressalte-se que somente poderá ser pontuada a resposta que indicar corretamente a espécie de prescrição incidente ao caso, até porque era esse o objeto da questão.

Todavia, para privilegiar a demonstração de conhecimento jurídico, a Banca pontuará a resposta que não destacar a **"prescrição da pretensão punitiva retroativa"**, desde que o examinando indique expressamente tratar-se de prescrição da pretensão punitiva **e também** aponte os marcos interruptivos em que ela se operou, a saber: entre a data do recebimento

PRÁTICA PENAL – 10ª EDIÇÃO   59   EXERCÍCIOS PRÁTICOS

da denúncia e a publicação da sentença condenatória. Para ter direito a essa flexibilização, entretanto, o examinando deve atender ambas as exigências.

De igual modo, a resposta que traga duas ou mais espécies de prescrição (mesmo que uma delas seja a correta), não será pontuada por considerar-se contraditória.

Já no que tange ao item 'B', faz-se necessário à atribuição dos pontos respectivos que o examinando responda que a principal consequência do acolhimento da tese acima esposada é o reconhecimento da extinção da punibilidade de Júlia (art. 107, IV, CP) e, em decorrência disso, desaparecem também todos os demais efeitos penais e/ou civis, tais como a reincidência, os maus antecedentes ou mesmo a possibilidade de a condenação funcionar como título executivo no juízo cível.

Distribuição dos Pontos:

ITEM	PONTUAÇÃO
A) A ocorrência da prescrição da pretensão punitiva retroativa (0,65), / conforme arts. 109, V, c/c 115, ambos do CP (0,10). OU A ocorrência da prescrição da pretensão punitiva entre a data do recebimento da denúncia e a publicação da sentença condenatória (0,65), / conforme arts. 109, V, c/c 115, ambos do CP (0,10). *Obs.: a mera citação do artigo não pontua.*	0,00/0,65/0,75
B) A extinção da punibilidade (0,40) / e o desaparecimento dos demais efeitos penais ou civis (0,10).	0,00/0,10/0,40/0,50

(OAB/Exame Unificado – 2012.2 – 2ª fase) João foi denunciado pela prática do delito previsto no art. 299, *caput* e parágrafo único, do Código Penal. A inicial acusatória foi recebida em 30/10/2000 e o processo teve seu curso normal. A sentença penal, publicada em 29/07/2005, condenou o réu à pena de 01 (um) ano, 11 (onze) meses e 10 (dez) dias de reclusão, em regime semiaberto, mais pagamento de 16 (dezesseis) dias-multa. Irresignada, somente a defesa interpôs apelação. Todavia, o Egrégio Tribunal de Justiça negou provimento ao apelo, ao argumento de que não haveria que se falar em extinção da punibilidade pela prescrição, haja vista o fato de que o réu era reincidente, circunstância devidamente comprovada mediante certidão cartorária juntada aos autos.

Nesse sentido, considerando apenas os dados narrados no enunciado, responda aos itens a seguir.

a) Está extinta a punibilidade do réu pela prescrição? Em caso positivo, indique a espécie; em caso negativo, indique o motivo. (Valor: 0,75)

b) O disposto no art. 110, *caput*, do CP é aplicável ao caso narrado? (Valor: 0,50)

RESOLUÇÃO DA QUESTÃO – EXAMINADORA

A questão visa a obter do examinando o conhecimento acerca da extinção da punibilidade pela prescrição. Desta forma, para obtenção da pontuação relativa ao item "A", o examinando deve indicar que a punibilidade do réu está extinta com base na *prescrição da pretensão punitiva retroativa*, pois entre a data do recebimento da denúncia e a data da publicação da sentença condenatória transcorreu lapso de tempo superior a quatro anos.

EDUARDO DOMPIERI

Cumpre destacar que tal modalidade de prescrição é a única que se coaduna com o caso apresentado pelos seguintes fatos:

i. tendo havido o trânsito em julgado para a acusação (pois somente a defesa interpôs recurso de apelação), deve ser considerado o *quantum* de pena aplicada por ocasião da sentença condenatória, ou seja, 01 (um) ano, 11 (onze) meses e 10 (dez) dias de reclusão, não podendo esta ser majorada por força do princípio que impede a sua reforma para pior (*non reformatio in pejus*). Assim, o prazo prescricional é de 4 (quatro) anos, conforme artigos 107, IV, c/c 109, V, e 110, § 1º, todos do CP;

ii. considerando apenas os dados narrados no enunciado, os únicos marcos interruptivos da prescrição, segundo o art. 117 do CP, são o recebimento da denúncia (30/10/2000) e a publicação da sentença penal condenatória (29/07/2005).

Assim, com base na pena aplicada na sentença (com trânsito em julgado para o Ministério Público), *retroagindo-se ao primeiro marco interruptivo narrado pela questão (recebimento da denúncia), observa-se que entre este e o segundo marco interruptivo (publicação da sentença condenatória), transcorreu lapso temporal maior do que quatro anos, com a consequente prescrição da pretensão punitiva.*

Ressalte-se que justamente pela objetividade do item "A", e por não ter havido o trânsito em julgado para ambas as partes, a indicação de espécie distinta de prescrição, que não a punitiva, macula a integralidade da resposta e impede a atribuição de pontuação. Não há que se falar, no caso em comento, em prescrição da pretensão executória.

Em relação ao item "B" o examinando, para fazer jus à pontuação respectiva, deve responder que *o disposto no art. 110, caput, do CP não é aplicável ao caso narrado, pois tal artigo somente é aplicado em se tratando de prescrição da pretensão executória.* Como o caso apresentado demonstra a ocorrência da prescrição da pretensão punitiva, não há que se falar no aumento de 1/3 (um terço) no prazo prescricional. *Este entendimento é corroborado pelo verbete 220 da Súmula do STJ* ao afirmar que "a reincidência não influi no prazo da prescrição da pretensão punitiva".

Distribuição dos Pontos:

QUESITO AVALIADO	VALORES
A) Sim, resta configurada a prescrição da pretensão punitiva retroativa. (0,75) *Obs.: A indicação de espécie distinta de prescrição macula a integralidade do item "A".*	0,00/0,75
B) Não, o referido dispositivo somente é aplicado em se tratando de prescrição da pretensão executória. (0,50) OU Não, conforme o verbete 220 da Súmula do STJ. (0,50)	0,00/0,50

(OAB/Exame Unificado – 2011.2 – 2ª fase) João e Maria iniciaram uma paquera no Bar X na noite de 17 de janeiro de 2011. No dia 19 de janeiro do corrente ano, o casal teve uma séria discussão, e Maria, nitidamente enciumada, investiu contra o carro de João, que já não se encontrava em bom estado de conservação, com três exercícios de IPVA inadimplentes, a saber: 2008, 2009 e 2010. Além disso, Maria proferiu diversos insultos contra João no dia de sua festa de formatura, perante

PRÁTICA PENAL – 10ª EDIÇÃO   61   EXERCÍCIOS PRÁTICOS

seu amigo Paulo, afirmando ser ele "covarde", "corno" e "frouxo". A requerimento de João, os fatos foram registrados perante a Delegacia Policial, onde a testemunha foi ouvida. João comparece ao seu escritório e contrata seus serviços profissionais, a fim de serem tomadas as medidas legais cabíveis. Você, como profissional diligente, após verificar não ter passado o prazo decadencial, interpõe Queixa-Crime ao juízo competente no dia 18/07/11.

O magistrado ao qual foi distribuída a peça processual profere decisão rejeitando-a, afirmando tratar-se de clara decadência, confundindo-se com relação à contagem do prazo legal. A decisão foi publicada dia 25 de julho de 2011.

Com base somente nas informações acima, responda:

A) Qual é o recurso cabível contra essa decisão? (0,30)

B) Qual é o prazo para a interposição do recurso? (0,30)

C) A quem deve ser endereçado o recurso? (0,30)

D) Qual é a tese defendida? (0,35)

RESOLUÇÃO DA QUESTÃO

Os crimes perpetrados por Maria, dano e injúria, capitulados, respectivamente, nos arts. 163, *caput*, e 140, *caput*, ambos do Código Penal, são considerados de menor potencial ofensivo, na forma do art. 61 da Lei 9.099/1995. Por se tratar de concurso material de crimes, as penas devem ser somadas. Ainda assim, não é superado o limite de 2 anos de prisão. Estão, pois, sob a égide do Juizado Especial Criminal.

Em assim sendo, o recurso a ser interposto, neste caso, é a apelação, conforme estabelece o art. 82 da Lei 9.099/1995.

O prazo para interposição deste recurso, a teor do art. 82, § 1º, da Lei 9.099/1995, é de 10 dias.

Deve ser endereçado à Turma Recursal, conforme preconiza o art. 82 da Lei 9.099/1995.

Não houve a decadência reconhecida pelo magistrado.

O prazo decadencial – que tem natureza penal – tem como termo inicial a data em que o ofendido tem conhecimento de quem é o autor do delito, na forma estabelecida no art. 38 do CPP. Neste caso, corresponde ao dia em que se deram os fatos. Tendo natureza penal, a contagem do prazo decadencial se faz segundo as regras do art. 10 do CP, incluindo-se o primeiro dia e excluindo-se o derradeiro. Dessa forma, a queixa foi ajuizada dentro do prazo decadencial, mais precisamente no último dia desse prazo.

GABARITO COMENTADO – EXAMINADORA

A) Como se trata de crime de menor potencial ofensivo, o recurso cabível é Apelação, de acordo com o artigo 82 da Lei 9099/1995. Vale lembrar que a qualificadora do art. 163, parágrafo único, IV, do CP, relativa ao motivo egoístico do crime de dano, caracteriza-se apenas quando o agente pretende obter satisfação econômica ou moral. Assim, a conduta de Maria, motivada por ciúme, não se enquadra na hipótese e configura a modalidade simples do delito de dano (art. 163, *caput*). Cabe ainda destacar que não houve prejuízo considerável a João, já que o carro danificado estava em mau estado de conservação, o que afasta definitivamente a qualificadora tipificada no art. 163, parágrafo único, IV, do CP.

EDUARDO DOMPIERI

> Assim, o concurso material entre o crime patrimonial e a injúria não ultrapassa o patamar máximo e 2 anos, que define os crimes de menor potencial ofensivo e a competência dos Juizados Especiais Criminais, sendo cabível, portanto, apelação (art. 82 da Lei 9.099/1995).
>
> B) 10 dias, de acordo com o §1º do artigo 82 da Lei 9099/1995;
>
> C) Turma Recursal, consoante art. 82 da Lei 9099/1995;
>
> D) O prazo para interposição da queixa-crime é de seis meses a contar da data do fato, conforme previu o art. 38 do CPP. Trata-se de prazo decadencial, isto é, prazo de natureza material, devendo ser contado de acordo com o disposto no artigo 10 do CP – inclui-se o primeiro dia e exclui-se o último.

Distribuição dos Pontos:

ITEM	PONTUAÇÃO
A) Apelação.	0 / 0,3
B) 10 dias.	0 / 0,3
C) Turma Recursal.	0 / 0,3
D) O juiz contou de forma equivocada o prazo decadencial.	0 / 0,35

(OAB/Exame Unificado – 2011.2 – 2ª fase) Jaime, brasileiro, solteiro, nascido em 10/11/1982, praticou, no dia 30/11/2000, delito de furto qualificado pelo abuso de confiança (art. 155, § 4º, II, do CP). Devidamente denunciado e processado, Jaime foi condenado à pena de 4 (quatro) anos e 2 (dois) meses de reclusão. A sentença transitou definitivamente em julgado no dia 15/01/2002, e o término do cumprimento da pena se deu em 20/03/2006. No dia 24/03/2006, Jaime subtraiu um aparelho de telefone celular que havia sido esquecido por Lara em cima do balcão de uma lanchonete. Todavia, sua conduta fora filmada pelas câmeras do estabelecimento, o que motivou o oferecimento de denúncia, por parte do Ministério Público, pela prática de furto simples (art. 155, *caput*, do CP). A denúncia foi recebida em 14/04/2006, e, em 18/10/2006, Jaime foi condenado à pena de 1 (um) ano de reclusão e 10 (dez) dias-multa. Foi fixado o regime inicial aberto para o cumprimento da pena privativa de liberdade, com sentença publicada no mesmo dia.

Com base nos dados acima descritos, bem como atento às informações a seguir expostas, responda fundamentadamente:

A) Suponha que a acusação tenha se conformado com a sentença, tendo o trânsito em julgado para esta ocorrido em 24/10/2006. A defesa, por sua vez, interpôs apelação no prazo legal. Todavia, em virtude de sucessivas greves, adiamentos e até mesmo perda dos autos, até a data de 20/10/2010, o recurso da defesa não tinha sido julgado. Nesse sentido, o que você, como advogado, deve fazer? (Valor: 0,60)

B) A situação seria diferente se ambas as partes tivessem se conformado com o decreto condenatório, de modo que o trânsito em julgado definitivo teria ocorrido em 24/10/2006, mas Jaime, temeroso de ficar mais uma vez preso, tivesse se evadido tão logo teve ciência do conteúdo da sentença, somente tendo sido capturado em 25/10/2010? (Valor: 0,65)

PRÁTICA PENAL – 10ª EDIÇÃO

RESOLUÇÃO DA QUESTÃO

Deve-se impetrar *habeas corpus*, com fundamento no art. 648, VII, do CPP, com o propósito de ver declarada extinta a punibilidade em razão da prescrição.

Operou-se, neste caso, a chamada prescrição superveniente (modalidade de prescrição da pretensão punitiva), na forma do art. 110, § 1º, do CP, visto que, com o trânsito em julgado da decisão que condenou o réu para a acusação, o Estado deveria julgar o recurso interposto pela defesa, em razão da pena fixada, no prazo de quatro anos (art. 109, V, CP), a contar da publicação da sentença condenatória. Teria, portanto, até o dia 17/10/2010 para julgar em definitivo o recurso e evitar a extinção da punibilidade por força da prescrição. No entanto, até o dia 20/10/2010, por várias razões, o recurso não havia sido julgado, operando-se, assim, a extinção da punibilidade do agente em razão da prescrição, na forma estatuída no art. 107, IV, do CP.

Se as partes tivessem se conformado com o decreto condenatório, a situação seria diferente.

A partir de agora, então, fala-se em prescrição da pretensão executória, já que ocorreu o trânsito em julgado da sentença penal condenatória.

Neste caso, sendo Jaime reincidente, o prazo da prescrição executória, a teor do art. 110, *caput*, do CP, será aumentado de um terço, razão pela qual poderá ser capturado até o dia 23/02/2012.

GABARITO COMENTADO – EXAMINADORA

A) Ingressar com *habeas corpus* com fulcro no art. 648, VII, do CPP (extinção de punibilidade – art.107, IV, do CP), ou com mera petição diretamente dirigida ao relator do processo, considerando-se que a prescrição é matéria de ordem pública e pode até ser conhecida de ofício. O argumento a ser utilizado é a ocorrência de prescrição da pretensão punitiva superveniente/intercorrente/subsequente (causa extintiva de punibilidade), pois, já ciente do máximo de pena in concreto possível, qual seja, 1 ano e 10 dias-multa, o Estado teria até o dia 17/10/2010 para julgar definitivamente o recurso da defesa, o que não ocorreu, nos termos dos arts. 109, V; 110, § 1º; e 117, I e IV, todos do CP. Vale lembrar que a prescrição da pretensão punitiva superveniente pressupõe o trânsito em julgado para a acusação (tal como ocorreu na espécie) e é contada a partir da publicação da sentença penal condenatória, último marco interruptivo da prescrição relacionado na questão. Vale ressaltar que não basta o candidato mencionar que houve prescrição. Tem que ser específico, dizendo ao menos que se trata de prescrição da pretensão punitiva.

B) Sim, a situação seria diferente, pois neste caso não haveria prescrição da pretensão executória nem outra modalidade qualquer. Como Jaime é reincidente, já que o 2º furto foi cometido após o trânsito em julgado definitivo de sentença que lhe condenou pelo 1º furto (art. 63 do CP), a prescrição da pretensão executória tem seu prazo acrescido de 1/3, de acordo com o artigo 110 do CP. Assim, o Estado teria até 23/02/2012 para capturar Jaime, nos termos dos arts. 110, *caput*, e 112, I, do CP.

Distribuição dos Pontos:

ITEM	PONTUAÇÃO
A) *Habeas Corpus* OU Petição dirigida ao relator (0,3). Justificativa (0,3).	0 / 0,3 / 0,6
B) Não haveria prescrição (0,3). Jaime é reincidente (0,35).	0 / 0,3 / 0,65

Obs.: A justificativa isolada não pontua.

EDUARDO DOMPIERI

(OAB/Exame Unificado – 2007.3 – 2ª fase) Pedro, nascido no dia 16/10/1980, foi indiciado pela subtração de um automóvel FIAT, no valor de R$ 7.000,00, que foi vendido em outro estado da Federação. O fato ocorreu em 20/8/2001. A denúncia foi recebida em 25/10/2007, imputando a Pedro a prática da conduta descrita no art. 155, §5º, do CP. O interrogatório judicial ocorreu um mês depois, na presença do defensor, oportunidade em que Pedro negou a autoria do delito, tendo indicado sua sogra como testemunha. Foi dada vista dos autos à defesa para se manifestar no prazo legal. Considerando a situação hipotética apresentada, redija um texto dissertativo, indicando:

A) a peça, privativa de advogado, que deve ser apresentada;

B) a preliminar que deve ser arguida, com a devida justificativa.

RESOLUÇÃO DA QUESTÃO

Quando praticou o crime, Pedro não contava ainda com 21 anos de idade, o que implica dizer que o prazo prescricional, a teor do art. 115 do CP, será reduzido de metade. Sendo de 8 anos o máximo da pena privativa de liberdade prevista para o crime em questão (art. 155, § 5º, do CP), a prescrição da pretensão punitiva se dará, já descontada a redução a que alude o art. 115, em 6 anos.

Tendo o fato ocorrido em 20/8/2001 e a denúncia sido recebida em 25/10/2007 (causa interruptiva da prescrição), o que constitui um interregno superior a seis anos, deve o juiz rejeitar a denúncia por falta de interesse de agir, com base no art. 395, II, do CPP.

Se não o fizer, o réu, depois de citado, nos termos do art. 396-A do CPP, oferecerá sua resposta escrita (resposta à acusação ou defesa prévia), na qual alegará a prescrição da pretensão punitiva.

1.5. Crimes contra a pessoa

(OAB/Exame Unificado – 2018.2 – 2ª fase) Flávio está altamente sensibilizado com o fato de que sua namorada de infância faleceu. Breno, não mais aguentando ver Flávio sofrer, passa a incentivar o amigo a dar fim à própria vida, pois, assim, nas palavras de Breno, ele "novamente estaria junto do seu grande amor." Diante dos incentivos de Breno, Flávio resolve pular do seu apartamento, no 4º andar do prédio, mas vem a cair em um canteiro de flores, sofrendo apenas arranhões leves no braço.

Descobertos os fatos, Breno é denunciado pela prática do crime previsto no Art. 122 do Código Penal, na forma consumada, já que ele incentivou Flávio a se suicidar.

Recebida a denúncia, o juiz, perante a Vara Única da Comarca onde os fatos ocorreram, determina que seja observado o procedimento comum ordinário.

Durante a instrução, todos os fatos anteriormente narrados são confirmados. Os autos são encaminhados para as partes para apresentação de alegações finais.

A família de Breno procura você para, na condição de advogado(a), prestar os esclarecimentos a seguir.

A) O procedimento observado durante a ação penal em desfavor de Breno foi o adequado? Justifique. (Valor: 0,60)

PRÁTICA PENAL – 10ª EDIÇÃO   65   EXERCÍCIOS PRÁTICOS

B) Qual o argumento a ser apresentado pela defesa técnica para questionar a capitulação delitiva realizada pelo Ministério Público? Justifique. (Valor: 0,65)

Obs.: o(a) examinando(a) deve fundamentar as respostas. A mera citação do dispositivo legal não confere pontuação.

GABARITO COMENTADO – EXAMINADORA

A questão narra que Breno foi denunciado pela prática do crime de instigação, induzimento ou auxílio ao suicídio consumado, crime este previsto no Art. 122 do CP. Inicialmente, o delito está previsto no rol de crimes contra a vida, de modo que, em sendo doloso, deve ser julgado pelo Tribunal do Júri.

A) O procedimento observado durante a ação penal em desfavor de Breno não foi adequado, tendo em vista que consta do enunciado que foi observado o procedimento comum ordinário. Ocorre que, conforme já destacado, o crime previsto no Art. 122 do CP é crime doloso contra a vida, logo de competência do Tribunal do Júri, devendo ser observado o procedimento especial previsto nos Artigos 406 e seguintes do CPP. Aplica-se, ao caso, o Art. 394, § 3º, do CPP e não o Art. 394, § 1º, do mesmo diploma legal.

B) Para questionar a capitulação delitiva realizada pelo Ministério Público, a defesa deveria argumentar que a conduta de Breno não é punível. Isso porque o Art. 122 do CP somente prevê a punição no caso de o resultado morte se consumar ou se forem causadas lesões graves. Caso sejam causadas apenas lesões de natureza leve, ainda que tenha havido instigação ao suicídio, a conduta não será punível por opção do legislador, sequer havendo que se falar em tentativa na hipótese.

Comentários do autor:

Como não poderia deixar de ser, esta questão refere-se à legislação em vigor ao tempo em que esta prova foi elaborada, isto é, não foi levada em conta a alteração promovida pela Lei 13.968/2019, que conferiu nova redação ao art. 122 do CP, ali incluindo, além do delito que já existia (mas em outras bases), também o crime de induzimento, instigação ou auxílio à automutilação. Com isso, passamos a ter o seguinte *nomem juris*: induzimento, instigação ou auxílio a suicídio ou a automutilação. Antes de mais nada, não podemos deixar de registrar uma crítica ao legislador, que inseriu no catálogo *dos crimes contra a vida* delito que deveria ter sido incluído no capítulo *das lesões corporais*. Refiro-me ao induzimento, instigação ou auxílio à automutilação, que, à evidência, não constitui, nem de longe, crime contra a vida. Além da inserção deste novo crime (induzimento, instigação ou auxílio à automutilação), tratou o legislador de alterar o delito contra a vida já existente de *participação em suicídio*, conferindo nova redação ao tipo penal e inserindo qualificadoras e majorantes. Enfim, o art. 122, que até então contava com um parágrafo único, contém, agora, sete parágrafos. A primeira e mais significativa conclusão a que se chega por meio de uma breve leitura do *caput* deste artigo é que o crime do art. 122 do CP, que era, até então, *material*, passa a ser *formal*. Antes, conforme é sabido, o delito de participação em suicídio somente alcançava a consumação com a produção de resultado naturalístico, ora representado pela morte, ora pela lesão corporal de natureza grave. Ou seja, o crime comportava dois momentos consumativos possíveis. A tentativa não era admitida. Doravante, dada a nova redação conferida ao art. 122, *caput*, do CP, a consumação será alcançada com o mero ato de induzir, instigar ou auxiliar a vítima a suicidar-se ou a automutilar-se. A morte, se ocorrer, configurará a forma qualificada prevista no art. 122, § 2º; se sobrevier, da tentativa de suicídio ou da automutilação, lesão grave ou gravíssima, restará configurada a forma qualificada do art. 122, § 1º. Perceba que a morte e a lesão grave, na redação anterior, constituíam pressuposto à consumação da participação em suicídio; hoje, trata-se de circunstâncias que qualificam o crime de induzimento, instigação ou auxílio a suicídio ou a automutilação. O § 3º do dispositivo em análise estabelece causas de aumento de pena. Reza que a pena será duplicada: se o crime é

EDUARDO DOMPIERI

praticado por motivo egoístico, torpe ou fútil; e se a vítima é menor ou tem diminuída, por qualquer causa, a capacidade de resistência. O § 4º, por sua vez, impõe um aumento de pena de até o dobro se a conduta é realizada por meio da internet ou rede social ou ainda transmitida em tempo real. Se o sujeito ativo for líder ou coordenador de grupo ou de rede virtual, sua pena será aumentada em metade (§ 5). O § 6º trata da hipótese em que o crime do § 1º deste artigo resulta em lesão corporal de natureza gravíssima e é cometido contra menor de 14 anos ou contra vítima que, por enfermidade ou deficiência mental, não tem o necessário discernimento para a prática do ato, ou que, por qualquer outra causa, está impedido de oferecer resistência, caso em que o agente responderá pelo delito do art. 129, § 2º, do CP; agora, se contra essas mesmas vítimas for cometido o crime do art. 122, § 2º, do CP (suicídio consumado ou morte decorrente da automutilação), o crime em que incorrerá o agente será o de homicídio(art. 121, CP). É o que estabelece o art. 122, § 7º, CP. Perceba que, se levássemos em conta, na resolução da questão, a nova legislação, a conduta de Breno seria considerada punível, já que, segundo se extrai da nova redação do art. 122, *caput*, do CP, a consumação se opera, agora, com o mero induzimento ao suicídio (crime formal).

(OAB/Exame Unificado – 2018.1 – 2ª fase) Rodrigo, pela primeira vez envolvido com o aparato judicial, foi condenado definitivamente, pela prática do crime de rixa, ao pagamento de pena exclusivamente de multa. Para pensar sobre as consequências de seu ato, vai para local que acredita ser deserto, onde há uma linda lagoa. Ao chegar ao local, após longa caminhada, depara-se com uma criança, sozinha, banhando-se, mas verifica que ela tem dificuldades para deixar a água e, então, começa a se afogar. Apesar de ter conhecimento sobre a situação da criança, Rodrigo nada faz, pois não sabia nadar, logo acreditando que não era possível prestar assistência sem risco pessoal. Ao mesmo tempo, o local era isolado e não havia autoridades públicas nas proximidades, além de Rodrigo estar sem celular ou outro meio de comunicação para avisar sobre a situação. Cerca de 10 minutos depois, chega ao local Marcus, que, ao ver o corpo da criança na lagoa, entra na água e retira a criança já falecida. Nesse momento, Rodrigo verifica que a lagoa não era profunda e que a água bateria na altura de sua cintura, não havendo risco pessoal para a prestação da assistência. Após a perícia constatar a profundidade da lagoa, Rodrigo é denunciado pela prática do crime previsto no Art. 135, parágrafo único, do Código Penal. Não houve composição dos danos civis, e o Ministério Público não ofereceu proposta de transação penal, sob o argumento de que havia vedação legal diante da condenação de Rodrigo pela prática do crime de rixa. Considerando apenas as informações narradas, responda, na condição de advogado(a) de Rodrigo, aos itens a seguir.

A) Existe argumento a ser apresentado pela defesa para combater o fundamento utilizado pelo Ministério Público para não oferecer proposta de transação penal? Justifique. (Valor: 0,60)

B) Qual argumento de direito material poderia ser apresentado em busca da absolvição do denunciado? Justifique. (Valor: 0,65)

Obs.: o(a) examinando(a) deve fundamentar as respostas. A mera citação do dispositivo legal não confere pontuação.

GABARITO COMENTADO – EXAMINADORA

A) Sim, existe argumento. Inicialmente deve ser destacado que o delito imputado a Rodrigo, ainda que considerando a aplicação da pena de maneira triplificada em razão do resultado morte, é de menor potencial ofensivo. Prevê o Art. 76 da Lei 9.099/95 que o Ministério Público poderá oferecer proposta de aplicação imediata de pena restritiva de direitos ou multa, caso não haja composição dos danos e não seja hipótese de arquivamento. Todavia,

PRÁTICA PENAL – 10ª EDIÇÃO 67 EXERCÍCIOS PRÁTICOS

o próprio Art. 76, em seu parágrafo 2º, traz hipóteses em que a proposta de transação penal não poderá ser realizada. O inciso I do dispositivo mencionado afirma que não caberá a proposta quando o autor da infração já tiver sido condenado, pela prática de crime, por sentença definitiva, à pena privativa de liberdade. Na hipótese apresentada, Rodrigo possuía condenação anterior com trânsito em julgado, mas apenas ao cumprimento de pena de multa e não pena privativa de liberdade. Assim, não há vedação legal, podendo o Ministério Público oferecer proposta de transação penal.

B) Rodrigo deve ser absolvido pois sua omissão ocorreu em erro de tipo. Para configuração do delito de omissão de socorro, previsto no Art. 135 do Código Penal, é preciso que a omissão tenha ocorrido quando era possível ao agente prestar assistência sem risco pessoal. Rodrigo somente não agiu porque acreditava que existia risco para si, já que não sabia nadar e a criança estava se afogando na lagoa. Em que pese a lagoa fosse rasa e não apresentasse risco para Rodrigo, ele não tinha conhecimento de tal situação, logo agiu em erro sobre a elementar "sem risco pessoal". Havendo erro sobre elementar do tipo, a consequência é o afastamento do dolo, somente podendo o agente ser responsabilizado se o erro for evitável e prevista a modalidade culposa do delito, nos termos do Art. 20 do Código Penal. No caso, o crime do Art. 135 do Código Penal não traz a modalidade culposa, logo o fato é atípico.

(OAB/Exame Unificado – 2017.2 – 2ª fase) Manoel conduzia sua bicicleta, levando em seu colo, sem qualquer observância às regras de segurança, seu filho de 02 anos de idade. Para tornar o passeio do filho mais divertido, Manoel pedalava em alta velocidade, quando, em determinado momento, perdeu o controle da bicicleta e caiu, vindo seu filho a bater a cabeça e falecer de imediato.

Após ser instaurado procedimento para investigar os fatos, a perícia constata que, de fato, Manoel estava em alta velocidade e não havia qualquer segurança para o filho em seu colo. O Ministério Público oferece denúncia em face de Manoel, imputando-lhe a prática do crime previsto no Art. 121, §§ 3º e 4º, do Código Penal, já que a vítima era menor de 14 anos. Durante a instrução, todos os fatos são confirmados por diversos meios de prova.

Considerando apenas as informações narradas, responda, na qualidade de advogado(a) de Manoel, aos itens a seguir.

A) A capitulação delitiva realizada pelo Ministério Público está integralmente correta? Justifique. **(Valor: 0,60)**

B) Qual argumento a ser apresentado para evitar a punição de Manoel pelo crime de homicídio culposo? Justifique. **(Valor: 0,65)**

Obs.: o(a) examinando(a) deve fundamentar suas respostas. A mera citação ou transcrição do dispositivo legal não confere pontuação.

GABARITO COMENTADO – EXAMINADORA

A) A capitulação delitiva realizada pelo Ministério Público não está integralmente correta, pois, em que pese exista prova da materialidade e indícios de autoria em relação ao crime de homicídio culposo, não poderia ter sido imputada a causa de aumento prevista no Art. 121, § 4º, do CP, tendo em vista que a idade da vítima somente é relevante, no momento

EDUARDO DOMPIERI

de analisar tal causa de aumento, quando o homicídio é de natureza dolosa. Assim, deveria ser afastada a causa de aumento imputada.

B) O argumento a ser apresentado pela defesa técnica é da aplicação do perdão judicial, devendo o juiz deixar de aplicar a pena. De acordo com o Art. 121, § 5º, do CP, o juiz poderá deixar de aplicar a pena se as consequências da infração atingirem o próprio agente de forma tão grave que a sanção se torne desnecessária. De fato, pelas circunstâncias narradas no enunciado, houve crime de homicídio culposo, já que Manoel conduzia sua bicicleta em alta velocidade, com o filho de 02 anos no colo, sem observância do dever objetivo de cuidado. Todavia, seu comportamento causou a morte de seu próprio filho, o que, por si só, demonstra que as consequências da infração já foram graves o suficiente para o autor do fato, tornando a sanção penal efetivamente desnecessária.

Distribuição dos Pontos:

ITEM	PONTUAÇÃO
A) Não foi correta a capitulação delitiva do Ministério Público, pois em sendo o crime culposo, a idade da vítima não é relevante para imputação da causa de aumento do Art. 121, § 4º, do CP, **OU** pois a causa de aumento em razão de a vítima ser menor de 14 anos somente será aplicada ao crime de homicídio doloso (0,60).	0,00/0,60
B) Aplicação do perdão judicial (0,55), nos termos do Art. 121, § 5º, do CP (0,10).	0,00/0,55/0,65

(OAB/Exame Unificado – 2016.2 – 2ª fase) Joana trabalha em uma padaria na cidade de Curitiba. Em um domingo pela manhã, Patrícia, freguesa da padaria, acreditando não estar sendo bem atendida por Joana, após com ela discutir, a chama de "macaca" em razão da cor de sua pele. Inconformados com o ocorrido, outros fregueses acionam policiais que efetuam a prisão em flagrante de Patrícia por crime de racismo (Lei 7.716/1989 – Lei do Preconceito Racial), apesar de Joana dizer que não queria que fosse tomada qualquer providência em desfavor da pessoa detida. A autoridade policial lavra o flagrante respectivo, independente da vontade da ofendida, asseverando que os crimes da Lei 7.716/1989 são de ação penal pública incondicionada. O Ministério Público opina pela liberdade de Patrícia porque ainda existiam diligências a serem cumpridas em sede policial. Patrícia, sete meses após o ocorrido, procura seu advogado para obter esclarecimentos, informando que a vítima foi ouvida em sede policial e confirmou o ocorrido, bem como o desinteresse em ver a autora dos fatos responsabilizada criminalmente.

Na condição de advogado de Patrícia, esclareça:

A) Agiu corretamente a autoridade policial ao indiciar Patrícia pela prática do crime de racismo? Justifique. (Valor: 0,65)

B) Existe algum argumento defensivo para garantir, de imediato, o arquivamento do inquérito policial? Justifique. (Valor: 0,60)

Obs.: o examinando deve fundamentar suas respostas. A mera citação do dispositivo legal não confere pontuação.

GABARITO COMENTADO – EXAMINADORA

A questão exige do examinando a diferenciação entre os delitos de racismo e injúria racial.

A) Não agiu corretamente a autoridade policial ao indiciar Patrícia pela prática do crime de racismo, tendo em vista que o delito praticado foi de injúria racial, previsto no Art. 140, § 3º, do Código Penal. Enquanto a injúria racial consiste em ofender a honra de alguém valendo-se de elementos referentes à raça, cor, etnia, religião ou origem, o crime de racismo atinge uma coletividade indeterminada de indivíduos, discriminando toda a integralidade de uma raça, ainda que a discriminação tenha sido praticada em determinado momento contra apenas uma pessoa. Ao contrário da injúria racial, o crime de racismo é inafiançável e imprescritível. No caso, não houve discriminação de Joana em razão de sua cor. Não foi, em razão de sua cor, Joana proibida de frequentar determinado local ou adotar determinada conduta. Ocorre, por parte de Patrícia, uma ofensa à honra subjetiva de Joana, para tanto valendo-se de elementos referentes à sua cor, de modo que o delito praticado foi de injúria racial.

B) O argumento defensivo é que o crime de injúria racial é de ação penal pública condicionada à representação e que, passados mais de 06 meses desde a data do fato e conhecimento da autoria, a vítima não teve interesse em ver a autora criminalizada, de modo que deve ser reconhecida a decadência e, consequentemente, o inquérito ser arquivado.

Comentários do autor:

De fato, Patrícia, ao xingar Joana de "macaca", cometeu o crime de injúria racial, na medida em que a ofensa proferida à honra subjetiva da vítima fez referência à cor de sua pele. Cuida-se do crime capitulado no art. 140, § 3º, do CP. Oportuno proceder à distinção deste crime do de racismo, este previsto no art. 20 da Lei 7.716/1989, dado que são frequentemente confundidos. Tal como ocorre com o crime de injúria simples, a injúria qualificada em razão da utilização de elementos relativos à cor da pele pressupõe que a ofensa seja dirigida a pessoa determinada ou, ao menos, a um grupo determinado de pessoas. Já no delito de racismo, diferentemente, a ofensa não é só dirigida à vítima concreta, mas também e sobretudo a todas as pessoas, no caso do enunciado, negras. Pressupõe, assim, uma espécie de segregação social em razão da cor da pele. A ação penal, no crime praticado por Patrícia (injúria qualificada pelo preconceito de cor), é pública condicionada à representação. Antes, a ação penal, neste crime, era de iniciativa privativa do ofendido. Esta mudança se deu por força da Lei 12.033/2009, que modificou a redação do parágrafo único do art. 145 do CP. Bem por isso, é imprescindível que a ofendida exteriorize, por meio de representação, seu desejo em ver processado o ofensor, condição indispensável para que a autoridade policial proceda a inquérito e o Ministério Público promova a ação penal.

(OAB/Exame Unificado – 2013.1 – 2ª fase) Maria, mulher solteira de 40 anos, mora no Bairro Paciência, na cidade Esperança. Por conta de seu comportamento, Maria sempre foi alvo de comentários maldosos por parte dos vizinhos; alguns até chegavam a afirmar que ela tinha "cara de quem cometeu crime". Não obstante tais comentários, nunca houve prova de qualquer das histórias contadas, mas o fato é que Maria é pessoa conhecida na localidade onde mora por ter *má-índole*, já que sempre arruma brigas e inimizades.

Certo dia, com raiva de sua vizinha Josefa, Maria resolve quebrar a janela da residência desta. Para tanto, espera chegar a hora em que sabia que Josefa não estaria em casa e, após olhar em volta para ter certeza de que ninguém a observava, Maria arremessa com força, na direção da casa da vizinha, um enorme tijolo. Ocorre que Josefa, naquele dia, não havia saído de casa e o tijolo após quebrar a vidraça, atinge também sua nuca. Josefa falece instantaneamente.

EDUARDO DOMPIERI

70

Nesse sentido, tendo por base apenas as informações descritas no enunciado, responda justificadamente:

É correto afirmar que Maria deve responder por homicídio doloso consumado? (Valor: 1,25)

A simples menção ou transcrição do dispositivo legal não pontua.

GABARITO COMENTADO – EXAMINADORA

Na presente questão cabe ao examinando identificar o instituto por ela versado, qual seja, o erro de tipo acidental, na modalidade do resultado diverso do pretendido, previsto no art. 74 do Código Penal.

Referido instituto traz como consequência, para o caso sob exame, a punição do agente por crime doloso em relação ao objetivo por ele almejado (que no caso foi o crime de dano previsto no art. 163 do CP), bem como a sua punição na modalidade culposa pelo resultado não intencional por ele alcançado, desde que o tal delito admita a modalidade culposa.

Nesse sentido, observa-se que o outro resultado alcançado foi o crime de homicídio, que admite a modalidade culposa, de acordo com o art. 121, § 3º, do CP.

Sendo assim, uma vez tendo, Maria, alcançado os dois resultados, deverá ser punida por ambos (dano doloso e homicídio culposo) na forma do art. 70 do CP, ou seja, em concurso formal próprio, que determina a majoração da pena do crime mais grave de 1/6 até 1/2.

Distribuição dos Pontos:

QUESITO AVALIADO	VALORES
A1) Não, uma vez que não houve dolo em relação à produção do resultado morte, razão pela qual responde por homicídio culposo (0,60).	0,00/0,60
A2) A hipótese é de resultado diverso do pretendido (art. 74 do CP) (0,50), devendo responder por dano em concurso formal com o crime de homicídio culposo (0,15). *OBS.: a mera indicação de dispositivo legal ou transcrição de seu conteúdo não será pontuada.*	0,00 / 0,15 / 0,50 / 0,65

(OAB/Exame Unificado – 2012.1 – 2ª fase) Há muito tempo Maria encontra-se deprimida, nutrindo desejos de acabar com a própria vida. João, sabedor dessa condição, e querendo a morte de Maria, resolve instigá-la a se matar. Pondo seu plano em prática, João visita Maria todos os dias e, quando ela toca no assunto de não tem mais razão para viver, que deseja se matar, pois a vida não faz mais sentido, João a estimula e a encoraja a pular pela janela.

Um belo dia, logo após ser instigada por João, Maria salta pela janela de seu apartamento e, por pura sorte, sofre apenas alguns arranhões, não sofrendo qualquer ferimento grave. Considerando apenas os fatos apresentados, responda, de forma justificada, aos seguintes questionamentos:

A) João cometeu algum crime? (valor: 0,65)

B) Caso Maria viesse a sofrer lesões corporais de natureza grave em decorrência da queda, a condição jurídica de João seria alterada? (valor: 0,60)

PRÁTICA PENAL – 10ª EDIÇÃO   71   EXERCÍCIOS PRÁTICOS

GABARITO COMENTADO – EXAMINADORA

O examinando deve responder, no item 'A', que João não cometeu qualquer crime, pois o delito descrito no art. 122 do CP, o qual prevê a conduta de instigação, auxílio ou induzimento ao suicídio, não admite a forma tentada (art. 14, II do CP), sendo certo que tal delito somente se consuma com a ocorrência de lesões corporais graves ou morte. Nesse sentido, como Maria teve apenas alguns arranhões, não houve crime.

Todavia, com o fim de privilegiar a demonstração de conhecimento doutrinário, será aceita como resposta correta ao item 'A', a indicação de que haveria crime, mas que o fato não seria punível por faltar condição objetiva de punibilidade. Nesse caso específico, o examinando deverá demonstrar conhecimento sobre o conceito analítico de crime (fato típico, antijurídico e culpável), indicando que a punibilidade não o integra.

Ainda quanto ao item 'A', é indispensável a indicação do dispositivo em análise. Portanto, afirmações vagas e genéricas não são passíveis de pontuação.

Já no item 'B', o examinando deveria responder que ante a ocorrência de lesões corporais de natureza grave em Maria, a condição jurídica de João seria alterada, passando ele a responder pelo delito previsto no art. 122 do CP na modalidade consumada.

Ressalte-se que levando em consideração a natureza do Exame de Ordem, não será atribuída pontuação para respostas com teses contraditórias, ou mesmo sugestiva de delito na modalidade tentada. Ademais, considera-se errada a resposta indicativa de configuração de concurso de crimes ou a fundamentação isolada.

Pelo mesmo motivo exposto no item 'A' (impossibilidade de consideração de afirmações vagas ou genéricas), também não é passível de pontuação a resposta, no item 'B', que não indique, de maneira expressa, o artigo legal a que se refere a questão. Desse modo, a mera referência à pena de reclusão de 1 a 3 anos, ou seja, a mera indicação do preceito secundário do tipo, dissociada da tipificação da conduta, também não é pontuada.

Por fim, também não será pontuada a simples transcrição do artigo, dissociada da demonstração de conhecimento doutrinário.

Distribuição dos Pontos:

QUESITO AVALIADO	FAIXA DE VALORES
A) João não cometeu qualquer crime, pois o delito descrito no artigo 122 do CP só se consuma com a ocorrência de morte ou de lesão corporal grave OU há crime, mas o fato não é punível por faltar a condição objetiva de punibilidade (0,65) *Obs.: respostas incompletas não são pontuadas.*	0,00/0,65
B) A condição jurídica de João se alteraria, na medida em que o resultado de lesões corporais de natureza grave consuma o crime de instigação, auxílio e induzimento ao suicídio, devendo João responder pelo crime previsto no artigo 122 do CP da forma consumada (0,60). *Obs.1: respostas incompletas não são pontuadas.* *Obs.2: a mera indicação da sanção penal não é pontuada.* *Obs.3: a mera transcrição do artigo não é pontuada.*	0,00/0,60

EDUARDO DOMPIERI

Comentários do autor:

Como não poderia deixar de ser, esta questão refere-se à legislação em vigor ao tempo em que esta prova foi elaborada, isto é, não foi levada em conta a alteração promovida pela Lei 13.968/2019, que conferiu nova redação ao art. 122 do CP, ali incluindo, além do delito que já existia (mas em outras bases), também o crime de induzimento, instigação ou auxílio à automutilação. Com isso, passamos a ter o seguinte *nomem juris*: induzimento, instigação ou auxílio a suicídio ou a automutilação. Antes de mais nada, não podemos deixar de registrar uma crítica ao legislador, que inseriu no catálogo *dos crimes contra a vida* delito que deveria ter sido incluído no capítulo *das lesões corporais*. Refiro-me ao induzimento, instigação ou auxílio à automutilação, que, à evidência, não constitui, nem de longe, crime contra a vida. Além da inserção deste novo crime (induzimento, instigação ou auxílio à automutilação), tratou o legislador de alterar o delito contra a vida já existente de *participação em suicídio*, conferindo nova redação ao tipo penal e inserindo qualificadoras e majorantes. Enfim, o art. 122, que até então contava com um parágrafo único, contém, agora, sete parágrafos. A primeira e mais significativa conclusão a que se chega por meio de uma breve leitura do *caput* deste artigo é que o crime do art. 122 do CP, que era, até então, *material*, passa a ser *formal*. Antes, conforme é sabido, o delito de participação em suicídio somente alcançava a consumação com a produção de resultado naturalístico, ora representado pela morte, ora pela lesão corporal de natureza grave. Ou seja, o crime comportava dois momentos consumativos possíveis. A tentativa não era admitida. Doravante, dada a nova redação conferida ao art. 122, *caput*, do CP, a consumação será alcançada com o mero ato de induzir, instigar ou auxiliar a vítima a suicidar-se ou a automutilar-se. A morte, se ocorrer, configurará a forma qualificada prevista no art. 122, § 2º; se sobrevier, da tentativa de suicídio ou da automutilação, lesão grave ou gravíssima, restará configurada a forma qualificada do art. 122, § 1º. Perceba que a morte e a lesão grave, na redação anterior, constituíam pressuposto à consumação da participação em suicídio; hoje, trata-se de circunstâncias que qualificam o crime de induzimento, instigação ou auxílio a suicídio ou a automutilação. O § 3º do dispositivo em análise estabelece causas de aumento de pena. Reza que a pena será duplicada: se o crime é praticado por motivo egoístico, torpe ou fútil; e se a vítima é menor ou tem diminuída, por qualquer causa, a capacidade de resistência. O § 4º, por sua vez, impõe um aumento de pena de até o dobro se a conduta é realizada por meio da internet ou rede social ou ainda transmitida em tempo real. Se o sujeito ativo for líder ou coordenador de grupo ou de rede virtual, sua pena será aumentada em metade (§ 5). O § 6º trata da hipótese em que o crime do § 1º deste artigo resulta em lesão corporal de natureza gravíssima e é cometido contra menor de 14 anos ou contra vítima que, por enfermidade ou deficiência mental, não tem o necessário discernimento para a prática do ato, ou que, por qualquer outra causa, está impedido de oferecer resistência, caso em que o agente responderá pelo delito do art. 129, § 2º, do CP; agora, se contra essas mesmas vítimas for cometido o crime do art. 122, § 2º, do CP (suicídio consumado ou morte decorrente da automutilação), o crime em que incorrerá o agente será o de homicídio (art. 121, CP). É o que estabelece o art. 122, § 7º, CP. Perceba que, se levássemos em conta, na resolução da questão, a nova legislação, a conduta de João seria considerada típica, já que, segundo se extrai da nova redação do art. 122, *caput*, do CP, a consumação se opera, agora, com o mero induzimento ao suicídio (crime formal).

(OAB/Exame Unificado – 2008.2 – 2ª fase) Penélope, grávida de 6 meses, foi atingida por disparo de arma de fogo efetuado por Teobaldo, cuja intenção era matar a gestante e o feto. Socorrida por populares, a vítima foi levada ao hospital e, em decorrência das lesões sofridas, perdeu o rim direito. O produto da concepção veio ao mundo e, alguns dias depois, em virtude dessas circunstâncias, morreu. Considerando a situação hipotética apresentada, tipifique a(s) conduta(s) de Teobaldo.

RESOLUÇÃO DA QUESTÃO

Ciente do estado gravídico de Penélope e visando tanto à morte desta quanto à do feto, Teobaldo efetuou disparo de arma de fogo que veio a atingir a vítima.

Embora Teobaldo não tenha atingido seu intento em relação à morte de Penélope, visto que a mesma foi a tempo socorrida, em razão das lesões experimentadas, a vítima perdeu seu rim direito. É dizer, o resultado letal não foi atingido por circunstâncias alheias à vontade do agente.

PRÁTICA PENAL – 10ª EDIÇÃO   73   EXERCÍCIOS PRÁTICOS

Conseguiu Teobaldo, todavia, que a vítima, dadas as circunstâncias, antecipasse o parto, o que fez com que, dias depois, o produto da concepção, não resistindo, viesse a óbito.

Dessa forma, Teobaldo deverá ser responsabilizado pelos crimes previstos no art. 121 c/c o art. 14, II, ambos do CP (homicídio tentado), e no art. 125 do CP (aborto provocado sem o consentimento da gestante).

Comentários adicionais:

A prática do crime de aborto é exemplo típico de exceção à chamada *teoria monista*, acolhida como regra pelo Código Penal, pois, neste caso, a gestante que permitir em si mesma a prática do aborto responde nos moldes do art. 124 do CP, ao passo que o agente que nela provocá-lo estará incurso no art. 126 do CP, e não como coautor do art. 124, CP (incidência da *teoria pluralista* – cada agente responde pelo seu crime).

O agente que provoca aborto sem o consentimento da gestante comete a forma mais grave desse crime, pois está sujeito à pena de 3 a 10 anos de reclusão (art. 125, CP); diferente é a situação do agente que provoca aborto com o consentimento da gestante (art. 126, CP), que ficará sujeito a uma pena de reclusão de 1 a 4 anos. O art. 124 do CP contempla a forma menos grave deste crime: *auto aborto* e *aborto consentido*, modalidades que exigem como sujeito ativo a própria gestante.

(OAB/Exame Unificado – 2008.1 – 2ª fase) O detento Getúlio envolveu, com fio elétrico, o pescoço de Paulo Tirso, policial militar que trabalha no complexo penitenciário, e o ameaçou com estilete, exigindo ser transferido do pavilhão "A" para o pavilhão "B". Em face da situação hipotética apresentada, responda, fundamentadamente, às seguintes perguntas.

- Que crime foi praticado pelo detento Getúlio?
- Que procedimento/rito processual deve ser observado?

RESOLUÇÃO DA QUESTÃO

Getúlio, fazendo uso de violência e grave ameaça exercida com estilete contra policial militar que trabalha no complexo penitenciário em que o agente está preso, exigiu sua transferência de pavilhão, conduta essa que se amolda ao tipo prefigurado no art. 146 do Código Penal (constrangimento ilegal).

É infração penal de menor potencial ofensivo, sujeita, por isso, ao procedimento comum sumaríssimo estabelecido na Lei 9.099/1995.

(OAB/Exame Unificado – 2007.1 – 2ª fase) Responde por crime contra a honra o servidor público que, por dever de ofício e em razão do simples exercício de suas funções, participou de processo administrativo — promovendo a sua instauração, colhendo provas, elaborando relatórios, fazendo encaminhamentos e dando pareceres técnicos — que, ao final, importou a demissão de outro servidor público, por abandono de cargo? Fundamente sua resposta.

RESOLUÇÃO DA QUESTÃO

O servidor público que, no cumprimento de dever de ofício, participa de processo administrativo, emitindo conceito desfavorável em apreciação ou informação prestada, não responde por injúria nem por difamação, conforme estabelece o art. 142, III, do CP.

EDUARDO DOMPIERI

Em outras palavras, o servidor, por dever de ofício e em razão do simples exercício de suas funções, pode, ao emitir um parecer, expor uma opinião negativa, desfavorável acerca de alguém, sendo possível, com isso, comprometer sua reputação ou até mesmo ofender sua dignidade ou decoro, o que não implica prática de ato ilícito.

O crime de calúnia, capitulado no art. 138 do CP, não foi incluído no rol do art. 142 do Código Penal.

Comentários adicionais:

Confira, a respeito do tema, os seguintes julgados:

PENAL E PROCESSUAL PENAL. QUEIXA-CRIME. DECADÊNCIA. CRIMES CONTRA A HONRA. OFENSA *PROPTER OFFICIUM*. LEGITIMIDADE. ELEMENTO SUBJETIVO DO TIPO. *ANIMUS NARRANDI*. DESCARACTERIZAÇÃO. I – Recebido o ofício sobre a devolução do prazo para apresentação de defesa prévia de fatos que deram origem à presente queixa-crime, o prazo de decadência, previsto nos arts. 103 do CP e 38 do CPP, não havia ainda sido ultrapassado quando do ajuizamento desta. II – A admissão da ação penal pública, quando se tratar de ofensa *propter officium*, é uma alternativa oferecida ao ofendido, não uma privação do seu direito de queixa. Legitimidade, pois, do servidor público, de ajuizar a ação penal para defesa de seus direitos. Precedentes do STF. III – A manifestação considerada ofensiva, feita com o propósito de informar possíveis irregularidades, sem a intenção de ofender, descaracteriza o tipo subjetivo nos crimes contra a honra, sobretudo quando o ofensor está agindo no estrito cumprimento de dever legal. Precedentes. IV – As informações levadas ao Corregedor-Regional do Trabalho por ex-ocupante do mesmo cargo, ainda que deselegantes e com possíveis consequências graves, praticadas no exercício regular de um direito e sem a intenção de caluniar e injuriar o querelante, não podem ser consideradas típicas, daí porque ausente a justa causa para a ação penal. V – Queixa-crime rejeitada. (APN 200400876880, ANTÔNIO DE PÁDUA RIBEIRO, STJ – CORTE ESPECIAL, 20/06/2005).

AÇÃO PENAL ORIGINÁRIA. QUEIXA-CRIME CONTRA DESEMBARGADORA. CALÚNIA, DIFAMAÇÃO E INJÚRIA. FATOS OCORRIDOS EM SESSÃO PLENÁRIA. ESCOLHA DE LISTA TRÍPLICE. EXPRESSÕES PARA JUSTIFICAR O VOTO. INEXISTÊNCIA DE DOLO. INDICAÇÃO APENAS VALORATIVA. DEVER DE OFÍCIO. CAUSA ESPECIAL DE EXCLUSÃO DO CRIME. ART. 142, III, DO CP. A conceituação dos crimes contra a honra envolve uma análise sistêmica do ambiente no qual as expressões tidas por desonrosas foram proferidas, de modo a evitar-se a análise individualizada e incompleta dos fatos. Por essa razão, semanticamente, deve ser considerada a imunidade profissional do magistrado, nos termos do art. 142, III, do CP, que em sede de votação de lista tríplice justifica sua apreensão e seu voto com fortes indicações valorativas aos candidatos constates da lista sêxtupla objeto de votação, cumprindo um dever de ofício e limitando-se ao contexto do procedimento. Queixa-crime rejeitada. (APN 200301721876, José Arnaldo da Fonseca, STJ – Corte Especial, 21/02/2005)

(OAB/Exame Unificado – 2006.3 – 2ª fase) Lucélia, em crise de depressão, decidiu suicidar-se, no que foi instigada por Sílvia. Assim, atirou-se do segundo andar de um edifício, mas não conseguiu lograr seu intento, tendo sofrido apenas lesões corporais leves. Considerando a situação hipotética apresentada, redija um texto dissertativo que tipifique, de forma fundamentada, a conduta de Sílvia.

RESOLUÇÃO DA QUESTÃO

O crime do art. 122 do CP – *induzimento, instigação ou auxílio a suicídio* – consuma-se em duas situações, a saber: com a morte da vítima ou com a ocorrência de lesão corporal grave. Dito de outro modo, por se tratar de delito que não comporta a modalidade tentada, a vítima, em razão do induzimento, da instigação ou do auxílio, deve suicidar-se ou ao menos tentar o ato suicida e dele decorrer lesão corporal de natureza grave. Só assim o crime estará consumado.

PRÁTICA PENAL – 10ª EDIÇÃO

EXERCÍCIOS PRÁTICOS

Lucélia, decidida a suicidar-se e após ser instigada por Sílvia a fazê-lo, atira-se do segundo andar de um edifício, sem, contudo, conseguir dar fim à própria vida, sofrendo tão somente lesões corporais de natureza leve, o que, em vista do acima exposto, não é suficiente para configurar o crime de *participação em suicídio*, que só é punido quando há morte ou lesão corporal de natureza grave.

Não há, portanto, crime na conduta de Sílvia, na medida em que a tentativa de suicídio gerada pela instigação por ela perpetrada não ocasionou a morte de Lucélia tampouco lesão corporal de natureza grave.

Comentários adicionais:

Nosso ordenamento jurídico não prevê responsabilização no âmbito penal àquele que investe contra a própria vida e não consegue atingir seu objetivo ao argumento de que a punição, nestas circunstâncias, teria somente o efeito de reforçar o propósito suicida. Ademais, a pena não teria efeito preventivo algum, pois aquele que deseja a morte não está preocupado com a sanção a que estará submetido.

Assim, por razões de política criminal, a prática de tentativa de suicídio configura fato atípico. Constitui, no entanto, objeto de interesse do direito penal algumas formas de colaboração no suicídio de outrem. Essas modalidades de colaboração, representadas pelos núcleos do tipo alternativo *induzir, instigar* e *auxiliar*, estão contidas no art. 122 do CP. Note que o legislador considera como crime a conduta consistente em participar de fato não criminoso, induzindo ou instigando alguém a suicidar-se, ou prestando-lhe auxílio material para que o faça.

Como não poderia deixar de ser, esta questão e sua respectiva resolução referem-se à legislação em vigor ao tempo em que esta prova foi elaborada, isto é, não foi levada em conta a alteração promovida pela Lei 13.968/2019, que conferiu nova redação ao art. 122 do CP, ali incluindo, além do delito que já existia (mas em outras bases), também o crime de induzimento, instigação ou auxílio à automutilação. Com isso, passamos a ter o seguinte *nomem juris*: induzimento, instigação ou auxílio a suicídio ou a automutilação. Antes de mais nada, não podemos deixar de registrar uma crítica ao legislador, que inseriu no catálogo *dos crimes contra a vida* delito que deveria ter sido incluído no capítulo *das lesões corporais*. Refiro-me ao induzimento, instigação ou auxílio à automutilação, que, à evidência, não constitui, nem de longe, crime contra a vida. Além da inserção deste novo crime (induzimento, instigação ou auxílio à automutilação), tratou o legislador de alterar o delito contra a vida já existente de *participação em suicídio*, conferindo nova redação ao tipo penal e inserindo qualificadoras e majorantes. Enfim, o art. 122, que até então contava com um parágrafo único, contém, agora, sete parágrafos. A primeira e mais significativa conclusão a que se chega por meio de uma breve leitura do *caput* deste artigo é que o crime do art. 122 do CP, que era, até então, *material*, passa a ser *formal*. Antes, conforme é sabido, o delito de participação em suicídio somente alcançava a consumação com a produção de resultado naturalístico, ora representado pela morte, ora pela lesão corporal de natureza grave. Ou seja, o crime comportava dois momentos consumativos possíveis. A tentativa não era admitida. Doravante, dada a nova redação conferida ao art. 122, *caput*, do CP, a consumação será alcançada com o mero ato de induzir, instigar ou auxiliar a vítima a suicidar-se ou a automutilar-se. A morte, se ocorrer, configurará a forma qualificada prevista no art. 122, § 2º; se sobrevier, da tentativa de suicídio ou da automutilação, lesão grave ou gravíssima, restará configurada a forma qualificada do art. 122, § 1º. Perceba que a morte e a lesão grave, na redação anterior, constituíam pressuposto à consumação da participação em suicídio; hoje, trata-se de circunstâncias que qualificam o crime de induzimento, instigação ou auxílio a suicídio ou a automutilação. O § 3º do dispositivo em análise estabelece causas de aumento de pena. Reza que a pena será duplicada: se o crime é praticado por motivo egoístico, torpe ou fútil; e se a vítima é menor ou tem diminuída, por qualquer causa, a capacidade de resistência. O § 4º, por sua vez, impõe um aumento de pena de até o dobro se a conduta é realizada por meio da internet ou rede social ou ainda transmitida em tempo real. Se o sujeito ativo for líder ou coordenador de grupo ou de rede virtual, sua pena será aumentada em metade (§ 5). O § 6º trata da hipótese em que o crime do § 1º deste artigo resulta em lesão corporal de natureza gravíssima e é cometido contra menor de 14 anos ou contra vítima que, por enfermidade ou deficiência mental, não tem o necessário discernimento para a prática do ato, ou que, por qualquer

EDUARDO DOMPIERI

outra causa, está impedido de oferecer resistência, caso em que o agente responderá pelo delito do art. 129, § 2º, do CP; agora, se contra essas mesmas vítimas for cometido o crime do art. 122, § 2º, do CP (suicídio consumado ou morte decorrente da automutilação), o crime em que incorrerá o agente será o de homicídio(art. 121, CP). É o que estabelece o art. 122, § 7º, CP. Perceba que, se levássemos em conta, na resolução da questão, a nova legislação, a conduta de Silvia seria considerada típica, já que, segundo se extrai da nova redação do art. 122, *caput*, do CP, a consumação se opera, agora, com o mero induzimento/instigação ao suicídio (crime formal).

1.6. Crimes contra o patrimônio

(OAB/Exame Unificado – 2020.2 – 2ª fase) Luiz, no dia 05 de fevereiro de 2019, ingressou na residência de Henrique e, mediante grave ameaça contra a vítima, buscou subtrair a televisão do imóvel. Após o emprego da grave ameaça à pessoa e a retirada dos parafusos da televisão, mas ainda quando estava dentro da casa com o bem, Luiz é surpreendido pela Polícia Militar, que informada dos fatos por vizinhos, realizou sua prisão em flagrante.

Em sede policial, foi descoberto que Luiz contou com a participação de José, que, sabendo do plano criminoso do amigo, foi o responsável por dizer o horário em que a vítima estaria sozinha em sua residência, bem como a porta que teria uma falha na fechadura, facilitando o ingresso de Luiz no imóvel. Luiz e José foram denunciados pela prática do crime de roubo majorado pelo concurso de agentes.

Observado o procedimento previsto em lei e confirmados os fatos, foi proferida sentença condenatória, sendo aplicada a pena mínima possível de 5 anos e 4 meses de reclusão, além de 13 dias-multa, para José. Já Luiz teve sua pena base fixada acima do mínimo legal, em 4 anos e 6 meses de reclusão e 12 dias-multa, reconhecendo o magistrado a existência de má conduta social, pelo fato de Luiz possuir 5 condenações sem trânsito em julgado pela suposta prática de crimes de roubo, apesar de admitir, na decisão, que as anotações constantes da Folha de Antecedentes Criminais não poderiam justificar o reconhecimento de maus antecedentes. Não foram reconhecidas agravantes, sendo, na terceira fase, a pena aumentada, no mínimo possível, em razão da majorante do concurso de agentes. Assim, a pena final de Luiz restou acomodada em 06 anos de reclusão e 15 dias-multa.

Intimado da decisão, o advogado de José apresentou recurso buscando reconhecimento da modalidade tentada do delito, bem como da causa de diminuição da participação de menor importância.

Luiz, então, consulta você, como advogado(a), para avaliar o interesse em apresentar recurso de apelação.

Na condição de advogado(a) de Luiz, esclareça os questionamentos formulados pelo seu cliente.

A) Não sendo apresentado recurso de apelação por Luiz, poderá ele ser beneficiado pelo reconhecimento da causa de diminuição de pena da tentativa no julgamento do recurso apresentado por José? E da causa de diminuição de pena da participação de menor importância? Justifique. (Valor: 0,65)

B) Existe argumento de direito material a ser apresentado em busca da redução da pena base aplicada a Luiz? Justifique. (Valor: 0,60)

Obs.: o examinando deve fundamentar suas respostas. A mera citação do dispositivo legal não confere pontuação.

PRÁTICA PENAL – 10ª EDIÇÃO

77

EXERCÍCIOS PRÁTICOS

GABARITO COMENTADO

A) Luiz não poderá ser beneficiado por eventual reconhecimento de causa de diminuição de pena de participação de menor importância, enquanto poderá ser beneficiado em caso de reconhecimento da modalidade tentada do delito, ainda que não tenha apresentado recurso de apelação questionando tal tema. De acordo com o Art. 580 do CPP, no caso de concurso de agentes, a decisão do recurso interposto por um dos réus, se fundado em motivos que não sejam de caráter exclusivamente pessoal, aproveitará aos outros. A causa de diminuição de pena da tentativa é dado objetivo, não sendo de caráter pessoal, já que o crime restou não consumado em relação a todos os agentes. Assim, reconhecida a modalidade tentada, possível a extensão dos efeitos ao corréu que não recorreu. Por outro lado, a participação de menor importância, trazida pelo Art. 29, § 1º, do CP, é dado exclusivamente pessoal. Luiz adotou conduta relevante na execução do crime, sendo o executor direto da grave ameaça e da subtração da televisão. A situação de José seria diferente, já que sua participação poderia vir a ser considerada de menor relevância. Luiz sequer é partícipe, mas sim autor. Dessa forma, mesmo que reconhecida a causa de diminuição de pena do Art. 29, § 1º, do CP, para José, não haverá extensão para Luiz.

B) Sim, existe argumento a ser apresentado em busca da redução da pena base aplicada, tendo em vista que ações em curso não podem ser valorizadas de maneira negativa no momento da aplicação da pena base. Durante muito tempo se controverteu sobre a possibilidade de as ações em curso, com ou sem condenações sem trânsito em julgado, poderem ser reconhecidas como maus antecedentes. Prevaleceu o entendimento pela impossibilidade, sob pena de violação ao princípio da presunção de inocência. Contudo, diversos magistrados valorizavam essas ações em curso como condição social negativa ou personalidade voltada para prática de crimes, aumentando a pena base. Ocorre que o Superior Tribunal de Justiça, por meio da Súmula 444, afastou a possibilidade de tal conduta por parte dos magistrados, já que decidiu que as ações em curso e inquéritos policiais não poderão ser considerados no momento da aplicação da pena base como um todo e não apenas como maus antecedentes, sob pena de violação transversa/indireta ao princípio da não culpabilidade.

Obs.: não será suficiente a mera afirmativa de que ações em curso não podem funcionar como maus antecedentes, já que esse não foi o argumento utilizado pelo magistrado para aumento da pena base.

(OAB/Exame Unificado – 2019.2 – 2ª fase) Caio e Bruno são irmãos e estão em dificuldades financeiras. Caio, que estava sozinho em seu quarto, verifica que a janela da casa dos vizinhos está aberta; então, ingressa no local e subtrai um telefone celular avaliado em R$ 500,00. Ao mesmo tempo, apesar de não saber da conduta de seu irmão, Bruno percebe que a porta da residência dos vizinhos também ficou aberta. Tendo conhecimento que os proprietários eram um casal de empresários muito rico, ingressa no local e subtrai uma bolsa, avaliada em R$ 450,00.

Os fatos são descobertos dois dias depois, e Bruno e Caio são denunciados pelo crime de furto qualificado (Art. 155, § 4º, inciso IV, do Código Penal), sendo acostadas as Folhas de Antecedentes Criminais (FAC), contendo, cada uma delas, outra anotação pela suposta prática de crime de estelionato, sem, contudo, haver condenação com trânsito em julgado em ambas.

Após instrução, a pretensão punitiva do Estado é julgada procedente, sendo aplicada pena mínima de 02 anos de reclusão e 10 dias-multa, em regime inicial aberto, devidamente substituída por restritiva de direitos.

EDUARDO DOMPIERI

Com base nas informações expostas, intimado(a) para apresentação de recurso, responda, na condição de advogado(a) de Caio e Bruno, aos itens a seguir.

A) Existe argumento de direito material a ser apresentado para questionar a capitulação jurídica apresentada pelo Ministério Público e acolhida na sentença? **(Valor: 0,60)**

B) Mantida a capitulação acolhida na sentença (Art. 155, § 4º, inciso IV, do Código Penal), existe argumento em busca da redução da pena aplicada? **(Valor: 0,65)**

Obs.: o(a) examinando(a) deve fundamentar suas respostas. A mera citação do dispositivo legal não confere pontuação.

GABARITO COMENTADO

A) Sim, a capitulação jurídica realizada pelo Ministério Público e acolhida na sentença poderá ser questionada, tendo em vista que não deveria ter sido imputada a qualificadora do concurso de agentes. O Art. 155, § 4º, inciso IV, do CP prevê qualificadora do furto quando este for praticado mediante **concurso** de duas ou mais pessoas. Ocorre que, apesar de Caio e Bruno serem irmãos e terem praticado crimes de furto no mesmo local, data e horário, não houve concurso de agentes. Dentre os requisitos para configuração do concurso de agentes está o **liame subjetivo,** que não restou configurado na hipótese apresentada. A todo momento o enunciado deixa claro que Caio e Bruno sequer sabiam da conduta um do outro, não havendo que se falar, então, em comunhão de ações e desígnios e, consequentemente, concurso de agentes, apesar de configurado o crime de furto simples em relação a ambos.

B) Mesmo em caso de manutenção da capitulação apresentada, ou seja, de furto qualificado, seria possível a redução da pena aplicada em razão do privilégio previsto no Art. 155, § 2º, do CP. Apesar de os agentes responderem a outras ações penais, nos termos da Súmula 444 do STJ, não havendo sentença condenatória anterior com trânsito em julgado, são considerados tecnicamente primários e de bons antecedentes. Ademais, as coisas furtadas podem ser consideradas de pequeno valor, não havendo que se falar em insignificância, na hipótese, seja pelo valor dos bens seja porque o enunciado indaga sobre a redução da pena aplicada e não afastamento da tipicidade da conduta.

É preciso, ainda, ressaltar que os Tribunais Superiores pacificaram o entendimento de que a figura do furto privilegiado poderá ser reconhecida ainda que o crime em questão seja de furto qualificado, topograficamente localizado após a disciplina do privilégio, nos termos da Súmula 511 do Superior Tribunal de Justiça.

Distribuição dos Pontos

ITEM	PONTUAÇÃO
A. Sim, o argumento seria pela inexistência de **liame subjetivo** entre os agentes (0,45), afastando-se a qualificadora do concurso de pessoas (0,15).	0,00/0,15/0,45/0,60
B. Sim, aplicação do furto **privilegiado** (0,35), já que a coisa é de pequeno valor e os réus são primários (0,20), conforme a Súmula 511 do STJ (0,10).	0,00/0,20/0,30/0,35/ 0,45/0,55/0,65

PRÁTICA PENAL – 10ª EDIÇÃO   79   EXERCÍCIOS PRÁTICOS

(OAB/Exame Unificado – 2018.3 – 2ª fase) Rafael subtraiu, mediante grave ameaça, coisa alheia móvel de Joana juntamente com outro indivíduo não identificado e com restrição da liberdade da vítima. Foi, então, denunciado pela prática do crime previsto no Art. 157, § 2º, incisos II e V, do Código Penal.

Durante a instrução, quando da oitiva da vítima, esta mencionou que todos os fatos foram presenciados, de longe, por sua amiga Carla, não tendo ela contado em momento anterior para preservar a amiga. Diante dessa menção, o advogado de Rafael requereu ao juízo a oitiva da testemunha Carla, mas o magistrado indeferiu o pedido sob o argumento de que, na resposta à acusação, foram arroladas testemunhas no número máximo permitido pela lei, de modo que não poderia a defesa acrescentar mais uma, apesar de reconhecer a conveniência da oitiva.

O advogado registrou seu inconformismo, foram ouvidas as testemunhas de defesa arroladas e foi realizado o interrogatório, em que o acusado negou o fato. Rafael foi condenado ao cumprimento da pena de 05 anos e 06 meses de reclusão, reconhecendo o magistrado o aumento de 3/8 na terceira fase de aplicação da pena exclusivamente em razão da existência de duas causas de aumento, não tendo a pena-base e a intermediária se afastado do mínimo legal.

Considerando as informações narradas, responda, na condição de advogado(a) de Rafael, na ocasião da apresentação de recurso de apelação:

A) qual argumento de direito processual poderia ser alegado em busca de desconstituir a sentença condenatória? Justifique. **(Valor: 0,60)**

B) qual argumento de direito material deverá ser apresentado em busca de redução da sanção penal aplicada? Justifique. **(Valor: 0,65)**

Obs.: o(a) examinando(a) deve fundamentar as respostas. A mera citação do dispositivo legal não confere pontuação.

GABARITO COMENTADO

A) O argumento de direito processual é que houve nulidade da sentença em razão da existência de cerceamento de defesa, uma vez que a testemunha Carla poderia ter sido ouvida pelo magistrado. Primeiramente ressalta-se que Carla é classificada pela doutrina como testemunha referida, tendo em vista que somente se teve conhecimento da mesma e de que esta presenciou os fatos quando da oitiva da vítima em juízo. O Art. 209 do CPP menciona a possibilidade de oitiva das testemunhas referidas. Ademais, o Art. 401, § 1º do CPP estabelece que as testemunhas referidas, assim como as que não prestem compromisso, não serão computadas no número máximo de 08 testemunhas a serem ouvidas. Dessa forma, a decisão do magistrado, que reconheceu a conveniência da oitiva, mas indeferiu apenas por já ter atingido a defesa o limite máximo de testemunhas, foi equivocada e gerou um cerceamento no exercício do direito de defesa, precisando ser ressaltado que o advogado manifestou de imediato seu inconformismo com a decisão.

A alegação em abstrato no sentido de que o magistrado poderia ouvir testemunhas para além das arroladas não foi considerada suficiente pela Banca, tendo em vista que não combate o argumento do juiz no sentido de que as testemunhas referidas estariam abrangidas pelo limite máximo de testemunhas estabelecido no procedimento comum ordinário.

EDUARDO DOMPIERI

B) O argumento de direito material em busca da redução da sanção aplicada é o de que o aumento realizado na terceira fase de aplicação da pena deveria ser do mínimo legal, ou seja, de 1/3, uma vez que não foi apresentada fundamentação razoável para aumento acima do mínimo. Certo é que a mera indicação do número de majorantes – fundamento este exclusivo utilizado pelo magistrado – é considerada insuficiente para justificar o aumento acima do mínimo, nos termos da Súmula 443 do Superior Tribunal de Justiça. Assim, diante da ausência de fundamentação para o aumento de 3/8, o aumento deveria ser da fração mínima de 1/3.

Não será considerado suficiente pela Banca a afirmativa de não aplicação das causas de aumento pelo fato de o coautor não ser identificado.

Distribuição dos Pontos

ITEM	PONTUAÇÃO
A. Houve cerceamento de defesa **OU** violação ao princípio do contraditório ou da ampla defesa (0,15), tendo em vista que as **testemunhas referidas** não são computadas no **número máximo** de testemunhas a serem ouvidas (0,35), nos termos do Art. 401, § 1º, do CPP **OU** Art. 209 do CPP **OU** Art. 5º, LV, CRFB (0,10).	0,00/0,15/0,25/0,35/ 0,45/0,50/0,60
B. O **número de majorantes** não é fundamento adequado para aplicação da causa de aumento de pena acima do mínimo legal (0,55), nos termos da Súmula 443 do STJ (0,10).	0,00/0,55/0,65

Comentário do autor

A Lei 13.964/2019, dentre tantas outras alterações promovidas, inseriu no rol dos crimes hediondos, entre outros delitos, o roubo circunstanciado pela restrição de liberdade da vítima (art. 157, § 2º, V, CP), o roubo circunstanciado pelo emprego de arma de fogo (art. 157, § 2º-A, I) ou pelo emprego de arma de fogo de uso proibido ou restrito (art. 157, § 2º, B) e a modalidade qualificada pelo resultado lesão corporal grave (art. 157, § 3º), lembrando que o roubo qualificado pelo resultado morte (latrocínio) já fazia parte do rol de crimes hediondos.

(OAB/Exame Unificado – 2018.2 – 2ª fase) Arthur, Adriano e Junior, insatisfeitos com a derrota do seu time de futebol, saíram à rua, após a partida, fazendo algazarra na companhia de Roberto, que não gostava de futebol. Durante o ato, depararam com Pedro, que vestia a camisa do time rival; simplesmente por isso, Arthur, Adriano e Junior passaram a agredi-lo, tendo ficado Roberto à distância por não concordar com o ato e não ter intenção de conferir cobertura aos colegas.

Em razão dos atos de agressão, o celular de Pedro veio a cair no chão, momento em que Roberto, aproveitando-se da situação, subtraiu o bem e empreendeu fuga. Com a chegada de policiais, Arthur, Adriano e Junior empreenderam fuga, mas Roberto veio a ser localizado pouco tempo depois na posse do bem subtraído e de seu próprio celular.

Diante das lesões causadas na vítima, Roberto foi denunciado pela prática do crime de roubo majorado pelo concurso de agentes e teve sua prisão em flagrante convertida em preventiva. Na instrução, as testemunhas confirmaram integralmente os fatos, assim como Roberto reiterou o acima narrado. A família de Roberto, então, procura você para, na condição de advogado(a), adotar as medidas cabíveis, antes da sentença, apresentando nota fiscal da compra do celular de Roberto.

Considerando apenas as informações narradas, responda, na condição de advogado(a) de Roberto, aos itens a seguir.

PRÁTICA PENAL – 10ª EDIÇÃO 81 EXERCÍCIOS PRÁTICOS

A) Existe requerimento a ser formulado pela defesa para reaver, de imediato, o celular de Roberto? Justifique. (Valor: 0,60)

B) Confessados por Roberto os fatos acima narrados, existe argumento de direito material a ser apresentado em busca da não condenação pelo crime imputado? Justifique. (Valor: 0,65)

Obs.: o(a) examinando(a) deve fundamentar as respostas. A mera citação do dispositivo legal não confere pontuação.

GABARITO COMENTADO – EXAMINADORA

A) A defesa de Roberto poderia buscar a restituição do bem apreendido, tendo em vista que o mesmo não tem qualquer relação com o fato, logo não interessa ao processo (Art. 118 do CPP). Ademais, há nota fiscal a demonstrar a propriedade do bem, logo o pedido de restituição poderia ser formulado diretamente nos autos ao magistrado, já que não há controvérsia sobre o propriedade do bem (Art. 120 do CPP). Da mesma forma, o celular de Roberto não é produto e nem instrumento do crime, não havendo qualquer vedação em sua restituição (Art. 119 do CPP).

B) Ainda que confessados os fatos, existe argumento de direito material para buscar evitar a condenação do crime de roubo. Em que pese Pedro tenha sido vítima de violência e, também, tenha tido seu celular subtraído, não há que se falar em crime de roubo por parte de Roberto. Isso porque a violência empregada não foi com o objetivo de subtrair coisa alheia móvel, como exige o art. 157 do Código Penal. Pelo contrário, Arthur, Adriano e Junior queriam praticar crime de lesão corporal. Por sua vez, Roberto subtraiu o celular que caiu do bolso de Pedro, não se utilizando, porém, de grave ameaça ou violência para subtrair a coisa. Tanto é assim que Roberto não tinha vínculo com os agentes quando da prática dos atos de violência, apenas se aproveitando da facilidade na subtração gerada pela situação. Logo, deve ser afastada a prática delitiva do crime de roubo majorado, ainda que reste a possibilidade de desclassificação e condenação pelo crime de furto.

(OAB/Exame Unificado – 2018.1 – 2ª fase) Vitor, 23 anos, decide emprestar sua motocicleta, que é seu instrumento de trabalho, para seu pai, Francisco, 45 anos, por um mês, já que este se encontrava em dificuldade financeira. Após o prazo do empréstimo, Vitor, que não residia com Francisco, solicitou a devolução da motocicleta, mas este se recusou a devolver e passou a atuar como se proprietário do bem fosse, inclusive anunciando sua venda. Diante do registro dos fatos em sede policial, o Ministério Público ofereceu denúncia em face de Francisco, imputando-lhe a prática do crime previsto no Art. 168, § 1º, inciso II, do Código Penal. Após a confirmação dos fatos em juízo e a juntada da Folha de Antecedentes Criminais sem qualquer outra anotação, o magistrado julgou parcialmente procedente a pretensão punitiva, afastando a causa de aumento, mas condenando Francisco, pela prática do crime de apropriação indébita simples, à pena mínima prevista para o delito em questão (01 ano), substituindo a pena privativa de liberdade por restritiva de direito. Considerando apenas as informações narradas no enunciado, na condição de advogado(a) de Francisco, responda aos itens a seguir.

A) Para combater a decisão do magistrado, que, após afastar a causa de aumento, imediatamente decidiu por condenar o réu pela prática do crime de apropriação indébita simples, qual argumento de direito processual poderia ser apresentado? Justifique. (Valor: 0,60)

EDUARDO DOMPIERI

B) Qual argumento de direito material, em sede de apelação, poderia ser apresentado em busca de evitar a punição de Francisco? Justifique. (Valor: 0,65)

Obs.: o(a) examinando(a) deve fundamentar as respostas. A mera citação do dispositivo legal não confere pontuação.

GABARITO COMENTADO – EXAMINADORA

A) O argumento de direito processual a ser apresentado seria no sentido de que não poderia o magistrado, de imediato, condenar o réu pela prática do crime de apropriação indébita simples, tendo em vista que com o afastamento da causa de aumento, a pena mínima prevista para o delito do Art. 168, *caput*, do Código Penal admite o oferecimento de proposta de suspensão condicional do processo, de modo que deveria o magistrado ter encaminhado os autos ao Ministério Público para manifestação sobre o previsto no Art. 89 da Lei nº 9.099/95. Ressalta-se que todos os demais requisitos previstos no dispositivo estão preenchidos, já que Francisco era primário, de bons antecedentes e as circunstâncias do crime eram favoráveis. Ademais, o Superior Tribunal de Justiça, na Súmula 337, prevê expressamente que é cabível a suspensão condicional do processo na desclassificação do crime ou na procedência parcial do pedido.

B) O argumento de direito material a ser apresentado em busca de evitar a punição de Francisco é da aplicação da previsão do Art. 181, inciso II, do Código Penal, que traz o instituto conhecido como escusa absolutória. Em que pese a conduta praticada por Francisco abstratamente se adeque as previsões do Art. 168, *caput*, do Código Penal, de acordo com o dispositivo antes mencionado, é isento de pena quem comete crime previsto no título contra descendente, sendo certo que nenhuma das exceções trazidas pelo Art. 183 do Código Penal ocorreu. Assim, em sendo o autor do fato pai da vítima e não havendo violência ou grave ameaça à pessoa, é ele isento de pena, não podendo ser criminalmente punido.

(OAB/Exame Unificado – 2016.3 – 2ª fase) Diana, primária e de bons antecedentes, em dificuldades financeiras, com inveja das amigas que exibiam seus automóveis recém-adquiridos, resolve comprar joias em loja localizada no Município de Campinas, para usar em uma festa de comemoração de 10 anos de formatura da faculdade.

Em razão de sua situação, todavia, no momento do pagamento, entrega no estabelecimento um cheque sem provisão de fundos. Quando a proprietária da loja deposita o cheque, é informada, na cidade de Santos, pelo banco sacado, que inexistiam fundos suficientes, havendo recusa de pagamento, razão pela qual comparece em sede policial na localidade de sua residência, uma cidade do Estado de São Paulo, para narrar o ocorrido.

Convidada a comparecer em sede policial para esclarecer o ocorrido, Diana confirma a emissão do cheque sem provisão de fundos, mas efetua, de imediato, o pagamento do valor devido à proprietária do estabelecimento comercial.

Posteriormente, a autoridade policial elabora relatório conclusivo e encaminha o inquérito ao Ministério Público, que oferece denúncia em face de Diana como incursa nas sanções do Art. 171, § 2º, inciso VI, do Código Penal.

Considerando a situação narrada, na condição de advogado(a) de Diana, responda aos itens a seguir.

PRÁTICA PENAL – 10ª EDIÇÃO   83   EXERCÍCIOS PRÁTICOS

A) Existe argumento a ser apresentado em favor de Diana para evitar, de imediato, o prosseguimento da ação penal? Em caso positivo, indique; em caso negativo, justifique. **(Valor: 0,65)**

B) De acordo com a jurisprudência do Supremo Tribunal Federal, qual será o foro competente
para julgamento do crime imputado a Diana? Justifique. **(Valor: 0,60)**

*Obs.: o(a) examinando(a) deve fundamentar as respostas. A mera citação do dispositivo legal não
confere pontuação.*

GABARITO COMENTADO – EXAMINADORA

A) Sim, existem argumentos a serem apresentados pelo(a) advogado(a) de Diana para evitar
o prosseguimento da ação penal. De fato, em princípio, a conduta de Diana se adequa
perfeitamente ao previsto no Art. 171, § 2º, inciso VI, do Código Penal, tendo em vista
que emitiu cheque sem provisão de fundos. O Supremo Tribunal Federal pacificou o
entendimento, através do Enunciado 554 da Súmula de Jurisprudências, de que o pagamento dos valores após o recebimento da denúncia não obsta o prosseguimento da ação
penal; todavia, *a contrario sensu*, pacificaram a jurisprudência e a doutrina a posição de
que, se o pagamento do cheque for realizado **antes** do recebimento da denúncia, haverá
obstáculo ao prosseguimento da ação. Alguns foram os fundamentos que justificaram tal
posição jurisprudencial, mas trata-se, principalmente, do princípio da intervenção mínima,
característica do Direito Penal, e da ideia de que aquele que efetua o pagamento antes do
recebimento da denúncia indica a inexistência de dolo de enganar e de obter vantagem
ilícita em detrimento alheio. No caso apresentado, Diana efetuou o pagamento do cheque
antes de o inquérito ser encaminhado ao Ministério Público com relatório final, logo antes
do recebimento da denúncia, de modo que pode ser buscado, inclusive por meio de *habeas
corpus*, o imediato trancamento da ação penal.

B) Entende o Supremo Tribunal Federal que o crime de estelionato é delito de natureza material, de modo que estará consumado no momento da recusa de pagamento do cheque sem
provisão de fundos pelo sacado. Nos termos do Art. 70 do Código de Processo Penal, será
competente para processamento e julgamento o foro da comarca onde ocorreu o resultado
do crime (Comarca de Santos). Assim, nos termos do Enunciado 521 da Súmula de Jurisprudência do Supremo Tribunal Federal, *"o foro competente para processo e julgamento
dos crimes de estelionato, sob a modalidade de emissão dolosa de cheques sem provisão
de fundos, é o do local onde se deu a recusa do pagamento pelo sacado"*.

Distribuição dos Pontos:

ITEM	PONTUAÇÃO
A) Sim, o argumento a ser apresentado em favor de Diana é que houve pagamento do cheque antes do recebimento da denúncia, obstando o prosseguimento da ação penal (0,55), nos termos da Súmula 554/STF (0,10).	0,00/0,55/0,65
B) O foro competente para julgamento do crime imputado a Diana é o da Comarca de Santos, onde houve recusa de pagamento pelo sacado (0,50), nos termos da Súmula 521/STF (0,10).	0,00/0,50/0,60

EDUARDO DOMPIERI

Comentário do autor

A ação penal, no estelionato, sempre foi, via de regra, pública incondicionada. As exceções ficavam por conta das hipóteses elencadas no art. 182 do CP (imunidade relativa), que impunha que a vítima manifestasse seu desejo, por meio de representação, no sentido de ver processado o ofensor, legitimando o Ministério Público, dessa forma, a agir. Com o advento da Lei 13.964/2019, posterior, portanto, à elaboração desta questão, o que era exceção, no crime de estelionato, virou regra. Ou seja, o crime capitulado no art. 171 do CP passa a ser de ação penal pública condicionada à representação do ofendido, conforme impõe o art. 171, § 5°, do CP. Este mesmo dispositivo, no entanto, estabelece exceções (hipóteses em que a ação penal será pública incondicionada), a saber: quando a vítima for: a Administração Pública, direta ou indireta; criança ou adolescente; pessoa com deficiência mental; ou maior de 70 anos ou incapaz. No mais, a Lei 14.155/2021, de 28/05/2021, posterior, portanto, à elaboração desta questão, inseriu no art. 70 do CPP o § 4°, segundo o qual *nos crimes previstos no art. 171 do Decreto-Lei n° 2.848, de 7 de dezembro de 1940 (Código Penal), quando praticados mediante depósito, mediante emissão de cheques sem suficiente provisão de fundos em poder do sacado ou com o pagamento frustrado ou mediante transferência de valores, a competência será definida pelo local do domicílio da vítima, e, em caso de pluralidade de vítimas, a competência firmar-se-á pela prevenção.*

(OAB/Exame Unificado – 2016.2 – 2ª fase) Lúcio, com residência fixa e proprietário de uma oficina de carros, adquiriu de seu vizinho, pela quantia de R$1.000,00 (mil reais) um aparelho celular, que sabia ser produto de crime pretérito, passando a usá-lo como próprio. Tomando conhecimento dos fatos, um inimigo de Lúcio comunicou o ocorrido ao Ministério Público, que requisitou a instauração de inquérito policial. A autoridade policial instaurou o procedimento, indiciou Lúcio pela prática do crime de receptação qualificada (Art. 180, § 1°, do Código Penal), já que desenvolvia atividade comercial, e, de imediato, representou pela prisão temporária de Lúcio, existindo parecer favorável do Ministério Público. A família de Lúcio o procura para esclarecimentos.

Na condição de advogado de Lúcio, esclareça os itens a seguir.

A) No caso concreto, a autoridade policial poderia ter representado pela prisão temporária de Lúcio? (Valor: 0,60)

B) Confirmados os fatos acima narrados, o crime praticado por Lúcio efetivamente foi de receptação qualificada (Art. 180, § 1°, do CP)? Em caso positivo, justifique. Em caso negativo, indique qual seria o delito praticado e justifique. (Valor: 0,65)

Obs.: o examinando deve fundamentar suas respostas. A mera citação do dispositivo legal não confere pontuação.

GABARITO COMENTADO – EXAMINADORA

A) No caso concreto, a autoridade policial não poderia ter representado pela prisão temporária de Lúcio. De início, deve ser destacado que o crime de receptação, ainda que em sua modalidade qualificada, não está previsto no rol de delitos estabelecido pelo Art. 1°, inciso III, da Lei 7.960/1989. Isso, por si só, já afastaria a possibilidade de ser decretada a prisão temporária. Ademais, os outros requisitos trazidos pelos incisos I e II do Art. 1° do mesmo diploma legal também não estão preenchidos, uma vez que Lúcio possui residência fixa e a medida não se mostra imprescindível para as investigações do inquérito policial. Ressalta-se que a prisão temporária não se confunde com a preventiva, de modo que a fundamentação com base nos artigos 312 e 313 do CPP será considerada insuficiente.

PRÁTICA PENAL – 10ª EDIÇÃO   85   EXERCÍCIOS PRÁTICOS

B) O crime praticado por Lúcio foi o de receptação simples e não em sua modalidade qualificada. Prevê o Art. 180, § 1º, do Código Penal, que a pena será de 03 a 08 anos, quando o agente "Adquirir, receber, transportar, conduzir, ocultar, ter em depósito, desmontar, montar, remontar, vender, expor à venda, ou de qualquer forma utilizar, em proveito próprio ou alheio, no exercício de atividade comercial ou industrial, coisa que deve saber ser produto de crime". A ideia do legislador foi punir mais severamente aquele comerciante que se aproveita de sua profissão para ter um acesso facilitado ou maior facilidade na venda de bens produtos de crimes. Assim, para tipificar a modalidade qualificada, é necessária que a receptação tenha sido praticada pelo agente no exercício de atividade comercial ou industrial. Não basta que o autor seja comerciante. No caso concreto, apesar de comerciante, Lúcio não teve acesso ao celular produto de crime em razão de sua atividade comercial, pois o adquiriu de seu vizinho. Além disso, essa mesma atividade comercial não facilitaria eventual revenda do bem, já que sua intenção foi ficar com o celular para si. Dessa forma, configurado, apenas, o crime de receptação simples.

(OAB/Exame Unificado – 2015.2 – 2ª fase) Ruth voltava para sua casa falando ao celular, na cidade de Santos, quando foi abordada por Antônio, que afirmou: "Isso é um assalto! Passa o celular ou verá as consequências!". Diante da grave ameaça, Ruth entregou o telefone e o agente fugiu em sua motocicleta em direção à cidade de Mogi das Cruzes, consumando o crime. Nervosa, Ruth narrou o ocorrido para o genro Thiago, que saiu em seu carro, junto com um policial militar, à procura de Antônio.

Com base na placa da motocicleta anotada por Ruth, Thiago localizou Antônio, já em Mogi das Cruzes, ainda na posse do celular da vítima e também com uma faca em sua cintura, tendo o policial efetuado a prisão em flagrante. Em razão dos fatos, Antônio foi denunciado pela prática do crime previsto no Art. 157, § 2º, I, do CP, perante uma Vara Criminal da comarca de Mogi das Cruzes, ficando os familiares do réu preocupados, porque todos da região sabem que o magistrado, em atuação naquela Vara, é extremamente severo. A defesa foi intimada a apresentar resposta à acusação.

Considerando que o flagrante foi regular e que os fatos são verdadeiros, responda, na qualidade de advogado(a) de Antônio, aos itens a seguir.

A) Que medida processual poderia ser adotada para evitar o julgamento perante a Vara Criminal de Mogi das Cruzes? Justifique. (Valor: 0,65)

B) No mérito, caso Antônio confesse os fatos durante a instrução, qual argumento de direito material poderia ser formulado para garantir uma punição mais branda do que a pleiteada na denúncia? Justifique. (Valor: 0,60)

Obs.: o examinando deve fundamentar suas respostas. A mera citação do dispositivo legal não confere pontuação.

GABARITO COMENTADO – EXAMINADORA

A) A medida processual é exceção de incompetência. Pela narrativa apresentada no enunciado é possível concluir que o crime foi praticado, inclusive consumado, na cidade de Santos, logo, na forma do Art. 70 do CPP, o juízo competente será o da comarca de Santos e não

EDUARDO DOMPIERI

o de Mogi das Cruzes. Considerando a incompetência territorial existente, deveria o advogado de Antônio formular uma exceção de incompetência, no prazo de defesa, nos termos do Art. 108 do CPP. A Banca considerou também como resposta correta a apresentação de preliminar de incompetência na resposta à acusação, nos termos do Art. 396- A, CPP, diante do entendimento existente de que todas as regras de competência no Processo Penal têm natureza absoluta.

B) Envolvendo o mérito, deve o examinando expor que, ainda que confessados os fatos, não houve emprego de arma na hipótese, de modo que deveria ser afastada a majorante do Art. 157, § 2º, I, do CP. A hipótese narrada deixa claro que Antônio abordou Ruth e empregou grave ameaça, mas que, em momento algum, utilizou, mencionou ou mostrou a arma que portava quando de sua prisão em flagrante. O argumento de que a faca, por ser arma branca, não é suficiente para o reconhecimento da causa de aumento não é adequado. O que se exigia era a demonstração de que, no caso concreto, não houve efetivo *emprego* da arma, como exige o dispositivo supramencionado.

Distribuição dos Pontos:

ITEM	PONTUAÇÃO
A) A medida processual a ser adotada é a exceção de incompetência ou a arguição de preliminar de incompetência na resposta à acusação (0,35), nos termos do Art. 108 ou 396-A, do CPP, respectivamente (0,10), pois o crime se consumou em Santos, logo o juízo competente é o dessa comarca (0,20).	0,00 / 0,20 / 0,30 / 0,35 / 0,45 / 0,55 / 0,65
B) O argumento a ser apresentado é que foi praticado um crime de roubo simples OU que deve ser afastada a causa de aumento/majorante do Art. 157, § 2º, inciso I, do CP (0,35), pois não houve efetivo emprego de arma (0,25).	0,00 / 0,25 / 0,35/ 0,60

Comentários do autor:

Com o advento da Lei 13.654/2018, o art. 157, § 2º, I, do CP, que impunha aumento de pena no caso de a violência ou ameaça, no crime de roubo, ser exercida com emprego de *arma*, foi revogado. Em relação à incidência desta causa de aumento, a jurisprudência havia consolidado o entendimento segundo o qual o termo *arma* tinha acepção ampla, ou seja, estavam inseridas no seu conceito tanto as armas *próprias*, como, por excelência, a de fogo, quanto as *impróprias* (faca, punhal, foice etc.). Além de revogar o dispositivo acima, a Lei 13.654/2018 promoveu a inclusão da mesma causa de aumento de pena (emprego de arma) no § 2º-A, I, do CP. Até aí, nenhum problema. Como bem sabemos, o deslocamento de determinado comportamento típico de um para outro dispositivo, por força da regra da continuidade típico-normativa, não tem o condão de descriminalizar a conduta. Sucede que a Lei 13.654/2018, ao deslocar esta causa de aumento do art. 157, § 2º, I, do CP para o art. 157, § 2º-A, I, também do CP, limitou o alcance do termo *arma*, já que passou a referir-se tão somente à arma de *fogo*, do que se conclui que somente incorrerá nesta causa de aumento o agente que se valer, para a prática do roubo, de arma de fogo (revólver, pistola, fuzil etc.); a partir da entrada em vigor desta lei, portanto, se o agente utilizar, para o cometimento deste delito, arma branca, o roubo será simples, já que, repita-se, a nova redação do dispositivo especificou que tipo de arma é apta a configurar o aumento: arma de fogo. Outro detalhe: pela redação anterior, o agente que fizesse uso de arma (de fogo ou branca) estaria sujeito a um aumento de pena da ordem de um terço até metade; a partir de agora, se utilizar arma (necessariamente de fogo), sujeitar-se-á a um incremento da ordem de dois terços. Desnecessário dizer que tal inovação não poderá retroagir e atingir fatos ocorridos antes da entrada em vigor desta lei, já que constitui *lex gravior*. De outro lado, essa mesma norma que excluiu a arma que não seja de fogo deverá retroagir para beneficiar o agente (*novatio legis in mellius*) que praticou o crime de roubo com emprego de arma branca antes de ela entrar em vigor. Este quadro, que acima explicitamos, perdurou até o dia 23 de janeiro de 2020, data em que entrou em vigor a Lei 13.964/2019 (pacote anticrime). Duas modificações foram promovidas por esta lei nas majorantes do crime de roubo. Em primeiro lugar, foi reinserida a causa de aumento na hipótese de o agente se valer, para a prática do crime de roubo, de arma branca (inserção do inciso VII no § 2º do art. 157 do CP). Lembremos que, com a edição da Lei 13.654/2018, o emprego de arma branca, no roubo, deixou de configurar causa de aumento. Pois bem. Além disso, a Lei 13.964/2019 introduziu no art. 157 do CP o § 2º-B, que estabelece nova causa de aumento de pena para o roubo, quando a violência ou grave ameaça for exercida com emprego de arma de fogo de uso restrito ou proibido. Neste caso, a pena prevista no *caput* será aplicada em dobro. Em resumo, com a entrada em vigor da Lei Anticrime, passamos a ter o seguinte quadro: violência/grave ameaça exercida com emprego de arma branca (art. 157, § 2º, VII, CP): aumento de pena da ordem de um terço até metade; violência/grave ameaça exercida com emprego de arma de fogo, desde que não seja de uso restrito ou proibido (art. 157, § 2º-A, I, CP): a pena será aumentada de dois terços; violência/grave ameaça exercida com emprego de arma de fogo de uso restrito ou proibido (art. 157, § 2º-B, CP): a pena será aplicada em dobro. É evidente que isso em nada altera o gabarito da presente questão, na medida em que ela é anterior às Leis 13.654/2018 e 13.964/2019.

(OAB/Exame Unificado – 2015.2 – 2ª fase) Rodrigo, primário e de bons antecedentes, quando passava em frente a um estabelecimento comercial que estava fechado por ser domingo, resolveu nele ingressar. Após romper o cadeado da porta principal, subtraiu do seu interior algumas caixas de cigarro. A ação não foi notada por qualquer pessoa. Todavia, quando caminhava pela rua com o material subtraído, veio a ser abordado por policiais militares, ocasião em que admitiu a subtração e a forma como ingressou no comércio lesado. O material furtado foi avaliado em R$ 1.300,00 (um mil e trezentos reais), sendo integralmente recuperado. A perícia não compareceu ao local para confirmar o rompimento de obstáculo. O autor do fato foi denunciado como incurso nas sanções penais do Art. 155, § 4º, I, do CP. As únicas testemunhas de acusação foram os policiais militares, que confirmaram que apenas foram responsáveis pela abordagem do réu, que confessou a subtração. Disseram não ter comparecido, porém, ao estabelecimento lesado. Em seu interrogatório, Rodrigo confirmou apenas que subtraiu os cigarros do estabelecimento, recusando-se a responder qualquer outra pergunta. A defesa técnica de Rodrigo é intimada para apresentar alegações finais por memoriais.

Com base na hipótese apresentada, responda, fundamentadamente, aos itens a seguir.

A) Diante da confissão da prática do crime de furto por Rodrigo, qual a principal tese defensiva em relação à tipificação da conduta a ser formulada pela defesa técnica? (Valor: 0,65)

B) Em caso de acolhimento da tese defensiva, poderá Rodrigo ser, de imediato, condenado nos termos da manifestação da defesa técnica? (Valor: 0,60)

Obs.: Sua resposta deve ser fundamentada. A simples menção do dispositivo legal não será pontuada.

GABARITO COMENTADO – EXAMINADORA

A) Foi imputado um crime de furto qualificado, pois houve rompimento de obstáculo. Ocorre que, para a punição por essa modalidade qualificada do crime, é necessária a realização de exame de local e a constatação do rompimento de obstáculo por prova pericial (Art. 158 do CPP). Assim têm decidido de maneira recorrente os Tribunais Superiores, não sendo suficiente a simples afirmação dos policiais, no sentido de que Rodrigo narrou que tinha subtraído os cigarros, pois essa confirmação foi apenas quanto à subtração, e os agentes da lei nem mesmo compareceram ao estabelecimento para verificar se, de fato, houve tal rompimento. Assim, diante da ausência de comprovação pericial da qualificadora, o crime praticado foi de furto simples.

EDUARDO DOMPIERI

B) Em caso de acolhimento da tese defensiva, com a consequente desclassificação da conduta de Rodrigo de furto qualificado para furto simples, não poderá ser o acusado de imediato condenado, devendo o magistrado abrir vista para que o Ministério Público se manifeste sobre a possibilidade de oferecer proposta de suspensão condicional do processo, pois a pena mínima passou a ser de 01 ano de reclusão. Nesse sentido é o enunciado 337 da Súmula do STJ, que permite que, em caso de desclassificação ou procedência parcial, seja oferecida proposta de suspensão condicional do processo, ainda que encerrada a instrução.

Distribuição dos Pontos:

ITEM	PONTUAÇÃO
A) A principal tese defensiva é a desclassificação do furto qualificado para o simples OU que deve ser afastada a qualificadora prevista no inciso I do parágrafo 4º do Art. 155 do Código Penal (0,25), pois não existe prova pericial do rompimento de obstáculo (0,30), prevista no Art. 158 do CPP (0,10).	0,00/0,25/0,30/0,35 0,40/0,55/0,65
B) Em caso de acolhimento da tese defensiva, não pode o réu ser de imediato condenado, pois deve ser possibilitado ao Ministério Público o oferecimento de proposta de suspensão condicional do processo (0,50), nos termos do enunciado 337 da Súmula do STJ (0,10).	0,00/0,50/0,60

Comentários do autor:

No sentido da imprescindibilidade do exame de corpo de delito para configuração da qualificadora presente no art. 155, § 4º, I, do CP (destruição de rompimento ou obstáculo), conferir o seguinte julgado: "Consoante a jurisprudência desta Corte, para o reconhecimento da qualificadora do rompimento de obstáculo, prevista no art. 155, § 4º, I, do Código Penal, é imprescindível a realização de exame pericial, sendo possível a sua substituição por outros meios probatórios somente se não existirem vestígios ou tenham esses desaparecido, ou quando as circunstâncias do crime não permitirem a confecção do laudo" (STJ, HC 331.100-MS, 5ª T., Ribeiro Dantas, 26.04.2016, *DJe* 03.05.2016).

(OAB/Exame Unificado – 2014.1 – 2ª fase) Antônio, auxiliar de serviços gerais de uma multinacional, nos dias de limpeza, passa a observar uma escultura colocada na mesa de seu chefe. Com o tempo, o desejo de ter aquele objeto fica incontrolável, razão pela qual ele decide subtraí-lo.

Como Antônio não tem acesso livre à sala onde a escultura fica exposta, utiliza-se de uma chave adaptável a qualquer fechadura, adquirida por meio de um amigo chaveiro, que nada sabia sobre suas intenções. Com ela, Antônio ingressa na sala do chefe, após o expediente de trabalho, e subtrai a escultura pretendida, colocando-a em sua bolsa.

Após subtrair o objeto e sair do edifício onde fica localizada a empresa, Antônio caminha tranquilamente cerca de 400 metros. Apenas nesse momento é que os seguranças da portaria suspeitam do ocorrido. Eles acham estranha a saída de Antônio do local após o expediente (já que não era comum a realização de horas extras), razão pela qual acionam policiais militares que estavam próximos do local, apontando Antônio como suspeito. Os policiais conseguem alcançá-lo e decidem revistá-lo, encontrando a escultura da sala do chefe na sua bolsa. Preso em flagrante, Antônio é conduzido até a Delegacia de Polícia.

Antônio, então, é denunciado e regularmente processado. Ocorre que, durante a instrução processual, verifica-se que a escultura subtraída, apesar de bela, foi construída com material barato, avaliada em R$ 250,00 (duzentos e cinquenta reais), sendo, portanto, de pequeno valor. A FAC (folha de antecedentes criminais) aponta que Antônio é réu primário.

PRÁTICA PENAL – 10ª EDIÇÃO   89   EXERCÍCIOS PRÁTICOS

Ao final da instrução, em que foram respeitadas todas as exigências legais, o juiz, em decisão fundamentada, condena Antônio a 2 (dois) anos de reclusão pela prática do crime de furto qualificado pela utilização de chave falsa, consumado, com base no art. 155, § 4º, III, do CP.

Nesse sentido, levando em conta apenas os dados contidos no enunciado, responda aos itens a seguir.

A) É correto afirmar que o crime de furto praticado por Antônio atingiu a consumação? Justifique. **(Valor: 0,40)**

B) Considerando que Antônio não preenche os requisitos elencados pelo STF e STJ para aplicação do princípio da insignificância, qual seria a principal tese defensiva a ser utilizada em sede de apelação? Justifique. **(Valor: 0,85)**

O examinando deve fundamentar corretamente sua resposta. A simples menção ou transcrição do dispositivo legal não pontua.

GABARITO COMENTADO – EXAMINADORA

A questão trata do crime de furto e busca extrair do examinando conhecimento específico sobre dois pontos importantes acerca do tema: o momento consumativo do delito e a incidência do privilégio. A primeira indagação tem cunho eminentemente teórico, enquanto a segunda é de caráter prático, pois exige que o examinando saiba interpretar informações dadas no enunciado e, a partir delas, identificar a incidência do privilégio, o que será capaz de reduzir significativamente a resposta penal a ser dada ao personagem da questão. Nesse sentido, para fazer jus aos pontos relativos ao item "A" o examinando deve responder afirmativamente, indicando que o furto atingiu a consumação. Com efeito, diversas teorias existem sobre o momento consumativo do crime de furto, sendo certo que a predominante, tanto na doutrina quanto na jurisprudência dos Tribunais Superiores, é a Teoria da *Amotio*, segundo a qual a consumação ocorre quando a coisa subtraída passa para o poder do agente, mesmo que num curto espaço de tempo – tal como ocorreu no caso narrado –, independentemente de deslocamento ou posse mansa e pacífica da coisa. Também merece destaque, embora não seja o entendimento majoritário, reflexão sobre o momento consumativo do crime de furto narrado no enunciado com a adoção da Teoria da *Ablatio*. Perceba-se que ainda assim a resposta seria a mesma: o furto foi consumado. Isso porque, para aqueles que adotam a Teoria da *Ablatio*, o furto consuma-se quando o agente, depois de apoderar-se da coisa, consegue deslocá-la de um lugar para o outro – fato que, da mesma forma, foi narrado no enunciado. Cabe ressaltar que a Banca Examinadora, com o intuito de privilegiar a demonstração de conhecimento jurídico, aceitará como justificativa correta ambas as fundamentações acima expostas, sem perder de vista que os Tribunais Superiores adotam a Teoria da *Amotio*. Pelo mesmo motivo, entretanto, não será pontuada a resposta que traga apenas a afirmativa "sim", desprovida de qualquer justificativa ou mesmo com justificativa equivocada.

No tocante ao item "B", para que receba a pontuação respectiva, o examinando deve indicar que de acordo com a questão, desconsiderando a argumentação no sentido de aplicação do princípio da insignificância (que pelo próprio enunciado afigura-se como inaplicável), a principal tese defensiva deve ser o reconhecimento do furto qualificado e privilegiado (art. 155, § 2º, c/c art. 155, § 4º, III, ambos do CP). Isso porque a qualificadora da utilização de chave falsa possui natureza objetiva, sendo compatível com o furto privilegiado, que é de ordem subjetiva. O reconhecimento do furto privilegiado ou mínimo deve ser o argumento defensivo em sede de apelação por trazer vários benefícios a Antônio como a substituição da

EDUARDO DOMPIERI

pena de reclusão pela pena de detenção, a diminuição da pena de um a dois terços ou aplicação da pena de multa. Cabe destacar que há muito tempo a controvérsia sobre a possibilidade de furto privilegiado e qualificado foi superada, existindo diversos julgados tanto no STF quanto no STJ sobre o tema. Inclusive, o próprio STF, no Informativo 580, manifestou-se sobre a possibilidade de tal combinação, sendo, portanto, a melhor tese defensiva.

Distribuição dos Pontos:

ITEM	PONTUAÇÃO
A) Sim, porque a subtração foi completa, já que a *res furtiva* foi encontrada na bolsa de Antônio, havendo perda da disponibilidade por parte do proprietário do bem subtraído **(0,40)**.	**0,00 / 0,40**
B) Antônio tem direito ao reconhecimento do furto privilegiado **(0,65)**, conforme o artigo 155, § 2º do CP **(0,20)**. *Obs.: A simples menção do dispositivo legal não pontua.*	**0,00 / 0,65 / 0,85**

Critérios:

a) Com resposta alternativa: "A consumação ocorre com a mera subtração" ou "o bem saiu da esfera de disponibilidade/vigilância da vítima".

b) Com a seguinte resposta: "Aplicação do furto privilegiado (0,50) OU aplicação da causa de diminuição de pena (0,50), do art. 155, § 2º, do CP (0,10).

Comentário do autor:

Reforçando o entendimento de que é admissível a coexistência do furto qualificado e privilegiado, o STJ editou a Súmula 511, cujo teor é o seguinte: "É possível o reconhecimento do privilégio previsto no § 2º do art. 155 do CP nos casos de crime de furto qualificado, se estiverem presentes a primariedade do agente, o pequeno valor da coisa e a qualificadora for de ordem objetiva".

(OAB/Exame Unificado – 2012.2 – 2ª fase) Abel e Felipe observavam diariamente um restaurante com a finalidade de cometer um crime. Sabendo que poderiam obter alguma vantagem sobre os clientes que o frequentavam, Abel e Felipe, sem qualquer combinação prévia, conseguiram, cada um, uniformes semelhantes aos utilizados pelos manobristas de tal restaurante.

No início da tarde, aproveitando a oportunidade em que não havia nenhum funcionário no local, a dupla, vestindo os uniformes de manobristas, permaneceu à espera de suas vítimas, mas, agindo de modo separado.

Tércio, o primeiro cliente, ao chegar ao restaurante, iludido por Abel, entrega de forma voluntária a chave de seu carro. Abel, ao invés de conduzir o veículo para o estacionamento, evade-se do local. Narcísio, o segundo cliente, chega ao restaurante e não entrega a chave de seu carro, mas Felipe a subtrai sem que ele o percebesse. Felipe também se evade do local.

Empregando os argumentos jurídicos apropriados e a fundamentação legal pertinente ao caso, responda às questões a seguir.

a) Qual a responsabilidade jurídico-penal de Abel ao praticar tal conduta? (responda motivando sua imputação) (Valor: 0,65)

PRÁTICA PENAL – 10ª EDIÇÃO 91 EXERCÍCIOS PRÁTICOS

b) Qual a responsabilidade jurídico-penal de Felipe ao praticar tal conduta? (responda motivando sua imputação) (Valor: 0,60)

RESOLUÇÃO DA QUESTÃO – EXAMINADORA

Relativamente ao item "A" da questão, o examinando, para garantir a atribuição integral dos pontos respectivos, deverá desenvolver raciocínio no sentido de que Abel cometeu *apenas* o crime de *estelionato*, previsto no *art. 171 do CP brasileiro*.

Outrossim, deverá indicar que o crime caracteriza-se pela fraude que é usada como meio de obter o *consentimento da vítima que, iludida, entrega voluntariamente a chave de seu carro para Abel.*

No que tange ao item "B", deverá ser desenvolvido raciocínio no sentido de que Felipe cometeu *apenas* o delito de *furto simples, capitulado no art. 155, caput, do CP.*

Saliente-se que, no caso em tela, não serão admitidas respostas que indicarem a incidência de qualificadoras, uma vez que, apesar de o agente ter se vestido de manobrista, tal fato em nada interferiu na subtração do bem.

Tampouco se pode falar em crime cometido mediante destreza, haja vista o fato de que, no enunciado da questão, não há qualquer referência ao fato de Felipe possuir habilidades especiais que pudessem fazer com que efetivasse a subtração sem que a vítima percebesse.

Assim sendo, o delito por ele praticado foi, *apenas*, o de furto na forma simples, descrito no *caput* do art. 155 do CP.

Ainda no item "B", de maneira alternativa e com o fim de privilegiar demonstração de conhecimento jurídico, será pontuado o examinando que esclarecer somente estar presente o núcleo do tipo e, por conta disso, a conduta de Felipe apenas se enquadraria no *caput* do artigo citado.

Por fim, em nenhum dos itens poderá ser atribuída pontuação pela mera explicação da atuação dos agentes se essa estiver dissociada da correta tipificação do crime.

Distribuição dos Pontos:

QUESITO AVALIADO	VALORES
A) Abel cometeu o crime de estelionato, previsto no art. 171 do Código Penal brasileiro (0,30). O crime caracteriza-se pela fraude que é usada como meio de obter o consentimento da vítima. (0,35). *OBS.: Não será atribuída pontuação para a mera explicação, dissociada da correta tipificação do crime.*	0,00/0,30/0,65
B) Felipe cometeu o crime de furto, previsto no art. 155, *caput*, do Código Penal (0,30). Tendo em vista que não estão presentes os elementos que qualifiquem o referido crime, OU, a atuação de Felipe só perfaz o núcleo do tipo previsto no *caput*. (0,30). *OBS.: Não será atribuída pontuação para a mera explicação, dissociada da correta tipificação do crime.*	0,00/0,30/0,60

Comentário do autor

Vale a observação de que, atualmente, a ação penal, no estelionato, por força da Lei 13.964/2019, que inseriu no art. 171 do CP o § 5º, é pública condicionada à representação do ofendido.

EDUARDO DOMPIERI

(OAB/Exame Unificado – 2012.1 – 2ª fase) Maurício, jovem de classe alta, rebelde e sem escrúpulos, começa a namorar Joana, menina de boa família, de classe menos favorecida e moradora de área de risco em uma das maiores comunidades do Brasil. No dia do aniversário de 18 anos de Joana, Maurício resolve convidá-la para jantar num dos restaurantes mais caros da cidade e, posteriormente, leva-a para conhecer a suíte presidencial de um hotel considerado um dos mais luxuosos do mundo, onde passa a noite com ela. Na manhã seguinte, Maurício e Joana resolvem permanecer por mais dois dias. Ao final da estada, Maurício contabiliza os gastos daqueles dias de prodigalidade, apurando o total de R$ 18.000,00 (dezoito mil reais). Todos os pagamentos foram realizados em espécie, haja vista que, na noite anterior, Maurício havia trocado com sua mãe um cheque de R$20.000,00 (vinte mil reais) por dinheiro em espécie, cheque que Maurício sabia, de antemão, não possuir fundos. Considerando apenas os fatos descritos, responda, de forma justificada, os questionamentos a seguir.

A) Maurício e Joana cometeram algum crime? Justifique sua resposta e, caso seja positiva, tipifique as condutas atribuídas a cada um dos personagens, desenvolvendo a tese de defesa. (valor: 0,70)

B) Caso Maurício tivesse invadido a casa de sua mãe com uma pistola de brinquedo e a ameaçado, a fim de conseguir a quantia de R$ 20.000,00 (vinte mil reais), sua situação jurídica seria diferente? Justifique. (valor: 0,55)

GABARITO COMENTADO – EXAMINADORA

Para garantir pontuação, o examinando deveria, no item 'A', deixar expresso que Joana não cometeu qualquer crime porque não houve sequer conduta de sua parte. Cabe ressaltar que somente será aceita, como fundamento para essa hipótese, a ausência de conduta, levando em consideração o conhecimento teórico exigido no Exame de Ordem.

Assim, descabe analisar a existência de elemento subjetivo (dolo ou culpa), ilicitude ou culpabilidade, pois tais somente seriam apreciados quando houvesse conduta. Consequentemente, a resposta que trouxer apenas tal análise (sem mencionar a conduta) não será pontuada no item respectivo.

Ainda no tocante ao item 'A', o examinando deverá indicar que Maurício, diferentemente de Joana, cometeu crime, qual seja, estelionato (OU que teria praticado a conduta descrita no art. 171, *caput,* do CP), mas que poderia alegar em sua defesa a escusa absolutória prevista no art. 181, II, do CP.

Sobre esse ponto, não será passível de pontuação a mera indicação do dispositivo legal, dissociada da argumentação exigida.

De igual modo, não será pontuada nenhuma outra modalidade de estelionato senão aquela descrita no *caput* do art. 171 do CP. Ressalte-se que dados não descritos no enunciado não podem ser presumidos pelos examinandos.

Também não será passível de pontuação a indicação genérica do art. 181 do CP, sem a especificação do inciso adequado ou de argumentação pertinente ao inciso.

Ademais, aplicação da escusa absolutória não conduz à atipicidade da conduta. A conduta continua típica, ilícita e culpável, havendo apenas opção legislativa pela não imposição de sanção de natureza penal, embora a sentença possa produzir efeitos civis.

Em relação ao item 'B', a atribuição de pontos estaria condicionada à expressa argumentação no sentido de que a condição jurídica de Maurício seria alterada na medida em que a isenção de pena prevista no Código Penal não se aplica aos crimes de roubo (OU à prática da conduta descrita no art. 157, *caput,* do CP), nos termos do art.183, I, do CP. Portanto, Maurício seria processado e apenado pelo crime cometido.

Cumpre salientar que a mera indicação de artigo legal, dissociada da correta argumentação (em qualquer um dos itens), não pode ser pontuada. De igual modo, a mera indicação, no item 'B', de que não haveria isenção de pena (ou de que não se aplicaria o art. 181, II, do CP por força do disposto no art. 183, I, do CP), sem a correta tipificação da conduta, não é passível de pontuação.

Além disso, levando em conta que o delito de roubo não se confunde com a extorsão, não será admitida fungibilidade entre as condutas de forma a se considerar qualquer das duas como a prática empreendida por Maurício.

Por fim, não poderá ser considerada correta a resposta que imponha a causa de aumento de pena prevista no § 2°, I, do art. 157 do CP. Isso porque a controvérsia acerca da incidência da referida causa de aumento quanto ao uso de arma de brinquedo foi suficientemente solucionada no âmbito do Superior Tribunal de Justiça, que, em 2001, cancelou o verbete sumular n. 174, no julgamento do RESP 213.054-SP.

Distribuição dos Pontos:

QUESITO AVALIADO	FAIXA DE VALORES
A.1) Joana não cometeu crime algum, pois não houve conduta de sua parte (0,20).	0,00/0,20
A.2) Maurício cometeu crime de estelionato OU praticou a conduta descrita no art. 171, *caput,* do CP (0,30) *Obs.: a mera indicação de artigo não pontua.*	0,00/0,30
A.3) Poderia alegar em sua defesa a escusa absolutória prevista no art. 181, II, do CP (0,20). *Obs.: a mera indicação de artigo não pontua.*	0,00/0,20
B) Sim, pois passaria a responder por crime de roubo OU pela conduta descrita no art. 157, *caput,* do CP (0,20), na medida em que a isenção de pena prevista no Código Penal (art. 181, II do CP) não se aplica ao crime de roubo, conforme art. 183, I, do CP (0,35) *Obs.1: a mera justificativa não deve ser pontuada.* *Obs.2: a mera indicação de artigos não é pontuada.*	0,00/0,20/0,55

(OAB/Exame Unificado – 2010.3 – 2ª fase) Caio, residente no município de São Paulo, é convidado por seu pai, morador da cidade de Belo Horizonte, para visitá-lo. Ao dirigir-se até Minas Gerais em seu carro, Caio dá carona a Maria, jovem belíssima que conhecera na estrada e que, ao saber do destino de Caio, o convence a subtrair pertences da casa do genitor do rapaz, chegando a sugerir que ele aguardasse o repouso noturno de seu pai para efetuar a subtração. Ao chegar ao local, Caio janta com o pai e o espera adormecer, quando então subtrai da residência uma televisão de plasma, um aparelho de som e dois mil reais. Após encontrar-se com Maria no veículo, ambos se evadem do local e são presos quando chegavam ao município de São Paulo.

Com base no relatado acima, responda aos itens a seguir, empregando os argumentos jurídicos apropriados e a fundamentação legal pertinente ao caso.

EDUARDO DOMPIERI

a) Caio pode ser punido pela conduta praticada e provada? (Valor: 0,4)

b) Maria pode ser punida pela referida conduta? (Valor: 0,4)

c) Em caso de oferecimento de denúncia, qual será o juízo competente para processamento da ação penal? (Valor: 0,2)

RESOLUÇÃO DA QUESTÃO

Caio não pode ser punido pela conduta que praticou, visto que, na forma estatuída no art. 181, II, do Código Penal, constitui escusa absolutória, causa apta a excluir a pena, o fato de o descendente perpetrar contra o ascendente crime contra o patrimônio, exceção feita às hipóteses em que o agente se valha, para o seu cometimento, de violência ou grave ameaça, ou ainda quando o delito é praticado em detrimento de pessoa com idade igual ou superior a 60 anos, a teor do art. 183, I e III, do CP.

Já Maria poderá, sim, ser punida pela conduta praticada. Isso porque a imunidade contemplada no art. 181 do CP, por força do que dispõe o art. 183, II, do CP, não alcança o terceiro que toma partido no delito. Assim, a circunstância relativa a Caio, por ser de caráter pessoal, não se comunica à sua comparsa. Será, pois, punida pela conduta que ambos praticaram.

O foro competente, a teor do art. 70, *caput*, do CPP, será firmado em razão do local em que se deu a consumação do crime, isto é, a Comarca de Belo Horizonte.

GABARITO COMENTADO – EXAMINADORA

A) Não, uma vez que incide sobre o caso a escusa absolutória prevista no artigo 181, II, do CP.

B) Sim, uma vez que a circunstância relativa a Caio é de caráter pessoal, não se comunicando a ela (artigo 30 do CP). Assim, poderá ser punida pela prática do crime de furto qualificado pelo repouso noturno.

C) Belo Horizonte, local em que delito se consumou, conforme artigos 69, I, do CPP e 6º do CP.

Distribuição dos Pontos:

ITEM	PONTUAÇÃO
A) Não, uma vez que incide sobre o caso a escusa absolutória (0,2) prevista no art. 181, II, do CP (0,2).	0 / 0,2 / 0,4
B) Sim, uma vez que a circunstância relativa a Caio é de caráter pessoal, não se comunicando a ela (0,2), com base no art. 30 OU 183, II, do CP (0,2).	0 / 0,2 / 0,4
C) Belo Horizonte, local em que o delito se consumou (0,1), conforme arts. 69, I, OU 70 do CPP (0,1).	0 / 0,1 / 0,2

(OAB/Exame Unificado – 2009.1 – 2ª fase) Pedro, estudante de 23 anos de idade, namorava Ana havia um mês. Ambos sonhavam realizar uma viagem para o exterior e, como dispunham de poucos recursos materiais, Pedro decidiu subtraí-los de alguém. Dirigiu-se, armado com um estilete, a uma estação de metrô e, ao avistar uma pessoa idosa, ameaçou-a com o referido objeto, na presença de diversas testemunhas, e subtraiu-lhe cerca de R$ 3.000,00. Havia, nas proximidades, policiais que, ao perceberem o ocorrido, deram-lhe ordem de prisão. Pedro tentou fugir, mas foi preso, e, como conseguira livrar-se do estilete, não foi possível a apreensão do objeto. Considerando a situação hipotética acima apresentada, responda, de forma fundamentada, às seguintes perguntas.

- Que delito Pedro cometeu?
- Sem a apreensão do estilete, pode haver causa de aumento de pena?
- Há, na situação, circunstâncias agravantes e atenuantes?

RESOLUÇÃO DA QUESTÃO

Pedro cometeu o delito de roubo majorado, previsto no art. 157, § 2º, I, do Código Penal, visto que, mediante ameaça exercida com emprego de arma branca, subtraiu para si de pessoa idosa a importância de R$ 3.000,00.

Hoje é tranquilo o entendimento, tanto no STF quanto no STJ, no sentido de que é desnecessária a apreensão e respectiva perícia na arma para configurar a majorante presente no art. 157, § 2º, I, do CP, desde que existam outros elementos comprobatórios de sua utilização (testemunhas, por exemplo).

Incide a circunstância agravante a que faz referência o art. 61, II, *h*, do CP (crime praticado contra pessoa idosa).

Comentários adicionais:

Perceba o candidato que a prova foi aplicada bem antes das Leis 13.654/2018 e 13.964/2019. A primeira havia afastado a majorante, no crime de roubo, pelo emprego de arma branca; já a segunda, conhecida como pacote anticrime, restaurou a causa de aumento de pena concernente à prática do roubo com o emprego de arma branca.

(OAB/Exame Unificado – 2007.3 – 2ª fase) Maria, primária e com bons antecedentes, após encontrar na rua uma folha de cheque em branco pertencente a Joaquim, dirigiu-se a uma loja de eletrodomésticos, onde, mediante falsificação da assinatura no cheque, adquiriu diversos aparelhos eletroeletrônicos no valor de R$ 3.000,00, tendo retirado os objetos no momento da compra. Com base na situação hipotética descrita; tipifique a conduta de Maria e aponte o procedimento processual penal cabível à espécie.

RESOLUÇÃO DA QUESTÃO

Maria, primária e com bons antecedentes, depois de encontrar uma folha de cheque em branco, preencheu o título, falsificando a assinatura do titular da conta, Joaquim, e com isso adquiriu diversos aparelhos eletroeletrônicos no valor de R$ 3.000,00, tendo os retirado da loja.

Maria, com a sua conduta, incorreu nas penas do art. 171, *caput*, do Código Penal.

Não se aplica a forma privilegiada contida no art. 171, § 1º, do CP porque, embora Maria seja primária, o prejuízo não pode ser reputado de pequeno valor.

O procedimento, em vista do disposto no art. 394, § 1º, I, do CPP, é comum ordinário.

Comentários adicionais:

Confira, sobre o tema, os julgados:

EMENTA: *Habeas corpus*. Denúncia. Estelionato (art. 171, *caput* do CP). Folhas de cheque furtadas. Perícia que concluiu pela falsificação da assinatura em um deles. Materialidade do crime comprovada. Autoria não fixada pela perícia, diante de circunstâncias técnicas. Elementos coligidos na investigação que, no entanto, apresentam indícios de autoria suficientes para embasar a ação penal. Pretensão dos impetrantes de revolvimento de matéria de fato, insuscetível no âmbito estreito do writ. *Habeas corpus* indeferido. (HC 80903, em branco, STF)

EDUARDO DOMPIERI

ESTELIONATO DO ART. 171, *Caput* DO COD. PENAL, PRATICADO MEDIANTE EMISSÃO DE CHEQUE EM NOME DE TERCEIRO, COM FALSIFICAÇÃO DE SUA ASSINATURA. REPARAÇÃO VOLUNTARIA DO PREJUÍZO; INAPLICABI-LIDADE DA JURISPRUDÊNCIA DO SUPREMO TRIBUNAL FEDERAL A RESPEITO DOS EFEITOS DO PAGAMENTO, ANTES DA DENUNCIA, DO CHEQUE EMITIDO SEM PROVISÃO DE FUNDOS. RECURSO DE *HABEAS CORPUS* NÃO PROVIDO. (RHC 50007, em branco, STF)

(OAB/Exame Unificado – 2007.2 – 2ª fase) Gláuber, passando-se por um matuto, dizendo-se do interior de Minas Gerais, abordou Ofélia, pessoa idosa, a fim de obter informações sobre o endereço de uma casa lotérica ou agência da Caixa Econômica Federal para receber um prêmio, alegando ter ganhado na loteria. Gláuber, então, mostrou a Ofélia uma listagem falsa da Caixa Econômica Federal, onde constava o número do bilhete sorteado. Ofélia, envolvida na história narrada pelo suposto matuto, acompanhou-o até a casa lotérica para receber o prêmio, ocasião em que Gláuber lhe ofereceu o bilhete pelo preço de R$ 450,00. Ofélia, de pronto, aceitou e entregou-lhe a quantia acertada em troca do bilhete premiado. Em seguida, Gláuber, satisfeito, foi embora e Ofélia se dirigiu a uma agência da Caixa Econômica Federal para retirar o prêmio, onde constatou que o bilhete era falso e que havia sido enganada. Com base nessa situação hipotética, tipifique, justificadamente, a conduta de Gláuber, apontando as principais características do delito.

RESOLUÇÃO DA QUESTÃO

Gláuber cometeu o crime de estelionato, previsto no *caput* do art. 171 do Código Penal. Isso porque, depois de induzir em erro a vítima, Ofélia, lançando mão de um ardil (passou-se por pessoa simples) e alegando ser portador de um bilhete de loteria premiado, logrou dela conseguir vantagem patrimonial ilícita.

São características do delito: emprego de ardil ou outro meio fraudulento; induzimento ou manutenção da vítima em erro; obtenção de vantagem patrimonial ilícita.

Essa modalidade de estelionato é popularmente conhecida como "golpe do bilhete" ou "golpe do vigário".

(OAB/Exame Unificado – 2006.2 – 2ª fase) Considere que determinado devedor, ciente do processo de execução que tramita contra si, alienou parte de seu patrimônio, evitando a penhora. Considere, ainda, que restou comprovado não haver seu patrimônio sofrido qualquer abalo em decorrência do ato. Diante dessa situação, redija um texto, de forma fundamentada, acerca da tipicidade ou não da conduta do devedor. Extensão máxima: 30 linhas.

RESOLUÇÃO DA QUESTÃO

Está em discussão a prática ou não da conduta tipificada no art. 179 do Código Penal – *fraude à execução*.

Pois bem. Consiste tal crime em fraudar execução por intermédio de uma das condutas contempladas no tipo penal, frustrando a constrição de bens (penhora determinada no curso do processo de execução). Dito de outro modo, é indispensável ao cometimento do crime em questão que a execução seja inviabilizada em decorrência da inexistência de bens sobre os quais possa recair a penhora.

PRÁTICA PENAL – 10ª EDIÇÃO   97   EXERCÍCIOS PRÁTICOS

Não é o caso aqui retratado, na medida em que a alienação de parte dos bens do devedor não repercutiu de forma significativa no seu patrimônio, restando quantidade suficiente para satisfazer o débito. A propósito, a penhora poderá recair sobre outros bens que façam parte do patrimônio não alienado do devedor.

A conduta do devedor é, portanto, atípica.

(OAB/Exame Unificado – 2004 – 2ª fase) No dia 25 de agosto de 2004, em Vila Velha – ES, Caio, apontando um revólver de brinquedo para o rosto de Laura, ordenou que esta preenchesse dois de seus cheques, no valor de R$ 1.000,00 cada um. Após preenchidos os cheques, a vítima os entregou a Caio, que se dirigiu à agência bancária em que Laura era correntista, localizada em Vitória – ES, no dia 27 de agosto de 2004. Na agência, houve recusa ao pagamento por falta de fundos. Discorra acerca da conduta de Caio, abordando, necessariamente, os seguintes aspectos:

* tipificação;
* quando ocorrerá a prescrição;
* qual o foro competente para processar e julgar o crime.

RESOLUÇÃO DA QUESTÃO

A conduta praticada por Caio está prefigurada no art. 158 do Código Penal – *extorsão*, já que este, mediante grave ameaça exercida com o emprego de arma de brinquedo, constrangeu Laura a preencher os cheques com o fito de obter para si indevida vantagem econômica. O emprego de arma de brinquedo não constitui hipótese de extorsão majorada (art. 158, § 1º, do CP).

A prescrição da pretensão punitiva levará em conta o máximo da pena privativa de liberdade prevista para o crime, em consonância com as regras estabelecidas no art. 109 do Código Penal. Em se tratando de crime de extorsão, cuja pena máxima prevista é de 10 anos, o prazo prescricional é de 16 anos, a contar do dia em que a infração se consumou (art. 111, I, do CP) – dia 25 de agosto de 2004.

Em vista do disposto no art. 70 do CPP, é competente o foro do lugar onde se consumar a infração penal. A extorsão consuma-se com o *comportamento da vítima*, o que, neste caso, se verificou no instante em que Laura, constrangida por Caio, preencheu os cheques. Tal se deu na Comarca de Vila Velha – ES, foro, portanto, competente para processar e julgar o crime.

Comentários adicionais:

Atualmente, com o advento da Lei 11.923/09, que introduziu o § 3º no art. 158 do CP, o delito de extorsão será qualificado quando praticado mediante a restrição da liberdade da vítima, desde que tal condição seja necessária à obtenção da vantagem econômica.

No que tange ao momento consumativo do delito de extorsão, insta tecer mais algumas considerações. Trata-se de *delito formal*, na medida em que, como dito, a consumação opera-se no instante em que a vítima age, independentemente da ocorrência de resultado naturalístico. A esse respeito, a Súmula 96 do STJ: "O crime de extorsão consuma-se independentemente da obtenção da vantagem indevida". Dessa forma, o pagamento (compensação do título) porventura obtido na comarca de Vitória representa mero exaurimento.

Importante que se diga, ainda, que o constrangimento impingido à vítima, mediante violência ou grave ameaça, por si só, não representa consumação. Isso porque é necessário, para que tal ocorra, que o ofendido, em razão do constrangimento, faça, tolere que se faça ou deixe de fazer algo.

EDUARDO DOMPIERI

Foi o que se deu com Laura. Em razão do constrangimento a que foi submetida, assinou (fez, agiu) as folhas de cheque. O crime, neste momento, se tornou perfeito (consumou-se). Seria, portanto, incorreto afirmar que a consumação se operou no instante em que Laura foi constrangida (ameaçada, submetida a violência).

No mais, com o advento da Lei 13.964/2019, passou a ser considerado hediondo o crime capitulado no art. 158, § 3º, do CP (extorsão qualificada pela restrição da liberdade da vítima, ocorrência de lesão corporal ou morte), nos termos do art. 1º, III, da Lei 8.072/1990.

1.7. Crimes contra a dignidade sexual

(OAB/Exame Unificado – 2017.1 – 2ª fase) Em inquérito policial, Antônio é indiciado pela prática de crime de estupro de vulnerável, figurando como vítima Joana, filha da grande amiga da Promotora de Justiça Carla, que, inclusive, aconselhou a família sobre como agir diante do ocorrido.

Segundo consta do inquérito, Antônio encontrou Joana durante uma festa de música eletrônica e, após conversa em que Joana afirmara que cursava a Faculdade de Direito, foram para um motel onde mantiveram relações sexuais, vindo Antônio, posteriormente, a tomar conhecimento de que Joana tinha apenas 13 anos de idade.

Recebido o inquérito concluído, Carla oferece denúncia em face de Antônio, imputando-lhe a prática do crime previsto no Art. 217-A do Código Penal, ressaltando a jurisprudência do Supremo Tribunal Federal no sentido de que, para a configuração do delito, não se deve analisar o passado da vítima, bastando que a mesma seja menor de 14 anos.

Considerando a situação narrada, na condição de advogado(a) de Antônio, responda aos itens a seguir.

A) Existe alguma medida a ser apresentada pela defesa técnica para impedir Carla de participar do processo? Justifique. (Valor: 0,60)

B) Qual a principal alegação defensiva de direito material a ser apresentada em busca da absolvição do denunciado? Justifique. (Valor: 0,65)

Obs.: o(a) examinando(a) deve fundamentar suas respostas. A mera citação do dispositivo legal não confere pontuação.

GABARITO COMENTADO – EXAMINADORA

A) Sim, o advogado de Antônio, já no momento de apresentar resposta à acusação, deveria apresentar exceção de suspeição em face da Promotora de Justiça, tendo em vista a presença da causa de suspeição prevista no Art. 254, incisos I e IV, do Código de Processo Penal (CPP). Prevê o dispositivo em questão que o juiz dar-se-á por suspeito quando for amigo íntimo de alguma das partes ou quando tiver aconselhado uma das partes. Carla é muito amiga da genitora da vítima e ainda aconselhou a ofendida e sua família sobre como agir diante do ocorrido. Ademais, o Art. 258 do CPP estabelece que as previsões referentes às causas de impedimento e suspeição do magistrado são aplicáveis, no que couber, ao Ministério Público. Claro está o envolvimento de Carla com a causa, de modo que sua suspeição deve ser reconhecida. Considerando que a mesma não se declarou suspeita, oferecendo denúncia, caberia ao advogado apresentar exceção de suspeição, nos termos do Art. 95, inciso I, do CPP, e do Art. 104 do CPP.

B) A principal alegação defensiva, de mérito, de direito material, é a de que houve erro de tipo por parte do denunciado, nos termos do Art. 20 do Código Penal, de modo que fica afastado o seu dolo. Diante da situação apresentada, claro está que Antônio não tinha conhecimento que Joana tinha apenas 13 anos de idade, merecendo destaque as partes se conheceram em uma festa de música eletrônica, ocasião em que a ofendida afirmara estar na faculdade, o que, por si só, já afastaria as suspeitas de que fosse menor de 14 anos. Ainda que se entendesse que o erro foi vencível, não poderia Antônio ser responsabilizado, tendo em vista que esse afasta o dolo e não há previsão de responsabilização culposa pelo crime de estupro de vulnerável. No caso, é irrelevante a posição dos Tribunais Superiores no sentido de que o passado sexual da vítima não deve ser analisado, bastando que a mesma tenha, objetivamente, menos de 14 anos de idade. Ocorre que o problema apresentado em nada com esse tema se confunde, já que sequer sabia o réu a idade da vítima, que é uma das elementares do tipo.

Distribuição dos Pontos:

ITEM	PONTUAÇÃO
A) Sim, com apresentação de exceção de suspeição (0,50), nos termos do art. 95, inciso I, do CPP **OU** do Art. 104 do CPP (0,10).	0,00/0,50/0,60
B) A principal tese defensiva é a ocorrência de erro de tipo (0,55), nos termos do Art. 2º do CP (0,10).	0,00/0,55/0,65

(OAB/Exame Unificado – 2015.1 – 2ª fase) No dia 03/05/2008, Luan foi condenado à pena privativa de liberdade de 12 anos de reclusão pela prática dos crimes previstos nos artigos 213 e 214 do Código Penal, na forma do Art. 69 do mesmo diploma legal, pois, no dia 11/07/2007, por volta das 19h, constrangeu Carla, mediante grave ameaça, a com ele praticar conjunção carnal e ato libidinoso diverso. Ainda cumprindo pena em razão dessa sentença condenatória, Luan, conversando com outro preso, veio a saber que ele havia sido condenado por fatos extremamente semelhantes a uma pena de 07 anos de reclusão. Luan, então, pergunta o nome do advogado do colega de cela, que lhe fornece a informação.

Luan entra em contato pelo telefone indicado e pergunta se algo pode ser feito para reduzir sua pena, apesar de sua decisão ter transitado em julgado.

Diante dessa situação, responda aos itens a seguir.

A) Qual a tese de direito material que poderia ser suscitada pelo novo advogado em favor de Luan? (Valor: 0,65)

B) A pretensão deverá ser manejada perante qual órgão? (Valor: 0,60)

Sua resposta deve ser fundamentada. A simples citação do dispositivo legal não será pontuada.

GABARITO COMENTADO – EXAMINADORA

A) Luan foi condenado pela prática de crimes de estupro e atentado violento ao pudor em concurso material. O entendimento que prevalecia antes da edição da Lei nº 12.015 era a da impossibilidade de aplicação da continuidade delitiva entre essas duas infrações, pois não seriam crimes da mesma espécie. Ocorre que, com a inovação legislativa ocorrida no

EDUARDO DOMPIERI

ano de 2009, a conduta antes prevista no Art. 214 do Código Penal passou a ser englobada pela figura típica do Art. 213 do CP. Apesar de não ter havido *abolitio criminis*, certo é que a lei é mais benéfica. Sendo assim, poderá retroagir para atingir situações anteriores e caberá a redução de pena de Luan.

A jurisprudência amplamente majoritária entende que, de acordo com a nova redação, o Art. 213 do CP passou a prever um tipo misto alternativo. Assim, quando praticada conjunção carnal e outro ato libidinoso diverso em um mesmo contexto e contra a mesma vítima, haveria crime único. Outros, minoritariamente, entendem que o artigo traz um tipo misto cumulativo, de modo que ainda seria possível punir o agente que pratica conjunção carnal e outro ato libidinoso diverso por dois crimes. De qualquer forma, mesmo para essa segunda corrente, caberia a redução de pena de Luan, pois agora seria possível a aplicação da continuidade delitiva, já que os crimes são de mesma espécie.

O examinando poderá adotar qualquer uma das duas correntes, desde que assegure a aplicação da nova lei mais benéfica para Luan.

B) O órgão competente perante o qual deverá ser formulado o pedido de aplicação da lei mais benigna e, consequentemente, da redução da pena é o juízo da Vara de Execuções Penais, considerando que já ocorreu o trânsito em julgado da sentença condenatória, na forma da Súmula 611 do STF ou do Art. 66, I, da LEP.

Distribuição dos Pontos:

ITEM	PONTUAÇÃO
A) A tese adequada é a da aplicação da lei mais benéfica ao condenado, que importará na redução da sua pena, (0,30) tendo em vista que a alteração legislativa transformou o tipo penal do estupro em misto alternativo, portanto crime único OU tendo em vista que a alteração legislativa transformou o tipo penal do estupro em misto cumulativo, sujeito à aplicação da continuidade delitiva (0,25) o que permite sua aplicação para fatos praticados antes de sua entrada em vigor, ainda que a decisão seja definitiva (0,10).	0,00/0,25/0,30 /0,35/0,40/0,55/0,65
B) O pedido deverá ser formulado perante a Vara de Execuções Penais, pois existe decisão com trânsito em julgado (0,50), na forma da Súmula 611 do STF OU do Art. 66, inciso I, da LEP (0,10).	0,00/0,50/0,60

Obs.: a mera citação do dispositivo legal não será pontuada.

Comentário do autor:

Os tribunais, até a edição da Lei 12.015/2009, tinham como consolidado o entendimento segundo o qual, quando o *atentado violento ao pudor* não constituísse meio natural para a prática do *estupro*, caracterizado estaria o concurso material de crimes: STJ, HC 102.362-SP, 5ª T., Rel. Min. Felix Fischer, j. 18.11.2008. Com a Lei 12.015/2009, que promoveu uma série de mudanças na disciplina dos crimes sexuais, o estupro – art. 213 do CP –, que incriminava tão somente a conjunção carnal realizada com mulher, mediante violência ou grave ameaça, passou a incorporar, também, a conduta antes contida no art. 214 do CP – dispositivo hoje revogado (art. 7º da Lei 12.015/2009). Dito de outro modo, constitui estupro, na sua nova forma, toda modalidade de violência sexual levada a efeito para qualquer fim libidinoso, incluída, por óbvio, a conjunção carnal. Dessa forma, o crime do art. 213 do CP, com a mudança implementada pela Lei 12.015/2009, passou a comportar, além da conduta consubstanciada na conjunção carnal violenta, contra homem ou mulher, também o comportamento consistente em obrigar alguém a praticar ou permitir que com o sujeito ativo se pratique outro ato libidinoso que não a conjunção carnal. Criou-se, assim, um tipo misto

PRÁTICA PENAL – 10ª EDIÇÃO   101   EXERCÍCIOS PRÁTICOS

alternativo, razão pela qual a prática, por exemplo, de *sexo oral* e *conjunção carnal* no mesmo contexto fático implica o cometimento de crime único. Incide, no caso, o *princípio da alternatividade*. Nesse sentido, o seguinte julgado do STJ: "Com a superveniência da Lei 12.015/2009, a conduta do crime de atentado violento ao pudor, anteriormente prevista no art. 214 do Código Penal, foi inserida naquela do art. 213, constituindo, assim, quando praticadas contra a mesma vítima e num mesmo contexto fático, crime único de estupro" (AgRg no REsp 1127455-AC, 6ª T., rel. Min. Sebastião Reis Júnior, 28.08.2012).

No mesmo sentido:

AGRAVO REGIMENTAL EM HABEAS CORPUS. ESTUPRO E ATENTADO VIOLENTO AO PUDOR. CRIME ÚNICO. ATOS CONTRA A MESMA VÍTIMA. MESMO CONTEXTO FÁTICO. RECURSO NÃO PROVIDO. 1. A atual jurisprudência desta Corte Superior sedimentou-se no sentido de que, "como a Lei 12.015/2009 unificou os crimes de estupro e atentado violento ao pudor em um mesmo tipo penal, deve ser reconhecida a existência de crime único de estupro, caso as condutas tenham sido praticadas contra a mesma vítima e no mesmo contexto fático." (AgRg AREsp 233.559/BA, Rel. Ministra Assusete Magalhães, 6ª T., DJe 10/2/2014, destaquei.). 2. Conforme bem esclarecido na decisão ora atacada, em relação à vítima A. G. M., houve a prática de estupro e atentado violento ao pudor, de modo que deve, sim, ser reconhecida a prática de crime único, aplicando-se a orientação retro esposada, uma vez que os delitos foram praticados antes da vigência da Lei n. 12.015/2009. Mas isso apenas em relação aos atos praticados contra a aludida ofendida, no mesmo contexto fático, pois a mesma decisão refutou a aplicação do art. 71 do Código Penal (continuidade delitiva em relação a todas as vítimas), dada a supressão de instância, bem como pela necessidade do reexame do suporte probatório, o que é vedado em *habeas corpus*. 3. Agravo regimental não provido. (AgRg no HC 298.517/SP, Rel. Ministro Rogerio Schietti Cruz, 6ª T., julgado em 24/03/2015, DJe 06/04/2015).

(OAB/Exame Unificado – 2011.2 – 2ª fase) Joaquina, ao chegar à casa de sua filha, Esmeralda, deparou-se com seu genro, Adaílton, mantendo relações sexuais com sua neta, a menor F.M., de 12 anos de idade, fato ocorrido no dia 2 de janeiro de 2011. Transtornada com a situação, Joaquina foi à delegacia de polícia, onde registrou ocorrência do fato criminoso. Ao término do Inquérito Policial instaurado para apurar os fatos narrados, descobriu-se que Adaílton vinha mantendo relações sexuais com a referida menor desde novembro de 2010. Apurou-se, ainda, que Esmeralda, mãe de F.M., sabia de toda a situação e, apesar de ficar enojada, não comunicava o fato à polícia com receio de perder o marido que muito amava.

Na condição de advogado(a) consultado(a) por Joaquina, avó da menor, responda aos itens a seguir, empregando os argumentos jurídicos apropriados e a fundamentação legal pertinente ao caso.

A) Adaílton praticou crime? Em caso afirmativo, qual? (Valor: 0,3)

B) Esmeralda praticou crime? Em caso afirmativo, qual? (Valor: 0,5)

C) Considerando que o Inquérito Policial já foi finalizado, deve a avó da menor oferecer queixa--crime? (Valor: 0,45)

RESOLUÇÃO DA QUESTÃO

Adaílton, ao manter relações com a menor F.M., de doze anos de idade, de forma continuada, cometeu o crime previsto no art. 217-A – estupro de vulnerável. Trata-se de delito continuado, na forma estabelecida no art. 71 do CP, já que as investigações revelaram que as relações sexuais vinham sendo mantidas há algum tempo.

Embora o enunciado não tenha deixado claro se Adaílton é pai ou padrasto da menor contra a qual investiu, é fato que deverá incidir, de uma maneira ou de outra, o aumento de pena previsto no art. 226, II, do CP.

Quanto à Esmeralda, dado que esta tinha o dever jurídico de evitar o resultado, consubstanciado no art. 13, § 2º, "a", do CP, deverá responder pelo crime de estupro de vulnerável na condição de partícipe. É o chamado crime omissivo impróprio. A ela também se aplica a causa de aumento de pena do art. 226, II, do CP.

Por força do que dispõe o art. 226, I, do CP, a pena também será majorada em razão do concurso de pessoas.

Em regra, não terá lugar a queixa-crime.

Sucede que, a ação penal, sendo a vítima pessoa vulnerável, em vista do que estabelece o art. 225, parágrafo único, do CP, é pública incondicionada.

GABARITO COMENTADO – EXAMINADORA

A) Sim. Estupro de vulnerável, conduta descrita no art. 217-A do CP.

B) Sim. Esmeralda também praticou estupro de vulnerável (artigo 217-A do CP c/c artigo 13, §2º, "a", do CP), uma vez que tinha a obrigação legal de impedir o resultado, sendo garantidora da menor.

C) Não, pois se trata de ação penal pública incondicionada, nos termos do art. 225, parágrafo único, do CP.

Distribuição dos Pontos:

ITEM	PONTUAÇÃO
A) Sim. Estupro de vulnerável (0,2) – art. 217-A do CP (0,1)	0 / 0,1 / 0,2 / 0,3
B) Sim. Estupro de vulnerável (0,3) – artigo 217-A do CP c/c artigo 13, § 2º, "a", do CP OU era garantidora (0,2) Não pontua só artigo ou fundamento isolados	0 / 0,3 / 0,5
C) Não, por se tratar de ação penal pública incondicionada (0,35). Art. 225, parágrafo único, do CP (0,1).	0 / 0,35 / 0,45

Comentário do autor:

Como se pode ver, ao tempo em que foi elaborada esta questão, a ação penal, nos crimes contra a dignidade sexual, era, em regra, pública condicionada a representação. Tal panorama vigorou até a edição da Lei 13.718/2018, que implementou (uma vez mais) uma série de mudanças no universo dos crimes sexuais, aqui incluída a natureza da ação penal nesses delitos. Senão vejamos. A ação penal, nos delitos sexuais, era, em regra, de iniciativa privada. Era o que estabelecia a norma contida no *caput* do art. 225 do Código Penal. As exceções ficavam por conta do § 1º do dispositivo. Com o advento da Lei 12.015/2009 (em vigor ao tempo da elaboração desta questão), que introduziu uma série de modificações nos crimes sexuais, agora chamados *crimes contra a dignidade sexual*, nomenclatura, a nosso ver, mais adequada aos tempos atuais, a ação penal deixou de ser privativa do ofendido para ser pública condicionada à representação, exceção feita às hipóteses em que a vítima era menor de 18 anos ou pessoa vulnerável (hipótese narrada no enunciado), caso em que a ação era pública incondicionada (art. 225, parágrafo único, do CP). Pois bem. Mais recentemente, entrou em vigor a Lei 13.718/2018, que, dentre várias inovações implementadas nos crimes contra a dignidade sexual, mudou, uma vez mais, a natureza da ação penal nesses delitos. Com isso, a ação penal, nos crimes sexuais, passa a ser pública incondicionada. Fazendo um breve histórico, temos o seguinte quadro: a ação penal, nos crimes sexuais, era, em regra, privativa do ofendido, a este cabendo a propositura da ação penal; posteriormente, a partir do advento da Lei 12.015/2009, a ação penal, nesses crimes, deixou de ser privativa do ofendido para ser pública condicionada a representação, em regra; agora, com a entrada em vigor da Lei 13.718/2018, a ação penal, nos crimes contra a dignidade sexual, que antes era pública condicionada, passa a ser pública incondicionada. Com isso, o titular da ação penal, que é o MP, prescinde de manifestação de vontade da vítima para promover a ação penal. Dessa forma, fica sepultado o debate que antes havia acerca da aplicação da Súmula 608, do STF. É importante que se diga que, além da alteração a que fizemos referência, a Lei 13.718/2018 promoveu, no contexto dos crimes sexuais, outras relevantes mudanças. Uma das mais significativas, a nosso ver, é a introdução, no Código Penal, do crime de *importunação sexual*, disposto no art. 215-A, nos seguintes termos: *Praticar contra alguém e sem a sua anuência ato libidinoso com o objetivo de satisfazer a própria lascívia ou a de terceiro: Pena – reclusão, de 1 (um) a 5 (cinco) anos, se o ato não constitui crime mais grave.* A conduta de homens que, em ônibus e trens lotados, molestam mulheres e, em alguns casos, chegam a ejacular, se enquadra, doravante, neste novo tipo penal. Episódio amplamente divulgado pelos meios de comunicação é o de um homem que, dentro do transporte público, em São Paulo, ejaculou no pescoço de uma mulher. Antes, a responsabilização se dava pela contravenção penal de *importunação ofensiva ao pudor*, definida no art. 61 da LCP, cujo preceito secundário estabelecia exclusivamente pena de multa, dispositivo este que foi revogado, de forma expressa, pela Lei 13.718/2018, tendo a conduta ali descrita migrado para o novo art. 215-A do CP, em face da regra da continuidade típico-normativa. Evidente que a pena, agora mais grave, não poderá retroagir e atingir fatos anteriores à entrada em vigor da Lei 13.718/2018. Outra importante inovação refere-se à inclusão, no art. 218-C, do delito de *divulgação de cena de estupro ou de cena de estupro de vulnerável, de cena de sexo ou de pornografia.* O objetivo do legislador, com a tipificação desta conduta, foi o de coibir um fenômeno que, infelizmente, tem sido cada vez mais comum, que é a violação da intimidade com a exposição sexual não autorizada. Inclui-se, aqui, a chamada *pornografia da vingança*, em que fotografias e vídeos de conteúdo íntimo de alguém (normalmente mulher) são divulgados na internet pelo ex-esposo ou ex-namorado como forma de vingança. A partir daí, o conteúdo é disseminado, nas redes sociais e em grupos de whatsapp, de forma exponencial. O art. 218-C contempla uma causa de aumento de pena, a configurar-se quando o crime é praticado por agente que mantém ou tenha mantido relação íntima de afeto com a vítima ou com o fim de vingança ou humilhação. No que concerne ao estupro de vulnerável, previsto no art. 217-A do CP, a Lei 13.718/2018, ao inserir o § 5º nesse dispositivo legal, consagra o entendimento adotado pela Súmula 593, do STJ, no sentido de que o consentimento e a experiência sexual anterior são irrelevantes à configuração do crime de estupro de vulnerável. Por fim, a Lei 13.718/2018 fez inserir, no art. 226 do CP, o inciso IV, estabelecendo que a pena será aumentada nos casos de *estupro coletivo* e *estupro corretivo*.

(OAB/Exame Unificado – 2008.2 – 2ª fase) Enilton, brasileiro, com 23 anos de idade, casado, previamente combinado com Lúcia, brasileira, solteira, com 19 anos de idade, e tendo contado com o apoio efetivo desta, enganou Sofia, brasileira, com 13 anos de idade, dizendo-se curandeiro, e, a pretexto de curá-la de uma suposta síncope, com ela manteve conjunção carnal consentida, o que acarretou a perda da virgindade da adolescente. Ato contínuo, enquanto Lúcia segurava a adolescente, Enilton, contra a vontade da garota, praticava vários atos libidinosos diversos da conjunção carnal, o que provocou, embora inexistente a intenção de lesionar, a incapacidade de Sofia, por mais de 30 dias, para as ocupações habituais. Considerando a situação hipotética apresentada, tipifique a(s) conduta(s) de Enilton e Lúcia.

RESOLUÇÃO DA QUESTÃO

Ao manter conjunção carnal com Sofia, menor com 13 anos de idade, a pretexto de curá-la de uma suposta síncope, Enilton cometeu o crime previsto no art. 217-A do Código Penal – *estupro de vulnerável*. Lúcia, por ter colaborado com a prática criminosa, também deverá ser responsabilizada pelo mesmo crime, na qualidade de partícipe.

EDUARDO DOMPIERI

Na situação seguinte, o crime praticado por Enilton e Lúcia, agora ambos na qualidade de coautor, é o capitulado no art. 217-A, § 3º, do Código Penal, já que da prática dos atos libidinosos a que foi submetida Sofia resultou lesão corporal de natureza grave (art. 129, § 1º, I, do CP).

Incide o aumento a que alude o art. 226, I, do CP.

Trata-se de delitos hediondos, nos termos do art. 1º, VI, da Lei 8.072/1990.

Comentários adicionais:

O crime de *estupro de vulnerável* – art. 217-A do CP – foi inserido no Código Penal pela Lei 12.015/09, que promoveu diversas outras alterações no âmbito dos *delitos sexuais*. Até então a conduta descrita no primeiro parágrafo (resposta) configurava o delito de estupro com violência presumida (art. 213 c/c o art. 224, "a", ambos do Código Penal). O art. 224 foi revogado pela Lei 12.014/09; a conduta descrita no segundo parágrafo (resposta) configurava atentado violento ao pudor (art. 214 do CP), dispositivo também revogado.

(OAB/Exame Unificado – 2004 – 2ª fase) R. manteve relações sexuais, durante mais de cinco anos, com sua filha M., atualmente com treze anos de idade. Ouvida em juízo, M. afirmou que não sentia dor quando o pai mantinha relações sexuais com ela. Em seu depoimento, afirmou ainda que o pai lhe dizia que essas relações eram uma espécie de carinho. Disse também que tais fatos ocorriam sempre às quartas-feiras, pela parte da manhã, ocasião em que sua mãe não estava em casa, pois era faxineira. Discorra sobre o caso apresentado, abordando, necessariamente, os seguintes aspectos:

• tipificação da conduta de R.;

• ação penal cabível;

• natureza do crime praticado;

• regime de cumprimento de pena em caso de eventual condenação.

RESOLUÇÃO DA QUESTÃO

R. praticou a conduta atualmente tipificada no art. 217-A – *estupro de vulnerável*, com incidência do aumento previsto no art. 226, II, ambos do Código Penal. Trata-se de *crime continuado*, nos termos do art. 71 do CP.

A ação penal, em consonância com o disposto no art. 225, parágrafo único, do CP, é pública incondicionada.

O crime em questão é hediondo, conforme preleciona o art. 1º, VI, da Lei 8.072/1990 (Lei de Crimes Hediondos), e está inserido no Título VI do Código Penal, *Dos Crimes contra a Dignidade Sexual*.

Por fim, no caso de eventual condenação, reza o art. 2º, § 2º, da Lei 8.072/1990 que, se o apenado for primário, a progressão de regime dar-se-á após o cumprimento de 2/5 da pena; se reincidente for, após o cumprimento de 3/5. De qualquer maneira, a pena será cumprida inicialmente em regime fechado, desde que a pena estabelecida pelo juiz seja superior a 8 anos.

Comentários adicionais:

Com a Lei 12.015/09, que promoveu diversas alterações no âmbito dos *delitos sexuais*, o estupro – art. 213 do CP, que incriminava tão somente a conjunção carnal realizada com mulher, mediante violência ou grave ameaça, passou a incorporar, também, a conduta antes contida no art. 214 do CP – dispositivo hoje revogado. Dessa forma, o crime do art. 213 do CP, com a mudança implementada pela Lei 12.015/09, passou a comportar, além da conduta

PRÁTICA PENAL – 10ª EDIÇÃO   105   EXERCÍCIOS PRÁTICOS

consubstanciada na conjunção carnal violenta, contra homem ou mulher, também o comportamento consistente em obrigar alguém a praticar ou permitir que com o sujeito ativo se pratique outro ato libidinoso que não a conjunção carnal. Criou-se, assim, um *tipo misto alternativo (plurinuclear)*.

Além disso, a Lei 12.015/09 alterou a redação do art. 1º da Lei 8.072/1990 (Lei de Crimes Hediondos). São, pois, hediondos os delitos de estupro (art. 213, *caput* e §§ 1º e 2º) e estupro de vulnerável, nos termos do art. 1º, V e VI, da Lei 8.072/1990. Mais, a mesma Lei 12.015/09, em seu art. 7º, revogou expressamente o art. 224 do CP (presunção de violência), razão pela qual a majorante do art. 9º da Lei 8.072/1990 não poderá ter mais incidência, visto que foi abolida.

A ação penal, nos delitos sexuais, era, em regra, de iniciativa privada. Era o que estabelecia a norma contida no *caput* do art. 225 do Código Penal. As exceções ficavam por conta do § 1º do dispositivo. Com o advento da Lei 12.015/09, que introduziu uma série de modificações nos crimes sexuais, agora chamados *crimes contra a dignidade sexual*, nomenclatura, a nosso ver, mais adequada aos tempos atuais, a ação penal deixou de ser privativa do ofendido para ser pública condicionada à representação, exceção feita às hipóteses em que a vítima era menor de 18 anos ou pessoa vulnerável, caso em que a ação era pública incondicionada (art. 225, parágrafo único, do CP). Pois bem. Bem recentemente, entrou em vigor a Lei 13.718/2018, que, dentre várias inovações implementadas nos crimes contra a dignidade sexual, mudou, uma vez mais, a natureza da ação penal nesses delitos. Com isso, a ação penal, nos crimes sexuais, passa a ser pública incondicionada. Vale lembrar que, antes do advento desta Lei, a ação era, em regra, pública condicionada, salvo nas situações em que a vítima era vulnerável ou menor de 18 anos. Fazendo um breve histórico, temos o seguinte quadro: a ação penal, nos crimes sexuais, era, em regra, privativa do ofendido, a este cabendo a propositura da ação penal; posteriormente, a partir do advento da Lei 12.015/2009, a ação penal, nesses crimes, deixou de ser privativa do ofendido para ser pública condicionada a representação, em regra; agora, com a entrada em vigor da Lei 13.718/2018, a ação penal, nos crimes contra a dignidade sexual, que antes era pública condicionada, passa a ser pública incondicionada. Com isso, o titular da ação penal, que é o MP, prescinde de manifestação de vontade da vítima para promover a ação penal. Dessa forma, fica sepultado o debate que antes havia acerca da aplicação da Súmula 608, do STF. É importante que se diga que, além da alteração a que fizemos referência, a Lei 13.718/2018 promoveu, no contexto dos crimes sexuais, outras relevantes mudanças. Uma das mais significativas, a nosso ver, é a introdução, no Código Penal, do *crime de importunação sexual*, disposto no art. 215-A, nos seguintes termos: *Praticar contra alguém e sem a sua anuência ato libidinoso com o objetivo de satisfazer a própria lascívia ou a de terceiro: Pena – reclusão, de 1 (um) a 5 (cinco) anos, se o ato não constitui crime mais grave*. A conduta de homens que, em ônibus e trens lotados, molestam mulheres e, em alguns casos, chegam a ejacular, se enquadra, doravante, neste novo tipo penal. Episódio amplamente divulgado pelos meios de comunicação é o de um homem que, dentro do transporte público, em São Paulo, ejaculou no pescoço de uma mulher. Antes, a responsabilização se dava pela contravenção penal de *importunação ofensiva ao pudor*, definida no art. 61 da LCP, cujo preceito secundário estabelecia exclusivamente pena de multa, dispositivo este que foi revogado, de forma expressa, pela Lei 13.718/2018, tendo a conduta ali descrita migrado para o novo art. 215-A do CP, em face da regra da continuidade típico-normativa. Evidente que a pena, agora mais grave, não poderá retroagir e atingir fatos anteriores à entrada em vigor da Lei 13.718/2018. Outra importante inovação refere-se à inclusão, no art. 218-C, do delito de *divulgação de cena de estupro ou de cena de estupro de vulnerável, de cena de sexo ou de pornografia*. O objetivo do legislador, com a tipificação desta conduta, foi o de coibir um fenômeno que, infelizmente, tem sido cada vez mais comum, que é a violação da intimidade com a exposição sexual não autorizada. Inclui-se, aqui, a chamada *pornografia da vingança*, em que fotografias e vídeos de conteúdo íntimo de alguém (normalmente mulher) são divulgados na internet pelo ex-esposo ou ex-namorado como forma de vingança. A partir daí, o conteúdo é disseminado, nas redes sociais e em grupos de whatsapp, de forma exponencial. O art. 218-C contempla uma causa de aumento de pena, a configurar-se quando o crime é praticado por agente que mantém ou tenha mantido relação íntima de afeto com a vítima ou com o fim de vingança ou humilhação. No que concerne ao estupro de vulnerável, previsto no art. 217-A do CP, a Lei 13.718/2018, ao inserir o § 5º nesse dispositivo legal, consagra o entendimento adotado pela Súmula 593, do STJ, no sentido de que o consentimento e a experiência sexual anterior são irrelevantes à configuração do crime de estupro de vulnerável. Por fim, a Lei 13.718/2018 fez inserir, no art. 226 do CP, o inciso IV, estabelecendo que a pena será aumentada nos casos de *estupro coletivo* e *estupro corretivo*. Tais ponderações, acerca dessa nova legislação, não esgotam as alterações por ela implementadas. São, segundo pensamos, as mais relevantes.

No que toca ao regime inicial de cumprimento de pena, valem algumas ponderações. Hodiernamente, não há crime cuja prática impõe ao agente o cumprimento da pena em regime *integralmente* fechado. Tal possibilidade, que antes existia em relação aos crimes hediondos e equiparados, foi eliminada com a modificação, promovida pela Lei 11.464/2007, na redação do art. 2º, § 1º, da Lei 8.072/1990 (Crimes Hediondos), que passou a exigir tão somente que o cumprimento da pena, nesses crimes, se desse no regime *inicial* fechado. Essa mudança, sempre é bom lembrar, representava antigo anseio da jurisprudência. Sucede que esse art. 2º, § 1º, da Lei 8.072/1990 (Crimes Hediondos), que estabelece o regime inicial fechado aos condenados por crimes hediondos e equiparados, foi declarado, pelo STF, no julgamento do HC 111.840, inconstitucional, não havendo mais, portanto, a obrigatoriedade de fixar-se o regime inicial fechado nesses crimes.

Com o advento da Lei 13.964/2019 (Pacote Anticrime), posterior, portanto, à elaboração desta questão, alterou-se a redação do art. 112 da LEP, com a inclusão de novas faixas de fração de cumprimento de pena a possibilitar a progressão do reeducando ao regime menos rigoroso. No caso dos crimes hediondos e equiparados, a nova tabela de progressão contém quatro faixas, que vão de 40 % a 70% da pena, a depender de fatores como primariedade e ocorrência de resultado morte. Com isso, o art. 2º, § 2º, da Lei 8.072/1990, que disciplinava a progressão de regime nos crimes hediondos/equiparados, foi revogado.

Dica: neste formato de questão, o examinador, na parte final do enunciado, faz menção a "aspectos", os quais o candidato necessariamente deve abordar, um a um, ao discorrer sobre o caso proposto.

1.8. Crimes contra a fé pública

(OAB/Exame Unificado – 2009.1 – 2ª fase) Paulo apresentou declaração de pobreza, com o fim de obter o benefício da gratuidade judiciária, para o ajuizamento de ação de indenização contra determinada empresa aérea nacional, por ter perdido conexão internacional em virtude do atraso de um voo doméstico. O juiz indeferiu o pedido, tendo em vista a situação econômica do requerente, que lhe permitia pagar as custas do processo e os honorários advocatícios. Com o indeferimento, Paulo realizou o pagamento das custas processuais. Considerando a situação hipotética acima apresentada, responda, de forma fundamentada, se pode ser imputado a Paulo o crime de falsidade ideológica.

RESOLUÇÃO DA QUESTÃO

Não pode ser imputado a Paulo o crime de falsidade ideológica (art. 299 do Código Penal). Isso porque a declaração de pobreza por ele firmada com o fito de obter o benefício da gratuidade judiciária não se enquadra no conceito de documento deste dispositivo, tendo em conta que o magistrado a quem foi formulado o pedido pode determinar, se julgar conveniente, a produção de prova acerca da real situação de miserabilidade de Paulo.

A declaração de pobreza, assim, goza de presunção relativa de veracidade.

Comentários adicionais:

Confira, sobre o tema, o seguinte acórdão:

RECURSO ORDINÁRIO EM HABEAS CORPUS. ARTIGOS 299 E 304 DO CP. TRANCAMENTO DO INQUÉRITO POLICIAL. (1) SUPRESSÃO DE INSTÂNCIA. IMPOSSIBILIDADE. (2) DECLARAÇÃO FALSA DE POBREZA. OBJETIVO DE OBTEN-ÇÃO DOS BENEFÍCIOS DA JUSTIÇA GRATUITA. CONDUTAS ATÍPICAS. (3) RECURSO ORDINÁRIO NÃO CONHECIDO. ORDEM CONCEDIDA DE OFÍCIO. 1. Não tendo sido o tema de trancamento do inquérito policial enfrentado pelo Tribunal de origem, afigura-se inviável a sua cognição por este Sodalício, sob pena de indevida supressão de instância. 2. Entretanto, na espécie, patente flagrante ilegalidade, pois somente se configura o crime de falsidade ideológica

PRÁTICA PENAL – 10ª EDIÇÃO 107 EXERCÍCIOS PRÁTICOS

se a declaração prestada não estiver sujeita a confirmação pela parte interessada, gozando, portanto, de presunção absoluta de veracidade. Esta Corte já decidiu ser atípica a conduta de firmar ou usar declaração de pobreza falsa em juízo, com a finalidade de obter os benefícios da gratuidade de justiça, tendo em vista a presunção relativa de tal documento, que comporta prova em contrário. 3. Recurso ordinário não conhecido. Ordem concedida, *ex officio*, para trancar o inquérito policial em trâmite perante a Delegacia de Polícia Federal em Sorocaba/SP. (RHC 46.569/SP, Rel. Ministra MARIA THEREZA DE ASSIS MOURA, SEXTA TURMA, julgado em 28/04/2015, DJe 06/05/2015).

1.9. Crimes contra a Administração Pública

(OAB/Exame Unificado – 2020.1 – 2ª fase) Após receber informações de que teria ocorrido subtração de valores públicos por funcionários públicos no exercício da função, inclusive com vídeo das câmeras de segurança da repartição registrando o ocorrido, o Ministério Público ofereceu, sem prévio inquérito policial, uma única denúncia em face de Luciano e Gilberto, em razão da conexão, pela suposta prática do crime de peculato, sendo que, ao primeiro, foi imputada conduta dolosa e, ao segundo, conduta culposa.

De acordo com a denúncia, Gilberto, funcionário público, com violação do dever de cuidado, teria contribuído para a subtração de R$ 2.000,00 de repartição pública por parte de Luciano, que teria tido sua conduta facilitada pelo cargo público que exercia. Diante da reincidência de Gilberto, já condenado definitivamente por roubo, não foram a ele oferecidos os institutos despenalizadores.

O magistrado, de imediato, sem manifestação das partes, recebeu a denúncia e designou audiência de instrução e julgamento. No dia anterior à audiência, Gilberto ressarciu a Administração do prejuízo causado. Com a juntada de tal comprovação, após a audiência, foram os autos encaminhados às partes para apresentação de alegações finais.

O Ministério Público, diante da confirmação dos fatos, requereu a condenação dos réus nos termos da denúncia. Insatisfeito com a assistência técnica que recebia, Gilberto procura você para, na condição de advogado(a), assumir a causa e apresentar memoriais.

Com base nas informações expostas, responda, como advogado(a) contratado por Gilberto, aos itens a seguir.

A) Existe argumento de direito material a ser apresentado em favor de Gilberto para evitar sua condenação? **(Valor: 0,60)**

B) Qual o argumento de direito processual a ser apresentado em memoriais para questionar toda a instrução produzida? **(Valor: 0,65)**

Obs.: o(a) examinando(a) deve fundamentar suas respostas. A mera citação do dispositivo legal não confere pontuação.

GABARITO COMENTADO

A) Sim, o advogado de Gilberto poderá requerer a imediata extinção da punibilidade, tendo em vista que houve reparação do dano antes de ser proferida sentença irrecorrível. Gilberto foi denunciado pela prática do crime de peculato culposo, delito esse previsto no Art. 312, § 2º, do Código Penal. O Art. 312, § 3º, do CP, prevê uma peculiaridade para essa espécie de crime: a reparação do dano, se precede à sentença irrecorrível, extingue a punibilidade do agente. Em geral, a reparação do dano, quando antes da denúncia, poderá funcionar como

EDUARDO DOMPIERI

causa de diminuição de pena do arrependimento posterior. Em crimes que não admitem arrependimento posterior ou quando a reparação do dano for posterior ao recebimento da denúncia, aplica-se, em regra, a atenuante prevista no Art. 65, inciso III, alínea *b*, do CP. Considerando, porém, a peculiaridade da natureza culposa do delito, admitiu o legislador a extinção da punibilidade no crime de peculato praticado culposamente.

B) O argumento é o de que houve nulidade em razão da ausência de notificação do réu para apresentação de defesa prévia, desrespeitando-se o Art. 514 do CPP, que traz regras próprias para o procedimento dos crimes praticados por funcionário público. No caso, os crimes foram praticados por funcionários públicos contra a Administração Pública. Diante disso, antes mesmo do recebimento da denúncia, caberia notificação dos réus para apresentação de defesa, o que não foi determinado pelo magistrado, que recebeu a denúncia sem qualquer manifestação das partes. Cabe destacar que não se aplica a Súmula 330 do STJ, porque a ação penal não foi instruída por prévio inquérito policial. Diante do desrespeito à previsão do Art. 514 do CPP, caberia reconhecimento de que houve violação ao princípio da ampla defesa ou do devido processo legal.

Comentários adicionais:

A peculiaridade do procedimento referente aos crimes de responsabilidade dos funcionários públicos reside na impugnação ofertada pelo funcionário antes do recebimento da denúncia. É a chamada *resposta* ou *defesa preliminar*, prevista no art. 514 do CPP, que somente terá incidência nos crimes funcionais afiançáveis, não se estendendo ao particular que, na qualidade de coautor ou partícipe, tomar parte no crime. Com a edição da Súmula 330 do STJ, esta defesa que antecede o recebimento da denúncia deixou de ser necessária na ação penal alicerçada em inquérito policial. Dessa forma, a formalidade imposta pelo art. 514 do CPP somente se fará necessária, segundo o STJ, quando a denúncia se basear em outras peças de informação que não o inquérito policial. Em outras palavras, a resposta preliminar é necessária, sim, na hipótese de a ação penal não ser calcada em inquérito policial. No caso narrado no enunciado, não há dúvida de que a denúncia ofertada em face de Luciano e Gilberto foi baseada em informações obtidas em outra fonte que não o inquérito policial, o que torna necessária a defesa preliminar.

(OAB/Exame Unificado – 2019.3 – 2ª fase) Maria foi denunciada pela suposta prática do crime de descaminho, tendo em vista que teria deixado de recolher impostos que totalizavam R$ 500,00 (quinhentos reais) pela saída de mercadoria, fato constatado graças ao lançamento definitivo realizado pela Administração Pública.

Considerando que constava da Folha de Antecedentes Criminais de Maria outro processo pela suposta prática de crime de roubo, inclusive estando Maria atualmente presa em razão dessa outra ação penal, o Ministério Público deixou de oferecer proposta de suspensão condicional do processo.

Após a instrução criminal em que foram observadas as formalidades legais, sendo Maria assistida pela Defensoria Pública, foi a ré condenada nos termos da denúncia. A pena aplicada foi a mínima prevista para o delito, a ser cumprida em regime inicial aberto, substituída por restritiva de direitos. Maria foi intimada da sentença através de edital, pois não localizada no endereço constante do processo.

A família de Maria, ao tomar conhecimento do teor da sentença, procura você, na condição de advogado(a) para prestar esclarecimentos técnicos. Informa estar preocupada com o prazo recursal, já que Maria ainda não tinha conhecimento da condenação, pois permanecia presa.

PRÁTICA PENAL – 10ª EDIÇÃO   109   EXERCÍCIOS PRÁTICOS

Na condição de advogado(a), esclareça os seguintes questionamentos formulados pela família da ré.

A) Existe argumento de direito processual para questionar a intimação de Maria do teor da sentença condenatória? Justifique. (Valor: 0,60)

B) Qual argumento de direito material poderá ser apresentado, em eventual recurso, em busca da absolvição de Maria? Justifique. (Valor: 0,65)

Obs.: o(a) examinando(a) deve fundamentar suas respostas. A mera citação do dispositivo legal não confere pontuação.

GABARITO COMENTADO

A questão exige do examinando conhecimento sobre uma pluralidade de temas, mas em especial sobre os elementos do fato típico e sobre as formas de intimação das sentenças condenatórias.

Narra o enunciado que Maria foi denunciada pela suposta prática de crime de descaminho, crime esse que teria gerado um prejuízo aos cofres públicos no valor de aproximadamente R$500,00 (quinhentos reais), estando incursa nas sanções do Art. 334 do CP.

A) O advogado, ao ser procurado pela família de Maria, deveria esclarecer que a intimação de Maria do teor da sentença condenatória não foi correta, tendo em vista que ela encontrava-se presa por outro crime, fato do conhecimento do Ministério Público. De acordo com o Art. 392 do CPP, a intimação da sentença deverá ser pessoal se o réu estiver preso, ainda que a prisão seja decorrente de outro processo. A intimação por edital deve ocorrer quando o réu estiver em local incerto e não sabido, quando não for possível sua localização, ou em alguma das situações previstas no Art. 392, incisos IV, V e V, do CPP, o que não foi o caso. A intimação por edital, como forma de intimação ficta, prejudicou Maria, que ainda não tinha conhecimento do teor da sentença condenatória.

B) O argumento seria de que a conduta praticada por Maria é atípica em razão da aplicação do princípio da insignificância. O conceito de crime envolve um fato típico, ilícito e culpável. Dentro da tipicidade, está a tipicidade material, que é a lesão relevante ao bem jurídico protegido. Em relação aos crimes tributários, a jurisprudência é tranquila no sentido de que haveria atipicidade material sempre que o valor do imposto sonegado não ultrapassar aquele que a Fazenda Pública considera baixo o suficiente para não justificar uma cobrança através de execução fiscal. Ainda que exista controvérsia se tal valor seria de R$ 10.000,00 ou R$ 20.000,00, fato é que, na presente hipótese, considerando que o valor do tributo não ultrapassaria R$ 500,00, o princípio da insignificância deveria ser aplicado. A lesão constatada não é grave o suficiente para justificar a intervenção do Direito Penal, diante de sua característica de subsidiariedade/última ratio.

Distribuição dos Pontos

ITEM	PONTUAÇÃO
A) Sim. Existe, tendo em vista que Maria deveria ter sido intimada pessoalmente por estar presa (0,50), na forma do Art. 392, inciso I, do CPP (0,10).	0,00/0,50/0,60
B) Atipicidade material da conduta (0,25), em razão do reconhecimento do princípio da insignificância/bagatela (0,40).	0,00/0,25/0,40/0,65

EDUARDO DOMPIERI

(OAB/Exame Unificado – 2018.1 – 2ª fase) Na cidade de Goiânia funciona a boate Noite Cheia, onde ocorrem shows de música ao vivo toda sexta-feira. Em razão da grande quantidade de frequentadores, os proprietários João e Maria estabeleceram que somente poderia ingressar na boate aquele que colocasse o nome na lista de convidados, até 24 horas antes do evento. Em determinada sexta-feira, Eduardo, morador de São Paulo, comparece ao local com a intenção de assistir ao show, mas foi informado sobre a impossibilidade de ingresso, já que seu nome não constava na lista. Pretendendo ingressar ainda assim, Eduardo ofereceu vantagem indevida, qual seja, R$ 500,00, a Natan, integrante da segurança privada do evento, em troca de este permitir seu ingresso no local sem que os proprietários soubessem. Ocorre que a conduta foi filmada pelas câmeras de segurança e, de imediato, Natan recusou a vantagem, sendo Eduardo encaminhado à Delegacia mais próxima. O Ministério Público ofereceu denúncia em face de Eduardo pela prática do crime de corrupção ativa consumada, previsto no Art. 333 do Código Penal. Durante a instrução, foi expedida carta precatória para determinada cidade de Minas Gerais, para oitiva de Natan, única testemunha, tendo em vista a mudança de endereço residencial do antigo segurança do estabelecimento, não sendo a defesa de Eduardo intimada do ato, uma vez que consta expressamente do Código de Processo Penal que a expedição de carta precatória não suspende o feito. Após o interrogatório, a defesa de Eduardo é intimada a apresentar alegações finais. Considerando as informações narradas, na condição de advogado(a) de Eduardo, responda aos itens a seguir.

A) Para questionar a prova testemunhal produzida durante a instrução, qual o argumento de direito processual a ser apresentado pela defesa? Justifique. (Valor: 0,65)

B) Em busca da absolvição de Eduardo pelo delito imputado, qual o argumento de direito material a ser apresentado? Justifique. (Valor: 0,60)

Obs.: o(a) examinando(a) deve fundamentar as respostas. A mera citação do dispositivo legal não confere pontuação.

GABARITO COMENTADO – EXAMINADORA

A) O advogado de Eduardo deve alegar que ocorreu cerceamento de defesa, havendo violação aos princípios do contraditório e da ampla defesa, tendo em vista que não houve intimação em relação à expedição da carta precatória, conforme determina o CPP, que prevê expressamente, em seu Art. 222, que as partes deverão ser intimadas. De fato, conforme consta do enunciado, a expedição de carta precatória, de acordo com o Art. 222, § 1º, do CPP, não gera suspensão do processo. Todavia, essa informação não se confunde com a necessidade de intimação da defesa em relação à expedição. A jurisprudência admite que não ocorra intimação da defesa em relação à data da audiência a ser realizada no juízo deprecado somente no caso de ter ocorrido a devida intimação em relação à expedição da carta precatória, nos termos da Súmula 273 do Superior Tribunal de Justiça, o que não ocorreu na hipótese.

B) O argumento a ser apresentado é o de que, apesar de Eduardo ter oferecido vantagem indevida para o segurança do estabelecimento para que ele não praticasse ato de seu ofício, não há que se falar em crime de corrupção ativa. O crime de corrupção ativa, previsto no Art. 333 do Código Penal, é crime praticado por particular contra a Administração Pública em Geral. Ocorre que, no caso, a vantagem foi oferecida para particular e não funcionário público, logo o fato é atípico.

PRÁTICA PENAL – 10ª EDIÇÃO 111 EXERCÍCIOS PRÁTICOS

(OAB/Exame Unificado – 2016.1 – 2ª fase) Sabendo que Vanessa, uma vizinha com quem nunca tinha conversado, praticava diversos furtos no bairro em que morava, João resolve convidá-la para juntos subtraírem R$ 1.000,00 de um cartório do Tribunal de Justiça, não contando para ela, contudo, que era funcionário público e nem que exercia suas funções nesse cartório.

Praticam, então, o delito, e Vanessa fica surpresa com a facilidade que tiveram para chegar ao cofre do cartório.

Descoberto o fato pelas câmeras de segurança, são os dois agentes denunciados, em 10 de março de 2015, pela prática do crime de peculato. João foi notificado e citado pessoalmente, enquanto Vanessa foi notificada e citada por edital, pois não foi localizada em sua residência.

A família de Vanessa constituiu advogado e o processo prosseguiu, mas dele a ré não tomou conhecimento. Foi decretada a revelia de Vanessa, que não compareceu aos atos processuais. Ao final, os acusados foram condenados pela prática do crime previsto no Art. 312 do Código Penal à pena de 02 anos de reclusão. Ocorre que, na verdade, Vanessa estava presa naquela mesma Comarca, desde 05 de março de 2015, em razão de prisão preventiva decretada em outros dois processos.

Ao ser intimada da sentença, ela procura você na condição de advogado(a).

Considerando a hipótese narrada, responda aos itens a seguir.

A) Qual argumento de direito processual poderia ser apresentado em favor de Vanessa em sede de apelação?

Justifique. **(Valor: 0,65)**

B) No mérito, foi Vanessa corretamente condenada pela prática do crime de peculato? Justifique. **(Valor: 0,60)**

Obs.: o mero "sim" ou "não", desprovido de justificativa ou mesmo com a indicação de justificativa inaplicável ao *caso, não será pontuado.*

GABARITO COMENTADO – EXAMINADORA

A) O examinando deveria alegar que, em relação à Vanessa, o processo é nulo desde a citação. Quando Vanessa foi citada por edital, ela estava presa em estabelecimento na mesma unidade da Federação do juízo processante, logo sua citação foi nula, conforme Enunciado 351 da Súmula de Jurisprudência do STF. Como ela não tomou conhecimento da ação e nem mesmo foi interrogada, pois teve sua revelia decretada, o prejuízo é claro. Assim, em sede de apelação, antes de enfrentar o mérito da apelação, deveria o advogado buscar a anulação de todos os atos após sua citação, inclusive da sentença. Poderia, ainda, o candidato justificar a nulidade na exigência trazida pelo Art. 360 do CPP, que prevê que o réu preso deve ser citado pessoalmente.

B) Vanessa não foi corretamente condenada pela prática do crime de peculato. Em que pese o Art. 30 do Código Penal prever que as *"circunstâncias"* de caráter pessoal se comunicam quando elementares do crime, não é possível, no caso concreto, a aplicação desse dispositivo, porque o enunciado deixa claro que Vanessa não tinha conhecimento da condição de funcionário público de João, não sendo possível responsabilizá-la por peculato. A simples afirmação de que as circunstâncias pessoais não se comunicam é insuficiente para atribuição da pontuação, pois, quando elementares, poderá haver comunicação, desde que o agente tenha conhecimento dessa situação. Da mesma forma, inadequada a afirmativa no sentido de que o particular não pode ser responsabilizado pelo crime próprio de peculato, pois insuficiente.

EDUARDO DOMPIERI

Distribuição dos Pontos:

ITEM	PONTUAÇÃO
A) Nulidade dos atos processuais praticados após sua citação **OU** nulidade da sentença (0,25), pois a citação por edital foi inválida, já que Vanessa estava presa **OU** já que a citação de Vanessa deveria ter sido realizada pessoalmente (0,30), nos termos da Súmula 351 do STF **OU** do art. 360, CPP (0,10).	0,00 / 0,25 / 0,30 / 0,35 /0,40 / 0,55 / 0,65
B) Vanessa não foi corretamente condenada por peculato porque não tinha conhecimento da condição de funcionário público de João, dependendo a comunicação da elementar desse elemento subjetivo **OU** porque não pode ser aplicado o Art. 30 do CP pela ausência de elemento subjetivo (0,60).	0,00 / 0,60

Comentário do autor:

Apesar de o crime de peculato (art. 312 do CP), em qualquer de suas modalidades (apropriação, desvio ou furto), ser considerado *próprio*, na medida em que impõe uma qualidade especial ao sujeito ativo, qual seja, a de ser funcionário público, comporta concurso de pessoas, tanto na forma de coautoria quanto na de participação. É sabido que, segundo estabelece o art. 30 do CP, as circunstâncias ou condições de caráter pessoal, quando elementares do crime, comunicam-se aos concorrentes do delito, desde que, é claro, o coautor ou partícipe, que não pertence aos quadros da Administração, tenha conhecimento do fato de que contribui para o cometimento de delito funcional. Assim, o *extraneus* que concorrer para a prática de crime funcional, neste caso o peculato, desde que conhecedor da qualidade de funcionário do coautor, deverá ser responsabilizado pelo mesmo delito do *intraneus*. Bem por isso, Vanessa, que desconhecia o fato de João ser funcionário público, em razão do que tinha facilidade de acesso ao patrimônio da Administração, não poderá ser responsabilizada pelo delito de peculato; será, isto sim, responsabilizada por furto, que é delito contra o patrimônio.

(OAB/Exame Unificado – 2014.1 – 2ª fase) Gustavo, retornando para casa após ir a uma festa com sua esposa, é parado em uma blitz de rotina. Ele fica bastante nervoso, pois sabe que seu carro está com a documentação totalmente irregular (IPVA atrasado, multas vencidas e vistoria não realizada) e, muito provavelmente, o veículo será rebocado para o depósito. Após determinar a parada do veículo, o policial solicita que Gustavo saia do carro e exiba os documentos. Como havia diversos outros carros parados na fiscalização, forma-se uma fila de motoristas. Gustavo, então, em pé, na fila, aguardando sua vez para exibir a documentação, fala baixinho à sua esposa: "*Vou ver se tem jogo. Vou oferecer cem reais pra ele liberar a gente. O que você acha? Será que dá?*". O que Gustavo não sabia, entretanto, é que exatamente atrás dele estava um policial que tudo escutara e, tão logo acaba de proferir as palavras à sua esposa, Gustavo é preso em flagrante. Atordoado, ele pergunta: "*O que eu fiz?*", momento em que o policial que efetuava o flagrante responde: "*Tentativa de corrupção ativa!*".

Atento(a) ao caso narrado e tendo como base apenas as informações descritas no enunciado, responda justificadamente, aos itens a seguir.

A) É correto afirmar que Gustavo deve responder por tentativa de corrupção ativa? **(Valor: 0,70)**

B) Caso o policial responsável por fiscalizar os documentos, observando a situação irregular de Gustavo, solicitasse quantia em dinheiro para liberá-lo e, Gustavo, por medo, pagasse tal quantia, ele (Gustavo) responderia por corrupção ativa? **(Valor: 0,55)**

O mero "sim" ou "não", desprovido de justificativa ou mesmo com a indicação de justificativa inaplicável ao caso, não será pontuado.

PRÁTICA PENAL – 10ª EDIÇÃO   113   EXERCÍCIOS PRÁTICOS

GABARITO COMENTADO – EXAMINADORA

A questão objetiva extrair do examinando conhecimento acerca do *iter criminis* e dos crimes praticados por particular contra a administração pública.

Nesse sentido, relativamente à alternativa "A", o examinando deve lastrear sua resposta no sentido de que o delito de corrupção ativa (art. 333 do CP) é crime formal que não admite, via de regra, a modalidade tentada (exceto, como exemplo recorrente na doutrina, se o crime for praticado via escritos). Além disso, levando em conta a narrativa do enunciado, percebe-se que o delito em análise sequer teve o início da execução e, muito menos, atingiu a consumação. Isso porque a corrupção ativa somente se consuma com o efetivo oferecimento ou promessa de vantagem indevida, o que não ocorreu no caso narrado. Consequentemente, a conduta levada a efeito por Gustavo é atípica.

No que se refere a alternativa "B", por sua vez, o examinando deve indicar que caso Gustavo pagasse a quantia solicitada pelo policial ele não responderia por corrupção ativa pelo simples fato de que tal conduta sequer está descrita no tipo penal do artigo 333 do CP, configurando, portanto, fato atípico.

Distribuição dos Pontos:

ITEM	PONTUAÇÃO
A) Não, pois o delito de corrupção ativa, da maneira como foi narrado, não admite a modalidade tentada. **(0,30)** / Ademais, como sequer houve a prática de qualquer das condutas descritas no tipo penal, o fato é atípico. **(0,40)**	0,00 / 0,30 / 0,40 / 0,70
OU	
Não, pois o agente não iniciou a execução do delito objetivado. **(0,30)** / Inclusive, como sequer houve a prática de qualquer das condutas descritas no tipo penal, o fato é atípico. **(0,40)**	
B) Não, pois nessa hipótese a conduta não está prevista no tipo penal. **(0,55)** OU	0,00 / 0,55
Não, pois nessa hipótese a conduta é atípica. **(0,55)**	

Critérios:

a) No primeiro intervalo (0,30), aceita menção a "cogitação".

No segundo intervalo da "a", não vai aceitar a menção a "não-punibilidade", como sinônimo de atipicidade.

Ainda no segundo intervalo, ignora menção a algum tipo equivocado de crime. Ex.: dizer que crime de mera conduta etc.

b) Menção a "não houve dolo", "não houve conduta", não será aceita. "Não houve conduta típica ou não houve conduta criminosa" será aceito.

(OAB/Exame Unificado – 2010.2 – 2ª fase) Caio, funcionário público, ao fiscalizar determinado estabelecimento comercial, exige vantagem indevida. A qual delito corresponde o fato narrado:

I. se a vantagem exigida servir para que Caio deixe de cobrar tributo devido;

II. se a vantagem, advinda de cobrança de tributo que Caio sabia não ser devida, for desviada para proveito de Caio?

RESOLUÇÃO DA QUESTÃO

Com a sua conduta, consubstanciada em exigir vantagem indevida para si, de forma direta, para deixar de cobrar tributo, Caio, funcionário público, incorreu nas penas do crime previsto no art. 3º, II, da Lei 8.137/1990.

Na outra situação, o crime em que Caio incorreu é outro. Deverá, aqui, responder pelo delito capitulado no art. 316, § 2º, do CP.

GABARITO COMENTADO – EXAMINADORA

Resposta: Art. 3º da Lei n. 8.137/1990 (0,5) e excesso de exação qualificada – art. 316, § 2º, do CP (0,5). Justificativa: A exigência de vantagem indevida por funcionário público em razão de sua função caracteriza, em princípio, o delito de concussão. A Lei n. 8.137/1990, a lei dos crimes contra a ordem tributária, criou, no que interessa à questão, dois tipos novos: inseriu no art. 316 do CP dois parágrafos, criando o excesso de exação – nas hipóteses em que a vantagem indevida for ela mesma um tributo ou contribuição social indevida, e sua forma qualificada, que se dá quando a vantagem é apropriada pelo agente. O outro novel tipo penal está no art. 3º da Lei n. 8.137/1990, que tipifica uma forma específica de concussão: a exigência de vantagem indevida para deixar de cobrar tributo devido.

(OAB/Exame Unificado – 2008.3 – 2ª fase) Francisco, funcionário público, agente penitenciário de segurança, lotado em penitenciária de determinado estado da Federação e usual substituto do diretor de segurança e disciplina da referida unidade prisional, valendo-se dessa função, concedeu aos detentos regalias contrárias à disciplina do presídio, bem como permitiu a entrada de substâncias entorpecentes a eles destinadas. Para tanto, acertou o recebimento da quantia de R$ 20 mil, que efetivamente foi paga por interlocutores dos sentenciados. Ainda como forma de retribuição à quantia recebida, Francisco passou a informar, previamente, os sentenciados acerca da realização de revistas no estabelecimento, a fim de lhes permitir a ocultação das drogas. Considerando a situação hipotética apresentada, tipifique, com fundamento no Código Penal, a conduta de Francisco e indique a esfera competente para processá-lo e julgá-lo.

RESOLUÇÃO DA QUESTÃO

Francisco, ao acertar o pagamento da importância de R$ 20.000,00 (vantagem indevida) para conceder regalias não autorizadas aos detentos e permitir a entrada de drogas no interior da unidade prisional da qual é diretor substituto de segurança, incorrerá nas penas do art. 317, § 1º, do Código Penal – *corrupção passiva*.

A competência para o processamento e julgamento é da Justiça comum estadual.

(OAB/Exame Unificado – 2006.3 – 2ª fase) Pratica o delito de patrocínio infiel o advogado que, em nome das partes, peticiona, em reclamação trabalhista, a homologação de acordo firmado extrajudicialmente pelos contendores? Justifique sua resposta.

RESOLUÇÃO DA QUESTÃO

A ação incriminada no tipo do art. 355 do Código Penal consiste em trair, na qualidade de advogado ou procurador, o dever profissional, prejudicando interesse, cujo patrocínio, em juízo, lhe é confiado.

Na situação acima narrada, o advogado, ao peticionar a homologação de acordo firmado extrajudicialmente pelas partes, não está, evidentemente, a traí-las, mas, sim, atuando em nome delas, não havendo que se falar na prática do crime de patrocínio infiel.

(OAB/Exame Unificado – 2006.2 – 2ª fase) Considerando que Cássio, advogado, recebeu dinheiro de sua cliente a pretexto de influenciar promotor de justiça na elaboração de parecer, redija um texto, de forma fundamentada, tipificando a conduta do advogado e indicando o objeto jurídico tutelado pelo tipo em questão. Aborde, ainda, a classificação do delito quanto ao resultado. Extensão máxima: 30 linhas

RESOLUÇÃO DA QUESTÃO

Cássio, ao receber dinheiro de sua cliente a pretexto de influenciar promotor de Justiça na elaboração de parecer, cometeu o crime prefigurado no art. 357 do Código Penal – *exploração de prestígio*.

Frise-se que, se o agente alega ou insinua que o dinheiro também se destina às pessoas referidas no *caput* do dispositivo, a pena é aumentada de 1/3, conforme estabelece seu parágrafo único.

O tipo penal em questão tem como objeto jurídico a *administração da justiça* – está inserido no Capítulo III do Título XI.

Quanto ao resultado do delito como fator condicionante de sua consumação, cuida-se de *crime formal*, já que a consumação se opera com a prática de qualquer das condutas contidas no tipo penal, independentemente da ocorrência de prejuízo para o Estado.

1.10. Crimes relativos a drogas

(OAB/Exame Unificado – 2020.2 – 2ª fase) Gabriel, estudante de farmácia, 22 anos, descobre que seu tio Jorge possuía grave doença no fígado, que lhe causava dores físicas. Durante seus estudos sobre medicina alternativa em livro oficial fornecido pela faculdade pública em que estudava, vem a ler que a droga conhecida como heroína poderia, em doenças semelhantes à de seu tio, funcionar como analgésico e aliviar a dor do paciente.

Tendo acesso ao material que sabia ser heroína e sua classificação como droga, Gabriel, em 27 de maio de 2019, transporta e entrega o material para o tio, acreditando que, apesar de existir a figura típica do tráfico de drogas, sua conduta seria lícita diante dos fins medicinais. Avisou que o material deveria ser usado naquele dia, de forma imediata.

No dia 29 de maio de 2019, após denúncia, policiais militares, com autorização para ingresso na residência de Jorge, apreendem o material ilícito e descobrem que Jorge o recebera de Gabriel, mas não o utilizou. Em seguida, comparecem à faculdade de Gabriel e realizam sua prisão em flagrante.

EDUARDO DOMPIERI

Jorge e Gabriel foram indiciados, após juntada do laudo confirmando a natureza do material, pelo crime de tráfico de drogas (Art. 33 da Lei nº 11.343/06), mas, em razão da doença, Jorge vem a falecer naquela mesma data. Ao tomar conhecimento dos fatos, de imediato a família de Gabriel procura você, como advogado, para esclarecimentos.

Considerando apenas as informações expostas, responda, na condição de advogado(a) de Gabriel, aos itens a seguir.

A) Qual o argumento de direito processual a ser apresentado para questionar a prisão em flagrante de Gabriel? Justifique. (Valor: 0,60)

B) Existe argumento de direito material a ser apresentado em busca da absolvição de Gabriel pelo crime pelo qual foi indiciado? Justifique. (Valor: 0,65)

Obs.: o examinando deve fundamentar suas respostas. A mera citação do dispositivo legal não confere pontuação.

GABARITO COMENTADO – EXAMINADORA

A) A defesa técnica de Gabriel deveria argumentar que sua prisão em flagrante foi ilegal, o que ensejaria o relaxamento da mesma. Isso porque nenhuma das situações do Art. 302 do CPP restou configurada. Em que pese houvesse drogas sendo guardadas na residência de Jorge no momento da prisão em flagrante, não havia atuação deste em comunhão de ações e desígnios com Gabriel. Gabriel, em tese, teria praticado crime de tráfico ao transportar material entorpecente e entregá-lo para Jorge em 27 de maio de 2019. Ocorre que a apreensão do material só ocorreu em 29 de maio de 2019, logo não estava Gabriel cometendo o crime, não tinha acabado de cometê-lo, não foi perseguido logo após a infração e nem encontrado com instrumentos do delito que fizessem presumir a autoria. Diante da ausência das situações previstas no Art. 302 do CPP, impossível a prisão em flagrante de Gabriel.

B) Sim, o argumento de direito material a ser apresentado pela defesa técnica de Gabriel é o de que houve erro de proibição, afastando o potencial conhecimento da ilicitude indispensável para o reconhecimento culpabilidade como elemento do crime. Para a doutrina majoritária, crime seria um fato típico, ilícito e culpável. Sem dúvida, a conduta de Gabriel de transportar drogas seria típica e ilícita. Ocorre que o agente agiu por acreditar que, naquela situação, sua conduta seria lícita, já que estaria transportando droga para fins medicinais, conforme aprendeu em livro oficial obtido em faculdade pública. Diante disso, fica afastado o elemento da culpabilidade do potencial conhecimento da ilicitude. Cabe esclarecer que não estamos diante de hipótese de erro de tipo, já que ele tinha conhecimento sobre todas as elementares do crime e não houve falsa percepção da situação fática. Gabriel sabia estar transportando drogas. Também não há que se falar em desconhecimento da lei, que é inescusável. Gabriel sabia que o tráfico configura crime, apenas atuando em erro sobre a ilicitude do fato, nos termos da parte final do Art. 21 do CP. O advogado deveria defender que o erro foi inevitável, logo buscando a isenção de pena, ou, ao menos, que houve erro evitável, o que poderia funcionar como causa de diminuição de pena.

PRÁTICA PENAL – 10ª EDIÇÃO   117   EXERCÍCIOS PRÁTICOS

(OAB/Exame Unificado – 2019.2 – 2ª fase) Em patrulhamento de rotina, policiais militares receberam uma informação não identificada de que Wesley, que estava parado em frente à padaria naquele momento, estaria envolvido com o tráfico de drogas da localidade. Diante disso, os policiais identificaram e realizaram a abordagem de Wesley, não sendo, em um primeiro momento, encontrado qualquer material ilícito com ele. Diante da notícia recebida momentos antes da abordagem, porém, e considerando que o crime de associação para o tráfico seria de natureza permanente, os policiais apreenderam o celular de Wesley e, sem autorização, passaram a ter acesso às fotografias e conversas no W*hatsApp,* sendo verificado que existiam fotos armazenadas de Wesley portando suposta arma de fogo, bem como conversas sobre compra e venda de material entorpecente.

Entendendo pela existência de flagrante em relação ao crime permanente de associação para o tráfico, Wesley foi encaminhado para a Delegacia, sendo lavrado auto de prisão em flagrante. Após liberdade concedida em audiência de custódia, Wesley é denunciado como incurso nas sanções do Art. 35 da Lei nº 11.343/06. No curso da instrução, foram acostadas imagens das conversas de Wesley via aplicativo a que os agentes da lei tiveram acesso, assim como das fotografias. Os policiais foram ouvidos em audiência, ocasião em que confirmaram as circunstâncias do flagrante. O réu exerceu seu direito ao silêncio.

Com base nas fotografias acostadas, o juiz competente julgou a pretensão punitiva do estado procedente, aplicando a pena mínima de 03 anos de reclusão, além de multa, e fixando o regime inicial fechado, já que o crime imputado seria equiparado a hediondo. Ainda assim, substituiu a pena privativa de liberdade por restritiva de direitos.

Considerando as informações narradas, responda, na condição de advogado(a) de Wesley, intimado(a) para apresentação de recurso de apelação.

A) Existe argumento a ser apresentado para questionar as provas utilizadas pelo magistrado como fundamento para condenação? Justifique. **(Valor: 0,65)**

B) Mantida a condenação, qual o argumento a ser apresentado para questionar a sanção penal aplicada? Justifique. **(Valor: 0,60)**

Obs.: o(a) examinando(a) deve fundamentar suas respostas. A mera citação do dispositivo legal não confere pontuação.

GABARITO COMENTADO

A questão exige do candidato conhecimento sobre uma pluralidade de temas, destacando-se os temas *prova ilícita, Lei nº 11.343/06* e *crimes hediondos.*

Narra o enunciado que Wesley foi abordado por policiais militares e, apesar de nada ilícito ter sido encontrado com ele, os policiais, sem autorização, apreenderam seu celular e obtiveram acesso às conversas de Wesley via aplicativo *whatsapp* e ao álbum de fotografias, onde encontraram imagens de Wesley supostamente com armas de fogo. Com base nesse conteúdo do celular, Wesley foi preso em flagrante, denunciado e condenado como incurso nas sanções penais do Art. 35 da Lei nº 11.343/06.

A) Sim, existe argumento para questionar as provas que serviram de fundamento para a condenação, tendo em vista que se trata de provas ilícitas. As provas utilizadas pelo magistrado foram obtidas com violação ao direito à intimidade, já que os policiais obtiveram acesso ao teor das conversas de Wesley por mensagens e suas fotografias sem sua autorização

EDUARDO DOMPIERI

ou sem prévia autorização judicial. Ocorreu violação à garantia de inviolabilidade da intimidade e vida privada, assegurada no Art. 5º, inciso X, da CRFB, já que não houve o indispensável requerimento (e autorização judicial) de quebra de sigilo de dados. Dessa forma, estamos diante de provas ilícitas, que devem ser desentranhadas do processo, nos termos do Art. 157 do CPP.

B) O argumento a ser apresentado para questionar a sanção penal aplicada é o de que o crime de associação para o tráfico não é delito equiparado ao hediondo, diferente do tráfico do Art. 33, *caput,* da Lei nº 11.343/06, tendo em vista que não está previsto no rol taxativo do Art. 1º da Lei nº 8.072/90. Em respeito ao princípio da legalidade, não há que se falar em analogia *in malam partem.* Considerando que o crime de associação para o tráfico não está previsto na Constituição como equiparado a hediondo e nem é mencionado no Art. 1º da Lei de Crimes Hediondos, não pode o magistrado conferir tal natureza em sua decisão, ainda que exista previsão no sentido de que o prazo do livramento condicional será de mais de 2/3, prazo esse típico dos crimes hediondos e equiparados. Ademais, ainda que fosse considerada a natureza hedionda do delito, a previsão de regime inicial fechado obrigatória vem sendo considerada inconstitucional pelos Tribunais Superiores (Art. 2º, § 1º, da Lei nº 8.072/90) por violar o princípio da individualização da pena.

Distribuição dos Pontos

ITEM	PONTUAÇÃO
A. Sim, a prova foi obtida por meio ilícito (0,30), diante da ausência de autorização judicial para quebra de sigilo de dados **OU** diante da ausência de autorização de Wesley para acesso ao conteúdo de seu celular (0,25), com violação ao direito à intimidade/privacidade/vida privada (0,10).	0,00/0,10/0,25/0,30/ 0,35/0,40/0,55/0,65
B. O crime de associação para o tráfico não é delito equiparado a hediondo (0,35) porque não está previsto no Art. 1º da Lei nº 8.072 **OU** porque não cabe analogia *in malam partem,* **OU** em respeito ao princípio da legalidade (0,10), podendo ser aplicado regime aberto (0,15).	0,00/0,10/0,15/0,25/ 0,35/0,45/0,50/0,60

Comentários adicionais:

Segundo têm entendido os Tribunais, somente são considerados como prova lícita os dados e as conversas registrados por meio de mensagem de texto obtidos de aparelho celular apreendido no ato da prisão em flagrante se houver prévia autorização judicial. Nesse sentido: "I – A jurisprudência deste Tribunal Superior firmou-se no sentido de ser ilícita a prova oriunda do acesso aos dados armazenados no aparelho celular, relativos a mensagens de texto, SMS, conversas por meio de aplicativos (WhatsApp), obtidos diretamente pela polícia no momento da prisão em flagrante, sem prévia autorização judicial. II – *In casu,* os policiais civis obtiveram acesso aos dados (mensagens do aplicativo WhatsApp) armazenados no aparelho celular do corréu, no momento da prisão em flagrante, sem autorização judicial, o que torna a prova obtida ilícita, e impõe o seu desentranhamento dos autos, bem como dos demais elementos probatórios dela diretamente derivados (...) Recurso ordinário provido para determinar o desentranhamento dos autos das provas obtidas por meio de acesso indevido aos dados armazenados no aparelho celular, sem autorização judicial, bem como as delas diretamente derivadas, e para conceder a liberdade provisória ao recorrente, salvo se por outro motivo estiver preso, e sem prejuízo da decretação de nova prisão preventiva, desde que fundamentada em indícios de autoria válidos" (STJ, RHC 92.009/RS, Rel. Ministro Felix Fischer, Quinta Turma, julgado em 10.04.2018, DJe 16.04.2018). No mesmo sentido: "1. A Constituição Federal de 1988 prevê como garantias ao cidadão a inviolabilidade da intimidade, do sigilo de correspondência, dados e comunicações telefônicas, salvo ordem judicial. 2. A Lei n. 12.965/2014, conhecida como Marco Civil da Internet, em seu art. 7º, assegura aos usuários os direitos para o uso da internet no Brasil, entre eles, o da inviolabilidade da intimidade e da vida privada, do sigilo do fluxo de suas comunicações pela internet, bem como de suas comunicações privadas armazenadas. 3. Com o avanço tecnológico, o aparelho celular deixou de ser apenas um instrumento de comunicação interpessoal. Hoje, é possível ter acesso a diversas funções, entre elas, a verificação de mensagens escritas ou audível, de correspondência eletrônica, e de outros aplicativos que possibilitam a comunicação por meio de troca de dados de forma similar à telefonia convencional. 4. A quebra do sigilo do correio eletrônico somente pode ser decretada, elidindo a proteção ao direito, diante dos requisitos próprios de cautelaridade que a justifiquem idoneamente, desaguando em um quadro de imprescindibilidade da providência. (HC 315.220/RS, Rel. Ministra MARIA THEREZA DE ASSIS MOURA, SEXTA TURMA, julgado em 15/09/2015, DJe 09/10/2015). 5. Por se encontrar em situação similar às conversas mantidas por e-mail, cujo acesso exige prévia ordem judicial, a obtenção de conversas mantidas por redes sociais, tais como o whatsapp, sem a devida autorização judicial, revela-se ilegal. 6. Hipótese que foi deferido judicialmente na busca e apreensão o acesso aos dados contidos no aparelho celular, inexistindo, destarte, a alegada inobservância dos preceitos de estatura constitucional que conferem tutela à intimidade e à vida privada. 7. Não se olvida, outrossim, que a ponderação de valores constitucionalmente protegidos é o trajeto delineado na deflagração de procedimentos penais, porquanto, como instrumento de controle social, o Direito Penal e, por consequência, o Direito Processual Penal, reforçam garantias constitucionais de inviolabilidade do direito à vida, à liberdade, à igualdade, à segurança e à propriedade. 8. No caso, a autorização judicial prévia de acesso aos dados do aparelho celular apreendido não fere, porquanto observados os ditames do devido processo legal, preceitos relativos à vida privada e à intimidade, não restando configurado o alegado constrangimento ilegal. 9. Recurso não provido" (RHC 101.929/PR, Rel. Ministro RIBEIRO DANTAS, QUINTA TURMA, julgado em 04/06/2019, DJe 11/06/2019). Também: "1. Esta Corte Superior tem entendimento de que ilícita é a devassa de dados, bem como das conversas de whatsapp, obtidas diretamente pela polícia em celular apreendido por ocasião da prisão em flagrante, sem prévia autorização judicial" (STJ, HC 628.884/GO, Rel. Ministro NEFI CORDEIRO, SEXTA TURMA, julgado em 02/03/2021, DJe 05/03/2021).

(OAB/Exame Unificado – 2018.2 – 2ª fase) Insatisfeito com a atividade do tráfico em determinado condomínio de residências, em especial em razão da venda de drogas de relevante valor, o juiz da comarca autorizou, após requerimento do Ministério Público, a realização de busca e apreensão em todas as centenas de residências do condomínio, sem indicar o endereço de cada uma delas, apesar de estas serem separadas e identificadas, sob o argumento da existência de informações de que, no interior desse condomínio, haveria comercialização de drogas e que alguns dos moradores estariam envolvidos na conduta. Com base nesse mandado, a Polícia Civil ingressou na residência de Gabriel, 22 anos, sendo apreendidos, no interior de seu imóvel, 15 g de maconha, que, de acordo com Gabriel, seriam destinados a uso próprio. Após denúncia pela prática do crime do Art. 28 da Lei nº 11.343/06, em razão de anterior condenação definitiva pela prática do mesmo delito, o que impossibilitaria a aplicação de institutos despenalizadores, foi aplicada a Gabriel a sanção de cumprimento de 10 meses de prestação de serviços à comunidade.

Intimado da condenação e insatisfeito, Gabriel procura um advogado para consulta técnica, esclarecendo não ter interesse em cumprir a medida aplicada de prestação de serviços à comunidade.

Considerando apenas as informações narradas, na condição de advogado de Gabriel, esclareça os itens a seguir.

A) Qual o argumento de direito processual a ser apresentado em sede de recurso para questionar a apreensão das drogas na residência de Gabriel? Justifique. (Valor: 0,60)

B) Em caso de descumprimento, por Gabriel, da medida de prestação de serviços à comunidade imposta na sentença condenatória pela prática do crime do Art. 28 da Lei nº 11.343/06, poderá esta ser convertida em pena privativa de liberdade? Justifique. (Valor: 0,65)

Obs.: o(a) examinando(a) deve fundamentar as respostas. A mera citação do dispositivo legal não confere pontuação.

GABARITO COMENTADO – EXAMINADORA

A) O argumento de direito processual a ser apresentado em sede de recurso é que o mandado de busca e apreensão que justificou a realização de diligência na residência de Gabriel é inválido, tendo em vista que genérico. O mandado de busca e apreensão em determinada residência, por ser uma restrição aos direitos fundamentais da inviolabilidade de domicílio, trazido pelo Art. 5º, inciso XI, da CRFB/88, e privacidade deve ser determinado e amparado em fundadas razões no envolvimento com ilícito. No caso, o mandado foi genérico, sem indicar o endereço exato onde deveria ser cumprido o mesmo, apesar de as residências do condomínio serem separadas e identificadas. Por essas mesmas razões, houve violação, ainda, da previsão do Art. 243, inciso I, do CPP, que diz que no mandado deve ser indicada o mais precisamente possível a casa onde será realizada a diligência

B) Ainda que diante do descumprimento da medida de prestação de serviços à comunidade, não poderia ser convertida esta em pena privativa de liberdade. Desde a Lei nº 11.343/06, o crime de posse de material entorpecente para consumo próprio deixou de ser punido com pena privativa de liberdade, apesar de prevalecer o entendimento de que a conduta não deixou de ser considerada crime. De acordo com o Art. 28, inciso II, da Lei nº 11.343/06, uma das sanções que pode ser imposta em caso de condenação é a prestação de serviços à comunidade, podendo esta ser fixada pelo prazo de 10 meses em razão da reincidência. Em que pese a prestação de serviços à comunidade ser pena restritiva de direitos de acordo com o Código Penal, o que, em tese, admitiria a conversão em pena privativa de liberdade diante de descumprimento, o tratamento trazido pela Lei nº 11.343/06 é peculiar. Estabelece o Art. 28, § 6º, da Lei nº 11.343/06 que, em caso de descumprimento da medida imposta em sentença, em busca de sua execução, pode ser aplicada multa ou admoestação verbal, permanecendo, porém, a vedação na imposição de sanção penal privativa de liberdade, tendo em vista que a prestação de serviços à comunidade não foi aplicada como pena substitutiva da privativa de liberdade como ocorre no Código Penal.

Comentários do autor:

A natureza jurídica do art. 28 da Lei 11.343/2006 gerou, num primeiro momento, polêmica na doutrina, uma vez que, para uns, teria havido descriminalização da conduta ali descrita. O STF, ao enfrentar a questão, decidiu que o comportamento descrito neste art. 28 continua a ser crime, isso porque inserido no Capítulo III da atual Lei de Drogas. Nesse sentido, a 1ª Turma do STF, no julgamento do RE 430.105-9-RJ, considerou que o dispositivo em questão tem natureza de crime, e o usuário é um "tóxico delinquente" (Rel. Min. Sepúlveda Pertence, j. 13.2.2007), entendimento este, até então, compartilhado pelo STJ. Com isso, a condenação pelo cometimento do crime do art. 28 da Lei de Drogas, embora não imponha ao condenado pena de prisão, tem o condão de gerar reincidência. Mais recentemente, a 6ª Turma do STJ, que até então compartilhava do posicionamento do STF e da 5ª Turma do STJ, apontou para uma mudança de entendimento. Para a 6ª Turma, o art. 28 da Lei de Drogas não constitui crime tampouco contravenção. Trata-se de uma infração penal *sui generis*, razão penal qual o seu cometimento não gera futura reincidência. Havia, como se pode ver, divergência entre a 5ª e a 6º Turmas do STJ. Conferir o julgado da 5º Turma, de acordo com o entendimento até então prevalente: "A conduta prevista no art. 28 da Lei n. 11.343/06 conta para efeitos de reincidência, de acordo com o entendimento desta Quinta Turma no sentido de que, *"revela-se adequada a incidência da agravante da reincidência em razão de condenação anterior por uso de droga, prevista no artigo 28 da Lei n. 11.343/06, pois a jurisprudência desta Corte Superior, acompanhando o entendimento do col. Supremo Tribunal Federal, entende que não houve* abolitio criminis *com o advento da Lei n. 11.343/06, mas mera "despenalização" da conduta de porte de drogas"* (HC 314594/SP, rel. Min. FELIX FISCHER, QUINTA TURMA, DJe 1/3/2016)" (HC 354.997/SP, j. 28/03/2017. julgado em 21/08/2018, DJe 30/08/2018). Conferir o julgado da 6ª Turma que inaugurou a divergência à qual fizemos

PRÁTICA PENAL – 10ª EDIÇÃO   121   EXERCÍCIOS PRÁTICOS

referência: "1. À luz do posicionamento firmado pelo Supremo Tribunal Federal na questão de ordem no RE nº 430.105/RJ, julgado em 13/02/2007, de que o porte de droga para consumo próprio, previsto no artigo 28 da Lei nº 11.343/2006, foi apenas despenalizado pela nova Lei de Drogas, mas não descriminalizado, esta Corte Superior vem decidindo que a condenação anterior pelo crime de porte de droga para uso próprio configura reincidência, o que impõe a aplicação da agravante genérica do artigo 61, inciso I, do Código Penal e o afastamento da aplicação da causa especial de diminuição de pena do parágrafo 4º do artigo 33 da Lei nº 11.343/06. 2. Todavia, se a contravenção penal, punível com pena de prisão simples, não configura reincidência, resta inequivocamente desproporcional a consideração, para fins de reincidência, da posse de droga para consumo próprio, que conquanto seja crime, é punida apenas com "advertência sobre os efeitos das drogas", "prestação de serviços à comunidade" e "medida educativa de comparecimento a programa ou curso educativo", mormente se se considerar que em casos tais não há qualquer possibilidade de conversão em pena privativa de liberdade pelo descumprimento, como no caso das penas substitutivas. 3. Há de se considerar, ainda, que a própria constitucionalidade do artigo 28 da Lei de Drogas, que está cercado de acirrados debates acerca da legitimidade da tutela do direito penal em contraposição às garantias constitucionais da intimidade e da vida privada, está em discussão perante o Supremo Tribunal Federal, que admitiu Repercussão Geral no Recurso Extraordinário nº 635.659 para decidir sobre a tipicidade do porte de droga para consumo pessoal. 4. E, em face dos questionamentos acerca da proporcionalidade do direito penal para o controle do consumo de drogas em prejuízo de outras medidas de natureza extrapenal relacionadas às políticas de redução de danos, eventualmente até mais severas para a contenção do consumo do que aquelas previstas atualmente, o prévio apenamento por porte de droga para consumo próprio, nos termos do artigo 28 da Lei de Drogas, não deve constituir causa geradora de reincidência. 5. Recurso improvido" (REsp 1672654/SP, Rel. Ministra MARIA THEREZA DE ASSIS MOURA, SEXTA TURMA, julgado em 21/08/2018, DJe 30/08/2018). Em seguida, a 5ª Turma aderiu ao entendimento adotado pela 6ª Turma, no sentido de que a condenação pelo cometimento do crime descrito no art. 28 da Lei 11.343/2006 não tem o condão de gerar reincidência. A conferir: "Esta Corte Superior, ao analisar a questão, posicionou-se de forma clara, adequada e suficiente ao concluir que a condenação pelo crime do artigo 28 da Lei n. 11.343/2006 não é apta a gerar os efeitos da reincidência." (EDcl no AgRg nos EDcl no REsp 1774124/SP, Rel. Ministro REYNALDO SOARES DA FONSECA, QUINTA TURMA, julgado em 02/04/2019, DJe 16/04/2019).

(OAB/Exame Unificado – 2017.1 – 2ª fase) Chegou ao Ministério Público denúncia de pessoa identificada apontando Cássio como traficante de drogas. Com base nessa informação, entendendo haver indícios de autoria e não havendo outra forma de obter prova do crime, a autoridade policial representou pela interceptação da linha telefônica que seria utilizada por Cássio e que fora mencionada na denúncia recebida, tendo o juiz da comarca deferido a medida pelo prazo inicial de 30 dias.

Nas conversas ouvidas, ficou certo que Cássio havia adquirido certa quantidade de cocaína, pela primeira vez, para ser consumida por ele, juntamente com seus amigos Pedro e Paulo, na comemoração de seu aniversário, no dia seguinte. Diante dessa prova, policiais militares obtiveram ordem judicial e chegaram à casa de Cássio quando este consumia e oferecia a seus amigos os seis papelotes de cocaína para juntos consumirem. Cássio, portador de maus antecedentes, foi preso em flagrante e autuado pela prática do crime de tráfico, sendo, depois, denunciado como incurso nas penas do Art. 33, *caput*, da Lei nº 11.343/06.

Considerando os fatos narrados, responda, na qualidade de advogado(a) de Cássio, aos itens a seguir.

A) Qual a tese de direito processual a ser suscitada para afastar a validade da prova obtida? **(Valor: 0,65)**

B) Reconhecidos como verdadeiros os fatos narrados, qual a tese de direito material a ser alegada para tornar menos gravosa a tipificação da conduta de Cássio? **(Valor: 0,60)**

Obs.: o(a) examinando(a) deve fundamentar suas respostas. A mera citação do dispositivo legal não confere pontuação.

GABARITO COMENTADO – EXAMINADORA

A questão exige do examinando conhecimento sobre os delitos tipificados na Lei nº 11.343/06, além dos requisitos para decretação válida de interceptação telefônica.

A) A tese de direito processual a ser suscitada para defesa de Cássio para afastar a prova obtida é a invalidade da decisão que determinou a interceptação telefônica de Cássio, tendo em vista que, de início, foi determinada pelo prazo de 30 dias. Inicialmente deve ser destacado que a autoridade policial possui legitimidade para representar pela decretação da interceptação de comunicações telefônicas, nos termos do Art. 3º, inciso I, da Lei nº 9.296/96.

Ademais, o crime investigado é punido com pena de reclusão e consta do enunciado que a prova não poderia ser obtida por outros meios disponíveis. Todavia, prevê o Art. 5º do mesmo diploma legal que a decisão que concede a medida deverá ser fundamentada e que não poderá exceder o prazo de 15 dias, renovável por igual período se comprovada a indispensabilidade do meio de prova. Diante disso, ainda que possa o período de 15 dias ser renovado, não pode, de início, a autoridade judicial determinar a interceptação por mais de 15 dias, sob pena de nulidade.

B) A tese de direito material a ser alegada para tornar a conduta de Cássio menos gravosa é que foi praticado o delito previsto no Art. 33, § 3º da Lei nº 11.343/06, já que o agente oferecia drogas, de maneira eventual, sem objetivo de lucro, para seus amigos para juntos consumirem. Não há, assim, que se falar em prática de tráfico do Art. 33 da Lei nº 11.343/06 e nem mesmo na aplicação do § 4º do mesmo dispositivo, já que o agente era portador de maus antecedentes.

Distribuição dos Pontos:

ITEM	PONTUAÇÃO
A) A nulidade da decisão que decretou a interceptação das ligações telefônicas OU ilicitude da prova obtida a partir das interceptações telefônicas (0,20), pois decretada a medida pelo prazo inicial de 30 dias (0,35), em desacordo com a previsão do Art. 5º da Lei nº 9.296/96 (0,10)	0,00/0,55/0,65
B) A tese de direito material é que foi praticado o crime previsto no Art. 33, § 3º, da Lei nº 11.343/06 (0,45), tendo em vista que o agente tinha o material e o oferecia para junto consumir com seus amigos, de maneira eventual e sem intenção de lucro (0,15).	0,00/0,15/0,45/0,60

(OAB/Exame Unificado – 2015.3 – 2ª fase) John, primário e de bons antecedentes, foi denunciado pela prática do crime de tráfico de drogas. Após a instrução, inclusive com realização do interrogatório, ocasião em que o acusado confessou os fatos, John foi condenado, na forma do Art. 33, § 4º, da Lei nº 11.343/06, à pena de 1 ano e 08 meses de reclusão, a ser cumprido em regime inicial aberto. O advogado de John interpôs o recurso cabível da sentença condenatória. Em julgamento pela Câmara Criminal do Tribunal de Justiça, a sentença foi integralmente mantida por maioria de votos. O Desembargador revisor, por sua vez, votou no sentido de manter a pena de 01 ano e 08 meses de reclusão, assim como o regime, mas foi favorável à substituição da pena privativa de liberdade por duas restritivas de direitos, no que restou vencido. O advogado de John é intimado do acórdão.

PRÁTICA PENAL – 10ª EDIÇÃO   123   EXERCÍCIOS PRÁTICOS

Considerando a situação narrada, responda aos itens a seguir.

A) Qual medida processual, diferente de *habeas corpus*, deverá ser formulada pelo advogado de John para combater a decisão da Câmara Criminal do Tribunal de Justiça? **(Valor: 0,65)**

B) Qual fundamento de direito material deverá ser apresentado para fazer prevalecer o voto vencido? **(Valor: 0,60)**

Obs.: o examinando deve fundamentar suas respostas. A mera citação do dispositivo legal não confere pontuação.

GABARITO COMENTADO – EXAMINADORA

A) A medida processual a ser adotada pelo advogado de John é a interposição de recurso de Embargos Infringentes, na forma do Art. 609, parágrafo único, do CPP, considerando que a decisão proferida em sede de Apelação não foi, em relação à substituição da pena, unânime.

B) Para fazer prevalecer o voto vencido, deverá o examinando demonstrar a possibilidade de ser substituída a pena privativa de liberdade por restritiva de direitos, tendo em vista que foi reconhecido que o acusado é primário, de bons antecedentes e que não se dedica ao crime e nem integra organização criminosa. Em que pese o Art. 33, § 4º, da Lei nº 11.343/06, vedar a substituição da pena privativa de liberdade por restritiva de direitos, o Supremo Tribunal Federal, em sede de controle difuso de inconstitucionalidade, entendeu que tal vedação viola o princípio da individualização da pena. Ademais, diante dessa decisão o Senado Federal editou a Resolução nº 05, suspendendo a eficácia da parte da redação do Art. 33, § 4º, da Lei nº 11.343/06, que veda a substituição.

Distribuição dos Pontos:

ITEM	PONTUAÇÃO
A) A medida processual é de embargos infringentes (0,55), na forma do Art. 609, parágrafo único, do CPP. (0,10)	0,00 / 0,55 / 0,65
B) O fundamento seria a possibilidade de substituição da pena privativa de liberdade por restritiva de direitos, tendo em vista que o STF considerou inconstitucional a vedação trazida pelo Art. 33, § 4º, da Lei nº 11.343/2006 **OU** porque a vedação do Art. 33, § 4º, da Lei nº 11.343/2006, viola o princípio da individualização da pena **OU** porque a Resolução 5 do Senado suspendeu a eficácia de parte da redação do Art. 33, § 4º, da Lei nº 11.343/2006. (0,60)	0,00 / 0,60

(OAB/Exame Unificado – 2014.1 – 2ª fase) Pedro foi preso em flagrante por tráfico de drogas. Após a instrução probatória, o juiz ficou convencido de que o réu, por preencher os requisitos do art. 33, § 4º, da Lei 11.343/2006, merecia a redução máxima da pena. Na sentença penal condenatória, fixou o regime inicialmente fechado ao argumento de que o artigo 2º, § 1º, da lei 8.072/1990, assim determina, vedando a conversão da pena privativa de liberdade em pena restritiva de direitos, com base no próprio art. 33, § 4º, da Lei 11.343/2006. O advogado de Pedro é intimado da sentença.

À luz da jurisprudência do STF, responda aos itens a seguir.

A) Cabe ao advogado de defesa a impugnação da fixação do regime inicial fechado, fixado exclusivamente com base no art. 2º, § 1º, da Lei nº 8.072/1990? **(Valor: 0,60)**

EDUARDO DOMPIERI   124

B) Com relação ao tráfico-privilegiado, previsto na Lei nº 11.343/2006, art. 33, § 4º, é possível a conversão da pena privativa de liberdade em pena restritiva de direitos? **(Valor: 0,65)**

O examinando deve fundamentar corretamente sua resposta. A simples menção ou transcrição do dispositivo legal não pontua.

GABARITO COMENTADO – EXAMINADORA

A questão objetiva extrair do examinando conhecimento atualizado acerca da jurisprudência do STF.

Nesse sentido, relativamente ao item A, a resposta deve ser lastreada no sentido de que cabe, sim, impugnação ao regime inicial fechado, fixado exclusivamente com base no artigo 2º, § 1º, da Lei nº 8.072/1990. Isso porque o STF, no HC 111.840/ES, declarou inconstitucional a previsão, na Lei dos Crimes Hediondos, da exigência da fixação do regime inicial fechado. Na oportunidade a Corte se manifestou no sentido de que a definição do regime deveria sempre ser analisada independentemente da natureza da infração. A CRFB/88 contemplaria as restrições aplicadas à Lei nº 8.072/1990, dentre as quais não estaria a obrigatoriedade de imposição de regime extremo para início de cumprimento de pena. Tal posicionamento vem sendo reiterado pela Suprema Corte, sendo certo que a fixação do regime inicialmente fechado deve conter uma fundamentação em concreto, sob pena de ofensa à individualização da pena.

No tocante ao item B, devemos observar que o STF, no HC 97.256/RS, decidiu que o artigo 33, § 4º, da Lei nº 11.343/2006 é inconstitucional ao vedar a conversão da pena privativa de liberdade em pena restritiva de direitos. Após a reiteração do entendimento pela Suprema Corte foi editada a resolução nº 5 do Senado com o seguinte teor: *"artigo 1º – É suspensa a execução da expressão "vedada a conversão em penas restritivas de direitos" do § 4º do art. 33, da Lei 11.343, de 23 de agosto de 2006, declarada inconstitucional por decisão definitiva do Supremo Tribunal Federal nos autos do Habeas Corpus nº 97.256/RS."* Desta forma, é possível a conversão da pena privativa de liberdade em pena restritiva de direitos, desde que o réu preencha os requisitos do artigo 44, do CP.

Distribuição dos Pontos:

ITEM	PONTUAÇÃO
A) Cabe impugnação ao regime fechado, pois o STF reconheceu a inconstitucionalidade da norma **(0,60)**. *Obs.: A justificativa é essencial para a atribuição de pontos.*	0,00/0,60
B) É possível a conversão da pena privativa de liberdade em pena restritiva de direitos no tráfico-privilegiado, pois o STF reconheceu a inconstitucionalidade da norma. **(0,45)**, desde que o réu preencha os requisitos do artigo 44 do CP **(0,20)**. *Obs.: A justificativa é essencial para a atribuição de pontos.*	0,00/0,20/0,45/0,65

PRÁTICA PENAL – 10ª EDIÇÃO
125
EXERCÍCIOS PRÁTICOS

(OAB/Exame Unificado – 2013.1 – 2ª fase) José, conhecido em seu bairro por vender entorpecentes, resolve viajar para Foz do Iguaçu (PR). Em sua bagagem, José transporta 500g de cocaína e 50 ampolas de cloreto de etila. Em Foz do Iguaçu, José foi preso em flagrante pela Polícia Militar em virtude do transporte das substâncias entorpecentes. Na lavratura do flagrante, José afirma que seu objetivo era transportar a droga até a cidade de Porto Vera Cruz (RS), mencionando inclusive a passagem de avião que já havia comprado.

Você é contratado para efetuar um pedido de liberdade provisória e o que mais entender de Direito em favor de José.

Atento somente ao que foi narrado na hipótese acima, responda aos itens a seguir.

A) O órgão competente para julgamento é a Justiça Estadual ou a Justiça Federal? Justifique. (Valor: 0,75)

B) Se José objetivasse apenas traficar drogas em Foz do Iguaçu, o órgão competente seria o mesmo da situação acima? Justifique. (Valor: 0,50)

O examinando deve fundamentar corretamente sua resposta. A simples menção ou transcrição do dispositivo legal não pontua.

GABARITO COMENTADO – EXAMINADORA

A) O órgão competente é a Justiça Estadual, haja vista que as duas cidades mencionadas ficam no Brasil (Porto Vera Cruz é município do Rio Grande do Sul e Foz do Iguaçu é município do Paraná) e que não há qualquer menção à transposição de fronteira nacional. A competência somente poderia ser atribuída à Justiça Federal se José tivesse cometido o crime de tráfico internacional de entorpecentes (objetivo de traficar para o exterior), na forma do disposto no art. 70, *caput*, da Lei 11.343/2006 e do verbete 522 da Súmula do STF.

B) Sim, é competente a Justiça Estadual, pois conforme já mencionado não houve dolo de traficar para o exterior.

Distribuição dos Pontos:

QUESITO AVALIADO	VALORES
A) O órgão competente é a Justiça Estadual (0,50), haja vista que as duas cidades mencionadas ficam no Brasil **OU** porque não houve efetivo tráfico internacional **OU** porque deve ser observado o disposto no Verbete 522 da Súmula do STF **OU** nos termos do art. 70 da Lei 11.343/06 (0,25). *OBS. 1: A mera indicação de justificativa cabível, dissociada da adequada menção à competência da Justiça Estadual, não enseja pontuação.* *OBS. 2: A mera indicação ou transcrição do conteúdo de dispositivo legal ou de verbete sumular não será pontuada.*	0,00 / 0,50 / 0,75
B) Sim, é competente a Justiça Estadual, pois conforme já mencionado não houve dolo de traficar para o exterior (0,50). *OBS.1: A justificativa correta é essencial para atribuição de pontos, pois não há intervalo de pontuação.* *OBS.2: A mera indicação ou transcrição do conteúdo de dispositivo legal ou de verbete sumular não será pontuada.*	0,00 / 0,50

EDUARDO DOMPIERI

(OAB/Exame Unificado – 2008.3 – 2ª fase) Roberto e outras pessoas organizaram e participaram da "marcha da maconha", passeata com o objetivo de conscientizar parlamentares a respeito da tese de descriminalização do uso dessa substância entorpecente. No dia da passeata, policiais militares prenderam Roberto em flagrante, tendo o delegado o indiciado pela prática de apologia ao crime. Considerando a situação hipotética apresentada, responda, com fundamento na lei e na doutrina, se a conduta dos policiais em relação à prisão de Roberto foi correta e se a tipificação feita está de acordo com a conduta praticada por ele.

RESOLUÇÃO DA QUESTÃO

A ação incriminada no tipo penal do art. 287 do Código Penal consiste em fazer apologia *de fato criminoso* ou *de autor de crime*, que significa enaltecer, louvar o cometimento de crimes.

É inevitável que nos deparemos com situações em que fique evidenciado o conflito entre a incidência do tipo penal em questão e alguns direitos fundamentais: liberdade de expressão, insculpido no art. 5º, IV e IX, da CF; direito de reunião – art. 5º, XVI, da CF; e direito de acesso a informação – art. 5º, XIV, da CF.

Neste caso, devem preponderar, dada a sua relevância, os direitos fundamentais acima mencionados.

Além disso, Roberto e as pessoas que com ele estavam na passeata apenas exerceram seu direito à manifestação do pensamento, ou seja, exteriorizaram sua opinião acerca da descriminalização do uso maconha, sem, com isso, defender crime ou criminoso.

Em vista do exposto, a ação dos policiais em relação à prisão de Roberto foi incorreta, já que sua conduta não teve o condão de colocar a paz pública, bem jurídico tutelado, em risco.

(OAB/Exame Unificado – 2006.1 – 2ª fase) Carlos Eduardo, conhecido como Cadu, em um mesmo contexto fático e sucessivamente, importou 2 kg de cocaína, transportou a droga e, por fim, manteve em depósito tal substância entorpecente. Considerando a situação hipotética apresentada, redija um texto explicitando a tipificação legal da conduta de Cadu. Fundamente sua resposta, abordando a classificação do delito tipificado, com ênfase na noção de concurso de crimes. Extensão máxima: 60 linhas

RESOLUÇÃO DA QUESTÃO

Carlos Eduardo praticou o crime capitulado no art. 33, *caput*, c.c. o art. 40, I, ambos da Lei 11.343/06 (tráfico internacional de drogas).

Trata-se de delito de ação múltipla ou de conteúdo variado (crime plurinuclear), razão pela qual, por incidência do *princípio da alternatividade*, praticando o agente, desde que no mesmo contexto fático e sucessivamente, mais de uma ação nuclear, responderá por crime único. Ressalte-se que deverá o magistrado, por ocasião da fixação da pena (art. 59 do CP), levar em conta o número de núcleos praticados pelo agente.

O crime em questão tem como *objeto jurídico* a saúde pública; como *sujeito ativo*, em regra, qualquer pessoa (crime comum); como *sujeito passivo*, a sociedade; o *elemento subjetivo* é representado pelo dolo; é, como dito acima, *crime de ação múltipla* (plurinuclear).

Consuma-se com a prática de qualquer dos núcleos contidos no tipo penal.

É, ademais, delito equiparado a hediondo, nos termos do art. 5º, XLIII, da CF. Submete-se, pois, à disciplina da Lei 8.072/1990 (Lei de Crimes Hediondos).

PRÁTICA PENAL – 10ª EDIÇÃO   127   EXERCÍCIOS PRÁTICOS

Comentários adicionais:

Confira, a respeito, o seguinte acórdão:

HABEAS CORPUS. TRÁFICO ILÍCITO DE ENTORPECENTES. DIREITO PENAL E PROCESSUAL PENAL. INÉPCIA DA DENÚNCIA. INOCORRÊNCIA. DELITO DE TRÁFICO DE ENTORPECENTES. DIVERSOS NÚCLEOS DO TIPO. CONSUMA-ÇÃO COM QUALQUER DAS CONDUTAS. ACÓRDÃO ESTADUAL. OMISSÃO CARACTERIZADA. NULIDADE. CAUSA DE AUMENTO DE PENA. ORDEM PARCIALMENTE CONCEDIDA. *HABEAS CORPUS* CONCEDIDO DE OFÍCIO. REDUÇÃO DA PENA-BASE. PROGRESSÃO DE REGIME PRISIONAL. INCONSTITUCIONALIDADE DO ARTIGO 2º, PARÁGRAFO 1º, DA LEI Nº 8.072/1990 DECLARADA PELO SUPREMO TRIBUNAL FEDERAL. 1. Ajustando-se a motivação da sentença à denúncia, que imputou ao paciente a prática do delito de tráfico ilícito de entorpecentes, em concurso de agentes, com perfeita definição da conduta de cada qual, além da demonstração, pelo magistrado, mediante exaustivo exame do conjunto da prova, da imputação deduzida na acusatória inicial, não há falar em constrangimento ilegal a ser sanado em *habeas corpus*. 2. O crime de tráfico de entorpecentes compreende dezoito ações identificadas pelos diversos verbos ou núcleos do tipo, em face do que tal delito se consuma com a prática de qualquer delas, eis que delito de ação múltipla ou misto alternativo. Precedentes. 3. A consideração só quantitativa das causas especiais de aumento de pena, submetidas a regime alternativo, é expressão, em última análise, da responsabilidade penal objetiva, enquanto a qualitativa é própria do direito penal da culpa e atende aos imperativos da individualização da pena, permitindo, *ad exemplum*, que uma única causa especial de aumento alternativa possa conduzir o quantum de pena para além do mínimo legal do aumento, que, em contrapartida, pode ser insuperável, diante do caso concreto, mesmo em se caracterizando mais de uma causa especial de aumento dessa espécie. 4. A redução da pena-base ao mínimo legal pela Corte Estadual de Justiça desconstitui a pretensão de reconhecimento da atenuante legal da confissão. 5. O Plenário do Supremo Tribunal Federal declarou, por maioria de votos, a inconstitucionalidade do § 1º do artigo 2º da Lei nº 8.072/1990, afastando, assim, o óbice da progressão de regime aos condenados por crimes hediondos ou equiparados. 6. Ordem parcialmente concedida. *Habeas corpus* concedido de ofício para afastar o óbice à progressão de regime prisional (HC 200300498084, Hamilton Carvalhido, 6ª T., 03/09/2007).

1.11. Outros crimes do Código Penal e legislação extravagante

(OAB/Exame Unificado – 2020.1 – 2ª fase) Em 05 de junho de 2019, Paulo dirigia veículo automotor em via pública, com capacidade psicomotora alterada em razão da influência de álcool, ocasião em que veio a atropelar Lúcia por avançar cruzamento com o sinal fechado para os veículos. Lúcia sofreu lesões que a deixaram com debilidade permanente no braço, o que foi reconhecido pelo laudo pericial respectivo, também ficando comprovado o estado clínico em que se encontrava o motorista atropelador. Considerando que Paulo arcou com as despesas que Lúcia teve que despender em razão do evento, a vítima não quis representar contra ele. Inobstante tal manifestação da vítima, o Ministério Público denunciou Paulo pela prática dos injustos do Art. 303, § 2º, e do Art. 306, ambos da Lei nº 9.503/97.

Considerando as informações narradas, esclareça, na condição de advogado(a), aos seguintes questionamentos formulados por Paulo, interessado em constituí-lo para apresentação de resposta à acusação.

A) Qual a tese jurídica de direito material que a defesa de Paulo deverá alegar para contestar a tipificação apresentada? **(Valor: 0,60)**

B) Diante da ausência de representação por parte da ofendida, o Ministério Público teria legitimidade para propor ação penal contra Paulo? **(Valor: 0,65)**

Obs.: o(a) examinando(a) deve fundamentar suas respostas. A mera citação do dispositivo legal não confere pontuação.

GABARITO COMENTADO

A questão exige do examinando conhecimento sobre uma pluralidade de temas. Narra o enunciado que foi praticado um crime de lesão corporal culposa na direção de veículo automotor, sendo que o autor do fato estava embriagado e causou lesões de natureza grave na vítima. A ofendida não tinha interesse em representar em face do autor do fato, mas ainda assim o Ministério Público ofereceu denúncia imputando não somente o crime de lesão corporal culposa qualificada, mas também o do Art. 306 do CTB.

A) Para contestar a capitulação, deveria a defesa alegar aplicação do princípio da consunção, ficando o crime do Art. 306 do CTB absorvido pelo crime do Art. 303, § 2º, do CTB, tendo em vista que a circunstância da condução do veículo sob a influência de álcool, com capacidade psicomotora alterada, é elementar deste crime. Para que seja tipificada a forma qualificada do § 2º do Art. 303 da Lei 9.503/97, têm que restar demonstrada a conduta culposa do agente na direção de veículo automotor, o estado de embriaguez e o resultado lesão grave ou gravíssima. Presentes esses requisitos, a forma qualificada deve ser reconhecida, não podendo haver concurso com o crime do Art. 306 do mesmo diploma legal, porquanto aquele estado do agente é elementar do delito qualificado reconhecido.

B) Sim, o Ministério Público tem legitimidade para oferecimento da denúncia na presente hipótese. A princípio, os crimes de lesão corporal culposa, praticados ou não na direção de veículo automotor, são de ação penal pública condicionada à representação, nos termos do Art. 88 da Lei nº 9.099/95. O Art. 291, §1º, do CTB confirma a aplicabilidade do Art. 88 da Lei nº 9.099/95. Ocorre que esse mesmo dispositivo legal traz exceções. Apesar de a vítima não ter querido representar contra o acusado, considerando que o motorista dirigia sob a influência de substância alcoólica, na forma do Art. 291 § 1º, inciso I, da Lei nº 9.503/97, a ação penal é pública incondicionada, tendo o Ministério Público legitimidade para o oferecimento da denúncia.

(OAB/Exame Unificado – 2019.2 – 2ª fase) No dia 01 de janeiro de 2008, após ingerir bebida alcoólica, Caio, 50 anos, policial militar reformado, efetuou dois disparos de arma de fogo em direção à parede de sua casa vazia, localizada no interior de grande quintal, com arma de sua propriedade, devidamente registrada e com posse autorizada.

Apesar de os tiros terem sido efetuados em direção ao interior do imóvel, vizinhos que passavam pela rua naquele momento, ao ouvirem os disparos, entraram em contato com a Polícia Militar, que compareceu ao local e constatou que as duas munições deflagradas ficaram alojadas na parede do imóvel, sendo a perícia acostada ao procedimento. Caio obteve liberdade provisória e foi denunciado como incurso nas sanções do Art. 15 da Lei nº 10.826/03, não sendo localizado, porém, por ocasião da citação, por ter mudado de endereço, apesar das diversas diligências adotadas pelo juízo.

Após não ser localizado, Caio foi corretamente citado por edital e, não comparecendo, nem constituindo advogado, foi aplicado o Art. 366 do Código de Processo Penal, suspendendo-se o processo e o curso do prazo prescricional, em 04 de abril de 2008. Em 06 de julho de 2018, o novo juiz titular da vara criminal competente determinou que fossem realizadas novas diligências na tentativa de localizar o denunciado, confirmando que o processo, assim como o curso do prazo prescricional, deveria permanecer suspenso.

PRÁTICA PENAL – 10ª EDIÇÃO 129 EXERCÍCIOS PRÁTICOS

Com base nas informações narradas, na condição de advogado(a) de Caio, que veio a tomar conhecimento dos fatos em julho de 2018, responda aos questionamentos a seguir.

A) Existe argumento para questionar a decisão do magistrado que, em julho de 2018, determinou que o processo e o curso do prazo prescricional permanecessem suspensos? **(Valor: 0,65)**

B) Existe argumento de direito material a ser apresentado em busca da absolvição de Caio? **(Valor: 0,60)**

Obs.: o(a) examinando(a) deve fundamentar suas respostas. A mera citação do dispositivo legal não confere pontuação.

GABARITO COMENTADO

Narra o enunciado que Caio teria efetuado disparos de arma de fogo, no interior de seu quintal, na direção da parede do imóvel em que residia, estando a casa vazia. Ademais, consta a informação que os disparos foram realizados do quintal para o interior da residência, sendo que as munições ficaram alojadas na parede. Os fatos, porém, foram descobertos por policiais militares, vindo Caio a ser denunciado pela suposta prática do crime previsto no Art. 15 da Lei nº 10.826/03.

A) A decisão do magistrado não foi correta. De fato, uma vez que o denunciado não foi localizado para citação pessoal, seria cabível sua citação por edital. Em consequência, não comparecendo o denunciado e nem constituindo advogado, em razão da natureza de citação ficta, o processo, assim como o curso do prazo prescricional, deve ficar suspenso. Ocorre que uma suspensão indefinida do prazo prescricional acabaria por criar um crime, na prática, imprescritível, o que, de acordo com grande parte da doutrina, não poderia ocorrer através de legislação ordinária. Diante disso, através da Súmula 415 do STJ, foi pacificado o entendimento de que a suspensão do prazo prescricional somente poderia durar o período do prazo prescricional, regulado pela pena máxima do crime imputado. O delito do Art. 15 da Lei nº 10.826/03 tem pena máxima prevista de 04 anos, de modo que o prazo prescricional seria de 08 anos. Desde a suspensão do processo, na forma do Art. 366 do CPP, passaram-se mais de 08 anos, logo o prazo prescricional deveria voltar a correr em abril de 2016, sendo equivocada a decisão do magistrado de, em 2018, determinar que fosse mantida a suspensão do prazo prescricional.

B) Sim, existe argumento de direito material a ser apresentado pela defesa técnica de Caio em busca de sua absolvição. Deveria o advogado alegar a atipicidade da conduta, tendo em vista que nem todas as elementares do crime do Art. 15 da Lei nº 10.826/03 foram preenchidas. Em que pese tenha Caio realizado disparos de arma de fogo, não haveria que se falar no crime imputado, pois os disparos não foram realizados <u>em via pública e nem em direção à via pública.</u> Apesar de a rua da residência do denunciado ser habitada, os disparos foram realizados dentro de um quintal, em direção à parede da casa onde não havia ninguém. Independentemente de a conduta ser moralmente reprovável, não foi praticado o delito imputado.

Distribuição dos Pontos

ITEM	PONTUAÇÃO
A. Sim, a suspensão da prescrição somente poderia durar o período do prazo prescricional, computado de acordo com o máximo da pena em abstrato prevista, voltando a correr em abril de 2016 (0,55), nos termos da Súmula 415 do STJ (0,10).	0,00/0,55/0,65
B. Sim, a atipicidade da conduta (0,20), tendo em vista que o disparo não foi realizado em via pública e nem em direção à via pública **OU** tendo em vista que o disparo não foi realizado em local habitado (0,40).	0,00/0,20/0,40/0,60

(OAB/Exame Unificado – 2018.3 – 2ª fase) Em cumprimento de mandado de busca e apreensão, o oficial de justiça Jorge compareceu ao local de trabalho de Lucas, sendo encontradas, no interior do imóvel, duas armas de fogo de calibre .38, calibre esse considerado de uso permitido, devidamente municiadas, ambas com numeração suprimida. Em razão disso, Lucas foi preso em flagrante e denunciado pela prática de dois crimes previstos no Art. 16, *caput*, da Lei 10.826/2003, em concurso material, sendo narrado que "Lucas, de forma livre e consciente, guardava, em seu local de trabalho, duas armas de fogo de calibre restrito, devidamente municiadas".

Após a instrução, em que os fatos foram confirmados, foi juntado o laudo confirmando o calibre .38 das armas de fogo, a capacidade de efetuar disparos, bem como que ambas tinham a numeração suprimida. As partes apresentaram alegações finais, e o magistrado, em sentença, considerando o teor do laudo, condenou Lucas pela prática de dois crimes previstos no Art. 16, parágrafo único, inciso IV, da Lei nº 10.826/2003, em concurso formal. Intimada a defesa técnica da sentença condenatória, responda, na condição de advogado(a) de Lucas, aos itens a seguir.

A) Qual o argumento de direito processual a ser apresentado em busca da desconstituição da sentença condenatória? Justifique. **(Valor: 0,65)**

B) Reconhecida a validade da sentença em segundo grau, qual o argumento de direito material a ser apresentado para questionar o mérito da sentença condenatória e, consequentemente, a pena aplicada? Justifique. **(Valor: 0,60)**

Obs.: o(a) examinando(a) deve fundamentar as respostas. A mera citação do dispositivo legal não confere pontuação.

GABARITO COMENTADO

A) O argumento de direito processual a ser apresentado é o de que houve violação ao princípio da correlação, o que gera a nulidade da sentença por violação ao princípio da ampla defesa e ao princípio do contraditório. Isso porque a denúncia narrou que Lucas guardava, em seu local de trabalho, duas armas de fogo de calibre restrito. Sem que houvesse aditamento da denúncia, o magistrado condenou o réu pela prática de dois crimes de posse de arma de fogo de numeração suprimida, previsto no Art. 16, parágrafo único, inciso IV, da Lei 10.826/03. Apesar do crime imputado na denúncia e o reconhecido na sentença estarem previsto no mesmo dispositivo legal, eles não se confundem e a narrativa dos fatos é diferente. O réu somente se defendeu sobre as armas apreendidas como sendo de uso restrito, não podendo, então, o magistrado modificar os fatos para dar nova capitulação jurídica, nos termos do Art. 384 do CPP. Se não houvesse alteração dos fatos, poderia o

PRÁTICA PENAL – 10ª EDIÇÃO 131 EXERCÍCIOS PRÁTICOS

juiz aplicar o Art. 383 do CPP, mas não foi isso que ocorreu na hipótese narrada. Dessa forma, deve ser reconhecida a nulidade da sentença.

B) Em busca de questionar o mérito da decisão, o advogado deveria argumentar que a conduta de Lucas de guardar, em seu local de trabalho, duas armas de fogo com numeração suprimida configura crime único previsto no Art. 16, parágrafo único, inciso IV, da Lei 10.826/03 e não dois crimes autônomos, seja em concurso material ou formal. As armas estavam sendo guardadas em um mesmo contexto, logo a violação ao bem jurídico protegido foi única, podendo, porém, a quantidade de armas ser considerada no momento da aplicação da pena.

Distribuição dos Pontos

ITEM	PONTUAÇÃO
A. Houve violação ao princípio da correlação **OU** não houve aditamento dos fatos narrados na denúncia, não podendo o magistrado alterá-los (0,40), nos termos do Art. 384 do CPP (0,10), o que representa violação ao princípio da ampla defesa **OU** contraditório (0,15)	0,00/0,15/0,25/0,40/ 0,50/0,55/0,65
B. Houve crime único **OU** Não houve **qualquer espécie** de concurso de delitos (0,50), tendo em vista que as armas de fogo foram apreendidas em um mesmo contexto (0,10)	0,00/0,10/0,50/0,60

(OAB/Exame Unificado – 2016.3 – 2ª fase) No dia 03 de março de 2016, Vinícius, reincidente específico, foi preso em flagrante em razão da apreensão de uma arma de fogo, calibre .38, de uso permitido, número de série identificado, devidamente municiada, que estava em uma gaveta dentro de seu local de trabalho, qual seja, o estabelecimento comercial "Vinícius House", do qual era sócio-gerente e proprietário. Denunciado pela prática do crime do Artigo 14 da Lei nº 10.826/03, confessou os fatos, afirmando que mantinha a arma em seu estabelecimento para se proteger de possíveis assaltos. Diante da prova testemunhal e da confissão do acusado, o Ministério Público pleiteou a condenação nos termos da denúncia em alegações finais, enquanto a defesa afirmou que o delito do Art. 14 do Estatuto do Desarmamento não foi praticado, também destacando a falta de prova da materialidade.

Após manifestação das partes, houve juntada do laudo de exame da arma de fogo e das munições apreendidas, constatando-se o potencial lesivo do material, tendo o magistrado, de imediato, proferido sentença condenatória pela imputação contida na denúncia, aplicando a pena mínima de 02 anos de reclusão e 10 dias-multa. O advogado de Vinícius é intimado da sentença e apresentou recurso de apelação. Considerando apenas as informações narradas, responda na condição de advogado(a) de Vinicius:

A) Qual requerimento deveria ser formulado em sede de apelação e qual tese de direito processual poderia ser alegada para afastar a sentença condenatória proferida em primeira instância? Justifique. **(Valor: 0,65)**

B) Confirmados os fatos, qual tese de direito material poderia ser alegada para buscar uma condenação penal mais branda em relação ao *quantum* de pena para Vinicius? Justifique. **(Valor: 0,60)**

Obs.: o(a) examinando(a) deve fundamentar as respostas. A mera citação do dispositivo legal não confere pontuação.

EDUARDO DOMPIERI

GABARITO COMENTADO – EXAMINADORA

A questão exige do(a) examinando(a) conhecimento sobre os crimes em espécie previstos na Lei nº 10.826/03, bem como sobre a extensão dos princípios do contraditório e da ampla defesa.

Narra o enunciado que Vinícius foi condenado pela prática do crime de porte de arma de fogo de uso permitido, pois tinha o material bélico, devidamente municiado, em seu local de trabalho. Consta, ainda, que o laudo de exame pericial da arma de fogo e das munições apreendidas somente foi juntado após manifestação das partes em alegações finais, tendo o magistrado proferido sentença condenatória de imediato.

A) Em sede de apelação, deveria o advogado de Vinícius buscar o reconhecimento da nulidade da sentença, tendo em vista que, após manifestação da defesa, houve juntada de laudo de exame de arma de fogo, ou seja, de prova pericial, sem que fosse aberta vista às partes em relação à documentação. O não acesso pela defesa ao laudo de exame pericial violou o princípio da ampla defesa, em sua vertente da defesa técnica, além do próprio princípio do contraditório, já que aquela prova não lhe foi submetida. Assim, deveria a sentença ser anulada, sendo certo que o prejuízo foi constatado com a condenação do réu.

B) A tese de direito material a ser apresentada pela defesa técnica de Vinícius para buscar uma condenação mais branda é de que o delito praticado pelo réu foi de posse de arma de fogo e não de porte de arma de fogo, tendo em vista que o agente possuía, em seu local de trabalho, arma de fogo de uso permitido. Prevê o Art. 12 da Lei nº 10.826/03 que o crime de posse de arma de fogo poderá ocorrer não apenas quando o material bélico estiver na residência do agente, mas também em seu local de trabalho, desde que o agente seja o titular ou responsável legal pelo estabelecimento. No caso, todos os requisitos foram observados, já que a arma estava no local de trabalho de Vinícius, estabelecimento do qual o agente era proprietário e sócio-gerente. Assim, deveria a defesa buscar a desclassificação para o delito previsto no Art. 12 da Lei nº 10.826/03.

Distribuição dos Pontos:

QUESITO AVALIADO	VALORES
A) Deveria o advogado de Vinicius requerer a anulação da sentença de primeira instância (0,30), tendo em vista houve violação ao princípio do contraditório ou da ampla defesa (0,15), no momento em que foi proferida sentença condenatória sem que a defesa tivesse vista da prova pericial juntada aos autos (0,20).	0,00/0,15/0,20/ 0,30/0,35/0,45/ 0,50/0,65
B) A tese de direito material é a desclassificação para o crime de posse de arma de fogo, já que Vinicius possuía arma em seu local de trabalho (0,50), nos termos do Art. 12 da Lei nº 10.826/03 (0,10).	0,00/0,50/0,60

(OAB/Exame Unificado – 2014.3 – 2ª fase) A Receita Federal identificou que Raquel possivelmente sonegou Imposto sobre a Renda, causando prejuízo ao erário no valor de R$ 27.000,00 (vinte e sete mil reais). Foi instaurado, então, procedimento administrativo, não havendo, até o presente momento, lançamento definitivo do crédito tributário. Ao mesmo tempo, a Receita Federal expediu ofício informando tais fatos ao Ministério Público Federal, que, considerando a autonomia das instâncias, ofereceu denúncia em face de Raquel pela prática do crime previsto no Art. 1º, inciso I, da Lei nº 8.137/1990.

PRÁTICA PENAL – 10ª EDIÇÃO 133 EXERCÍCIOS PRÁTICOS

Assustada com a ratificação do recebimento da denúncia após a apresentação de resposta à acusação pela Defensoria Pública, Raquel o procura para, na condição de advogado, tomar as medidas cabíveis. Diante disso, responda aos itens a seguir.

A) Qual a medida jurídica a ser adotada de imediato para impedir o prosseguimento da ação penal?
(Valor: 0,60)

B) Qual a principal tese jurídica a ser apresentada? (Valor: 0,65)

O examinando deve fundamentar suas respostas. A mera citação do dispositivo legal não confere pontuação.

GABARITO COMENTADO – EXAMINADORA

Para auferir a pontuação relativa ao item 'A', considerando-se o comando da questão, o examinando deve indicar que a medida jurídica a ser adotada para impedir de imediato o prosseguimento da ação penal é o *Habeas Corpus*, devendo fundamentar sua resposta no artigo 5º, LXVIII, CRFB/88, ou no art. 647 do CPP, ou no art. 648, I ou VI, do CPP. Ressalte-se que em virtude da celeridade na tramitação inerente ao *Habeas Corpus*, tal medida é aquela que de imediato atenderia os interesses em jogo, sendo, portanto, a mais acertada ao caso narrado.

Cumpre destacar que o *Habeas Corpus* deveria ter por objetivo o trancamento da ação penal, tendo em vista que o fato praticado ainda não era típico. Além disso, não serão pontuadas as respostas que indicarem duas ou mais medidas jurídicas a serem adotadas, ainda que uma delas seja o *Habeas Corpus*, isso porque o comando da questão era claro ao pedir a indicação de apenas uma.

Por fim, no tocante ao item 'B', destaca-se que a situação narrada pelo enunciado representa um constrangimento ilegal a Raquel. Nesse sentido, levando-se em conta o comando da questão, resta evidente que a principal tese jurídica a ser apresentada é aquela calcada no verbete 24 da Súmula Vinculante do STF, segundo a qual não se tipifica crime material contra a ordem tributária antes do lançamento definitivo do tributo. Inclusive, dessa forma, vêm entendendo os Tribunais Superiores que, antes do esgotamento da instância administrativa com lançamento do tributo, não pode ser oferecida denúncia pela prática do crime (Art. 1º, incisos I ao IV, da Lei nº 8.137).

Ressalte-se que a mera indicação do verbete sumular não será pontuada, tampouco a resposta que indicar apenas a atipicidade ou a falta de lançamento definitivo do tributo, sem qualquer outra justificativa ou desenvolvimento. Esclareça-se: o fato praticado por Raquel é atípico porque não houve o efetivo lançamento definitivo do crédito tributário, sendo certo que tal justificativa é essencial para a atribuição dos pontos. De igual modo, o lançamento definitivo do tributo e/ou a necessidade de esgotamento da via administrativa e/ou a falta de justa causa para a propositura da ação penal, são teses alegáveis desde que calcadas no verbete 24 da Súmula Vinculante do STF.

EDUARDO DOMPIERI

Distribuição dos Pontos:

ITEM	PONTUAÇÃO
A) *Habeas Corpus* (0,50). / Art. 5º, LXVIII, CRFB/88 OU Art. 647 do CPP OU Art. 648, incisos I ou VI do CPP. (0,10) *Obs.: a mera citação do artigo não pontua.*	0,00/0,50/0,60
B) A principal tese defensiva é a atipicidade da conduta (0,55), / nos termos do verbete 24 da Súmula Vinculante do STF (0,10). OU A principal tese defensiva é a de que primeiro deveria ocorrer o esgotamento da via administrativa (0,55), / nos termos do verbete 24 da Súmula Vinculante do STF (0,10). OU A principal tese defensiva é a de que não há crime, pois ainda não ocorreu o lançamento definitivo do tributo (0,55), / nos termos do verbete 24 da Súmula Vinculante do STF (0,10). OU A principal tese defensiva é de que não há justa causa para a propositura da ação penal (0,55), / nos termos do verbete 24 da Súmula Vinculante do STF (0,10). *Obs.: a mera indicação de verbete sumular, sem nenhuma interpretação de seu conteúdo, não pontua.*	0,00/0,10/0,55/0,65

(OAB/Exame Unificado – 2012.2 – 2ª fase) Em determinada ação fiscal procedida pela Receita Federal, ficou constatado que Lucile não fez constar quaisquer rendimentos nas declarações apresentadas pela sua empresa nos anos de 2009, 2010 e 2011, omitindo operações em documentos e livros exigidos pela lei fiscal.

Iniciado processo administrativo de lançamento, mas antes de seu término, o Ministério Público entendeu por bem oferecer denúncia contra Lucile pela prática do delito descrito no art. 1º, inciso II, da Lei n. 8.137/1990, combinado com o art. 71 do CP. A inicial acusatória foi recebida e a defesa intimada a apresentar resposta à acusação.

Atento(a) ao caso apresentado, bem como à orientação dominante do STF sobre o tema, responda, fundamentadamente, o que pode ser alegado em favor de Lucile. (Valor: 1,25)

RESOLUÇÃO DA QUESTÃO

O examinando deverá desenvolver raciocínio acerca da atipicidade do fato, eis que, conforme entendimento pacificado no STF, não se tipifica crime material contra a ordem tributária, previsto no art. 1º, I a IV, da Lei nº 8.137/1990, antes do lançamento definitivo do tributo (verbete 24 da Súmula Vinculante do STF).

Diante da inexistência de crime, em sede de resposta à acusação, deve-se alegar hipótese de absolvição sumária, conforme art. 397, III, do CPP.

Por fim, cumpre destacar que em virtude de o enunciado da questão ser expresso ao exigir fundamentação na resposta, a mera transcrição da referida Súmula (seja de forma direta, seja de forma indireta, dos termos da frase), bem como a mera indicação do art. 397 do CPP, não autorizam a pontuação integral.

PRÁTICA PENAL – 10ª EDIÇÃO   135   EXERCÍCIOS PRÁTICOS

Distribuição dos Pontos:

QUESITO AVALIADO	VALORES
A1) O fato é atípico (0,40) nos termos da súmula vinculante 24 do STF (0,40) OU o fato é atípico (0,40) pois não se tipifica o crime do art. 1ª, incisos I a IV, da Lei n. 8.137/1990, antes do lançamento definitivo do tributo (0,40) *OBS.: A mera reprodução do texto da Súmula Vinculante 24 do STF não permite pontuação integral.*	0,00/0,40/0,80
A2) Absolvição (0,20) OU absolvição sumária (0,45), OU absolvição nos termos do art. 397, III do CPP (0,45) *OBS.: A mera indicação do dispositivo legal não pontua.*	0,00/0,20/0,45

(OAB/Exame Unificado – 2010.1 – 2ª fase) Na zona rural de determinado município, foram encontrados vinte e sete trabalhadores rurais, entre os quais seis adolescentes e uma criança com dez anos de idade, que, contratados para trabalhar na lavoura, eram submetidos ao regime diário de quinze horas de trabalho, em local insalubre, sem instalações sanitárias, alojados em galpão sem ventilação. Todos estavam, havia três meses, proibidos de deixar a fazenda, sob grave ameaça, em face de dívidas contraídas com o arrendatário das terras, decorrentes do deslocamento de cidade do interior do estado para o local de trabalho, bem como pela aquisição de produtos alimentícios, remédios e ferramentas no armazém existente na sede da fazenda, de propriedade do empregador.

Os documentos pessoais dessas pessoas foram retidos pelo gerente da fazenda, permanecendo elas, todo o tempo, sob forte vigilância de seis agentes de segurança, que, sem o devido licenciamento de porte de arma, ostentavam armas de grosso calibre, algumas de uso restrito das Forças Armadas. Dois empregados que tentaram fugir foram brutalmente agredidos por todos os agentes de segurança e sofreram lesões de natureza gravíssima, ficando incapacitados definitivamente para o trabalho.

Nessa situação hipotética, que crime(s) praticaram o arrendatário da fazenda, o gerente e os seguranças do imóvel rural? Fundamente sua resposta.

RESOLUÇÃO DA QUESTÃO

Todos cometeram o crime de *redução a condição análoga à de escravo*. Incorrerão, por isso, nas penas do art. 149, § 1º, I e II, e § 2º, I, do CP.

Tal se dá porque os trabalhadores, entre os quais seis adolescentes e uma criança, além de serem submetidos a condições degradantes de trabalho, foram impedidos, por alguns meses, de deixar a fazenda na qual trabalhavam ao argumento de que dívidas foram contraídas com o arrendatário das terras. Além disso, os documentos pessoais desses trabalhadores foram retidos pelo gerente da fazenda, sendo fato que elas eram submetidas a vigilância ostensiva de seis agentes de segurança, todos armados. O objetivo era impedir a saída dos trabalhadores, retendo-os na sede da fazenda (art. 149, § 1º, I e II, CP).

A pena, em conformidade com o art. 149, § 2º, I, será aumentada de metade, já que o crime foi praticado contra criança e também contra adolescente.

Os seguranças, por sua vez, além do crime do art. 149 do CP, responderão pelo delito capitulado no art. 16, *caput*, da Lei 10.826/06, na medida em que portavam armas de fogo de uso restrito sem autorização para tanto, bem assim, por terem agredido dois empregados da

EDUARDO DOMPIERI

fazenda que tentaram fugir, resultando da agressão lesão corporal de natureza grave, já que as vítimas ficaram incapacitadas definitivamente para o trabalho, incorrerão nas penas do art. 129, § 2º, I, do CP.

Por fim, todos deverão responder pelo crime do art. 288 do CP – associação criminosa, já que houve associação de mais de três pessoas para o fim de cometer crimes.

GABARITO COMENTADO – EXAMINADORA

Todos irão responder pelo crime de sujeição a trabalho escravo, previsto no art. 149, § 1º, incisos I e II, e § 2º, inciso I, do Código Penal.

"Reduzir alguém a condição análoga à de escravo, quer submetendo-o a trabalhos forçados ou a jornada exaustiva, quer sujeitando-o a condições degradantes de trabalho, quer restringindo, por qualquer meio, sua locomoção em razão de dívida contraída com o empregador ou preposto.

Pena – reclusão de 2 (dois) a 8 (oito) anos, e multa, além da pena correspondente à violência.

§ 1º Nas mesmas penas incorre quem:

I – cerceia o uso de qualquer meio de transporte por parte do trabalhador com o fim de retê-lo no local de trabalho;

II – mantém vigilância ostensiva no local de trabalho ou se apodera de documentos ou objetos pessoais do trabalhador, com o fim de retê-lo no local de trabalho.

§ 2º A pena é aumentada de metade, se o crime é cometido:

I – contra criança ou adolescente;

(...)"

Na doutrina, conferir o posicionamento de José Henrique Pierangeli. Manual de direito penal brasileiro. V.2 – Parte especial. 2. ed., São Paulo: RT, 2007, p. 156-161.

Os seguranças praticaram, ainda, o crime previsto no art. 16 da Lei 10.826/2006, além do crime de lesão corporal grave (CP, art. 129, § 2º). Na doutrina, confira-se o posicionamento de José Henrique Pierangeli. Op. cit., p. 77-80.

Na hipótese, como houve associação de mais de três pessoas para a prática de delitos, poderá ser imputada a todos os agentes a prática do crime de formação de associação criminosa, nos expressos termos do art. 288 do Código Penal.

Observação para a correção: atribuir pontuação integral às respostas em que esteja expresso o conteúdo do dispositivo legal, ainda que não seja citado, expressamente, o número do artigo; no subitem 2.3, basta a citação do crime (formação de quadrilha) ou a fundamentação legal, não sendo necessários ambos.

Comentários adicionais:

Com o advento da Lei 12.850/2013, o crime de *quadrilha ou bando*, então capitulado no art. 288 do CP, deu lugar ao crime de *associação criminosa*. Além da mudança operada no *nomen juris*, algumas outras alterações foram introduzidas. A mais relevante, a nosso ver, diz respeito ao número mínimo de agentes necessários à configuração do crime, que antes era de *quatro* e agora passa a ser de *três*.

Quanto ao crime de posse ou porte de arma de uso restrito (art. 16 da Lei 10.826/2003), em que incorreram os seguranças da fazenda, vale o registro de que a Lei 13.497/2017 passou a considerá-lo como *hediondo* (art. 1º, parágrafo único, segunda parte, da Lei 8.072/1990), assim permanecendo até o advento da Lei 13.964/2019, quando

PRÁTICA PENAL – 10ª EDIÇÃO 137 EXERCÍCIOS PRÁTICOS

então este delito deixou de ostentar o rótulo de hediondo. Com a mudança operada na Lei de Crimes hediondos pelo Pacote Anticrime, temos que, atualmente, somente o crime de posse ou porte ilegal de arma de fogo de uso *proibido* é considerado hediondo (art. 1º, parágrafo único, II, da Lei 8.072/1990). Além disso, a Lei 13.964/2019 alterou a redação do art. 16 do Estatuto do Desarmamento, cujo *caput* agora somente contempla, como objeto material deste crime, arma de fogo, acessório o munição de uso *restrito* (pena de reclusão de 3 a 6 anos e multa). Se as condutas descritas no *caput* e no § 1º recaírem, a partir de agora, sobre arma de fogo de uso *proibido* (art. 16, § 2º, da Lei 10.826/2003), a pena será de reclusão de 4 a 12 anos, bem mais severa, portanto, que a do *caput*.

(OAB/Exame Unificado – 2009.2 – 2ª fase) O empresário João foi denunciado pela suposta prática de crime de sonegação fiscal, previsto no artigo 1º da Lei 8.137/1990. A denúncia foi recebida, não tendo havido o esgotamento da via administrativa na apuração do tributo devido. Em face dessa situação hipotética, apresente o fundamento jurídico para evitar o curso da ação penal.

RESOLUÇÃO DA QUESTÃO

As condutas previstas no art. 1º da Lei 8.137/1990 constituem crime material, na medida em que se exige, à sua consumação, prejuízo efetivo para o Estado, representado pela supressão ou redução do tributo. Esse é o entendimento firmado na Súmula Vinculante n. 24, cujo teor é o seguinte: "não se tipifica crime material contra a ordem tributária, previsto no art. 1º, incisos I a IV, da Lei nº 8.137/1990, antes do lançamento definitivo do tributo".

Desta feita, antes do esgotamento da via administrativa (lançamento definitivo do tributo), inexiste justa causa para a ação penal, porquanto não configurado o crime material. Esse entendimento, hoje consolidado com a edição da referida Súmula, já vinha sendo adotado pelas Cortes Superiores e pelos Tribunais estaduais há alguns anos.

Comentários adicionais:

Confira, a respeito do tema, o seguinte acórdão:

EMENTA: I. Crime material contra a ordem tributária (L. 8137/1990, art. 1º): lançamento do tributo pendente de decisão definitiva do processo administrativo: falta de justa causa para a ação penal, suspenso, porém, o curso da prescrição enquanto obstada a sua propositura pela falta do lançamento definitivo. 1. Embora não condicionada a denúncia à representação da autoridade fiscal (ADInMC 1571), falta justa causa para a ação penal pela prática do crime tipificado no art. 1º da L. 8137/1990 – que é material ou de resultado –, enquanto não haja decisão definitiva do processo administrativo de lançamento, quer se considere o lançamento definitivo uma condição objetiva de punibilidade ou um elemento normativo de tipo. 2. Por outro lado, admitida por lei a extinção da punibilidade do crime pela satisfação do tributo devido, antes do recebimento da denúncia (L. 9249/1995, art. 34), princípios e garantias constitucionais eminentes não permitem que, pela antecipada propositura da ação penal, se subtraia do cidadão os meios que a lei mesma lhe propicia para questionar, perante o Fisco, a exatidão do lançamento provisório, ao qual se devesse submeter para fugir ao estigma e às agruras de toda sorte do processo criminal. 3. No entanto, enquanto dure, por iniciativa do contribuinte, o processo administrativo suspende o curso da prescrição da ação penal por crime contra a ordem tributária que dependa do lançamento definitivo (HC 81.611 do STF).

(OAB/Exame Unificado – 2007.2 – 2ª fase) Valdir fotografou Célia, criança com 10 anos de idade, em poses eróticas e, em seguida, publicou as fotos na Internet. Ocorreu que, devido a problemas com o provedor, tais fotos ficaram na rede apenas por 10 segundos, tendo sido vistas por somente uma pessoa. Na situação hipotética acima descrita, é típica a conduta de Valdir? Fundamente a sua resposta.

RESOLUÇÃO DA QUESTÃO

Ao fotografar Célia, criança com 10 anos de idade, em poses eróticas, Valdir incorreu nas penas do art. 240 do Estatuto da Criança e do Adolescente (Lei 8.069/1990).

Ocorre que o agente, depois disso, publicou as fotos por ele tiradas na internet, que ali permaneceram por período curto, mas suficiente para que fossem vistas por uma pessoa, o que configura o delito capitulado no art. 241-A do ECA.

Comentários adicionais:

A redação dos dispositivos acima referidos, dentre outros, foi alterada por força da Lei 11.829/08, que teve como escopo aperfeiçoar o sistema de proteção conferido às crianças e adolescentes, com a criação de tipos penais que levam em conta o atual estágio de nossa civilização em relação à rede mundial de computadores.

(OAB/Exame Unificado – 2007.1 – 2ª fase) Se o ato infracional praticado pelo adolescente, primário, equipara-se ao crime de tráfico de entorpecente, assemelhado aos hediondos, é legítima a aplicação de medida de internação, considerando que a infração está revestida da mesma gravidade? Fundamente sua resposta.

RESOLUÇÃO DA QUESTÃO

A simples alusão à gravidade do fato praticado (delito assemelhado a hediondo) não justifica a *medida de internação*, que constitui, nos termos do art. 121, *caput*, do Estatuto da Criança e do Adolescente, providência de caráter excepcional.

Além disso, a medida de internação, em consonância com o disposto no artigo 122 do ECA, somente terá lugar quando se tratar de ato infracional cometido mediante grave ameaça ou violência a pessoa; por reiteração no cometimento de outras infrações graves; bem assim na hipótese de descumprimento reiterado e injustificável de medida anteriormente imposta.

Assim, em vista do exposto, a aplicação de medida de internação revela-se ilegítima, pois o ato infracional praticado pelo adolescente, primário, não se enquadra nas hipóteses do art. 122 do ECA – Lei 8.069/1990.

Comentários adicionais:

Consagrando esse entendimento, o STJ editou a Súmula n. 492: "O ato infracional análogo ao tráfico de drogas, por si só, não conduz obrigatoriamente à imposição de medida socioeducativa de internação"

Confira, sobre o tema, o seguinte acórdão:

PENAL. *HABEAS CORPUS* SUBSTITUTIVO DE RECURSO ESPECIAL. NÃO CABIMENTO. ECA. ATO INFRACIONAL EQUIPARADO AO DELITO DE TRÁFICO DE ENTORPECENTES. MEDIDA SOCIOEDUCATIVA DE INTERNAÇÃO. GRAVIDADE ABSTRATA. ART. 122 DO ECA. ROL TAXATIVO. CONSTRANGIMENTO ILEGAL EVIDENCIADO. 1. O Supremo Tribunal Federal, por sua Primeira Turma, e a Terceira Seção deste Superior Tribunal de Justiça, diante da utilização crescente e sucessiva do habeas corpus, passaram a restringir a sua admissibilidade quando o ato ilegal for passível de impugnação pela via recursal própria, sem olvidar a possibilidade de concessão da ordem, de ofício, nos casos de flagrante ilegalidade. Esse entendimento objetivou preservar a utilidade e a eficácia do *mandamus*, que é o instrumento constitucional mais importante de proteção à liberdade individual do cidadão ameaçada por ato ilegal ou abuso de poder, garantindo a celeridade que o seu julgamento requer. 2. Dispõe o art. 122 do Estatuto da Criança e Adolescente que a aplicação de medida socioeducativa de internação é possível nas seguintes hipóteses: em

PRÁTICA PENAL – 10ª EDIÇÃO   139   EXERCÍCIOS PRÁTICOS

razão da prática de ato infracional praticado mediante grave ameaça ou violência contra a pessoa; pela reiteração no cometimento de outras infrações graves; ou pelo descumprimento reiterado e injustificado de medida anteriormente imposta. 3. O ato infracional análogo ao tráfico de drogas, por si só, não conduz obrigatoriamente à imposição de medida socioeducativa de internação do adolescente, conforme consignado pelo Enunciado n. 492 da Súmula do STJ. 4. A medida socioeducativa extrema está autorizada nas hipóteses taxativamente elencadas no art. 122 do Estatuto da Criança e do Adolescente, o que denota a ilegalidade da constrição determinada em desfavor do ora paciente, com base na gravidade abstrata do ato infracional. 5. As circunstâncias do caso concreto, contudo, especialmente se considerado que foram apreendidos, em poder do paciente – que agiu em associação, 85 (oitenta) porções de crack, com peso aproximado de 38,07g (trinta e oito gramas e sete decigramas), não havendo notícia de que seja reincidente, o que evidencia a necessidade de aplicação da medida de semiliberdade. 6. *Habeas corpus* não conhecido. Ordem concedida de ofício para que seja aplicada ao paciente medida socioeducativa de semiliberdade. (HC 351.544/ SP, Rel. Ministro ANTONIO SALDANHA PALHEIRO, SEXTA TURMA, julgado em 14/06/2016, DJe 22/06/2016).

(OAB/Exame Unificado – 2006.3 – 2ª fase) Um advogado faz contato com um certo casal estrangeiro – ainda no exterior –, procura crianças "adotáveis" em comunidades de baixa renda, convence seus pais a doá-las e organiza toda a estrutura do encontro – transporte, alimentação, hospedagem – entre os pais das crianças e o casal estrangeiro, com o claro fito de obter lucro. Considerando a situação hipotética acima, tipifique a conduta do advogado. Fundamente a sua resposta apontando o objeto jurídico tutelado e o sujeito ativo do delito.

> ## RESOLUÇÃO DA QUESTÃO
>
> Em vista da situação hipotética acima narrada, o advogado praticou a conduta capitulada no art. 239 do Estatuto da Criança e do Adolescente (Lei 8.069/1990), tendo em conta que promoveu, com o propósito de obter lucro, ato destinado ao envio de criança para o exterior com inobservância das formalidades legais.
>
> A tutela penal, aqui, é voltada ao interesse estatal em que a criança ou adolescente não seja submetido a um processo de adoção internacional clandestino, com inobservância das formalidades legais ou ainda com o propósito de obter lucro. Ou seja, objetiva-se evitar o tráfico internacional de crianças.
>
> No que concerne ao sujeito ativo, trata-se de crime comum. Pode, pois, ser praticado por qualquer pessoa, não exigindo do agente nenhuma condição especial.

2. DIREITO PROCESSUAL PENAL

2.1. Inquérito policial e outras formas de investigação criminal

(OAB/Exame Unificado – 2010.1 – 2ª fase) A autoridade policial titular da delegacia de combate aos delitos contra o patrimônio de determinado município instaurou inquérito para a apuração da prática de crime contra certo comerciante local, que teve seu estabelecimento furtado há quase oito anos. As investigações desenvolvem-se de forma lenta, pois várias diligências foram efetuadas em outras circunscrições policiais da mesma comarca, razão pela qual o delegado responsável pelo caso constantemente vale-se da expedição de cartas precatórias e requisições para as autoridades policiais dessas unidades, a fim de cumprir os atos necessários ao esclarecimento do delito. Em uma dessas diligências, houve demora de mais de um ano para promover a oitiva de apenas uma testemunha. Apesar do tempo transcorrido, a polícia ainda não dispõe de elementos capazes de

EDUARDO DOMPIERI

identificar a autoria do delito. O comerciante não mantinha, em seu estabelecimento, sistema de segurança pessoal nem sistema eletrônico de segurança, não dispondo, assim, de nenhuma prova da autoria dos fatos. Dada a iminência do fim do prazo prescricional, o referido comerciante solicitou orientação a profissional da advocacia, no intuito de tomar alguma providência para a punição dos criminosos.

Em face dessa situação hipotética, responda, de forma fundamentada, aos seguintes questionamentos.

- Diante da necessidade de cumprir diligências em outra circunscrição, a autoridade policial poderia ordená-las diretamente sem a expedição de carta precatória ou de requisições?
- Seria viável, na hipótese, intentar ação penal privada subsidiária da pública?

RESOLUÇÃO DA QUESTÃO

O comando inserto no art. 22 do CPP autoriza o ingresso do delegado de polícia e de seus agentes na circunscrição de outra autoridade policial, independente da expedição de precatórias ou requisições, desde que para a colheita de provas necessárias à instrução do inquérito policial. Assim, a autoridade policial, no caso hipotético acima, poderia, sim, prescindir da expedição de precatórias e requisições, determinando diretamente as diligências necessárias ao esclarecimento dos fatos.

É verdade que o art. 4º do CPP prescreve que a Polícia Judiciária será exercida pelas autoridades policiais no território de suas respectivas circunscrições, mas também é fato que a norma contida no art. 22 do CPP visa a conferir ao inquérito policial, ao permitir que a autoridade ingresse na circunscrição de outra, desde que na mesma comarca, mais agilidade.

Autoriza o art. 22, segunda parte, do CPP que a autoridade policial, quando em diligência em outra circunscrição que não a sua, diante de um fato ocorrido na sua presença, tome as providências que julgar necessárias em vista do caso concreto, até a chegada da autoridade com atribuição para o local.

A ação penal privada subsidiária da pública, a que aludem os arts. 5º, LIX, da CF e 29 do CPP, pressupõe desídia, falta de iniciativa do órgão acusatório.

Não é o que se verifica na situação hipotética acima.

Com efeito, o inquérito, ainda não concluído pela autoridade policial, não reúne os elementos mínimos para a propositura da ação penal exigidos pelo art. 41 do CPP, já que a autoria delitiva não foi estabelecida. Além disso, o comerciante não dispõe de outros elementos de prova que possam contribuir para o esclarecimento dos fatos.

A ação penal privada subsidiária da pública somente teria lugar se os autos de inquérito, já concluídos, fossem remetidos ao órgão do Ministério Público e este, em vez de ofertar a denúncia, requerer o arquivamento do inquérito ou ainda pleitear a devolução dos autos à autoridade policial para outras diligências, deixasse de tomar qualquer providência dentro do prazo legal.

Comentários adicionais:

Quanto à ação penal privada subsidiária, cuja incidência, em provas da OAB e concursos em geral, é recorrente, valem alguns esclarecimentos.

Segundo posicionamento doutrinário e jurisprudencial pacífico, a propositura da ação penal privada subsidiária da pública tem como pressuposto, conforme dissemos acima, a ocorrência de desídia do membro do Ministério Público,

PRÁTICA PENAL – 10ª EDIÇÃO   141   EXERCÍCIOS PRÁTICOS

que deixa de promover a ação penal dentro do prazo estabelecido em lei. Bem por isso, não há que se falar nesta modalidade de ação privada na hipótese de o representante do MP promover o arquivamento dos autos de inquérito policial, e bem assim quando requerer o retorno dos autos de inquérito à Delegacia de Polícia para a realização de diligências complementares. Não há, nestes dois casos, inércia por parte do representante do *parquet*. Conferir o magistério de Guilherme de Souza Nucci: "(...) é inaceitável que o ofendido, porque o inquérito foi arquivado, a requerimento do Ministério Público, ingresse com ação penal privada subsidiária da pública. A titularidade da ação penal não é, nesse caso, da vítima e a ação privada, nos termos do art. 29, somente é admissível quando o órgão acusatório estatal deixa de intentar a ação penal, no prazo legal, mas não quando age, pedindo o arquivamento. Há, pois, diferença substancial entre não agir e manifestar-se pelo arquivamento, por crer inexistir fundamento para a ação penal" (*Código de Processo Penal Comentado*, 17ª ed., p. 146).

Na jurisprudência: "PENAL. AÇÃO PENAL PRIVADA SUBSIDIÁRIA DA PÚBLICA. INÉRCIA DO MINISTÉRIO PÚBLICO. COMPROVAÇÃO INEQUÍVOCA. REQUISITO ESSENCIAL. MINISTÉRIO PÚBLICO. TITULAR DA AÇÃO PENAL. PEDIDO DE ARQUIVAMENTO. ACOLHIMENTO OBRIGATÓRIO. 1. A comprovação inequívoca da inércia do Ministério Público é requisito essencial para justificar o ajuizamento da ação penal privada subsidiária da pública. 2. O pedido de arquivamento do feito, formulado pelo Ministério Público, titular da ação penal, não pode ser discutido, senão acolhido. Precedentes do STF e do STJ. 3. Agravo regimental não provido" (STJ – AgRg na APn: 557 DF 2008/0269543-6, Relator: Ministra NANCY ANDRIGHI, Data de Julgamento: 06.10.2010, CE – CORTE ESPECIAL, Data de Publicação: *DJe* 09.11.2010).

(OAB/Exame Unificado – 2006.2 – 2ª fase) Considere que determinada autoridade policial não permitiu que certo advogado tivesse acesso aos autos de um inquérito policial conduzido sob sigilo. Diante dessa situação hipotética, redija um texto, de forma justificada, a respeito de cabimento ou não de *habeas corpus*. Aborde, em seu texto, características da investigação policial. Extensão máxima: 30 linhas

RESOLUÇÃO DA QUESTÃO

O inquérito policial é, conforme reza o art. 20, *caput*, do CPP, sigiloso. Significa dizer, portanto, que o inquérito não se submete à publicidade inerente ao processo. Dessa forma, deve a autoridade policial a quem incumbe a presidência do feito cuidar para que seja mantido o sigilo necessário à elucidação do crime sob investigação.

Tal sigilo, evidentemente, não se estende ao membro do Ministério Publico tampouco à autoridade judiciária.

Ocorre que, a teor do art. 7º, XIV, da Lei 8.906/1994 (Estatuto da Advocacia), constitui direito do advogado, entre outros: "examinar, em qualquer instituição responsável por conduzir investigação, mesmo sem procuração, autos de flagrante e de investigações de qualquer natureza, findos ou em andamento, ainda que conclusos à autoridade, podendo copiar peças e tomar apontamentos, em meio físico ou digital". Assim, não poderia a autoridade policial negar ao advogado acesso aos autos de inquérito policial, ainda que classificado como sigiloso, visto que tal, além de infringir o direito contido no dispositivo acima, tornaria sem efeito a garantia do investigado insculpida no art. 5º, LXIII, da CF.

Ademais disso, como tem sido reconhecido na jurisprudência, é caso de impetração de *habeas corpus*, na medida em que o fato de se negar ao advogado acesso ao inquérito policial pode gerar prejuízo ao réu na fase processual e, em princípio, redundar em condenação a pena privativa de liberdade, o que já se mostra suficiente para justificar o uso do remédio heroico.

EDUARDO DOMPIERI

142

O advogado a quem foi negado acesso aos autos do inquérito também pode impetrar mandado de segurança, com o fito de que lhe seja assegurado o direito líquido e certo de examinar a peça inquisitorial.

Por fim, além de *sigiloso*, o inquérito policial é: *inquisitivo* (a autoridade policial procederá às investigações com discricionariedade); *indisponível* (a autoridade não está credenciada a arquivar autos de inquérito policial – art. 17, CPP); *procedimento escrito* (as peças do inquérito serão reduzidas a escrito ou datilografadas – art. 9º, CPP); e *oficial* (é procedimento levado a efeito por órgãos oficiais).

Comentários adicionais:

Sobre o assunto, o Supremo Tribunal Federal editou a Súmula Vinculante nº 14, a seguir transcrita: "É direito do defensor, no interesse do representado, ter acesso amplo aos elementos de prova que, já documentados em procedimento investigatório realizado por órgão com competência de polícia judiciária, digam respeito ao exercício do direito de defesa".

É bom lembrar que, do ato administrativo ou da decisão judicial que contrariar súmula vinculante, caberá, a teor do art. 103-A, § 3º, da CF, reclamação diretamente ao Supremo Tribunal Federal.

No mais, vale o registro de que a redação original do art. 7º, XIV, da Lei 8.906/1994 (Estatuto da Advocacia) não mais está em vigor.

Confira, a seguir, sobre o tema, os seguintes acórdãos:

EMENTA: PROCESSUAL PENAL. *HABEAS CORPUS*. SÚMULA 691 DO SUPREMO TRIBUNAL FEDERAL. SUPERAÇÃO. POSSIBILIDADE. FLAGRANTE ILEGALIDADE. CARACTERIZAÇÃO. ACESSO DOS ACUSADOS A PROCEDIMENTO INVESTIGATIVO SIGILOSO. POSSIBILIDADE SOB PENA DE OFENSA AOS PRINCÍPIOS DO CONTRADITÓRIO, DA AMPLA DEFESA. PRERROGATIVA PROFISSIONAL DOS ADVOGADOS. ART. 7, XIV, DA LEI 8.906/1994. ORDEM CONCEDIDA. I – O acesso aos autos de ações penais ou inquéritos policiais, ainda que classificados como sigilosos, por meio de seus defensores, configura direito dos investigados. II – A oponibilidade do sigilo ao defensor constituído tornaria sem efeito a garantia do indiciado, abrigada no art. 5º, LXIII, da Constituição Federal, que lhe assegura a assistência técnica do advogado. III – Ademais, o art. 7º, XIV, do Estatuto da OAB estabelece que o advogado tem, dentre outros, o direito de "examinar em qualquer repartição policial, mesmo sem procuração, autos de flagrante e de inquérito, findos ou em andamento, ainda que conclusos à autoridade, podendo copiar peças e tomar apontamentos". IV – Caracterizada, no caso, a flagrante ilegalidade, que autoriza a superação da Súmula 691 do Supremo Tribunal Federal. V – Ordem concedida. (HC 94387, STF)

EMENTA: I. *Habeas corpus*: cabimento: cerceamento de defesa no inquérito policial. 1. O cerceamento da atuação permitida à defesa do indiciado no inquérito policial poderá refletir-se em prejuízo de sua defesa no processo e, em tese, redundar em condenação a pena privativa de liberdade ou na mensuração desta: a circunstância é bastante para admitir-se o *habeas corpus* a fim de fazer respeitar as prerrogativas da defesa e, indiretamente, obviar prejuízo que, do cerceamento delas, possa advir indevidamente à liberdade de locomoção do paciente. 2. Não importa que, neste caso, a impetração se dirija contra decisões que denegaram mandado de segurança requerido, com a mesma pretensão, não em favor do paciente, mas dos seus advogados constituídos: o mesmo constrangimento ao exercício da defesa pode substantivar violação à prerrogativa profissional do advogado – como tal, questionável mediante mandado de segurança – e ameaça, posto que mediata, à liberdade do indiciado – por isso legitimado a figurar como paciente no *habeas corpus* voltado a fazer cessar a restrição à atividade dos seus defensores. II. Inquérito policial: inoponibilidade ao advogado do indiciado do direito de vista dos autos do inquérito policial. 1. Inaplicabilidade da garantia constitucional do contraditório e da ampla defesa ao inquérito policial, que não é processo, porque não destinado a decidir litígio algum, ainda que na esfera administrativa; existência, não obstante, de direitos fundamentais

PRÁTICA PENAL – 10ª EDIÇÃO 143 EXERCÍCIOS PRÁTICOS

do indiciado no curso do inquérito, entre os quais o de fazer-se assistir por advogado, o de não se incriminar e o de manter-se em silêncio. 2. Do plexo de direitos dos quais é titular o indiciado – interessado primário no procedimento administrativo do inquérito policial –, é corolário e instrumento a prerrogativa do advogado de acesso aos autos respectivos, explicitamente outorgada pelo Estatuto da Advocacia (L. 8906/1994, art. 7º, XIV), da qual – ao contrário do que previu em hipóteses assemelhadas – não se excluíram os inquéritos que correm em sigilo: a irrestrita amplitude do preceito legal resolve em favor da prerrogativa do defensor o eventual conflito dela com os interesses do sigilo das investigações, de modo a fazer impertinente o apelo ao princípio da proporcionalidade. 3. A oponibilidade ao defensor constituído esvaziaria uma garantia constitucional do indiciado (CF, art. 5º, LXIII), que lhe assegura, quando preso, e pelo menos lhe faculta, quando solto, a assistência técnica do advogado, que este não lhe poderá prestar se lhe é sonegado o acesso aos autos do inquérito sobre o objeto do qual haja o investigado de prestar declarações. 4. O direito do indiciado, por seu advogado, tem por objeto as informações já introduzidas nos autos do inquérito, não as relativas à decretação e às vicissitudes da execução de diligências em curso (cf. L. 9296, atinente às interceptações telefônicas, de possível extensão a outras diligências); dispõe, em consequência a autoridade policial de meios legítimos para obviar inconvenientes que o conhecimento pelo indiciado e seu defensor dos autos do inquérito policial possa acarretar à eficácia do procedimento investigatório. 5. *Habeas corpus* deferido para que aos advogados constituídos pelo paciente se faculte a consulta aos autos do inquérito policial, antes da data designada para a sua inquirição. (HC 82354, em branco, STF)

2.2. Ação penal e ação civil

(OAB/Exame Unificado 2018.2 – 2ª fase) Larissa, revoltada com o comportamento de Renata, ex-namorada de seu companheiro, foi, em 20 de julho de 2017, até a rua em que esta reside. Verificando que o automóvel de Renata estava em via pública, Larissa quebra o vidro dianteiro do veículo, exatamente com a intenção de deteriorar coisa alheia. Na manhã seguinte, Renata constatou o dano causado ao seu carro, mas não identificou, em um primeiro momento, quem seria o autor do crime. Solicitou, então, a instauração de inquérito policial, em 25 de julho de 2017. Após diligências, foi identificado, em 23 de outubro de 2017, que Larissa seria a autora do fato e que o prejuízo era de R$ 150,00, tendo sido a informação imediatamente passada à vítima Renata.

Com viagem marcada, Renata somente procurou seu advogado em 21 de fevereiro de 2018, informando sobre o interesse em apresentar queixa-crime em face da autora dos fatos. Assim, o advogado de Renata apresentou queixa-crime em face de Larissa, imputando o crime do Art. 163, *caput*, do Código Penal, em 28 de fevereiro de 2018, perante o Juizado Especial Criminal competente, tendo sido proferida decisão pelo magistrado de rejeição da queixa, em razão da decadência, em 07/03/2018. A defesa técnica é intimada da decisão.

Considerando as informações narradas, na condição de advogado(a) de Renata, responda aos itens a seguir.

A) Qual o recurso cabível da decisão de rejeição da queixa-crime apresentada por Renata? Indique o fundamento legal e o prazo de interposição. (Valor: 0,65)

B) Qual o argumento para combater o mérito da decisão do magistrado de rejeição da denúncia? Justifique. (Valor: 0,60)

Obs.: o(a) examinando(a) deve fundamentar as respostas. A mera citação do dispositivo legal não confere pontuação.

EDUARDO DOMPIERI

GABARITO COMENTADO – EXAMINADORA

A) O recurso cabível da decisão de rejeição da queixa-crime é o recurso de apelação, com prazo de 10 dias, conforme previsão do Art. 82 da Lei n° 9.099/95. O advogado de Renata apresentou queixa-crime em face de Larissa pela prática do crime de dano simples, delito esse de menor potencial ofensivo, logo aplicáveis as previsões da Lei n° 9.099/95. Da decisão de rejeição da denúncia ou queixa, como regra, caberá recurso em sentido estrito, no prazo de 05 dias, conforme o Art. 581, inciso I, do CPP. Todavia, o procedimento sumaríssimo dos Juizados Especiais Criminais prevê peculiaridades que o afasta do procedimento comum ordinário do CPP. De acordo com o Art. 82 da Lei n° 9.099/95, da sentença e da decisão de rejeição de denúncia ou queixa caberá recurso de apelação, sempre com o prazo de 10 dias.

B) O argumento para combater a decisão do magistrado é o de que a contagem do prazo decadencial somente se inicia na data do conhecimento da autoria do crime e não necessariamente na data dos fatos. Em sendo crime de ação penal privada, o dano está sujeito ao prazo decadencial de 06 meses previsto no Art. 38 do CPP. Ocorre que este dispositivo estabelece que tal prazo somente se iniciará no dia em que o ofendido vier a saber quem é o autor do crime e não da data dos fatos. Na situação apresentada, Renata somente tomou conhecimento da autoria em 23 de outubro de 2017, de modo que nesse dia o prazo se iniciou, e não em 20 de julho de 2017. Dessa forma, não há que se falar em decadência.

(OAB/Exame Unificado – 2015.1 – 2ª fase) Em uma discussão de futebol, Rubens e Enrico, em comunhão de ações e desígnios, chamaram Eduardo de "ladrão" e "estelionatário", razão pela qual Eduardo formulou uma queixa-crime em face de ambos.

No curso da ação penal, porém, Rubens procurou Eduardo para pedir desculpas pelos seus atos, razão pela qual Eduardo expressamente concedeu perdão do ofendido em seu favor, sendo esse prontamente aceito e, consequentemente, extinta a punibilidade de Rubens. Eduardo, contudo, se recusou a conceder o perdão para Enrico, pois disse que não era a primeira vez que o querelado tinha esse tipo de atitude.

Considerando apenas as informações narradas, responda aos itens a seguir.

A) Qual o crime praticado, em tese, por Rubens e Enrico? (Valor: 0,60)

B) Que argumento poderá ser formulado pelo advogado de Enrico para evitar sua punição? (Valor: 0,65)

Responda justificadamente, empregando os argumentos jurídicos apropriados e a fundamentação legal *pertinente ao caso.*

GABARITO COMENTADO – EXAMINADORA

A) O crime praticado por Rubens e Enrico foi o de injúria, na forma do Art. 140 do Código Penal. Apesar das ofensas serem relacionadas à pessoa que pratica crimes, já que Eduardo foi chamado de "ladrão" e "estelionatário", não há que se falar em crime de calúnia. A calúnia exige, para sua configuração, que seja atribuída ao ofendido a prática de determinado fato que configure crime. No caso, porém, não foram atribuídos fatos, mas sim qualidades pejorativas. Em razão disso, o crime praticado foi o de injúria.

PRÁTICA PENAL – 10ª EDIÇÃO　　　　145　　　　EXERCÍCIOS PRÁTICOS

B) O argumento a ser formulado pela defesa é o de que o perdão do ofendido oferecido a um dos querelados a todos aproveita (Art. 51 do CPP), gerando a extinção da punibilidade dos coautores, caso seja aceito (Art. 107, V, do CP). Ao conceder perdão para Rubens, necessariamente esse perdão deve ser estendido para

Enrico, de modo que, com sua aceitação, haverá extinção da sua punibilidade.

Distribuição dos Pontos:

ITEM	PONTUAÇÃO
A) O crime é de injúria (0,30), pois apenas foi atribuída qualidade negativa e não houve narração de um fato delitivo (0,20), conforme o Art. 140 do CP (0,10). *Obs.: a mera citação do dispositivo legal não será pontuada.*	0,00/0,30/0,40/0,50/0,60
B) O argumento a ser apresentado é de que o perdão do ofendido concedido a um dos querelados a todos aproveita, desde que aceito (0,55), na forma do Art. 51, do CPP OU do Art. 106, I, do CP (0,10). *Obs.: a mera citação do dispositivo legal não será pontuada.*	0,00/0,55/0,65

Comentários adicionais:

Distinção entre os crimes contra a honra: o ato consistente em chamar alguém de ladrão e estelionatário configura o crime de *injúria*. A *calúnia*, crime contra a honra objetiva previsto no art. 138 do CP, pressupõe, assim como a *difamação*, a imputação de fato determinado; criminoso, no caso da calúnia, e desabonador, no caso da difamação. Diferentemente, a *injúria*, crime previsto no art. 140 do CP, é o xingamento, a atribuição de qualidade negativa. É a ofensa à honra subjetiva. Não há, neste crime contra a honra, imputação de fato.

(OAB/Exame Unificado – 2010.1 – 2ª fase) Em 27/8/2009, na cidade de Goiânia – GO, o servidor público federal Lucas, motorista do Ministério da Saúde, no exercício de suas funções e no horário de expediente, atropelou e matou Almir, na faixa de pedestres. Instaurado e concluído o inquérito policial, com regular tramitação, foi o servidor denunciado pela prática do crime de homicídio culposo.

Após recebimento da denúncia, o feito transcorreu em perfeita obediência aos comandos legais e resultou na condenação de Lucas. O magistrado, ao proferir a sentença penal condenatória, fixou, desde logo, o valor mínimo para a reparação dos danos causados pela infração, considerando os prejuízos sofridos pelo ofendido e devidamente comprovados no processo, nos expressos termos do art. 387, inciso IV, do Código de Processo Penal (CPP). Inconformado, Lucas apelou, encontrando-se o recurso pendente de julgamento.

Em face dessa situação hipotética, responda, com fundamento no atual disciplinamento do CPP, às seguintes indagações.

• O valor fixado pelo juiz na sentença penal condenatória poderá ser objeto imediato de execução?

• O valor fixado pelo juiz criminal impede que os herdeiros de Almir promovam a liquidação do julgado para a apuração do dano efetivamente sofrido?

EDUARDO DOMPIERI

RESOLUÇÃO DA QUESTÃO

Em vista da disciplina estabelecida no art. 63 do CPP, que cuida da ação civil *ex delicto*, o valor fixado pelo juiz na sentença penal condenatória somente poderá ser objeto de execução após operar-se o trânsito em julgado.

Além disso, em consonância com o disposto no art. 387, IV, do CPP, tendo em vista os prejuízos sofridos pela vítima, o juiz, ao proferir a sentença, fixará valor mínimo para a reparação dos danos gerados pela infração.

De outro lado, o valor estabelecido pelo juiz criminal não impede que os herdeiros de Almir promovam a liquidação do julgado para a apuração do dano efetivamente sofrido, faculdade esta conferida pelo art. 63, parágrafo único, do CPP. Em outras palavras, podem os herdeiros de Almir pleitear valor superior àquele fixado pelo juiz criminal.

Comentários adicionais:

Obtida, na esfera penal, a sentença condenatória definitiva, não mais se discute culpa no juízo cível, mas, sim, o *quantum* necessário à satisfação do prejuízo experimentado pela vítima.

(OAB/Exame Unificado – 2007.3 – 2ª fase) José foi preso em flagrante pela prática de crime de roubo. Concluído no prazo previsto em lei, o inquérito policial foi encaminhado ao juiz, que considerou a prisão em flagrante legal e remeteu-o ao Ministério Público. O representante do Ministério Público, após dez dias de vistas, não ofereceu denúncia, tendo solicitado que os autos fossem encaminhados à delegacia de polícia para o cumprimento de mais diligências. O requerimento foi deferido pelo juiz, que manteve a prisão de José. Considerando a situação hipotética acima, redija um texto dissertativo, avaliando a legalidade da prisão de José e indicando, justificadamente, que medida judicial seria a mais adequada para impugnar essa prisão.

RESOLUÇÃO DA QUESTÃO

O órgão do Ministério Público, em consonância com o disposto no art. 46, *caput*, do CPP, dispõe do prazo de cinco dias, estando o réu preso, para oferecimento de denúncia, contado da data em que receber os autos de inquérito policial.

O desrespeito ao prazo a que alude o dispositivo *supra* configura constrangimento ilegal, ensejando o relaxamento da prisão em flagrante, que se tornou, vencido o interregno que dispunha o Ministério Público para o oferecimento da denúncia, ilegal.

A devolução dos autos de inquérito policial à delegacia para o cumprimento de outras diligências somente deve se dar na hipótese de o indiciado encontrar-se solto. Se preso estiver, será o caso de constrangimento ilegal, como é a hipótese narrada acima, sendo, por conta disso, possível a impetração de *habeas corpus* (art. 648, II, do CPP).

Comentário do autor:

O art. 310 do CPP, com a redação que lhe deu a Lei 13.964/2019, impõe ao magistrado, quando da realização da audiência de custódia, o dever de manifestar-se *fundamentadamente, adotando uma das seguintes opções:* se se tratar de prisão ilegal, deverá o magistrado relaxá-la e determinar a soltura imediata do preso; se a prisão estiver em ordem, deverá o juiz, desde que entenda necessário ao processo, *converter a prisão em flagrante em preventiva,* sempre levando em conta os requisitos do art. 312 do CPP; conceder liberdade provisória, com ou sem fiança. Segundo estabelece a nova redação do *caput* do art. 310 do CPP, determinada pela Lei 13.964/2019, "após receber o auto de prisão em flagrante, no prazo máximo de 24 (vinte e quatro) horas após a realização da prisão, o juiz deverá promover audiência de custódia com a presença do acusado, seu advogado constituído ou membro da Defensoria Pública e o membro do Ministério Público, e, nessa audiência, o juiz deverá, fundamentadamente: (...)". Quanto ao tema "audiência de custódia", importante tecer algumas considerações. Embora não contemplada, de forma expressa, na CF/1988, a Convenção Americana sobre Direitos Humanos (Pacto de San José da Costa Rica), incorporado ao ordenamento jurídico brasileiro, em seu art. 7º (5), assim estabelece: "Toda pessoa presa, detida ou retida deve ser conduzida, sem demora, à presença de um juiz ou outra autoridade autorizada por lei a exercer funções judiciais (...)". O Conselho Nacional de Justiça, em parceria com o Tribunal de Justiça de São Paulo e também com o Ministério da Justiça, lançou e implementou o projeto "audiência de custódia", cujo propósito é assegurar ao preso o direito de ser apresentado, de forma rápida, a um juiz de direito, ao qual caberá analisar, entre outros aspectos, a legalidade da prisão em flagrante e também a necessidade de a mesma ser convertida em prisão preventiva. Para tanto, o CNJ editou a Resolução 213/2015, cujo art. 1º assim estabelece: *Determinar que toda pessoa presa em flagrante delito, independentemente da motivação ou natureza do ato, seja obrigatoriamente apresentada, em até 24 horas da comunicação do flagrante, à autoridade judicial competente, e ouvida sobre as circunstâncias em que se realizou sua prisão ou apreensão.* Recentemente, a Lei 13.964/2019, conhecida como Pacote Anticrime, contemplou a audiência de custódia, inserindo-a no art. 310 do CPP. Pela primeira vez, portanto, a audiência de custódia, objeto de tantos debates na comunidade jurídica, tem previsão legal. Como dissemos acima, até então esta matéria estava prevista tão somente na Resolução CNJ 213/2015. Mais recentemente, ao julgar, em sede de liminar, a Reclamação 29.303, da qual é relator, o ministro Edson Fachin impôs a realização de audiência de custódia para todas as modalidades prisionais, inclusive prisões preventivas, temporárias e definitivas, e não somente para os casos de prisão em flagrante.

2.3. Jurisdição e competência; conexão e continência

(OAB/Exame Unificado – 2019.1 – 2ª fase) Na manhã do dia 09 de outubro de 2018, Talles, na cidade de Bom Jesus de Itabapoana, praticou 03 crimes de furto simples em continuidade delitiva, subtraindo, do primeiro estabelecimento, dinheiro e uma arma de brinquedo; do segundo estabelecimento, uma touca ninja e um celular; e, do terceiro estabelecimento, uma motocicleta.

De posse dos bens subtraídos, Talles foi até a cidade de Cardoso Moreira, abordou Joana, que passava pela rua segurando seu celular, e, utilizando-se do simulacro da arma para emprego de grave ameaça e da touca, segurou- a pelos braços e subtraiu o celular de suas mãos. De imediato, Talles empreendeu fuga, mas Joana compareceu em sede policial, narrou o ocorrido e Talles foi localizado e preso em flagrante na cidade de São Fidélis, ainda na posse dos bens da vítima e da motocicleta utilizada.

Assegurado o direito ao silêncio e o acompanhamento da defesa técnica, Talles prestou declarações na delegacia e confessou integralmente os fatos, sendo ele indiciado pela prática dos crimes previstos no Art. 155, *caput,* por três vezes, n/f do Art. 71 do CP e do Art. 157, § 2º, inciso V, também do CP.

Considerando as informações expostas, responda, na condição de advogado(a) de Talles, aos itens a seguir.

A) Considerando que os delitos são conexos, de qual cidade será o juízo criminal competente para o julgamento de Talles? Justifique. **(Valor: 0,65)**

B) Qual o argumento de direito material para questionar a capitulação delitiva realizada pela autoridade policial? Justifique. **(Valor: 0,60)**

Obs.: o(a) examinando(a) deve fundamentar as respostas. A mera citação do dispositivo legal não confere pontuação.

GABARITO COMENTADO

A) Será competente para julgamento de Talles o juízo da Comarca de Cardoso Moreira, local onde teria sido praticado o crime de roubo. De acordo com as informações constantes do enunciado, três crimes de furto foram praticados em conexão com um crime de roubo, tendo em vista que o agente, em continuidade, subtraiu bens de estabelecimentos diversos para obter instrumentos para a prática do crime de roubo. A conexão probatória, então, é clara. Havendo conexão entre crimes que foram praticados em diferentes comarcas, sendo que todos os juízos seriam de mesma categoria, aplicam-se as previsões do Art. 78, inciso II, do Código de Processo Penal. Não há que se falar em competência da cidade de São Fidélis, pois nenhum dos crimes foi consumado do local, somente lá ocorrendo a prisão em flagrante. Restariam as cidades de Bom Jesus de Itabapoana e Cardoso Moreira. De acordo com o Art. 78, inciso II, alínea *a*, do CPP, o primeiro critério a ser observado é o local onde foi praticado o crime à qual for cominada a pena mais grave. O crime mais grave imputado é o de roubo majorado, logo competente a Comarca de Cardoso Moreira. O critério do número de crimes praticados somente seria relevante se a todos os delitos fosse prevista a mesma pena.

B) O argumento de direito material é o de que não haveria que se falar em crime de roubo majorado pela restrição da liberdade da vítima, tendo em vista que a restrição em questão foi a normal do tipo para subtração dos bens, não se estendendo por tempo significativo relevante, para além daquele necessário para a subtração, conforme exige a doutrina e a jurisprudência.

Distribuição de Pontos

ITEM	PONTUAÇÃO
A. Será competente o juízo da Comarca de Cardoso Moreira (0,35), local onde foi praticada a infração penal mais grave (0,20), nos termos do Art. 78, inciso II, alínea *a*, do CPP (0,10).	0,00/0,20/0,30/0,35/ 0,45/0,55/0,65
B. Não houve restrição da liberdade da vítima por tempo significativo/suficiente para ultrapassar o normal do tipo, devendo ser afastada a causa de aumento de pena (0,60).	0,00/0,60

(OAB/Exame Unificado – 2017.1 – 2ª fase) Na cidade de Porto Alegre, no Rio Grande do Sul, Maurício iniciou a execução de determinada contravenção penal que visava atingir e gerar prejuízo em detrimento de patrimônio de entidade autárquica federal, mas a infração penal não veio a se consumar por circunstâncias alheias à sua vontade.

Ao tomar conhecimento dos fatos, o Ministério Público dá início a procedimento criminal perante juízo do Tribunal Regional Federal com competência para atuar no local dos fatos, imputando ao agente a prática da contravenção penal em sua modalidade tentada, oferecendo, desde já, proposta de transação penal.

Maurício conversa com sua família e procura um(a) advogado(a) para patrocinar seus interesses, destacando que não tem interesse em aceitar transação penal, suspensão condicional do processo ou qualquer outro benefício despenalizador.

Com base apenas nas informações narradas e na condição de advogado(a) de Maurício, responda:

PRÁTICA PENAL – 10ª EDIÇÃO   149   EXERCÍCIOS PRÁTICOS

A) Considerando que a contravenção penal causaria prejuízo ao patrimônio de entidade autárquica federal, o órgão perante o qual o procedimento criminal foi iniciado é competente para julgamento da infração penal imputada? Justifique. **(Valor: 0,65)**

B) Qual argumento de direito material deverá ser apresentado para evitar a punição de Maurício? Justifique. **(Valor: 0,60)**

Obs.: o examinando deve fundamentar suas respostas. A mera citação do dispositivo legal não confere pontuação.

GABARITO COMENTADO – EXAMINADORA

A) Apesar de a contravenção penal causar prejuízo ao patrimônio de autarquia federal, a Justiça Federal não é competente para julgar a infração penal, tendo em vista que o Art. 109, inciso IV, da Constituição da República Federativa do Brasil prevê expressamente que a Justiça Federal terá competência para julgar infrações penais praticadas em detrimento de bens, serviços ou interesses da União e de suas entidades autárquicas e empresas públicas, **excluídas as contravenções penais**. Diferente da regra geral, as contravenções penais, ainda que nas circunstâncias do dispositivo acima mencionado, devem ser julgadas perante a Justiça Estadual, no caso, Juizado Especial Criminal Estadual.

B) Apesar de Maurício ter iniciado a execução de uma contravenção penal e a mesma não ter se consumado por circunstâncias alheias à vontade do agente, o que, em tese, configura tentativa, que, pela regra do Código Penal, impõe a punição pelo crime pretendido com redução de pena, na hipótese apresentada, a infração penal que não restou consumada foi uma contravenção. Nos termos do previsto no Art. 4º do Decreto-Lei 3.688/41, não se pune a tentativa de contravenção penal. Assim, no momento em que Maurício não conseguiu consumar o delito por circunstâncias alheias à sua vontade, sua conduta não é punível.

Distribuição dos Pontos:

ITEM	PONTUAÇÃO
A) Não, a Justiça Federal não é competente para julgamento de contravenções penais, ainda que praticadas em detrimento de bens, serviços e patrimônios de entidade autárquica da União (0,55), nos termos do Art. 109, inciso IV, da CRFB/88 **OU** Súmula 38 STJ (0,10).	0,00/0,55/0,65
B) O argumento a ser apresentado é que não se pune a tentativa de contravenção penal (0,50), nos termos do Art. 4º do DL 3.688/41 (0,10).	0,00/0,50/0,60

(OAB/Exame Unificado – 2014.2 – 2ª fase) Daniel, Ana Paula, Leonardo e Mariana, participantes da quadrilha "X", e Carolina, Roberta, Cristiano, Juliana, Flavia e Ralph, participantes da quadrilha "Y", fazem parte de grupos criminosos especializados em assaltar agências bancárias. Após intensos estudos sobre divisão de tarefas, locais, armas, bancos etc., ambos os grupos, sem ciência um do outro, planejaram viajar até a pacata cidade de Arroizinho com o intuito de ali realizarem o roubo. Cumpre ressaltar que, na cidade de Arroizinho, havia apenas duas únicas agências bancárias, a saber: uma agência do Banco do Brasil, sociedade de economia mista, e outra da Caixa Econômica Federal, empresa pública federal. No dia marcado, os integrantes da quadrilha "X" praticaram o crime objetivado contra o Banco do Brasil; os integrantes da quadrilha "Y" o fizeram contra a Caixa Econômica Federal. Cada grupo, com sua conduta, conseguiu auferir a vultosa quantia de R$ 1.000.000,00 (um milhão de reais).

EDUARDO DOMPIERI

Nesse caso, atento tão somente aos dados contidos no enunciado, responda fundamentadamente de acordo com a Constituição:

A) Qual a justiça competente para o processo e julgamento do crime cometido pela quadrilha "Y"? (Valor: 0,65)

B) Qual a justiça competente para o processo e julgamento do crime cometido pela quadrilha "X"? (Valor: 0,60)

GABARITO COMENTADO – EXAMINADORA

A Constituição da República, em seu artigo 109, IV, estabelece que compete à Justiça Federal o julgamento das infrações penais praticadas em detrimento de bens, serviços ou interesse da União ou de suas entidades autárquicas ou empresas públicas. Trata-se de competência determinada *ratione personae*. Assim, para se estabelecer a competência de julgamento dos crimes mencionados no enunciado, o examinando deverá, em primeiro lugar, levar em consideração a natureza jurídica da pessoa lesada.

Destarte, no caso do item "A", a competência para julgamento do crime em que foi lesada a CEF é da Justiça Federal, nos termos do art. 109, IV da CRFB/88.

Relativamente ao item "B", levando-se em conta que o lesado foi o Banco do Brasil, a competência para o julgamento do crime praticado é da Justiça Estadual, pois, como visto anteriormente, referida instituição está fora do alcance da regra insculpida no artigo 109, IV da CF, sendo certo que a competência da Justiça Estadual é residual. Além disso, há o verbete 42 da Súmula do STJ sobre o tema: "Compete à Justiça Comum Estadual processar e julgar as causas cíveis em que é parte sociedade de economia mista e os crimes praticados em seu detrimento."

Distribuição dos Pontos:

ITEM	PONTUAÇÃO
A) Justiça Federal (0,55), conforme disposto no Art. 109, IV da CRFB/88 (0,10). *Obs.: a mera indicação de artigo ou súmula não pontua.*	0,00 / 0,55 / 0,65
B) Justiça Estadual (0,50), pois o BB está fora do alcance da regra insculpida no artigo 109, IV da CF, sendo certo que a competência da Justiça Estadual é residual (0,10) OU Justiça Estadual (0,50), nos termos do verbete 42 da Súmula do STJ (0,10). *Obs.: a mera indicação de artigo ou súmula não pontua.*	0,00 /0,50 / 0,60

(OAB/Exame Unificado – 2014.1 – 2ª fase) Jeremias foi preso em flagrante, no Aeroporto Internacional de Arroizinhos, quando tentava viajar para Madri, Espanha, transportando três tabletes de cocaína. Quando já havia embarcado na aeronave, foi "convidado" por Agentes da Polícia Federal a se retirar do avião e acompanhá-los até o local onde se encontravam as bagagens. Lá chegando, foi solicitado a Jeremias que reconhecesse e abrisse sua bagagem, na qual foram encontrados, dentro da capa que acondicionava suas pranchas de surf, três tabletes de cocaína. Por essa razão, Jeremias foi processado e, ao final, condenado pela Justiça Federal de Arroizinhos por tráfico internacional de entorpecentes.

Após o trânsito em julgado da sentença condenatória, foi expedido o mandado de prisão e Jeremias foi recolhido ao estabelecimento prisional sujeito à administração estadual, já que em Arroizinhos não há estabelecimento prisional federal. Transcorrido o prazo legal e, tendo em vista que Jeremias preenchia os demais requisitos previstos na legislação, seu advogado deseja requerer a mudança para regime prisional menos severo.

Responda de forma fundamentada, de acordo com a jurisprudência sumulada dos Tribunais Superiores: Qual Justiça é competente para processar e julgar o pedido de Jeremias? **(Valor: 1,25)**

A mera indicação da Súmula não pontua.

GABARITO COMENTADO – EXAMINADORA

Não obstante Jeremias ter sido condenado pela Justiça Federal, a competência para o processamento do pedido é da Justiça Estadual, haja vista que Jeremias cumpre pena em estabelecimento sujeito à jurisdição ordinária; daí a transferência de competência da execução penal para a Justiça Estadual, conforme preceitua a Súmula 192 do Superior Tribunal de Justiça.

SÚMULA 192 – Compete ao Juízo das Execuções Penais do Estado a execução das penas impostas a sentenciados pela Justiça Federal, Militar ou Eleitoral, quando recolhidos a estabelecimentos sujeitos à administração estadual.

Distribuição dos Pontos:

ITEM	PONTUAÇÃO
A competência é da Justiça Estadual **(0,85)**, conforme preceitua a Súmula 192 do STJ (0,40). *Obs.: a mera indicação da Súmula não pontua.*	**0,00 / 0,85 / 1,25**

Critérios:

a) Justiça Estadual (0,75), nos termos da súmula 192 do STJ (0,50)

(OAB/Exame Unificado – 2013.3 – 2ª fase) Carolina foi denunciada pela prática do delito de estelionato, mediante emissão de cheque sem suficiente provisão de fundos. Narra a inicial acusatória que Carolina emitiu o cheque número 000, contra o Banco ABC S/A, quando efetuou compra no estabelecimento "X", que fica na cidade de "Y". Como a conta-corrente de Carolina pertencia à agência bancária que ficava na cidade vizinha "Z", a gerência da loja, objetivando maior rapidez no recebimento, resolveu lá apresentar o cheque, ocasião em que o título foi devolvido.

Levando em conta que a compra originária da emissão do cheque sem fundos ocorreu na cidade "Y", o Ministério Público local fez o referido oferecimento da denúncia, a qual foi recebida pelo juízo da 1ª Vara Criminal da comarca. Tal magistrado, após o recebimento da inicial acusatória, ordenou a citação da ré, bem como a intimação para apresentar resposta à acusação.

Nesse sentido, atento(a) apenas às informações contidas no enunciado, responda de maneira fundamentada, e levando em conta o entendimento dos Tribunais Superiores, o que pode ser arguido em favor de Carolina. (Valor: 1,25)

GABARITO COMENTADO

Deve ser arguida exceção de incompetência com fundamento no art. 108 do CPP OU preliminar de incompetência na resposta à acusação. O estelionato é crime material e se consuma no local onde ocorreu o efetivo prejuízo econômico. No caso em tela, o efetivo prejuízo econômico se deu no lugar onde o título foi recusado, ou seja, na comarca "Z". Assim, aplica-se o disposto no verbete 521 da Súmula do STF e o verbete 244 da Súmula do STJ. Consequentemente, deve ser feito pedido de remessa do feito à comarca "Z", onde poderão ser ratificados os atos até o momento praticados, prosseguindo-se na instrução.

Distribuição dos Pontos:

ITEM	PONTUAÇÃO
A1) Deve ser arguida a exceção de incompetência (ou preliminar de incompetência na resposta à acusação) (0,50)	0,00/0,50
A2) O crime em análise se consuma no local onde ocorreu o efetivo prejuízo econômico. (0,30)	0,00/0,30
A3) Aplica-se, portanto, o disposto no verbete 521 da Súmula do STF OU verbete 244 da Súmula do STJ. (0,45) *Obs.: A mera indicação ou reprodução do conteúdo da Súmula não pontua.*	0,00/0,45

Considerações do autor:

A Lei 14.155/2021, de 28/05/2021, posterior, portanto, à elaboração desta questão, inseriu no art. 70 do CPP o § 4º, segundo o qual *nos crimes previstos no art. 171 do Decreto-Lei nº 2.848, de 7 de dezembro de 1940 (Código Penal), quando praticados mediante depósito, mediante emissão de cheques sem suficiente provisão de fundos em poder do sacado ou com o pagamento frustrado ou mediante transferência de valores, a competência será definida pelo local do domicílio da vítima, e, em caso de pluralidade de vítimas, a competência firmar-se-á pela prevenção.*

(OAB/Exame Unificado – 2012.3 – 2ª fase) Laura, empresária do ramo de festas e eventos, foi denunciada diretamente no Tribunal de Justiça do Estado "X", pela prática do delito descrito no art. 333 do CP (corrupção ativa). Na mesma inicial acusatória, o Procurador Geral de Justiça imputou a Lucas, Promotor de Justiça estadual, a prática da conduta descrita no art. 317 do CP (corrupção passiva).

A defesa de Laura, então, impetrou *habeas corpus* ao argumento de que estariam sendo violados os princípios do juiz natural, do devido processo legal, do contraditório e da ampla defesa; arguiu, ainda, que estaria ocorrendo supressão de instância, o que não se poderia permitir.

Nesse sentido, considerando apenas os dados fornecidos, responda, fundamentadamente, aos itens a seguir.

A) Os argumentos da defesa de Laura procedem? (Valor: 0,75)

B) Laura possui direito ao duplo grau de jurisdição? (Valor: 0,50)

PRÁTICA PENAL – 10ª EDIÇÃO — 153 — EXERCÍCIOS PRÁTICOS

RESOLUÇÃO DA QUESTÃO

A) Não procedem os argumentos da defesa de Laura, com base no Verbete 704, da Súmula do STF. O fato de Laura ser julgada diretamente pelo Tribunal de Justiça não lhe tira a possibilidade de manejar outros recursos. Assim, não há qualquer ferimento ao devido processo legal, nem ao contraditório e muito menos à ampla defesa. Por fim, também não há que se falar em desrespeito ao princípio do juiz natural, já que a atração por conexão ou continência não configura criação de tribunal de exceção, sendo certo que não se pode confundir "juiz natural" com "juízo de primeiro grau".

B) Laura não possui direito ao duplo grau de jurisdição. O princípio do duplo grau assegura o julgamento da causa em primeira instância e a revisão da sentença por órgão diverso. O recurso que traduz por excelência o princípio do duplo grau é a apelação, a qual devolve ao Tribunal, para nova análise, toda a matéria de fato e de direito. Como Laura será julgada diretamente pelo Tribunal de Justiça, não terá direito ao duplo grau de jurisdição, mas isso não a impede de exercer o contraditório e nem a ampla defesa, estando-lhe assegurado, assim, o devido processo legal.

Obs.: Não serão pontuadas respostas contraditórias.

Distribuição dos Pontos:

QUESITO AVALIADO	VALORES
A1) Não, com base no Verbete 704, da Súmula do STF (0,35).	0,00/0,35
A2) O fato de Laura ser julgada diretamente pelo Tribunal de Justiça não lhe tira a possibilidade de manejar outros recursos OU não há que se falar em desrespeito ao princípio do juiz natural, já que a atração por conexão ou continência não configura criação de tribunal de exceção (0,40).	0,00/0,40
B) Não, como Laura será julgada diretamente pelo Tribunal de Justiça, não terá direito ao duplo grau de jurisdição OU não terá direito ao duplo grau de jurisdição porque, no caso de Laura, eventual recurso interposto aos Tribunais Superiores não avaliará matéria fática (0,50).	0,00/0,50

(OAB/Exame Unificado – 2011.2 – 2ª fase) Antônio, pai de um jovem hipossuficiente preso em flagrante delito, recebe de um serventuário do Poder Judiciário Estadual a informação de que Jorge, defensor público criminal com atribuição para representar o seu filho, solicitara a quantia de dois mil reais para defendê-lo adequadamente. Indignado, Antônio, sem averiguar a fundo a informação, mas confiando na palavra do serventuário, escreve um texto reproduzindo a acusação e o entrega ao juiz titular da vara criminal em que Jorge funciona como defensor público. Ao tomar conhecimento do ocorrido, Jorge apresenta uma gravação em vídeo da entrevista que fizera com o filho de Antônio, na qual fica evidenciado que jamais solicitara qualquer quantia para defendê-lo, e representa criminalmente pelo fato. O Ministério Público oferece denúncia perante o Juizado Especial Criminal, atribuindo a Antônio o cometimento do crime de calúnia, praticado contra funcionário público em razão de suas funções, nada mencionando acerca dos benefícios previstos na Lei 9.099/1995. Designada Audiência de Instrução e Julgamento, recebida a denúncia, ouvidas as

EDUARDO DOMPIERI

testemunhas, interrogado o réu e apresentadas as alegações orais pelo Ministério Público, na qual pugnou pela condenação na forma da inicial, o magistrado concede a palavra a Vossa Senhoria para apresentar alegações finais orais.

Em relação à situação acima, responda aos itens a seguir, empregando os argumentos jurídicos apropriados e a fundamentação legal pertinente ao caso.

A) O Juizado Especial Criminal é competente para apreciar o fato em tela? (Valor: 0,30)

B) Antônio faz jus a algum benefício da Lei 9.099/1995? Em caso afirmativo, qual(is)? (Valor: 0,30)

C) Antônio praticou crime? Em caso afirmativo, qual? Em caso negativo, por que razão? (Valor: 0,65)

RESOLUÇÃO DA QUESTÃO

Tendo em conta o aumento de pena previsto no art. 141, II, do CP que deverá incidir na sanção estabelecida para o crime de calúnia, já que este foi praticado contra funcionário público em razão de suas funções, a pena máxima cominada será superior a dois anos, limite estabelecido no art. 61 da Lei 9.099/1995. Por essa razão, o Juizado Especial, cuja competência abrange os crimes em que a pena cominada não seja superior a dois anos, não poderá julgar este feito, pois escapa à sua competência.

Embora o instituto da suspensão condicional do processo esteja previsto na Lei 9.099/1995, seu âmbito de aplicação não é restrito a ela, posto que, em vista do que preceitua o art. 89, *caput*, desta Lei, o *sursis* processual terá incidência nos crimes em que a pena mínima cominada for igual ou inferior a um ano.

Antônio faz jus, portanto, ao benefício da suspensão condicional do processo, previsto no art. 89 da Lei 9.099/1995.

Antônio não praticou crime algum, porquanto incorreu em erro de tipo vencível, na forma do art. 20 do CP. Responderia por crime na modalidade culposa, visto que o erro em que incorreu é vencível, mas, ante a falta de previsão nesse sentido, não incide a responsabilidade a título de culpa. Não responde por crime doloso porque o erro exclui o dolo.

GABARITO COMENTADO – EXAMINADORA

A) Não, pois, de acordo com o art. 141, II, do CP, quando a ofensa for praticada contra funcionário público em razão de suas funções, a pena será aumentada de um terço, o que faz com que a sanção máxima abstratamente cominada seja superior a dois anos.

B) Sim, suspensão condicional do processo, nos termos do art. 89 da Lei 9.099/1995.

C) Não. Antônio agiu em erro de tipo vencível/inescusável. Conforme previsão do artigo 20 do CP, nessa hipótese, o agente somente responderá pelo crime se for admitida a punição a título culposo, o que não é o caso, pois o crime em comento não admite a modalidade culposa. Vale lembrar que não houve dolo na conduta de Antônio.

PRÁTICA PENAL – 10ª EDIÇÃO

Distribuição dos Pontos:

ITEM	PONTUAÇÃO
A) Não, pois, de acordo com o artigo 141, II, do CP, (0,1) quando a ofensa for praticada contra funcionário público em razão de suas funções, a pena será aumentada de um terço, o que faz com que a sanção máxima abstratamente cominada seja superior a dois anos. (0,2)	0 / 0,1 / 0,2 / 0,3
B) Sim, suspensão condicional do processo (0,2) Art. 89 da Lei 9.099/1995 (0,1).	0 / 0,1 / 0,2 / 0,3
C) Não. Antônio agiu em erro de tipo OU ausência de dolo (0,5), nos termos do art. 20 (não existe modalidade culposa) (0,15)	0 / 0,50 / 0,65

Considerações do autor:

Embora isto não tenha repercussão na resolução da questão, vale o registro de que a Lei 14.197/2021 alterou a redação do inciso II do art. 141 do CP para incluir, na causa de aumento de pena, os crimes contra a honra praticados contra os Presidentes do Senado Federal, da Câmara dos Deputados ou do Supremo Tribunal Federal.

(OAB/Exame Unificado – 2011.1 – 2ª fase) Na cidade de Arsenal, no Estado Z, residiam os deputados federais Armênio e Justino. Ambos objetivavam matar Frederico, rico empresário que possuía valiosas informações contra eles. Frederico morava na cidade de Tirol, no Estado K, mas seus familiares viviam em Arsenal. Sabendo que Frederico estava visitando a família, Armênio e Justino decidiram colocar em prática o plano de matá-lo. Para tanto, seguiram Frederico quando este saía da casa de seus parentes e, utilizando-se do veículo em que estavam, bloquearam a passagem de Frederico, de modo que a caminhonete deste não mais conseguia transitar. Ato contínuo, Armênio e Justino desceram do automóvel. Armênio imobilizou Frederico e Justino desferiu tiros contra ele, Frederico. Os algozes deixaram rapidamente o local, razão pela qual não puderam perceber que Frederico ainda estava vivo, tendo conseguido salvar-se após socorro prestado por um passante. Tudo foi noticiado à polícia, que instaurou o respectivo inquérito policial. No curso do inquérito, os mandatos de Armênio e Justino chegaram ao fim, e eles não conseguiram se reeleger. O Ministério Público, por sua vez, munido dos elementos de informação colhidos na fase inquisitiva, ofereceu denúncia contra Armênio e Justino, por tentativa de homicídio, ao Tribunal do Júri da Justiça Federal com jurisdição na comarca onde se deram os fatos, já que, à época, os agentes eram deputados federais. Recebida a denúncia, as defesas de Armênio e Justino mostraram-se conflitantes. Já na fase instrutória, Frederico teve seu depoimento requerido. A vítima foi ouvida por meio de carta precatória em Tirol. Na respectiva audiência, os advogados de Armênio e Justino não compareceram, de modo que o juízo deprecado nomeou um único advogado para ambos os réus. O juízo deprecante, ao final, emitiu decreto condenatório em face de Armênio e Justino. Armênio, descontente com o patrono que o representava, destituiu-o e nomeou você como novo advogado.

Com base no cenário acima, indique duas nulidades que podem ser arguidas em favor de Armênio. Justifique com base no CPP e na CRFB. (Valor: 1,25)

EDUARDO DOMPIERI

RESOLUÇÃO DA QUESTÃO

Tendo em conta o término dos mandatos de Armênio e Justino, estes deixam de ter direito ao foro privilegiado. O julgamento, dessa forma, deve se dar pelas instâncias ordinárias.

Neste caso, competente para o processamento e julgamento do feito será o Tribunal do Júri da Comarca de Arsenal, local onde os fatos se verificaram. Assim sendo, cabe aqui arguir nulidade por incompetência absoluta, na medida em que inexiste razão a justificar a competência da Justiça Federal, nos moldes do art. 109 da Constituição Federal.

Além disso, considerando o fato de as defesas dos acusados serem conflitantes, seria de rigor, em vista do caro postulado da ampla defesa, com assento constitucional (art. 5º, LV), que o juízo deprecado nomeasse, para cada qual, um defensor. Não tendo sido essa a providência levada a efeito – bem ao contrário, restou evidente o prejuízo para a defesa dos réus e, em razão disso, deve-se arguir a nulidade consubstanciada no art. 564, IV, do CPP.

GABARITO COMENTADO – EXAMINADORA

Primeiramente há que ser arguida nulidade por incompetência absoluta (art. 564, I, do CPP), pois no caso não há incidência de nenhuma das hipóteses mencionadas no art. 109 da CRFB que justifiquem a atração do processo à competência da Justiça Federal. Ademais, o fato de os agentes serem ex-deputados federais não enseja deslocamento de competência. Nesse sentido, competente é o Tribunal do Júri da Comarca onde se deram os fatos, pois, cessado o foro por prerrogativa de função, voltam a incidir as regras normais de competência para o julgamento da causa, de modo que, dada à natureza da infração (crime doloso contra a vida), a competência é afeta ao Tribunal do Júri de Arsenal.

Além disso, também deverá ser arguida nulidade com base no art. 564, IV, do CPP. A nomeação de somente um advogado para ambos réus, feita pelo juízo deprecado, não respeita o princípio da ampla defesa (art. 5º, LV, da CRFB), pois, como as defesas eram conflitantes, a nomeação de um só advogado prejudica os réus.

Por fim, com base nos artigos 413 e 414 do CPP, bem como art. 5º, LIII da CRFB/88, poderá ser arguida nulidade pela falta de apreciação da causa pelo juiz natural do feito.

Distribuição dos Pontos:

Indicar **duas** entre as seguintes. Acertando duas, **+ 0,05**:

ITEM	PONTUAÇÃO
A) Nulidade por incompetência absoluta com base no art. 564, I, do CPP e ausência de qualquer das hipóteses mencionadas no art. 109 da CRFB que justifiquem a atração do processo à competência da Justiça Federal. (0,3) O fato de os agentes serem ex-deputados federais não enseja deslocamento de competência, inclusive porque o direito ao foro por prerrogativa de função já havia cessado, já que os réus não se reelegeram. Assim, competente é o Tribunal do Júri da comarca onde se deram os fatos. (0,3)	0 / 0,3 / 0,6 / 0,9 / 1,25
B) Nulidade com base no art. 564, IV, do CPP (0,3) A nomeação de somente um advogado para ambos os réus, feita pelo juízo deprecado, não respeita o princípio da ampla defesa consagrado no art. 5º, LV, da CRFB. (0,3)	0 / 0,3 / 0,6 / 0,9 / 1,25
C) Nulidade pela ausência da apreciação da causa pelo juiz natural do feito (0,3). Fundamentar com base no art. 5º, LIII, da CRFB **OU** art. 413/414 do CPP (0,3).	0 / 0,3 / 0,6 / 0,9 / 1,25

PRÁTICA PENAL – 10ª EDIÇÃO 157 EXERCÍCIOS PRÁTICOS

Considerações do autor:

A questão pede que sejam suscitadas duas nulidades, indicadas na *resolução*. A seguir, farei menção a uma terceira, que poderia ser arguida em substituição a uma das formuladas acima.

Calcado no princípio contemplado no art. 5º, LIII, da CF, é possível também alegar nulidade em razão de a causa não ter sido apreciada pelo seu juiz natural.

Por fim, voltando ao tema foro por prerrogativa de função, impende registrar, como já dito, que, uma vez cessado o cargo/função/mandato, a autoridade deixa de ter foro privilegiado, sendo julgada pelas instâncias ordinárias. No mais, a Súmula 394 do STF, que assegurava a perpetuação do foro por prerrogativa de função, foi cancelada pelo Pleno do próprio Supremo. Além disso, o STF declarou a inconstitucionalidade da Lei 10.628/02, que acrescentou os §§ 1º e 2º ao art. 84 do CPP.

No dia 3 de maio de 2018, o Plenário do STF, por maioria de votos, decidiu que o foro por prerrogativa de função de que gozam parlamentares federais (senadores e deputados) se aplica tão somente a infrações penais cometidas no exercício do cargo e em razão das funções a ele relacionadas. Tal decisão foi tomada no julgamento de questão de ordem da ação penal 937, cujo relator é o Ministro Luís Roberto Barroso. Com isso, se o crime imputado a senador ou deputado federal é cometido antes da diplomação, o julgamento caberá ao juízo de primeira instância; se for cometido no curso do mandato mas nenhuma relação tiver com o seu exercício, o julgamento também caberá ao juiz de primeira instância (por exemplo: homicídio; roubo; embriaguez ao volante); agora, sendo o delito cometido durante o mandato e havendo relação entre ele e o desempenho da função parlamentar (corrupção passiva, por exemplo), o julgamento deverá realizar-se perante o STF.

2.4. Questões e processos incidentes

(OAB/Exame Unificado – 2007.3 – 2ª fase) Carlos lesionou Messias em uma briga. Os dois foram conduzidos à delegacia de polícia, que os encaminhou ao Juizado Especial Criminal. Frustrada a conciliação, Messias apresentou representação criminal contra Carlos. O representante do Ministério Público fez a proposta de transação penal, que não foi aceita. A ação penal foi iniciada e, ao final, Carlos foi absolvido por ter agido em legítima defesa própria. A decisão transitou em julgado. Passados dois meses, Carlos recebeu um mandado de citação relativo a processo em curso junto ao tribunal do júri, no qual a denúncia narra o mesmo fato, Messias, figurando como vítima e a acusação de tentativa de homicídio. Com base na situação hipotética apresentada, redija um texto dissertativo, especificando:

a) a providência, privativa de advogado, que deve ser adotada nesse processo pelo advogado de Carlos e seu fundamento;

b) os requisitos e a consequência do acolhimento dessa medida.

RESOLUÇÃO DA QUESTÃO

Com o trânsito em julgado de uma decisão, inviável se torna novo processo pelo mesmo fato.

Com efeito, a partir do trânsito da decisão proferida no Juizado Especial Criminal, o fato não pode ser rediscutido, na medida em que esta decisão adquiriu a qualidade de imutável.

Deve o advogado de Carlos, portanto, na resposta a que se refere o art. 406, § 3º, do CPP, apresentar exceção de coisa julgada, que tem como fundamento o princípio do *non bis in idem*.

Em consonância com o disposto no art. 407 do CPP, as exceções serão processadas em apartado, nos termos dos arts. 95 a 112 do CPP.

EDUARDO DOMPIERI

No mais, a exceção de coisa julgada tem caráter peremptório, isto é, seu escopo é colocar fim ao processo (no caso de procedência, a ação será extinta). Os requisitos da exceção são: decisão anterior com trânsito em julgado; ajuizamento de uma ação penal que diga respeito ao mesmo fato; segunda ação movida em face do mesmo réu.

2.5. Prova

(OAB/Exame Unificado – 2019.3 – 2ª fase) Beto e Juca eram vizinhos em um prédio que veio a ser atingido por incêndio. Em razão das longas obras que seriam necessárias para recuperar os apartamentos, decidem se hospedar em quarto de hotel por 06 meses, novamente sendo vizinhos de quarto. Em determinada data, policiais militares surpreenderam Juca entrando com uma sacola preta no seu quarto do hotel, ficando claro que ele estava fugindo ao avistar os agentes da lei. Diante disso, ingressaram no quarto e apreenderam 100g de maconha, que estavam na sacola que Juca trazia consigo, e mais 50g de cocaína que estavam sendo guardadas no cômodo, sendo confirmado por Juca que o material seria destinado à venda. Em seguida, os policiais optaram por fazer diligência também no quarto vizinho, que era de Beto, apreendendo uma série de documentos que, após investigação, foi verificado que estavam relacionados a um crime de estelionato. O Ministério Público ofereceu denúncia em face de Juca pela prática de dois crimes de tráfico em concurso, tendo em vista que guardava cocaína e trazia consigo maconha. Já Beto, exclusivamente em razão da documentação apreendida, foi denunciado pelo crime de estelionato. Considerando apenas as informações narradas, na condição de advogado(a) dos denunciados, responda aos itens a seguir.

A) Qual argumento deve ser apresentado pela defesa técnica, em busca da absolvição de Beto? Justifique. (Valor: 0,60)

B) Qual argumento a ser apresentado pela defesa técnica para questionar a capitulação jurídica constante na denúncia em face de Juca? Justifique. (Valor: 0,65) Obs.: o(a) examinando(a) deve fundamentar suas respostas. A mera citação do dispositivo legal não confere pontuação.

GABARITO COMENTADO

A) Em busca da absolvição de Beto, a defesa técnica deve alegar que as provas obtidas foram ilícitas, tendo em vista que os policiais apreenderam documentos em local amparado pela inviolabilidade de domicílio. O Art. 5º, inciso XI, da CRFB/88, garante a todos a inviolabilidade de domicílio, prevendo exceção no caso de cumprimento de ordem judicial ou flagrante delito, o que não restou configurado no caso. Ademais, o próprio Art. 150, § 4º do CP e o Art. 246 do CPP dizem que a expressão "casa" compreende aposento ocupado de habitação coletiva, sendo pacífico o entendimento dos Tribunais Superiores no sentido de que quarto de hotel, em especial quando habitado com certa permanência, está abrangido pela inviolabilidade de domicílio. Em sendo os documentos apreendidos com violação deste direito fundamental as únicas provas, impossível a condenação.

B) Para questionar a capitulação jurídica formulada pelo Ministério Público na denúncia, a defesa técnica deveria esclarecer que não houve concurso de crimes, mas sim crime único de tráfico, tendo em vista que os verbos núcleos do tipo "guardar" e "trazer" estavam sendo praticados em um único contexto. De fato, a apreensão de drogas destinadas à venda

PRÁTICA PENAL – 10ª EDIÇÃO 159 EXERCÍCIOS PRÁTICOS

configura crime de tráfico, sendo certo que a diligência foi válida porque havia situação de flagrante delito a justificar o ingresso dos policiais no quarto do hotel. O crime de tráfico de drogas é tipo misto alternativo, de modo que a prática de mais de um verbo em um mesmo contexto configura crime único, em respeito ao princípio da alternatividade. Apenas quando os verbos são praticados em contextos diversos é possível a imputação de delitos autônomos ao mesmo agente, o que não ocorreu na situação narrada.

Distribuição dos Pontos

ITEM	PONTUAÇÃO
A) O argumento é a ilicitude do meio de obtenção das provas na apreensão dos documentos (0,15), tendo em vista que o quarto de hotel está amparado pela inviolabilidade de domicílio e não havia situação de flagrante delito ou mandado de busca e apreensão (0,35), na forma do Art. 5º, inciso XI, da CRFB/88 OU do Art. 150, § 4º, do CP OU do Art. 246 do CPP OU Art. 157 do CPP (0,10).	0,00 / 0,15 / 0,25 / 0,35 / 0,45 / 0,50 / 0,60
B) O argumento a ser apresentado é que houve crime único (0,40), pois os dois verbos núcleos do tipo foram praticados em um mesmo contexto OU diante do princípio da alternatividade OU pelo fato de o crime de tráfico ser misto alternativo OU houve uma única violação ao bem jurídico protegido (0,25).	0,00 / 0,25 / 0,40 / 0,65

(OAB/Exame Unificado – 2019.1 – 2ª fase) Matheus conduzia seu automóvel em alta velocidade. Em razão de manobra indevida, acabou por atropelar uma vítima, causando-lhe lesões corporais. Com a chegada da Polícia Militar, foi solicitado que Matheus realizasse exame de etilômetro (bafômetro); diante de sua recusa, foi informado pela autoridade policial, que comparecera ao local, que ele seria obrigado a realizar o exame para verificar eventual prática também do crime previsto no Art. 306 da Lei nº 9.503/97.

Diante da afirmativa da autoridade policial, Matheus, apesar de não desejar, viu-se obrigado a realizar o teste do bafômetro. Após conclusão do inquérito policial, com oitiva e representação da vítima, foi o feito encaminhado ao Ministério Público, que ofereceu denúncia imputando a Matheus apenas a prática do crime do Art. 303, da Lei nº 9.503/97, prosseguindo as investigações com relação ao crime do Art. 306 do mesmo diploma legal. Ainda na exordial acusatória, foi requerida a decretação da prisão preventiva de Matheus, pelo risco de reiteração delitiva, tendo em vista que ele seria reincidente específico, já que a única anotação constante de sua Folha de Antecedentes Criminais, para além do presente processo, seria a condenação definitiva pela prática de outro crime de lesão corporal culposa praticada na direção de veículo automotor. No recebimento da denúncia, o juiz competente decretou a prisão preventiva.

Considerando as informações narradas, na condição de advogado(a) de Matheus, responda aos itens a seguir.

A) Poderia Matheus ter sido obrigado a realizar o teste de bafômetro, conforme informado pela autoridade policial, mesmo diante de sua recusa? Justifique. **(Valor: 0,60)**

B) Qual requerimento deveria ser formulado, em busca da liberdade de Matheus, diante da decisão do magistrado, que decretou sua prisão preventiva em razão de sua reincidência? Justifique. **(Valor: 0,65)**

Obs.: o(a) examinando(a) deve fundamentar as respostas. A mera citação do dispositivo legal não confere pontuação.

EDUARDO DOMPIERI

GABARITO COMENTADO

A questão exige do examinando conhecimento sobre os princípios aplicáveis ao Processo Penal, bem como sobre as previsões do Código de Processo Penal sobre o tema "Prisão".

A) Com base nas informações constantes do enunciado, não poderia Matheus ser obrigado a realizar o teste de bafômetro nos termos informados pela autoridade policial. Matheus foi o autor de um atropelamento de vítima que sofreu lesões corporais em razão de sua conduta com violação do dever objetivo de cuidado. Independentemente, a autoridade policial não poderia exigir a contribuição de Matheus para produção de provas contra ele próprio em relação ao crime do Art. 306 da Lei nº 9.503/97 (CTB). O princípio do *nemo tenetur se detegere,* trazido, dentre outros diplomas, pelo Pacto de San Jose da Costa Rica, estabelece que ninguém é obrigado a produzir provas contra si. Apesar de haver controvérsia sobre a extensão desse princípio, em relação à exigência de conduta positiva do investigado/acusado na produção de prova que pode lhe prejudicar, prevalece o entendimento no sentido de que não existe obrigatoriedade na contribuição. O exame de etilômetro exige que o investigado adote um comportamento positivo, já que é preciso que ele sopre ar em determinado aparelho, de modo que não pode Matheus ser obrigado a realizar tal teste se assim não o desejar, podendo o crime do Art. 306 do CTB ser identificado por outros meios de prova.

B) Em busca da liberdade de Matheus, o advogado deveria formular requerimento de relaxamento da prisão, tendo em vista que a **decretação** da prisão preventiva exige a presença dos requisitos e pressupostos trazidos pelos Arts. 312 e 313 do Código de Processo Penal. Independentemente do risco de reiteração delitiva, os pressupostos do Art. 313 do CPP não foram atendidos. O crime imputado não é doloso e não tem pena máxima superior a 04 anos, ainda que considerada eventual causa de aumento. Em relação à reincidência, o Art. 313, inciso II, do CPP apenas admite a prisão se aquela for em crimes dolosos. No caso, o enunciado deixa claro que Matheus era reincidente específico na prática de crimes culposos, logo não preenchidos os requisitos legais desde o início, a decretação da prisão torna-se ilegal, devendo ser relaxada, nos termos do Art. 5º, inciso LXV, CRFB/88.

Distribuição de Pontos

ITEM	PONTUAÇÃO
A. Não poderia Matheus ter sido obrigado a realizar o teste do bafômetro, em respeito ao princípio de que ninguém é obrigado a produzir prova contra si **OU** diante do princípio *nemo tenetur se detegere* (0,60)	0,00/0,60
B. O requerimento a ser formulado é de relaxamento da prisão (0,30), conforme Art. 5º, inciso LXV, da CRFB/88 (0,10), tendo em vista que Matheus é reincidente na prática de crimes culposos **OU** tendo em vista que não foram preenchidos os requisitos do Art. 313 do CPP (0,25).	0,00/0,25/0,30/0,35/ 0,40/0,55/0,65

(OAB/Exame Unificado – 2017.3 – 2ª fase) No dia 11/01/2016, Arnaldo, nascido em 01/02/1943, primário e de bons antecedentes, enquanto estava em um bar, desferiu pauladas na perna e socos na face de Severino, nascido em 30/03/1980, por acreditar que este demonstrara interesse amoroso em sua neta de apenas 16 anos. As agressões praticadas por Arnaldo geraram deformidade permanente em Severino, que, revoltado com o ocorrido, foi morar em outro estado.

PRÁTICA PENAL – 10ª EDIÇÃO

161

EXERCÍCIOS PRÁTICOS

Denunciado pela prática do crime do Art. 129, § 2°, inciso IV, do Código Penal, Arnaldo confessou em juízo, durante o interrogatório, as agressões; contudo, não foram acostados aos autos boletim de atendimento médico e exame de corpo de delito da vítima, que também não foi localizada para ser ouvida. As testemunhas confirmaram ter visto Arnaldo desferir um soco em Severino, mas não viram se da agressão resultou lesão.

Em sentença, diante da confissão, Arnaldo foi condenado a pena de 03 anos de reclusão, deixando o magistrado de substituir a pena privativa de liberdade por restritiva de direitos em virtude da violência.

Considerando a situação narrada, na condição de advogado(a) de Arnaldo, responda aos itens a seguir.

A) Em sede de recurso de apelação, qual argumento poderá ser apresentado em busca da absolvição de Arnaldo? Justifique. **(Valor: 0,65)**

B) Ainda em sede de apelação, existe algum benefício legal a ser requerido pela defesa de Arnaldo para evitar a execução da pena, caso sejam mantidas a condenação e a sanção penal imposta? Justifique. **(Valor: 0,60)**

Obs.: o(a) examinando(a) deve fundamentar as respostas. A mera citação do dispositivo legal não confere pontuação.

GABARITO COMENTADO – EXAMINADORA

A) Deveria o advogado de Arnaldo buscar sua absolvição em razão da ausência de prova da materialidade, tendo em vista que o crime deixou vestígios e não consta dos autos exame pericial. Não foi acostado boletim de atendimento médico ou exame de corpo de delito, direto ou indireto, de Severino, que sequer foi ouvido em juízo para confirmar as lesões. As testemunhas ouvidas, em que pese tenham confirmado que Arnaldo desferiu um soco na vítima, também não foram capazes de assegurar a existência de lesão corporal. Por fim, o Art. 158 do Código de Processo Penal prevê expressamente que, quando a infração deixar vestígios, é indispensável o exame de corpo de delito, não o suprindo a confissão do acusado.

B) Sim, existe o benefício da suspensão condicional da pena, previsto no Art. 77 do Código Penal, em especial em seu parágrafo 2°, no caso concreto. Caso mantida a condenação e a pena aplicada, Arnaldo não poderia ser beneficiado com a substituição da pena privativa de liberdade por restritiva de direitos, já que o crime foi praticado mediante violência, não atendendo ao disposto no Art. 44 do Código Penal. Nada impede, porém, que seja buscada a suspensão condicional da pena, tendo em vista que todos os requisitos estão preenchidos. A regra, de acordo com o Código Penal, é que a pena aplicada em até 02 anos, respeitados os demais requisitos, possa ter sua execução suspensa. Todavia, Arnaldo era maior de 70 anos na data dos fatos, o que permite a aplicação do Art. 77, § 2°, do CP, também conhecido como *sursis* etário, que traz como requisito objetivo a aplicação de pena privativa de liberdade em até 4 anos e não apenas de 2 anos.

EDUARDO DOMPIERI   162

Distribuição dos Pontos:

ITEM	PONTUAÇÃO
A) O argumento apresentado por Arnaldo é que a infração deixou vestígios e **não existe prova da materialidade do crime** de lesão corporal **OU** que não foi realizado exame de corpo de delito na vítima, não o suprindo a confissão do acusado (0,55), nos termos do Art. 108 do CPP (0,10).	0,00/0,55/0,65
B) Sim, poderia ser buscada a **suspensão condicional da pena** (0,35), já que Arnaldo era maior de 70 anos na data dos fatos **E** a sanção penal aplicada é inferior a 4 anos (0,15), nos termos do Art. 77, § 2º, do Código Penal (0,10).	0,00/0,15/0,25/0,35 /0,45/0,50/0,60

(OAB/Exame Unificado – 2017.2 – 2ª fase) José Barbosa, nascido em 11/03/1998, caminhava para casa após sair da faculdade, às 11h da manhã, no dia 07/03/2016, quando se deparou com Daniel, ex-namorado de sua atual companheira, conversando com esta. Em razão de ciúmes, retirou a faca que trazia na mochila e aplicou numerosas facadas no peito de Daniel, com a intenção de matá-lo. Daniel recebeu pronto atendimento médico, foi encaminhado para um hospital de Niterói, mas faleceu 05 dias após os golpes de faca.

Já no dia 08/03/2016, policiais militares, informados sobre o fato ocorrido no dia anterior, comparecem à residência de José Barbosa, já que um dos agentes da lei era seu vizinho. Apesar de não ter ninguém em casa, a janela estava aberta, e os policiais puderam ver seu interior, verificando que havia uma faca suja de sangue escondida junto ao sofá. Diante disso, para evitar que José Barbosa desaparecesse com a arma utilizada, ingressaram no imóvel e apreenderam a arma branca, que foi devidamente apresentada pela autoridade policial.

Com base na prova produzida a partir da apreensão da faca, o Ministério Público oferece denúncia em face de José Barbosa, imputando-lhe a prática do crime de homicídio consumado. Considerando a situação narrada, na condição de advogado(a) de José Barbosa, responda aos itens a seguir.

A) Qual argumento a ser apresentado pela defesa técnica do denunciado para combater a prova decorrente da apreensão da faca? Justifique. **(Valor: 0,65)**

B) Existe argumento de direito material a ser apresentado em favor de José Barbosa para evitar o prosseguimento da ação penal? Justifique. **(Valor: 0,60)**

Obs.: o(a) examinando(a) deve fundamentar suas respostas. A mera citação ou transcrição do dispositivo legal não confere pontuação.

GABARITO COMENTADO – EXAMINADORA

A) A defesa deveria alegar que a prova obtida a partir da apreensão da faca é ilícita, não podendo ser valorada no momento da sentença. Estabelece o Art. 5º, inciso XI, da CRFB/88 que a casa é asilo inviolável, não podendo nela ninguém ingressar sem consentimento do morador. A própria Constituição, todavia, traz exceções a esta regra, como na hipótese de flagrante delito ou mediante ordem judicial, durante o dia. Não havia, no caso apresentado, situação de flagrante delito, já que a simples posse de faca não configura crime e, em relação ao crime/ato infracional praticado no dia anterior, não havia situação de flagrância, pois ausentes os requisitos do Art. 302 do CPP. Ademais, não houve autorização do morador e nem existia ordem judicial de busca e apreensão, já que os policiais decidiram ingressar no imóvel porque viram a arma suja de sangue através da janela aberta.

PRÁTICA PENAL – 10ª EDIÇÃO   163   EXERCÍCIOS PRÁTICOS

B) Sim, existe, tendo em vista que José Barbosa não poderia ser denunciado pela prática de crime de homicídio qualificado, já que era inimputável na data dos fatos. O Código Penal, para definir o momento do crime, adota a Teoria da Atividade, prevendo o Art. 4º que se considerado praticado o crime no momento da ação ou omissão, ainda que em outro seja produzido o resultado. Dessa forma, o crime foi praticado no dia 07.03.2016, quando José Barbosa tinha 17 anos. Estabelece o Art. 27 do CP que será inimputável o menor de 18 anos. O fato de a consumação do delito só ter ocorrido após a maioridade penal de José Barbosa é irrelevante para o caso concreto, já que outro foi o momento da ação.

Distribuição dos Pontos:

ITEM	PONTUAÇÃO
A) O meio de obtenção da prova quando da apreensão da faca foi ilícito (0,20), tendo em vista que houve ingresso na residência de José Barbosa sem a autorização do morador, flagrante delito ou ordem judicial (0,35), nos termos do art. 5º, XI, CRFB **OU** 157 do CPP (0,10).	0,00/0,20/0,30/0,35 /045/0,55/0,65
B) Não poderia José Barbosa ser processado criminalmente pela prática do crime de homicídio, tendo em vista que era inimputável na data dos golpes desferidos **OU** tendo em vista que praticou ato infracional análogo ao crime de homicídio (0,45), pois o Código Penal adota a Teoria da Atividade para definir o momento do crime (0,15).	0,00/0,15/045/0,60

Comentário do autor:

Tempo do ato infracional (art. 104, parágrafo único, do ECA): para os efeitos do ECA, deve ser considerada a idade do adolescente à data da ação ou omissão. Dessa forma, na hipótese de a conduta verificar-se a poucos dias de o adolescente atingir a maioridade e o resultado for implementado quando o agente já alcançou os 18 anos, valerá, aqui, a data do fato e não a do resultado, de forma que o agente ficará sujeito a uma medida socioeducativa, isto é, não responderá criminalmente. Incorporou-se, portanto, a teoria da atividade, consagrada no art. 4º do Código Penal, segundo a qual se considera praticado o crime no momento da ação ou omissão (conduta), ainda que outro seja o do resultado.

Nesse sentido:

Habeas corpus. Estatuto da criança e do adolescente. Medida de internação. Implemento da maioridade civil. Irrelevância.

Precedentes desta corte e do Supremo Tribunal Federal.

1. Conforme pacífico entendimento deste Superior Tribunal de Justiça, considera-se, para a aplicação das disposições previstas na Lei 8.069/1990, a idade do adolescente à data do fato (art. 104, parágrafo único, do ECA). Assim, se à época do fato o adolescente tinha menos de 18 (dezoito) anos, nada impede que permaneça no cumprimento de medida socioeducativa imposta, ainda que implementada sua maioridade civil.

2. O Novo Código Civil não revogou o art. 121, § 5º, do Estatuto da Criança e do Adolescente, devendo permanecer a idade de 21 (vinte e um) anos como limite para a liberação compulsória.

3. Recurso em *habeas corpus* a que se nega provimento.

(STJ, RHC 31.763/RJ, Rel. Ministro Vasco Della Giustina (Desembargador Convocado do TJ/RS), Sexta Turma, julgado em 15.05.2012, *DJe* 13.06.2012)

EDUARDO DOMPIERI

(OAB/Exame Unificado – 2016.3 – 2ª fase) Mário foi surpreendido por uma pessoa que, mediante ameaça verbal de morte, subtraiu seu celular. No dia seguinte, quando passava pelo mesmo local, avistou Paulo e o reconheceu como sendo a pessoa que o roubara no dia anterior. Levado para a delegacia, Paulo admitiu ter subtraído o celular de Mário mediante grave ameaça, mas alegou que estava em estado de necessidade. O celular não foi recuperado e Paulo foi liberado em razão da ausência da situação de flagrante. Oferecida a denúncia pela prática do delito de roubo, Paulo foi pessoalmente citado e manifestou interesse em ser assistido pela Defensoria Pública.

No curso da instrução, a vítima, única testemunha arrolada pelo Ministério Público, não foi localizada, assim como Paulo nunca compareceu em juízo, sendo decretada sua revelia. A pretensão punitiva foi acolhida nos termos do pedido inicial, tendo o juiz fundamentado seu convencimento no que foi dito pelo lesado e pelo acusado na fase extrajudicial, aumentando a pena-base pelo fato de o agente ter ameaçado de morte o ofendido e deixando de reconhecer a atenuante da confissão espontânea porque qualificada.

Considerando apenas as informações narradas, responda, na condição de advogado(a) de Paulo, aos itens a seguir.

A) Qual a tese jurídica a ser apresentada nas razões de apelação de modo a buscar a absolvição de Paulo? Justifique. **(Valor: 0,65)**

B) Quais as teses jurídicas a serem apresentadas em sede de apelação de modo a buscar a redução da pena aplicada, caso mantida a condenação? Justifique. **(Valor: 0,60)**

Obs.: o(a) examinando(a) deve fundamentar as respostas. A mera citação do dispositivo legal não confere pontuação.

GABARITO COMENTADO – EXAMINADORA

A) A tese jurídica a ser apresentada pela defesa de Paulo para garantir sua absolvição é de insuficiência probatória, já que o magistrado não pode fundamentar sua decisão exclusivamente com base em elementos informativos, nos termos do Art. 155 do Código de Processo Penal. Claramente o magistrado considerou apenas os elementos informativos produzidos em sede policial, que não foram submetidos ao princípio do contraditório.

O conceito de prova exige o respeito a esse princípio. Os elementos informativos somente podem embasar um decreto condenatório se confirmados por provas produzidas sob o crivo do contraditório. Ademais, não estamos diante de nenhuma das exceções trazidas pelo Art. 155, *in fine*, do CPP. Considerando que a decisão do magistrado baseou-se exclusivamente nas palavras da vítima em sede policial e na confissão do acusado na delegacia, não havendo provas produzidas em juízo, a condenação foi indevida.

B) Em busca da redução da pena aplicada, deveria o(a) advogado(a) de Paulo defender que o aumento da pena base em razão da ameaça de morte empregada representa violação ao princípio do *ne bis in idem*, tendo em vista que a grave ameaça constitui elementar do tipo de roubo, e que deveria ser reconhecida a atenuante da confissão, pois, ainda que qualificada, escorou o decreto condenatório do magistrado, nos termos da Enunciado 545 da Súmula de Jurisprudência do Superior Tribunal de Justiça. Ademais, o Superior Tribunal de Justiça vem reconhecendo, de maneira tranquila, que a confissão qualificada, ou seja, aquela que apresenta causa excludente da ilicitude ou da culpabilidade, apesar de o agente confessar os fatos, é suficiente para o reconhecimento da atenuante.

PRÁTICA PENAL – 10ª EDIÇÃO

Distribuição dos Pontos:

ITEM	PONTUAÇÃO
A) Insuficiência probatória (0,20), tendo em vista que o magistrado baseou sua decisão exclusivamente em elementos informativos, o que é vedado pelo ordenamento jurídico (0,35), nos termos do Art. 155 do CPP **OU** Art. 5º, LV, CRFB (0,10).	0,00/0,20/0,30/0,35/0,45/0, 55/0,65
B) O aumento da pena base em razão da ameaça de morte configura *bis in idem* **OU** que a grave ameaça é elementar do tipo (0,30) e deveria ser reconhecida a atenuante da confissão, já que, embora qualificada, escorou o decreto condenatório (0,20), nos termos da Súmula 545/STJ (0,10).	0,00/0,20/0,30/0,40/0,50/0,60

(OAB/Exame Unificado – 2011.1 – 2ª fase) Maria, jovem extremamente possessiva, comparece ao local em que Jorge, seu namorado, exerce o cargo de auxiliar administrativo e abre uma carta lacrada que havia sobre a mesa do rapaz. Ao ler o conteúdo, descobre que Jorge se apropriara de R$ 4.000,00 (quatro mil reais), que recebera da empresa em que trabalhava para efetuar um pagamento, mas utilizara tal quantia para comprar uma joia para uma moça chamada Júlia. Absolutamente transtornada, Maria entrega a correspondência aos patrões de Jorge.

Com base no relatado acima, responda aos itens a seguir, empregando os argumentos jurídicos apropriados e a fundamentação legal pertinente ao caso.

A) Jorge praticou crime? Em caso positivo, qual(is)? (Valor: 0,35)

B) Se o Ministério Público oferecesse denúncia com base exclusivamente na correspondência aberta por Maria, o que você, na qualidade de advogado de Jorge, alegaria? (Valor: 0,9)

RESOLUÇÃO DA QUESTÃO

Jorge, ao apropriar-se de dinheiro que recebera da empresa em que trabalha destinado a saldar pagamento desta, praticou o crime de apropriação indébita majorada em razão do ofício.

O art. 5º, LVI, da CF veda, de forma expressa, a utilização, no processo, das provas obtidas por meios ilícitos.

No âmbito do processo penal, a Lei 11.690/08 previu, também de forma expressa, o fato de ser ilícita a prova obtida em violação a normas constitucionais ou legais (art. 157, *caput*, CPP), reputando inadmissíveis (art. 157, § 1º) aquelas derivadas das ilícitas, salvo quando não evidenciado o nexo de causalidade entre a prova primária e a derivada, ou ainda quando as derivadas puderem ser obtidas por uma fonte independente das primárias.

A prova do crime imputado a Jorge é ilícita, porquanto obtida por intermédio do cometimento do delito de violação de correspondência, previsto no art. 151 do Código Penal. Não pode, portanto, ser utilizada no processo, conforme estabelecem os dispositivos *supra*.

Em vista disso, a denúncia calcada exclusivamente nessa prova não tem validade. Verifica-se, portanto, falta de justa causa para o ajuizamento da ação penal.

EDUARDO DOMPIERI

166

GABARITO COMENTADO – EXAMINADORA

A) Sim. Apropriação indébita qualificada (ou majorada) em razão do ofício, prevista no art. 168, § 1º, III, do CP.

B) Falta de justa causa para a instauração de ação penal, já que a denúncia se encontra lastreada exclusivamente em uma prova ilícita, porquanto decorrente de violação a uma norma de direito material (art. 151 do CP).

Distribuição dos Pontos:

ITEM	PONTUAÇÃO
A) Sim. / Apropriação indébita qualificada (ou majorada) em razão do ofício, (0,2) / art. 168, § 1º, III, do CP (0,15).	0 / 0,15 / 0,2 / 0,35
B) Falta de justa causa para a instauração de ação penal, (0,3) / já que a denúncia se encontra lastreada exclusivamente em uma prova ilícita, (0,3) / porquanto decorrente de violação a uma norma de direito material (art. 151 do CP **OU** art. 395, III, do CPP **OU** art. 5º, XII e LVI, da CRFB) (0,3).	0 / 0,3 / 0,6 / 0,9

(OAB/Exame Unificado – 2010.2 – 2ª fase) José da Silva foi preso em flagrante pela polícia militar quando transportava em seu carro grande quantidade de drogas. Levado pelos policiais à delegacia de polícia mais próxima, José telefonou para seu advogado, o qual requereu ao delegado que aguardasse sua chegada para lavrar o flagrante. Enquanto esperavam o advogado, o delegado de polícia conversou informalmente com José, o qual confessou que pertencia a um grupo que se dedicava ao tráfico de drogas e declinou o nome de outras cinco pessoas que participavam desse grupo. Essa conversa foi gravada pelo delegado de polícia.

Após a chegada do advogado à delegacia, a autoridade policial permitiu que José da Silva se entrevistasse particularmente com seu advogado e, só então, procedeu à lavratura do auto de prisão em flagrante, ocasião em que José foi informado de seu direito de permanecer calado e foi formalmente interrogado pela autoridade policial. Durante o interrogatório formal, assistido pelo advogado, José da Silva optou por permanecer calado, afirmando que só se manifestaria em juízo.

Com base na gravação contendo a confissão e delação de José, o Delegado de Polícia, em um único ato, determina que um de seus policiais atue como agente infiltrado e requer, ainda, outras medidas cautelares investigativas para obter provas em face dos demais membros do grupo criminoso: 1. Quebra de sigilo de dados telefônicos, autorizada pelo juiz competente; 2. Busca e apreensão, deferida pelo juiz competente, a qual logrou apreender grande quantidade de drogas e armas; 3. Prisão preventiva dos cinco comparsas de José da Silva, que estavam de posse das drogas e armas. Todas as provas coligidas na investigação corroboraram as informações fornecidas por José em seu depoimento.

Relatado o inquérito policial, o promotor de justiça denunciou todos os envolvidos por associação para o tráfico de drogas (art. 35, Lei 11.343/2006), tráfico ilícito de entorpecentes (art. 33, Lei 11.343/2006) e quadrilha armada (art. 288, parágrafo único).

Considerando tal narrativa, excluindo eventual pedido de aplicação do instituto da delação premiada, indique quais as teses defensivas, no plano do direito material e processual, que podem ser arguidas a partir do enunciado acima, pela defesa de José. Indique os dispositivos legais aplicáveis aos argumentos apresentados.

PRÁTICA PENAL – 10ª EDIÇÃO   167   EXERCÍCIOS PRÁTICOS

RESOLUÇÃO DA QUESTÃO

Cuida-se de interrogatório sub-reptício, conseguido por meio ilícito, porquanto desatendidas as formalidades que devem revestir o ato, a saber: "o preso será informado de seus direitos, entre os quais o de permanecer calado, sendo-lhe assegurada a assistência da família e de advogado". É o que dispõe o art. 5º, LXIII, da CF. Além disso, por se tratar de ato formal, submete-se às regras do interrogatório judicial, conforme preceitua o art. 6º, V, do CPP.

Não foi isso que se deu.

Pelo contrário. A autoridade policial responsável pela lavratura do auto de prisão em flagrante, ao invés de informar José da Silva acerca de seu direito de permanecer calado, adotou postura diversa e, aproveitando-se da ausência de seu patrono, logrou obter sua confissão.

Não é só. A autoridade gravou esta confissão, que foi, após, utilizada para desencadear diversas medidas investigativas.

Trata-se, pois, de prova ilícita.

Por conseguinte, as demais provas produzidas a partir desta também devem assim ser consideradas, consoante preconiza o art. 157, § 1º, do CPP. É a chamada prova ilícita por derivação. Dessa forma, as provas gestadas a partir da confissão informal de José da Silva estão, também, comprometidas, salvo se não estivesse evidenciado o nexo de causalidade entre umas e outras, ou se as derivadas pudessem ser obtidas por uma fonte independente das primárias.

Reza o art. 53, I, da Lei 11.343/2006 que a infiltração por agentes de polícia depende de autorização judicial, ouvido o Ministério Público.

A autoridade policial, portanto, não tem atribuição para determinar esta providência.

Por fim, a imputação das acusações de quadrilha ou bando e associação para o tráfico constitui verdadeiro *bis in idem*, o que é repudiado pelo ordenamento jurídico.

GABARITO COMENTADO – EXAMINADORA

1. gravação informal obtida pelo delegado de polícia constitui prova ilícita, já que o preso tem o direito de ser informado dos seus direitos, dentre os quais o de permanecer calado (art. 5º, inc. LXIII, Constituição). O depoimento policial é um ato formal e, segundo o artigo 6º, V, deve observar as regras para a oitiva do acusado na fase judicial, previstas no Capítulo III, Título VII do Código de Processo Penal. Como as demais provas foram obtidas a partir do depoimento que constitui prova ilícita, devem igualmente ser consideradas ilícitas (art. 157, §1º, Código de Processo Penal). (valor 0,3)

2. A infiltração de agente policial, conforme determina o artigo 53, I da Lei 11343/06, só pode ser determinada mediante autorização judicial e oitiva do Ministério Público. (valor 0,3)

3. Não se admite a acumulação das acusações de quadrilha e associação para o tráfico, já que as duas redações típicas compreendem as mesmas ações objetivas (estabilidade na comunhão de ações e desígnios para a prática de crimes). (valor 0,4)

Considerações do autor:

Vide, a respeito do tema: STF, HC 80.949-RJ, rel. Min. Sepúlveda Pertence, DJ. 14.12.2001 – Informativo 250.

Outra inovação produzida pela Lei 12.403/11 refere-se à imediata ciência, que deve dar a autoridade policial, da prisão em flagrante ao Ministério Público, obrigação até então inexistente. Pela anterior redação do art. 306, *caput*, do CPP, incumbia ao delegado de polícia informar a prisão de qualquer pessoa e local em que se encontrava ao juiz

EDUARDO DOMPIERI

competente e à família do preso ou a pessoa por ele indicada. Doravante, dada a modificação introduzida no *caput* do art. 306 pela Lei 12.403/11, deverá também ser comunicado o Ministério Público. Não nos esqueçamos de que, dentro do prazo de 24 horas da prisão, sem prejuízo da comunicação a que se faz menção, deverá ser encaminhado ao juiz o auto de prisão em flagrante e, na hipótese de o autuado não indicar advogado de sua confiança, cópia integral (auto de prisão em flagrante) à Defensoria Pública. É o teor do art. 306, § 1º, do CPP.

De ver-se, por fim, que o crime de quadrilha ou bando, então capitulado no art. 288 do CPP, deu lugar, por conta da modificação operada pela Lei 12.850/2013, ao delito de associação criminosa, cuja redação exige o mínimo de três agentes à configuração do crime (antes eram exigidos quatro).

(OAB/Exame Unificado – 2010.2 – 2ª fase) O juiz criminal responsável pelo processamento de determinada ação penal instaurada para a apuração de crime contra o patrimônio, cometido em janeiro de 2010, determinou a realização de importante perícia por apenas um perito oficial, tendo sido a prova pericial fundamental para justificar a condenação do réu.

Considerando essa situação hipotética, esclareça, com a devida fundamentação legal, a viabilidade jurídica de se alegar eventual nulidade em favor do réu, em razão de a perícia ter sido realizada por apenas um perito.

RESOLUÇÃO DA QUESTÃO

Não há que se falar em nulidade.

Isso porque a Lei 11.690/2008 promoveu diversas alterações no Código de Processo Penal, entre as quais modificou a redação do art. 159 do Código. A redação anterior do dispositivo exigia que a perícia fosse levada a efeito por dois peritos. A Súmula 361 do STF, elaborada à época em que vigia o art. 159 na sua redação original, considerava nulo o exame realizado por um só profissional. Essa Súmula, com a mudança legislativa, perdeu sua razão de ser. A redação atual, por seu turno, permite que a perícia seja feita por um perito oficial – art. 159, *caput*, do CPP.

Dessa forma, em vista da mudança legislativa operada pela Lei 11.690/08, inexiste viabilidade jurídica de se alegar nulidade em favor do réu em razão de a perícia realizar-se por apenas um profissional.

GABARITO COMENTADO – EXAMINADORA

Não há nulidade no caso. Com o advento da Lei nº 11.690/2008, que alterou dispositivos do Código de Processo Penal, o artigo 159 passou a ter a seguinte redação:

"O exame de corpo de delito e outras perícias serão realizados por perito oficial, portador de diploma de curso superior.

§ 1º Na falta de perito oficial, o exame será realizado por duas pessoas idôneas, portadoras de diploma de curso superior preferencialmente na área específica, dentre as que tiverem habilitação técnica relacionada com a natureza do exame."

A inovação legislativa dispensou a antiga exigência de dois peritos no mínimo para a produção do laudo pericial, pois, com a alteração na redação do art. 159, *caput*, basta agora que a perícia seja realizada por "perito oficial". Tendo sido a expressão empregada no singular, resta clara a intenção do legislador de se contentar, de agora em diante, com a perícia realizada por apenas um perito. Nesse contexto, passa a ser regra o que era exceção.

PRÁTICA PENAL – 10ª EDIÇÃO   169   EXERCÍCIOS PRÁTICOS

Considerações do autor:

Dentro do tema "exame de corpo de delito e perícias em geral", importante tecer alguns comentários acerca da chamada "cadeia de custódia", inovação introduzida no CPP (arts. 158-A a 158-F) pela Lei 13.964/2019 (Pacote Anticrime), que consiste na sistematização de todos os procedimentos que se prestam a preservar a autenticidade da prova coletada em locais ou em vítimas de crimes. *Grosso modo*, estabelece regras que devem ser seguidas no manejo das provas, desde o primeiro momento desta cadeia, que se dá com o procedimento de preservação do local de crime ou a verificação da existência de vestígio, até o seu descarte. Também são estabelecidas normas concernentes ao armazenamento de vestígios e a sua preservação. Tal regramento se justifica na medida em que a prova pericial, ao contrário da grande maioria das provas, não é passível de ser reproduzida em juízo sob o crivo do contraditório, de sorte que a sua produção, em regra ainda na fase investigativa, tem caráter definitivo, embora possa, em juízo, ser contrariada (contraditório diferido).

(OAB/Exame Unificado – 2008.3 – 2ª fase) Túlio, sabendo que Romero praticava habitualmente crimes contra crianças e adolescentes, adentrou o local de trabalho dele e dali subtraiu diversas fotografias nas quais eram retratadas crianças nuas e mantendo relações sexuais. De posse do material incriminador, Túlio passou a exigir dinheiro de Romero, sob a ameaça de entregar as fotografias à polícia. Recusada a exigência, as fotos foram efetivamente encaminhadas à autoridade policial, tendo o Ministério Público denunciado Romero, com base, exclusivamente, nessas provas. Em face dessa situação hipotética, responda, de forma fundamentada, aos seguintes questionamentos: É válida a denúncia? Houve violação dos direitos humanos fundamentais de Romero? Se houve, de que direitos? Romero poderá ser condenado? Caso a resposta seja afirmativa, por qual crime?

RESOLUÇÃO DA QUESTÃO

O art. 5º, LVI, da CF veda, de forma expressa, a utilização, no processo, das provas obtidas por meios ilícitos.

No âmbito do processo penal, a Lei 11.690/08 previu, também de forma expressa, o fato de ser ilícita a prova obtida em violação a normas constitucionais ou legais (art. 157, *caput*, CPP), reputando inadmissíveis (art. 157, § 1º) aquelas derivadas das ilícitas, salvo quando não evidenciado o nexo de causalidade entre umas e outras, ou quando as derivadas puderem ser obtidas por uma fonte independente das primeiras.

As provas entregues por Túlio à autoridade policial são ilícitas, porquanto obtidas por intermédio do cometimento do crime de furto, com violação, pois, de direitos fundamentais (inviolabilidade domiciliar e devido processo legal). Não podem, portanto, ser utilizadas no processo, conforme estabelecem os dispositivos *supra*.

Em vista disso, a denúncia calcada nessas provas não tem validade. Pela mesma razão, Romero não poderá ser condenado com base nas provas entregues por Túlio ao delegado de polícia.

De outro lado, Túlio, ao exigir dinheiro de Romero, cometeu crime de extorsão, capitulado no art. 158 do CP.

EDUARDO DOMPIERI

(OAB/Exame Unificado – 2008.1 – 2ª fase) José é acusado da prática de pedofilia. Na denúncia, o Ministério Público arrolou, entre as testemunhas, Júlia, mãe de uma das vítimas. Há notícia nos autos de que algumas mães recebiam dinheiro ou drogas para permitir que as vítimas se encontrassem com o acusado. Durante a oitiva de Júlia, testemunha compromissada, o promotor de justiça fez perguntas acerca de seu possível conhecimento e consentimento em relação aos fatos narrados na denúncia. Considerando a situação hipotética apresentada, responda, de forma fundamentada, se Júlia é obrigada a responder às perguntas formuladas pela acusação, abordando, necessariamente, o fato de ela ser testemunha compromissada.

RESOLUÇÃO DA QUESTÃO

Se contra Júlia pesam suspeitas de participação nos crimes perpetrados por José, compromissada ou não como testemunha, ela tem direito ao silêncio, não sendo, por isso, obrigada a responder às perguntas formuladas, uma vez que, com seu depoimento, há a possibilidade de produzir prova contra ela própria (*nemo tenetur se detegere*) – art. 5º, LXIII, da CF.

(OAB/Exame Unificado – 2007.1 – 2ª fase) Nos crimes de falsidade documental, a comprovação da materialidade pelo exame de corpo de delito é indispensável à propositura da ação penal? Fundamente sua resposta abordando o conceito de justa causa e o princípio da verdade real.

RESOLUÇÃO DA QUESTÃO

Nos crimes de falsidade documental, a comprovação da materialidade pelo exame de corpo de delito é indispensável ao julgamento.

Disso nenhuma dúvida deve restar.

Quanto à necessidade de comprovação da materialidade pelo exame de corpo de delito já no ato da propositura da ação, têm a doutrina e a jurisprudência entendido ser tal demonstração dispensável neste momento, podendo a materialidade, desse modo, ser aferida por outros meios idôneos.

Com efeito, se levarmos em conta que o processo penal é informado pelo princípio da verdade real, devendo o juiz, por conta disso, buscar provas, não se limitando ao que lhe é trazido pelas partes, nada obsta que, ao receber a peça acusatória, determine a realização de perícia, com vistas a formar a sua convicção.

De outro lado, como tem exigido a jurisprudência, é necessário que o juiz, ao receber a peça acusatória desacompanhada do exame de corpo de delito, exija a comprovação da materialidade do crime por outros meios idôneos, pois, se assim não for, a ação será rejeitada por falta de justa causa, conforme preleciona o art. 395, III, do CPP.

Comentários adicionais:

Confira, abaixo, alguns acórdãos:

HABEAS CORPUS. PROCESSUAL PENAL. OPERAÇÃO CANAÃ. CRIMES DE FALSIDADE DOCUMENTAL E IDEOLÓGICA. AUSÊNCIA DE JUSTA CAUSA PARA O RECEBIMENTO DA DENÚNCIA E PARA A DECRETAÇÃO DA PRISÃO PREVENTIVA. AFERIÇÃO, PELO MAGISTRADO, DA AUTORIA E DA MATERIALIDADE DOS DELITOS COM AMPARO EM OUTROS MEIOS IDÔNEOS DE PROVA. CONSTRANGIMENTO ILEGAL INEXISTENTE. PRECEDENTES. 1. Nos crimes de falsidade documental a comprovação da materialidade pelo exame de corpo de delito é dispensável à propositura da ação penal, podendo ser a materialidade do crime ser aferida por outros meios idôneos. 2. Nesse contexto, a justa causa da ação penal teria, segundo a instância ordinária, restado demonstrada nos relatórios policiais e nos autos de apreensão e transcrição de interceptações telefônicas. 3. Precedentes do Superior Tribunal de Justiça. 4. Ordem denegada. (HC 200601073725, LAURITA VAZ, STJ – QUINTA TURMA, 18/12/2006).

Penal. Processual Penal. Recurso especial. Crime falsificação de documento. Prova da materialidade. Exame de corpo delito. Reexame de provas. Súmula nº 07/STJ. – Em sede de crime de falsidade documental a comprovação da materialidade pelo exame de corpo de delito não é indispensável à propositura da ação penal, podendo ser produzida a prova no curso do sumário e materialidade do crime ser aferida por outros meios idôneos. – O Superior Tribunal de Justiça, com os olhos postos na sua competência constitucional de intérprete maior da lei federal (CF, art. 105, III), consolidou o entendimento de que o recurso especial é inadmissível quando o tema nele enfocado consubstancia mero reexame de provas para o deslinde de questão de fato controvertido (Súmula nº 07). – Recursos especiais não conhecidos. (RESP 199800852778, VICENTE LEAL, STJ – SEXTA TURMA, 30/10/2000).

PENAL. PROCESSUAL PENAL. "*HABEAS CORPUS*". AÇÃO PENAL. TRANCAMENTO DE AÇÃO PENAL. DENÚNCIA. INÉPCIA. NÃO CONFIGURAÇÃO. DESCRIÇÃO EM TESE DE CRIME. FALSIFICAÇÃO DE DOCUMENTO. PROVA DA MATERIALIDADE. EXAME DE CORPO DELITO. – O trancamento de ação penal por falta de justa causa, postulada na via estreita do "*habeas corpus*", somente se viabiliza quando, pela mera exposição dos fatos na denúncia, se constata que há imputação de fato penalmente atípico ou que inexiste qualquer elemento indiciário demonstrativo da autoria do delito pelo paciente. – Não é inepta a denúncia que descreve fatos que, em tese, apresentam a feição de crime e oferece condições plenas para o exercício de defesa. – Em sede de crime de falsidade documental a comprovação da materialidade pelo exame de corpo de delito não é indispensável à propositura da ação penal, podendo ser produzida a prova durante seu curso normal. – Recurso ordinário desprovido. (RHC 199800369120, VICENTE LEAL, STJ – SEXTA TURMA, 26/10/1998).

2.6. Prisão, medidas cautelares e liberdade provisória

(OAB/Exame Unificado – 2020.1 – 2ª fase) Paulo, estudante, condenado anteriormente por crime culposo no trânsito, em 20/08/2019 adentrou loja de conveniência de um posto de gasolina e, aproveitando-se de um descuido dos funcionários do estabelecimento, furtou todo o dinheiro que se encontrava no caixa.

Após sair da loja sem ter sua conduta percebida, consumado o delito, Paulo avistou sua antiga namorada Jaqueline, que abastecia seu carro no posto de gasolina, e contou-lhe sobre o crime que praticara momentos antes, pedindo que Jaqueline, igualmente estudante, primária e sem qualquer envolvimento anterior com fatos ilícitos, ajudasse-o a deixar o local, pois notou que os empregados do posto já tinham percebido que ocorrera a subtração. Jaqueline, então, dá carona a Paulo, que se evade com os valores subtraídos.

Após instauração de inquérito policial para apurar o fato, os policiais, a partir das câmeras de segurança da loja, identificaram Paulo como o autor do delito, bem como o veículo de Jaqueline utilizado pelo autor para deixar o local, tendo o Ministério Público denunciado ambos pela prática do crime de furto qualificado pelo concurso de agentes, na forma do Art. 155, § 4º, inciso IV, do Código Penal.

Por ocasião do recebimento da denúncia, o juiz indeferiu a representação pela decretação da prisão preventiva formulada pela autoridade policial, mas aplicou aos denunciados medidas cautelares alternativas, dentre as quais a suspensão do exercício de atividade de natureza econômica em relação a Jaqueline, já que ela seria proprietária de um estabelecimento de comércio de roupas no bairro em que residia, nos termos requeridos pelo Ministério Público.

EDUARDO DOMPIERI

Considerando os fatos acima narrados, responda, na condição de advogado(a) de Jaqueline, aos questionamentos a seguir.

A) Qual argumento de direito material poderá ser apresentado pela defesa técnica de Jaqueline para questionar a capitulação delitiva imputada pelo Ministério Público? Justifique. **(Valor: 0,65)**

B) Existe argumento para questionar a medida cautelar alternativa de suspensão da atividade econômica aplicada a Jaqueline? Justifique. **(Valor: 0,60)**

Obs.: o(a) examinando(a) deve fundamentar suas respostas. A mera citação do dispositivo legal não confere pontuação.

GABARITO COMENTADO

Narra o enunciado que Paulo praticou um crime de furto, já que subtraiu, sem violência ou grave ameaça à pessoa, dinheiro da loja de conveniência de determinado posto de gasolina. Após a consumação do delito, encontrou Jaqueline, sua ex-namorada, narrando sobre o crime praticado. Jaqueline, então, auxilia Paulo a deixar o local dos fatos. Após descoberta do ocorrido, o Ministério Público denunciou Jaqueline e Paulo pelo crime de furto qualificado pelo concurso de agentes, aplicando, dentre outras, a cautelar de suspensão do exercício de atividade de natureza econômica à Jaqueline.

A) O argumento é o de que Jaqueline não praticou crime de furto, já que sua contribuição ocorreu após a consumação do delito patrimonial. Não há que se falar em participação após a consumação do delito, salvo se a contribuição, apesar de ocorrer após a consumação, já houver sido previamente ajustada. No caso em tela, Jaqueline não havia ajustado previamente com Paulo que o auxiliaria na empreitada criminosa, tendo concorrido para o crime somente após a consumação deste por Paulo. Sendo assim, não há que se falar em concurso de pessoas, não devendo Jaqueline responder pela prática do furto qualificado. Nesse sentido, Paulo deveria responder apenas pelo crime de furto simples (Art. 155, *caput*, do CP), enquanto que Jaqueline poderia ser responsabilizada pelo crime de favorecimento pessoal (Art. 348 do CP).

B) Nos termos do Art. 319 do CPP é possível ao magistrado aplicar medidas cautelares alternativas. Para evitar a prisão, incentiva-se a aplicação de medidas cautelares alternativas. Ademais, o Art. 319, inciso VI, do CPP, prevê que poderá ser aplicada cautelar de suspensão do exercício da função pública ou de atividade de natureza econômica, desde que haja justo receio de sua utilização para prática de novas infrações penais.

O simples fato de Jaqueline ser denunciada por crime contra o patrimônio (de maneira inadequada, ainda!) não torna a medida de suspensão da atividade de natureza econômica adequada, qual seja, atuar em comércio de roupas em estabelecimento do qual seria proprietária. Jaqueline era primária, de bons antecedentes e sem qualquer envolvimento pretérito com o aparato policial ou judicial, nada no enunciado permitindo concluir que haveria justo receio na utilização da atividade econômica para prática de novas infrações.

PRÁTICA PENAL – 10ª EDIÇÃO   173   EXERCÍCIOS PRÁTICOS

(OAB/Exame Unificado – 2017.1 – 2ª fase) Diego e Júlio caminham pela rua, por volta das 21h, retornando para suas casas após mais um dia de aula na faculdade, quando são abordados por Marcos, que, mediante grave ameaça de morte e utilizando simulacro de arma de fogo, exige que ambos entreguem as mochilas e os celulares que carregavam.

Após os fatos, Diego e Júlio comparecem em sede policial, narram o ocorrido e descrevem as características físicas do autor do crime. Por volta das 5h da manhã do dia seguinte, policiais militares em patrulhamento se deparam com Marcos nas proximidades do local do fato e verificam que ele possuía as mesmas características físicas do roubador. Todavia, não são encontrados com Marcos quaisquer dos bens subtraídos, nem o simulacro de arma de fogo. Ele é encaminhado para a Delegacia e, tendo-se verificado que era triplamente reincidente na prática de crimes patrimoniais, a autoridade policial liga para as residências de Diego e Júlio, que comparecem em sede policial e, em observância de todas as formalidades legais, realizam o reconhecimento de Marcos como responsável pelo assalto. O Delegado, então, lavra auto de prisão em flagrante em desfavor de Marcos, permanecendo este preso, e o indicia pela prática do crime previsto no Art. 157, *caput*, do Código Penal, por duas vezes, na forma do Art. 69 do Código Penal.

Diante disso, Marcos liga para seu advogado para informar sua prisão. Este comparece, imediatamente, em sede policial, para acesso aos autos do procedimento originado do Auto de Prisão em Flagrante.

Considerando apenas as informações narradas, na condição de advogado de Marcos, responda, de acordo com a jurisprudência dos Tribunais Superiores, aos itens a seguir.

A) Qual requerimento deverá ser formulado, de imediato, em busca da liberdade de Marcos e sob qual fundamento? Justifique. **(Valor: 0,65)**

B) Oferecida denúncia na forma do indiciamento, qual argumento de direito material poderá ser apresentado pela defesa para questionar a capitulação delitiva constante da nota de culpa, em busca de uma punição mais branda? Justifique. **(Valor: 0,60)**

Obs.: o(a) examinando(a) deve fundamentar suas respostas. A mera citação do dispositivo legal não confere pontuação.

GABARITO COMENTADO – EXAMINADORA

A) A defesa de Marcos deverá formular requerimento de relaxamento da prisão, tendo em vista que não havia situação de flagrante a justificar a formalização do Auto de Prisão em Flagrante. Narra o enunciado que, de fato, Marcos, mediante grave ameaça, inclusive com emprego de simulacro de arma de fogo, subtraiu coisas alheias móveis de Diego e Julio, logo praticou dois crimes de roubo. As vítimas reconheceram o acusado, de modo que há justa causa para o oferecimento de denúncia. Todavia, não havia situação de flagrante a justificar a prisão do acusado. Isso porque o reconhecimento e prisão de Marcos ocorreram mais de 07 horas após o fato, sendo certo que não houve perseguição e nem com o agente foram encontrados instrumentos ou produtos do crime.

Dessa forma, nenhuma das situações previstas no Art. 302 do Código de Processo Penal restou configurada. Em sendo a prisão ilegal, o requerimento a ser formulado é de relaxamento da prisão. Insuficiente, no caso, o examinando apresentar requerimento de liberdade provisória. Primeiro porque, em sendo a prisão ilegal, sequer deveriam ser analisados os pressupostos dos Artigos 312 e 313 do Código de Processo Penal nesse momento.

EDUARDO DOMPIERI

174

Além disso, a princípio, não seria caso de reconhecimento de ausência dos motivos da preventiva, já que foi praticado crime com circunstâncias graves e o agente é triplamente reincidente.

B) O equívoco a ser alegado em relação à capitulação delitiva refere-se ao concurso de crimes. Sem dúvidas, confirmados os fatos, houve crime de roubo, já que foram subtraídas coisas alheias móveis e houve emprego de grave ameaça, ainda que apenas através de palavras de ordem e emprego de simulacro de arma de fogo. Da mesma forma, dois foram os crimes patrimoniais praticados. Isso porque dois patrimônios foram atingidos e presente o elemento subjetivo, tendo em vista que Marcos sabia que estava subtraindo pertences de duas pessoas diversas. Todavia, com uma só ação, mediante uma ameaça, foram subtraídos bens de dois patrimônios diferentes. Assim, deverá ser reconhecido o concurso formal de delitos, aplicando-se a regra da exasperação da pena, e não o concurso material, com aplicação do cúmulo material de sanções.

Distribuição dos Pontos:

ITEM	PONTUAÇÃO
A) O requerimento a ser formulado é de relaxamento de prisão (0,35), tendo em vista que não está presente nenhuma das situações de flagrante elencadas no Art. 302 do CPP (0,30).	0,00/0,30/0,35/0,65
B) O argumento é que houve concurso formal de crimes (0,35), tendo em vista que, com uma só ação, foram praticados dois delitos (0,15), nos termos do Art. 70 do CP (0,10).	0,00/0,15/0,25/0,35/0,45 /0,50/0,60

(OAB/Exame Unificado – 2016.2 – 2ª fase) Fausto, ao completar 18 anos de idade, mesmo sem ser habilitado legalmente, resolveu sair com o carro do seu genitor sem o conhecimento do mesmo. No cruzamento de uma avenida de intenso movimento, não tendo atentado para a sinalização existente, veio a atropelar Lídia e suas 05 filhas adolescentes, que estavam na calçada, causando-lhes diversas lesões que acarretaram a morte das seis. Denunciado pela prática de seis crimes do Art. 302, § 1º, incisos I e II, da Lei 9.503/1997, foi condenado nos termos do pedido inicial, ficando a pena final acomodada em 04 anos e 06 meses de detenção em regime semiaberto, além de ficar impedido de obter habilitação para dirigir veículo pelo prazo de 02 anos. A pena privativa de liberdade não foi substituída por restritivas de direitos sob o fundamento exclusivo de que o seu *quantum* ultrapassava o limite de 04 anos. No momento da sentença, unicamente com o fundamento de que o acusado, devidamente intimado, deixou de comparecer espontaneamente a última audiência designada, que seria exclusivamente para o seu interrogatório, o juiz decretou a prisão cautelar e não permitiu o apelo em liberdade, por força da revelia. Apesar de Fausto estar sendo assistido pela Defensoria Pública, seu genitor o procura, para que você, na condição de advogado(a), preste assistência jurídica.

Diante da situação narrada, como advogado(a), responda aos seguintes questionamentos formulados pela família de Fausto:

A) Mantida a pena aplicada, é possível a substituição da pena privativa de liberdade por restritiva de direitos? Justifique. (Valor: 0,65)

B) Em caso de sua contratação para atuar no processo, o que poderá ser alegado para combater, especificamente, o fundamento da decisão que decretou a prisão cautelar? (Valor: 0,60)

Obs.: o examinando deve fundamentar suas respostas. A mera citação do dispositivo legal não confere pontuação.

GABARITO COMENTADO – EXAMINADORA

A) Tratando-se de crime culposo, o fato de a pena ter ficado acomodada em mais de 04 anos, por si só, não impede a substituição da pena privativa de liberdade por restritiva de direitos, sendo certo que o encarceramento deve ser deixado para casos especiais, quando se manifestar extremamente necessário. O Art. 44, inciso I, do Código Penal, afirma expressamente que caberá substituição, independente da pena aplicada, se o crime for culposo. No caso, como o fundamento exclusivo do magistrado foi a pena aplicada, é possível afastá-lo e, consequentemente, buscar a substituição em sede de recurso.

B) O fato de o acusado não ter comparecido ao interrogatório, por si só, não justifica o decreto prisional, devendo ser entendida a sua ausência como extensão do direito ao silêncio. Hoje, o interrogatório é tratado pela doutrina e pela jurisprudência não somente como meio de prova, mas também como meio de defesa. Por sua vez, o direito à ampla defesa inclui a defesa técnica e a autodefesa. No exercício da autodefesa, pode o acusado permanecer em silêncio durante seu interrogatório. Da mesma forma, poderá deixar de comparecer ao ato como extensão desse direito, sendo certo que no caso não haveria qualquer prejuízo para a instrução nesta ausência, já que a audiência seria apenas para interrogatório. A prisão, antes do trânsito em julgado da decisão condenatória, reclama fundamentação concreta da necessidade da medida, não podendo ser aplicada como forma de antecipação de pena.

Comentários do autor:

A decretação ou manutenção da prisão cautelar (provisória ou processual), assim entendida aquela que antecede a condenação definitiva, deve sempre estar condicionada à demonstração concreta de sua imperiosa necessidade, sob pena de ofensa ao princípio da presunção de inocência. Bem por isso, deve o magistrado apontar as razões, no seu entender, que a tornam indispensável (art. 312 do CPP). Colocado de outra forma, a prisão provisória ou cautelar somente se justifica dentro do ordenamento jurídico quando necessária ao processo. Deve ser vista, portanto, como um *instrumento* do processo a ser utilizado em situações *excepcionais*. É por essa razão que a prisão decorrente de sentença penal condenatória recorrível deixou de constituir modalidade de prisão cautelar. Era uma prisão automática, já que, com a prolação da sentença condenatória, o réu era recolhido ao cárcere (independente de a prisão ser necessária). Nesse contexto, o acusado era considerado presumidamente culpado. Com as modificações introduzidas pela Lei 11.719/2008 e também em razão da atuação dos tribunais, esta modalidade de prisão cautelar deixou de existir, consagrando, assim, o *postulado da presunção de inocência*. Em vista dessa nova realidade, se o acusado permanecer preso durante toda a instrução, a manutenção dessa prisão somente terá lugar se indispensável for ao processo, pouco importando se, uma vez condenado em definitivo, permanecerá ou não preso. A prisão desnecessária decretada ou mantida antes de a sentença passar em julgado constitui antecipação da pena que porventura seria aplicada em caso de condenação, o que representa patente violação ao princípio da presunção de inocência, postulado esse de índole constitucional – art. 5º, LVII. De se ver ainda que, tendo em conta as mudanças implementadas pela Lei 12.403/2011, que instituiu as *medidas cautelares alternativas à prisão provisória*, esta somente terá lugar diante da impossibilidade de se recorrer às medidas cautelares. Dessa forma, a prisão, como medida excepcional que é, deve também ser vista como instrumento subsidiário, supletivo. Pois bem. Essa tônica (de somente dar-se início ao cumprimento da pena depois do trânsito em julgado da sentença penal condenatória) sofreu um revés. Explico. O STF, em julgamento histórico realizado em 17 de fevereiro de 2016, mudou, à revelia de grande parte da comunidade jurídica, seu entendimento acerca da possibilidade de prisão antes do trânsito em julgado da sentença penal condenatória. A Corte, ao julgar o HC 126.292, passou a admitir a execução da pena após decisão condenatória proferida em segunda instância. Com isso, passou a ser desnecessário, para dar início ao cumprimento da pena, aguardar o trânsito em julgado da decisão condenatória. Flexibilizou-se, pois, o postulado da presunção de inocência. Naquela ocasião, votaram pela mudança de paradigma sete ministros, enquanto quatro mantiveram o entendimento até então prevalente. Cuidava-se, é bem verdade, de uma decisão tomada em processo

EDUARDO DOMPIERI

subjetivo, sem eficácia vinculante, portanto. Tal decisão, conquanto tomada em processo subjetivo, passou a ser vista como uma mudança de entendimento acerca de tema que há vários anos havia se sedimentado. Mais recentemente, nossa Suprema Corte foi chamada a se manifestar, em ações declaratórias de constitucionalidade impetradas pelo Conselho Federal da OAB e pelo Partido Ecológico Nacional, sobre a constitucionalidade do art. 283 do CPP. Existia a expectativa de que algum ou alguns dos ministros mudassem o posicionamento adotado no julgamento realizado em fevereiro de 2016. Afinal, a decisão, agora, teria uma repercussão muito maior, na medida em que tomada em ADC. Pois bem. Depois de muita especulação e grande expectativa, o STF, em julgamento realizado em 5 de outubro do mesmo ano, desta vez por maioria mais apertada (6 a 5), já que houve mudança de posicionamento do ministro Dias Toffoli, indeferiu as medidas cautelares pleiteadas nessas ADCs (43 e 44), mantendo, assim, o posicionamento que autoriza a prisão depois de decisão condenatória confirmada em segunda instância. O julgamento do mérito dessas ações permaneceu pendente até 7 de novembro de 2019, quando, finalmente, depois de muita expectativa, o STF, em novo julgamento histórico, referente às ADCs 43,44 e 54, mudou o entendimento adotado em 2016, até então em vigor, que permitia a execução (provisória) da pena de prisão após condenação em segunda instância. Reconheceu-se a constitucionalidade do art. 283 do CPP, com a redação que lhe foi dada pela Lei 12.403/2011. Por 6 x 5, ficou decidido que é vedada a execução provisória da pena. Cumprimento de pena, a partir de agora, portanto, somente quando esgotados todos os recursos. Atualmente, essa discussão acerca da possibilidade de prisão em segunda instância, que suscitou debates tão acalorados, chegando, inclusive, a ganhar as ruas, saiu do STF, onde até então se encontrava, e passou para o Parlamento. Hoje se discute qual o melhor caminho para inserir, no nosso ordenamento jurídico, a prisão após condenação em segunda instância. Aguardemos. Nesse sentido, a Lei 13.964/2019 inseriu no art. 313 do CPP o § 2º, conferindo-lhe a seguinte redação: "Não será admitida a decretação da prisão preventiva com a finalidade de antecipação de cumprimento de pena ou como decorrência imediata de investigação criminal ou da apresentação ou recebimento da denúncia".

(OAB/Exame Unificado – 2015.1 – 2ª fase) Wesley, estudante, foi preso em flagrante no dia 03 de março de 2015 porque conduzia um veículo automotor que sabia ser produto de crime pretérito registrado em Delegacia da área em que residia. Na data dos fatos, Wesley tinha 20 anos, era primário, mas existia um processo criminal em curso em seu desfavor, pela suposta prática de um crime de furto qualificado. Diante dessa anotação em sua Folha de Antecedentes Criminais, a autoridade policial representou pela conversão da prisão em flagrante em preventiva, afirmando que existiria risco concreto para a ordem pública, pois o indiciado possuía outros envolvimentos com o aparato judicial. Você, como advogado(a) indicado por Wesley, é comunicado da ocorrência da prisão em flagrante, além de tomar conhecimento da representação formulada pelo Delegado. Da mesma forma, o comunicado de prisão já foi encaminhado para o Ministério Público e para o magistrado, sendo todas as legalidades da prisão em flagrante observadas.

Considerando as informações narradas, responda aos itens a seguir.

A) Qual a medida processual, diferente de *habeas corpus*, a ser adotada pela defesa técnica de Wesley? (Valor: 0,50)

B) A representação da autoridade policial foi elaborada de modo adequado? (Valor: 0,75)

Responda justificadamente, empregando os argumentos jurídicos apropriados e a fundamentação legal pertinente ao caso.

GABARITO COMENTADO – EXAMINADORA

A) Considerando que o enunciado narra que foi realizada validamente a prisão em flagrante de Wesley pela prática do crime de receptação simples, a medida processual a ser formulada é o pedido de liberdade provisória, evitando que seja decretada a prisão preventiva do indiciado.

PRÁTICA PENAL – 10ª EDIÇÃO — 177 — EXERCÍCIOS PRÁTICOS

B) A representação da autoridade policial não foi elaborada de maneira adequada em relação à sua fundamentação, pois não estão preenchidos os requisitos do Art. 313 do CPP, sendo estes indispensáveis para a conversão da prisão em flagrante em preventiva. O crime praticado pelo indiciado não tem pena privativa de liberdade máxima superior a 04 anos. Ademais, não é o acusado reincidente na prática de crime doloso, devendo ser destacado que a existência de ação em curso não afasta a ausência de configuração do inciso II do Art. 313. Os requisitos do inciso III também não estão atendidos, sendo incabível a prisão preventiva, independentemente da fundamentação com os pressupostos do Art. 312 do CPP.

Distribuição dos Pontos:

ITEM	PONTUAÇÃO
A) Formulação de pedido de liberdade provisória (0,40), com fundamento no Art. 321 do CPP ou no Art. 310, III, do CPP (0,10). *Obs.: a mera citação do dispositivo legal não será pontuada.*	0,00/0,40/0,50
B) A representação da autoridade policial não foi elaborada de maneira adequada em relação à sua fundamentação, pois não estão preenchidos os requisitos para a decretação da prisão preventiva (0,65), do Art. 313 do CPP (0,10). *Obs.: a mera citação do dispositivo legal não será pontuada.*	0,00/0,65/0,75

(OAB/Exame Unificado – 2014.3 – 2ª fase) Durante inquérito policial que investigava a prática do crime de extorsão mediante sequestro, esgotado o prazo sem o fim das investigações, a autoridade policial encaminhou os autos para o Judiciário, requerendo apenas a renovação do prazo. O magistrado, antes de encaminhar o feito ao Ministério Público, verificando a gravidade em abstrato do crime praticado, decretou a prisão preventiva do investigado.

Considerando a narrativa apresentada, responda aos itens a seguir.

A) Poderia o magistrado adotar tal medida? Justifique. **(Valor: 0,65)**

B) A fundamentação apresentada para a decretação da preventiva foi suficiente? Justifique. **(Valor: 0,60)**

O examinando deve fundamentar suas respostas. A mera citação do dispositivo legal não confere pontuação.

GABARITO COMENTADO – EXAMINADORA

A questão em análise busca extrair conhecimento acerca do tema prisão preventiva. Durante muito tempo se controverteu sobre a possibilidade de o magistrado decretar a prisão preventiva de ofício, em especial durante as investigações policiais. A Lei 12.403 conferiu novo tratamento ao tema. Na hipótese narrada, o juiz, ainda durante a fase de investigação, sem ação penal em curso, decretou a prisão preventiva do indiciado de ofício, o que não é admitido pelo art. 311 do CPP, tendo em vista que violaria o princípio da imparcialidade, o princípio da inércia e até mesmo o sistema acusatório. Ainda que a decretação da prisão preventiva de ofício neste momento fosse admitida, a fundamentação apresentada seria insuficiente, pois a gravidade em abstrato do crime não pode justificar a aplicação de medidas cautelares pessoais. O juiz não fundamentou a prisão preventiva, medida excepcional considerando o princípio da presunção de inocência e o direito à liberdade, com circunstâncias em concreto do caso.

EDUARDO DOMPIERI

Nesse sentido, perceba-se que a questão em análise dividiu-se em dois itens distintos.

Para receber a pontuação relativa ao item 'A', considerando-se o comando da questão (*"Poderia o magistrado adotar tal medida? Justifique."*), o examinando deveria responder que o magistrado não poderia ter agido daquela forma, calcando-se no sistema acusatório que norteia o processo penal brasileiro desde sua expressa adoção pela nossa Magna Carta. Consoante o sistema acusatório o juiz deve ser inerte e imparcial, de sorte que a decretação de uma prisão cautelar de ofício por parte do magistrado fere frontalmente tais postulados. Ademais, interpretando-se o art. 311 do CPP, resta claro que o juiz não pode decretar prisão preventiva de ofício na fase de inquérito. Tal interpretação decorre, obviamente, de uma leitura baseada no sistema acusatório. Nesse ínterim, é oportuno destacar que eventuais respostas calcadas no art. 311 do CPP, necessariamente, deveriam demonstrar que tal dispositivo veda a decretação de prisão preventiva de ofício pelo juiz na fase de inquérito policial; a tal constatação somente se chega a partir de uma interpretação principiológica, razão pela qual não merecem pontuação as respostas que se limitarem a indicar como fundamento da negativa o art. 311 do CPP, simplesmente, sem qualquer análise mais aprofundada.

Por fim, para fazer jus à pontuação relativa ao item 'B', considerando-se o comando da questão, o examinando deveria indicar que a fundamentação apresentada pelo magistrado não foi suficiente, pois a gravidade em abstrato do delito, segundo entendimento pacífico, não é argumento idôneo, capaz de justificar uma prisão cautelar. Mais uma vez, a simples indicação de dispositivo legal não deve ser pontuada, sendo necessário, tal como manda o enunciado, que o examinando justifique sua resposta.

Distribuição dos Pontos:

ITEM	PONTUAÇÃO
A) Não poderia, sob pena de violação do princípio da imparcialidade OU princípio da inércia OU sistema/princípio acusatório (0,55), com base no Arts. 311 ou 282, §2º, do CPP ou Art. 129, I, da CRFB/88 (0,10)	
OU	
Não, com base no fato de que o juiz não pode decretar prisão preventiva de ofício na fase de inquérito (0,55), com base no art. 311 ou 282, § 2º, do CPP ou Art. 129, I, da CRFB/88 (0,10)	0,00/0,10/0,55/0,65
OU	
Não, com base no fato de que o juiz só poderia decretar prisão preventiva de ofício na fase processual (0,55), com base no art. 311 ou 282, §2º, do CPP ou Art. 129, I, da CRFB/88 (0,10).	
Obs.: a mera citação do artigo não pontua.	
B) A fundamentação não foi suficiente porque a gravidade em abstrato do crime não é argumento hábil a fundamentar uma prisão (0,60)	0,00/0,60

Considerações do autor:

A opção pelo sistema acusatório foi recentemente explicitada quando da inserção do art. 3º-A no Código de Processo Penal pela Lei 13.964/2019 (Pacote Anticrime). Segundo este dispositivo, cuja eficácia está suspensa por decisão liminar do STF, já que faz parte do regramento que compõe o chamado "juiz de garantias" (arts. 3º-A a 3º-F, do CPP), "o processo penal terá estrutura acusatória, vedadas a iniciativa do juiz na fase de investigação e a substituição

PRÁTICA PENAL – 10ª EDIÇÃO

179

EXERCÍCIOS PRÁTICOS

da atuação probatória do órgão de acusação". Até então, o sistema acusatório, embora amplamente acolhido pela comunidade jurídica, já que em perfeita harmonia com a CF/88, não era contemplado em lei. Nessa esteira, com vistas a fortalecer o sistema acusatório, o Pacote Anticrime cria a figura do juiz de garantias (arts. 3º-A a 3º-F, do CPP, com eficácia atualmente suspensa), ao qual cabe promover o controle da legalidade da investigação criminal e salvaguardar os direitos individuais cuja franquia tenha sido reservada ao Poder Judiciário. Também dentro desse mesmo espírito, a Lei 13.964/2019 alterou os arts. 282, § 2º, e 311, ambos do CPP, que agora vedam a atuação de ofício do juiz na decretação de medidas cautelares de natureza pessoal, como a prisão processual, ainda que no curso da ação penal. Perceba que, ao tempo em que elaborada esta questão, podia o juiz agir de ofício na decretação da custódia preventiva, desde que no curso da ação penal. Agora, passa a ser vedado ao magistrado proceder à decretação de medidas cautelares de natureza pessoal, incluída a prisão cautelar, em qualquer fase da persecução penal (investigação e ação penal). Também imbuído do propósito de restringir a ingerência do juiz na fase que antecede a ação penal, a Lei 13.964/2019, entre tantas outras alterações implementadas, conferiu nova redação ao art. 28 do CPP, alterando todo o procedimento de arquivamento do inquérito policial. Doravante, o representante do *parquet* deixa de requerer o arquivamento e passa a, ele mesmo, determiná-lo, sem qualquer interferência do magistrado, cuja atuação, nesta etapa, em homenagem ao sistema acusatório, deixa de existir. No entanto, ao determinar o arquivamento do IP, o membro do MP deverá submeter sua decisão, segundo a nova redação conferida ao art. 28, *caput*, do CPP, à instância revisora dentro do próprio Ministério Público, para fins de homologação. Sem prejuízo disso, caberá ao promotor que determinou o arquivamento comunicar a sua decisão ao investigado, à autoridade policial e à vítima. Esta última, por sua vez, ou quem a represente, poderá, se assim entender, dentro do prazo de 30 dias a contar da comunicação de arquivamento, submeter a matéria à revisão da instância superior do órgão ministerial (art. 28, § 1º, CPP). Por fim, o § 2º deste art. 28, com a redação que lhe deu a Lei 13.964/2019, estabelece que, nas ações relativas a crimes praticados em detrimento da União, Estados e Municípios, a revisão do arquivamento do IP poderá ser provocada pela chefia do órgão a quem couber a sua representação judicial. Este novo art. 28 do CPP, que, como dissemos, alterou todo o procedimento que rege o arquivamento do IP, no entanto, teve suspensa, por força de decisão cautelar proferida pelo STF, a sua eficácia. O ministro Luiz Fux, relator, ponderou, em sua decisão, tomada na ADI 6.305, de 22.01.2020, que, embora se trate de inovação louvável, a sua implementação, no prazo de 30 dias (*vacatio legis*), revela-se inviável, dada a dimensão dos impactos sistêmicos e financeiros que por certo ensejarão a adoção do novo procedimento de arquivamento do inquérito policial.

(OAB/Exame Unificado – 2011.3 – 2ª fase) Caio, Mévio, Tício e José, após se conhecerem em um evento esportivo de sua cidade, resolveram praticar um estelionato em detrimento de um senhor idoso. Logrando êxito em sua empreitada criminosa, os quatro dividiram os lucros e continuaram a vida normal. Ao longo da investigação policial, apurou-se a autoria do delito por meio dos depoimentos de diversas testemunhas que presenciaram a fraude. Em decorrência de tal informação, o promotor de justiça denunciou Caio, Mévio, Tício e José, alegando se tratar de uma quadrilha de estelionatários, tendo requerido a decretação da prisão temporária dos denunciados. Recebida a denúncia, a prisão temporária foi deferida pelo juízo competente.

Com base no relatado acima, responda aos itens a seguir, empregando os argumentos jurídicos apropriados e a fundamentação legal pertinente ao caso.

A) Qual(is) o(s) meio(s) de se impugnar tal decisão e a quem deverá(ão) ser endereçado(s)? (Valor: 0,6)

B) Quais fundamentos deverão ser alegados? (Valor: 0,65)

RESOLUÇÃO DA QUESTÃO

Sendo ilegal a prisão temporária decretada em desfavor dos denunciados, o meio adequado de impugnação é o *pedido de relaxamento da custódia*, que deverá ser dirigido ao juiz de direito estadual que proferiu a decisão.

EDUARDO DOMPIERI

Poderia, ainda, em vez do pedido de relaxamento, ser impetrado *habeas corpus*, sendo competente, para o seu julgamento, o Tribunal de Justiça estadual.

O decreto de prisão é, por várias razões, ilegal.

Em primeiro lugar, a custódia temporária, a teor do art. 1º, III, *l*, da Lei 7.960/1989, somente poderia ser decretada se houvesse fundadas razões de autoria ou participação dos denunciados no crime de *quadrilha ou bando* (art. 288, CP).

Não é o caso.

Com efeito, não há que se cogitar, neste caso, da prática do crime do art. 288 do CP, porquanto os denunciados reuniram-se com o propósito de tão somente cometer um único delito de estelionato. Quer-se com isso dizer que o concurso de mais de três pessoas desprovido do propósito de praticar número indeterminado de crimes não configura o delito de *quadrilha ou bando*. A prisão, por conta disso, é ilegal na medida em que a prática do crime de estelionato não pode ensejar a decretação da custódia temporária, pois se trata de infração penal não contemplada no rol do art. 1º, III, da Lei 7.960/1989.

Além disso, ainda que se reconhecesse a prática do crime de quadrilha ou bando, delito contemplado no rol do art. 1º, III, da Lei 7.960/1989, a prisão temporária, mesmo assim, seria ilegal, dado que esta modalidade de custódia processual somente tem lugar, em obediência ao disposto no art. 1º, I, da Lei 7.960/1989, se imprescindível às investigações do inquérito policial. Na hipótese narrada, a prisão foi decretada após o recebimento da denúncia, depois, portanto, de concluídas as investigações.

GABARITO COMENTADO – EXAMINADORA

A) Relaxamento de prisão, endereçado ao juiz de direito estadual.

OU

Habeas corpus, endereçado ao Tribunal de Justiça estadual.

B) Ilegalidade da prisão, pois não há formação de quadrilha quando a reunião se dá para a prática de apenas um delito. Não há que se falar em formação de quadrilha, subsistindo apenas o delito único de estelionato. Nesse sentido, não se poderia decretar a prisão temporária, pois tal crime não está previsto no rol taxativo indicado no artigo 1º, III, da Lei 7.960/89. Ademais, a prisão temporária é medida exclusiva do inquérito policial, não podendo, em hipótese alguma, ser decretada quando já instaurada a ação penal.

Distribuição dos Pontos:

ITEM	PONTUAÇÃO
A) Relaxamento da prisão (0,3), endereçado ao juiz de direito estadual (0,3) OU *habeas corpus* (0,3), endereçado ao Tribunal de Justiça estadual (0,3).	0 / 0,3 / 0,6
B1) Ilegalidade da prisão, pois não há formação de quadrilha quando a reunião se deu para a prática de apenas um delito. (0,25) Não se poderia decretar a prisão temporária, pois estelionato não está previsto no artigo 1º, III, da Lei 7.960/89. (0,2)	0 / 0,2 / 0,25 / 0,45
B2) A prisão temporária é medida exclusiva do inquérito policial. (0,2)	0 / 0,2

PRÁTICA PENAL – 10ª EDIÇÃO 181 EXERCÍCIOS PRÁTICOS

Comentários do autor:

Sempre é bom lembrar que a Lei 12.850/2013 conferiu nova redação ao art. 288 do CP, passando o crime ali previsto (quadrilha ou bando) a denominar-se *associação criminosa*, cuja configuração agora exige o número mínimo de 3 (três) agentes (antes eram exigidos no mínimo quatro).

(OAB/Exame Unificado – 2010.3 – 2ª fase) Jeremias é preso em flagrante pelo crime de latrocínio, praticado contra uma idosa que acabara de sacar o valor relativo à sua aposentadoria dentro de uma agência da Caixa Econômica Federal e presenciado por duas funcionárias da referida instituição, as quais prestaram depoimento em sede policial e confirmaram a prática do delito. Ao oferecer denúncia perante o Tribunal do Júri da Justiça Federal da localidade, o Ministério Público Federal requereu a decretação da prisão preventiva de Jeremias para a garantia da ordem pública, por ser o crime gravíssimo e por conveniência da instrução criminal, uma vez que as testemunhas seriam mulheres e poderiam se sentir amedrontadas caso o réu fosse posto em liberdade antes da colheita de seus depoimentos judiciais. Ao receber a inicial, o magistrado decretou a prisão preventiva de Jeremias, utilizando-se dos argumentos apontados pelo *Parquet*.

Com base no caso acima, empregando os argumentos jurídicos apropriados e a fundamentação legal pertinente ao caso, indique os argumentos defensivos para atacar a decisão judicial que recebeu a denúncia e decretou a prisão preventiva.

RESOLUÇÃO DA QUESTÃO

O crime de latrocínio não é doloso contra a vida, já que não está inserido no Capítulo I do Título I da Parte Especial do CP. Somente o homicídio doloso, a participação em suicídio, o infanticídio e o aborto, exceção feita ao homicídio culposo (art. 121, § 3°, CP), são julgados pelo Tribunal Popular.

Trata-se de crime patrimonial (art. 157, § 3°, segunda parte, do CP). Assim sendo, a competência para o seu processamento e julgamento é da Justiça comum estadual, visto que não há, neste caso, ofensa a bens, serviços ou interesses da União ou de suas entidades autárquicas a justificar a competência da Justiça Federal.

De outro lado, é pacífico, tanto na doutrina quanto na jurisprudência, que o decreto de prisão preventiva calcado na gravidade abstrata do crime é ilegal. Não se deve perder de vista que a custódia preventiva, em vista da reforma a que foi submetida a *prisão*, somente terá lugar, dado o seu caráter subsidiário, se outras medidas cautelares diversas da prisão não forem cabíveis (art. 282, § 6°, CPP). Além disso, a prisão cautelar, em qualquer de suas modalidades, por constituir medida invasiva, visto que subtrai do indivíduo sua liberdade antes do decreto condenatório definitivo, somente deve ser utilizada quando absolutamente necessária ao processo. Neste caso, o decreto de prisão processual baseou-se na gravidade abstrata do delito imputado ao réu e em meras conjecturas de que as testemunhas – mulheres – poderiam se sentir amedrontadas se acaso o réu permanecesse em liberdade. Nenhuma prova disso foi acostada aos autos. Registre-se, por fim, que a comunidade jurídica rechaça a prisão decretada ao argumento de que o crime é revestido de gravidade, ainda que o delito seja hediondo ou mesmo ele equiparado. É necessário, para a decretação da custódia cautelar, ir além. É preciso demonstrar a sua necessidade, na forma estatuída no art. 312 do CPP.

Na hipótese de impugnação da decisão que recebeu a denúncia e decretou a prisão preventiva, a competência para apreciação da medida será do Tribunal Regional Federal.

GABARITO COMENTADO – EXAMINADORA

A) Não, pois a competência para processamento e julgamento é de uma vara comum da justiça estadual, por se tratar de crime patrimonial e que não ofende bens, serviços ou interesses da União ou de suas entidades autárquicas.

B) Não, pois a jurisprudência é pacífica no sentido de que considerações genéricas e presunções de que em liberdade as testemunhas possam sentir-se amedrontadas não são argumentos válidos para a decretação da prisão antes do trânsito em julgado de decisão condenatória, pois tal providência possui natureza estritamente cautelar, de modo que somente poderá ser determinada quando calcada em elementos concretos que demonstrem a existência de risco efetivo à eficácia da prestação jurisdicional.

C) Tribunal Regional Federal, pois a autoridade coatora é juiz de direito federal.

Distribuição dos Pontos:

ITEM	PONTUAÇÃO
A) Incompetência da Justiça Federal para julgar o caso (0,15), por não se enquadrar nas hipóteses do art. 109 da CRFB (0,15).	0 / 0,15 / 0,3
B) Incompetência do Tribunal do Júri (0,15), considerando que o crime de latrocínio tem natureza patrimonial (0,15).	0 / 0,15 / 0,3
C) Ilegalidade na decretação da prisão preventiva (0,2), com base na impossibilidade de fundamentar a prisão na gravidade abstrata do crime OU na presunção de que as vítimas se sentiriam amedrontadas (0,2).	0 / 0,2 / 0,4

Comentários do autor:

O roubo seguido de morte (latrocínio), que até então estava capitulado no art. 157, § 3º, segunda parte, do CP, encontra-se previsto, por força das modificações introduzidas pela Lei 13.654/2018, no art. 157, § 3º, II, do CP. A descrição típica e a pena cominada não foram alteradas.

Em consonância com o entendimento consagrado na jurisprudência, a Lei 13.964/2019 inseriu o § 2º ao art. 312 do CPP, que assim dispõe: *a decisão que decretar a prisão preventiva deve ser motivada e fundamentada em receio de perigo e existência concreta de fatos novos ou contemporâneos que justifiquem a aplicação da medida adotada.* Dentro desse mesmo espírito, esta mesma Lei incluiu o § 1º ao art. 315 do CPP, com a seguinte redação: *na motivação da decretação da prisão preventiva ou de qualquer outra cautelar, o juiz deverá indicar concretamente a existência de fatos novos ou contemporâneos que justifiquem a aplicação da medida adotada.* O § 2º deste dispositivo elenca as situações em que se deve considerar a decisão como não fundamentada.

(OAB/Exame Unificado – 2008.1 – 2ª fase) Asplênio, funcionário público federal, no horário de expediente, solicitou a Tarso a quantia de R$ 2.000,00, em espécie, como condição para extraviar autos de processo criminal. Nesse momento, Asplênio foi preso em flagrante, antes de extraviar o processo que se encontrava na seção onde está lotado. Sabe-se, ainda, que Asplênio é primário e tem bons antecedentes. Com base na situação hipotética apresentada, responda, de forma fundamentada, às perguntas a seguir.

- Asplênio cometeu crime afiançável?

- Que pedido, privativo de advogado, deve ser formulado para Asplênio ser solto?

RESOLUÇÃO DA QUESTÃO

Asplênio, ao solicitar de Tarso a importância de R$ 2.000,00 como condição para extraviar autos de processo criminal, cometeu o crime capitulado no art. 317 do Código Penal – corrupção passiva (na forma consumada), cuja pena cominada é de 2 a 12 anos de reclusão e multa.

O delito praticado por Asplênio, em vista do que dispõe o art. 323 do CPP, é afiançável, devendo seu patrono, dessa forma, formular pedido de liberdade provisória.

Comentários adicionais:

Com a modificação a que foi submetido o art. 323 do CPP, operada pela Lei 12.403/2011, somente são inafiançáveis os crimes ali listados (racismo, tortura, tráfico de drogas, terrorismo, crimes hediondos e os delitos praticados por grupos armados, civis ou militares, contra a ordem constitucional e o Estado Democrático) e também aqueles contidos em leis especiais, tal como o art. 31 da Lei 7.492/1986 (Sistema Financeiro).

(OAB/Exame Unificado – 2006.3 – 2ª fase) A prática de crime hediondo, por si só, basta para que seja determinada a segregação cautelar? Fundamente sua resposta abordando o princípio da presunção de inocência e os requisitos da prisão preventiva à luz da jurisprudência do Superior Tribunal de Justiça.

RESOLUÇÃO DA QUESTÃO

O cometimento de crime hediondo, por si só, não é motivo bastante a justificar a decretação da segregação cautelar. Esse é o posicionamento pacífico firmado pelo Supremo Tribunal Federal e pelo Superior Tribunal de Justiça.

Com efeito, a prisão cautelar, hodiernamente, somente será decretada quando se mostrar imprescindível ao processo. Não poderá, portanto, decorrer de automatismo legal, sem que haja demonstração de necessidade na decretação da custódia. Porque, se assim não for, a prisão provisória acaba por antecipar a análise da culpabilidade do réu, violando, dessa forma, o princípio da presunção de inocência – art. 5°, LVII, da CF.

A prisão decretada ao argumento de que o réu praticou crime hediondo, sem se ater aos requisitos contidos no art. 312 do CPP, está, portanto, em desacordo com o ordenamento jurídico, porquanto lastreada na gravidade abstrata do delito. Há de ficar demonstrada, em qualquer caso, a necessidade na decretação da custódia.

Importante salientar que, tendo em conta as mudanças implementadas pela Lei 12.403/11, que instituiu as medidas cautelares alternativas à *prisão provisória*, esta, além de absolutamente necessária, somente terá lugar diante da impossibilidade de se recorrer àquelas. Dessa forma, a custódia provisória, como medida excepcional, deve também ser vista como instrumento subsidiário, supletivo.

Frise-se, ademais, que a Lei 8.072/1990, em seu art. 2°, II, permite que aos autores de crimes hediondos e equiparados seja concedida liberdade provisória.

EDUARDO DOMPIERI

Comentários adicionais:

É por essa razão que o Pleno do Supremo Tribunal Federal, em controle difuso de constitucionalidade, ao julgar o *habeas corpus* 104.339-SP, da relatoria do ministro Gilmar Mendes, considerou inconstitucional o dispositivo da Lei de Drogas (art. 44 da Lei 11.343/06) que proíbe a concessão de liberdade provisória.

Confira, sobre o tema, o seguinte julgado:

RECURSO ORDINÁRIO EM *HABEAS CORPUS*. TRÁFICO ILÍCITO DE ENTORPECENTES. PRISÃO PREVENTIVA DECRETADA COM BASE NA GRAVIDADE ABSTRATA DO DELITO. AUSÊNCIA DE FUNDAMENTOS CONCRETOS A JUSTIFICAR A MEDIDA. CONSTRANGIMENTO ILEGAL EVIDENCIADO. RECURSO PROVIDO. Esta Corte Superior tem entendimento pacífico de que a custódia cautelar possui natureza excepcional, somente sendo possível sua imposição ou manutenção quando demonstrado, em decisão devidamente motivada, o preenchimento dos pressupostos previstos no art. 312 do CPP. Na hipótese dos autos verifico não estarem presentes fundamentos idôneos que justifiquem a prisão processual do paciente, tendo em vista que o Magistrado de primeiro grau justificou a segregação cautelar na conveniência da instrução criminal e para assegurar a aplicação da lei penal, tendo utilizado fundamentos genéricos, sem nenhum embasamento nos fatos concretos. Restando deficiente a fundamentação do Magistrado de piso quanto aos pressupostos que autorizam a segregação antes do trânsito em julgado, deve ser revogada, *in casu*, a custódia cautelar do recorrente. Recurso ordinário em Habeas Corpus provido para revogar a prisão preventiva em discussão, mediante a aplicação de medida cautelar diversa, nos termos do art. 319 do CPP, a ser estabelecida pelo Magistrado singular, ressalvada, ainda, a possibilidade de decretação de nova prisão, se demonstrada sua necessidade.

(RHC 57.229/SP, Rel. Ministro ERICSON MARANHO (DESEMBARGADOR CONVOCADO DO TJ/SP), SEXTA TURMA, julgado em 07/05/2015, DJe 02/06/2015).

2.7. Processo e procedimentos; sentença, preclusão e coisa julgada

(OAB/Exame Unificado – 2020.3 – 2ª fase) Talita conduzia seu veículo automotor quando sofreu uma colisão na traseira de seu automóvel causada por Lauro, que conduzia seu automóvel a 120km/h, apesar de a velocidade máxima permitida, na via pública em que estavam, ser de 50km/h.

A perícia realizada no local indicou que o acidente foi causado pela violação do dever de cuidado de Lauro, que, em razão da alta velocidade imprimida, não conseguiu frear a tempo de evitar a colisão. Talita realizou exame de corpo de delito que constatou a existência de lesão corporal de natureza leve. Lauro, por sua vez, fugiu do local do acidente sem prestar auxílio.

O Ministério Público, ao tomar conhecimento dos fatos e não havendo composição dos danos civis, ofereceu proposta de transação penal em favor de Lauro, destacando que o crime de lesão corporal culposa, previsto no Art. 303, § 1º, da Lei nº 9.503/97, admitia o benefício e que a Folha de Antecedentes Criminais do autor do fato apenas indicava a existência de uma outra anotação referente à infração em que Lauro foi beneficiado também por transação penal, mas o benefício foi oferecido e extinto há mais de 06 anos.

Talita ficou insatisfeita com a proposta do Ministério Público e procurou você, como advogado(a), para esclarecimentos.

Considerando as informações expostas, responda, na condição de advogado(a) de Talita, aos itens a seguir.

A) Existe previsão de recurso para questionar a decisão homologatória de transação penal? Justifique. (Valor: 0,60)

PRÁTICA PENAL – 10ª EDIÇÃO 185 EXERCÍCIOS PRÁTICOS

B) Existe argumento para questionar o oferecimento de transação penal ao autor do fato? Justifique. (Valor: 0,65)

Obs.: o(a) examinando(a) deve fundamentar suas respostas. A mera citação do dispositivo legal não confere pontuação.

GABARITO COMENTADO – EXAMINADORA

A) Sim, de acordo com o Art. 76, § 5º, da Lei nº 9.099/95, da decisão que homologa a transação penal caberá recurso de apelação, nos termos do Art. 82 do mesmo diploma legal. Diferente do que ocorre com a sentença que homologa composição civil dos danos, que é irrecorrível, conforme Art. 74 da Lei nº 9.099/95, a sentença que homologa a transação penal pode ser questionada por meio de recurso.

B) O advogado de Talita deverá esclarecer que existe argumento para questionar a proposta de transação penal oferecida pelo Ministério Público. Com base na Folha de Antecedentes Criminais do autor do fato, ele é, tecnicamente, primário. Ademais, o benefício da transação penal anterior foi oferecido, cumprido e extinto há mais de 05 anos, de modo que não haveria impedimento, com base no Art. 76 da Lei nº 9.099/95. O Art. 291 do CTB (Lei nº 9.503/97), a princípio permite que sejam aplicados os institutos da composição dos danos civis, transação penal e exigência de representação da vítima nos crimes de lesão corporal culposa praticadas na condução de veículo automotor. Ocorre que o próprio Art. 291, § 1º, inciso III, do CTB, prevê que não serão aplicáveis tais institutos despenalizadores quando o crime for praticado por agente que esteja transitando em velocidade acima da máxima permitida para a via em 50 km/h. No caso, a velocidade máxima da via era de 50 km/h e Lauro conduzia seu automóvel a 120km/h, afastando a possibilidade de oferecimento de proposta de transação penal.

Não será considerado suficiente pela Banca apenas a afirmativa de que a pena máxima prevista para o delito supera 02 anos, tendo em vista que, mesmo com essa pena, se não constatadas as situações dos incisos I, II ou III do Art. 291, § 1º, do CTB, a proposta seria possível.

Distribuição dos Pontos

ITEM	PONTUAÇÃO
A. Sim, a decisão homologatória de transação penal pode ser questionada por meio de apelação (0,50), nos termos do Art. 76, § 5º, da Lei nº 9.099/95 (0,10).	0,00/0,50/0,60
B. Sim. Considerando que não poderia ser aplicado o instituto da transação penal, tendo em vista que o crime foi praticado quando o agente transitava em velocidade superior à máxima permitida para a via em mais de 50 km/h (0,55), conforme o Art. 291, § 1º, inciso III, do CTB (0,10).	0,00/0,55/0,65

(OAB/Exame Unificado – 2019.2 – 2ª fase) Em processo no qual se imputava a Antônio a prática do crime de constituição de milícia privada, foi designada audiência de instrução e julgamento para oitiva das testemunhas arroladas pela acusação e pela defesa. No dia da audiência, as testemunhas de acusação não compareceram, determinando o magistrado, por economia processual, a oitiva das testemunhas de defesa presentes, apesar de o advogado de Antônio se insurgir contra esse fato. Na

EDUARDO DOMPIERI

ocasião, foram ouvidas três testemunhas de defesa, dentre as quais Pablo, que prestou declarações falsas para auxiliar o colega nesse processo criminal. Identificada sua conduta, porém, houve extração de peças ao Ministério Público, que, em 09 de abril de 2019, ofereceu denúncia em face de Pablo, imputando-lhe a prática do crime de falso testemunho na forma majorada.

No processo de Antônio, foi designada nova audiência de instrução e julgamento, ocasião em que foram ouvidas as testemunhas de acusação; novamente, Pablo, a seu pedido, prestou declarações, confirmando que havia mentido na audiência anterior, mas que agora contava a verdade, o que veio a prejudicar a própria defesa do réu. Com base nas declarações das testemunhas de acusação e nas novas declarações de Pablo, Antônio veio a ser condenado. Pablo, por sua vez, em seu processo pelo crime de falso testemunho, também veio a ser condenado, reconhecendo o magistrado a atenuante do Art. 65, inciso III, alínea *b*, do Código Penal.

Considerando as informações narradas, responda, na condição de advogado(a) de Antônio e Pablo.

A) Qual argumento de direito processual poderá ser apresentado por você para desconstituir a sentença condenatória do réu? Justifique. **(Valor: 0,65)**

B) Qual o argumento de direito material a ser apresentado pela defesa técnica de Pablo para questionar a sentença condenatória? Justifique. **(Valor: 0,60)**

Obs.: o(a) examinando(a) deve fundamentar suas respostas. A mera citação do dispositivo legal não confere pontuação.

GABARITO COMENTADO

A) O advogado de Antônio poderá buscar o reconhecimento da nulidade da sentença condenatória em razão da violação ao devido processo legal. Isso porque, de acordo com o Art. 400 do CPP, na audiência, primeiro devem ser ouvidas as testemunhas da acusação. Somente após a produção de provas pela acusação poderiam ser ouvidas as testemunhas de defesa e interrogado o acusado. Violando a ordem da oitiva das testemunhas, tendo a defesa se insurgido contra tal inversão e ficando claro o prejuízo com a condenação e alteração dos fatos por parte de Pablo, deverá ser reconhecida a nulidade do processo desde a primeira audiência de instrução e julgamento.

B) A conduta de Pablo de, em audiência de instrução e julgamento de processo criminal, fazer afirmação falsa como testemunha, a princípio, configura o crime realmente imputado: Art. 342, § 1º, do CP. Ocorre que, até como forma de incentivar a retratação e minorar os prejuízos causados em processos, previu o legislador, no Art. 342, § 2º, do CP, que se o agente se retrata ou declara a verdade antes da sentença ser proferida no processo em que ocorreu o ilícito, o fato deixa de ser punível. No caso, Pablo se retratou, narrou a verdade, antes mesmo de ser proferida a sentença condenatória de Antônio. Dessa forma, não poderia o magistrado reconhecer que tal retratação funcionaria apenas como atenuante do Art. 65, inciso III, alínea *b,* do CP, ou arrependimento posterior, devendo reconhecer a extinção da punibilidade do agente, já que o fato deixa de ser punível.

PRÁTICA PENAL – 10ª EDIÇÃO   187   EXERCÍCIOS PRÁTICOS

Distribuição dos Pontos

ITEM	PONTUAÇÃO
A. Houve inversão na ordem de oitiva das testemunhas **OU** que as testemunhas de defesa não poderiam ter sido ouvidas antes das testemunhas de acusação (0,40), havendo violação ao devido processo legal **OU** violação à ampla defesa **OU** violação ao contraditório (0,15), conforme o Art. 564, inciso IV, do CPP OU Art. 400 do CPP (0,10).	0,00/0,15/0,25/0,40/ 0,50/0,55/0,65
B. Houve retratação antes da sentença ser proferida no processo de Antônio (0,35), deixando o fato de ser punível (0,15), nos termos do Art. 342, § 2º, do CP (0,10).	0,00/0,15/0,25/0,35/ 0,45/0,50/0,60

(OAB/Exame Unificado – 2012.2 – 2ª fase) João e José foram denunciados pela prática da conduta descrita no art. 316 do CP (concussão). Durante a instrução, percebeu-se que os fatos narrados na denúncia não corresponderiam àquilo que efetivamente teria ocorrido, razão pela qual, ao cabo da instrução criminal e após a respectiva apresentação de memoriais pelas partes, apurou-se que a conduta típica adequada seria aquela descrita no art. 317 do CP (corrupção passiva). O magistrado, então, fez remessa dos autos ao Ministério Público para fins de aditamento da denúncia, com a nova capitulação dos fatos. Nesse sentido, atento(a) ao caso narrado e considerando apenas as informações contidas no texto, responda fundamentadamente, aos itens a seguir.

a) Estamos diante de hipótese de *mutatio libelli* ou de *emendatio libelli*? Qual dispositivo legal deve ser aplicado? (Valor: 0,50)

b) Por que o próprio juiz, na sentença, não poderia dar a nova capitulação e, com base nela, condenar os réus? (Valor: 0,50)

c) É possível que o Tribunal de Justiça de determinado estado da federação, ao analisar recurso de apelação, proceda à *mutatio libelli*? (Valor: 0,25)

RESOLUÇÃO DA QUESTÃO – EXAMINADORA

Para garantir pontuação à questão, o examinando deverá, no item "A", responder, nos termos do questionado, que a hipótese tratada é de *mutatio libelli*, instituto descrito no <u>art. 384 do CPP.</u>

Não serão admitidas respostas que tragam *emendatio libelli*, tendo em vista que o enunciado da questão é claro ao dispor que "*os fatos narrados na denúncia não corresponderiam àquilo que efetivamente teria ocorrido*". Tal expressão, por si só, ainda afastaria a incidência do disposto no art. 383, do CPP, uma vez que aquele dispositivo legal traz explicitamente restrição à sua utilização para hipóteses em que não ocorra modificação na "*descrição do fato contida na denúncia ou queixa*".

Quanto ao item "B", para garantir a pontuação pertinente, o examinando deverá responder que o juiz não poderia, na sentença, dar nova capitulação (e com base nela condenar os réus) porque deve obediência aos <u>princípios da imparcialidade e inércia da jurisdição.</u>

De maneira alternativa e com o fim de privilegiar a demonstração de conhecimento jurídico, será admitida resposta no sentido de que tal conduta, por parte do magistrado, feriria o <u>sistema/princípio acusatório</u> ou, ainda, no sentido de que tal conduta feriria o <u>princípio da correlação/congruência entre acusação e sentença.</u>

Ressalte-se que no tocante ao item "B" a questão solicita análise acerca da conduta do magistrado que, na sentença, daria nova capitulação aos fatos em decorrência de elemento ou circunstância da infração penal não contida na acusação.

Nesse sentido, cabe destacar que à luz do sistema acusatório adotado pela Constituição da República Federativa do Brasil, o julgador deve ser imparcial e, por isso, suas decisões devem estar balizadas pelo contexto fático descrito na peça acusatória (princípio da correlação entre acusação e sentença).

Assim, caso o magistrado viesse a condenar os réus com fundamento em fatos não narrados na denúncia – tal como descrito no enunciado – não só estaria substituindo-se ao acusador (a quem pertence a atribuição de determinar quais fatos serão imputados aos acusados), mas também estaria violando as garantias do contraditório e ampla defesa dos réus, uma vez que lhes teria subtraído a possibilidade de debater as eventuais provas de tais fatos.

Por fim, para garantir a pontuação relativa ao item "C", o examinando deverá responder que NÃO é possível que o Tribunal de Justiça, ao analisar o recurso de apelação, proceda à *mutatio libelli* pois, nos termos do verbete 453 da Súmula do STF, *verbis*: *"não se aplicam à segunda instância o art. 384 (...)."*.

Tal conclusão, no item "C", decorre do reconhecimento de que, advindo inovação no contexto fático que envolve a conduta imputada ao réu no curso da instrução, não pode haver julgamento com base nesse novo contexto fático antes que as partes possam exercer o contraditório em sua plenitude.

Nessa esteira, cabe destacar que a sede própria do contraditório acerca dos fatos e das provas é o primeiro grau de jurisdição, sob pena de supressão de instância. Tomadas essas duas premissas, alcança-se a conclusão de que eventual modificação da definição jurídica do fato decorrente de elemento ou circunstância da infração penal não contida na acusação não pode ser realizada diretamente pelo segundo grau de jurisdição.

Distribuição dos Pontos:

QUESITO AVALIADO	VALORES
A) A hipótese é de *mutatio libelli* (0,35), instituto descrito no art. 384 do CPP (0,15).	0,00/0,15/0,35/0,50
B) Porque deve obediência aos princípios da imparcialidade e inércia da jurisdição OU Porque tal conduta feriria o sistema/princípio acusatório. OU Porque tal conduta feriria o princípio da correlação/congruência entre acusação e sentença.	0,00/0,50
C) Não, nos termos do verbete 453 da Súmula do STF (0,25). OU Não, pois nesse caso haveria supressão de instância.	0,00/0,25

PRÁTICA PENAL – 10ª EDIÇÃO   189   EXERCÍCIOS PRÁTICOS

Comentários adicionais:

O enunciado contém, de fato, hipótese de *mutatio libelli*, cuja incidência, conforme entendimento firmado na Súmula 453 do STF, é vedada em segundo grau de jurisdição. Vale observar que tal vedação não se aplica no campo da *emendatio libelli*. É importante, aqui, que apontemos a diferença entre esses dois institutos. No campo da *emendatio libelli*, o fato descrito pela acusação na peça inicial permanece inalterado, sem prejuízo, por isso mesmo, para a defesa. A mudança, aqui, incide na classificação da conduta, levada a efeito pela acusação, no ato da propositura da ação, e retificada pelo juiz, de ofício, no momento da sentença, sendo desnecessário, em vista disso, ouvir a esse respeito o defensor. Na *mutatio libelli* (hipótese narrada no enunciado), diferentemente, temos que a prova colhida na instrução aponta para uma nova definição jurídica do fato, diversa daquela contida na inicial. Por força do que estabelece o art. 384 do CPP, com a redação que lhe conferiu a Lei de Reforma 11.719/2008, impõe-se o aditamento da exordial pelo órgão acusatório, ainda que a nova capitulação jurídica implique aplicação de pena igual ou menos grave.

(OAB/Exame Unificado – 2010.2 – 2ª fase) Júlio foi denunciado pela prática do delito de furto cometido em fevereiro de 2010. Encerrada a instrução probatória, constatou-se, pelas provas testemunhais produzidas pela acusação, que Júlio praticara roubo, dado o emprego de grave ameaça contra a vítima.

Em face dessa situação hipotética, responda, de forma fundamentada, às seguintes indagações.

- Dada a nova definição jurídica do fato, que procedimento deve ser adotado pela autoridade judicial, sem que se fira o princípio da ampla defesa?
- O princípio da correlação é aplicável ao caso concreto?
- Caso Júlio tivesse cometido crime de ação penal exclusivamente privada, dada a nova definição jurídica do fato narrado na queixa após o fim da instrução probatória, seria aplicável o instituto da *mutatio libelli*?

RESOLUÇÃO DA QUESTÃO

Dado que o magistrado entendeu cabível nova definição jurídica do fato em consequência de provas produzidas pela acusação no curso da instrução, é de rigor, em vista da nova sistemática implementada pela Lei 11.719/2008, que modificou a redação do art. 384 do CPP, o aditamento da denúncia pelo Ministério Público.

Calcado no art. 384 do CPP, deverá, pois, o juiz, uma vez encerrada a instrução, dar vista ao Ministério Público para que este promova o aditamento da denúncia, ainda que isso implique a aplicação de pena igual ou menos grave, seguindo-se, a partir daí, o procedimento estabelecido no dispositivo.

Consiste o princípio da correlação na indispensável correspondência que deve existir entre o fato articulado na peça acusatória e aquele pelo qual o réu é condenado. O acusado, no processo penal, defende-se dos fatos a ele imputados, e não da capitulação que é atribuída ao crime na peça acusatória – denúncia ou queixa. Pouco importa, pois, a classificação operada pelo titular da ação penal na exordial.

Assim, este postulado tem, sim, incidência a este caso concreto, tendo em conta que o aditamento pelo Ministério Público se fez necessário na medida em que o fato atribuído ao réu, na denúncia, não corresponderia, com exatidão, àquele que seria reconhecido pelo juiz na sentença. Isto é: os fatos dos quais Júlio se defendeu não seriam aqueles reconhecidos pelo

EDUARDO DOMPIERI

magistrado quando da prolação da sentença, não fosse, claro, a providência estabelecida no art. 384 do CPP (*mutatio libelli*).

Objetiva-se, dessa forma, assegurar a inviolabilidade dos princípios do contraditório e ampla defesa.

No mais, o art. 384 do CPP (*mutatio libelli*) não tem aplicação na ação penal privada exclusiva, que é regida pelo princípio da oportunidade. Este dispositivo somente tem incidência na ação penal pública e ação penal privada subsidiária.

GABARITO COMENTADO – EXAMINADORA

A primeira indagação deve ser respondida com base no art. 384 do CPP, que assim dispõe: "Encerrada a instrução probatória, se entender cabível nova definição jurídica do fato, em consequência de prova existente nos autos de elemento ou circunstância da infração penal não contida na acusação, o Ministério Público deverá aditar a denúncia ou queixa, no prazo de 5 (cinco) dias, se em virtude desta houver sido instaurado o processo em crime de ação pública, reduzindo-se a termo o aditamento, quando feito oralmente.

(...)

§ 4º Havendo aditamento, cada parte poderá arrolar até 3 (três) testemunhas, no prazo de 5 (cinco) dias, ficando o juiz, na sentença, adstrito aos termos do aditamento." (Redação dada pela Lei nº 11.719, de 2008)

Dessa forma, deverá o juiz dar aplicabilidade ao comando do art. 384, e parágrafos, do CPP, para encaminhar os autos ao Ministério Público, a fim de que haja o aditamento da denúncia, propiciando ao réu a oportunidade de se defender da nova capitulação do fato.

No que se refere à segunda indagação, deve-se responder que, segundo o princípio da correlação, deve haver uma correlação entre o fato descrito na denúncia ou queixa e o fato pelo qual o réu é condenado. Aplica-se no processo em questão para explicar que o acusado não se defende da capitulação legal dada ao crime na denúncia, mas sim dos fatos narrados na referida peça acusatória. (Nesse sentido: Fernando Capez. *Curso de Processo Penal*. 16 ed., São Paulo: Saraiva, p. 465).

A resposta à terceira indagação deve ser negativa. O procedimento previsto no art. 384 do Código de Processo Penal somente se aplica na hipótese de ação penal pública e ação penal privada subsidiária da pública, sendo inadmissível o juiz determinar abertura de vista para o Ministério Público aditar a queixa e ampliar a imputação, na ação penal exclusivamente privada, conforme clara redação do dispositivo:

"(...) o Ministério Público deverá aditar a denúncia ou queixa, no prazo de 5 (cinco) dias, se em virtude desta houver sido instaurado o processo em crime de ação pública (...)."

Comentários do autor:

Com o advento da Lei 11.719/2008, que modificou, entre outros, o art. 384 do CPP, se o magistrado entender cabível nova definição jurídica do fato decorrente de prova existente nos autos de elemento ou circunstância da infração penal não contida na acusação, o aditamento pelo Ministério Público passa a ser obrigatório, ainda que a nova capitulação jurídica implique aplicação de pena igual ou menos grave.

No panorama anterior, a participação do Ministério Público não era necessária, ou seja, bastava que os autos do processo baixassem para manifestação da defesa e oitiva de testemunhas.

PRÁTICA PENAL – 10ª EDIÇÃO   191   EXERCÍCIOS PRÁTICOS

(OAB/Exame Unificado – 2010.1 – 2ª fase) Tadeu foi preso em flagrante e denunciado pela prática do crime de abandono de incapaz (art. 133 do Código Penal), para o qual é prevista a pena de detenção de seis meses a três anos.

Considerando a situação hipotética apresentada, indique, com a devida fundamentação, o procedimento a ser adotado no curso da instrução criminal (comum ou especial; ordinário, sumário ou sumaríssimo), o número máximo de testemunhas que poderão ser arroladas pela defesa e o prazo, incluída eventual possibilidade de prorrogação, para a defesa apresentar suas alegações finais orais.

RESOLUÇÃO DA QUESTÃO

O delito de abandono de incapaz, previsto no art. 133 do Código Penal, tem como pena máxima cominada 3 anos de detenção, inferior, portanto, à reprimenda de quatro anos estabelecida no art. 394, § 1º, II, do Código de Processo Penal.

O procedimento a ser adotado no curso da instrução criminal, portanto, é o comum sumário.

Poderão ser arroladas pela defesa, em vista do que estabelece o art. 532 do CPP, até cinco testemunhas.

Já no que concerne ao prazo para a defesa apresentar suas alegações finais orais, pela disciplina estabelecida no art. 534, *caput*, do CPP, tanto acusação quanto defesa, nesta ordem, disporá do prazo de vinte minutos, prorrogáveis por mais dez, para alegações orais, após o que o juiz proferirá a sentença.

(OAB/Exame Unificado – 2010.1 – 2ª fase) Jânio foi denunciado pela prática de roubo tentado (Código Penal, art. 157, *caput*, c/c art. 14, II), cometido em dezembro de 2009, tendo sido demonstrado, durante a instrução processual, que o réu praticara, de fato, delito de dano (Código Penal, art. 163, *caput*).

Considerando essa situação hipotética, responda, de forma fundamentada, às seguintes indagações.

* Em face da nova definição jurídica do fato, que procedimento deve ser adotado pelo juiz?

* Caso a nova capitulação jurídica do fato fosse verificada apenas em segunda instância, seria possível a aplicação do instituto da *emendatio libelli*?

RESOLUÇÃO DA QUESTÃO

Tratando-se o delito de dano, capitulado no art. 163, *caput*, do Código Penal, de infração de menor potencial ofensivo, deverão os autos, com fundamento no que dispõe o art. 383, § 2º, do Código de Processo Penal, ser remetidos ao Juizado Especial competente.

No mais, na hipótese de a nova capitulação jurídica do fato ser verificada somente em segunda instância, desde que inalterado o contexto fático narrado na inicial, nada obsta que seja aplicado o instituto na *emendatio libelli*.

Comentários adicionais:

Há entendimento no sentido de que, depois de realizada a instrução do feito e verificado tratar-se de crime de ação penal de iniciativa privada, como é o caso aqui tratado, deve o magistrado, em vista disso, anular o processo, visto que a inicial acusatória foi ofertada por quem não dispunha de legitimidade para tanto.

EDUARDO DOMPIERI

192

(OAB/Exame Unificado – 2006.1 – 2ª fase) Eduardo foi denunciado pelo crime de estelionato, porém foi condenado por apropriação indébita, uma vez que a denúncia descrevia perfeitamente este fato delituoso, apesar de nela constar a qualificação penal referente ao delito de estelionato. Diante dos fatos apresentados na situação hipotética descrita, redija um texto esclarecendo se a nova tipificação emprestada pelo juízo constitui cerceamento do direito de defesa. Apresente sua resposta de forma fundamentada e aborde, sobretudo, os seguintes aspectos:

- princípio da correlação entre acusação e sentença penal (congruência);
- necessidade ou não de manifestação da defesa. Extensão máxima: 60 linhas

RESOLUÇÃO DA QUESTÃO

O réu, no processo penal, defende-se do fato criminoso a ele atribuído, e não da classificação jurídica contida na exordial. Em outras palavras, no processo-crime, a definição jurídica atribuída ao fato, na inicial acusatória, em consonância com o disposto no art. 383 do CPP, não tem o condão de vincular o magistrado, que poderá, na sentença, atribuir a capitulação que bem entender, ainda que isso implique a incidência de pena mais grave. É hipótese de *emendatio libelli.*

Frise-se que, em vista do *princípio da correlação*, a sentença deve se limitar tão somente aos fatos narrados na peça acusatória, sendo irrelevante a capitulação conferida pelo acusador.

Dessa forma, não há que se falar em cerceamento de defesa, na medida em que o réu se defende do fato a ele imputado, e não da capitulação a ele atribuída, sendo permitido ao magistrado, em vista do disposto no art. 383 do CPP, emprestar ao fato nova tipificação, independentemente de manifestação da defesa.

Comentários adicionais:

A redação do art. 383 do CPP foi modificada pela Lei 11.719/2008, que promoveu diversas alterações no processo penal. Com isso, é defeso ao juiz, no âmbito deste dispositivo, proceder a qualquer modificação de fato contido na exordial. Está o magistrado, portanto, limitado a promover mudanças que digam respeito somente à capitulação jurídica.

No sentido do acima exposto:

EMENTA: *HABEAS CORPUS.* PENAL. PROCESSUAL PENAL. DENÚNCIA. HOMICÍDIO TENTADO E LESÃO CORPORAL. PRONÚNCIA. DUPLO HOMICÍDIO TENTADO. FRUSTRAÇÃO DA CORRELAÇÃO ENTRE ACUSAÇÃO E SENTENÇA. INO-CORRÊNCIA. *EMENDATIO LIBELLI* NÃO CARACTERIZADA.ORDEM DENEGADA. I – O acusado se defende dos fatos, sendo provisória a qualificação dada pelo Ministério Público quando do oferecimento da denúncia. II – Ao magistrado é dado emprestar ao fato definição jurídica diversa daquela constante da denúncia (art. 583 do CPP). III – Inocorrente a alegada falta de correlação entre acusação e sentença. IV – Ordem denegada. (HC 90686, em branco, STF)

Dica: como já mencionado anteriormente, neste formato de questão, o examinador, na parte final do enunciado, faz menção a "aspectos", os quais o candidato necessariamente deve abordar, um a um, ao discorrer sobre o caso proposto. Sugerimos que, nesses casos, a abordagem acerca de cada "aspecto" seja estruturada em parágrafos, referindo-se cada qual, sempre que possível, a um tema (aspecto).

PRÁTICA PENAL – 10ª EDIÇÃO

EXERCÍCIOS PRÁTICOS

2.8. Processo dos crimes de competência do júri

(OAB/Exame Unificado – 2019.3 – 2ª fase) Carleto foi denunciado pela prática do injusto de homicídio simples porque teria desferido disparos, com sua arma regular, contra seu vizinho Mário durante uma discussão, causando-lhe as lesões que foram a causa da morte da vítima. Logo que recebida a denúncia, Carleto foi submetido à exame de insanidade mental, tendo o laudo concluído que ele se encontrava nas condições do Art. 26, caput, do Código Penal. Finda a primeira etapa probatória do procedimento dos crimes dolosos contra a vida, no momento das alegações finais, a defesa técnica de Carleto, escorada em uma das vertentes da prova produzida, alegou que o réu atuou em legítima defesa. O juiz, ao final da primeira fase do procedimento, absolveu sumariamente o acusado em razão da inimputabilidade reconhecida, aplicando a medida de segurança de internação pelo prazo mínimo de 01 ano. A família de Carleto, insatisfeita com a medida de segurança aplicada, procura você, como advogado(a), para a adoção das medidas cabíveis. Considerando o caso narrado, responda, na condição de advogado(a) de Carleto, aos itens a seguir.

A) Qual o recurso cabível para a defesa combater aquela decisão? Justifique. (Valor: 0,60)

B) Qual a tese jurídica de direito processual que a defesa de Carleto poderá alegar para combater a decisão respectiva? Justifique. (Valor: 0,65)

Obs.: o(a) examinando(a) deve fundamentar suas respostas. A mera citação do dispositivo legal não confere pontuação.

GABARITO COMENTADO

A) Considerando que a decisão do magistrado foi de absolvição sumária, nos termos do Art. 416 do CPP, caberá à defesa apresentar recurso de apelação.

B) Não poderia o magistrado ter absolvido Carleto, com aplicação de medida de segurança, em razão da inimputabilidade, tendo em vista que esta não era a única tese apresentada pela defesa. Pelo contrário, a defesa de Carleto defendeu que o fato sequer seria ilícito, em razão de legítima defesa, tese que, se acolhida pelos jurados, nem mesmo levaria à análise da culpabilidade do agente. Sendo a absolvição própria pela legítima defesa, não seria cabível a aplicação de medida de segurança. Para que esta seja aplicada, em razão da reconhecida inimputabilidade do agente devido à doença mental, exige-se que o mesmo tenha praticado um fato típico e ilícito. Em se tratando de crime doloso contra a vida, a competência para o julgamento respectivo é do Tribunal do Júri, cabendo aos jurados a decisão se o acusado atuou sob a escora de excludente de ilicitude, no caso a da legítima defesa, que encontrava amparo em uma das vertentes dos autos. O Art. 415, parágrafo único, do CPP, autoriza a absolvição sumária em razão da inimputabilidade do agente, quando esta for a única tese defensiva. Na hipótese, a tese principal é a de excludente de ilicitude.

Distribuição dos Pontos

ITEM	PONTUAÇÃO
A) Recurso de apelação (0,50), nos termos do Art. 416 do CPP (0,10).	0,00 / 0,50 / 0,60
B) O agente não poderia ter sido absolvido sumariamente em razão da inimputabilidade porque essa não era a única tese defensiva (0,40), somente podendo o magistrado absolver sumariamente com reconhecimento da legítima defesa e sem aplicação de medida de segurança OU devendo o magistrado submetê-lo a julgamento perante o Tribunal do Júri para análise da excludente de ilicitude (0,15), nos termos do Art. 415, parágrafo único, do CPP (0,10).	0,00 / 0,15 / 0,25 / 0,40 / 0,50 / 0,55 / 0,65

EDUARDO DOMPIERI

(OAB/Exame Unificado – 2018.3 – 2ª fase) Revoltada com o fato de que sua melhor amiga Clara estaria se relacionando com seu ex-companheiro João, Maria a procurou e iniciou uma discussão.

Durante a discussão, Clara, policial militar, afirmou que, se Maria a xingasse novamente, ela a mataria gastando apenas uma munição da sua arma. Persistindo na discussão, Maria voltou a ofender Clara. Esta, então, abriu sua bolsa e pegou um bem de cor preta. Acreditando que Clara cumpriria sua ameaça, Maria desferiu um golpe na cabeça da rival, utilizando um pedaço de pau que estava no chão. A perícia constatou que o golpe foi a causa eficiente da morte de Clara. Posteriormente, também foi constatado que Clara, de fato, estava com sua arma de fogo na bolsa, mas que ela apenas pegara seu telefone celular para ligar para João.

Após denúncia pela prática do crime de homicídio qualificado e encerrada a instrução da primeira fase do procedimento do Tribunal do Júri, entendeu o magistrado por pronunciar Maria nos termos da inicial acusatória.

Com base nas informações expostas, responda, na condição de advogado(a) de Maria, aos itens a seguir.

A) Qual o recurso cabível da decisão proferida pelo magistrado? Caso tivesse ocorrido a impronúncia, o recurso pela parte interessada seria o mesmo? Justifique. **(Valor: 0,65)**

B) Qual a tese de direito material a ser apresentada em sede de recurso para combater a decisão de submeter a ré ao julgamento pelo Tribunal do Júri? Justifique. **(Valor: 0,60)**

Obs.: o(a) examinando(a) deve fundamentar as respostas. A mera citação do dispositivo legal não confere pontuação.

GABARITO COMENTADO

A) A questão narra que Maria foi pronunciada pela suposta prática de crime de homicídio qualificado, sendo que, ao final da primeira fase do procedimento do Tribunal do Júri, entendeu o magistrado por pronunciar Maria nos termos da denúncia. Da decisão de pronúncia caberá recurso em sentido estrito, nos termos do Art. 581, inciso IV, do CPP. Caso a decisão proferida pelo magistrado fosse de impronúncia, não haveria que se falar em recurso em sentido estrito. Antes da edição da 11.689/08, a decisão de impronúncia também era combatida através de recurso em sentido estrito. Todavia, houve alteração legislativa e, desde então, da decisão de impronúncia, por ser terminativa, caberá recurso de apelação, assim como ocorreria na absolvição sumária, conforme previsão do Art. 416 do CPP.

B) A tese de direito material seria que Maria agiu em legítima defesa putativa, nos termos do Art. 20, §1º do Código Penal (erro de tipo permissivo), tendo em vista que acreditava estar atuando em legítima defesa. Isso porque Clara havia ameaçado Maria de morte caso essa realizasse um xingamento, o que foi feito por Maria. Ainda que diante de eventual injúria, se verídica, a conduta de Clara de efetuar disparo de arma de fogo configuraria uma injusta agressão, pois, no mínimo, haveria excesso em sua conduta. Caso, de fato, Clara tivesse pego, em sua bolsa, sua arma de fogo, configurada estaria a legítima defesa e, consequentemente, a conduta de Maria seria legítima. Todavia, na verdade Maria supôs situação que não existia, já que Clara apenas pegou seu celular para realizar uma ligação. Diante disso, a atuação em legítima defesa foi apenas putativa.

PRÁTICA PENAL – 10ª EDIÇÃO 195 EXERCÍCIOS PRÁTICOS

Distribuição dos Pontos

ITEM	PONTUAÇÃO
A1. O recurso cabível da decisão de pronúncia é o recurso em sentido estrito (0,30), conforme Art. 581, inciso IV, do CPP (0,10).	0,00/0,30/0,40
A2. Caso a decisão fosse de impronúncia, o recurso cabível seria de apelação (0,15), conforme previsão do Art. 416 do CPP (0,10).	0,00/0,15/0,25
B. A tese de direito material seria que Maria agiu em legítima defesa putativa (0,15), estando amparada por descriminante putativa **OU** erro de tipo permissivo (0,35), conforme Art. 20, §1º do CP (0,10).	0,00/0,15/0,25/0,35/ 0,45/0,50/0,60

(**OAB/Exame Unificado – 2015.3 – 2ª fase**) Fernando foi pronunciado pela prática de um crime de homicídio doloso consumado que teve como vítima Henrique. Em sessão plenária do Tribunal do Júri, o réu e sua namorada, ouvida na condição de informante, afirmaram que Henrique iniciou agressões contra Fernando e que este agiu em legítima defesa. Por sua vez, a namorada da vítima e uma testemunha presencial asseguraram que não houve qualquer agressão pretérita por parte de Henrique.

No momento do julgamento, os jurados reconheceram a autoria e materialidade, mas optaram por absolver Fernando da imputação delitiva. Inconformado, o Ministério Público apresentou recurso de apelação com fundamento no Art. 593, inciso III, alínea 'd', do CPP, alegando que a decisão foi manifestamente contrária à prova dos autos. A família de Fernando fica preocupada com o recurso, em especial porque afirma que todos tinham conhecimento que dois dos jurados que atuaram no julgamento eram irmãos, mas em momento algum isso foi questionado pelas partes, alegado no recurso ou avaliado pelo Juiz Presidente.

Considerando a situação narrada, esclareça, na condição de advogado(a) de Fernando, os seguintes questionamentos da família do réu:

A) A decisão dos jurados foi manifestamente contrária à prova dos autos? Justifique. (**Valor: 0,60**)

B) Poderá o Tribunal, no recurso do Ministério Público, anular o julgamento com fundamento em nulidade na formação do Conselho de Sentença? Justifique. (**Valor: 0,65**)

Obs.: o examinando deve fundamentar suas respostas. A mera citação do dispositivo legal não confere pontuação.

GABARITO COMENTADO – EXAMINADORA

A) A decisão dos jurados não foi manifestamente contrária à prova dos autos, tendo em vista que o acusado e sua namorada alegaram a existência de legítima defesa. De fato, a namorada da vítima e uma testemunha afirmaram que esta causa excludente da ilicitude não existiu. Contudo, existem duas versões nos autos, com provas em ambos os sentidos, logo os jurados são livres para optar por uma delas, de acordo com a íntima convicção. Não houve arbitrariedade ou total dissociação da prova dos autos, mas apenas escolha de uma das versões. Assim, a soberania dos veredictos deve prevalecer, não cabendo ao Tribunal fazer nova análise do mérito, se a decisão não foi manifestamente contrária às provas produzidas.

B) Não poderá o Tribunal anular o julgamento com base na existência de nulidade ocorrida durante a sessão plenária. De fato, prevê o Art. 448, inciso IV, do CPP, que estão impedidos

EDUARDO DOMPIERI

196

de servir no mesmo Conselho os irmãos. Ocorre que o enunciado 713 da Súmula não vinculante do STF afirma categoricamente que "o efeito devolutivo da apelação contra decisões do júri é adstrito aos fundamentos de sua interposição". O Ministério Público apresentou apelação apenas com fundamento na alínea 'd' do Art. 593, inciso III, do CPP. Assim, está limitado o efeito devolutivo, de modo que o Tribunal somente poderá analisar a existência de decisão manifestamente contrária à prova dos autos. Decisão em contrário prejudicaria a ampla defesa, pois eventual nulidade não foi combatida pela defesa em sede de contrarrazões. Poderia, ainda, o candidato basear sua resposta no enunciado 160 da Súmula do STF, que afirma que é nula a decisão que acolhe, contra réu, nulidade não arguida pela acusação.

Distribuição dos Pontos:

ITEM	PONTUAÇÃO
A) Não. A decisão dos jurados não foi manifestamente contrária à prova dos autos, pois está baseada em uma das versões existentes nos autos **OU** porque as declarações do réu e de sua namorada escoram a decisão (0,45), devendo prevalecer a soberania dos vereditos **OU** a íntima convicção dos jurados (0,15).	0,00 / 0,15 / 0,45 / 0,60
B) Não, pois o Tribunal está limitado ao conteúdo da apelação apresentada pelo Ministério Público, **OU** Não, pois decisão em contrário prejudicaria a ampla defesa e/ou contraditório, tendo em vista que não foi rebatido em contrarrazões (0,55), na forma do enunciado 713 da Súmula não vinculante do STF **OU** do enunciado 160 da Súmula do STF (0,10).	0,00 / 0,55 / 0,65

Comentário do autor:

Quanto ao tema abordado nesta questão, vale conferir o magistério de Guilherme de Souza Nucci: "(...) Não cabe anulação, quando os jurados optam por uma das correntes de interpretação da prova possíveis de surgir. Exemplo disso seria a anulação do julgamento porque o Conselho de Sentença considerou fútil o ciúme, motivo do crime. Ora, se existe prova de que o delito foi, realmente, praticado por tal motivo, escolheram os jurados essa qualificadora, por entenderem adequada ao caso concreto. Não é decisão manifestamente contrária à prova, mas situa-se no campo da interpretação da prova, o que é bem diferente (...)" (*Código de Processo Penal Comentado*, 17ª ed., p. 1389). Nesse sentido a jurisprudência do STJ: "Não cabe aos tribunais analisar se os jurados decidiram bem ou mal, mas apenas verificar se a decisão do Tribunal Popular está completamente divorciada da prova dos autos. Isso porque reserva-se ao Júri a faculdade de apreciar os fatos e de, na hipótese de versões e teses porventura discrepantes, optar pela que lhe pareça mais razoável. Assim, ainda que existam duas versões amparadas pelo material probatório produzido nos autos, deve ser preservado o juízo feito pelos jurados no exercício de sua função constitucional" (HC 201.812/SP, Rel. Ministro Marco Aurélio Bellizze, Quinta Turma, julgado em 07.08.2012, *DJe* 16.08.2012).

(OAB/Exame Unificado – 2014.2 – 2ª fase) Gustavo está sendo regularmente processado, perante o Tribunal do Júri da Comarca de Niterói-RJ, pela prática do crime de homicídio simples, conexo ao delito de sequestro e cárcere privado. Os jurados consideraram-no inocente em relação ao delito de homicídio, mas culpado em relação ao delito de sequestro e cárcere privado. O juiz presidente, então, proferiu a respectiva sentença. Irresignado, o Ministério Público interpôs apelação, sustentando que a decisão dos jurados fora manifestamente contrária à prova dos autos. A defesa, de igual modo, apelou, objetivando também a absolvição em relação ao delito de sequestro e cárcere privado.

O Tribunal de Justiça, no julgamento, negou provimento aos apelos, mas determinou a anulação do processo (desde o ato viciado, inclusive) com base no Art. 564, III, i, do CPP, porque restou verificado que, para a constituição do Júri, somente estavam presentes 14 jurados.

PRÁTICA PENAL – 10ª EDIÇÃO   197   EXERCÍCIOS PRÁTICOS

Nesse sentido, tendo como base apenas as informações contidas no enunciado, responda justificadamente às questões a seguir.

A) A nulidade apresentada pelo Tribunal é absoluta ou relativa? Dê o respectivo fundamento legal. (Valor: 0,40)

B) A decisão do Tribunal de Justiça está correta? (Valor: 0,85)

Utilize os argumentos jurídicos apropriados e a fundamentação legal pertinente ao caso.

GABARITO COMENTADO – EXAMINADORA

A questão objetiva extrair do examinando conhecimento acerca da teoria geral das nulidades no Processo Penal. Nesse sentido, para garantir os pontos relativos à questão, o examinando deve, na alternativa "A", indicar que a hipótese é de nulidade absoluta, nos termos do artigo 564, III, alínea "i" c/c 572, ambos do CPP. Em relação à alternativa "B", o examinando deve lastrear sua resposta no sentido de que não foi correta a atitude do Tribunal de Justiça. Isso porque, de acordo com o Verbete 160 da Súmula do STF, o Tribunal de Justiça não pode acolher, contra o réu, nulidade não aventada pela acusação em seu recurso. Assim agir significaria desrespeito ao princípio da veda a *reformatio in pejus* indireta.

O enunciado da questão foi claro ao informar que o recurso do Ministério Público não alegou nenhuma nulidade. Destarte, levando em conta que o réu foi absolvido em relação ao delito de homicídio, o reconhecimento de nulidade implicar-lhe-á em prejuízo.

Por fim, com a finalidade de privilegiar a demonstração de conhecimento jurídico, a Banca convencionou aceitar também, no item "B", o verbete 713 da Súmula do STF como fundamento à impossibilidade de o Tribunal acolher, contra o réu, nulidade não aventada pela acusação em seu recurso.

Distribuição dos Pontos:

ITEM	PONTUAÇÃO
A) Nulidade Absoluta (0,30), nos termos do artigo 564, III, alínea "i" c/c 572, ambos do CPP (0,10). *Obs: A mera indicação de artigo não pontua.*	0,00 / 0,30 / 0,40
B) Não foi correta a decisão do Tribunal de Justiça, pois o Tribunal não pode acolher, contra o réu, nulidade não arguida pela acusação em seu recurso (0,85). OU Não foi correta a decisão, nos termos do Verbete 160 ou 713 da Súmula do STF (0,85). OU Não foi correta a decisão, com base no princípio que veda a *reformatio in pejus* indireta (0,85). *Obs.: A justificativa é essencial para a atribuição de pontos.*	0,00 / 0,85

(OAB/Exame Unificado – 2009.3 – 2ª fase) Ricardo, depois de descobrir que vinha sendo traído por sua namorada, Marta, aproveitando-se do momento em que ela dormia, asfixiou-a até a morte e esquartejou o corpo. O crime chocou toda a população da comarca de Cabo Frio – RJ, que passou a clamar por justiça e a exigir punição exemplar para Ricardo. A denúncia foi recebida, a fase de prelibação transcorreu de forma regular e Ricardo foi pronunciado. Durante o curso de toda a instrução preliminar, tanto a família de Ricardo quanto o juiz presidente da vara do tribunal do júri foram,

EDUARDO DOMPIERI

por diversas vezes, alertados, por intermédio de cartas, bilhetes e mensagens eletrônicas, de que os jurados que poderiam vir a compor o conselho de sentença não seriam isentos para julgar o caso, sob a alegação de que vários deles integravam grupo de extermínio que havia decidido dar cabo à vida de Ricardo no dia designado para a realização do julgamento em plenário. Todas as mensagens foram devidamente juntadas aos autos, tendo sido os fatos amplamente divulgados pela imprensa.

Houve uma tentativa de linchamento de Ricardo por populares, após a qual a imprensa veiculou imagens da delegacia de polícia local, oportunidade em que alguns jurados alistados foram identificados nas fotos.

Considerando a situação hipotética apresentada, indique, com base nos dispositivos legais pertinentes, a providência jurídica a ser adotada para garantir a imparcialidade do julgamento e a autoridade judiciária competente para apreciar o pedido a ser feito.

RESOLUÇÃO DA QUESTÃO

Em vista da situação hipotética apresentada, o acusado deve, por meio de seu advogado, requerer ao Tribunal o desaforamento do julgamento para outra comarca onde não existam os motivos que ensejaram o pedido. Além do acusado, o pedido de desaforamento pode ser formulado pelo Ministério Público, pelo assistente e pelo querelante, ou ainda mediante representação do juiz competente (art. 427, CPP).

O pleito se justifica na medida em que pesam sérias dúvidas sobre a imparcialidade do júri, além do que a segurança pessoal do acusado está sobremaneira ameaçada.

Frise-se, ademais, que a competência para a apreciação do pedido de desaforamento é sempre do Tribunal – órgão de segunda instância, conforme estabelece o art. 427 do CPP.

GABARITO COMENTADO – EXAMINADORA

O advogado de Romeu deve requerer o desaforamento do julgamento para outra comarca, de acordo com o art. 427 do CPP, que assim dispõe:

"Se o interesse da ordem pública o reclamar ou houver dúvida sobre a imparcialidade do júri ou a segurança pessoal do acusado, o Tribunal, a requerimento do Ministério Público, do assistente, do querelante ou do acusado, ou mediante representação do juiz competente, poderá determinar o desaforamento do julgamento para outra comarca da mesma região, onde não existam aqueles motivos, preferindo-se as mais próximas."

O desaforamento deve ser requerido ao Tribunal de Justiça.

Conforme Nucci, a competência para avaliar a conveniência do desaforamento é sempre da instância superior e nunca do juiz que conduz o feito. Entretanto, a provocação pode originar-se tanto do magistrado de primeiro grau quanto das partes, como regra. (Guilherme de Souza Nucci. Manual de processo penal e execução penal. 5. ed. rev., atual. e ampl., São Paulo: Editora Revista dos Tribunais, 2008, p.759).

EMENTA: *HABEAS CORPUS*. PROCESSO PENAL. JÚRI. DESAFORAMENTO. PREFEITO MUNICIPAL. INFLUÊNCIA SOBRE OS JURADOS. 1. Pedido de desaforamento fundado na possibilidade de o paciente, ex-prefeito municipal, influenciar jurados admitidos em caráter efetivo na gestão de um dos acusados. Influência não restrita aos jurados, alcançando, também, toda a sociedade da Comarca de Serra – ES. 2. Não é necessária, ao desaforamento,

PRÁTICA PENAL – 10ª EDIÇÃO   199   EXERCÍCIOS PRÁTICOS

a afirmação da certeza da imparcialidade dos jurados, bastando o fundado receio de que reste comprometida. Precedente. Ordem denegada. (STF – HC 96785, Relator(a): Min. Eros Grau, Segunda Turma, julgado em 25/11/2008, DJe-094 DIVULG 21-05-2009 PUBLIC 22-05-2009 EMENT VOL-02361-04 PP-00792).

EMENTA: DESAFORAMENTO: DÚVIDA FUNDADA SOBRE A PARCIALIDADE DOS JURADOS. MANIFESTAÇÃO FAVORÁVEL DE AMBAS AS PARTES E DO JUÍZO LOCAL NO SENTIDO DO DESAFORAMENTO, COM INDICAÇÃO DE FATO CON-CRETO INDICATIVO DA PARCIALIDADE DOS JURADOS. ORDEM CONCEDIDA. 1. Segundo a jurisprudência do Supremo Tribunal, a definição dos fatos indicativos da necessidade de deslocamento para a realização do júri — desaforamento — dá-se segundo a apuração feita pelos que vivem no local. Não se faz mister a certeza da parcialidade que pode submeter os jurados, mas tão somente fundada dúvida quanto a tal ocorrência. 2. A circunstância de as partes e o Juízo local se manifestarem favoráveis ao desaforamento, apontando-se fato "notório" na comunidade local, apto a configurar dúvida fundada sobre a parcialidade dos jurados, justifica o desaforamento do processo (Código de Processo Penal, art. 424). 3. Ordem parcialmente concedida para determinar ao Tribunal de Justiça pernambucano a definição da Comarca para onde o processo deverá ser desaforado. (HC 93871, Relator(a): Min. Cármen Lúcia, Primeira Turma, julgado em 10/06/2008, DJe-142 DIVULG 31-07-2008 PUBLIC 01-08-2008 EMENT VOL-02326-05 PP-00900 RT v. 97, n. 877, 2008, p. 520-523).

(OAB/Exame Unificado – 2006.3 – 2ª fase) O magistrado que, ao pronunciar o réu, afirmar o *animus necandi* e afastar a legítima defesa, de modo peremptório e com análise do conjunto da prova, ofende a competência funcional constitucional dos jurados? Fundamente sua resposta abordando os conceitos de *judicium accusationis* e *judicium causae*.

RESOLUÇÃO DA QUESTÃO

Encerrada a instrução do processo no Tribunal do Júri (*judicium accusationis*), o juiz tem quatro caminhos a seguir: pronunciar o réu; impronunciá-lo; absolvê-lo sumariamente; ou ainda desclassificar a infração penal. Pronunciado, o réu é julgado perante o Tribunal popular (*judicium causae*).

O juiz, convencendo-se da materialidade do fato e da existência de indícios suficientes de autoria, proferirá decisão de pronúncia, remetendo o caso à apreciação do Tribunal do Júri. É defeso ao juiz, nesta decisão, que é interlocutória mista, proceder a exame aprofundado do mérito, ingressando na análise do conjunto da prova. Se assim o fizer, estará usurpando a competência constitucional do Júri.

Significa dizer, portanto, que incumbe ao magistrado, na fase de pronúncia, fazer um exame relativo à viabilidade da acusação, declarando o dispositivo em que julgar incurso o acusado e especificar as circunstâncias qualificadoras e as causas de aumento de pena, deixando para os jurados a apreciação mais detalhada do caso.

Nesse sentido é claro o art. 413, *caput* e § 1º, do CPP, com a nova redação que lhe deu a Lei 11.689/08.

EDUARDO DOMPIERI

200

Comentários adicionais:

Ao pronunciar o acusado, levando-o a julgamento perante o Tribunal do Júri, não deve o juiz aprofundar-se na prova; limitar-se-á, isto sim, ao exame, sempre em linguagem moderada e prudente, quanto à *existência do crime* (materialidade) e dos *indícios suficientes de autoria*, apontando, ainda, o dispositivo legal em que se acha incurso o acusado, bem assim as circunstâncias qualificadoras e as causas de aumento de pena. É o que estabelece o art. 413, § 1º, do CPP. Se for além disso, emitindo apreciações mais aprofundadas quanto ao mérito, a decisão, porque apta a influenciar no ânimo dos jurados, deve ser considerada nula. Mesmo porque se trata de decisão interlocutória não terminativa, que encerra tão somente um juízo de admissibilidade, que está longe, portanto, de ser definitivo. Na jurisprudência: "*HABEAS CORPUS*" – JÚRI – PRONÚNCIA – LIMITES A QUE JUÍZES E TRIBUNAIS ESTÃO SUJEITOS – EXCESSO CONFIGURADO – ORDEM DEFERIDA. – Os Juízes e Tribunais devem submeter-se, quando praticam o ato culminante do "judicium accusationis" (pronúncia), a dupla exigência de sobriedade e de comedimento no uso da linguagem, sob pena de ilegítima influência sobre o ânimo e a vontade dos membros integrantes do Conselho de Sentença. – Age "ultra vires", e excede os limites de sua competência legal, o órgão judiciário que, descaracterizando a natureza da sentença de pronúncia, converte-a, de um mero juízo fundado de suspeita, em um inadmissível juízo de certeza (RT 523/486)." (STF, 1ª T., HC 68.606, rel. Min. Celso de Mello, j. 18.06.91).

2.9. Recursos e ações autônomas de impugnação

(OAB/Exame Unificado – 2015.1 – 2ª fase) Carlos foi condenado pelos crimes de tráfico de entorpecentes e posse de arma de fogo de uso permitido, em concurso material, sendo sua conduta tipificada da seguinte forma: Art. 33 da Lei nº 11.343/2006 e Art. 12 da Lei nº 10.826/2003, na forma do Art. 69 do Código Penal. A pena ficou estabelecida em 05 anos de reclusão em regime fechado para o crime de tráfico e 01 ano de detenção em regime semiaberto pelo crime de posse de arma de fogo. Apenas a defesa técnica apelou, requerendo a mudança do regime de pena aplicado para o crime do Art. 33 da Lei nº 11.343/2006, tendo o feito transitado em julgado para a acusação. O recurso foi desprovido. Todavia, de ofício, sem reflexo no quantum, que permaneceu em 06 anos de pena privativa de liberdade, o Tribunal reclassificou o fato para o Art. 33 c/c o Art. 40, IV, da Lei nº 11.343/2006, afastando o crime autônomo da lei de armas e aplicando a causa de aumento respectiva. Considerando as informações narradas na hipótese, responda aos itens a seguir.

A) Poderia ser aplicado regime inicial de cumprimento da pena diverso do fechado para o crime de tráfico ilícito de entorpecentes, previsto no Art. 33, *caput*, da Lei nº 11.343/2006? (Valor: 0,60)

B) Poderia o Tribunal de Justiça em sede de recurso da defesa realizar a reclassificação adotada? (Valor: 0,65)

Responda justificadamente, empregando os argumentos jurídicos apropriados e a fundamentação legal pertinente ao caso.

GABARITO COMENTADO – EXAMINADORA

A) A questão narra que Carlos foi condenado pela prática de um crime de tráfico de drogas e posse de arma de fogo de uso permitido. Em que pese o crime de tráfico ser equiparado a hediondo, hoje o entendimento que prevalece no âmbito do Supremo Tribunal Federal é no sentido de que é possível a aplicação de regime inicial de cumprimento de pena diverso do fechado, sendo a previsão do Art. 2º, § 1º, da Lei nº 8.072/1990 inconstitucional, pois violadora do princípio da individualização da pena. Assim, analisando as circunstâncias do caso concreto, nada impede que o magistrado fixe o regime semiaberto ao caso, até

PRÁTICA PENAL – 10ª EDIÇÃO 201 EXERCÍCIOS PRÁTICOS

porque a pena base não se afastou do mínimo legal, o que indica que as circunstâncias do art. 59 do CP são favoráveis.

B) Ainda consta do enunciado que o Tribunal de Justiça, em julgamento exclusivo da defesa, optou por realizar uma reclassificação da conduta, aplicando a causa de aumento de pena do Art. 40, IV, da Lei 11.343, em vez de manter a condenação pelo crime de posse de arma de fogo. Não poderia, porém, o Tribunal ter adotado essa conduta, pois ela é prejudicial ao réu. Como o recurso foi exclusivo da defesa, a reclassificação viola o princípio da vedação da *reformatio in pejus*. O prejuízo da nova classificação decorre de alguns fatores: para o cálculo de eventual prescrição, tendo em vista que a causa de aumento é considerada para fixação do prazo prescricional, enquanto que, havendo dois crimes, o prazo seria fixado de maneira separada para cada um; um dos crimes é punido com detenção, o que impede fixação do regime inicial fechado, deixando isso de ocorrer com a causa de aumento; na execução, a progressão de regime, no caso da causa de aumento, será calculada em 2/5 (ou 3/5, se reincidente) do total de 06 anos, enquanto que, se mantidas as condenações separadas, esse percentual somente seria aplicado sobre a pena de 05 anos, pois sobre 01 ano seria aplicado o percentual de 1/6, já que a posse de arma de fogo não é crime hediondo.

Distribuição dos Pontos:

ITEM	PONTUAÇÃO
A) Sim, pois o STF considerou inconstitucional a obrigatoriedade do início de cumprimento de pena em regime fechado para os crimes hediondos e assemelhados (0,35), prevista no Art. 2º, § 1º, da Lei nº 8.072/1990 (0,10), por violar o Princípio da Individualização da Pena (0,15) *Obs.: a mera citação do dispositivo legal não será pontuada.*	0,00/0,15/0,35/0,45/ 0,50/0,60
B) Não, pois viola o princípio da vedação da *reformatio in pejus* (0,35), tendo em vista que geraria prejuízo na aplicação do regime OU na prescrição OU na execução da pena (0,30)	0,00/0,30/0,35/0,65

(OAB/Exame Unificado – 2013.2 – 2ª fase) Daniel foi denunciado, processado e condenado pela prática do delito de roubo simples em sua modalidade tentada. A pena fixada pelo magistrado foi de dois anos de reclusão em regime aberto. Todavia, atento às particularidades do caso concreto, o referido magistrado concedeu-lhe o benefício da suspensão condicional da execução da pena, sendo certo que, na sentença, não fixou nenhuma condição. Somente a defesa interpôs recurso de apelação, pleiteando a absolvição de Daniel com base na tese de negativa de autoria e, subsidiariamente, a substituição do benefício concedido por uma pena restritiva de direitos. O Tribunal de Justiça, por sua vez, no julgamento da apelação, de forma unânime, negou provimento aos dois pedidos da defesa e, no acórdão, fixou as condições do *sursis*, haja vista o fato de que o magistrado *a quo* deixou de fazê-lo na sentença condenatória.

Nesse sentido, atento apenas às informações contidas no texto, responda, fundamentadamente, aos itens a seguir.

A) Qual o recurso cabível contra a decisão do Tribunal de Justiça? (Valor: 0,55)

B) Qual deve ser a principal linha de argumentação no recurso? (Valor: 0,70)

A simples menção ou transcrição do dispositivo legal não pontua.

GABARITO COMENTADO – EXAMINADORA

A) Cabível a interposição de recurso especial, com fulcro no Art. 105, III, *a*, da CRFB/88.

B) Deve ser salientado que não agiu corretamente o Tribunal de Justiça ao fixar as condições do *sursis*, pois tal tarefa cabia ao juiz *a quo* e, como ele não o fez, bem como não houve impugnação por parte do Ministério Público acerca de tal omissão, a atitude do Tribunal configura verdadeira *reformatio in pejus*, vedada pelo Art. 617, do CPP.

(OAB/Exame Unificado – 2011.1 – 2ª fase) Caio é denunciado pelo Ministério Público pela prática do crime de homicídio qualificado por motivo fútil. De acordo com a inicial, em razão de rivalidade futebolística, Caio teria esfaqueado Mévio quarenta e três vezes, causando-lhe o óbito. Pronunciado na forma da denúncia, Caio recorreu com o objetivo de ser impronunciado, vindo o Tribunal de Justiça da localidade a manter a pronúncia, mas excluindo a qualificadora, ao argumento de que Mévio seria arruaceiro e, portanto, a motivação não poderia ser considerada fútil. No julgamento em plenário, ocasião em que Caio confessou a prática do crime, a defesa lê para os jurados a decisão proferida pelo Tribunal de Justiça no que se refere à caracterização de Mévio como arruaceiro. Respondendo aos quesitos, o Conselho de Sentença absolve Caio.

Sabendo-se que o Ministério Público não recorreu da sentença, responda aos itens a seguir, empregando os argumentos jurídicos apropriados e a fundamentação legal pertinente ao caso.

a) A esposa de Mévio poderia buscar a impugnação da decisão proferida pelo Conselho de Sentença? Em caso positivo, de que forma e com base em que fundamento? (Valor: 0,65)

b) Caso o Ministério Público tivesse interposto recurso de apelação com fundamento exclusivo no artigo 593, III, "d", do Código de Processo Penal, poderia o Tribunal de Justiça declarar a nulidade do julgamento por reconhecer a existência de nulidade processual? (Valor: 0,6)

RESOLUÇÃO DA QUESTÃO

Sim, a esposa de Mévio poderia buscar a impugnação da decisão proferida pelo Conselho de Sentença.

Para tanto, deve constituir advogado para que este se habilite como assistente de acusação e interponha recurso de apelação, em conformidade com o que estabelece o art. 593, III, *a* e *d*, do CPP, tendo em conta que a defesa, em patente violação à regra contemplada no art. 478, I, do CPP, procedeu à leitura, em plenário, de trecho extraído da decisão proferida pelo Tribunal de Justiça que julgou admissível a acusação, o que constitui causa de nulidade. Ademais disso, a absolvição revelou-se contrária à prova reunida nos autos, notadamente se consideramos a confissão do acusado.

De outro lado, na hipótese de o Ministério Público interpor recurso de apelação com fundamento exclusivo no artigo 593, III, *d*, do CPP, seria vedado ao Tribunal de Justiça declarar a nulidade do julgamento em razão da existência de nulidade processual.

É que, tendo em conta o teor da Súmula nº 160 do STF, é defeso ao Tribunal conhecer de nulidade não arguida no recurso da acusação.

PRÁTICA PENAL – 10ª EDIÇÃO

EXERCÍCIOS PRÁTICOS

GABARITO COMENTADO – EXAMINADORA

A) Sim. A esposa da vítima deveria constituir advogado para que ele se habilitasse como assistente de acusação e interpusesse recurso de apelação, com fundamento nos artigos 598 e 593, III, "a" e "d". Afinal, a defesa violou a proibição expressa contida no artigo 478, I, do CPP, ao ler trecho de decisão que julgou admissível a acusação e manteve a pronúncia do réu. Além disso, tendo o réu confessado o homicídio, a absolvição se mostrou manifestamente contrária à prova dos autos.

B) Não, pois a Súmula 160 do STF proíbe que o Tribunal conheça de nulidade não arguida no recurso de acusação. Assim, a violação ao artigo 478, I, do CPP, por parte da defesa não poderia ser analisada se a acusação não lhe tivesse feito menção no recurso interposto.

Distribuição dos Pontos:

ITEM	PONTUAÇÃO
A) Sim / A esposa da vítima poderia constituir advogado para que ele se habilitasse como assistente de acusação e interpusesse recurso de apelação, (0,35) / com fundamento no artigo 598 (0,3).	0 / 0,3 / 0,35 / 0,65
B) Não / pois a Súmula 160 do STF proíbe que o Tribunal conheça de nulidade não arguida no recurso de acusação. (0,3) / Assim, a violação ao artigo 478, I, do CPP, por parte da defesa não poderia ser analisada se a acusação não lhe tivesse feito menção no recurso interposto (0,3)	0 / 0,3 / 0,6

(OAB/Exame Unificado – 2010.3 – 2ª fase) Caio, na qualidade de diretor financeiro de uma conhecida empresa de fornecimento de material de informática, se apropriou das contribuições previdenciárias devidas dos empregados da empresa e por esta descontadas, utilizando o dinheiro para financiar um automóvel de luxo. A partir de comunicação feita por Adolfo, empregado da referida empresa, tal fato chegou ao conhecimento da Polícia Federal, dando ensejo à instauração de inquérito para apurar o crime previsto no artigo 168-A do Código Penal. No curso do aludido procedimento investigatório, a autoridade policial apurou que Caio também havia praticado o crime de sonegação fiscal, uma vez que deixara de recolher ICMS relativamente às operações da mesma empresa. Ao final do inquérito policial, os fatos ficaram comprovados, também pela confissão de Caio em sede policial. Nessa ocasião, ele afirmou estar arrependido e apresentou comprovante de pagamento exclusivamente das contribuições previdenciárias devidas ao INSS, pagamento realizado após a instauração da investigação, ficando não paga a dívida relativa ao ICMS. Assim, o delegado encaminhou os autos ao Ministério Público Federal, que denunciou Caio pelos crimes previstos nos artigos 168-A do Código Penal e 1º, I, da Lei 8.137/1990, tendo a inicial acusatória sido recebida pelo juiz da vara federal da localidade. Após analisar a resposta à acusação apresentada pelo advogado de Caio, o aludido magistrado entendeu não ser o caso de absolvição sumária, tendo designado audiência de instrução e julgamento.

Com base nos fatos narrados no enunciado, responda aos itens a seguir, empregando os argumentos jurídicos apropriados e a fundamentação legal pertinente ao caso.

a) Qual é o meio de impugnação cabível à decisão do Magistrado que não o absolvera sumariamente? (Valor: 0,2)

b) A quem a impugnação deve ser endereçada? (Valor: 0,2)

c) Quais fundamentos devem ser utilizados? (Valor: 0,6)

EDUARDO DOMPIERI

RESOLUÇÃO DA QUESTÃO

À falta de recurso específico para esse fim, deve ser impetrado, em face da decisão que não absolve sumariamente o acusado, *habeas corpus*, na forma estatuída nos arts. 5º, LXVIII, da CF e 647 e seguintes do CPP.

A ação deve ser impetrada no Tribunal Regional Federal da respectiva região, na medida em que a autoridade coatora é o juiz federal.

No que toca ao delito previsto no art. 168-A do Código Penal – apropriação indébita previdenciária, operou-se, em razão do pagamento do montante devido, a extinção da punibilidade do agente. Quanto ao crime de sonegação de ICMS, a competência para processar e julgar essa matéria é da Justiça dos Estados, dado que esse tributo é de natureza estadual, razão por que o juízo federal é absolutamente incompetente para processar e julgar essa questão.

Comentários Adicionais:

Embora não haja previsão de meio específico de impugnação contra a decisão que não absolve o réu sumariamente, o art. 416 do CPP, com a mudança implementada pela Lei 11.689/2008, estabelece que a sentença de absolvição sumária será combatida por meio de recurso de apelação. Registre-se que, antes da alteração legislativa levada a efeito, essa decisão e a sentença de impronúncia eram passíveis de impugnação por meio de recurso em sentido estrito (art. 581, CPP).

GABARITO COMENTADO – EXAMINADORA

A) *Habeas corpus*, uma vez que não há previsão de recurso contra a decisão que não absolvera sumariamente o acusado, sendo cabível a ação mandamental, conforme estabelecem os artigos 647 e seguintes do CPP. No caso, não seria admissível o recurso em sentido estrito, uma vez que o enunciado não traz qualquer informação acerca da fundamentação utilizada pelo magistrado para deixar de absolver sumariamente o réu, não podendo o candidato deduzir que teria sido realizado e indeferido pedido expresso de reconhecimento de extinção da punibilidade.

B) Ao Tribunal Regional Federal.

C) Extinção da punibilidade pelo pagamento do débito quanto ao delito previsto no artigo 168-A, do CP, e, após, restando apenas acusação pertinente à sonegação de tributo de natureza estadual, incompetência absoluta – em razão da matéria – do juízo federal para processar e julgar a matéria. Quanto à Súmula Vinculante nº 24, o enunciado não traz qualquer informação no sentido de que a via administrativa ainda não teria se esgotado, não podendo o candidato deduzir tal fato.

Distribuição dos Pontos:

ITEM	PONTUAÇÃO
A) *Habeas corpus* (0,2), uma vez que não há previsão de recurso contra a decisão que não absolvera sumariamente o acusado, sendo cabível a ação mandamental, conforme estabelecem os artigos 647 e seguintes do CPP	0 / 0,2
B) Ao Tribunal Regional Federal	0 / 0,2

PRÁTICA PENAL – 10ª EDIÇÃO 205 EXERCÍCIOS PRÁTICOS

C) Extinção da punibilidade (0,25) pelo pagamento (0,1) do débito quanto ao delito previsto no artigo 168-A, do CP, e, após, restando apenas acusação pertinente à sonegação de tributo de natureza estadual, incompetência absoluta (0,25) – em razão da matéria – do juízo federal para processar e julgar a matéria	0 / 0,1 / 0,25 / 0,35 / 0,5 / 0,6

Comentário do autor:

O Plenário do STF, ao julgar, em 18.12.2019, o RHC 163334, da relatoria do Min. Roberto Barroso, decidiu que o contribuinte que, de forma contumaz e com dolo de apropriação, deixa de recolher ICMS cobrado do adquirente da mercadoria ou serviço incide no delito definido no art. 2º, II, da Lei 8.137/1990 (Informativo 963).

(OAB/Exame Unificado – 2009.2 – 2ª fase) Eduardo foi condenado à pena de 6 anos de reclusão e 100 dias-multa pela prática de roubo contra uma agência da Caixa Econômica Federal. A sentença, no entanto, foi proferida por juízo absolutamente incompetente, tendo sido anulada por decisão do órgão recursal em julgamento de recurso interposto pela defesa, determinando-se a remessa dos autos à autoridade judiciária competente. O Ministério Público, conformando-se com a condenação, não interpôs recurso. Após nova tramitação processual perante o juízo competente, Eduardo foi condenado à pena de 7 anos de reclusão e a 150 dias-multa. Nessa situação hipotética, cabe sustentar que a nova condenação não poderia ter sido superior à primeira? Justifique a resposta.

RESOLUÇÃO DA QUESTÃO

Está-se diante do instituto da *reformatio in pejus* indireta.

Sendo a declaração de nulidade da sentença proferida por juiz absolutamente incompetente alcançada por recurso interposto exclusivamente pela defesa, é vedado ao juiz competente impor ao réu pena mais gravosa do que a anterior. Se assim o fizer, incorrerá em *reformatio in pejus* indireta.

Desta feita, cabe, sim, sustentar que a nova condenação não poderia ser superior à primeira.

Comentários adicionais:

Confira, a respeito do tema, o julgado:

HABEAS CORPUS. PENAL E PROCESSUAL PENAL. INJÚRIA. SENTENÇA PROFERIDA PELO JUÍZO COMUM. APELAÇÃO. COMPETÊNCIA. JULGAMENTO. TRIBUNAL DE JUSTIÇA. INFRAÇÃO DE MENOR POTENCIAL OFENSIVO. DENÚNCIA RECEBIDA APÓS A EDIÇÃO DA LEI Nº 10.259/2001. NÃO OBSERVÂNCIA DO RITO DA LEI Nº 9.099/1995. NULIDADE ABSOLUTA. ANULAÇÃO DO PROCESSO. RECURSO DA DEFESA. PENA FIXADA. LIMITE A SER OBSERVADO. PROIBIÇÃO À *REFORMATIO IN PEJUS* INDIRETA. PRESCRIÇÃO DA PRETENSÃO PUNITIVA CONSUMADA.

1. Proferida a sentença pelo Juízo Comum, cabe ao Tribunal de Justiça – e não à Turma Recursal dos Juizados Especiais Criminais – proceder ao julgamento da apelação.

2. Recebida a peça acusatória de crime de injúria, já na vigência da Lei nº 10.259/2001, ainda que referente a fato a ela anterior, deveria o feito ter obedecido ao rito da Lei nº 9.099/1995. A circunstância de a Comarca ser de Vara Única, não afasta o prejuízo decorrente da não adoção do rito mais benéfico e acarreta a nulidade do processo desde o recebimento da denúncia, em face da suspensão injustificada de seus benefícios.

3. Anulada a sentença e acórdão condenatórios, em recurso exclusivo da defesa, a pena que fora fixada passa a ser o patamar máximo a ser observado em caso de nova condenação pois, caso viesse a ser superior, haveria *reformatio in pejus* **indireta,** inadmitida em nosso ordenamento.

4. Hipótese em que se verifica a prescrição retroativa da pretensão punitiva estatal, ex vi do art. 109, inciso VI, do Código Penal.

EDUARDO DOMPIERI

5. Ordem concedida na extensão pedida e, de ofício, para anular o processo desde o recebimento da denúncia e declarar extinta a punibilidade, em razão da prescrição da pretensão punitiva estatal, nos termos do art. 109, inciso VI, do Código Penal.

(HC 75140/RS, STJ, 5ª Turma, relatora Min. Laurita Vaz, julgado em 17.09.2009)

(OAB/Exame Unificado – 2008.1 – 2ª fase) Em 11/1/2008, Celso foi preso em flagrante pela prática do crime previsto no art. 213 do Código Penal. Regularmente processado, foi condenado a 6 anos de reclusão, em regime inicialmente fechado. Somente a defesa recorreu da decisão e, logo após a interposição do recurso, Celso fugiu da prisão. Considerando essa situação hipotética, redija um texto dissertativo acerca da situação processual de Celso, indicando, com a devida fundamentação legal e com base nos princípios constitucionais:

- o recurso interposto pela defesa;
- a possibilidade de conhecimento e de julgamento do recurso interposto em face da fuga de Celso.

RESOLUÇÃO DA QUESTÃO

A defesa de Celso, em vista da condenação que sofrera, interpôs recurso de apelação, com base no art. 593, I, do CPP.

O art. 595 do CPP, cuja constitucionalidade, tanto na doutrina quanto na jurisprudência, era bastante controvertida, visto que sua incidência inviabilizava o direito à ampla defesa e ao duplo grau de jurisdição, foi revogado por força da Lei 12.403/2011.

Comentários adicionais:

Vide Súmula 347 do STJ.

(OAB/Exame Unificado – 2008.1 – 2ª fase) Lauro foi denunciado e, posteriormente, pronunciado pela prática dos crimes previstos no art. 121, § 2º, incisos II e IV, em concurso material com o art. 211, todos do Código Penal Brasileiro (CPB). Em 24/6/2008, Lauro foi regularmente submetido a julgamento perante o tribunal do júri. A tese de negativa de autoria não foi acolhida pelo conselho de sentença e Lauro foi condenado pelos dois crimes, tendo o juiz fixado a pena em 16 anos pelo homicídio qualificado e, em 3 anos, pela ocultação de cadáver. O Ministério Público não recorreu da decisão. A defesa ficou inconformada com o resultado do julgamento, por entender que havia prova da inocência do réu em relação aos dois crimes e que a pena imposta foi injusta. Considerando a situação hipotética apresentada, indique, com os devidos fundamentos jurídicos:

- o recurso cabível à defesa de Lauro;
- a providência jurídica cabível na hipótese de o juiz denegar o recurso.

RESOLUÇÃO DA QUESTÃO

O advogado de Lauro, em vista de sua irresignação, deverá interpor recurso de apelação com fundamento no art. 593, III, c e d, do CPP, já que, na concepção da defesa, houve injustiça no tocante à aplicação da pena e a decisão dos jurados foi contrária à prova constante dos autos.

No mais, na hipótese de o juiz denegar o recurso de apelação, deverá ser interposto recurso em sentido estrito, nos moldes do art. 581, XV, do CPP.

PRÁTICA PENAL – 10ª EDIÇÃO   207   EXERCÍCIOS PRÁTICOS

(OAB/Exame Unificado – 2007.3 – 2ª fase) Júlio foi condenado a doze anos de reclusão em regime integralmente fechado, pela prática de homicídio qualificado pela torpeza. Apenas a defesa do acusado recorreu, por entender que a decisão dos jurados foi manifestamente contrária à prova dos autos. O tribunal *ad quem* deu provimento ao recurso e determinou que Júlio fosse submetido a novo júri. Com base na situação hipotética apresentada e no princípio constitucional da soberania dos veredictos, redija, na qualidade de advogado de Júlio, um texto, orientando-o a respeito da aplicação do princípio no *reformatio in pejus*, no novo julgamento, em relação aos jurados e ao juiz presidente.

RESOLUÇÃO DA QUESTÃO

Regra geral, anulada sentença condenatória em sede de recurso exclusivo da defesa, a nova decisão proferida não poderá ser mais gravosa (prejudicial) ao réu do que a primeira (anulada).

Trata-se da *reformatio in pejus* indireta.

Tal regra, no entanto, não tem incidência no Tribunal do Júri, na medida em que o art. 617 do CPP, que veda a *reformatio in pejus*, cede em favor da soberania dos veredictos, princípio de índole constitucional (art. 5º, XXXVIII, *c*). Significa dizer, portanto, que o Júri, no segundo julgamento, não ficará adstrito ao primeiro, podendo proferir qualquer decisão, mesmo que mais gravosa.

Na hipótese de o Júri, no segundo julgamento, proferir decisão idêntica à do primeiro, o juiz presidente, neste caso, ficará limitado, no que se refere à imposição da pena, ao primeiro julgamento, não podendo ir além da pena imposta neste.

Comentários adicionais:

De toda sorte, é importante que se diga que este tema é polêmico, havendo, na doutrina e na jurisprudência, posicionamentos divergentes.

Confira, a respeito do tema, os julgados:

HABEAS CORPUS. PENAL E PROCESSUAL PENAL. HOMICÍDIO QUALIFICADO EM CONTINUIDADE DELITIVA. RÉU SUBMETIDO POR DUAS VEZES AO TRIBUNAL DO JÚRI. RECURSOS DE APELAÇÃO DA PRIMEIRA E DA SEGUNDA SENTENÇA ATACADOS NO PRESENTE WRIT. DEFENSOR DATIVO INTIMADO POR MEIO DA IMPRENSA OFICIAL NAS DUAS OCASIÕES. ARGUIÇÃO DE NULIDADE. INSURGÊNCIA DEDUZIDA APÓS SEIS ANOS DO TRÂNSITO EM JULGADO DA CONDENAÇÃO. AUSÊNCIA DE PREJUÍZO. EVENTUAL IRREGULARIDADE CONVALIDADA. RECONHECIMENTO DA QUALIFICADORA APENAS NO SEGUNDO JULGAMENTO. AGRAVAMENTO DA PENA. POSSIBILIDADE. SOBERANIA DO JÚRI POPULAR. INEXISTÊNCIA DE *REFORMATIO IN PEJUS* INDIRETA. 1. Considera-se convalidada a nulidade, consistente na intimação do Defensor Dativo, por meio da imprensa oficial, da inclusão em pauta de julgamento dos apelos interpostos, em razão da inércia da Defesa que tão somente após o transcurso de quase seis anos do trânsito em julgado da condenação, almeja a anulação dos julgamentos. 2. O silêncio da defesa, em decorrência do citado lapso temporal, torna preclusa a matéria, mormente porque não foi evidenciado prejuízo real ao Paciente, pois seu primeiro apelo foi provido para anular julgamento plenário e o Defensor Dativo, não obstante tenha sido intimado pessoalmente do segundo acórdão, deixou transitar em julgado a condenação. 3. Não há reformatio in pejus indireta pela imposição de pena mais grave, após a decretação de nulidade da primeira sentença, em apelo da defesa, quando no novo julgamento realizado pelo Tribunal do Júri, reconhece-se a incidência de qualificadora afastada no primeiro julgamento, eis que, em face da soberania dos veredictos, de caráter constitucional, pode o Conselho de Sentença proferir decisão que agrave a situação do réu. 4. Precedentes desta Corte Superior e do Supremo Tribunal Federal. 5. Ordem denegada. (HC 200700486591, LAURITA VAZ, STJ – QUINTA TURMA, 17/11/2008)

HABEAS CORPUS. PROCESSUAL PENAL. CRIME DO HOMICÍDIO QUALIFICADO (ART. 121, § 2º, IV, DO CP). RÉU SUBMETIDO A DOIS JULGAMENTOS PELO TRIBUNAL DO JÚRI, AMBOS ANULADOS. *REFORMATIO IN PEJUS*

EDUARDO DOMPIERI

INDIRETA. POSSIBILIDADE. SOBERANIA DO JÚRI POPULAR. 1. O princípio da *ne reformatio in pejus* indireta – isto é, a imposição de pena mais grave, após a decretação de nulidade da sentença, em apelo exclusivo da defesa –, não tem aplicação nos julgamentos realizados pelo Tribunal do Júri, eis que, em face da soberania dos veredictos, pode o Conselho de Sentença proferir decisão que agrave a situação do réu (precedentes do STF e STJ); 2. Ordem denegada. (HC 200401046578, HÉLIO QUAGLIA BARBOSA, STJ – SEXTA TURMA, 27/06/2005)

(OAB/Exame Unificado – 2006.1 – 2ª fase) Pela prática do delito descrito no art. 171 do Código Penal Brasileiro, *caput*, Marcelo foi condenado a 3 anos de reclusão e multa. Insatisfeito com a sentença, ele apelou. Não houve recurso do Ministério Público. Ao julgar o recurso de apelação, o tribunal majorou a reprimenda anteriormente aplicada para 3 anos e 6 meses de reclusão e multa. Diante dos fatos descritos nessa situação hipotética, redija, de forma justificada, um texto esclarecendo se foi correta a decisão do tribunal ao agravar a situação do réu e se caberia recurso em favor de Marcelo. Extensão máxima: 60 linhas

RESOLUÇÃO DA QUESTÃO

Ao tribunal compete julgar tão somente a matéria que lhe foi devolvida pelo recurso da parte. Não pode, pois, ir além, devendo, dessa forma, dar ou não provimento ao recurso, no todo ou em parte (art. 599, CPP). Cuida-se da incidência do princípio do *tantum devolutum quantum appellatum*.

Nessa esteira, o art. 617 do CPP, em sua parte final, veda a chamada *reformatio in pejus*, que consiste na possibilidade de o tribunal piorar a situação processual do recorrente, em razão de recurso por este interposto.

No caso acima, Marcelo, irresignado com a condenação a ele impingida, interpôs recurso de apelação. Em vista do disposto no art. 617 do CPP, a pena a que foi condenado em 1º grau não poderia ser aumentada, já que o Ministério Público não recorreu. Dessa forma, a decisão prolatada pelo tribunal não pode prosperar. Pode ser impetrado, em princípio, *habeas corpus*.

Comentários adicionais: Confira, a respeito do tema, os seguintes acórdãos:

HABEAS CORPUS. CRIME DE ROUBO CIRCUNSTANCIADO. RECURSO DE APELAÇÃO EXCLUSIVO DA DEFESA. SENTENÇA. ERRO MATERIAL NO QUANTUM DA PENA. CORREÇÃO DE OFÍCIO. *REFORMATIO IN PEJUS*. OCORRÊNCIA. 1. A correção, de ofício, de erro material no quantum da pena fixada na sentença condenatória, em prejuízo do condenado, quando feita em recurso exclusivo da Defesa, constitui reformatio in pejus, de acordo com a recente jurisprudência dos Tribunais Superiores. Precedentes desta Corte e do Supremo Tribunal Federal. 2. *Habeas corpus* concedido, para afastar a correção do erro material efetivada pelo acórdão impugnado, restabelecendo-se a pena de 05 (cinco) anos, 11 (onze) meses e 05 (cinco) dias de reclusão, fixada na sentença condenatória. (HC 200802672690, LAURITA VAZ, STJ – QUINTA TURMA, 08/09/2009)

HABEAS CORPUS. REGIME PRISIONAL. SENTENÇA QUE FIXOU A FORMA SEMIABERTA. MODIFICAÇÃO PELA CORTE DE ORIGEM PARA MODO FECHADO EM SEDE DE APELAÇÃO. RECURSO EXCLUSIVO DA DEFESA. IMPOSSIBILIDADE. REFORMATIO IN PEJUS CONFIGURADA. OFENSA AO ART. 617 DO CPP. CONSTRANGIMENTO ILEGAL DEMONSTRADO. 1. Evidenciado que o Tribunal, julgando recurso exclusivo da defesa, ao diminuir a sanção irrogada ao paciente, agravou o regime prisional fixado em primeira instância, de semiaberto para o fechado, resta demonstrada a reforma a pior nesse ponto, em nítida ofensa ao art. 617 do CPP, que proíbe a reformatio in pejus. 2. Ordem concedida para anular o acórdão tão somente no ponto em agravou a situação do paciente, qual seja, na parte referente ao modo de cumprimento da sanção corporal, restabelecendo o modo semiaberto para resgate da reprimenda imposto na sentença, estendendo-se a ordem, nos termos do art. 580 do CPP, de ofício, à Weslei Eliezer Teodoso do Nascimento. (HC 200802266880, JORGE MUSSI, STJ – QUINTA TURMA, 15/06/2009)

PRÁTICA PENAL – 10ª EDIÇÃO 209 EXERCÍCIOS PRÁTICOS

2.10. Revisão criminal

(OAB/Exame Unificado – 2017.3 – 2ª fase) No dia 10 de setembro de 2014, Maria conversava na rua com amigas da escola, quando passou pelo local Túlio, jovem de 19 anos, que ficou interessado em conhecer Maria em razão da beleza desta. Um mês após se conhecerem e iniciarem um relacionamento, Túlio e Maria passaram a ter relações sexuais, apesar de Maria ter informado ao namorado que nascera em 09 de julho de 2001. Ao tomar conhecimento dos fatos, o Ministério Público denunciou Túlio pela prática do crime do Art. 217-A do Código Penal.

Após a instrução e juntada da carteira de identidade de Maria, na qual constava seu nascimento em 09 de julho de 2001, Túlio foi condenado nos termos da denúncia, tendo ocorrido o trânsito em julgado. Dois anos após a sentença condenatória, os pais de Maria procuram os familiares de Túlio e narram que se sentiam mal pelo ocorrido, porque sempre consideraram o condenado um bom namorado para a filha. Afirmaram, ainda, que autorizavam o namoro, porque, na verdade, consideravam sua filha uma jovem, já que ela nasceu em 09 de julho de 2000, mas somente foi registrada no ano seguinte, pois tinham o sonho de sua filha ser profissional do esporte e entenderam que o registro tardio a beneficiaria profissionalmente.

Diante de tais informações, em posse de fotografias que comprovam que Maria, de fato, nasceu em 09 de julho de 2000 e da retificação no registro civil, os familiares de Túlio procuram você na condição de advogado(a).

Na condição de advogado(a) de Túlio, considerando apenas as informações narradas, responda aos itens a seguir.

A) Diante do trânsito em julgado da sentença condenatória, existe medida judicial a ser apresentada em favor de Túlio, diferente de *habeas corpus*, em busca da desconstituição da sentença? Justifique e indique, em caso positivo. **(Valor: 0,65)**

B) Qual argumento de direito material deverá ser apresentado pelo(a) patrono(a) de Túlio em busca da desconstituição da sentença? Justifique. **(Valor: 0,60)**

Obs.: o(a) examinando(a) deve fundamentar as respostas. A mera citação do dispositivo legal não confere pontuação.

GABARITO COMENTADO – EXAMINADORA

A) Sim, existe. A medida judicial a ser apresentada em favor de Túlio é a ação de impugnação conhecida como Revisão Criminal, com fundamento no Art. 621, inciso II ou inciso III, do Código de Processo Penal. Isso porque, após a sentença condenatória com trânsito em julgado, foi verificado que o documento de identificação de Maria era ideologicamente falso, já que constava data nascimento diferente da real. A mudança na data de nascimento de Maria altera o fundamento para condenação, tendo em vista que, na realidade, era maior de 14 anos na data dos fatos. O examinando pode, ainda, defender o cabimento do instituto da revisão criminal com base no surgimento de provas novas, após a sentença, que comprovem a inocência do acusado, quais sejam as fotografias e declarações dos pais no sentido de que a certidão de nascimento da filha era falsa e que, na verdade, Maria era maior de 14 anos na data dos fatos.

EDUARDO DOMPIERI

B) O argumento a ser apresentado é de atipicidade da conduta praticada por Túlio, tendo em vista que Maria era maior de 14 anos na data dos fatos. O Art. 217-A do Código Penal prevê o crime de estupro de vulnerável, sendo uma de suas hipóteses quando o agente pratica conjunção carnal ou ato libidinoso diverso com menor de 14 anos. Mesmo que Túlio acreditasse que Maria era menor de 14 anos, objetivamente ela não o era, uma vez que nasceu em 09 de julho de 2000. Provado que seu nascimento ocorreu mais de 14 anos antes dos fatos, necessária a absolvição de Túlio em razão da atipicidade da conduta. Importante destacar que os atos sexuais praticados foram consentidos por Maria, logo não há que se falar em crime de estupro do Art. 213 do Código Penal.

Distribuição dos Pontos:

ITEM	PONTUAÇÃO
A) A medida judicial cabível é da **revisão criminal** (0,40), com fundamento no Art. 621, inciso II **OU** III, do Código de Processo Penal (0,10), tendo em vista que a condenação foi baseada em documento comprovadamente falso **OU** em razão do surgimento de prova nova, após a sentença, apta a demonstrar a inocência do acusado (0,15).	0,00/0,15/0,25/0,40 /0,50/0,55/0,65
B) O argumento é de que a conduta de Túlio era **atípica** (0,20), tendo em vista que, objetivamente, Maria era **maior de 14 anos na data dos fatos** e houve consentimento da prática dos atos sexuais (0,40).	0,00/0,20/0,40/0,60

(OAB/Exame Unificado – 2010.3 – 2ª fase) Em processo criminal que tramitou perante a justiça federal comum, foi apurada a prática de crime de extorsão mediante sequestro. O juiz da causa ordenou, no curso da instrução do processo, que se expedisse carta rogatória para a oitiva da vítima e se colhesse depoimento de uma testemunha arrolada, na denúncia, pelo Ministério Público. Foi encerrada a instrução do processo, sem o retorno das sobreditas cartas, tendo o juiz proferido sentença na qual condenou os réus, entre os quais, Jair K. Os réus apelaram e a condenação foi mantida pelo tribunal regional federal, por unanimidade. O acórdão condenatório transitou em julgado em 20/3/2010. Após essa data, as cartas rogatórias regressaram, e o juiz originário do feito mandou juntá-las aos autos. O conteúdo das cartas afastou, de forma manifesta e cabal, a participação de Jair K. nos fatos apurados, tendo ele constituído advogado, em 26/3/2010.

Em face dessa situação hipotética, indique, com a devida fundamentação legal, a medida judicial a ser adotada em favor de Jair K. bem como o órgão competente para julgá-la, o fundamento legal da medida, o prazo para o ajuizamento, o mérito da questão e seus pedidos e efeitos.

RESOLUÇÃO DA QUESTÃO

Em vista do trânsito em julgado da decisão que condenou os réus, entre os quais Jair K., a medida judicial a ser adotada em favor deste é a revisão criminal – art. 621 e seguintes do CPP.

Neste caso, a pretensão revisional se justifica na medida em que, em relação ao condenado Jair K., surgiram provas novas dando conta de sua inocência.

Nesse sentido, determina o art. 621, III, primeira parte, do CPP que o pedido revisional será admitido na hipótese de surgirem, após a sentença, novas provas de inocência do condenado. É exatamente este o caso tratado nesta situação hipotética.

A Constituição Federal, em seu art. 5º, LXXV, prescreve que o Estado indenizará o condenado por erro judiciário, bem como aquele que ficar preso além do tempo fixado na sentença.

PRÁTICA PENAL – 10ª EDIÇÃO 211 EXERCÍCIOS PRÁTICOS

A revisão será processada e julgada pelo Tribunal Regional Federal da respectiva região, a teor do que dispõe o art. 108, I, *b*, da CF.

Segundo estabelece o art. 622, *caput*, do CPP, o pedido revisional pode ser formulado a qualquer tempo. Inexiste, portanto, prazo para tanto.

Quanto ao mérito, é bem verdade que nenhum reparo há de se fazer à atuação do juízo que prolatou a sentença condenatória, porquanto procedeu em consonância com o disposto no art. 222-A do CPP. As cartas rogatórias somente retornaram após o trânsito em julgado do acórdão condenatório.

Ocorre que, por meio dessas cartas rogatórias, surgiram provas que podem levar à absolvição do condenado. É o que basta a justificar o pedido revisional com fundamento no art. 621, III, do CPP.

Quanto aos pedidos, deverá o condenado formular pedido de conhecimento da ação, para julgá-la procedente com o objetivo de rescindir o julgado e absolver o condenado. Isso porque a sentença condenatória não levou em conta a oitiva da vítima e o depoimento de uma testemunha, tomados por carta rogatória e juntados aos autos após o trânsito em julgado.

Se julgar procedente o pedido revisional, o tribunal procederá na forma do art. 626, *caput*, do CPP. No caso aqui tratado, o tribunal, no caso de procedência do pedido, absolverá o réu.

De qualquer forma, é defeso ao tribunal agravar a pena imposta pela decisão revista. É o que determina o art. 626, parágrafo único, do CPP.

Por fim, o art. 627 do CPP estabelece que a absolvição ensejará o restabelecimento de todos os direitos perdidos com a condenação.

(OAB/Exame Unificado – 2008.2 – 2ª fase) Pietro, acusado de ter atropelado fatalmente Júlia, esposa de Maurício, foi absolvido, após o regular trâmite processual, por falta de provas da autoria. Inconformado, Maurício continuou a investigar o fato e, cerca de um ano após o trânsito em julgado da decisão, conseguiu reunir novas provas da autoria de Pietro. Considerando a situação hipotética apresentada, na qualidade de advogado(a) consultado(a) por Maurício, elabore parecer acerca da possibilidade de Maurício se habilitar como assistente da acusação e de Pietro ser novamente processado.

RESOLUÇÃO DA QUESTÃO

A decisão que absolveu Pietro transitou em julgado.

A revisão criminal somente tem lugar nas hipóteses contidas no art. 621 do CPP. Em outras palavras, somente o condenado e as pessoas referidas no rol do art. 623 do CPP, nos casos previstos no dispositivo supramencionado, poderão se insurgir contra injustiças cometidas no curso do processo, depois do trânsito em julgado da sentença condenatória.

Não cabe, assim, revisão criminal para reexaminar a sentença injusta que absolveu o réu.

Em vista da legitimidade ativa na revisão criminal (poderá ser pedida pelo réu ou por procurador legalmente habilitado ou, no caso de morte do réu, pelo cônjuge, ascendente, descendente ou irmão – art. 623, CPP), não há que se falar em assistência.

EDUARDO DOMPIERI

2.11. Execução penal

(OAB/Exame Unificado – 2020.2 – 2ª fase) O apenado Fabrício cumpria pena pela prática do delito de extorsão simples, tendo requerido, por meio de advogado, a extinção da punibilidade por satisfazer os requisitos, objetivos e subjetivos, previstos no Decreto Presidencial de Indulto, publicado no ano de 2018 (requisito objetivo temporal e requisito subjetivo de não possuir falta grave nos últimos 12 meses anteriores ao decreto).

Enquanto aguardava o deferimento do benefício requerido, no dia 02 de março de 2019, ocorreu uma rebelião na galeria em que se encontrava. O diretor do presídio, em procedimento disciplinar próprio, no qual foi garantida a ampla defesa e o contraditório, não conseguindo identificar aqueles que efetivamente participaram da rebelião, reconheceu que todos os apenados daquela galeria praticaram falta grave.

Ao tomar conhecimento dessa punição disciplinar, o juiz da execução indeferiu o pedido de indulto por ausência do requisito subjetivo. Ultrapassado o prazo recursal por desídia da defesa, novo advogado contratado pela família impetrou *habeas corpus* junto ao Tribunal de Justiça, na busca da extinção da punibilidade. A ordem foi denegada pelo Tribunal.

Considerando a situação fática apresentada, na condição de novo advogado contratado, ao ser intimado da decisão que denegou a ordem, responda aos itens a seguir.

A) Qual o recurso a ser apresentado pela defesa para combater a decisão do Tribunal de Justiça que denegou a ordem no *habeas corpus* impetrado em favor do apenado Fabrício? Justifique. (Valor: 0,60)

B) Na busca da concessão do indulto e, consequentemente, da extinção da punibilidade, quais argumentos jurídicos poderão ser apresentados? Justifique. (Valor: 0,65)

Obs.: o(a) examinando(a) deve fundamentar suas respostas. A mera citação do dispositivo legal não confere pontuação.

GABARITO COMENTADO

A questão exige do examinando conhecimento sobre os temas recursos e execução penal.

Narra o enunciado que Fabrício cumpria pena pela prática de crime de extorsão, entendendo o apenado que teria direito à extinção da punibilidade em razão do indulto, já que preencheria os requisitos objetivos (temporal) e subjetivos (ausência de falta grave nos últimos 12 meses). Ocorre que, após o requerimento de indulto, Fabrício foi punido por falta grave, constando do enunciado que os fatos que justificaram a punição teriam ocorrido após a publicação do decreto de indulto, ou seja, após o preenchimento dos requisitos previstos na legislação, bem como que a punição aplicada pelo diretor do presídio foi coletiva.

De acordo com o Art. 105, inciso II, alínea *a*, da CRFB, caberá ao Superior Tribunal de Justiça, em sede de recurso ordinário constitucional, julgar os *habeas corpus* decididos em única ou última instância pelos Tribunais estaduais quando denegatória a decisão. Assim, considerando que o Tribunal denegou a ordem de *habeas corpus* pleiteada pela defesa, o único recurso cabível seria o Recurso Ordinário Constitucional. Poderia, também, a defesa apresentar novo *habeas corpus* ao STJ, mas o questionamento formulado era sobre o recurso cabível.

PRÁTICA PENAL – 10ª EDIÇÃO 213 EXERCÍCIOS PRÁTICOS

B) Existem dois principais argumentos em busca da extinção da punibilidade com o reconhecimento do indulto: proibição de sanções disciplinares coletivas e aplicação do princípio
da legalidade, o que impediria o magistrado de considerar faltas graves praticadas após a
publicação do decreto de indulto, ainda que tivessem sido validamente reconhecidas. A
sentença que tem por objeto o indulto tem natureza meramente declaratória, na medida
em que o direito já fora constituído pelo decreto presidencial concessivo do benefício,
devendo ser examinado se o apenado satisfazia os requisitos legais na data de sua edição,
não podendo interferir no exame respectivo fato posterior. Fato é que Fabrício não praticou
falta grave nos 12 meses anteriores ao decreto, logo, em respeito ao princípio da legalidade,
não poderia o magistrado vedar a concessão do benefício com esse fundamento. Ademais,
ainda que pudesse ser considerado no exame do requisito subjetivo fato posterior à edição
do decreto presidencial, a LEP veda expressamente a punição coletiva (Art. 45, § 3º, da Lei
nº 7.210), sendo o que ocorreu na hipótese vertente, porquanto o diretor do presídio puniu
todos os apenados da galeria ao não identificar aqueles que efetivamente participaram da
rebelião.

(OAB/Exame Unificado – 2019.1 – 2ª fase) Leal cumpre pena em regime semiaberto após condenação definitiva pela prática de crime de lesão corporal seguida de morte, ocasião em que foi aplicada
pena de 06 anos de reclusão. Após permanecer 11 meses da pena aplicada em regime semiaberto
e considerando que trabalhou com autorização judicial, fora do estabelecimento penitenciário, em
"serviço extramuros", por 120 dias, pretende a obtenção de progressão para o regime aberto. Diante
disso, em visita realizada pela defesa técnica, demonstra sua intenção para o advogado, informando
que não sofreu qualquer punição administrativa no período, mas demonstrou preocupação com o
fato de que soube, por meio de outros detentos, que não haveria vagas disponíveis em estabelecimentos de regime aberto no Estado.

Sob o ponto de vista técnico, de acordo com a jurisprudência pacificada dos Tribunais Superiores,
na condição de advogado(a) de Leal, esclareça os itens a seguir.

A) Leal preencheu os requisitos objetivos para a progressão para o regime aberto? Justifique.
(Valor: 0,65)

B) A inexistência de vagas no regime pretendido pelo apenado pode ser considerada fundamento
idôneo para a não concessão do benefício por ocasião do preenchimento dos requisitos objetivos
e subjetivos para progressão? Justifique. **(Valor: 0,60)**

*Obs.: o(a) examinando(a) deve fundamentar as respostas. A mera citação do dispositivo legal não
confere pontuação.*

GABARITO COMENTADO

A questão exige do examinando conhecimento sobre o tema Execução Penal. Narra o
enunciado que Leal, apenado em regime inicial semiaberto, após estar cumprindo pena há 11
meses, considerando a prestação de serviços extramuros, pretende a progressão para o regime
aberto, ressaltando que não sofreu qualquer sanção administrativa.

A) Sim, os requisitos legais estão preenchidos. De acordo com o Art. 112 da Lei nº 7.210/84, o
requisito objetivo para progressão de regime é o cumprimento de 1/6 da pena aplicada, que,
no caso, significaria 01 ano de pena privativa de liberdade. Segundo consta do enunciado,
Leal ficou 11 meses preso em cumprimento da pena, o que, a princípio, não atenderia

EDUARDO DOMPIERI

ao requisito objetivo. Todavia, há período de pena remida que justifica a progressão de regime. Leal trabalhou por 120 dias, o que gera uma remição de 40 dias de acordo com o Art. 126 da LEP, devendo ser esclarecido que o "trabalho extramuros" justifica a remição de pena, nos termos da Súmula 562 do STJ. Ademais, o tempo remido será computado como pena cumprida para todos os efeitos (Art. 128 da LEP). Dessa forma, cumprido mais de 01 ano da pena aplicada, possível a progressão de regime.

B) A inexistência de vagas em regime compatível não é fundamento idôneo para manutenção do apenado em regime mais severo, nos termos da Súmula Vinculante 56 do STF. Preenchidos os requisitos legais, o apenado possui direito à progressão para regime compatível ao cumprimento de sua pena, não podendo a deficiência do estado lhe prejudicar. De acordo com a jurisprudência do STF, havendo déficit de vagas, deverão ser determinados: (i) a saída antecipada de sentenciado no regime com falta de vagas; (ii) a liberdade eletronicamente monitorada ao sentenciado que sai antecipadamente ou é posto em prisão domiciliar por falta de vagas; (iii) o cumprimento de penas restritivas de direito e/ou estudo ao sentenciado que progride ao regime aberto. Até que sejam estruturadas as medidas alternativas propostas, poderá ser deferida a prisão domiciliar ao sentenciado.

Distribuição de Pontos

ITEM	PONTUAÇÃO
A. Sim, tendo em vista que foi cumprido mais de 1/6 da pena aplicada **OU** mais de 01 ano da pena imposta (0,30), nos termos do Art. 112 **OU** do Art. 126, ambos da LEP OU da Súmula 562 do STJ (0,10), considerando como pena cumprida o tempo remido em razão do trabalho extramuros (0,25).	0,00/0,25/0,30/0,35/ 0,40/0,55/0,65
B. Não pode o apenado permanecer em regime mais gravoso em razão da falta de estabelecimento penal adequado, devendo ser colocado em liberdade ou regime mais favorável (0,50), nos termos da Súmula Vinculante 56/STF (0,10).	0,00/0,50/0,60

Comentário do autor:

A Lei 13.964/2019 alterou substancialmente o art. 112 da LEP, com a inclusão de novas faixas para o condenado pleitear a progressão de regime de cumprimento de pena. Com isso, a nova tabela de progressão ficou mais detalhada, já que, até então, contávamos com o percentual único de 1/6 para os crimes comuns e 2/5 e 3/5 para os crimes hediondos e equiparados. Doravante, passamos a ter novas faixas, agora expressas em porcentagem, que levam em conta, no seu enquadramento, fatores como primariedade e o fato de o delito haver sido praticado com violência/ grave ameaça. A primeira faixa corresponde a 16%, a que estão sujeitos os condenados que forem primários e cujo crime praticado for desprovido de violência ou grave ameaça (art. 112, I, LEP); em seguida, passa-se à faixa de 20%, destinada ao sentenciado reincidente em crime praticado sem violência à pessoa ou grave ameaça (art. 112, II, LEP); a faixa seguinte, de 25%, é aplicada ao apenado primário que tiver cometido crime com violência à pessoa ou grave ameaça (art. 112, III, LEP); à faixa de 30% ficará sujeito o condenado reincidente em crime cometido com violência contra a pessoa ou grave ameaça (art. 112, IV, LEP); deverá cumprir 40% da pena o condenado pelo cometimento de crime hediondo ou equiparado, se primário (art. 112, V, LEP); estão sujeitos ao cumprimento de 50% da pena imposta o condenado pela prática de crime hediondo ou equiparado, com resultado morte, se for primário; o condenado por exercer o comando, individual ou coletivo, de organização criminosa estruturada para a prática de crime hediondo ou equiparado; e o condenado pela prática do crime de constituição de milícia privada (art. 112, VI, LEP); deverá cumprir 60% da pena o condenado reincidente na prática de crime hediondo ou equiparado (art. 112, VII, LEP); e 70%, que corresponde à última faixa, o sentenciado reincidente em crime hediondo ou equiparado com resultado morte (art. 112, VIII, LEP). O art. 2º, § 2º, da Lei 8.072/1990, como não poderia deixar de ser, foi

PRÁTICA PENAL – 10ª EDIÇÃO   **215**   EXERCÍCIOS PRÁTICOS

revogado, na medida em que a progressão, nos crimes hediondos e equiparados, passou a ser disciplinada no art. 112 da LEP. Além disso, o art. 112, § 1º, da LEP, com a nova redação determinada pela Lei 13.964/2019, impõe que somente fará jus à progressão de regime, nos novos patamares, o apenado que ostentar boa conduta carcerária, a ser atestada pelo diretor do estabelecimento. Por sua vez, o art. 112, § 5º, da LEP, incluído pela Lei 13.964/2019, consagrando entendimento jurisprudencial, estabelece que não se considera hediondo ou equiparado o crime de tráfico de drogas previsto no art. 33, § 4º, da Lei 11.343/2006.

(OAB/Exame Unificado – 2018.1 – 2ª fase) Lucas, jovem de 22 anos, primário, foi denunciado pela prática do crime de extorsão simples, tendo o magistrado, em 05/05/2016, recebido a denúncia e decretado a prisão preventiva do acusado. Cumprido o mandado de prisão no dia seguinte, Lucas permaneceu acautelado durante toda a instrução de seu processo, vindo a ser condenado, em 24 de janeiro de 2017, à pena de 04 anos e 03 meses de reclusão, além de 12 dias-multa, sendo certo que o aumento da pena-base foi fundamentado de maneira correta pelo magistrado em razão das circunstâncias do crime. Foi, ainda, aplicado o regime semiaberto para início do cumprimento da sanção, exclusivamente diante do *quantum* de pena aplicada, e o valor do dia-multa foi fixado em 3 vezes o salário mínimo, em razão das circunstâncias do fato. Apesar de não se opor à condenação, nem à pena aplicada, Lucas, ainda preso, pergunta a seu advogado sobre a possibilidade de recurso para aplicação de regime de cumprimento de pena menos gravoso, ainda que mantido o *quantum* de pena. Também informa ao patrono que não tem condições de arcar com a multa aplicada, pois mora em comunidade carente e recebia, antes dos fatos, remuneração de meio salário mínimo pela prestação de serviços informais. Considerando apenas as informações narradas, na condição de advogado de Lucas, responda aos itens a seguir.

A) Qual o argumento a ser formulado em sede de recurso para alteração do regime prisional de início de cumprimento de pena aplicado, mantida a pena final em 04 anos e 03 meses de reclusão? Justifique. (Valor: 0,65)

B) Qual argumento a ser apresentado em sede de recurso em busca da redução do valor do dia-multa aplicado? Justifique. (Valor: 0,60)

Obs.: o(a) examinando(a) deve fundamentar as respostas. A mera citação do dispositivo legal não confere pontuação.

GABARITO COMENTADO – EXAMINADORA

A) O argumento a ser apresentado pela defesa de Lucas é que o período de pena provisória cumprido deverá ser computado para aplicação do regime inicial do cumprimento de pena, nos termos do Art. 387, § 2º, do Código de Processo Penal, de modo que o regime a ser fixado é o aberto. De início, destaca-se que a questão não apresentava elementos suficientes para justificar um pedido de redução de pena, de modo que a pena final aplicada fosse de até 04 anos e permitisse a aplicação do regime aberto. Ademais, o próprio enunciado da questão requer que o patrono de Lucas apresente argumento para alteração do regime ainda que mantida a pena de 04 anos e 03 meses de reclusão. Em princípio, estabelece o Art. 33, § 2º, alínea *b*, do Código Penal, que cabível o regime semiaberto ao condenado não reincidente, quando a pena aplicada for superior a 04 anos ou não exceda a oito, como é a situação de Lucas. Ao mesmo tempo, estabelece o Art. 42 do Código Penal que será computado, na pena privativa de liberdade, o tempo de prisão provisória,

EDUARDO DOMPIERI

disciplinando, assim, o instituto conhecido como detração. Outrossim, o Art. 387, § 2°, do Código de Processo Penal, acrescentado pela Lei n° 12.736/12, prevê expressamente que o tempo de prisão provisória será computado para fins de determinação do regime inicial de pena privativa de liberdade. No caso, Lucas ficou preso por período superior a 08 meses, período esse que deve ser computado como pena cumprida, na forma da detração, para determinação do regime inicial. Assim, considerando os oitos meses apenas para fins de aplicação do regime inicial, seria possível a aplicação do regime aberto.

B) Na sentença condenatória, entendeu o magistrado que os dias-multa deveriam ser fixados no valor de 3 vezes o salário mínimo em razão das circunstâncias do fato. Ocorre que é pacificado o entendimento jurisprudencial, em especial diante da previsão do Art. 60 do Código Penal, que o critério para fixação do VALOR do dia-multa será o da capacidade econômica do réu. Na situação apresentada, Lucas era pessoa humilde, que recebia, antes da prisão, remuneração de meio salário mínimo em razão da prestação de serviços informais, logo não se justifica o fundamento apresentado pelo magistrado para fixação do valor do dia-multa.

(OAB/Exame Unificado – 2017.2 – 2ª fase) Gabriel, condenado pela prática do crime de porte de arma de fogo de uso restrito, obteve livramento condicional quando restava 01 ano e 06 meses de pena privativa de liberdade a ser cumprida.

No curso do livramento condicional, após 06 meses da obtenção do benefício, vem Gabriel a ser novamente condenado, definitivamente, pela prática de crime de roubo, que havia sido praticado antes mesmo do delito de porte de arma de fogo, mas cuja instrução foi prolongada.

Diante da nova condenação, o magistrado competente revogou o livramento condicional concedido e determinou que Gabriel deve cumprir aquele 01 ano e 06 meses de pena restante quando da obtenção do livramento em relação ao crime de porte, além da nova sanção imposta em razão do roubo.

Considerando a situação narrada, na condição de advogado(a) de Gabriel, responda aos itens a seguir.

A) Qual o recurso cabível da decisão do magistrado que revogou o benefício do livramento condicional e determinou o cumprimento da pena restante quando da obtenção do benefício? É cabível juízo de retratação em tal modalidade recursal? Justifique. **(Valor: 0,65)**

B) Qual argumento deverá ser apresentado pela defesa de Gabriel para combater a decisão do magistrado? Justifique. **(Valor: 0,60)**

Obs.: o(a) examinando(a) deve fundamentar suas respostas. A mera citação ou transcrição do dispositivo legal não confere pontuação.

GABARITO COMENTADO – EXAMINADORA

A) Narra o enunciado que Gabriel cumpria pena privativa de liberdade pela prática de crime de porte de arma de fogo, quando obteve livramento condicional. No curso do livramento condicional, todavia, vem a ser condenado pela prática de crime de roubo, tendo o magistrado da execução decidido pela revogação do benefício e também por desconsiderar o período de pena cumprido em livramento. Da decisão proferida pelo juízo da execução cabe Agravo em Execução, na forma do Art. 197 da Lei de Execuções Penais, com prazo de interposição de 05 dias. Não há previsão expressa em lei sobre o procedimento a ser adotado no recurso de agravo, de modo que pacificou a doutrina e a jurisprudência que o processamento a ser adotado é semelhante ao do recurso em sentido estrito.

PRÁTICA PENAL – 10ª EDIÇÃO   217   EXERCÍCIOS PRÁTICOS

Diante disso, cabível o juízo de retratação pelo magistrado competente para execução.

B) O argumento a ser apresentado pela defesa de Gabriel é que não poderiam ter sido desconsiderados os dias de livramento condicional como pena cumprida. De fato, Gabriel foi condenado, definitivamente, pela prática de crime no curso do livramento condicional, logo cabível a revogação do benefício. Trata-se, inclusive, de hipótese de revogação obrigatória. Ocorre que a condenação que justificou a revogação foi em razão da prática de delito anterior à obtenção do benefício, e não de novo crime praticado no curso do livramento. Dessa forma, as condições do livramento condicional vinham sendo regularmente cumpridas pelo apenado, de modo que os dias em que ficou em livramento deverão ser computados como pena cumprida e não desconsiderados. Assim, errou o magistrado ao afirmar que deveria Gabriel cumprir 01 ano e 06 meses de pena, desconsiderando os 06 meses cumpridos de livramento. Nos termos do aqui exposto estão as previsões dos Art. 86 e do Art. 88, ambos do Código Penal, além do Art. 141 da Lei 7.210/84.

Distribuição dos Pontos:

ITEM	PONTUAÇÃO
A) O recurso cabível da decisão é de Agravo de Execução (0,40), na forma do Art. 197 da LEP (0,10), cabendo ao magistrado exercer juízo de retratação em razão da aplicação, no recurso de agravo, do rito previsto para o recurso em sentido estrito (0,15).	0,00/0,15/0,25/0,40 /0,50/0,55/0,65
B) O argumento para combater a decisão é o de que o período em livramento condicional deveria ser considerado como pena cumprida (0,20), tendo em vista que o delito que justificou a revogação é anterior ao benefício (0,30), nos termos do Art. 88 do CP **OU** Art. 141 da Lei nº 7.210/84 (0,10).	0,00 / 0,20 / 0,30 / 0,40 / 0,50 / 0,60

Comentários do autor:

Quanto ao tema livramento condicional, é importante que se diga que a Lei 13.964/2019, com vigência a partir de 23 de janeiro de 2020, introduziu novo requisito para a sua concessão. Até então, tínhamos que o inciso III do art. 83 do CP continha os seguintes requisitos: comportamento satisfatório no curso da execução da pena; bom desempenho no trabalho atribuído ao reeducando; e aptidão para prover à própria subsistência por meio de trabalho honesto. O que fez a Lei 13.964/2019 foi inserir, neste inciso III, um quarto requisito. Doravante, além de preencher os requisitos contemplados no art. 83 do CP (nos seus cinco incisos), é de rigor que o reeducando, para fazer jus à concessão do livramento, não tenha cometido falta grave nos últimos 12 meses. O inciso III, que passou a abrigar esta modificação, foi fracionado em quatro alíneas ("a", "b", "c" e "d", cada qual correspondente a um requisito), os três aos quais me referi acima e este novo requisito introduzido pela *novel* lei. Além disso, a redação anterior do inciso III do art. 83 do CP exigia do sentenciado comportamento *satisfatório* durante a execução da pena. Com a modificação operada pela Lei 13.964/2019 neste dispositivo, passa-se a exigir *bom* comportamento como requisito à concessão do livramento condicional.

(OAB/Exame Unificado – 2016.1 – 2ª fase) Carlos foi condenado pela prática de um crime de receptação qualificada à pena de 04 anos e 06 meses de reclusão, sendo fixado o regime semiaberto para início do cumprimento de pena. Após o trânsito em julgado da decisão, houve início do cumprimento da sanção penal imposta. Cumprido mais de 1/6 da pena imposta e preenchidos os demais requisitos, o advogado de Carlos requer, junto ao Juízo de Execuções Penais, a progressão para o regime aberto. O magistrado competente profere decisão concedendo a progressão e fixa como condição especial o cumprimento de prestação de serviços à comunidade, na forma do Art. 115 da Lei nº 7.210/84. O advogado de Carlos é intimado dessa decisão.

EDUARDO DOMPIERI218

Considerando apenas as informações apresentadas, responda aos itens a seguir.

A) Qual medida processual deverá ser apresentada pelo advogado de Carlos, diferente do *habeas corpus*, para questionar a decisão do magistrado? **(Valor: 0,60)**

B) Qual fundamento deverá ser apresentado pelo advogado de Carlos para combater a decisão do magistrado?

(Valor: 0,65)

Obs.: o examinando deve fundamentar suas respostas. A mera citação do dispositivo legal não confere pontuação.

GABARITO COMENTADO – EXAMINADORA

A) A medida processual a ser apresentada pelo advogado de Carlos é o agravo previsto no Art. 197 da Lei nº 7.210/84, também conhecido como agravo de execução ou agravo em execução. Prevê o mencionado dispositivo que, das decisões proferidas em sede de execução, será cabível o recurso de agravo. No caso, o enunciado deixa claro que houve decisão condenatória com trânsito em julgado e que a decisão a ser combatida foi proferida pelo Juízo da Execução, analisando progressão de regime.

B) O argumento a ser apresentado pelo advogado de Carlos é o de que a decisão do magistrado foi equivocada, pois não é possível fixar, como condição especial ao regime aberto, o cumprimento de prestação de serviços à comunidade. O Art. 115 da LEP prevê expressamente que o magistrado, no momento de fixar o regime aberto, poderá fixar condições especiais, além das obrigatórias e genéricas estabelecidas nos incisos desse dispositivo. Ocorre que a legislação penal não disciplina quais seriam essas condições especiais, de forma que surgiu a controvérsia sobre a possibilidade de serem fixadas penas substitutivas em atenção a esta previsão. O tema, porém, foi pacificado pelo Superior Tribunal de Justiça, que, no Enunciado 493 de sua Súmula de Jurisprudência, estabeleceu a inadmissibilidade de serem fixadas penas substitutivas (Art. 44 do Código Penal) como condições especiais ao regime aberto. A ideia que prevaleceu foi a de que, apesar de ser possível o estabelecimento de condições especiais, estas não podem ser penas previstas no Código Penal, sob pena de *bis in idem* ou dupla punição.

Distribuição dos Pontos:

ITEM		PONTUAÇÃO
A)	A medida processual a ser apresentada é o Agravo **OU** Agravo de Execução **OU** Agravo em Execução (0,50), na forma do Art. 197 da Lei nº 7.210/84 (0,10).	0,00 / 0,50 / 0,60
B)	Inadmissibilidade de ser fixada prestação de serviços à comunidade (ou pena substitutiva) como condição especial ao regime aberto (0,40), na forma do Enunciado 493 da Súmula do STJ (0,10), sob pena de configurar dupla punição **OU** *bis in idem* (0,15).	0,00 / 0,15 / 0,25/ 0,40 / 0,50 / 0,55 / 0,65

(OAB/Exame Unificado – 2014.3 – 2ª fase) Miguel foi condenado pela prática do crime previsto no Art. 157, § 2º, inciso V, do Código Penal, à pena privativa de liberdade de 05 anos e 04 meses de reclusão e 13 dias-multa. Após cumprir 04 anos da reprimenda penal aplicada, foi publicado, no dia 24/12/2013, um Decreto prevendo que caberia indulto para o condenado à pena privativa de liberdade não superior a 08 anos que tivesse cumprido 1/3 da pena, se primário, ou 1/2, se

PRÁTICA PENAL – 10ª EDIÇÃO   219   EXERCÍCIOS PRÁTICOS

reincidente, além da inexistência de aplicação de sanção pela prática de falta grave nos 12 meses anteriores ao Decreto. Cinco dias após a publicação do Decreto, mas antes de apreciado seu pedido de indulto, Miguel praticou falta grave, razão pela qual teve seu requerimento indeferido pelo Juiz em atuação junto à Vara de Execução Penal.

Considerando apenas as informações contidas na presente hipótese, responda aos itens a seguir.

A) Qual medida processual, diferente do *habeas corpus*, deve ser adotada pelo advogado de Miguel e qual seria o seu prazo? **(Valor: 0,75)**

B) Miguel faz jus ao benefício do indulto? **(Valor: 0,50)**

O examinando deve fundamentar suas respostas. A mera citação do dispositivo legal não confere pontuação.

GABARITO COMENTADO – EXAMINADORA

A questão tem como objetivo extrair do examinando conhecimento acerca do tema Execução Penal. Conforme o enunciado informa, o Decreto de Indulto previa que apenas impediria o benefício a punição pela prática de falta grave nos 12 meses anteriores à sua publicação. Diante disso, a jurisprudência vem entendendo que a prática de falta grave após a publicação do Decreto, ainda que antes da análise do requerimento do benefício pelo órgão competente, não impede sua concessão, respeitando-se, assim, o princípio da legalidade. Miguel faz jus ao benefício, motivo pelo qual deve o seu advogado interpor Agravo de Execução da decisão do juiz da VEP, sendo o seu prazo de 05 dias, conforme artigos 197 da Lei nº 7.210 c/c 586, CPP e Súmula 700 do STF.

Cumpre destacar que a questão em análise foi dividida em dois itens. Nesse sentido, para fazer jus à pontuação relativa ao item 'A', o examinando deveria indicar de modo expresso o cabimento do recurso de Agravo em Execução, cuja previsão legal está no art. 197 da Lei de Execuções Penais; outrossim, deveria indicar que o prazo para a interposição de referido recurso é de 5 (cinco) dias, tal como indica o verbete 700 da Súmula do STF. Por fim, para receber a pontuação relativa ao item 'B', o examinando deveria indicar que Miguel fazia jus ao benefício do indulto porque preenchia os requisitos nele previstos, a saber: o tempo exigido pelo decreto e a ausência de cometimento de falta grave (ou ausência de sanção pela prática de falta grave no período mencionado em referido decreto), de modo que, em respeito ao princípio da legalidade, o magistrado não poderia estabelecer outros requisitos que não constassem expressamente do decreto.

Como determina o próprio espelho de correção, a simples indicação de dispositivo legal não pontua. De igual modo, as respostas devem ser sempre justificadas. Além disso, a indicação de duas ou mais medidas processuais (ainda que uma delas seja a correta), não será pontuada, pois o comando da questão determina a indicação de apenas uma.

Distribuição dos Pontos:

ITEM	PONTUAÇÃO
A.1) Agravo em execução (0,40)./ Art. 197 da LEP (0,10) *Obs.: a mera citação do artigo não pontua.*	0,00/0,40/0,50
A.2) 5 dias (0,15)./ Verbete 700 da Súmula do STF OU art. 586 CPP (0,10) *Obs.: a mera citação do artigo não pontua.*	0,00/0,15/0,25

EDUARDO DOMPIERI

B) Sim, pois Miguel preencheu os requisitos do decreto. (0,50) OU Sim, pois Miguel preencheu o requisito temporal e a falta grave ocorreu após o decreto. (0,50) OU Sim, com base no princípio da legalidade. (0,50) OU Sim, pois o juiz não pode estabelecer outros requisitos que não constem expressamente no decreto. (0,50)	0,00 / 0,50

(OAB/Exame Unificado – 2014.2 – 2ª fase) Mário foi condenado a 24 (vinte e quatro) anos de reclusão no regime inicialmente fechado, com trânsito em julgado no dia 20/04/2005, pela prática de latrocínio (artigo 157, § 3º, parte final, do Código Penal). Iniciou a execução da pena no dia seguinte. No dia 22/04/2009, seu advogado, devidamente constituído nos autos da execução penal, ingressou com pedido de progressão de regime, com fulcro no artigo 112 da Lei de Execuções Penais. O juiz indeferiu o pedido com base no artigo 2º, § 2º, da Lei 8.072/1990, argumentando que o condenado não preencheu o requisito objetivo para a progressão de regime.

Como advogado de Mário, responda, de forma fundamentada e de acordo com o entendimento sumulado dos Tribunais Superiores, aos itens a seguir:

A) Excetuando-se a possibilidade de Habeas Corpus, qual recurso deve ser interposto pelo advogado de Mário e qual o respectivo fundamento legal? (Valor: 0,40)

B) Qual a principal tese defensiva? (Valor: 0,85)

Obs.: o examinando deve fundamentar corretamente sua resposta. A simples menção ou transcrição do dispositivo legal não pontua.

GABARITO COMENTADO – EXAMINADORA

A questão objetiva extrair do examinando conhecimento acerca da lei penal no tempo (regramento legal e entendimento jurisprudencial), bem como da execução penal.

Nesse sentido, relativamente à alternativa "A", o examinando deve indicar que o recurso a ser interposto é o agravo, previsto no artigo 197 da LEP.

Tendo em conta a própria natureza do Exame de Ordem, a mera indicação do dispositivo legal não será pontuada. No que tange ao item "B", por sua vez, a resposta deve ser lastreada no sentido de que, de acordo com os verbetes 26 da súmula vinculante do STF e 471 da súmula do STJ, Mário, por ter cometido o crime hediondo antes da Lei 11.464/2007, não se sujeita ao artigo 2º, § 2º, da Lei 8.072/1990, por se tratar de *novatio legis in pejus*, devendo ocorrer sua progressão de regime com base no artigo 112 da Lei de Execuções Penais, observando o quantum de 1/6 de cumprimento de pena.

Cabe destacar que tal entendimento surgiu do combate ao artigo 2º, § 2º, da Lei 8.072/1990, que previa o cumprimento de pena no regime integralmente fechado para os crimes hediondos ou equiparados. Após longo debate nos Tribunais Superiores, reconheceu-se a inconstitucionalidade da previsão legal, por violação ao princípio da individualização da pena, culminando na progressão de regime com o quorum até então existente, qual seja, 1/6 com base no artigo 112 da LEP.

PRÁTICA PENAL – 10ª EDIÇÃO   221   EXERCÍCIOS PRÁTICOS

O legislador pátrio, após o panorama jurisprudencial construído, alterou a redação do artigo 2º, § 2º, da Lei 8.072/1990, autorizando a progressão de regime de forma mais gravosa para aqueles que cometeram crimes hediondos, por meio do cumprimento de 2/5 para os réus primários e 3/5 para os reincidentes.

No entanto, a nova redação conferida ao artigo 2º, § 2º, da Lei 8.072/1990, por meio da Lei 11.464/2007, externa-se de forma prejudicial àqueles que cometeram crimes hediondos em data anterior a sua publicação, tendo em vista que os Tribunais Superiores autorizavam a sua progressão com o cumprimento de 1/6 da pena.

Diante dessa construção jurisprudencial, os Tribunais Superiores pacificaram o entendimento por meio dos verbetes 26 da súmula vinculante do STF e 471 da súmula do STJ.

Distribuição dos Pontos:

ITEM	PONTUAÇÃO
A) Agravo (0,30), artigo 197 da LEP (0,10). Obs.: A mera indicação do artigo não pontua.	0,00 / 0,30 / 0,40
B) Mário não se sujeita ao artigo 2º, § 2º, da Lei 8.072/1990 por se tratar de *novatio legis in pejus* OU com base na irretroatividade da lei penal mais gravosa o artigo 2º, § 2º, da Lei 8.072/1990 não se aplica a situação de Mário OU a antiga redação do artigo 2º, da Lei 8.072/1990 é inconstitucional (0,35), razão pela qual a progressão deve ocorrer com base no Art. 112 da LEP, observando o *quantum* de 1/6 de cumprimento de pena (0,40). / Tal entendimento é fundamentado nos verbetes 26 da súmula vinculante do STF ou 471 do STJ (0,10). Obs.: A justificativa é essencial para atribuição de pontos.	0,00 / 0,35 / 0,40 / 0,45 / 0,50 / 0,75 / 0,85

Comentário do autor:

Não nos esqueçamos de que, a partir do advento da Lei 13.964/2019, posterior à elaboração desta questão, a disciplina da progressão de regime nos crimes hediondos e equiparados passou a ter previsão no art. 112 da LEP, que estabeleceu novos patamares e critérios para progressão e revogou o art. 2º, § 2º, da Lei de Crimes Hediondos.

(OAB/Exame Unificado – 2013.3 – 2ª fase) Marcos, jovem inimputável conforme o art. 26 do CP, foi denunciado pela prática de determinado crime. Após o regular andamento do feito, o magistrado entendeu por bem aplicar medida de segurança consistente em internação em hospital psiquiátrico por período mínimo de 03 (três) anos. Após o cumprimento do período supramencionado, o advogado de Marcos requer ao juízo de execução que seja realizado o exame de cessação de periculosidade, requerimento que foi deferido. É realizada uma rigorosa perícia, e os experts atestam a cura do internado, opinando, consequentemente, por sua desinternação. O magistrado então, baseando-se no exame pericial realizado por médicos psiquiatras, exara sentença determinando a desinternação de Marcos. O *Parquet*, devidamente intimado da sentença proferida pelo juízo da execução, interpõe o recurso cabível na espécie.

A partir do caso apresentado, responda, fundamentadamente, aos itens a seguir.

A) Qual o recurso cabível da sentença proferida pelo magistrado determinando a desinternação de Marcos? (Valor: 0,75)

B) Qual o prazo para interposição desse recurso? (Valor: 0,25)

EDUARDO DOMPIERI

C) A interposição desse recurso suspende ou não a eficácia da sentença proferida pelo magistrado? (Valor: 0,25)

GABARITO COMENTADO

A) Como se trata de decisão proferida pelo juiz da execução penal, o recurso cabível é o Agravo, previsto no Art. 197, da Lei de Execução Penal – 7.210/84.

B) O prazo para a interposição do recurso é de 05 (cinco) dias, contados da data da publicação da decisão no D.O., conforme dispõem as Súmulas do STF 699 e 700.

SÚMULA 699 – O PRAZO PARA INTERPOSIÇÃO DE AGRAVO, EM PROCESSO PENAL, É DE CINCO DIAS, DE ACORDO COM A LEI 8038/1990, NÃO SE APLICANDO O DISPOSTO A RESPEITO NAS ALTERAÇÕES DA LEI 8950/1994 AO CÓDIGO DE PROCESSO CIVIL.

SÚMULA 700 – É DE CINCO DIAS O PRAZO PARA INTERPOSIÇÃO DE AGRAVO CONTRA DECISÃO DO JUIZ DA EXECUÇÃO PENAL.

C) Via de regra, o recurso de Agravo em Execução não tem efeito suspensivo, conforme previsão do Art. 197, da LEP. Todavia, a hipótese tratada no enunciado é a única exceção à regra supramencionada, *i.e.*, o agravo possui, na hipótese do enunciado, efeito suspensivo, conforme previsto no Art. 179, da LEP.

Portanto, a interposição desse recurso suspende a eficácia da sentença.

Distribuição dos Pontos:

ITEM	PONTUAÇÃO
A) Agravo em Execução (0,55), previsto no Art. 197 da Lei de Execução Penal – 7.210/84 (0,20). *Obs.: A mera indicação ou reprodução do conteúdo do artigo não pontua.*	0,00/0,55/0,75
B) O prazo para a interposição do recurso é de 05 (cinco) dias (0,15), conforme previsto na Súmula 700 ou Súmula 699, ambas do STF (0,10). *Obs.: A mera indicação da Súmula não pontua*	0,00/0,15/0,25
C) A interposição desse recurso suspende a eficácia da sentença, conforme previsto no Art. 179, da LEP c/c Art. 197, da LEP (0,25).	0,00/0,25

(OAB/Exame Unificado – 2013.2 – 2ª fase) O Juiz da Vara de Execuções Penais da Comarca "Y" converteu a medida restritiva de direitos (que fora imposta em substituição à pena privativa de liberdade) em cumprimento de pena privativa de liberdade imposta no regime inicial aberto, sem fixar quaisquer outras condições. O Ministério Público, inconformado, interpôs recurso alegando, em síntese, que a decisão do referido Juiz da Vara de Execuções Penais acarretava o abrandamento da pena, estimulando o descumprimento das penas alternativas ao cárcere.

O recurso, devidamente contra-arrazoado, foi submetido a julgamento pela Corte Estadual, a qual, de forma unânime, resolveu lhe dar provimento. A referida Corte fixou como condição especial ao cumprimento de pena no regime aberto, com base no Art. 115 da LEP, a prestação de serviços à comunidade, o que deveria perdurar por todo o tempo da pena a ser cumprida no regime menos gravoso.

PRÁTICA PENAL – 10ª EDIÇÃO   223   EXERCÍCIOS PRÁTICOS

Atento ao caso narrado e considerando apenas os dados contidos no enunciado, responda fundamentadamente, aos itens a seguir.

A) Qual foi o recurso interposto pelo Ministério Público contra a decisão do Juiz da Vara de Execuções Penais? (Valor: 0,50)

B) Está correta a decisão da Corte Estadual, levando-se em conta entendimento jurisprudencial sumulado? (Valor: 0,75)

A simples menção ou transcrição do dispositivo legal não pontua.

GABARITO COMENTADO – EXAMINADORA

A) Agravo em Execução (Art. 197 da LEP).

B) Não, pois de acordo com o verbete 493 da Súmula do STJ, é inadmissível a fixação de pena substitutiva (Art. 44 do CP) como condição especial ao regime aberto.

Ademais, embora ao Juiz seja lícito estabelecer condições especiais para a concessão do regime aberto, em complementação daquelas previstas na LEP (Art. 115 da LEP), não poderá adotar a esse título nenhum efeito já classificado como pena substitutiva (Art. 44 do CPB), porque aí ocorreria o indesejável *bis in idem*, importando na aplicação de dúplice sanção.

Ademais, o Art. 44 do CP é claro ao afirmar a natureza autônoma das penas restritivas de direitos que, por sua vez, visam substituir a sanção corporal imposta àqueles condenados por infrações penais mais leves. Diante do caráter substitutivo das sanções restritivas, vedada está sua cumulatividade com a pena privativa de liberdade, salvo expressa previsão legal, o que não é o caso.

Precedente: STJ, *Habeas Corpus* n. 218.352 – SP (2011/0218345-1)

(OAB/Exame Unificado – 2010.3 – 2ª fase) Em 22 de julho de 2008, Caio foi condenado à pena de 10 (dez) anos de reclusão, a ser cumprida em regime inicialmente fechado, pela prática, no dia 10 de novembro de 2006, do crime de tráfico de drogas, previsto no artigo 33 da Lei 11.343/2006. Iniciada a execução da sua pena em 7 de janeiro de 2009, a Defensoria Pública, em 10 de fevereiro de 2011, requereu a progressão do cumprimento da sua pena para o regime semiaberto, tendo o pedido sido indeferido pelo juízo de execuções penais ao argumento de que, para tanto, seria necessário o cumprimento de 2/5 da pena.

Considerando ter sido procurado pela família de Caio para advogar em sua defesa, responda aos itens a seguir, empregando os argumentos jurídicos apropriados e a fundamentação legal pertinente ao caso.

a) Qual(is) o(s) meio(s) de impugnação da decisão que indeferiu o pedido da Defensoria Pública? (Valor: 0,3)

b) Qual(is) argumento(s) jurídico(s) poderia(m) ser usado(s) em defesa da progressão de regime de Caio? (Valor: 0,7)

RESOLUÇÃO DA QUESTÃO

A decisão que indeferiu o pedido formulado pela Defensoria Pública pode ser impugnada por meio de *habeas corpus* ou ainda agravo em execução.

O crime pelo qual Caio foi condenado ocorreu em data anterior à entrada em vigor da Lei 11.464/2007, que alterou, na Lei de Crimes Hediondos, a disciplina relativa à progressão de

EDUARDO DOMPIERI

pena nos crimes hediondos e assemelhados. Por essa razão, conforme entendimento firmado na doutrina e na jurisprudência, inclusive com a edição de súmula pelo STJ, deve incidir, quanto aos condenados por esses fatos, a regência do art. 112 da LEP, que impõe, como condição para progressão de regime, o cumprimento de um sexto da pena no regime anterior, além de bom comportamento carcerário.

Considerações Adicionais:

Confira, a seguir, transcrição da Súmula n° 471, do STJ: "Os condenados por crimes hediondos ou assemelhados cometidos antes da vigência da Lei 11.464/2007 sujeitam-se ao disposto no art. 112 da Lei 7.210/1984 (Lei de Execução Penal) para a progressão de regime prisional".

GABARITO COMENTADO – EXAMINADORA

A) *Habeas corpus* e agravo em execução penal.

B) Tendo em vista que a norma que alterou as regras relativas à progressão de regime possui natureza penal e é mais gravosa ao réu, não pode retroagir de modo a abarcar fatos que lhe são anteriores. No caso, o delito foi praticado antes da edição da lei, devendo, em consequência, ser aplicada a fração de 1/6 para a progressão de regime.

Distribuição dos Pontos:

ITEM	PONTUAÇÃO
A) *Habeas corpus* e agravo em execução penal (0,15 cada um)	0 / 0,15 / 0,3
B) Tendo em vista que a norma que alterou as regras relativas à progressão de regime possui natureza penal (0,3)	0 / 0,3
E é mais gravosa ao réu, não pode retroagir de modo a abarcar fatos que lhe são anteriores (0,2).	0 / 0,2
No caso, o delito foi praticado antes da edição da lei, devendo, em consequência, ser aplicada a fração de 1/6 para a progressão de regime (0,2).	0 / 0,2

(OAB/Exame Unificado – 2010.2 – 2ª fase) Lucas, processado em liberdade, foi condenado na 1ª instância à pena de 05 (cinco) anos em regime integralmente fechado, pelo crime de tráfico de drogas, cometido em setembro de 2006. Interpôs Recurso de Apelação o qual foi parcialmente provido. O Tribunal alterou apenas o dispositivo da sentença que fixava o regime em integralmente fechado para inicialmente fechado. Após o trânsito em julgado, Lucas deu início ao cumprimento de pena em 10 de fevereiro de 2009. O juízo da execução, em 10 de outubro de 2010, negou a progressão de regime sob o fundamento de que Lucas ainda não havia cumprido 2/5 da pena, em que pese os demais requisitos tenham sido preenchidos. Diante dos fatos e da decisão acima exposta, sendo que sua intimação, na condição de Advogado de Lucas, ocorreu em 11.10.2010:

I. indique o recurso cabível.

II. apresente a argumentação adequada, indicando os respectivos dispositivos legais.

PRÁTICA PENAL – 10ª EDIÇÃO 225 EXERCÍCIOS PRÁTICOS

RESOLUÇÃO DA QUESTÃO

O recurso a ser interposto é o agravo em execução, previsto no art. 197 da Lei 7.210/1984 – Lei de Execução Penal.

Com a disciplina estabelecida pela Lei 11.464/2007, que alterou a redação do art. 2º, § 2º, da Lei de Crimes Hediondos – Lei 8.072/1990, a progressão de regime, em se tratando de condenado pela prática de crime hediondo ou a ele equiparado, se se tratar de apenado primário, se dará após o cumprimento de dois quintos da pena; se reincidente for, depois de cumprir três quintos da sanção imposta.

Seria esta, em princípio, a legislação a ser aplicada ao caso narrado no enunciado.

Ocorre, porém, que os fatos atribuídos a Lucas, pelos quais ele foi condenado com decisão que passou em julgado, se deram antes da entrada em vigor da lei que promoveu alterações na Lei de Crimes Hediondos e nela introduziu prazos diferenciados para progressão (mais extensos), acima referidos, com o propósito de ver respeitado o princípio constitucional da individualização da pena.

Dessa forma, a atual redação da Lei de Crimes Hediondos, que fixa prazos diferenciados, mais rigorosos para a progressão de regime nos crimes hediondos e equiparados, posterior aos fatos e prejudicial ao condenado, não pode ser aplicada retroativamente, devendo, pois, incidir a legislação que já estava em vigor, aplicável à época em que se deram os fatos e mais benéfica ao réu, em obediência ao disposto no art. 5º, XL, da CF. Destarte, Lucas deve formular pedido de progressão de regime, tendo em conta o disposto no art. 112 da Lei de Execução Penal (Lei 7.210/1984), aplicável à época em que os fatos ocorreram, já que cumpriu 1/6 da pena (requisito objetivo). Quanto aos demais requisitos, foram estes cumpridos.

Comentários adicionais:

Vide teor da Súmula nº 471 do STJ.

Os prazos de cumprimento de pena para o condenado por crime hediondo ou equiparado alcançar o regime mais favorável, até então previstos no art. 2º, § 2º, da Lei 8.072/1990, passaram a ser disciplinados no art. 112 da LEP, dispositivo reformulado pela Lei 13.964/2019, que instituiu o Pacote Anticrime. Isso em nada altera esta questão e seu gabarito, em que se discute a sujeição dos condenados por crimes hediondos ou equiparados praticados antes da vigência da Lei 11.464/2007 ao que estabelecia o art. 112 da LEP na sua redação original (antes da Lei 13.964/2019).

GABARITO COMENTADO – EXAMINADORA

(a) – Recurso Cabível: Agravo em Execução (valor 0,2), nos termos do previsto no artigo 197, da Lei n. 7.210/1984 (valor 0,1).

(b) – Fundamentação: Com o advento da Lei 11.464/2007, restou legalmente instituída a possibilidade de progressão de regime nos crimes hediondos e equiparados, respeitando, assim, o princípio constitucional da individualização da pena. A mencionada lei fixou prazo diferenciado para tais delitos, afastando o critério de cumprimento de 1/6 da pena, determinando o cumprimento de 2/5, para primários e 3/5, para reincidentes. No entanto, no caso em comento, o delito fora cometido antes da entrada em vigor da lei 11.464/2007, sendo esta prejudicial ao réu no que tange ao prazo para progressão, razão pela qual não poderá ser aplicada retroativamente. Logo, quando do pedido perante o juízo da execução, Lucas já havia cumprido o requisito objetivo exigido para a progressão de regime, ou seja, 1/6, devendo ser concedido, nos termos do artigo 112, da Lei n. 7.210/1984. O requerimento deve ser de progressão de regime. Pontuação para argumentação 0,5. Pontuação para indicação dos dispositivos legais: 0,2

(OAB/Exame Unificado – 2009.2 – 2ª fase) Pedrosa foi condenado, definitivamente, perante a 1ª, a 3ª, a 5ª e a 2ª Vara Criminal da Comarca A, respectivamente, por ter subtraído, em cada um dos dias 11/1/2007, 12/1/2007, 13/1/2007 e 14/1/2007, aparelho de som automotivo do interior de veículo estacionado, mediante arrombamento do vidro traseiro. Nessa situação hipotética, havendo o início da execução de todas as penas privativas de liberdade e tendo o juiz da execução negado a unificação das penas, que medida judicial privativa de advogado é cabível para beneficiar o condenado? Sob que fundamentos jurídicos de direito material e processual? A que órgão compete o julgamento?

RESOLUÇÃO DA QUESTÃO

É cabível, em benefício do condenado, o recurso de agravo em execução, previsto no art. 197 da Lei 7.210/1984 (Lei de Execução Penal).

A fundamentação reside na unificação das penas, em vista da continuidade delitiva – art. 71 do Código Penal.

É competente para o julgamento o Tribunal de Justiça do Estado.

(OAB/Exame Unificado – 2007.2 – 2ª fase) Rodrigo cumpre pena de 5 anos e 4 meses de reclusão pela prática do delito de roubo qualificado, praticado em 2/6/2005. Em 10/9/2006, o juiz da execução reconheceu que Rodrigo praticou falta grave por uso de celular dentro do estabelecimento prisional, aplicando Resolução da Secretaria da Administração Penitenciária, e determinou a perda dos dias remidos. No que se refere à situação hipotética acima, partindo do pressuposto de que Rodrigo realmente fez uso do celular dentro do referido estabelecimento, responda: agiu corretamente o magistrado? Fundamente a sua resposta.

RESOLUÇÃO DA QUESTÃO

O magistrado agiu corretamente.

Com efeito, dispõe o art. 50, VII, da Lei 7.210/1984 (Lei de Execução Penal) que comete falta grave o condenado que utilizar aparelho telefônico que permita a comunicação com outros presos ou com o ambiente externo.

Já o art. 127 da Lei de Execução Penal determina que, na hipótese de o condenado cometer falta grave, este perderá até um terço do tempo remido.

Comentários adicionais:

Em vista da nova redação conferida pela Lei 12.433/2011 ao art. 127 da Lei 7.210/1984 (Execução Penal), o cometimento de falta grave acarretará a revogação, pelo juiz, de até um terço do tempo remido. Antes, o magistrado estava credenciado a revogar os dias remidos na sua totalidade, amparado que estava pelo posicionamento firmado pelo STF na Súmula Vinculante nº 9. Esta Súmula, por conta disso, perdeu sua razão de ser.

2.12. Legislação extravagante

(OAB/Exame Unificado – 2020.2 – 2ª fase) Maria, no dia 07 de julho de 2020, compareceu à Delegacia e narrou que foi vítima, dois dias antes, de um crime de lesão corporal praticada por seu marido, Francisco, e motivada pela insatisfação com a qualidade da refeição que teria sido feita pela vítima.

Maria foi encaminhada para perícia, que constatou, por meio de laudo, a existência de lesão corporal de natureza leve. Ouvido, Francisco confessou a prática delitiva, dizendo que este seria um evento isolado em sua vida. Diante disso, Francisco foi indiciado pelo crime do Art. 129, § 9º, do CP, na forma da Lei nº 11.340/06.

Considerando a pena prevista para o delito e a inexistência de envolvimento pretérito com aparato judicial ou policial pelo autor do fato, o Ministério Público apresentou proposta de acordo de não persecução penal a Francisco. Ao tomar conhecimento dos fatos, Maria procura você, como advogado, para esclarecimentos.

Considerando apenas as informações expostas, responda na qualidade de advogado de Maria, aos itens a seguir.

A) Existem argumentos para questionar a proposta de acordo de não persecução penal formulada pelo Ministério Público? Justifique. (Valor: 0,65)

B) Em caso de denúncia, diante da natureza da ação pública incondicionada, existe alguma forma de participação direta da vítima no processo, inclusive com posição ativa na produção das provas e interposição de recursos? Justifique. (Valor: 0,60)

Obs.: o(a) examinando(a) deve fundamentar suas respostas. A mera citação do dispositivo legal não confere pontuação.

GABARITO COMENTADO

Narra o enunciado que Maria foi vítima de um crime de lesão corporal leve praticado no contexto da violência doméstica e familiar contra a mulher, sendo apontado como autor seu marido Francisco. O Ministério Público teria oferecido proposta de acordo de não persecução penal (ANPP), considerando apenas a pena do delito em tese praticado a primariedade e a confissão plena. Diante disso, Maria demonstrou interesse em intervir no processo.

A) Sim, existem argumentos para questionar a proposta de acordo de não persecução penal (ANPP) formulada pelo Ministério Público. De fato, considerando unicamente a pena de detenção de 3 meses a 3 anos prevista para o delito em tese praticado e a confissão, seria possível a proposta do acordo de não persecução penal (ANPP), pois a pena mínima cominada é inferior a 4 anos. Contudo, o Art. 28-A do CPP estabelece que o crime não poderá ter sido praticado com violência ou grave ameaça à pessoa. Ademais, em seu parágrafo 2º, inciso IV, o dispositivo veda a aplicação do instituto quando o crime for praticado no contexto da violência doméstica e familiar contra a mulher, como na situação apresentada. A vítima era do sexo feminino, as partes tinham relação de matrimônio e a motivação do delito foi relacionada à condição de mulher.

B) Sim, a vítima poderia, por meio de seu advogado, se habilitar como assistente de acusação, na forma do Art. 268 do CPP. De acordo com o dispositivo, em todos os termos da ação

EDUARDO DOMPIERI

> pública, poderá intervir, como assistente do Ministério Público, o ofendido. No caso, temos uma vítima determinada, Maria. Ademais, a ação penal é pública incondicionada, já que não se aplicam as previsões da Lei nº 9.099/95, nos termos do Art. 41 da Lei nº 11.340/06. Uma vez habilitada como assistente de acusação, Maria poderá interferir de diversas maneiras no processo, inclusive para propor meios de prova, realizar perguntas para testemunhas, apresentar manifestações de mérito e recursos, tudo na forma do Art. 271 do CPP.

Comentários adicionais

A Lei 13.964/2019, conhecida como Pacote Anticrime, que promoveu diversas inovações nos campos penal e processual penal, introduziu no art. 28-A do CPP o chamado *acordo de não persecução penal*, que consiste, *grosso modo*, no ajuste obrigacional firmado entre o Ministério Público e o investigado, em que este admite sua responsabilidade pela prática criminosa e aceita se submeter a determinadas condições menos severas do que a pena que porventura ser-lhe-ia aplicada em caso de condenação. Este instrumento de justiça penal consensual não é novidade no ordenamento jurídico brasileiro, uma vez que já contava com previsão na Resolução 181/2017, editada pelo CNMP, posteriormente modificada pela Resolução 183/2018. O art. 28-A do CPP impõe os seguintes requisitos à celebração do acordo de não persecução penal: a) que não seja caso de arquivamento da investigação; b) crime praticado sem violência ou grave ameaça à pessoa; c) crime punido com pena mínima inferior a 4 anos; d) confissão formal e circunstanciada; e) que o acordo se mostre necessário e suficiente para reprovação e prevenção do crime; f) não ser o investigado reincidente; g) não haver elementos probatórios que indiquem conduta criminosa habitual, reiterada ou profissional; h) não ter o agente sido agraciado com outro acordo de não persecução, transação penal ou suspensão condicional do processo nos 5 anos anteriores ao cometimento do crime; i) não se tratar de crimes praticados no âmbito de violência doméstica ou familiar ou praticados contra a mulher por razões da condição de sexo feminino, em favor do agressor (hipótese narrada no enunciado).

(OAB/Exame Unificado – 2018.3 – 2ª fase) No interior de um coletivo, Alberto, João, Francisco e Ronaldo, até então desconhecidos, começaram a conversar sobre a crise financeira que assombra o país e sobre as dificuldades financeiras que estavam passando.

Em determinado momento da conversa, Alberto informa que tinha um conhecido seu, Lucas, com intenção de importar uma arma de fogo de significativo potencial ofensivo, que seria um fuzil de venda proibida no Brasil, mas que ele precisava da ajuda de outras pessoas para conseguir a importação. Diante da oferta em dinheiro pelo serviço específico, todos concordaram em participar do plano criminoso, sendo que Alberto iria ao exterior adquirir a arma, João alugaria um barco para trazer o material, Francisco auxiliaria junto à imigração brasileira para que a conduta não fosse descoberta e Ronaldo entregaria o material para Lucas, que era o mentor do plano. Após toda a organização do grupo e divisão de tarefas, assustado com as informações veiculadas na mídia sobre as punições de crime de organização criminosa, Francisco comparece ao Ministério Público com seu advogado e indica a intenção de realizar delação premiada.

Participaram das negociações do acordo Francisco, sua defesa técnica, o membro do Ministério Público com atribuição e o juiz que seria competente para julgamento, sendo acordada a redução de 1/3 da pena em relação ao crime de organização criminosa.

Após ser denunciado junto com Alberto, João, Ronaldo e Lucas pela prática do crime de organização criminosa (Art. 2º, da Lei nº 12.850/2013), Francisco contrata você, como novo(a) advogado(a), para patrocinar seus interesses.

Na condição de advogado(a) de Francisco, com base apenas nas informações narradas, esclareça os itens a seguir.

PRÁTICA PENAL – 10ª EDIÇÃO   229   EXERCÍCIOS PRÁTICOS

A) Considerando que aquela delação premiada não seria benéfica ao seu cliente, existe argumento a ser apresentado em busca de desconstituir o acordo celebrado quanto ao seu aspecto formal? Justifique. **(Valor: 0,65)**

B) Qual argumento de direito material deve ser apresentado para questionar a capitulação jurídica realizada pelo Ministério Público na denúncia? Justifique. **(Valor: 0,60)**

Obs.: o(a) examinando(a) deve fundamentar as respostas. A mera citação do dispositivo legal não confere pontuação.

GABARITO COMENTADO

A) A delação foi realizada de maneira inadequada sob o aspecto formal, podendo o novo advogado de Francisco buscar desconstituí-la. De acordo com o Art. 4º, § 6º, da Lei nº 12.850/2013, o juiz **não** participará do acordo de delação premiada. Em que pese o magistrado sempre deva assegurar o respeito ao direito dos envolvidos e a paridade de armas, fato é que nas negociações do acordo de colaboração o juiz deve se manter inerte, cabendo apenas a ele homologar o acordo caso tenham sido observadas as formalidades legais. No momento em que o magistrado participou das negociações, a ilegalidade do acordo restou configurada, podendo ser o mesmo desconstituído.

B) O argumento de direito material em busca de questionar a capitulação jurídica e, consequentemente, da absolvição, é o de que apesar de o crime envolver 05 agentes e haver plena divisão de tarefas, a reunião e comunhão de esforços era voltada para a prática de um crime específico e não de vários delitos, não havendo estabilidade e permanência a justificar a imputação do crime do Art. 2º da Lei nº 12.850/2013. Para a configuração do crime imputado, não basta a reunião com a intenção de praticar um crime específico, como consta do enunciado. Ainda que apenas um delito tenha sido praticado, a intenção do grupo deve ser a prática de CRIMES (no plural) e não uma infração penal em comunhão de ações e desígnios. A mera alegação em abstrato de que os requisitos do Art. 2º da Lei nº 12.850/2013 não foram preenchidos, sem enfrentar especificamente a pluralidade de crimes ou a exigência de estabilidade/permanência, não será considerada suficiente para a atribuição de pontos.

Distribuição dos Pontos

ITEM	PONTUAÇÃO
A. Sim, poderia ser buscada a desconstituição do acordo de colaboração premiada, pois não poderia o magistrado ter participado das negociações do acordo (0,55), conforme o Art. 4º, § 6º, da Lei nº 12.850/13 (0,10).	0,00/0,55/0,65
B. Não restou configurado o crime imputado, tendo em vista que o grupo tinha intenção de praticar apenas um crime específico e não várias infrações penais **OU** tendo em vista que não havia relação de estabilidade e permanência (0,60).	0,00/0,60

Considerações do autor:

A Lei 13.964/2019 promoveu uma série de mudanças na Lei 12.850/2013, notadamente no que concerne à colaboração premiada, incorporando no texto legal, em alguns casos, entendimento jurisprudencial consagrado. Exemplo disso é a inclusão do § 10-A ao art. 4º da Lei 12.850/2013, que reflete entendimento sedimentado no STF no sentido de que o delatado deve manifestar-se por último. Devemos lembrar que esta questão suscitou acalorados debates tanto no STF quanto em sede doutrinária. Várias outras mudanças foram implementadas pelo Pacote Anticrime na disciplina da colaboração premiada, que, dada a relevância do tema, devem ser estudadas.

EDUARDO DOMPIERI

230

(OAB/Exame Unificado – 2017.3 – 2ª fase) Aroldo, Bernardo, Caio e David, que se conheceram em razão de todos exercerem a função de pintores de residências, durante diversas quartas-feiras do ano de 2015 encontravam-se na garagem da residência do primeiro para organizarem a prática de crimes de receptação simples. Com o objetivo de receber vantagem financeira, nos encontros, muito bem organizados e que ocorreram por mais de 06 meses, era definido como os crimes seriam realizados, havendo plena divisão de funções e tarefas entre os membros do grupo.

Um morador da região que tinha conhecimento dos encontros, apresenta *notícia criminis* à autoridade policial, mas informa que acredita que o grupo pretendia realizar a prática de roubos. Diante disso, instaurado o inquérito para apurar o crime de organização criminosa, o delegado de polícia determina diretamente, sem intervenção judicial, a infiltração de agentes de polícia no grupo, de maneira velada, para obtenção de provas. Ao mesmo tempo, realiza outros atos investigatórios e obtém, de forma autônoma, outras provas, que, de fato, confirmam a atividade do grupo; contudo, resta constatado que, verdadeiramente, a pretensão do grupo era apenas a prática de crimes de receptação simples.

Após a obtenção das provas necessárias, Aroldo, Bernardo, Caio e David são denunciados pela prática do crime previsto no Art. 2º da Lei nº 12.850/13.

Na condição de advogado(a) dos denunciados, considerando apenas as informações narradas, responda aos questionamentos a seguir.

A) A infiltração de agentes determinada pela autoridade policial foi válida? Justifique. **(Valor: 0,65)**

B) Qual o argumento de direito material a ser apresentado pela defesa em busca da não condenação dos denunciados da prática do crime imputado? Justifique. **(Valor: 0,60)**

Obs.: o(a) examinando(a) deve fundamentar as respostas. A mera citação do dispositivo legal não confere pontuação.

GABARITO COMENTADO – EXAMINADORA

A questão exige do candidato conhecimento sobre as previsões da Lei nº 12.850/13. Durante muito tempo a doutrina e a jurisprudência controverteram sobre o conceito do crime de organização criminosa, definição esta que não era trazida diretamente pela legislação brasileira. Superando a controvérsia, a Lei nº 12.850/13, conhecida como Lei de Organizações Criminosas, trouxe o conceito de organização criminosa em seu Art. 1º, § 1º. Da mesma forma, a Lei nº 12.850/13 trouxe uma série de instrumentos de investigação e obtenção de meios de prova.

A) A infiltração de agentes determinada pela autoridade policial não foi válida, pois não houve autorização judicial e porque havia outros meios de investigação para obtenção de provas, como o próprio enunciado demonstra. O Art. 3º da Lei nº 12.850/13 prevê como meio de obtenção de prova a infiltração, por policial, em atividade de investigação, na forma do Art. 11 do mesmo diploma legal. Ocorre que os artigos 10 e 11 trazem uma série de requisitos para a validade desse meio de obtenção de prova. A infiltração de agentes deverá ser precedida de **circunstanciada, motivada e sigilosa autorização judicial**, autorização essa que não ocorreu no caso apresentado. Ademais, além dos indícios da prática do crime de organização criminosa, necessário que as provas não possam ser obtidas por outros meios. Na hipótese apresentada, as provas poderiam ser obtidas de outra forma, tanto que assim efetivamente o foram. Diante disso, a infiltração de agentes não foi válida.

PRÁTICA PENAL – 10ª EDIÇÃO   231   EXERCÍCIOS PRÁTICOS

B) A defesa deveria buscar a não condenação dos denunciados pelo fato de o crime imputado não ter sido praticado, já que não estão presentes todas as elementares do tipo. Isso porque o Art. 2º da Lei nº 12.850/13 estabelece que é crime promover, constituir, financiar ou integrar organização criminosa. Já o Art. 1º, § 1º do mesmo diploma traz o conceito de organização criminosa, definindo que seria a associação de 4 ou mais pessoas (requisito atendido), estruturalmente organizada e com divisão de tarefas, ainda que informal (requisito atendido), com objetivo de obter vantagem de qualquer natureza (requisito atendido), mediante a prática de infrações penais cujas penas máximas sejam superiores a 4 anos ou que sejam de caráter internacional (requisito não atendido). O grupo de denunciados se organizou para prática de crimes de receptação simples, cuja pena máxima não ultrapassa 4 anos. Assim, a conduta praticada não se adequa ao tipo imputado.

Distribuição dos Pontos:

ITEM	PONTUAÇÃO
A) A infiltração não foi válida, tendo em vista que não houve autorização da autoridade judicial (0,40) e havia outros meios para obtenção da prova (0,150, na forma do Art. 10 da Lei nº 12.850/13 (0,10)	0,00/0,15/0,25/0,40/0,50/0,55/0,65
B) O argumento é que não houve a prática do crime de organização criminosa, tendo em vista que a associação do grupo era voltada para prática de crimes de receptação simples, cuja pena máxima não ultrapassa 04 anos (0,50), na forma do Art. 1º, § 1º, da Lei nº 12.850/13 (0,10).	0,00/0,50/0,60

(OAB/Exame Unificado – 2016.1 – 2ª fase) Ronaldo foi denunciado pela prática do crime de integrar organização criminosa por fatos praticados em 2014. Até o momento, porém, somente ele foi identificado como membro da organização pelas autoridades policiais, razão pela qual prosseguiu o inquérito em relação aos demais agentes não identificados. Arrependido, Ronaldo procura seu advogado e afirma que deseja contribuir com as investigações, indicando o nome dos demais integrantes da organização, assim como esclarecendo os crimes cometidos. Considerando apenas as informações narradas, responda aos itens a seguir.

A) Existe alguma medida a ser buscada pelo advogado de Ronaldo para evitar aplicação ou cumprimento de pena no processo pelo qual foi denunciado? Em caso positivo, qual? Em caso negativo, justifique. **(Valor: 0,65)**

B) É possível um dos agentes identificados por Ronaldo ser condenado exclusivamente com base em suas declarações? Fundamente. **(Valor: 0,60)**

Obs.: o examinando deve fundamentar suas respostas. A mera citação do dispositivo legal não confere pontuação.

GABARITO COMENTADO – EXAMINADORA

A) Sim, existe medida a ser buscada pelo advogado de Ronaldo para evitar sua punição. Ronaldo foi denunciado pela prática do delito previsto no Art. 2º da Lei nº 12.850/13. Ocorre que o Art. 4º, inciso I, deste mesmo diploma legal prevê o instituto da *"colaboração premiada"*, que poderá ocorrer quando o agente colaborar efetiva e voluntariamente com investigação, resultando na identificação dos demais coautores e partícipes da organização

EDUARDO DOMPIERI

criminosa e das infrações por eles praticadas. Diante da vontade de Ronaldo de esclarecer sobre quem seriam os demais integrantes da organização criminosa, deveria o seu advogado buscar um acordo de colaboração premiada, sendo certo que algumas das consequências do acordo que podem ser aplicadas pelo juiz são o perdão judicial ou a substituição de pena privativa de liberdade por restritiva de direitos.

B) Ainda que o acordo de "colaboração premiada" seja válido, de maneira adequada estabeleceu o legislador a impossibilidade de condenação exclusivamente com base nas declarações do agente colaborador, nos termos do Art. 4º, § 16º, da Lei nº 12.850/2013. Para um decreto condenatório, é necessário que as declarações de Ronaldo sejam confirmadas por outros elementos de prova. Os Tribunais Superiores vêm decidindo que as informações procedentes da "colaboração premiada" precisam ser confirmadas por outros elementos de prova – a chamada prova de corroboração.

Distribuição dos Pontos:

ITEM	PONTUAÇÃO
A) Sim, deverá o advogado buscar um acordo de colaboração premiada ou delação premiada (0,55), nos termos do Art. 4º, I, da Lei nº 12.850/13 (0,10).	0,00 / 0,55 / 0,65
B) Não é possível a condenação exclusivamente com base nas declarações do agente colaborador (0,35), segundo o Art. 4º, § 16, da Lei nº 12.850/13 (0,10), devendo ser corroborada por outros elementos de prova (0,15).	0,00 / 0,15 / 0,25 / 0,35 / 0,45 / 0,50/ 0,60

Comentários do autor:

A Lei 13.964/2019 alterou o art. 4º, § 16, da Lei 12.850/2013, ampliando o rol de medidas que não podem ser levadas a efeito com fundamento exclusivo nas declarações do colaborador. Até então, tínhamos que tal dispositivo somente fazia referência à impossibilidade de a sentença condenatória ser proferida com base em delação. A modificação operada pelo Pacote Anticrime estabelece que as declarações do colaborador, por si sós, também não podem servir de fundamento para a decretação de medidas cautelares reais ou pessoais (inciso I); e para o fim de receber denúncia ou queixa (inciso II). É que, como bem sabemos, não foram poucos os casos em que se decretavam prisões cautelares ou mesmo medidas constritivas da propriedade com base exclusiva em delações.

(OAB/Exame Unificado – 2015.2 – 2ª fase) Glória, esposa ciumenta de Jorge, inicia uma discussão com o marido no momento em que ele chega do trabalho à residência do casal. Durante a discussão, Jorge faz ameaças de morte à Glória, que, de imediato comparece à Delegacia, narra os fatos, oferece representação e solicita medidas protetivas de urgência. Encaminhados os autos para o Ministério Público, este requer em favor de Glória a medida protetiva de proibição de aproximação, bem como a prisão preventiva de Jorge, com base no Art. 313, inciso III, do CPP. O juiz acolhe os pedidos do Ministério Público e Jorge é preso.

Novamente os autos são encaminhados para o Ministério Público, que oferece denúncia pela prática do crime do Art. 147 do Código Penal. Antes do recebimento da inicial acusatória, arrependida, Glória retorna à Delegacia e manifesta seu interesse em não mais prosseguir com o feito.

A família de Jorge o procura em busca de orientação, esclarecendo que o autor é primário e de bons antecedentes.

Considerando apenas a situação narrada, na condição de advogado(a) de Jorge, esclareça os seguintes questionamentos formulados pelos familiares:

PRÁTICA PENAL – 10ª EDIÇÃO   233   EXERCÍCIOS PRÁTICOS

A) A prisão de Jorge, com fundamento no Art. 313, III, do Código de Processo Penal, é válida? **(Valor: 0,60)**

B) É possível a retratação do direito de representação por parte de Glória? Em caso negativo, explicite as razões; em caso positivo, esclareça os requisitos. **(Valor: 0,65)**

Obs.: o examinando deve fundamentar suas respostas. A mera citação do dispositivo legal não confere pontuação.

GABARITO COMENTADO – EXAMINADORA

A) Deveria o examinando demonstrar que a prisão preventiva decretada em desfavor de Jorge, com base no Art. 313, III, do CPP, não é válida no caso concreto. De início, é possível perceber que os requisitos previstos no Art. 313, I e II, do CPP não estão presentes, pois a pena máxima para o crime praticado é inferior a 04 anos e Jorge é primário e de bons antecedentes. Em relação ao inciso III do Art. 313, não basta que o crime seja praticado em situação de violência doméstica e familiar contra mulher. Para regularidade da prisão, é preciso que seja aplicada para garantir execução de medida protetiva de urgência. Dessa forma, somente será cabível caso exista uma medida protetiva anteriormente aplicada e descumprida ou, ao menos, que, após aplicação da medida protetiva, exista risco concreto de descumprimento. No caso, de imediato o magistrado, após requerimento do Ministério Público, decretou a prisão preventiva, sem que houvesse medida protetiva de urgência previamente aplicada. Assim, não foi válida a prisão.

B) Deveria o examinando esclarecer que o crime de ameaça é de ação penal pública condicionada à representação, nos termos do Art. 147, parágrafo único, do Código Penal, de modo que é possível a retratação do direito de representação. Como o crime foi praticado em situação de violência doméstica e familiar contra a mulher, contudo, alguns requisitos são trazidos pela lei de modo a garantir que essa manifestação foi livre de pressões. Tais requisitos são trazidos pelo Art. 16 da Lei 11.340/2006, que admite a retratação antes do recebimento da denúncia, desde que realizada em audiência especial, na presença do magistrado, após manifestação do Ministério Público.

Distribuição dos Pontos:

ITEM	PONTUAÇÃO
A) A prisão de Jorge não é válida, pois o Art. 313, III, do CPP, exige que a prisão seja decretada para garantir execução de medida protetiva de urgência OU porque não houve medida protetiva anteriormente aplicada e descumprida (0,60).	0,00 / 0,60
B) Sim. A retratação da ofendida deve ocorrer em audiência especial, na presença do magistrado e ouvido o Ministério Público (0,30), antes do recebimento da denúncia (0,25), na forma do Art. 16 da Lei nº 11.340/2006 (0,10).	0,00 / 0,25 / 0,30 / 0,35 / 0,40 / 0,55 / 0,65

Comentários do autor:

Em decisão tomada no julgamento da ADIn n. 4.424, de 09.02.2012, o STF estabeleceu a natureza *incondicionada* da ação penal nos crimes de lesão corporal, independente de sua extensão, praticados contra a mulher no ambiente doméstico. Tal decisão, no entanto, é restrita aos crimes de lesão corporal, não se aplicando, por exemplo, ao crime de ameaça (delito em que incorreu Jorge), que, por força do que estabelece o art. 147, parágrafo único, do CP,

EDUARDO DOMPIERI

continua a ser de ação penal pública condicionada à representação da vítima, que deverá, bem por isso, manifestar seu desejo em ver processado o autor deste delito. De se ver que, se praticada (a ameaça) no âmbito doméstico, exige-se que a renúncia à representação seja formulada perante o juiz e em audiência designada para esse fim (art. 16 da Lei 11.340/2006). *Vide*, quanto a isso, a Súmula 542, do STJ.

(OAB/Exame Unificado – 2011.1 – 2ª fase) João e Maria, casados desde 2007, estavam passando por uma intensa crise conjugal. João, visando tornar insuportável a vida em comum, começou a praticar atos para causar dano emocional a Maria, no intuito de ter uma partilha mais favorável. Para tanto, passou a realizar procedimentos de manipulação, de humilhação e de ridicularização de sua esposa.

Diante disso, Maria procurou as autoridades policiais e registrou ocorrência em face dos transtornos causados por seu marido. Passados alguns meses, Maria e João chegam a um entendimento e percebem que foram feitos um para o outro, como um casal perfeito. Maria decidiu, então, renunciar à representação.

Nesse sentido e com base na legislação pátria, responda fundamentadamente:

a) Pode haver renúncia (retratação) à representação durante a fase policial, antes de o procedimento ser levado a juízo? (0,65)

b) Pode haver aplicação de pena consistente em prestação pecuniária? (0,6)

RESOLUÇÃO DA QUESTÃO

A renúncia à representação (retratação) somente será admitida, no âmbito da violência doméstica e familiar contra a mulher, perante o juiz, em audiência especialmente designada para essa finalidade, desde que antes do recebimento da inicial.

Não pode, pois, ser realizada ainda na faze policial.

No mais, em conformidade com o que estabelece o art. 17 da Lei Maria da Penha, é vedada a aplicação de pena de prestação pecuniária.

Comentários adicionais:

O STF, ao julgar a ADIN nº 4.424, de 9/02/2012, entendeu ser incondicionada a ação penal em caso de crime de lesão corporal praticado contra a mulher no ambiente doméstico. A atuação do MP, nesses casos, portanto, prescinde da anuência da vítima.

GABARITO COMENTADO – EXAMINADORA

Trata-se de crime capitulado na Lei Maria da Penha (Lei 11.340/2006), conforme transcrito abaixo:

"Art. 7º São formas de violência doméstica e familiar contra a mulher, entre outras: II -a violência psicológica, entendida como qualquer conduta que lhe cause dano emocional e diminuição da autoestima ou que lhe prejudique e perturbe o pleno desenvolvimento ou que vise degradar ou controlar suas ações, comportamentos, crenças e decisões, mediante ameaça, constrangimento, humilhação, manipulação, isolamento, vigilância constante, perseguição contumaz, insulto, chantagem, ridicularização, exploração e limitação do direito de ir e vir ou qualquer outro meio que lhe cause prejuízo à saúde psicológica e à autodeterminação;"

Além disso, o Código Penal assim dispõe:

"Art. 129. Ofender a integridade corporal ou a saúde de outrem:

PRÁTICA PENAL – 10ª EDIÇÃO   235   EXERCÍCIOS PRÁTICOS

> Pena – detenção, de três meses a um ano.
> § 9º Se a lesão for praticada contra ascendente, descendente, irmão, cônjuge ou companheiro, ou com quem conviva ou tenha convivido, ou, ainda, prevalecendo-se o agente das relações domésticas, de coabitação ou de hospitalidade: (Redação dada pela Lei nº 11.340, de 2006)
> Pena – detenção, de 3 (três) meses a 3 (três) anos. (Redação dada pela Lei nº 11.340, de 2006)
> § 10. Nos casos previstos nos §§1º a 3º deste artigo, se as circunstâncias são as indicadas no §9º deste artigo, aumenta-se a pena em 1/3 (um terço). (Incluído pela Lei nº 10.886, de 2004)"
>
> Sendo assim, de acordo com a Lei supracitada, a renúncia à representação só é admitida na presença do Juiz, em audiência especialmente designada para esta finalidade, nos termos do art. 16 da Lei 11.340/2006 e, de acordo com o artigo 17 da referida lei, a prestação pecuniária é vedada.

Distribuição dos Pontos:

ITEM	PONTUAÇÃO
A) Não, / de acordo com o art. 16 da Lei 11.340, renúncia à representação só é admitida na presença do Juiz, em audiência especialmente designada para esta finalidade (0,65).	0 / 0,65
B) Não, / de acordo com o artigo 17 da Lei 11.340, a prestação pecuniária é vedada (0,6).	0 / 0,6

(OAB/Exame Unificado – 2008.3 – 2ª fase) João praticou crime de lesão corporal contra sua progenitora, com quem residia havia 4 anos, tendo sido regularmente processado por tal fato. Ao final, João foi condenado a detenção de 2 anos, tendo o magistrado feito incidir, sobre a pena, a agravante do parentesco (art. 61, II, e, do Código Penal) e a referente às relações domésticas (art. 61, II, f, do Código Penal). Considerando a situação hipotética apresentada, responda, de forma fundamentada, se agiu corretamente o magistrado ao aplicar a pena bem como se é possível a suspensão condicional do processo.

RESOLUÇÃO DA QUESTÃO

Não pode o magistrado aplicar as duas agravantes; se o fizer, estará configurado o *bis in idem*.

De outro lado, no que concerne à suspensão condicional do processo (art. 89 da Lei 9.099/1995), vigora, majoritariamente, o entendimento no sentido de que tal instituto é incabível em face da vedação a que alude o art. 41 da Lei 11.340/2006 – Lei Maria da Penha: "Aos crimes praticados com violência doméstica e familiar contra a mulher, independentemente da pena prevista, não se aplica a Lei 9.099/1995, de 26 de setembro de 1995".

Comentários adicionais:

Conforme já ponderado na resolução da questão, o art. 41 da Lei Maria da Penha, cuja constitucionalidade foi reconhecida pelo STF (ADC 19, de 09.02.2012), veda a aplicação, no âmbito dos crimes praticados com violência doméstica e familiar contra a mulher, das medidas despenalizadoras contempladas na Lei 9.099/1995, entre as quais a suspensão condicional do processo e a transação penal. Consolidando tal entendimento, editou-se a Súmula 536 do STJ: "A suspensão condicional do processo e a transação penal não se aplicam na hipótese de delitos sujeitos ao rito da Lei Maria da Penha".

EDUARDO DOMPIERI

(OAB/Exame Unificado – 2008.2 – 2ª fase) José, policial militar responsável pelo controle do trânsito, abordou Gonçalo, pedindo-lhe que retirasse o veículo da via por este estar mal estacionado, oportunidade em que Gonçalo retrucou-lhe: "Quero ver o militarzinho borra-botas que é homem para me fazer tirar o carro!". José conduziu Gonçalo até a delegacia mais próxima, onde a autoridade efetuou os procedimentos cabíveis e encaminhou as partes para o juízo criminal competente. Na audiência preliminar, Gonçalo confirmou as ofensas proferidas e pediu desculpas a José, que as aceitou, ocorrendo a conciliação nos termos previstos em lei. Em face da situação hipotética apresentada e considerando que Gonçalo não tenha antecedentes criminais, responda, de forma fundamentada, às perguntas a seguir.

* Que crime Gonçalo praticou?
* Em face do crime praticado, o representante do Ministério Público tem legitimidade para tomar alguma providência legal?

RESOLUÇÃO DA QUESTÃO

Gonçalo, ao reagir daquela forma à abordagem do policial militar, manifestou desprezo, pouco caso à figura do funcionário público. Cometeu, pois, o crime de desacato, capitulado no art. 331 do Código Penal.

Tratando-se de ação penal pública incondicionada, o representante do Ministério Público, em vista do crime praticado, que é de competência do Juizado Especial Criminal, poderá propor a aplicação imediata de pena restritiva de direitos ou multa, a ser especificada na proposta, nos termos do art. 76 da Lei 9.099/05 (transação penal).

PEÇAS
PRÁTICO-PROFISSIONAIS

(OAB/Exame Unificado – 2006.1 – 2ª fase) Peça Prático-Profissional. João da Silva procurou um escritório de advocacia, localizado no Setor Noroeste, Edifício Modern Hall, salas 110/112, em Brasília/DF, e relatou ao advogado que o atendeu que sua irmã, Lilian da Silva, brasileira, solteira, do lar, residente e domiciliada na SQN 311, bl. X, ap. 702, Brasília – DF, havia sido presa e autuada em flagrante delito no dia 1/3/06, na cidade de Brasília, pela prática de crime contra a ordem tributária tipificado no art. 1º, I, da Lei 8.137/1990. João da Silva informou ainda que a denúncia fora recebida no dia 3/4/06 pelo Juiz de Direito da 5.a Vara Criminal da Circunscrição Judiciária de Brasília – DF. Ele afirmou que Lilian da Silva é primária, tem bons antecedentes, possui residência fixa no distrito da culpa e frequenta regularmente as aulas do 3º ano do ensino médio. Outrossim, argumentou que Lilian, após a prisão em flagrante, quitou integralmente os débitos para com a Fazenda Pública, referentes ao Auto de Infração nº 6.332/2005, no valor de R$ 2.100,00, motivo pelo qual, segundo ele, a indiciada merece ser posta em liberdade, aquiescendo em prestar compromisso de comparecer a todos os atos processuais aos quais for intimada. Na ocasião, João da Silva, com o propósito de auxiliar o pleito, trazia consigo os seguintes documentos pertencentes a sua irmã: nota de culpa, cópia do auto de prisão em flagrante, certidão negativa de antecedentes criminais, conta de água, histórico escolar e comprovantes de pagamento de tributos. Considerando a situação hipotética apresentada e na condição de advogado, redija, perante o juízo de 1º grau competente, a peça profissional pertinente a favor de sua nova cliente, Lilian da Silva (coloque a data de hoje e assine como ADVOGADO). Extensão máxima: 90 linhas

CONSIDERAÇÕES PRELIMINARES

O *habeas corpus* constitui uma ação de índole constitucional destinada a tutelar a liberdade de locomoção do indivíduo – art. 5º, LXVIII, da CF. Está em jogo, pois, o direito de ir e vir.

O Código de Processo Penal, por sua vez, disciplina esta ação nos arts. 647 e seguintes.

Qualquer pessoa pode impetrar *habeas corpus*, aqui incluído o próprio paciente.

Deve-se identificar, para se saber contra quem impetrá-lo, qual a autoridade coatora. Competente será a autoridade imediatamente superior à coatora.

As hipóteses de cabimento do *habeas corpus* estão contempladas no art. 648 do Código de Processo Penal. Trata-se de rol meramente exemplificativo.

No mais, o remédio constitucional pode ser liberatório ou preventivo.

EDUARDO DOMPIERI

Resolução da peça prático-profissional – modelo de *HABEAS CORPUS*

início da peça

Excelentíssimo Senhor Doutor Juiz de Direito da 5ª Vara Criminal da Circunscrição Judiciária de Brasília-DF.

[deixe espaço de aproximadamente 10 cm, para eventual despacho ou decisão do juiz]

Nome ..., advogado inscrito na Ordem dos Advogados do Brasil ..., seção ..., com escritório no Setor Noroeste, Edifício Modern Hall, salas 110/112, nesta capital, vem, respeitosamente, à presença de Vossa Excelência impetrar, com fundamento no art. 5º, LXVIII, da CF e art. 648, VII, do CPP, a presente ordem de HABEAS CORPUS, com pedido de liminar, em favor de Lilian da Silva, brasileira, solteira, do lar, residente e domiciliada na SQN 311, bl. X, ap. 702, nesta capital, pelas razões a seguir expostas:

1. DOS FATOS

A paciente foi presa em flagrante porque, em princípio, teria violado o art. 1º, I, da Lei 8.137/1990.

A prisão se deu em 1º de março do corrente ano, sendo a denúncia recebida no dia 3 seguinte.

Consta ainda que, após a prisão em flagrante, o valor correspondente ao débito foi integralmente recolhido em favor da Fazenda Pública, conforme consta do incluso comprovante de pagamento de tributo (doc. 1).

A paciente permanece presa até então.

2. DO DIREITO

Não bastasse o fato de a paciente ser primária, ter bons antecedentes, possuir residência fixa no distrito da culpa e cursar o 3º ano do ensino médio (doc. 2), o que, por si só, já seria motivo bastante a justificar sua soltura para responder ao processo em liberdade, o fato é que a quitação do débito constitui causa de extinção da punibilidade, não se justificando o prosseguimento da ação penal, que deve, por isso mesmo, ser trancada.

Com efeito, o pagamento do valor devido a título de tributo, que poderá ser feito, a teor do art. 34 da Lei 9.249/1995, até o recebimento da denúncia, tem o condão de extinguir a punibilidade, com o consequente trancamento da ação penal instaurada.

Dessa forma, outra consequência não poderia ensejar, *in casu*, o pagamento, realizado na íntegra e devidamente comprovado, senão o trancamento da presente ação penal instaurada em face da paciente.

3. DO PEDIDO

Ante o exposto, requer seja concedida ordem de *habeas corpus*, liminarmente, em favor da paciente, uma vez que presentes a probabilidade de dano irreparável e a fumaça do bom direito, a fim de que seja relaxada a prisão e expedido o competente alvará de soltura.

PRÁTICA PENAL – 10ª EDIÇÃO   239   PEÇAS PRÁTICO-PROFISSIONAIS

Requer-se, outrossim, o regular processamento do feito com a ratificação da liminar concedida, decretando-se a extinção da punibilidade e o trancamento da ação penal.

Nestes Termos,

Pede Deferimento.

Local ..., 7 de maio de 2006.

ADVOGADO

fim da peça

(OAB/Exame Unificado – 2006.3 – 2ª fase) Peça Prático-Profissional. Maria José, indiciada por tráfico de drogas, apontou, em seu interrogatório extrajudicial, realizado em 3/11/2006, Thiago, seu ex-namorado, brasileiro, solteiro, bancário, residente na rua Machado de Assis, nº 167, no Rio de Janeiro–RJ, como a pessoa que lhe fornecia entorpecentes. No dia 4/11/2006, cientes da assertiva de Maria José, policiais foram ao local em que Thiago trabalhava e o prenderam, por suposta prática do crime de tráfico de drogas. Nessa oportunidade, não foi encontrado com Thiago qualquer objeto ou substância que o ligasse ao tráfico de entorpecentes, mas a autoridade policial entendeu que, na hipótese, haveria flagrante impróprio, ou quase flagrante, porquanto se tratava de crime permanente. Apresentado à autoridade competente, Thiago afirmou que nunca teve qualquer envolvimento com drogas e muito menos passagem pela polícia. Disse, ainda, que sempre trabalhou em toda a sua vida, apresentou a sua carteira de trabalho e declarou possuir residência fixa. Mesmo assim, lavrou-se o auto de prisão em flagrante, sendo dada a Thiago a nota de culpa, e, em seguida, fizeram-se as comunicações de praxe. Com base na situação hipotética descrita acima, e considerando que Thiago está sob custódia decorrente de prisão em flagrante, redija a peça processual, privativa de advogado, pertinente à defesa de Thiago.

CONSIDERAÇÕES PRELIMINARES

Terá lugar o pedido de relaxamento da prisão em flagrante sempre que houver um vício material (não era hipótese de flagrante – art. 302, CPP, por exemplo) ou formal (o auto não foi confeccionado como manda a lei – art. 304, CPP, por exemplo). Em se tratando de prisão corretamente levada a efeito, isto é, não sendo o caso de relaxar a prisão em flagrante por força de vício de ordem formal ou material, o juiz, em audiência de custódia (introduzida no CPP pela Lei 13.964/2019), deverá, tendo em conta as mudanças introduzidas no art. 310 do CPP pela Lei 12.403/11, proceder a um acurado exame da conveniência e necessidade em se manter o indiciado preso. No regime anterior, o juiz se limitava a chancelar a prisão em flagrante, que perdurava, muitas vezes, até o final da instrução, funcionando, como é consabido, como verdadeira prisão-pena (cumprimento antecipado de pena). Agora, nada obsta que o indiciado permaneça encarcerado, mas, para tanto, o juiz deverá analisar o caso à luz dos requisitos do art. 312 do CPP e, uma vez presentes, converter a prisão em flagrante em custódia preventiva. Mais: esta somente terá lugar, a teor dos arts. 282, § 6º, e 310, II, do CPP, quando não for possível substituí-la por outra medida cautelar (caráter subsidiário da prisão processual). Voltando ao art. 310, poderá ainda o juiz conceder liberdade provisória, com ou sem fiança (inciso II do dispositivo).

EDUARDO DOMPIERI

De se ver, de outro lado, que nada impede que, após o relaxamento da prisão em flagrante considerada ilegal, seja decretada a custódia preventiva ou temporária, desde que presentes os requisitos contemplados em lei.

O pedido (relaxamento da prisão ilegal com a expedição do alvará de soltura) deve ser dirigido ao juiz de primeira instância.

Se o juiz, depois de recebido o pedido de relaxamento da prisão em flagrante, acatar o pleito, pode a parte contrária ingressar com recurso em sentido estrito, nos termos do art. 581, V, do CPP; se o magistrado, no entanto, indeferir o pedido, não cabe recurso. Restará aqui à defesa impetrar *habeas corpus*.

Por fim, registre-se que a Lei 13.964/2019, conhecida como Pacote Anticrime, introduziu, no art. 310, *caput*, do CPP, a *audiência de custódia*, que deverá ser promovida pelo juiz no interregno de 24 horas a contar do recebimento do auto de prisão em flagrante. Nesta audiência, devem estar presentes o acusado, seu advogado constituído ou membro da Defensoria Pública e o membro do Ministério Público. Importante que se diga que a audiência de custódia não se restringe à hipótese de prisão em flagrante. A sua realização será de rigor em qualquer modalidade de prisão no âmbito criminal: custódia preventiva, temporária e prisão penal (voltada ao cumprimento de pena).

Resolução da peça prático-profissional – modelo de
RELAXAMENTO DE PRISÃO EM FLAGRANTE

início da peça

Excelentíssimo Senhor Doutor Juiz de Direito da ___Vara Criminal da Comarca do Rio de Janeiro-RJ.

[deixe espaço de aproximadamente 10 cm, para eventual despacho ou decisão do juiz]

Tiago, brasileiro, solteiro, bancário, portador da cédula de identidade nº ..., inscrito no Cadastro de Pessoas Físicas do Ministério da Fazenda sob o nº ..., residente e domiciliado na Rua Machado de Assis, nº 167, nesta capital e comarca, por seu advogado infra-assinado, conforme procuração anexa, vem, respeitosamente, à presença de Vossa Excelência requerer o RELAXAMENTO DE PRISÃO EM FLAGRANTE, com fundamento no art. 5º, LXV, da Constituição Federal, pelos seguintes motivos:

1. DOS FATOS

O indiciado foi preso em flagrante no dia 4 de novembro do corrente, sob a alegação de estar supostamente praticando o crime de tráfico de drogas.

Tal ocorreu porque sua ex-namorada, Maria José, indiciada em inquérito, no dia anterior, por tráfico de drogas, afirmou que o indiciado lhe fornecia entorpecentes.

Na ocasião de sua prisão, não foi encontrado com o indiciado qualquer objeto ou substância que o relacionasse ao tráfico de entorpecentes, mas a autoridade policial entendeu que, na hipótese, haveria flagrante impróprio, ou quase flagrante, porquanto se tratava de crime permanente.

Quando na unidade de Polícia Judiciária, o indiciado negou qualquer envolvimento com entorpecentes, bem assim afirmou que nunca registrou passagem pela polícia. Na mesma

PRÁTICA PENAL – 10ª EDIÇÃO   241   PEÇAS PRÁTICO-PROFISSIONAIS

ocasião, afirmou que sempre trabalhou, tendo apresentado sua carteira de trabalho, e declarou possuir residência fixa. Ainda assim, lavrou-se o auto de prisão em flagrante.

2. DO DIREITO

Em verdade, não há que se falar em flagrante impróprio ou quase flagrante neste caso.

Para que ocorresse tal modalidade de prisão em flagrante, presente no art. 302, III, do Código de Processo Penal, necessário seria que o agente fosse perseguido logo após a infração, e preso. Não foi o que ocorreu.

Pelo contrário. Não existe sequer situação de flagrância. O indiciado foi preso porque sua ex-namorada, em interrogatório extrajudicial, fez menção ao fato de o mesmo ter-lhe fornecido substância entorpecente. Diante disso, deveria a autoridade policial proceder a investigações, apurar os fatos, reunir provas. Nada disso, no entanto, foi feito.

Nunca poderia ter efetuado a prisão da forma como fez, porque não existia situação de flagrante, sobretudo ao argumento de que houvera flagrante impróprio. Some-se a isso ainda o fato de a prisão ter ocorrido no dia seguinte à informação prestada pela ex-namorada do indiciado.

Ademais, com o indiciado não foi encontrado qualquer substância ou objeto que o ligasse com o delito de tráfico de drogas.

A prisão em flagrante é, em vista disso, intrinsecamente ilegal, devendo, pois, em vista do que estabelece o art. 310, I, do CPP, ser relaxada.

3. DO PEDIDO

Ante o exposto, requer a Vossa Excelência, afastada a hipótese de flagrância, determinar o relaxamento da prisão, colocando-se o indiciado em liberdade.

Termos em que, ouvido o digno representante do Ministério Público e expedindo-se o competente alvará de soltura, Pede deferimento.

Local, data ...

Advogado

fim da peça

(OAB/Exame Unificado – 2007.2 – 2ª fase) Peça Prático-Profissional. O Ministério Público ofereceu denúncia contra Pedro Antunes Rodrigues, por infração prevista no art. 121, *caput*, c/c o art. 14, inciso II, e art. 61, inciso II, alínea e, todos do Código Penal. Conforme a inicial acusatória, no dia 2 de novembro de 2006, por volta das 15 horas, na quadra 5, em via pública, na localidade de Planaltina – DF, o denunciado, fazendo uso de uma pistola, da marca Taurus, calibre 380, semiautomática, com capacidade para doze cartuchos, conforme laudo de exame em arma de fogo, efetuou um disparo contra seu irmão Alberto Antunes Rodrigues, na tentativa de matá-lo, causando-lhe lesões no peito, do lado esquerdo. O delito de homicídio não se consumou por circunstâncias alheias à sua vontade, sendo evitado porque a vítima recebeu pronto atendimento médico. O que motivou o fato, conforme a exordial, foi a divisão de uma área de terras oriunda de herança. Narra a denúncia que Pedro Antunes Rodrigues disse à vítima, na véspera dos fatos, que "a fazenda seria sua de qualquer jeito, nem que, para isso, tivesse que matar o próprio irmão". Ao ser interrogado, o réu admitiu que teria dito ao seu irmão, um dia antes do crime, exatamente as palavras narradas

EDUARDO DOMPIERI

na denúncia. Durante a instrução do feito, a acusação apresentou testemunhas não presenciais. A defesa, por seu turno, arrolou Catarina Andrade, que informou que, depois de efetuar um único disparo de arma de fogo contra a vítima, Pedro Antunes Rodrigues absteve-se, voluntariamente, de reiterar atos agressivos à integridade física da vítima e, ato contínuo, retirou-se, caminhando, do local onde ocorreram os fatos. Consta nos autos informação da polícia técnica de que na arma, apreendida imediatamente após o crime, havia 7 cartuchos intactos. E, ainda, que Pedro não possui antecedentes penais. Conforme o laudo de exame de corpo de delito (lesões corporais), a vítima foi atingida no lado esquerdo do peito, tendo o projétil transfixado o coração, do que resultou perigo de vida. Em razão da lesão sofrida, Alberto ficou 40 dias sem exercer suas atividades normais. Sobreveio, então, sentença que pronunciou o réu nos termos da denúncia. Submetido a julgamento pelo tribunal do júri, o réu foi condenado a 5 anos de reclusão, em regime semiaberto, conforme o disposto no art. 121, *caput*, c/c o art. 14, inciso II, e art. 61, inciso II, alínea e, todos do Código Penal. Considerando essa situação hipotética, redija, na qualidade de advogado de Pedro Antunes Rodrigues, a peça processual que não seja o *habeas corpus*, privativa de advogado, pertinente à sua defesa, incluindo a fundamentação legal.

CONSIDERAÇÕES PRELIMINARES

Quando se tratar de apelação de decisão proferida pelo Tribunal do Júri – art. 593, III, *a* a *d*, do CPP, o apelante, nas razões de recurso, ficará adstrito ao tema indicado na petição de interposição, ou seja, o recorrente há de fazer indicar, logo na petição de interposição, a razão de seu inconformismo, dela não podendo se desvincular quando do oferecimento das razões.

Nesse sentido a Súmula 713 do STF: "O efeito devolutivo da apelação contra decisões do Júri é adstrito aos fundamentos da sua interposição".

Em obediência ao postulado da soberania dos veredictos, que tem assento constitucional, ao tribunal *ad quem* é defeso reformar o julgado proferido pelos jurados, prolatando em seu lugar outra decisão de mérito. O art. 593, III, do CPP estabelece as hipóteses em que o recurso de apelação pode ser manejado no Tribunal do Júri, traçando seus limites.

Resolução da peça prático-profissional – modelo de APELAÇÃO

Petição de interposição

início da peça

Excelentíssimo Senhor Doutor Juiz de Direito da__Vara do Tribunal do Júri da Comarca de Planaltina-DF.

[deixe espaço de aproximadamente 10 cm, para eventual despacho ou decisão do juiz]

Pedro Antunes Rodrigues, já qualificado nos autos da ação penal nº ..., que lhe move o Ministério Público, por seu advogado e bastante procurador que esta subscreve, não se conformando com a respeitável sentença que o condenou à pena de cinco anos de reclusão, dela vem interpor recurso de APELAÇÃO, com fundamento no art. 593, III, *d*, do Código de Processo Penal, ao Egrégio Tribunal de Justiça.

PRÁTICA PENAL – 10ª EDIÇÃO 243 PEÇAS PRÁTICO-PROFISSIONAIS

> Nesses termos, requerendo seja ordenado o processamento do recurso, com as inclusas razões.
>
> Pede Deferimento.
>
> Local ..., data ....
>
> Advogado

fim da peça

início da peça

Razões de apelação

Razões de Apelação

Apelante: Pedro Antunes Rodrigues

Apelado: Ministério Público

Processo-crime nº ...

Egrégio Tribunal de Justiça,

Colenda Câmara,

Ilustres Desembargadores,

Douta Procuradoria de Justiça,

A respeitável sentença condenatória, pelas razões que a seguir serão expostas, não merece prosperar.

1. DOS FATOS

O apelante foi processado como incurso no art. 121, *"caput"*, c/c o art. 14, II, e art. 61, II, *e*, todos do Código Penal.

É da denúncia que o apelante, no dia 2 de novembro de 2006, por volta das 15 horas, fazendo uso de uma pistola, teria efetuado um disparo contra seu irmão, Alberto Antunes Rodrigues, na tentativa de matá-lo, causando-lhe lesões no peito. Segundo também consta da exordial, o delito de homicídio somente não se consumara por circunstâncias alheias à vontade do apelante.

A vítima foi prontamente socorrida.

No decorrer da instrução, o Ministério Público apresentou tão somente testemunhas não presenciais do fato.

A única testemunha presencial, Catarina Andrade, foi arrolada pela defesa.

Sobreveio, então, decisão de pronúncia nos moldes da denúncia, sendo, em seguida, o apelante julgado perante o Tribunal do Júri, onde foi condenado à pena de 5 anos de reclusão, em regime semiaberto, como incurso no art. 121, *"caput"*, c/c o art. 14, II, e art. 61, II, *"e"*, todos do Código Penal.

2. DO DIREITO

A autoria do disparo que atingiu a vítima é inconteste. Partiu da arma de fogo disparada pelo apelante.

Não procede, no entanto, a afirmação que da exordial consta de que o delito de homicídio não teria se consumado por circunstâncias alheias à vontade do apelante, sendo evitado porque a vítima, seu irmão, recebera pronto atendimento médico.

É bem verdade que o pronto atendimento prestado à vítima contribuiu para que a mesma se restabelecesse.

Mas a dinâmica do evento não deixa dúvidas de que o apelante, após efetuar o primeiro e único disparo, podendo dar sequência à execução do crime, já que dispunha de meios para tanto, visto que a arma que portava ainda tinha sete cartuchos íntegros, deixou, voluntariamente, de fazê-lo, manifestando, portanto, sua vontade de não atingir a consumação do delito. Está-se diante, portanto, da chamada desistência voluntária, presente no art. 15, primeira parte, do Código Penal.

Em casos tais, conforme reza o dispositivo *"supra"*, deve o agente responder tão somente pelos atos já praticados, ou seja, no caso pelas lesões corporais experimentadas pela vítima, isso porque, sendo a desistência do apelante voluntária, não há que se falar em causa não relacionada à sua vontade, afastando a tipicidade da conduta (tentativa). Não há, pois, no caso, tentativa de homicídio, e sim lesão corporal consumada (atos já praticados).

O depoimento da testemunha Catarina Andrade, que a tudo presenciou, retrata de forma fiel, com exatidão e riqueza de detalhes, os fatos, e, ao que parece, não foi levado em conta pelos jurados.

Dessa forma, fica evidente que a decisão dos jurados contrariou de forma manifesta a prova dos autos, notadamente o depoimento da testemunha acima referida, que reputamos o mais relevante no acervo probatório destes autos.

3. DO PEDIDO.

Diante de todo o exposto, postula-se seja dado provimento ao recurso interposto, para o fim de anular a decisão proferida pelo Tribunal do Júri, determinando seja o apelante submetido a novo julgamento, com fundamento no art. 593, § 3º, do CPP.

Nesses Termos,

Pede Deferimento.

Local ..., data ....

Advogado

fim da peça

PRÁTICA PENAL – 10ª EDIÇÃO   245   PEÇAS PRÁTICO-PROFISSIONAIS

(OAB/Exame Unificado – 2007.3 – 2ª fase) Peça Prático-Profissional. O Ministério Público ofereceu denúncia contra Alexandre Silva, brasileiro, casado, taxista, nascido em 21/01/1986, pela prática de infração prevista no art. 121, *caput*, do CP. Consta, na denúncia, que, no dia 10/10/2006, aproximadamente às 21 horas, em via pública da cidade de Brasília – DF, o acusado teria efetuado um disparo contra a pessoa de Filipe Santos, que, em razão dos ferimentos, veio a óbito. No laudo de exame cadavérico acostado aos autos, os peritos do Instituto Médico Legal registraram a seguinte conclusão: "morte decorrente de anemia aguda, devido a hemorragia interna determinada por transfixação do pulmão por ação de instrumento perfuro contundente (projétil de arma de fogo)". Consta da folha de antecedentes penais de Alexandre, um inquérito policial por crime de porte de arma, anterior à data dos fatos e ainda em apuração. No interrogatório judicial, o acusado afirmou que, no horário dos fatos, encontrava-se em casa com sua esposa e dois filhos; que só saiu por volta das 22 horas para comprar refrigerante, oportunidade em que foi preso quando adentrava no bar; que conhecia a vítima apenas de vista; que não responde a nenhum processo. Na instrução criminal, Paulo Costa, testemunha arrolada pelo Ministério Público, em certo trecho do seu depoimento, disse que era amigo de Filipe, que aparentemente a vítima não tinha inimigos; que deve ter sido um assalto; que estava a aproximadamente cinquenta metros de distância e não viu o rosto da pessoa que atirou em Filipe, mas que certamente era alto e forte, da mesma compleição física do acusado; que não tem condições de reconhecer com certeza o ora acusado. André Gomes, também arrolado pela acusação, disse que a noite estava muito escura e o local não tinha iluminação pública; que estava próximo da vítima, mas havia bebido; que hoje não tem condições de reconhecer o autor dos disparos, mas tem a impressão de que o acusado tinha o mesmo porte físico do assassino. Breno Oliveira, policial militar, testemunha comum, afirmou que prendeu o acusado porque ele estava próximo ao local dos fatos e suas características físicas correspondiam à descrição dada pelas pessoas que teriam presenciado os fatos; que, pela descrição, o autor do disparo era alto, forte, moreno claro, vestia calça jeans e camiseta branca; que o céu estava encoberto, o que deixava a rua muito escura, principalmente porque não havia iluminação pública; que, na delegacia, o acusado permaneceu em silêncio; que a arma do crime não foi encontrada. Maíra Silva, esposa de Alexandre, arrolada pela defesa, confirmou, em seu depoimento, que o marido permanecera em casa a noite toda, só tendo saído para comprar refrigerante, oportunidade em que foi preso e não mais voltou para casa; que só tomou conhecimento da acusação na delegacia e, de imediato, disse ao delegado que aquilo não era possível, mas este não acreditou; que o acusado vestia calça e camiseta clara no dia dos fatos; que Alexandre é um bom marido, trabalhador e excelente pai. Após a audiência, o juiz abriu vista dos autos ao Ministério Público, que requereu a pronúncia do réu nos termos da denúncia. Com base na situação hipotética apresentada, redija, na qualidade de advogado de Alexandre, a peça processual, privativa de advogado, pertinente à defesa do réu; inclua a fundamentação legal e jurídica, explore a tese defensiva cabível nesse momento processual e date a petição no último dia do prazo para protocolo, considerando que a intimação ocorra no dia 3/3/2008, segunda-feira.

CONSIDERAÇÕES PRELIMINARES

A despeito de o art. 411, § 4º, do Código de Processo Penal não fazer menção à possibilidade de o magistrado deferir a juntada de memoriais em substituição aos debates orais, entende-se ser aplicável, por analogia, o art. 403, § 3º, do CPP ao rito do Júri, a depender, é claro, da complexidade do feito e do número de réus envolvidos.

EDUARDO DOMPIERI

Resolução da peça prático-profissional – modelo de MEMORIAIS

início da peça

Excelentíssimo Senhor Doutor Juiz de Direito da __Vara do Júri de Brasília-DF.

[Deixe espaço de aproximadamente 10 cm, para eventual despacho ou decisão do juiz]

Alexandre Silva, já qualificado nos autos da ação penal nº ..., que lhe move o Ministério Público, por seu advogado e bastante procurador que esta subscreve, vem, mui respeitosamente, à presença de Vossa Excelência, por analogia ao art. 403, § 3º, do Código de Processo Penal, apresentar os seus MEMORIAIS, nos seguintes termos:

1. DOS FATOS

O réu foi denunciado como incurso no art. 121, *"caput"*, do Código Penal porque teria, no dia 10/10/2006, por volta das 21 horas, em via pública, efetuado disparo de arma de fogo contra a pessoa de Filipe Santos, que, em razão dos ferimentos, veio a óbito.

O réu foi preso logo em seguida aos fatos.

O feito foi instruído e o Ministério Público, ao final do sumário de culpa, pugnou pela pronúncia do réu nos termos da exordial.

2. DO DIREITO

Como ficará demonstrado a seguir, a acusação baseou-se, ao oferecer a peça inicial, em meras conjecturas, suposições.

Da mesma forma, as testemunhas ouvidas em juízo nada acrescentaram que pudesse estabelecer de maneira segura a autoria do crime imputado pela acusação ao réu.

Por primeiro, impende consignar que Paulo Costa, testemunha arrolada pela acusação, ao depor em juízo, declarou que era amigo da vítima. Disse, também, que Filipe possivelmente tenha sido vítima de um assalto e que, quando dos fatos, estava a aproximadamente cinquenta metros de distância, o que o impossibilitou de ver o rosto da pessoa que atirou contra a vítima. Limitou-se a afirmar que se tratava de pessoa alta e forte, da mesma compleição física do acusado. Asseverou a testemunha, por fim, não ter condições de reconhecer com certeza o acusado.

É evidente que o teor das declarações da testemunha Paulo Costa, em razão da distância que mantinha do local dos fatos e da deficiente iluminação pública que havia no momento, revela-se frágil e temerário, notadamente porque a própria testemunha afirma não dispor de condições de reconhecer com certeza o acusado, aplicando-se, *"in casu"*, o postulado do *"in dubio pro reo"*.

André Gomes, também arrolado pelo Ministério Público, disse que a noite estava muito escura e o local não tinha iluminação pública. Asseverou, também, que, a despeito de estar próximo da vítima, havia feito uso de bebida alcoólica, não tendo, por conta disso, condições de reconhecer o autor dos disparos. Declarou ter a impressão de que o acusado tinha o mesmo porte físico do assassino.

Temos, pois, o depoimento de duas testemunhas, uma que presenciou os fatos a uma distância de cinquenta metros e que, por isso, não viu o rosto do assassino, e outra que estava próxima do local onde se deram os fatos, mas que, em razão de ingestão de álcool, não tem condições de reconhecer o autor dos disparos. Ambas asseveram que o réu tem o porte semelhante ao do autor dos disparos.

Ocorre que o acusado, no momento em que a vítima era alvejada pelo disparo que a levou à morte, estava em sua residência, de lá tendo saído para comprar refrigerante somente uma hora mais tarde, conforme declarou sua esposa, Maíra Silva, quando ouvida em juízo, ressaltando que Alexandre permanecera em casa a noite toda até então.

O policial militar que efetuou a prisão do réu, Breno Oliveira, nada presenciou. Declarou em juízo que prendeu o acusado porque ele estava próximo ao local dos fatos e suas características físicas correspondiam à descrição fornecida pelas pessoas que teriam presenciado os fatos. Acrescentou que o céu estava encoberto, o que deixava a rua muito escura, principalmente porque não havia iluminação pública.

A arma do crime não foi apreendida.

No seu interrogatório judicial, o réu negou a prática do crime a ele atribuído, tendo declarado que, no dia e horário dos fatos, encontrava-se em casa com sua esposa e os dois filhos, de lá saindo somente por volta das 22 horas para comprar refrigerante, quando foi preso no exato instante em que adentrava em um bar. Asseverou conhecer a vítima apenas de vista.

Assim, infere-se, ante todo o exposto, que não existem elementos suficientes para afirmar que o réu foi o autor do fato noticiado na denúncia ofertada pelo Ministério Público.

Nenhuma testemunha de acusação afirmou de forma inequívoca que foi o acusado quem efetuou o disparo que atingiu a vítima.

De outro lado, a esposa do réu, em depoimento seguro, declarou que o marido, no momento do crime, estava em sua companhia.

Se existem dúvidas quanto à culpa do réu, deve prevalecer o estado de inocência (*"in dubio pro reo"*).

3. DO PEDIDO.

Ante o exposto, requer-se a Vossa Excelência seja proferida a respeitável decisão de impronúncia do réu, com fundamento no art. 414 do CPP.

Por fim, deve-se ressaltar que o acusado é primário.

Local ..., 10 de março de 2008.

Advogado

fim da peça

EDUARDO DOMPIERI

248

(OAB/Exame Unificado – 2008.1 – 2ª fase) Peça Prático-Profissional. Mariano Pereira, brasileiro, solteiro, nascido em 20/1/1987, foi denunciado pela prática de infração prevista no art. 157, § 2º, incisos I e II, do Código Penal, porque, no dia 19/2/2007, por volta das 17 h 40 min., em conjunto com outras duas pessoas, ainda não identificadas, teria subtraído, mediante o emprego de arma de fogo, a quantia de aproximadamente R$ 20.000,00 de agência do banco Zeta, localizada em Brasília – DF. Consta na denúncia que, no dia dos fatos, os autores se dirigiram até o local e convenceram o vigia a permitir sua entrada na agência após o horário de encerramento do atendimento ao público, oportunidade em que anunciaram o assalto. Além do vigia, apenas uma bancária, Maria Santos, encontrava-se no local e entregou o dinheiro que estava disponível, enquanto Mariano, o único que estava armado, apontava sua arma para o vigia. Fugiram em seguida pela entrada da agência. Durante o inquérito, o vigia, Manoel Alves, foi ouvido e declarou: que abriu a porta porque um dos ladrões disse que era irmão da funcionária; que, após destravar a porta e o primeiro ladrão entrar, os outros apareceram e não conseguiu mais travar a porta; que apenas um estava armado e ficou apontando a arma o tempo todo para ele; que nenhum disparo foi efetuado nem sofreram qualquer violência; que levaram muito dinheiro; que a agência estava sendo desativada e não havia muito movimento no local. O vigia fez retrato falado dos ladrões, que foi divulgado pela imprensa, e, por intermédio de uma denúncia anônima, a polícia conseguiu chegar até Mariano. O vigia Manoel reconheceu o indiciado na delegacia e faleceu antes de ser ouvido em juízo. Regularmente denunciado e citado, em seu interrogatório judicial, acompanhado pelo advogado, Mariano negou a autoria do delito. A defesa não apresentou alegações preliminares. Durante a instrução criminal, a bancária Maria Santos afirmou: que não consegue reconhecer o réu; que ficou muito nervosa durante o assalto porque tem depressão; que o assalto não demorou nem 5 minutos; que não houve violência nem viu a arma; que o Sr. Manoel faleceu poucos meses após o fato; que ele fez o retrato falado e reconheceu o acusado; que o sistema de vigilância da agência estava com defeito e por isso não houve filmagem; que o sistema não foi consertado porque a agência estava sendo desativada; que o Sr. Manoel era meio distraído e ela acredita que ele deixou o primeiro ladrão entrar por boa-fé; que sempre ficava até mais tarde no banco e um de seus 5 irmãos ia buscá-la após as 18 h; que, por ficar até mais tarde, muitas vezes fechava o caixa dos colegas, conferia malotes etc.; que a quantia levada foi de quase vinte mil reais. O policial Pedro Domingos também prestou o seguinte depoimento em juízo: que o retrato falado foi feito pelo vigia e muito divulgado na imprensa; que, por uma denúncia anônima, chegaram até Mariano e ele foi reconhecido; que o réu negou participação no roubo, mas não explicou como comprou uma moto nova à vista já que está desempregado; que os assaltantes provavelmente vigiaram a agência e notaram a pouca segurança, os horários e hábitos dos empregados do banco Zeta; que não recuperaram o dinheiro; que nenhuma arma foi apreendida em poder de Mariano; que os outros autores não foram identificados; que, pela sua experiência, tem plena convicção da participação do acusado no roubo. Na fase de requerimento de diligências, a folha de antecedentes penais do réu foi juntada e consta um inquérito em curso pela prática de crime contra o patrimônio. Na fase seguinte, a acusação pediu a condenação nos termos da denúncia. Em face da situação hipotética apresentada, redija, na qualidade de advogado(a) de Mariano, a peça processual, privativa de advogado, pertinente à defesa do acusado. Inclua, em seu texto, a fundamentação legal e jurídica, explore as teses defensivas possíveis e date no último dia do prazo para protocolo, considerando que a intimação tenha ocorrido no dia 23/6/2008, segunda-feira.

PRÁTICA PENAL – 10ª EDIÇÃO   249   PEÇAS PRÁTICO-PROFISSIONAIS

CONSIDERAÇÕES PRELIMINARES

Levamos em conta, na elaboração desta peça, as alterações implementadas pela Lei 11.719/2008.

Assim, as alegações finais escritas devem ser, em regra, substituídas pelos debates orais. Pode o magistrado, no entanto, autorizar a apresentação das alegações por escrito, a depender da complexidade do caso ou do número de acusados. São os chamados *memoriais* e estão previstos no art. 403, § 3º, do Código de Processo Penal.

Devem ser apresentados logo em seguida ao término da instrução, ao juiz que a presidiu, ou, havendo determinação para a realização de diligências, após a realização destas.

Trata-se da derradeira oportunidade de as partes se manifestarem antes de o magistrado prolatar a sentença.

Atenção: o prazo para apresentação de memoriais é de cinco dias (art. 403, § 3º, do CPP), diferente, portanto, do prazo que o revogado art. 500 fixava para apresentação das alegações finais (três dias).

Por fim, registre-se que a causa de aumento de pena decorrente do emprego de arma de fogo, no crime de roubo, está contemplada, desde a edição da Lei 13.654/2018, no art. 157, § 2º-A, I, do CP (e não mais no art. 157, § 2º, I, do CP). A fração de aumento, por força da mesma Lei, passou de um terço a metade para dois terços, o que representa um incremento significativo. Posteriormente a isso, a Lei 13.964/2019 introduziu no art. 157 o § 2º-B, que estabelece nova causa de aumento de pena para o roubo, quando a violência ou grave ameaça for exercida com emprego de arma de fogo de uso restrito ou proibido. Neste caso, a pena prevista no *caput* será aplicada em dobro. Com isso, passamos a ter, no delito de roubo, o seguinte quadro: violência/grave ameaça exercida com emprego de arma branca (art. 157, § 2º, VII, CP): aumento de pena da ordem de um terço até metade; violência/grave ameaça exercida com emprego de arma de fogo, desde que não seja de uso restrito ou proibido (art. 157, § 2º-A, I, CP): a pena será aumentada de dois terços; violência/grave ameaça exercida com emprego de arma de fogo de uso restrito ou proibido (art. 157, § 2º-B, CP): a pena será aplicada em dobro.

Resolução da peça prático-profissional – modelo de MEMORIAIS

início da peça

Excelentíssimo Senhor Doutor Juiz de Direito da __Vara Criminal de Brasília-DF.

[deixe espaço de aproximadamente 10 cm, para eventual despacho ou decisão do juiz]

Mariano Pereira, já qualificado nos autos da ação penal nº ..., que lhe move o Ministério Público, por seu advogado e bastante procurador que esta subscreve, vem, mui respeitosamente, à presença de Vossa Excelência, com fundamento no art. 403, § 3º, do Código de Processo Penal, apresentar os seus MEMORIAIS, nos seguintes termos:

1. DOS FATOS

O réu foi denunciado como incurso no art. 157, § 2º, I e II, do Código Penal, porque teria subtraído, no dia 19/2/2007, por volta das 17h40min, em conjunto com outras duas pessoas não identificadas, mediante o emprego de arma de fogo, a quantia de aproximadamente R$ 20.000,00, de agência do banco Zeta, localizada em Brasília-DF.

O feito foi instruído e a acusação, ao final, pugnou pela condenação do réu nos termos da inicial.

2. DO DIREITO

A acusação que pesa sobre o réu não pode prosperar, na medida em que o órgão acusatório não logrou comprovar a autoria do fato imputado ao acusado, havendo, quando muito, meros indícios não corroborados em juízo, como restará sobejamente demonstrado a seguir.

Em primeiro lugar, no momento em que os fatos se deram, somente se encontravam na agência bancária na qual ocorreu o roubo o vigia, Manoel Alves, e uma bancária, Maria Santos, tendo esta entregado ao roubador o dinheiro que estava disponível.

A bancária, ouvida em juízo, declarou ser incapaz de reconhecer o acusado, visto que pouco se recorda do ocorrido.

O vigia, que chegou a fazer retrato falado dos ladrões, que foi divulgado pela imprensa, reconheceu o réu na delegacia e faleceu antes de ser ouvido em contraditório.

Parece-nos evidente que o reconhecimento do réu perante a autoridade policial, além de constituir mero indício, haveria de ser corroborado em juízo, mas, ante o falecimento do vigia, não pôde sê-lo. Assim, não poderá ser levado em consideração numa eventual condenação.

Ademais disso, esse indício não se coaduna com o conjunto de provas, que depõe a favor do réu.

Consta da peça acusatória que o único que estaria armado era o réu.

Pois bem, a que arma o Ministério Público se refere? Além de não haver prova da participação do réu nesta empreitada criminosa, não houve apreensão de arma alguma.

Há entendimento jurisprudencial no sentido de que a configuração da majorante prevista no artigo 157, § 2º, I, do Código Penal condiciona-se à apreensão e perícia da arma de fogo.

Não foi apreendida tampouco periciada.

O policial Pedro Domingos, em depoimento prestado em juízo, asseverou que o réu negou ter participado do roubo em questão. Declarou, ainda, que o acusado não esclareceu como adquiriu uma moto nova à vista, já que estava desempregado.

O fato de o réu ter adquirido um veículo novo à vista e encontrar-se desempregado não pode ser interpretado em seu desfavor. Isso não constitui crime. Se o policial, por alguma razão, achava que a moto tinha alguma ligação com o delito, que então aprofundasse as investigações.

Da mesma forma, quando afirma, em depoimento, ter plena convicção de que o réu participou do roubo, o policial está exteriorizando um juízo de valor que vem a retratar a total falta de provas para condenar o acusado.

Ademais disso, o réu sempre negou de forma peremptória sua participação no crime.

3. DO PEDIDO.

Ante o exposto, requer-se a Vossa Excelência a absolvição do réu, com fundamento no art. 386, V, do Código de Processo Penal, ou, subsidiariamente, que não seja aplicada a majorante

PRÁTICA PENAL – 10ª EDIÇÃO 251 PEÇAS PRÁTICO-PROFISSIONAIS

contida no art. 157, § 2º, I, do Código Penal, e também que faça incidir, em vista da menoridade do réu, a circunstância atenuante prevista no art. 65, I, do Código Penal.

Por fim, deve-se ressaltar que o acusado é primário.

Local ..., 30 de junho de 2008.

Advogado

fim da peça

(OAB/Exame Unificado – 2008.2 – 2ª fase) Peça Prático-Profissional. Odilon Coutinho, brasileiro, com 71 anos de idade, residente e domiciliado em Rio Preto da Eva – AM, foi denunciado pelo Ministério Público, nos seguintes termos: "No dia 17 de setembro de 2007, por volta das 19 h 30 min., na cidade e comarca de Manaus – AM, o denunciado, Odilon Coutinho, juntamente com outro não identificado, imbuídos do propósito de assenhoreamento definitivo, quebraram a janela do prédio onde funciona agência dos Correios e de lá subtraíram quatro computadores da marca Lunation, no valor de R$ 5.980,00; 120 caixas de encomenda do tipo 3, no valor de R$ 540,00; e 200 caixas de encomenda do tipo 4, no valor de R$ 1.240,00 (cf. auto de avaliação indireta às fls.). Assim agindo, incorreu o denunciado na prática do art. 155, §§ 1º e 4º, I e IV, do Código Penal (CP), combinado com os arts. 29 e 69, todos do CP, motivo pelo qual é oferecida a presente denúncia, requerendo-se o processamento até final julgamento." O magistrado recebeu a exordial em 1º de outubro de 2007, acolhendo a imputação em seus termos. Após o interrogatório e a confissão de Odilon Coutinho, ocorridos em 7 de dezembro de 2007, na presença de advogado *ad hoc*, embora já houvesse advogado constituído não intimado para o ato, a instrução seguiu, fase em que o magistrado, alegando que o fato já estava suficientemente esclarecido, não permitiu a oitiva de uma testemunha arrolada, tempestivamente, pela defesa. O policial Jediel Soares, responsável pelo monitoramento das conversas telefônicas de Odilon, foi inquirido em juízo, tendo esclarecido que, inicialmente, a escuta telefônica fora realizada "por conta", segundo ele, porque havia diversas denúncias anônimas, na região de Manaus, acerca de um sujeito conhecido como Vovô, que invadia agências dos Correios com o propósito de subtrair caixas e embalagens para usá-las no tráfico de animais silvestres. Jediel e seu colega Nestor, nas diligências por eles efetuadas, suspeitaram da pessoa de Odilon, senhor de "longa barba branca", e decidiram realizar a escuta telefônica. Superada a fase de alegações finais, apresentadas pelas partes em fevereiro de 2008, os autos foram conclusos para sentença, em março de 2008, tendo o magistrado, com base em toda a prova colhida, condenado o réu, de acordo com o art. 155, §§ 1º e 4º, incs. I e IV, do CP, à pena privativa de liberdade de 8 anos de reclusão (a pena-base foi fixada em 5 anos de reclusão), cumulada com 30 dias-multa, no valor de 1/30 do salário mínimo, cada dia. Fixou, ainda, para Odilon Coutinho, réu primário, o regime fechado de cumprimento de pena. O Ministério Público não interpôs recurso. Em face da situação hipotética acima apresentada, na qualidade de advogado(a) constituído(a) de Odilon Coutinho, e supondo que, intimado(a) da sentença condenatória, você tenha manifestado seu desacordo em relação aos termos da referida decisão e que, em 13 de outubro de 2008, tenha sido intimado(a) a apresentar as razões de seu inconformismo, elabore a peça processual cabível, endereçando-a ao juízo competente, enfrentando todas as matérias pertinentes e datando o documento no último dia do prazo para apresentação.

Resolução da peça prático-profissional – modelo de APELAÇÃO

início da peça

Razões de Apelação

Apelante: Odilon Coutinho

Apelado: Ministério Público

Processo-crime n° ...

Egrégio Tribunal Regional Federal,

Colenda Turma,

Ilustres Desembargadores Federais,

Douta Procuradoria da República,

A respeitável sentença condenatória proferida pelo juízo *"a quo"* merece ser reformada, pelas razões a seguir aduzidas:

1. DOS FATOS

O apelante foi processado como incurso no art. 155, §§ 1º e 4º, I e IV, do Código Penal, combinado com os arts. 29 e 69, todos do Código Penal, porque teria, no dia 17 de setembro de 2007, por volta das 19h30min, na cidade e comarca de Manaus-AM, na companhia de pessoa não identificada, quebrado a janela do prédio onde funciona a agência dos Correios e de lá subtraído os bens discriminados na exordial acusatória, todos avaliados, conforme consta do auto de avaliação indireta, em R$ 1.240,00.

O magistrado recebeu a denúncia ofertada, acolhendo a imputação em seus termos.

No ato do interrogatório judicial do apelante, o mesmo confessou a prática do delito a ele imputado, o que se deu na presença de advogado *"ad hoc"*, já que o patrono por ele constituído, não tendo sido intimado para o ato, a ele não compareceu.

O magistrado *a quo,* ainda durante a instrução, por entender que o fato já estava suficientemente esclarecido, não permitiu a oitiva de uma testemunha arrolada, tempestivamente, pela defesa.

Não bastasse isso, o policial Jediel Soares, inquirido em juízo, admitiu que efetuou, sem contar com autorização judicial, monitoramento das conversas telefônicas do apelante, isso porque, segundo esclareceu, havia diversas denúncias anônimas, na região de Manaus, dando conta de que um sujeito conhecido como Vovô invadia agências dos Correios com o fito de subtrair caixas e embalagens para usá-las no tráfico de animais silvestres. Por essa razão, Jediel e seu colega Nestor, nas diligências efetuadas, suspeitaram de Odilon, senhor de "longa barba branca", e decidiram realizar a escuta telefônica.

O magistrado sentenciante, com base em toda prova colhida, condenou o apelante como incurso no art. 155, §§ 1º e 4º, I e IV, do Código Penal, à pena privativa de liberdade de 8 anos de reclusão, cumulada com 30 dias-multa, no valor de 1/30 do salário mínimo, cada dia, sendo a pena-base fixada em 5 anos.

O Ministério Público não interpôs recurso.

2. DO DIREITO

2.1. Matéria Preliminar

Estabelece a Constituição Federal, em seu art. 5º, XII, como regra, a inviolabilidade da comunicação telefônica, que somente pode ser quebrada, por exceção, por ordem judicial, para fins de investigação criminal ou instrução processual penal.

A Lei 9.296/1996 estabelece como deve se dar a interceptação telefônica, que, reitere-se, depende de ordem de juiz de direito.

Desta feita, o monitoramento das conversas telefônicas do apelante, levado a efeito pelo policial Jediel, à míngua de autorização judicial para tanto e, portanto, ao arrepio da lei, constitui, por isso mesmo, prova ilícita, nos exatos termos do art. 157 do Código de Processo Penal e do art. 5º, LVI, da CF.

A decisão, pois, que tenha por sustentáculo provas ilícitas, como é o caso aqui tratado, deve ser considerada nula.

Além disso, quando do seu interrogatório em juízo, o apelante não pôde se fazer acompanhar de seu advogado constituído, isso porque o mesmo não foi intimado para o ato. O interrogatório e a confissão ocorrida se deram na presença de defensor "*ad hoc*". É hipótese de violação ao postulado da ampla defesa e deve, por isso, ensejar a nulidade do processo.

Por derradeiro, o nobre magistrado "*a quo*", em nova violação ao postulado da ampla defesa, alegando que o fato já estava suficientemente esclarecido, não permitiu a oitiva de uma testemunha arrolada, tempestivamente, pela defesa, o que também constitui causa de nulidade.

2.2. Mérito

No que toca à incidência da causa de aumento de pena a que alude o art. 155, § 1º, do Código Penal, a sentença merece reparo.

Ocorre que parte significativa da jurisprudência compartilha do entendimento segundo o qual o furto noturno somente se configura quando a subtração ocorre em casa habitada, com os ocupantes nela repousando. É por essa razão que, segundo esta vertente, não se admite a incidência do aumento em testilha na hipótese de o furto ocorrer em casa comercial.

No que concerne à pena aplicada pelo juízo sentenciante, entendemos, da mesma forma, que a sentença deve ser reformada, tendo em vista que a pena-base foi estabelecida muito além do mínimo, levando-se em conta que o apelante é primário e as demais circunstâncias judiciais do art. 59 do Código Penal podem ser consideradas favoráveis.

Além disso, é direito do apelante, previsto no art. 33, § 2º, "*b*", do Código Penal, cumprir a pena imposta, desde o início, em regime semiaberto.

Por fim, o apelante, tendo em conta sua confissão realizada em juízo, faz jus à circunstância atenuante a que alude o art. 65, III, "*d*", do Código Penal.

3. DO PEDIDO.

Diante de todo o exposto, postula-se seja dado provimento ao recurso interposto, decretando-se a nulidade do processo, visto que instruído com prova ilícita e também em razão do cerceamento de defesa, ou, subsidiariamente, a redução de pena e a mudança do regime prisional, do fechado para o semiaberto, bem assim o reconhecimento da circunstância atenuante da confissão.

Nesses Termos,

Pede Deferimento.

Local ..., 21 de outubro de 2008.

Advogado

fim da peça

(OAB/Exame Unificado – 2008.3 – 2ª fase) Peça Prático-Profissional. Alessandro, de 22 anos de idade, foi denunciado pelo Ministério Público como incurso nas penas previstas no art. 213, c/c art. 224, alínea *b*, do Código Penal, por crime praticado contra Geisa, de 20 anos de idade. Na peça acusatória, a conduta delitiva atribuída ao acusado foi narrada nos seguintes termos:

"No mês de agosto de 2000, em dia não determinado, Alessandro dirigiu-se à residência de Geisa, ora vítima, para assistir, pela televisão, a um jogo de futebol. Naquela ocasião, aproveitando-se do fato de estar a sós com Geisa, o denunciado constrangeu-a a manter com ele conjunção carnal, fato que ocasionou a gravidez da vítima, atestada em laudo de exame de corpo de delito. Certo é que, embora não se tenha valido de violência real ou de grave ameaça para constranger a vítima a com ele manter conjunção carnal, o denunciando aproveitou-se do fato de Geisa ser incapaz de oferecer resistência aos seus propósitos libidinosos assim como de dar validamente o seu consentimento, visto que é deficiente mental, incapaz de reger a si mesma."

Nos autos, havia somente a peça inicial acusatória, os depoimentos prestados na fase do inquérito e a folha de antecedentes penais do acusado. O juiz da 2.ª Vara Criminal do Estado XX recebeu a denúncia e determinou a citação do réu para se defender no prazo legal, tendo sido a citação efetivada em 18/11/2008. Alessandro procurou, no mesmo dia, a ajuda de um profissional e outorgou-lhe procuração *ad juditia* com a finalidade específica de ver-se defendido na ação penal em apreço. Disse, então, a seu advogado que não sabia que a vítima era deficiente mental, que já a namorava havia algum tempo, que sua avó materna, Romilda, e sua mãe, Geralda, que moram com ele, sabiam do namoro e que todas as relações que manteve com a vítima eram consentidas. Disse, ainda, que nem a vítima nem a família dela quiseram dar ensejo à ação penal, tendo o promotor, segundo o réu, agido por conta própria. Por fim, Alessandro informou que não havia qualquer prova da debilidade mental da vítima.

Em face da situação hipotética apresentada, redija, na qualidade de advogado(a) constituído(a) pelo acusado, a peça processual, privativa de advogado, pertinente à defesa de seu cliente. Em seu texto, não crie fatos novos, inclua a fundamentação legal e jurídica, explore as teses defensivas e date o documento no último dia do prazo para protocolo.

PRÁTICA PENAL – 10ª EDIÇÃO   255   PEÇAS PRÁTICO-PROFISSIONAIS

CONSIDERAÇÕES PRELIMINARES

A partir da entrada em vigor da Lei 12.015/2009, que alterou diversos dispositivos no universo dos crimes sexuais, a ação penal, que em regra era de iniciativa privada, passou a ser pública condicionada à representação, salvo quando se tratar de pessoa menor de 18 anos ou vulnerável, hipótese em que será pública incondicionada. Mais recentemente, a Lei 13.718/2018 promoveu nova mudança na natureza da ação penal nos crimes contra a dignidade sexual. A partir de agora, a ação penal, nesses delitos, que era pública condicionada, passa a ser, em qualquer caso, pública incondicionada.

Em face da revogação do art. 224 do Código Penal promovida pela Lei 12.015/2009, que tratava da presunção de violência, a tutela penal das pessoas desprovidas de meios para externar seu consentimento de forma plena foi introduzida no tipo penal autônomo do art. 217-A do Código Penal, chamado *estupro de vulnerável*, cuja ação penal, como dito acima, é pública incondicionada, o que hoje constitui a regra no novo sistema adotado para os crimes sexuais.

Assim sendo, levando-se em consideração as mudanças legislativas verificadas, o Ministério Público teria, em princípio, no caso hipotético acima apresentado, legitimidade para denunciar Alessandro.

E é nesse novo contexto que vamos dar uma solução para a peça, elaborando, com fundamento no art. 396-A do Código de Processo Penal, pelo réu, sua defesa prévia (resposta à acusação ou resposta escrita).

Resolução da peça prático-profissional – modelo de DEFESA PRÉVIA

início da peça

Excelentíssimo Senhor Doutor Juiz de Direito da 2ª Vara Criminal do Estado XX.

Processo nº ...

[deixe espaço de aproximadamente 10 cm, para eventual despacho ou decisão do juiz]

Alessandro, por seu advogado, nos autos da ação penal que lhe move o Ministério Público, vem, respeitosamente, à presença de Vossa Excelência, nos termos do disposto no art. 396-A do Código de Processo Penal, apresentar a sua DEFESA PRÉVIA, pelas razões a seguir aduzidas:

1. DOS FATOS

Foi o réu denunciado porque, segundo consta da inicial acusatória, teria o mesmo, em dia não determinado do mês de agosto de 2000, aproveitando-se do fato de estar a sós com a vítima, no interior da residência desta, com ela praticado conjunção carnal, o que teria resultado em gravidez.

É ainda da exordial oferecida que o acusado, embora não tivesse feito uso de violência real ou de grave ameaça para constranger a vítima a com ele manter conjunção carnal, teria se aproveitado do fato de a ofendida, com 20 anos de idade, ser incapaz de oferecer resistência aos seus propósitos libidinosos assim como de dar validamente o seu consentimento, visto que é, segundo consta da peça acusatória, deficiente mental, incapaz, portanto, de reger a si mesma.

Nos autos não foi juntado o laudo comprobatório da debilidade mental da vítima.

Recebida a denúncia, o réu foi citado para responder à presente acusação.

2. DO DIREITO

2.1. Matéria Preliminar

O órgão acusatório, ao oferecer a denúncia desacompanhada do respectivo laudo comprobatório da alegada debilidade mental da vítima, incorreu em inépcia da inicial, na medida em que, tratando-se de circunstância elementar do crime em questão, a debilidade deve ser comprovada por laudo seguro, pois, caso contrário, estará a denunciar fato atípico, isto é, que não constitui crime.

E foi exatamente o que se deu.

A ausência de comprovação da debilidade mental da vítima torna, portanto, o fato não criminoso, impondo-se, por conta disso, a absolvição sumária do réu.

2.2. Mérito

No que toca ao mérito, trata-se, da mesma forma, de fato atípico.

Isso se deve ao fato de o acusado desconhecer a circunstância de a vítima ser portadora da debilidade mental alegada pela acusação. Desconhecia, enfim, qualquer prova da tal debilidade mental da ofendida.

Com efeito, o acusado namorava a vítima há algum tempo, o que era de conhecimento tanto de sua avó materna, Romilda, quanto de sua mãe, Geralda, que moram com ele. Além disso, todas as relações que manteve com a vítima foram por esta consentidas, o que demonstra de forma inequívoca a boa-fé do acusado e o fato de o mesmo desconhecer qualquer circunstância que pudesse viciar a manifestação de vontade de sua namorada.

Some-se a isso o fato de a família da vítima não manifestar o desejo de ver processado o réu, o que também depõe a seu favor.

Nessa esteira, a doutrina exige que a debilidade retire inteiramente da vítima sua capacidade de entendimento. Não foi, evidentemente, o que se deu neste caso, já que o acusado não dispunha de elemento algum para sequer desconfiar da alegada debilidade de sua namorada.

O fato, dessa forma, é atípico, visto que o acusado, ante o exposto, não tinha como ter conhecimento desta debilidade.

3. DO PEDIDO

Diante de todo o exposto, postula-se pela absolvição sumária do réu, nos termos do art. 397, III, do Código de Processo Penal.

E, se acaso Vossa Excelência assim não entender, requer-se a realização de exame pericial e a intimação das testemunhas a seguir arroladas ....

Termos em que,

Pede deferimento.

Local ..., 28 de novembro de 2008.

Advogado

fim da peça

PRÁTICA PENAL – 10ª EDIÇÃO   257   PEÇAS PRÁTICO-PROFISSIONAIS

(OAB/Exame Unificado – 2009.1 – 2ª fase) Peça Prático-Profissional. Agnaldo, que reside com sua esposa, Ângela, e seus dois filhos na cidade de Porto Alegre – RS, pretendendo fazer uma reforma na casa onde mora com a família, dirigiu-se a uma loja de material de construção para verificar as opções de crédito existentes. Entre as opções que o vendedor da loja apresentou, a mais adequada ao seu orçamento familiar era a emissão de cheques pré-datados como garantia da dívida. Como não possui conta-corrente em agência bancária, Agnaldo pediu a seu cunhado e vizinho, Firmino, que lhe emprestasse seis cheques para a aquisição do referido material, pedido prontamente atendido. Com o empréstimo, retornou ao estabelecimento comercial e realizou a compra, deixando como garantia da dívida os seis cheques assinados pelo cunhado. Dias depois, Firmino, que tivera seu talonário de cheques furtado, sustou todos os cheques que havia emitido, entre eles, os emprestados a Agnaldo. Diante da sustação, o empresário, na delegacia de polícia mais próxima, alegou que havia sido fraudado em uma transação comercial, uma vez que Firmino frustrara o pagamento dos cheques pré-datados. Diante das alegações, o delegado de polícia instaurou inquérito policial para apurar o caso, indiciando Firmino, por entender que havia indícios de ele ter cometido o crime previsto no inciso VI do § 2º do art. 171 do Código Penal. Inconformado, Firmino impetrou *habeas corpus* perante a 1.ª Vara Criminal da Comarca de Porto Alegre, tendo o juiz denegado a ordem. Considerando essa situação hipotética, na condição de advogado(a) contratado(a) por Firmino, interponha a peça judicial cabível, privativa de advogado, em favor de seu cliente.

CONSIDERAÇÕES PRELIMINARES

Embora isso em nada repercuta na elaboração da peça, é importante que façamos referência à recente mudança na natureza da ação penal no crime de estelionato. Como bem sabemos, a ação, neste delito, sempre foi, via de regra, pública incondicionada. As exceções ficavam por conta das hipóteses elencadas no art. 182 do CP (imunidade relativa), que impunha que a vítima manifestasse seu desejo, por meio de representação, no sentido de ver processado o ofensor, legitimando o Ministério Público, dessa forma, a agir. Com o advento da Lei 13.964/2019, o que era exceção, no crime de estelionato, virou regra. Ou seja, o crime capitulado no art. 171 do CP passa a ser de ação penal pública condicionada à representação do ofendido, conforme impõe o art. 171, § 5º, do CP. Este mesmo dispositivo, no entanto, estabelece exceções (hipóteses em que a ação penal será pública incondicionada), a saber: quando a vítima for: a Administração Pública, direta ou indireta; criança ou adolescente; pessoa com deficiência mental; ou maior de 70 anos ou incapaz.

EDUARDO DOMPIERI

Resolução da peça prático-profissional – modelo de RECURSO EM SENTIDO ESTRITO

Recurso em Sentido Estrito – petição de interposição

início da peça

Excelentíssimo Senhor Doutor Juiz de Direito da 1ª Vara Criminal da Comarca de Porto Alegre-RS.

[deixe espaço de aproximadamente 10 cm, para eventual despacho ou decisão do juiz]

Firmino, já qualificado nos autos do *"habeas corpus"* nº ..., no qual figura como paciente, por seu advogado que esta subscreve, não se conformando, *data maxima venia*, com a decisão que denegou a ordem de *"habeas corpus"* impetrada com o fito de trancar o inquérito policial instaurado para apurar a prática do crime capitulado no art. 171, § 2º, VI, do Código Penal, em que figura o paciente como indiciado, com supedâneo no art. 581, X, do Código de Processo Penal, dela vem, tempestivamente, interpor RECURSO EM SENTIDO ESTRITO.

Caso Vossa Excelência entenda que seja o caso de manter a respeitável decisão, postula-se pela remessa deste recurso ao Tribunal de Justiça do Rio Grande do Sul.

Termos em que, requerendo seja ordenado o processamento do recurso, com as inclusas razões.

Pede Deferimento.

Local ..., data ...

Advogado

fim da peça

início da peça

Razões de Recurso em Sentido Estrito

RAZÕES DE RECURSO EM SENTIDO ESTRITO

RECORRENTE: FIRMINO

"HABEAS CORPUS" nº ...

Egrégio Tribunal de Justiça,

Colenda Câmara,

Doutos Desembargadores,

Inconformado com a respeitável decisão contra si prolatada, vem o recorrente interpor o presente recurso em sentido estrito, aguardando, ao final, se dignem Vossas Excelências em reformá-la, pelas razões de fato e de direito a seguir expostas:

1. DOS FATOS

Firmino, atendendo a pedido de seu cunhado e vizinho, Agnaldo, emprestou-lhe seis cheques que seriam usados para garantia de dívida contraída na aquisição de material de construção a ser utilizado em reforma na casa onde este reside com a família.

Os cheques pré-datados de titularidade do recorrente, assim, seriam, como de fato foram, emitidos tão somente como garantia da dívida contraída por Agnaldo.

Tal ocorreu porque Agnaldo não é titular de conta-corrente em agência bancária e também porque esta opção de crédito lhe pareceu mais conveniente em vista de outras disponíveis.

Depois de alguns dias da aquisição do material, em razão de furto do qual foi vítima o recorrente, no qual foi levado seu talonário de cheques, viu-se o mesmo obrigado a sustar todos os cheques que havia emitido, inclusive os emprestados a Aguinaldo.

O empresário, em vista disso, dirigiu-se à delegacia mais próxima e comunicou à autoridade policial que havia sido vítima de fraude, tendo esta, em face do ocorrido, determinado a instauração de inquérito policial e o indiciamento do recorrente como incurso no art. 171, § 2º, VI, do Código Penal.

Inconformado, Firmino impetrou *"habeas corpus"* perante a 1ª Vara Criminal da Comarca de Porto Alegre, tendo o magistrado *"a quo"* denegado a ordem.

2. DO DIREITO

A respeitável decisão não merece prosperar.

Com efeito, é indispensável à configuração do crime do artigo 171, § 2º, VI, do Código Penal a existência de fraude, isto é, que o sujeito ativo do delito tenha agido com inequívoca má-fé.

Nesse sentido, o Supremo Tribunal Federal editou a Súmula nº 246: "Comprovado não ter havido fraude, não se configura o crime de emissão de cheques sem fundos".

Por essa razão, nossos tribunais têm decidido que não se configura o delito em questão quando se trata de cheque pré-datado ou ainda dado como garantia de dívida.

Os cheques emitidos por Firmino foram pré-datados e serviram para garantir o pagamento de uma dívida, não podendo ensejar, à evidência, seu indiciamento na forma como ocorreu.

Além disso, Firmino não é sequer o devedor. Limitou-se a emprestar, por puro altruísmo, os cheques de sua titularidade para que seu vizinho e cunhado pudesse adquirir material de construção necessário para uma reforma. Não obteve o recorrente benefício algum.

Ademais, a sustação dos cheques foi motivada exclusivamente pelo furto do qual o recorrente foi vítima, fato esse que o obrigou a agir dessa maneira, não lhe restando outra alternativa.

Ficou evidente, pois, que o recorrente agiu desprovido do propósito de obter vantagem indevida, que constitui o dolo específico necessário à caracterização do crime aqui tratado. Sua intenção foi, isto sim, precaver-se de futuros inconvenientes decorrentes da subtração de que foi vítima.

O fato, portanto, e disso não deve restar a menor dúvida, é atípico.

EDUARDO DOMPIERI

260

> **3. DO PEDIDO.**
>
> Ante o exposto, postula-se seja dado provimento ao presente recurso para o fim de determinar o trancamento do inquérito policial instaurando contra o recorrente.
>
> Nestes Termos,
>
> Pede Deferimento.
>
> Local ..., data ...
>
> Advogado

fim da peça

(OAB/Exame Unificado – 2009.2 – 2ª fase) Peça Prático-Profissional. José de Tal, brasileiro, divorciado, primário e portador de bons antecedentes, ajudante de pedreiro, nascido em Juazeiro – BA, em 7/9/1938, residente e domiciliado em Planaltina – DF, foi denunciado pelo Ministério Público como incurso nas penas previstas no art. 244, *caput*, c/c art. 61, inciso II, "e", ambos do Código Penal. Na exordial acusatória, a conduta delitiva atribuída ao acusado foi narrada nos seguintes termos:

Desde janeiro de 2005 até, pelo menos, 4/4/2008, em Planaltina – DF, o denunciado José de Tal, livre e conscientemente, deixou, em diversas ocasiões e por períodos prolongados, sem justa causa, de prover a subsistência de seu filho Jorge de Tal, menor de 18 anos, não lhe proporcionando os recursos necessários para sua subsistência e faltando ao pagamento de pensão alimentícia fixada nos autos nº 001/2005 – 5.ª Vara de Família de Planaltina – DF (ação de alimentos) e executada nos autos do processo nº 002/2006 do mesmo juízo. Arrola como testemunha Maria de Tal, genitora e representante legal da vítima. A denúncia foi recebida em 3/11/2008, tendo o réu sido citado e apresentado, no prazo legal, de próprio punho — visto que não tinha condições de contratar advogado sem prejuízo de seu sustento próprio e do de sua família — resposta à acusação, arrolando as testemunhas Margarida e Clodoaldo. A audiência de instrução e julgamento foi designada e José compareceu desacompanhado de advogado. Na oportunidade, o juiz não nomeou defensor ao réu, aduzindo que o Ministério Público estaria presente e que isso seria suficiente. No curso da instrução criminal, presidida pelo juiz de direito da 9.ª Vara Criminal de Planaltina – DF, Maria de Tal confirmou que José atrasava o pagamento da pensão alimentícia, mas que sempre efetuava o depósito parcelado dos valores devidos. Disse que estava aborrecida porque José constituíra nova família e, atualmente, morava com outra mulher, desempregada, e seus 6 outros filhos menores de idade. As testemunhas Margarida e Clodoaldo, conhecidos de José há mais de 30 anos, afirmaram que ele é ajudante de pedreiro e ganha 1 salário mínimo por mês, quantia que é utilizada para manter seus outros filhos menores e sua mulher, desempregada, e para pagar pensão alimentícia a Jorge, filho que teve com Maria de Tal. Disseram, ainda, que, todas as vezes que conversam com José, ele sempre diz que está tentando encontrar mais um emprego, pois não consegue sustentar a si próprio nem a seus filhos, bem como que está atrasando os pagamentos da pensão alimentícia, o que o preocupa muito, visto que deseja contribuir com a subsistência, também, desse filho, mas não consegue. Informaram que José sofre de problemas cardíacos e gasta boa parte de seu salário na compra de remédios indispensáveis à sua sobrevivência. Após a oitiva das testemunhas, José disse que gostaria de ser ouvido para contar sua versão dos fatos, mas o juiz recusou-se a interro-

PRÁTICA PENAL – 10ª EDIÇÃO   261   PEÇAS PRÁTICO-PROFISSIONAIS

gá-lo, sob o argumento de que as provas produzidas eram suficientes ao julgamento da causa. Na fase processual prevista no art. 402 do Código de Processo Penal, as partes nada requereram. Em manifestação escrita, o Ministério Público pugnou pela condenação do réu nos exatos termos da denúncia, tendo o réu, então, constituído advogado, o qual foi intimado, em 15/6/2009, segunda-feira, para apresentação da peça processual cabível. Considerando a situação hipotética acima apresentada, redija, na qualidade de advogado(a) constituído(a) por José, a peça processual pertinente, privativa de advogado, adequada à defesa de seu cliente. Em seu texto, não crie fatos novos, inclua a fundamentação que embase seu(s) pedido(s) e explore as teses jurídicas cabíveis, endereçando o documento à autoridade competente e datando-o no último dia do prazo para protocolo.

CONSIDERAÇÕES PRELIMINARES

Com as mudanças operadas no campo da prisão e da liberdade provisória, o art. 313, I, do CPP, agora com a nova redação que lhe conferiu a Lei 12.403/2011, afasta a possibilidade de decretação da prisão preventiva nos crimes culposos e nos dolosos cuja pena máxima cominada não seja superior a quatro anos (reclusão ou detenção). Assim, inviável, em razão da pena máxima cominada, a decretação da custódia preventiva em inquérito ou processo no qual se apure o crime do art. 244 do Código Penal. Frise-se que o autor de crime doloso cuja pena máxima não seja superior a quatro anos poderá ter contra si decretada a prisão preventiva, desde que reincidente em crime doloso e caso a custódia se revele necessária, à luz do que dispõe o art. 312 do CPP. É o teor do art. 313, II, do CPP, cuja redação também foi modificada por força da Lei 12.403/2011. Perceba que o *caput* e incisos do art. 313 do CPP não foram modificados pela Lei 13.964/2019, permanecendo a redação então conferida pela Lei 12.403/2001. Digo isso porque o Pacote Anticrime promoveu diversas alterações no campo da prisão preventiva. Entretanto, a despeito de não haver alterado o *caput* e incisos deste dispositivo, a Lei 13.964/2019 revogou o parágrafo único e inseriu dois parágrafos neste artigo (§ 1º e 2º).

Resolução da peça prático-profissional – modelo de MEMORIAIS

início da peça

Excelentíssimo Senhor Doutor Juiz de Direito da 9ª Vara Criminal da Comarca de Planaltina-DF.

[deixe espaço de aproximadamente 10 cm, para eventual despacho ou decisão do juiz]

José de Tal, já qualificado nos autos da ação penal nº ... que lhe move o Ministério Público, por seu advogado e bastante procurador que esta subscreve, vem, mui respeitosamente, à presença de Vossa Excelência, com fundamento no art. 403, § 3º, do Código de Processo Penal, apresentar os seus MEMORIAIS, nos seguintes termos:

1. MATÉRIA PRELIMINAR

O réu, citado para responder à acusação, deixou de constituir defensor de sua confiança, tendo ele mesmo elaborado, de próprio punho, sua defesa, apresentada-a, dentro do prazo legal, em juízo. Designada a audiência de instrução e julgamento, o réu a ela compareceu

EDUARDO DOMPIERI

desacompanhado de advogado. Vossa Excelência, nesta oportunidade, deixou de nomear-lhe defensor ao argumento de que a presença do Ministério Público supriria tal falta. Ademais disso, ao término da inquirição das testemunhas, deixou-se de proceder ao interrogatório do acusado, que, embora tivesse expressado sua vontade de contribuir para o esclarecimento dos fatos, teve seu pleito negado.

Não agiu Vossa Excelência, a nosso ver, com o costumeiro acerto, por, basicamente, três razões.

Por primeiro, reza o art. 396-A, § 2º, do CPP que "não apresentada a resposta no prazo legal, ou se o acusado, citado, não constituir defensor, o juiz nomeará defensor para oferecê-la, concedendo-lhe vista dos autos por 10 (dez) dias". Pois bem, em vista do comando contido no dispositivo transcrito, ante a não constituição de defensor pelo réu, seria o caso de Vossa Excelência nomear-lhe um para que oferecesse a resposta dentro no prazo legal. Tal ausência de nomeação de defensor, por si só, já constitui causa de nulidade do processo.

Além disso, em vista da designação da audiência de instrução e julgamento e do fato de o réu a ela ter comparecido desacompanhado de advogado, seria o caso de, neste ato, nomear-lhe defensor. Não foi o que ocorreu. A falta de nomeação de defensor "*ad hoc*" é também causa de nulidade absoluta.

Com efeito, preleciona o art. 564, III, "*c*", do CPP que a nulidade ocorrerá por falta das fórmulas e termos seguintes: "a nomeação de defensor ao réu presente (...)".

Corroborando tal posicionamento, a Súmula 523 do STF: "No processo penal, a falta de defesa constitui nulidade absoluta, mas a sua deficiência só o anulará se houver prova de prejuízo para o réu".

Por fim, ainda no que toca à matéria preliminar, a falta de interrogatório do réu presente constitui causa de nulidade, nos termos do art. 564, III, "*e*", do CPP.

2. MÉRITO

No que tange ao mérito, o órgão acusatório não conseguiu sequer demonstrar a tipicidade do fato.

Com efeito, é imprescindível à configuração do crime capitulado no art. 244, "*caput*", do Código Penal a ausência de justa causa, elemento normativo do tipo.

Diante das dificuldades financeiras por que passa o réu, cremos haver a justa causa para o descumprimento da obrigação, o que torna o fato atípico.

Em verdade, pelo que resultou apurado, o réu, embora atrasasse a pensão devida a seu filho Jorge de Tal, sempre efetuava o depósito parcelado dos valores; apurou-se também que o réu vinha tentando, em vista da necessidade de sustentar a si próprio e a seus filhos, arrumar outro emprego, o que só demonstra sua disposição de obedecer à ordem judicial; não bastasse isso, o réu ainda sofre de problemas cardíacos, o que o obriga a gastar boa parte de seu salário com a aquisição de remédios necessários à sua sobrevivência; de se ver, ainda, que o réu, ajudante de pedreiro, ganha salário mínimo e tem outra família constituída, estando sua atual companheira desempregada.

Do quadro exposto, reitere-se, o fato narrado na exordial longe está de constituir crime, na medida em que o acusado, diante do seu estado de penúria, não tinha como prover a subsistência do filho menor de forma pontual. Além disso, a conduta do réu é desprovida de dolo, o que também tem o condão de excluir a tipicidade do fato.

PRÁTICA PENAL – 10ª EDIÇÃO   263   PEÇAS PRÁTICO-PROFISSIONAIS

Assim não entendendo Vossa Excelência, apenas para argumentar, deve ser afastada, ao menos, a agravante contida no art. 61, II, *"e"*, do CP, tendo em conta que a sua incidência implica *"bis in idem"*, isso porque o fato de a vítima ser descendente do réu já é elemento constitutivo do tipo. É o que determina o art. 61, *"caput"*, do CP.

Pleiteia-se, ademais, o reconhecimento da atenuante contida no art. 65, I, do CP (réu maior de 70 anos na data da sentença).

3. PEDIDO

Ante o exposto, requer-se a Vossa Excelência a absolvição do réu, com fundamento no art. 386, III, do Código de Processo Penal, ou, subsidiariamente, pleiteia-se o afastamento da agravante do art. 61, II, *"e"*, do Código Penal, bem assim o reconhecimento da atenuante a que alude o art. 65, I, do mesmo Diploma.

Por fim, deve-se ressaltar que o acusado é primário e tem bons antecedentes, merecendo receber a pena no mínimo legal, fixação de regime aberto para o seu cumprimento, se houver condenação, bem como a substituição da pena privativa de liberdade por uma de multa ou por uma restritiva de direitos e o direito de recorrer em liberdade.

Local ..., 22 de junho de 2009.

Advogado

fim da peça

(OAB/Exame Unificado – 2009.3 – 2ª fase) Prova Prático-Profissional. Em 17/1/2010, Rodolfo T., brasileiro, divorciado, com 57 anos de idade, administrador de empresas, importante dirigente do clube esportivo LX F.C., contratou profissional da advocacia para que adotasse as providências judiciais em face de conhecido jornalista e comentarista esportivo, Clóvis V., brasileiro, solteiro, com 38 anos de idade, que, a pretexto de criticar o fraco desempenho do time de futebol do LX F.C. no campeonato nacional em matéria esportiva divulgada por meio impresso e apresentada em programa televisivo, bem como no próprio blog pessoal do jornalista na Internet, passou, em diversas ocasiões, juntamente com Teodoro S., brasileiro, de 60 anos de idade, casado, jornalista, desafeto de Rodolfo T., a praticar reiteradas condutas com o firme propósito de ofender a honra do dirigente do clube. Foram ambos interpelados judicialmente e se recusaram a dar explicações acerca das ofensas, mantendo-se inertes.

Por três vezes afirmou, em meios de comunicação distintos, o comentarista Clóvis V., sabendo não serem verdadeiras as afirmações, que o dirigente "havia 'roubado' o clube LX F.C. e os torcedores, pois tinha se apropriado, indevidamente, de R$ 5 milhões pertencentes ao LX F.C., na condição de seu diretor-geral, quando da venda do jogador Y, ocorrida em 20/12/2008" e que "já teria gasto parte da fortuna 'roubada', com festas, bebidas, drogas e prostitutas". Tal afirmação foi proferida durante o programa de televisão Futebol da Hora, em 7/1/2010, às 21 h 30m, no canal de televisão VX e publicado no blog do comentarista esportivo, na Internet, em 8/1/2010, no endereço eletrônico www.clovisv.futebol.xx. Tais declarações foram igualmente publicadas no jornal impresso Notícias do Futebol, de circulação nacional, na edição de 8/1/2010. Destaque-se que o canal de televisão VX e o jornal Notícias do Futebol pertencem ao mesmo grupo econômico e têm como diretor-geral e redator-chefe Teodoro S., desafeto do dirigente Rodolfo T. Sabe-se que todas as notícias foram veiculadas por ordem direta e expressa de Teodoro S.

EDUARDO DOMPIERI

Prosseguindo a empreitada ofensiva, o jornalista Clóvis V. disse, em 13/1/2010, em seu blog pessoal na Internet, que o dirigente não teria condições de gerir o clube porque seria "um burro, de capacidade intelectual inferior à de uma barata" e, por isso, "tinha levado o clube à falência", porém estava "com os bolsos cheios de dinheiro do clube e dos torcedores". Como se não bastasse, na última edição do blog, em 15/1/2010, afirmou que "o dirigente do clube está tão decadente que passou a sair com homens", por isso "a mulher o deixou".

Entre os documentos coletados pelo cliente e pelo escritório encontram-se a gravação, em DVD, do programa de televisão, com o dia e horário em que foi veiculado, bem como a edição do jornal impresso em que foi difundida a matéria sobre o assunto, além de cópias de páginas e registros extraídos da Internet, com as ofensas perpetradas pelo jornalista Clóvis V. Rodolfo T. tomou conhecimento da autoria e dos fatos no dia 15/1/2010, tendo todos eles ocorrido na cidade de São Paulo – SP, sede da emissora e da editora, além de domicílio de todos os envolvidos.

Em face dessa situação hipotética, na condição de advogado(a) contratado(a) por Rodolfo T., redija a peça processual que atenda aos interesses de seu cliente, considerando recebida a pasta de atendimento do cliente devidamente instruída, com todos os documentos pertinentes, suficientes e necessários, procuração com poderes especiais e testemunhas.

Resolução da Peça Prático-Profissional – modelo de QUEIXA-CRIME

início da peça

Excelentíssimo Senhor Doutor Juiz de Direito da ___ Vara Criminal da Comarca de São Paulo-SP.

[deixe espaço de aproximadamente 10 cm, para eventual despacho ou decisão do juiz]

Rodolfo T., brasileiro, divorciado, administrador de empresas, portador da cédula de identidade n° ..., inscrito no Cadastro de Pessoas Físicas do Ministério da Fazenda sob o n° ..., residente e domiciliado na Rua ..., n° ..., nesta capital e comarca, por seu advogado infra-assinado, vem oferecer, com fundamento nos arts. 41 e 44 do Código de Processo Penal, QUEI-XA-CRIME contra Clóvis V., brasileiro, solteiro, jornalista, portador da cédula de identidade n° ..., inscrito no Cadastro de Pessoas Físicas do Ministério da Fazenda sob o n° ..., residente e domiciliado na Rua ..., n° ..., nesta capital e comarca, e Teodoro S., brasileiro, casado, jornalista, portador da cédula de identidade n° ..., inscrito no Cadastro de Pessoas Físicas do Ministério da Fazenda sob o n° ..., residente e domiciliado na Rua ..., n° ..., nesta capital e comarca, pelos motivos a seguir expostos.

Segundo consta, o clube esportivo dirigido pelo querelante, que disputa o campeonato nacional e no qual teve desempenho fraco, foi alvo de críticas por parte dos querelados.

Sucede que os querelados, a pretexto de criticar o fraco desempenho do time dirigido pelo querelante, passaram a praticar reiteradas condutas com o propósito de lançar ofensas à honra deste.

Interpelados judicialmente quanto às ofensas proferidas, permaneceram silentes.

O querelado Clóvis declarou, por três vezes, em meios de comunicações distintos, sabendo da falsidade da afirmação, que o querelante "havia *roubado* o clube LX F.C. e os torcedores, pois tinha se apropriado, indevidamente, de R$ 5 milhões pertencentes ao LX F.C., na condição de seu diretor-geral, quando da venda do jogador Y, ocorrida em 20/12/2008" e que "já teria gasto parte da fortuna *roubada*, com festas, bebidas, drogas e prostitutas".

Praticou, dessa forma, o crime capitulado no art. 138, *caput*, do Código Penal, três vezes, em continuidade delitiva – art. 71, CP, visto que se trata de crimes da mesma espécie perpetrados nas mesmas circunstâncias de tempo, lugar e execução.

Ao afirmar que o querelante "já teria gasto parte da fortuna *roubada* com festas, bebidas, drogas e prostitutas", o querelado Clóvis cometeu o crime capitulado no art. 139, *"caput"*, do Código Penal, tendo em conta que tal declaração é ofensiva à sua reputação. Como essa declaração foi feita três vezes, em meios de comunicações distintos, nas mesmas circunstâncias de tempo, lugar e execução, está-se diante de crime continuado – art. 71, CP.

Por ter essa declaração sido feita durante o programa de televisão Futebol da Hora, em 7/1/2010, às 21h30, no canal de televisão VX e também sido publicada no blog do comentarista esportivo, na Internet, em 8/1/2010, no endereço eletrônico www.clovisv.futebol.xx., também sendo publicada no jornal impresso Notícias do Futebol, de circulação nacional, na edição de 8/1/2010, é de rigor a incidência da causa de aumento de pena a que alude o art. 141, III, do Código Penal, já que a calúnia foi proferida por diversos meios que facilitaram a sua divulgação.

Registre-se que o canal de televisão VX e o jornal Notícias do Futebol pertencem ao mesmo grupo econômico e têm como diretor-geral e redator-chefe o querelado Teodoro S., que é desafeto do querelante.

Sabe-se que todas as notícias foram veiculadas por ordem direta e expressa de Teodoro S, razão pela qual incorreu nas penas dos arts. 138, § 1º, por duas vezes, nos termos do art. 71 do CP, e 139, *"caput"*, do CP, por duas vezes, também em continuidade delitiva, com a causa de aumento do art. 141, III, ambos do Código Penal, observado, no mais, o concurso material entre os dois delitos.

Em 13/01/2010, dando continuidade às ofensas perpetradas, Clóvis, agora em seu blog pessoal, declarou que o querelante seria incapaz de gerir o clube porque seria "um burro de capacidade intelectual inferior à de uma barata".

Ao afirmar que o querelante é "um burro de capacidade intelectual inferior à de uma barata", Clovis cometeu o delito do art. 140 do Código Penal, visto que atribuiu adjetivação ofensiva à sua capacidade intelectual, à sua honra subjetiva.

Na edição de 15/1/2010 do blog, afirmou que "o dirigente do clube está tão decadente que passou a sair com homens", razão por que "a mulher o deixou".

Ao proferir essa afirmação, o querelado Clóvis, uma vez mais, em continuidade delitiva, incorreu nas penas do art. 140 do Código Penal, tendo em conta que atribuiu ao querelante opinião pejorativa ofensiva, tachando-o de homossexual.

De tudo quanto foi exposto, torna-se patente a prática dos crimes noticiados, notadamente em vista do farto material acostado: gravação, em DVD, do programa de televisão, com o dia e horário em que foi veiculado, bem como a edição do jornal impresso em que foi difundida a matéria sobre o assunto, além de cópias de páginas e registros extraídos da Internet, com as ofensas perpetradas.

EDUARDO DOMPIERI

Do acima exposto, requer a Vossa Excelência seja recebida a presente queixa-crime contra o réu Clóvis V., como incurso no art. 138, *"caput"*, por três vezes, em continuidade delitiva, conforme art. 71 do CP; art. 139, *"caput"*, do CP, por três vezes, em continuidade delitiva, nos termos do art. 71, CP; e art. 140 do CP, duas vezes, em continuidade delitiva, todos combinados com os arts. 69, 141, III, e 29, *"caput"*, do CP; e contra o réu Teodoro S., este como incurso no art. 138, § 1º, do CP, por duas vezes, em continuidade delitiva, conforme art. 71 do CP, e também no art. 139, *"caput"*, do CP, por duas vezes, também em continuidade delitiva, combinados com os arts. 69, 141, III, e 29, *"caput"*, todos do Código Penal, para que, citados, o que, desde já se requer, respondam ao processo, e, ao final, o pedido seja julgado totalmente procedente com a consequente condenação dos querelados pela prática dos crimes acima narrados. Requer-se, outrossim, com base no que dispõe o art. 387, IV, do CPP, a fixação de valor mínimo para reparação dos danos causados pela infração.

Rol de testemunhas

Termos em que,

P. deferimento.

Local ..., data.

Advogado

fim da peça

(OAB/Exame Unificado – 2010.1 – 2ª fase) Prova Prático-Profissional. Leila, de quatorze anos de idade, inconformada com o fato de ter engravidado de seu namorado, Joel, de vinte e oito anos de idade, resolveu procurar sua amiga Fátima, de vinte anos de idade, para que esta lhe provocasse um aborto. Utilizando seus conhecimentos de estudante de enfermagem, Fátima fez que Leila ingerisse um remédio para úlcera. Após alguns dias, na véspera da comemoração da entrada do ano de 2005, Leila abortou e disse ao namorado que havia menstruado, alegando que não estivera, de fato, grávida. Desconfiado, Joel vasculhou as gavetas da namorada e encontrou, além de um envelope com o resultado positivo do exame de gravidez de Leila, o frasco de remédio para úlcera embrulhado em um papel com um bilhete de Fátima a Leila, no qual ela prescrevia as doses do remédio. Munido do resultado do exame e do bilhete escrito por Fátima, Joel narrou o fato à autoridade policial, razão pela qual Fátima foi indiciada por aborto.

Tanto na delegacia quanto em juízo, Fátima negou a prática do aborto, tendo confirmado que fornecera o remédio a Leila, acreditando que a amiga sofria de úlcera.

Leila foi encaminhada para perícia no Instituto Médico Legal de São Paulo, onde se confirmou a existência de resquícios de saco gestacional, compatível com gravidez, mas sem elementos suficientes para a confirmação de aborto espontâneo ou provocado.

Leila não foi ouvida durante o inquérito policial porque, após o exame, mudou-se para Brasília e, apesar dos esforços da autoridade policial, não foi localizada.

Em 30/1/2010, Fátima foi denunciada pela prática de aborto. Regularmente processada a ação penal, o juiz, no momento dos debates orais da audiência de instrução, permitiu, com a anuência das partes, a manifestação por escrito, no prazo sucessivo de cinco dias.

A acusação sustentou a comprovação da autoria, tanto pelo depoimento de Joel na fase policial e ratificação em juízo, quanto pela confirmação da ré de que teria fornecido remédio abortivo. Sus-

PRÁTICA PENAL – 10ª EDIÇÃO 267 PEÇAS PRÁTICO-PROFISSIONAIS

tentou, ainda, a materialidade do fato, por meio do exame de laboratório e da conclusão da perícia pela existência da gravidez.

A defesa teve vista dos autos em 12/7/2010.

Em face dessa situação hipotética, na condição de advogado(a) constituído(a) por Fátima, redija a peça processual adequada à defesa de sua cliente, alegando toda a matéria de direito processual e material aplicável ao caso. Date o documento no último dia do prazo para protocolo.

CONSIDERAÇÕES PRELIMINARES

Apesar de o art. 411, § 4º, do Código de Processo Penal não fazer referência à possibilidade de o magistrado deferir a juntada de memoriais em substituição aos debates orais, a doutrina vem entendendo ser aplicável, por analogia, o art. 403, § 3º, do CPP ao rito do Júri, lembrando que o art. 394, § 5º, do CPP estabelece que as disposições do procedimento ordinário terão aplicação subsidiária.

Embora o espelho da prova não tenha contemplado esta possibilidade, seria, em princípio, possível falar-se em nulidade decorrente da falta de proposta de suspensão condicional do processo (art. 89 da Lei 9.099/1995). Isso porque a pena mínima cominada ao crime do art. 126, *caput*, do Código Penal é de um ano, dentro, portanto, do patamar fixado no art. 89, *caput*, da Lei 9.099/1995.

Ainda no tema nulidades, seria possível, em tese, argumentar que a prova que deflagrou a investigação e depois deu origem ao processo é ilícita, já que obtida em violação a direito consagrado na Constituição Federal, em seu art. 5º, X (direito à intimidade). O enunciado não deixa claro se houve violação domiciliar.

No que toca à prescrição, trata-se, a nosso ver, de matéria de mérito, cuja tese respectiva deve, por essa razão, ser desenvolvida, dentro da peça, no campo a ele destinado.

Resolução da peça prático-profissional – modelo de MEMORIAIS

início da peça

Excelentíssimo Senhor Doutor Juiz de Direito da __Vara do Júri da Comarca de São Paulo-SP.

[Deixe espaço de aproximadamente 10 cm, para eventual despacho ou decisão do juiz]

Fátima, já qualificada nos autos da ação penal nº..., que lhe move o Ministério Público, por seu advogado e bastante procurador que esta subscreve, vem, mui respeitosamente, à presença de Vossa Excelência, por analogia ao art. 403, § 3º, do Código de Processo Penal, apresentar os seus MEMORIAIS, nos seguintes termos:

1. DOS FATOS

A ré foi denunciada porque teria, em princípio, violado o art. 126, "*caput*", do Código Penal.

É da peça acusatória que, próximo à comemoração da entrada do ano de 2005, a acusada, atendendo a pedido de sua amiga Leila, de 14 anos, teria nesta provocado aborto, prescrevendo-lhe medicamento para tratamento de úlcera, já que era estudante de enfermagem e como tal detinha conhecimentos na área da saúde.

Descobertos os fatos, foram os mesmos levados ao conhecimento da autoridade de Polícia Judiciária, que providenciou a instauração de inquérito e o indiciamento de Fátima.

O feito foi instruído e o Ministério Público, ao final do sumário de culpa, pugnou pela pronúncia da ré nos termos da inicial acusatória.

2. DO DIREITO

Como matéria preliminar de mérito, operou-se a prescrição da pretensão punitiva, dado que, por ser a acusada menor de 21 anos ao tempo do crime, nos exatos termos do art. 115 do Código Penal, o prazo de prescrição é reduzido de metade. Sendo de 4 anos a pena máxima cominada ao crime imputado à ré, a prescrição, estabelecida no art. 109, IV, do CP, ocorreria em 8 anos. Em face da mencionada redução, o interregno será de 4 anos, período já superado entre a data do fato (dezembro de 2005) e o recebimento da denúncia (janeiro de 2010).

Como ficará sobejamente demonstrado, a acusação que pesa sobre a ré não pode prosperar, tendo em conta que o acervo probatório reunido pela acusação é frágil e insuficiente a comprovar a materialidade delitiva e a autoria do crime imputado à acusada.

Não bastasse o fato de o prazo de que o Estado dispunha para punir a acusada ter-se exaurido, é fato que inexistem provas de que a ré tivesse conhecimento do estado gravídico da amiga.

Ao contrário, ao prescrever-lhe o medicamento, a acusada somente o fez porque não sabia que este se destinava à interrupção da gravidez de Leila. Ao fazê-lo, a ré, induzida em erro pela amiga, que lhe afirmara padecer de úlcera, prescreveu-lhe medicamento exclusivamente para essa finalidade, é dizer, para o tratamento do quadro de úlcera. Fica claro, pois, que não havia, por parte da ré, qualquer intenção de provocar o aborto em Leila, porquanto desconhecia sua gravidez.

Nos crimes de uma forma geral – e no aborto não é diferente – é imprescindível à própria existência do delito o chamado elemento subjetivo, representado, aqui, pelo dolo, entendido, neste caso, como a vontade livre e consciente de interromper a gravidez e provocar a morte do produto da concepção.

Ausente o dolo, não há que se falar em conduta e, por conseguinte, em crime.

A acusada agiu sem dolo, sem consciência da gravidez de Leila. Não pode, dessa forma, ser responsabilizada pela conduta tipificada no art. 126, "*caput*", do Código Penal.

Leila, após se submeter a exame no Instituto Médico Legal, mudou-se para Brasília, antes mesmo do término das investigações e de sua oitiva no inquérito.

Tal fato, a despeito dos esforços envidados pela autoridade policial para localizá-la, contribui para enfraquecer o acervo probatório, visto que este depoimento seria esclarecedor.

Quanto à materialidade, o laudo confeccionado pelo Instituto Médico Legal revelou-se inconclusivo, na medida em que, apesar de ter confirmado a existência de gravidez, não apontou nenhum elemento a partir do qual pudesse se depreender que Leila submetera-se a aborto.

No que tange ao resultado positivo do exame de gravidez encontrado por Joel, este somente confirma o resultado do laudo expedido pelo IML, isto é, que Leila estivera grávida. O bilhete

PRÁTICA PENAL – 10ª EDIÇÃO   269   PEÇAS PRÁTICO-PROFISSIONAIS

de Fátima a Leila, por sua vez, foi escrito com o propósito de adverti-la das doses a serem ingeridas para o tratamento da úlcera.

Assim, como se pode notar, a acusação está calcada em provas frágeis, insuficientes para autorizar a pronúncia da ré, além do que o Estado já esgotou o prazo de que dispunha para punir a acusada.

3. PEDIDO

Ante o exposto, requer-se a Vossa Excelência seja reconhecida extinta a punibilidade pela prescrição da pretensão punitiva estatal ou, de forma subsidiária, postula-se seja proferida a respeitável decisão de impronúncia da ré, com fundamento no art. 414 do Código de Processo Penal.

Local..., 19 de julho de 2010.

Advogado

fim da peça

GABARITO COMENTADO – EXAMINADORA

Deve-se redigir memorial ao juiz do tribunal do júri. Embora não haja previsão legal expressa quanto à apresentação de memorial na audiência de instrução do procedimento do júri, é possível a substituição dos debates orais pelos memoriais, por analogia ao art. 403, § 3º, do Código de Processo Penal e em face da anuência das partes.

Prazo estabelecido pelo juiz: 19/7/2010.

Preliminar: prescrição da pretensão punitiva, visto que da data do fato (dezembro de 2005) até a denúncia (janeiro de 2010) passaram-se mais de quatro anos. Como para o crime de aborto, previsto no art. 126 do Código Penal, é prevista pena de um a quatro anos, o crime prescreverá em oito anos. Entretanto, tratando-se de menor de vinte e um anos, a prescrição corre pela metade, estando o crime prescrito (CP, arts. 109, IV, 115 e 126)

Mérito: impronúncia por falta de comprovação da materialidade (laudo pericial inconclusivo); inexistência de indícios suficientes de autoria (falta das declarações da menor) e ausência da comprovação do dolo (a ré afirma que não sabia da gravidez da amiga e forneceu-lhe remédio com objetivo de curar úlcera).

Pedido: reconhecimento da preliminar e extinção da punibilidade; impronúncia nos termos do art. 414 do Código de Processo Penal. Admite-se o pedido de absolvição sumária (CPP, art. 415) em atenção ao princípio da ampla defesa.

Observação para a correção: atribuir pontuação integral às respostas em que esteja expresso o conteúdo do dispositivo legal, ainda que não seja citado, expressamente, o número do artigo.

EDUARDO DOMPIERI

(OAB/Exame Unificado – 2010.2 – 2ª fase) Peça Prático-profissional. A Polícia Civil do Estado do Rio Grande do Sul recebe notícia crime identificada, imputando a Maria Campos a prática de crime, eis que mandaria crianças brasileiras para o estrangeiro com documentos falsos. Diante da notícia crime, a autoridade policial instaura inquérito policial e, como primeira providência, representa pela decretação da interceptação das comunicações telefônicas de Maria Campos, "dada a gravidade dos fatos noticiados e a notória dificuldade de apurar crime de tráfico de menores para o exterior por outros meios, pois o 'modus operandi' envolve sempre atos ocultos e exige estrutura organizacional sofisticada, o que indica a existência de uma organização criminosa integrada pela investigada Maria". O Ministério Público opina favoravelmente e o juiz defere a medida, limitando-se a adotar, como razão de decidir, "os fundamentos explicitados na representação policial".

No curso do monitoramento, foram identificadas pessoas que contratavam os serviços de Maria Campos para providenciar expedição de passaporte para viabilizar viagens de crianças para o exterior. Foi gravada conversa telefônica de Maria com um funcionário do setor de passaportes da Polícia Federal, Antônio Lopes, em que Maria consultava Antônio sobre os passaportes que ela havia solicitado, se já estavam prontos, e se poderiam ser enviados a ela. A pedido da autoridade policial, o juiz deferiu a interceptação das linhas telefônicas utilizadas por Antônio Lopes, mas nenhum diálogo relevante foi interceptado.

O juiz, também com prévia representação da autoridade policial e manifestação favorável do Ministério Público, deferiu a quebra de sigilo bancário e fiscal dos investigados, tendo sido identificado um depósito de dinheiro em espécie na conta de Antônio, efetuado naquele mesmo ano, no valor de R$ 100.000,00 (cem mil reais). O monitoramento telefônico foi mantido pelo período de quinze dias, após o que foi deferida medida de busca e apreensão nos endereços de Maria e Antônio. A decisão foi proferida nos seguintes termos: "diante da gravidade dos fatos e da real possibilidade de serem encontrados objetos relevantes para investigação, defiro requerimento de busca e apreensão nos endereços de Maria (Rua dos Casais, 213) e de Antônio (Rua Castro, 170, apartamento 201)". No endereço de Maria Campos, foi encontrada apenas uma relação de nomes que, na visão da autoridade policial, seriam clientes que teriam requerido a expedição de passaportes com os nomes de crianças que teriam viajado para o exterior. No endereço indicado no mandado de Antônio Lopes, nada foi encontrado. Entretanto, os policiais que cumpriram a ordem judicial perceberam que o apartamento 202 do mesmo prédio também pertencia ao investigado, motivo pelo qual nele ingressaram, encontrando e apreendendo a quantia de cinquenta mil dólares em espécie. Nenhuma outra diligência foi realizada.

Relatado o inquérito policial, os autos foram remetidos ao Ministério Público, que ofereceu a denúncia nos seguintes termos: "o Ministério Público vem oferecer denúncia contra Maria Campos e Antônio Lopes, pelos fatos a seguir descritos: Maria Campos, com o auxílio do agente da polícia federal Antônio Lopes, expediu diversos passaportes para crianças e adolescentes, sem observância das formalidades legais.

Maria tinha a finalidade de viabilizar a saída dos menores do país. A partir da quantia de dinheiro apreendida na casa de Antônio Lopes, bem como o depósito identificado em sua conta bancária, evidente que ele recebia vantagem indevida para efetuar a liberação dos passaportes. Assim agindo, a denunciada Maria Campos está incursa nas penas do artigo 239, parágrafo único, da Lei n. 8069/90 (Estatuto da Criança e do Adolescente), e nas penas do artigo 333, parágrafo único, c/c o artigo 69, ambos do Código Penal. Já o denunciado Antônio Lopes está incurso nas penas do artigo 239, parágrafo único, da Lei n. 8069/1990 (Estatuto da Criança e do Adolescente) e nas penas do artigo 317, § 1º, c/c artigo 69, ambos do Código Penal".

PRÁTICA PENAL – 10ª EDIÇÃO   271   PEÇAS PRÁTICO-PROFISSIONAIS

O juiz da 15ª Vara Criminal de Porto Alegre, RS, recebeu a denúncia, nos seguintes termos:

"compulsando os autos, verifico que há prova indiciária suficiente da ocorrência dos fatos descritos na denúncia e do envolvimento dos denunciados. Há justa causa para a ação penal, pelo que recebo a denúncia. Citem-se os réus, na forma da lei". Antônio foi citado pessoalmente em 27.10.2010 (quarta-feira) e o respectivo mandado foi acostado aos autos dia 01.11.2010 (segunda-feira). Antônio contratou você como Advogado, repassando-lhe nomes de pessoas (Carlos de Tal, residente na Rua 1, n. 10, nesta capital; João de Tal, residente na Rua 4, n. 310, nesta capital; Roberta de Tal, residente na Rua 4, n. 310, nesta capital) que prestariam relevantes informações para corroborar com sua versão.

Nessa condição, redija a peça processual cabível desenvolvendo TODAS AS TESES DEFENSIVAS que podem ser extraídas do enunciado com indicação de respectivos dispositivos legais. Apresente a peça no último dia do prazo.

Resolução da peça prático-profissional – modelo de DEFESA PRÉVIA

início da peça

Excelentíssimo Senhor Doutor Juiz de Direito da 15ª Vara Criminal da Comarca de Porto Alegre-RS.

[Deixe espaço de aproximadamente 10 cm, para eventual despacho ou decisão do juiz]

Antônio Lopes, por seu advogado, nos autos da ação penal que lhe move o Ministério Público, vem, respeitosamente, à presença de Vossa Excelência, nos termos do que dispõe o art. 396-A do Código de Processo Penal, apresentar sua DEFESA PRÉVIA, pelas razões a seguir expostas:

1. DOS FATOS

Consta da inicial acusatória que o réu teria incorrido na prática das condutas prefiguradas nos arts. 239, parágrafo único, da Lei 8.069/1990 e 317, § 1º, c/c o art. 69, ambos do Código Penal.

Isso porque, segundo relato que consta da denúncia, o acusado, agente da Polícia Federal lotado no setor de passaportes, recebia vantagem indevida para proceder à liberação de passaportes de crianças e adolescentes para que estes pudessem ser enviados ao exterior em desacordo com as formalidades legais.

É ainda da exordial que a expedição dos passaportes e o contato com o corréu Antônio Lopes eram feitos pela corré Maria Campos, a quem são imputadas as condutas tipificadas nos arts. 239, parágrafo único, da Lei n. 8.069/1990 e 333, parágrafo único, c/c o artigo 69, ambos do Código Penal.

Recebida a denúncia, o réu foi citado para responder à presente acusação.

2. DO DIREITO

2.1. Matéria Preliminar

O primeiro reparo a ser feito, em sede de preliminar, refere-se à falta de competência da Justiça Estadual para processar este feito.

Reza o art. 109, V, da CF que "aos juízes federais compete processar e julgar os crimes previstos em tratado ou convenção internacional, quando, iniciada a execução no país, o resultado tenha ou devesse ter ocorrido no estrangeiro, ou reciprocamente".

Dada a transnacionalidade do delito previsto no art. 239, parágrafo único, da Lei 8.069/1990, é competente para o seu processamento e julgamento a Justiça Federal.

Trata-se de incompetência absoluta, porque em razão da matéria, o que gera nulidade "ab initio".

Estabelece a Constituição Federal, em seu art. 5º, XII, como regra, a inviolabilidade da comunicação telefônica, que somente pode ser quebrada, por ordem judicial, para fins de investigação criminal ou instrução processual penal.

A Lei 9.296/1996 fixa a forma pela qual deve se dar a interceptação telefônica.

Pois bem, como a seguir ficará demonstrado, a interceptação determinada nas linhas telefônicas dos réus está em desacordo com o que prescreve esta legislação.

Senão vejamos.

Por primeiro, em obediência ao comando contido no art. 2º, II, da Lei 9.296/1996, tratan-do-se de medida constritiva das mais invasivas, ainda que não existam outras provas, é dever da autoridade policial, antes de recorrer à interceptação telefônica, formulando requerimento nesse sentido ao magistrado, envidar esforços para colher outras provas, somente lançando mão da interceptação quando esta se mostrar imprescindível.

Não foi o que se deu.

Com efeito, a autoridade policial presidente do inquérito, como primeira providência, requereu a interceptação telefônica da linha utilizada pela ré Maria Campos, em flagrante violação à regra contemplada no art. 2º, II, da Lei 9.296/1996.

Mais: o magistrado, ao decretar a interceptação na linha de uso da corré Maria Campos, deixou de fundamentar sua decisão, em patente desrespeito ao que dispõem os arts. 93, IX, da CF e 5º da Lei 9.296/1996, apenas fazendo menção aos fundamentos contidos na representação policial, o que é inadmissível.

Trata-se, pois, de decisão nula.

Ainda em preliminar, a decisão que deferiu a busca e apreensão é nula, porquanto genérica e sem fundamentação, em flagrante violação ao disposto no art. 93, IX, da CF. Quanto às provas obtidas nesta diligência, devem ser consideradas ilícitas e, dessa forma, desentranhadas dos autos.

Em cumprimento ao mandado de busca e apreensão no endereço do réu, os agentes nada encontraram. Não satisfeitos, diante da notícia de que o apartamento vizinho também pertence ao réu, ao arrepio da lei, já que não tinham ordem para isso, nele adentraram e ali apreenderam a impor-tância de cinquenta mil dólares em espécie. A prova obtida nesta diligência de busca e apreensão, não autorizada judicialmente, é ilícita, devendo, portanto, ser retirada, desentranhada dos autos.

A denúncia ofertada pelo Ministério Público é inepta, na medida em que não descreve de forma clara, pormenorizada a conduta realizada pelo réu, o que inviabiliza o exercício do seu direito de defesa, em patente violação ao art. 5º, LV, da CF.

2.2. Mérito

No que concerne ao mérito, a acusação, por razões várias que a seguir serão expostas, também não pode prosperar.

Em primeiro lugar, inexiste lastro probatório mínimo a justificar a denúncia pelo crime do art. 317, § 1º, do Código Penal contra o réu.

A autoridade policial, ao efetuar a intercepção telefônica nas linhas de uso dos réus, não logrou obter nenhum diálogo útil às investigações.

À míngua de elementos para dar início às investigações, dirigiu seus esforços ao réu, pessoa com quem a corré Maria Campos havia feito contato telefônico e a quem ela formulara consulta acerca de passaportes.

Foi essa, pois, a ligação entre os réus.

Nenhuma prova foi construída que desse suporte à tese de que o réu tenha recebido vantagem indevida para expedir passaporte de forma irregular. Da mesma forma, a acusação nenhuma prova fez de que o réu, com a sua conduta, tenha infringido dever funcional, conforme exigência do art. 317, § 1º, do Código Penal.

Inexiste, portanto, neste caso, justa causa para a ação penal.

A imputação ao réu pelo crime do art. 239, parágrafo único, da Lei 8.069/1990 merece reparo, já que o mesmo não tinha conhecimento do delito supostamente praticado pela corré Maria.

Com efeito, nos crimes em geral é necessário que o agente aja com dolo ou culpa, que constitui o elemento subjetivo do tipo. Ausente um ou outro, inexiste fato típico e, por conseguinte, crime.

No caso aqui tratado, o elemento subjetivo do crime previsto no art. 239, parágrafo único, do Estatuto da Criança e do Adolescente é representado pelo dolo. Pelo que dos autos consta, Antônio não tinha conhecimento do crime supostamente perpetrado por Maria, razão pela qual inexiste, da parte dele, dolo.

A conduta de Antônio, dessa forma, é atípica.

1. DO PEDIDO

Ante o exposto, postula-se pela declaração das nulidades noticiadas e pela absolvição sumária do réu, nos exatos termos do art. 397, III, do CPP, e, alternativamente, não sendo esse o entendimento de Vossa Excelência, sendo instruído o feito, requer-se a intimação das testemunhas abaixo arroladas:

Carlos de Tal, residente na Rua 1, n. 10, nesta capital;

João de Tal, residente na Rua 4, n. 310, nesta capital;

Roberta de Tal, residente na Rua 4, n.310, nesta capital.

Termos em que,

Pede deferimento.

Local ..., 8 de novembro de 2010.

Advogado

fim da peça

EDUARDO DOMPIERI

GABARITO COMENTADO – EXAMINADORA

- O candidato deverá redigir Resposta à Acusação endereçada ao Juiz de Direito da 15ª Vara Criminal de Porto Alegre, RS, com base nos artigos 396 e/ou 396-A do Código de Processo Penal. É indispensável a indicação do dispositivo legal que fundamenta a apresentação da peça. Peças denominadas "Defesa Prévia", "Defesa Preliminar" e "Resposta Preliminar" sem indicação do dispositivo legal não serão aceitas. Peças com fundamento simultâneo nos artigos 406 e 514 do Código de Processo Penal, ou em qualquer artigo de outra lei não serão aceitas. Quando se indicava os artigos 396 e/ou 396-A, as peças eram aceitas independente do nome, salvo quando também se fundamentavam no art. 514 do Código de Processo Penal ou em outro artigo não aplicável ao caso. Admitiu-se a resposta acompanhada da exceção de incompetência, pontuando-se os argumentos constantes de ambas as peças.

- A primeira questão preliminar que deverá ser arguida é incompetência da Justiça Estadual para processar o feito, eis que o crime é de competência federal, nos termos do que prevê o artigo 109, V, da Constituição Federal. Relativamente a esse tema, admitiu-se também a arguição de incompetência com base no inciso IV do art. 109, da Constituição. Em ambos os casos, será considerada válida a indicação da transnacionalidade do crime ou a circunstância de ser uma acusação de crime supostamente praticado por funcionário público federal no exercício das funções e com estas relacionadas. Admite-se também a simples referência ao dispositivo da Constituição, ou até mesmo à Súmula n. 254, do extinto mas sempre Egrégio Tribunal Federal de Recursos. Não será aceita, por outro lado, a referência ao art. 109, I da Constituição nem às Súmulas 122 e/ou 147 do STJ.

- A segunda questão preliminar que deverá ser arguida é nulidade na interceptação telefônica. Aqui, foram pontuados separadamente os dois argumentos para sustentar a nulidade: (a) falta de fundamentação da decisão nos termos do que disciplina o artigo 5º, da Lei 9.296/1996 e artigo 93, IX, da Constituição da República; no mesmo sentido; (b) impossibilidade de se decretar a medida de interceptação telefônica como primeira medida investigativa, não respeitando o princípio da excepcionalidade, violando o previsto no artigo 2º, II, da Lei 9.296/1996. Na nulidade da interceptação não se aceitará o argumento do art. 4º, acerca da ausência de indicação de como seria implementada a medida. Também não se aceitará a nulidade decorrente da incompetência para a decretação, eis que o argumento da incompetência era objeto de pontuação específica.

- A terceira questão preliminar que deverá ser arguida é a nulidade da decisão que deferiu a busca e apreensão nula, eis que genérica e sem fundamentação, fulcro no artigo 93, IX, da Constituição da República.

- A quarta questão preliminar que deverá ser arguida é a nulidade da apreensão dos cinquenta mil dólares, eis que o ingresso no outro apartamento de Antônio, onde estava a quantia, não estava autorizado judicialmente. Relativamente a este ponto, era indispensável que se associasse a ilegalidade ao conceito de prova ilícita e consequentemente requerendo-se a desconsideração do dinheiro lá apreendido.

- A quinta questão preliminar que deverá ser arguida é a inépcia da inicial acusatória, eis que a conduta é genérica, sem descrever as elementares do tipo de corrupção passiva e sem imputar fato determinado. Isso viola o previsto no artigo 8º, 2, 'b', do Decreto 678/1992, o qual prevê como garantia do acusado a comunicação prévia e pormenorizada da acusação formulada. Além disso, limita o exercício do direito de defesa, em desrespeito ao

PRÁTICA PENAL – 10ª EDIÇÃO

PEÇAS PRÁTICO-PROFISSIONAIS

previsto no artigo 5º, LV, da Constituição da República. Por fim, há violação ao artigo 41, do Código de Processo Penal.

- Em relação ao crime de corrupção passiva, previsto no artigo 317, § 1º, do Código Penal, o candidato deverá apontar a falta de justa causa para a ação penal. Afirmações genéricas de falta de justa causa não serão consideradas suficientes para obtenção da pontuação. Com efeito, é preciso que o candidato faça um cotejo entre o tipo penal (com seus elementos normativos, objetivos e subjetivos) e os fatos narrados no enunciado da questão. São exemplos de argumentos: não há prova suficiente de que o réu recebia vantagem indevida para a emissão de passaportes de forma irregular; não há nenhuma prova de que os passaportes fossem emitidos de forma irregular; nenhum passaporte foi apreendido ou periciado na fase de inquérito policial; não há prova de que os passaportes supostamente requeridos por Maria na ligação telefônica foram, efetivamente, emitidos; não há prova de que houve o exaurimento do crime, nos termos do que prevê o § 1º do artigo 317, do Código Penal, ou seja, que Antônio tenha efetivamente praticado ato infringindo dever funcional.

- No que tange ao crime previsto no artigo 239, parágrafo único, da Lei 8.069/1990 (Estatuto da Criança e do Adolescente), não há qualquer indício da prática delituosa por parte de Antônio, eis que não há sequer referência de que ele tivesse ciência da intenção de Maria. Em outras palavras, o candidato deverá indicar que não havia consciência de que Antônio estivesse colaborando para a prática do crime supostamente praticado por Maria, inexistindo, dessa forma, dolo. Assim como no caso do crime anterior, afirmações genéricas de falta de justa causa não serão consideradas suficientes para obtenção da pontuação. Com efeito, é preciso que o candidato faça um cotejo entre o tipo penal (com seus elementos normativos, objetivos e subjetivos) e os fatos narrados no enunciado da questão. Dessa forma, relativamente à atipicidade do crime do art. 239, é indispensável que o candidato apontasse a ausência de dolo ou falasse do elemento subjetivo do tipo. Argumentos relacionados exclusivamente ao nexo causal não serão considerados aptos.

- Ao final, o candidato deverá especificar provas, indicando rol de testemunhas. Os requerimentos devem ser de declaração das nulidades, absolvição sumária e, alternativamente, instrução processual com produção da prova requerida pela defesa. Para pontuar o pedido não é necessário que o candidato faça todos os pedidos constantes do gabarito, mas que seus pedidos estejam coerentes com a argumentação desenvolvida na peça. Por outro lado, se houver argumentos flagrantemente equivocados em maior número do que adequados, o pedido deixará de ser pontuado. No pedido, não foi admitida absolvição com fulcro no art. 386 e do 415 do Código de Processo Penal, já que ele trata das hipóteses de absolvição após o transcurso do processo, e não na fase de resposta.

- O último dia do prazo é 08.11.2010, eis que a contagem inicia na data da intimação pessoal. Não serão aceitas datas como 06 ou 07 de novembro, pois o enunciado é claro ao especificar que a petição deveria ser protocolada no último dia do prazo, o qual se prorrogou até o dia útil subsequente. Erros como 08 de outubro e 08 de setembro (ou qualquer outra data) serão considerados insuscetíveis de pontuação.

- Por fim, o gabarito não contempla nenhuma atribuição de pontuação para as argumentações relativas à: (1) ausência de notificação para apresentar resposta preliminar (art. 514, Código de Processo Penal); (2) nulidade da decisão que decretou a quebra do sigilo bancário. Também não será atribuída pontuação à simples narrativa dos fatos nem às afirmações genéricas de que não havia justa causa para a ação penal.

EDUARDO DOMPIERI

Distribuição dos Pontos:

ITEM	PONTUAÇÃO
Incompetência da Justiça Estadual. Artigo 109, V, CF.	0,75
Nulidade da decisão que decretou a interceptação telefônica como primeira medida investigatória. Artigo 2°, II, da Lei 9.296/1996.	0,25
Nulidade da decisão que decretou a interceptação telefônica sem fundamentação adequada. Basta indicar um dos seguintes dispositivos: artigo 5°, da Lei 9.296/1996 e artigo 93, IX, da Constituição da República.	0,25
Nulidade da decisão que deferiu a busca e apreensão por ser genérica e sem devida fundamentação. Artigo 93, IX, da Constituição da República.	0,50
Nulidade na apreensão dos cinquenta mil dólares em endereço para o qual não havia autorização judicial.	0,50
Inépcia da denúncia, eis que genérica. Basta indicar um dos seguintes dispositivos: artigo 8°, 2, 'b', do Decreto 678/1992, artigo 5°, LV, da Constituição da República, e artigo 41, do Código de Processo Penal.	0,50
Falta de justa causa para ação penal em relação ao crime previsto no artigo 317, § 1°, do Código Penal.	0,75
Atipicidade do artigo 239, parágrafo único, da Lei n. 8.069/1990, eis que sem dolo.	0,50
Apresentação de requerimento de declaração de nulidades, absolvição sumária e, alternativamente, sendo instruído o feito, produção das provas em direito admitidas.	0,25
Apresentação de rol de testemunhas.	0,25
Prazo: 08/11/2010.	0,50

(OAB/Exame Unificado – 2010.3 – 2ª fase) Peça prático-profissional. No dia 17 de junho de 2010, uma criança recém-nascida é vista boiando em um córrego e, ao ser resgatada, não possuía mais vida. Helena, a mãe da criança, foi localizada e negou que houvesse jogado a vítima no córrego. Sua filha teria sido, segundo ela, sequestrada por um desconhecido. Durante a fase de inquérito, testemunhas afirmaram que a mãe apresentava quadro de profunda depressão no momento e logo após o parto. Além disso, foi realizado exame médico legal, o qual constatou que Helena, quando do fato, estava sob influência de estado puerperal. À míngua de provas que confirmassem a autoria, mas desconfiado de que a mãe da criança pudesse estar envolvida no fato, a autoridade policial representou pela decretação de interceptação telefônica da linha de telefone móvel usado pela mãe, medida que foi decretada pelo juiz competente. A prova constatou que a mãe efetivamente praticara o fato, pois, em conversa telefônica com uma conhecida, de nome Lia, ela afirmara ter atirado a criança ao córrego, por desespero, mas que estava arrependida. O delegado intimou Lia para ser ouvida, tendo ela confirmado, em sede policial, que Helena de fato havia atirado a criança, logo após o parto, no córrego. Em razão das aludidas provas, a mãe da criança foi então denunciada pela prática do crime descrito no art. 123 do Código Penal perante a 1ª Vara Criminal (Tribunal do Júri). Durante a ação penal, é juntado aos autos o laudo de necropsia realizada no corpo da criança. A prova técnica concluiu que a criança já nascera morta. Na audiência de instrução, realizada no dia 12 de agosto de 2010, Lia é novamente inquirida, ocasião em que confirmou ter a denunciada, em conversa telefônica, admitido ter jogado o corpo da criança no córrego. A mesma testemunha, no

PRÁTICA PENAL – 10ª EDIÇÃO   277   PEÇAS PRÁTICO-PROFISSIONAIS

entanto, trouxe nova informação, que não mencionara quando ouvida na fase inquisitorial. Disse que, em outras conversas que tivera com a mãe da criança, Helena contara que tomara substância abortiva, pois não poderia, de jeito nenhum, criar o filho. Interrogada, a denunciada negou todos os fatos. Finda a instrução, o Ministério Público manifestou-se pela pronúncia, nos termos da denúncia, e a defesa, pela impronúncia, com base no interrogatório da acusada, que negara todos os fatos. O magistrado, na mesma audiência, prolatou sentença de pronúncia, não nos termos da denúncia, e sim pela prática do crime descrito no art. 124 do Código Penal, punido menos severamente do que aquele previsto no art. 123 do mesmo código, intimando as partes no referido ato.

Com base somente nas informações de que dispõe e nas que podem ser inferidas pelo caso concreto acima, na condição de advogado(a) de Helena, **redija a peça cabível à impugnação da mencionada decisão**, acompanhada das razões pertinentes, as quais devem apontar os argumentos para o provimento do recurso, mesmo que em caráter sucessivo.

Resolução da peça prático-profissional – modelo de RECURSO EM SENTIDO ESTRITO

Recurso em Sentido Estrito – petição de interposição

início da peça

Excelentíssimo Senhor Doutor Juiz de Direito da 1ª Vara do Tribunal do Júri da Comarca de...

[deixe espaço de aproximadamente 10 cm, para eventual despacho ou decisão do juiz]

Helena, já qualificada nos autos do processo nº ..., que lhe move o Ministério Público, por seu advogado que esta subscreve, não se conformando, *"data maxima venia"*, com a decisão de pronúncia, com supedâneo no art. 581, IV, do Código de Processo Penal, dela vem, tempestivamente, interpor RECURSO EM SENTIDO ESTRITO.

Caso Vossa Excelência entenda que seja o caso de manter a respeitável decisão, postula-se pela remessa deste recurso ao Tribunal de Justiça.

Termos em que, requerendo seja ordenado o processamento do recurso, com as inclusas razões.

Pede Deferimento.

Local ..., data ...

Advogado

fim da peça

EDUARDO DOMPIERI

início da peça

Razões de Recurso em Sentido Estrito

RAZÕES DE RECURSO EM SENTIDO ESTRITO

RECORRENTE: HELENA

RECORRIDO: Ministério Público

Processo-crime n° ...

Egrégio Tribunal de Justiça,

Colenda Câmara,

Doutos Desembargadores,

Inconformado com a respeitável decisão contra si prolatada, vem a recorrente interpor o presente recurso em sentido estrito, aguardando, ao final, se dignem Vossas Excelências em reformá-la, pelas razões de fato e de direito a seguir expostas:

1. DOS FATOS

A recorrente foi denunciada porque teria incorrido no crime previsto no art. 123 do CP.

Segundo restou apurado em sede de inquérito, a acusada, depois de dar sua filha à luz e ainda sob os efeitos do puerpério, teria atirado a recém-nascida em um córrego, o que teria resultado no óbito desta.

Denunciada e submetida ao sumário de culpa, a recorrente foi pronunciada nos termos do art. 124 do Código Penal, uma vez que, no curso da instrução, surgiu prova, em decorrência de depoimento prestado por testemunha, de que o crime perpetrado seria diverso daquele descrito na inicial.

Não houve aditamento pelo Ministério Público.

2. DO DIREITO

2.1. Matéria Preliminar

O primeiro reparo a ser feito, em preliminar, diz respeito à ilicitude da interceptação telefônica como prova.

Com efeito, não é admitida, por força do que dispõe o art. 2°, III, da Lei 9.296/1996, a intercepção telefônica como recurso de investigação nos crimes cuja pena cominada não seja a de reclusão. As penas previstas para os crimes dos arts. 123 e 124 são de detenção.

Não seria o caso, portanto, por expressa vedação legal, de se autorizar a intercepção telefônica.

Não é só.

Em obediência ao comando contido no art. 2°, II, da Lei 9.296/1996, tratando-se de medida constritiva das mais invasivas, ainda que não existam outras provas, é dever da autoridade policial, antes de recorrer à interceptação telefônica, formulando requerimento nesse sentido ao magistrado, envidar esforços para colher outras provas, somente lançando mão da interceptação quando esta se mostrar imprescindível.

Não foi o que se deu.

A autoridade policial presidente do inquérito, antes mesmo de esgotar os recursos de investigação de que dispunha, requereu a interceptação telefônica da linha utilizada pela recorrente, em flagrante violação à regra contemplada no art. 2º, II, da Lei 9.296/1996.

Além disso, o depoimento prestado por Lia, amiga da recorrente, constitui prova ilícita por derivação, nos termos do art. 157, § 1º, do CPP, na medida em que a sua produção foi viabilizada pela interceptação telefônica determinada ilicitamente.

Essas duas provas, pois, devem ser desentranhadas dos autos.

De se ver, ainda em preliminar, que o fato de surgir, no curso da instrução, prova apta a conferir nova definição jurídica ao fato impõe ao juiz o dever de abrir vista dos autos ao Ministério Público para que este adite a denúncia, conforme estabelece o art. 384 do CPP.

É a chamada *"mutatio libelli"*.

Esta formalidade não foi observada pelo juízo *"a quo"*.

O magistrado, no lugar de aplicar o art. 411, § 3º, do CPP, como exigia o caso, pronunciou a recorrente, dando ensejo, portanto, à nulidade do processo.

2.2. Mérito

No mérito, a respeitável decisão de pronúncia não merece prosperar.

A materialidade do crime com base no qual foi pronunciada a recorrente não restou provada.

Com efeito, consta do laudo de necropsia que a criança já nascera morta. Nenhuma menção foi feita quanto à ingestão, pela mãe, de substância abortiva, o que afasta qualquer possibilidade de sustentar a existência do crime capitulado no art. 124 do CP.

No mais, se desconsideramos as provas ilícitas, nenhuma prova de autoria pesa contra a recorrente, quer em relação ao crime de infanticídio, quer em relação ao crime de aborto, razão por que é de rigor a impronúncia.

3. DO PEDIDO

Ante o exposto, postula-se seja dado provimento ao presente recurso para o fim de determinar o desentranhamento das provas ilícitas e das ilícitas por derivação, bem assim requer seja a requerente impronunciada em razão do desentranhamento dessas provas e consequente ausência de indícios de autoria e também por ausência de provas de materialidade do crime de aborto.

Nestes Termos,

Pede Deferimento.

Local ..., data ...

Advogado

fim da peça

GABARITO COMENTADO – EXAMINADORA

O recurso cabível é o recurso em sentido estrito, na forma do art. 581, IV, do Código de Processo Penal, dirigido ao Juiz da 1ª Vara Criminal (Tribunal do Júri).

Em primeiro lugar, deverá o examinando requerer, em preliminar, o desentranhamento das provas ilícitas.

Isso porque o crime investigado, infanticídio (art. 123 do Código Penal), é punido com pena de detenção. Em razão disso, não era admissível a interceptação telefônica prevista na Lei 9.296/1996, pois a lei em tela não admite a medida quando o crime só é punido com pena de detenção (art. 2º, III). É de ressaltar que o crime de aborto, previsto no art. 124, também só é punido com pena de detenção. Além disso, o enunciado indica não existir indícios suficientes de autoria, uma vez que o delegado representou pela decretação da quebra com base em meras suspeitas. Finalmente, não foram esgotados todos os meios de investigação, condição *sine qua non* para que a medida seja decretada.

Por outro lado, o examinando deverá registrar também que o testemunho de Lia, embora seja prova realizada de modo lícito, será ilícito por derivação, na forma do art. 157, § 1º, do Código e Processo Penal e, portanto, imprestável.

Ainda em preliminar, deverá o examinando suscitar a nulidade do processo por violação do art. 411, § 3º, do Código de Processo Penal, c/c art. 384 do Código de Processo Penal. Com efeito, diante das regras acima referidas, o Juiz, vislumbrando a possibilidade de nova definição do fato em razão de prova nova, surgida durante a instrução, deverá abrir vista dos autos para que o Ministério Público, se for o caso, adite a denúncia, mesmo que a pena prevista para a nova definição jurídica seja menor, conforme a nova redação do art. 384 do Código de Processo Penal, dada pela Lei 11.719/2008.

O candidato deverá, ainda, sustentar que não restou provada a materialidade do crime de aborto, uma vez que nenhuma perícia foi feita no sentido de comprovar que a criança faleceu em decorrência da ingestão de substância abortiva.

Finalmente, deveria requerer, em caráter sucessivo, a impronúncia da acusada, uma vez que, retiradas as provas ilícitas dos autos, nenhuma prova de autoria existiria contra a denunciada.

Em relação aos itens da correção, assim ficaram divididos:

ITEM	PONTUAÇÃO
Endereçamento correto e indicação da norma (art. 581, IV, CPP)	0 / 0,35 / 0,7
Pedido de reconsideração ao juiz de 1º grau e indicação da norma (art. 589, parágrafo único, CPP)	0 / 0,1 / 0,2
Indicação da ilegitimidade/ilicitude da interceptação telefônica (0,4) por tratar-se de crime apenado com detenção (0,4) OU Indicação da ilegitimidade/ilicitude da interceptação telefônica (0,4) com fundamento na necessidade de esgotamento prévio dos meios de investigação (0,4)	0 / 0,4 / 0,8
Indicação do dispositivo legal (art. 2º, III, Lei 9.296/1996) OU (art. 2º, II, Lei 9.296/1996)	0 / 0,5
Indicação da ilicitude por derivação da prova testemunhal (0,25) com fundamentação legal (art. 157, § 1º, CPP) (0,25)	0 / 0,25 / 0,5
Desenvolvimento fundamentado de que haveria violação das regras referentes à *mutatio libelli* (0,25/0,5) / Indicação do dispositivo legal: art. 384 do CPP (0,25), c/c art. 411, § 3º, do CPP (0,25)	0 / 0,25 / 0,5 / 0,75 / 1,0

PRÁTICA PENAL – 10ª EDIÇÃO   281   PEÇAS PRÁTICO-PROFISSIONAIS

Desenvolvimento fundamentado acerca da ausência de prova da materialidade do crime de aborto por inexistência de perícia que vincule o óbito à substância abortiva	0 / 0,25 / 0,5
Pedidos principais corretos (0,2 cada): – desentranhamento da prova Ilícita – impronúncia em virtude do desentranhamento da prova ilícita e consequente ausência de indícios suficientes de autoria – impronúncia por ausência de prova da materialidade do crime de aborto – absolvição sumária OU nulidade da decisão de pronúncia, com fundamento na *mutatio libelli*	0 / 0,2 / 0,4 / 0,6 / 0,8

(OAB/Exame Unificado – 2011.1 – 2ª fase) Peça prático-profissional. Tício foi denunciado e processado, na 1ª Vara Criminal da Comarca do Município X, pela prática de roubo qualificado em decorrência do emprego de arma de fogo. Ainda durante a fase de inquérito policial, Tício foi reconhecido pela vítima. Tal reconhecimento se deu quando a referida vítima olhou através de pequeno orifício da porta de uma sala onde se encontrava apenas o réu. Já em sede de instrução criminal, nem vítima nem testemunhas afirmaram ter escutado qualquer disparo de arma de fogo, mas foram uníssonas no sentido de assegurar que o assaltante portava uma. Não houve perícia, pois os policiais que prenderam o réu em flagrante não lograram êxito em apreender a arma. Tais policiais afirmaram em juízo que, após escutarem gritos de "pega ladrão!", viram o réu correndo e foram em seu encalço. Afirmaram que, durante a perseguição, os passantes apontavam para o réu, bem como que este jogou um objeto no córrego que passava próximo ao local dos fatos, que acreditavam ser a arma de fogo utilizada. O réu, em seu interrogatório, exerceu o direito ao silêncio. Ao cabo da instrução criminal, Tício foi condenado a oito anos e seis meses de reclusão, por roubo com emprego de arma de fogo, tendo sido fixado o regime inicial fechado para cumprimento de pena. O magistrado, para fins de condenação e fixação da pena, levou em conta os depoimentos testemunhais colhidos em juízo e o reconhecimento feito pela vítima em sede policial, bem como o fato de o réu ser reincidente e portador de maus antecedentes, circunstâncias comprovadas no curso do processo.

Você, na condição de advogado(a) de Tício, é intimado(a) da decisão. Com base somente nas informações de que dispõe e nas que podem ser inferidas pelo caso concreto acima, redija a peça cabível, apresentando as razões e sustentando as teses jurídicas pertinentes. (Valor: 5,0)

Resolução da peça prático-profissional – modelo de APELAÇÃO

Petição de interposição

início da peça

....

Excelentíssimo Senhor Doutor Juiz de Direito da 1ª Vara Criminal da Comarca do Município X

[deixe espaço de aproximadamente 10 cm, para eventual despacho ou decisão do juiz]

Tício, já qualificado nos autos da ação penal nº ..., que lhe move o Ministério Público, por seu advogado e bastante procurador que esta subscreve, não se conformando com a respeitável sentença que o condenou à pena de oito anos e seis meses de reclusão, dela vem interpor

EDUARDO DOMPIERI

recurso de APELAÇÃO, com fundamento no art. 593, I, do Código de Processo Penal, ao Egrégio Tribunal de Justiça.

Nesses termos, requerendo seja ordenado o processamento do recurso, com as inclusas razões.

Pede Deferimento.

Local ..., data ....

Advogado

fim da peça

início da peça

Razões de apelação

Razões de Apelação

Apelante: Tício

Apelado: Ministério Público

Processo-crime n° ...

Egrégio Tribunal de Justiça,

Colenda Câmara,

Ilustres Desembargadores,

Douta Procuradoria de Justiça,

A respeitável sentença condenatória, pelas razões que a seguir serão expostas, não merece prosperar.

1. DOS FATOS

O apelante foi denunciado e processado pela prática do crime de roubo majorado em razão do emprego de arma de fogo porque teria subtraído, para si, mediante grave ameaça exercida com arma de fogo, pertence da vítima.

A suposta arma de fogo utilizada não foi apreendida e, bem por isso, não foi submetida a perícia.

Finda a instrução, o apelante foi condenado a oito anos e seis meses de reclusão, por roubo com emprego de arma de fogo, estabelecendo o magistrado sentenciante, como regime inicial para cumprimento de pena, o fechado.

2. DO DIREITO

Como ficará demonstrado nas linhas a seguir, não existem provas suficientes a autorizar um decreto condenatório em desfavor do apelante.

Como argumento preliminar, deve-se, de plano, combater o reconhecimento levado a efeito durante a fase investigativa.

Com efeito, a autoridade policial, ao proceder ao reconhecimento do apelante, ainda no curso do inquérito policial, deveria obedecer a certas formalidades, estas contempladas no art. 226, II, do CPP.

Conforme impõe o dispositivo em questão, aquele que há de ser submetido a reconhecimento deve ser colocado ao lado de outras pessoas que com ele tenham qualquer semelhança.

Não foi o que se deu, pois na sala em que ocorreu o reconhecimento somente estava o apelante. A autoridade policial, para que nenhuma dúvida restasse, não providenciou para que, ao seu lado, fossem posicionados outros com características semelhantes.

Assim sendo, ante a violação da norma imposta pelo art. 226, II, do CPP, o reconhecimento, no qual se baseou o juízo "*a quo*" para condenar o réu, não pode ser levado em consideração.

Se desconsiderarmos o reconhecimento, visto que foi produzido em violação aos ditames legais, podemos, dessa forma, afirmar que inexiste prova suficiente para sustentar a condenação do apelante, nos termos do art. 386, VII, do CPP.

Se assim não entenderem Vossas Excelências, somente para argumentar, há entendimento jurisprudencial no sentido de que a configuração da majorante prevista no artigo 157, § 2º, I, do Código Penal condiciona-se à apreensão e perícia da arma de fogo.

Não foi apreendida tampouco periciada, o que torna inviável a demonstração de sua potencialidade lesiva.

Registre-se, de outro lado, que não se tem notícia de que tenha havido disparo de arma de fogo, conforme relataram vítima e testemunhas, o que torna inviável o exame de corpo de delito indireto, a teor do art. 167 do CPP.

No que concerne à pena aplicada pelo juízo sentenciante, entendemos que a sentença merece reparo, visto que a pena-base foi fixada muito além do mínimo, levando-se em conta que o apelante, ainda que seja reincidente e ostente maus antecedentes, tem as demais circunstâncias judiciais favoráveis.

3. DO PEDIDO.

Diante de todo o exposto, requer-se seja dado provimento ao recurso para decretar a nulidade do reconhecimento no qual se fundamentou o magistrado sentenciante para condenar o apelante; postula-se, também, que, uma vez reconhecida a nulidade do reconhecimento, seja dado provimento ao recurso interposto para o fim de absolver o réu por falta de provas suficientes para autorizar um decreto condenatório, nos termos do art. 386, VII, do CPP; e, caso esse entendimento não prevaleça, postula-se pelo afastamento da majorante do art. 157, § 2º, I, do CP; e pela redução da pena-base.

Nesses Termos,

Pede Deferimento.

Local ..., data ....

Advogado

fim da peça

EDUARDO DOMPIERI

GABARITO COMENTADO – EXAMINADORA

O examinando deve redigir uma apelação, com fundamento no artigo 593, I, do Código de Processo Penal.

A petição de interposição deve ser endereçada ao juiz de direito da 1ª vara criminal da comarca do município X.

Nas razões de apelação o candidato deverá dirigir-se ao Tribunal de Justiça do Estado do Rio de Janeiro, argumentando que o reconhecimento feito não deve ser considerado para fins de condenação, pois houve desrespeito à formalidade legal prevista no art. 226, II, do Código de Processo Penal. Dessa forma, inexistiria prova suficiente para a condenação do réu, haja vista ter sido feito somente um único reconhecimento, em sede de inquérito policial e sem a observância das exigências legais, o que levaria à absolvição com fulcro no art. 386, VII, do mesmo diploma (também aceita-se como fundamento do pedido de absolvição o art. 386, V do CPP).

Outrossim, de maneira alternativa, deverá postular o afastamento da causa especial de aumento de pena decorrente do emprego de arma de fogo, pois esta deveria ter sido submetida à perícia, nos termos do art. 158 do Código de Processo Penal, o que não foi feito, de modo que não há como ser comprovada a potencialidade lesiva da arma.

Ademais, sequer foi possível a perícia indireta (art. 167 CPP), pois nenhuma das testemunhas disse ter escutado a arma disparar, de modo que o emprego de arma somente poderia servir para configurar a grave ameaça, elementar do crime de roubo.

Distribuição dos Pontos:

ITEM	PONTUAÇÃO
Estrutura correta (divisão das partes / indicação de local, data, assinatura)	0 / 0,25
Indicação correta do prazo e dispositivos legais que dão ensejo à apelação, na petição de interposição (art. 593, I, do CPP)	0 / 0,25
Endereçamento correto da interposição – 1ª Vara Criminal do Município X	0 / 0,25
Endereçamento correto das razões – Tribunal de Justiça do Estado	0 / 0,25
Desenvolvimento jurídico acerca da falta de observância da formalidade legal (0,8) / prevista no art. 226, II, do CPP (0,2)	0 / 0,2 / 0,8 / 1,0
Desenvolvimento jurídico acerca da ausência da apreensão da arma (ou de ausência de potencialidade lesiva), o que impede o exame pericial da arma, nos termos do art. 158 do CPP. (0,6) Ninguém afirmou que a arma tenha efetuado qualquer disparo (perícia indireta) (0,4).	0 / 0,4 / 0,6 / 1,0
Pedido: Absolvição + argumento + base legal	0 / 0,5
Pedidos (0,5 cada) – no mínimo 3 pedidos – máximo 1,5 ponto: - redução da pena + base legal - mudança de regime + base legal - nulidade da prova + base legal - afastamento da agravante + argumento + base legal	0 / 0,5 / 1,0 / 1,5

PRÁTICA PENAL – 10ª EDIÇÃO   285   PEÇAS PRÁTICO-PROFISSIONAIS

(OAB/Exame Unificado – 2011.2 – 2ª fase) Peça prático-profissional. Em 10 de janeiro de 2007, Eliete foi denunciada pelo Ministério Público pela prática do crime de furto qualificado por abuso de confiança, haja vista ter alegado o Parquet que a denunciada havia se valido da qualidade de empregada doméstica para subtrair, em 20 de dezembro de 2006, a quantia de R$ 50,00 de seu patrão Cláudio, presidente da maior empresa do Brasil no segmento de venda de alimentos no varejo. A denúncia foi recebida em 12 de janeiro de 2007, e, após a instrução criminal, foi proferida, em 10 de dezembro de 2009, sentença penal julgando procedente a pretensão acusatória para condenar Eliete à pena final de dois anos de reclusão, em razão da prática do crime previsto no artigo 155, § 4º, inciso II, do Código Penal. Após a interposição de recurso de apelação exclusivo da defesa, o Tribunal de Justiça entendeu por bem anular toda a instrução criminal, ante a ocorrência de cerceamento de defesa em razão do indeferimento injustificado de uma pergunta formulada a uma testemunha. Novamente realizada a instrução criminal, ficou comprovado que, à época dos fatos, Eliete havia sido contratada por Cláudio havia uma semana e só tinha a obrigação de trabalhar às segundas, quartas e sextas-feiras, de modo que o suposto fato criminoso teria ocorrido no terceiro dia de trabalho da doméstica. Ademais, foi juntada aos autos a comprovação dos rendimentos da vítima, que giravam em torno de R$ 50.000,00 (cinquenta mil reais) mensais. Após a apresentação de memoriais pelas partes, em 9 de fevereiro de 2011, foi proferida nova sentença penal condenando Eliete à pena final de 2 (dois) anos e 6 (seis) meses de reclusão. Em suas razões de decidir, assentou o magistrado que a ré possuía circunstâncias judiciais desfavoráveis, uma vez que se reveste de enorme gravidade a prática de crimes em que se abusa da confiança depositada no agente, motivo pelo qual a pena deveria ser distanciada do mínimo. Ao final, converteu a pena privativa de liberdade em restritiva de direitos, consubstanciada na prestação de 8 (oito) horas semanais de serviços comunitários, durante o período de 2 (dois) anos e 6 (seis) meses em instituição a ser definida pelo juízo de execuções penais. Novamente não houve recurso do Ministério Público, e a sentença foi publicada no Diário Eletrônico em 16 de fevereiro de 2011.

Com base somente nas informações de que dispõe e nas que podem ser inferidas pelo caso concreto acima, redija, na qualidade de advogado de Eliete, com data para o último dia do prazo legal, o recurso cabível à hipótese, invocando todas as questões de direito pertinentes, mesmo que em caráter eventual. (Valor: 5,0)

Resolução da peça prático-profissional – modelo de APELAÇÃO

Petição de interposição

....
início da peça

    Excelentíssimo Senhor Doutor Juiz de Direito da__Vara Criminal da Comarca de_____.

[deixe espaço de aproximadamente 10 cm, para eventual despacho ou decisão do juiz]

    Eliete, já qualificada nos autos da ação penal nº ..., que lhe move o Ministério Público, por seu advogado e bastante procurador que esta subscreve, não se conformando com a respeitável sentença que a condenou à pena de dois anos e seis meses de reclusão, dela vem interpor recurso de APELAÇÃO, com fundamento no art. 593, I, do Código de Processo Penal, ao Egrégio Tribunal de Justiça.

EDUARDO DOMPIERI

Nesses termos, requerendo seja ordenado o processamento do recurso, com as inclusas razões.

Pede Deferimento.

Local, 21 de fevereiro de 2011.

Advogado

fim da peça

início da peça

Razões de apelação

Razões de Apelação

Apelante: Eliete

Apelado: Ministério Público

Processo-crime n° ...

Egrégio Tribunal de Justiça,

Colenda Câmara,

Ilustres Desembargadores,

Douta Procuradoria de Justiça,

A respeitável sentença condenatória, pelas razões que a seguir serão expostas, não merece prosperar.

1. DOS FATOS

O Ministério Público ofertou denúncia em desfavor da apelante pela prática do crime de furto qualificado por abuso de confiança porque, segundo consta, teria a mesma, em 20 de dezembro de 2006, prevalecendo-se da qualidade de empregada doméstica, subtraído de seu empregador a importância de cinquenta reais.

Recebida a denúncia em 12 de janeiro de 2007 e instruído o feito, a apelante foi condenada à pena de dois anos de reclusão, em razão do cometimento do crime capitulado no artigo 155, § 4°, II, do Código Penal.

Irresignada com o resultado do julgamento, a defesa achou por bem interpor recurso de apelação, ao qual o Tribunal deu provimento para o fim de anular toda a instrução realizada em primeiro grau, ao argumento de que nesta ocorrera cerceamento de defesa decorrente do indeferimento injustificado de uma pergunta formulada a uma testemunha.

Nova instrução foi realizada e, ao final, a apelante foi uma vez mais condenada, mas agora à pena de 2 anos e 6 meses de reclusão, reprimenda, portanto, superior à do primeiro julgamento.

Em seguida e por fim, o magistrado sentenciante converteu a pena privativa de liberdade em restritiva de direitos, consubstanciada na prestação de 8 horas semanais de serviços comunitários, durante o período de 2 anos e 6 meses em instituição a ser definida pelo juízo de execuções penais.

Não houve recurso do Ministério Público.

2. DO DIREITO

2.1. Matéria Preliminar

Como ficará a seguir demonstrado, a decisão que condenou a recorrente à pena de 2 anos e 6 meses de reclusão padece de nulidade, porquanto não poderia, em relação à primeira condenação, ter agravado a sua situação.

É do art. 617 do CPP que a pena, na hipótese de recurso exclusivo da defesa, não poderá ser agravada pelo tribunal, câmara ou turma. É a chamada *"reformatio in pejus"*.

Da mesma forma, anulada a condenação proferida em recurso exclusivo da defesa, a nova decisão a ser prolatada não pode ser mais prejudicial ao réu do que aquela que foi anulada (proibição da *"reformatio in pejus"* indireta – art. 617, CPP).

A vedação à *"reformatio in pejus"* indireta, embora não esteja prevista de forma expressa no art. 617 do CPP, é consagrada na doutrina e na jurisprudência.

Pois bem, foi exatamente o que ocorreu no caso em testilha.

Depois de julgado recurso de apelação em que o processo no qual a apelante foi condenada à pena de dois anos de reclusão foi anulado em razão de cerceamento de defesa, a sentença proferida no novo julgamento não poderia estabelecer pena superior àquela fixada no primeiro, sob pena de incorrer em violação à proibição da *"reformatio in pejus"* indireta.

Sucede que, em patente afronta à regra contida no art. 617 do CPP, o magistrado sentenciante fixou, neste segundo julgamento, reprimenda superior ao do primeiro, devendo, por isso, ser anulada.

2.2. Mérito

No mérito, se levarmos em conta que a nova pena aplicada por força da regra estampada no art. 617 do CPP é de no máximo 2 anos de reclusão, operou-se a prescrição da pretensão punitiva, que constitui causa extintiva da punibilidade.

Com efeito, tendo transcorrido lapso superior a quatro anos entre o recebimento da denúncia e a prolação da sentença, perdeu o Estado o seu direito de punir, nos moldes do que estabelecem os art. 109, V, e 110, § 1º, do Código Penal.

Está, portanto, extinta a punibilidade, conforme prevê o art. 107, IV, do CP.

De outro lado, o fato praticado pela apelante é atípico do ponto de vista material.

Explico. Hodiernamente, não basta que o fato seja formalmente típico. É necessário mais. Aliás, é imprescindível que, além de formalmente típico, o fato o seja sob a ótica material. Refiro-me aqui ao princípio da insignificância, que, uma vez reconhecido, enseja a exclusão da tipicidade penal, em especial a tipicidade material. Assim, ainda que o fato insignificante seja formalmente típico, materialmente não o é, já que a aplicação deste postulado constitui causa supralegal de exclusão da tipicidade material, atuando como instrumento de interpretação restritiva do tipo penal.

O furto de cinquenta reais constitui delito de bagatela, devendo, em relação a ele, portanto, incidir o postulado da insignificância, notadamente se levarmos em conta o patrimônio concreto da vítima, cuja renda mensal gira em torno de cinquenta mil reais, conforme consta dos autos.

Dessa forma, a sentença deve ser reformada para absolver a apelante, dada a aplicação do princípio da insignificância.

EDUARDO DOMPIERI

De se ver, de outra banda, que a incidência da qualificadora de abuso de confiança revela-se insustentável.

Isso porque a apelante havia sido contratada há somente uma semana pelo ofendido, interregno insuficiente a caracterizar a necessária relação de confiança.

Mais: o contrato firmado entre ambos estabelecia que a recorrente somente trabalharia às segundas, quartas e sextas-feiras. Ademais disso, o fato a ela atribuído se deu no seu terceiro dia de trabalho.

Reitere-se: inexistia entre recorrente e ofendido, dado o tempo de prestação de serviço, vínculo suficiente a caracterizar a qualificadora contemplada no art. 155, § 4º, II, do Código Penal.

Neste caso, com a eliminação da qualificadora, o crime deve ser desclassificado para o delito de furto simples, com a consequente aplicação do instituto da suspensão condicional do processo, previsto no art. 89 da Lei 9.099/1995.

Se Vossas Excelências, ainda assim, não compartilharem desse entendimento, tratando-se de ré primária e sendo de pequeno valor a coisa furtada, visto que muito aquém do valor correspondente ao salário mínimo, entendemos aplicável à espécie a figura do furto privilegiado, com a substituição da pena de reclusão pela de multa.

Por derradeiro, a fixação da pena-base mostrou-se, *"data venia"*, em razão da violação da regra do *"no bis in idem"*, exagerada. É que o magistrado sentenciante, ao estabelecer a pena-base, fez uso do argumento consubstanciado na enorme gravidade nos crimes em que se abusa da confiança depositada, sendo certo que esta mesma circunstância foi utilizada para qualificar o crime, o que constitui patente e indevido caso de *"bis in idem"*. Por essa razão, a pena-base deve ser redimensionada, de forma a não mais levar-se e conta a circunstância mencionada, se o caso.

3. DO PEDIDO.

Diante de todo o exposto, requer-se seja dado provimento ao recurso para acolher a preliminar de nulidade da sentença proferida em razão da ocorrência de *"reformatio in pejus"* indireta, com a aplicação da pena em no máximo dois anos e, por consequência, a declaração da extinção da punibilidade em virtude da prescrição; assim não entendendo esse Tribunal, postula-se pela absolvição da apelante por atipicidade material da conduta a ela imputada, diante da incidência do postulado da insignificância ou, ao menos, a supressão da qualificadora consistente no abuso de confiança com a desclassificação para o delito de furto simples e a consequente aplicação do instituto da suspensão condicional do processo, previsto no art. 89 da Lei 9.099/1995, e, não sendo esse o caso, requer-se, finalmente, o reconhecimento do furto privilegiado e, dessa forma, a substituição da pena de reclusão pela pecuniária, bem assim o recálculo da pena-base em razão da ocorrência do *"bis in idem"*.

Nesses Termos,

Pede Deferimento.

Local, 21 de fevereiro de 2011.

Advogado

fim da peça

GABARITO COMENTADO – EXAMINADORA

O candidato deverá redigir uma apelação, com fundamento no artigo 593, I, do CPP, a ser endereçada ao juiz de direito, com razões inclusas endereçadas ao Tribunal de Justiça. Nas razões recursais, o candidato deverá argumentar que a segunda sentença violou a proibição à *reformatio in pejus* – configurando-se caso de *reformatio in pejus* indireta –, contida no artigo 617 do CPP, de modo que, em razão do trânsito em julgado para a acusação, a pena não poderia exceder dois anos de reclusão, estando prescrita a pretensão punitiva estatal, na forma do artigo 109, V, do Código Penal, uma vez que, entre o recebimento da denúncia (12/01/2007) e a prolação de sentença válida (09/02/2011), transcorreu lapso superior a quatro anos.

Superada a questão, o candidato deverá argumentar que inexistia relação de confiança a justificar a incidência da qualificadora (Eliete trabalhava para Cláudio fazia uma semana) e que a quantia subtraída era insignificante, sobretudo tomando-se como referência o patrimônio concreto da vítima. Em razão disso, o candidato deverá requerer a reforma da sentença, de modo a se absolver a ré por atipicidade material de sua conduta, ante a incidência do princípio da insignificância/bagatela.

O candidato deve argumentar, ainda, que, na hipótese de não se reformar a sentença para se absolver a ré, ao menos deveria ser reduzida a pena em razão do furto privilegiado, substituindo-se a sanção por multa.

Em razão de tais pedidos, considerando-se a redução de pena, o candidato deveria requerer a substituição da pena privativa de liberdade por multa, bem como a aplicação da suspensão condicional da pena e/ou suspensão condicional do processo.

Deveria ainda o candidato argumentar sobre a impossibilidade do aumento da pena base realizado pelo magistrado sob o fundamento da enorme gravidade nos crimes em que se abusa da confiança depositada, pois tal motivo já foi levado em consideração para qualificar o delito, não podendo a apelante sofrer dupla punição pelo mesmo fato – *bis in idem*.

Por fim, o candidato deveria requerer um dos pedidos possíveis para a questão apresentada, tais como:

1 – absolvição;

2 – reconhecimento da *reformatio in pejus*, com a aplicação da pena em no máximo 2 anos e a consequente prescrição;

3 – atipicidade da conduta, tendo em vista a aplicação do princípio da bagatela;

4 – não incidência da qualificadora do abuso da confiança, com a consequente desclassificação para furto simples;

5 – aplicação da Suspensão Condicional do Processo;

6 – não sendo afastada a qualificadora, a incidência do § 2º do artigo 155 do CP;

7 – a redução da pena pelo reconhecimento do *bis in idem* e a consequente prescrição;

8 – aplicação de *sursis*;

9 – inadequação da pena restritiva aplicada, tendo em vista o que dispõe o artigo 46, § 3º, do CP.

Alternativamente, o candidato poderá elaborar embargos de declaração, abordando os pontos indicados no gabarito 2.

EDUARDO DOMPIERI

Distribuição dos Pontos – Gabarito 1

ITEM	PONTUAÇÃO
Estrutura correta (divisão das partes / indicação de local, data, assinatura)	0 / 0,25
Indicação correta dos dispositivos legais que dão ensejo à apelação (art. 593, I, do CPP)	0 / 0,5
Endereçamento correto da interposição	0 / 0,25
Endereçamento correto das razões	0 / 0,25
Indicação de *reformatio in pejus* (0,20).	0 / 0,20
Desenvolvimento jurídico acerca da ocorrência de *reformatio in pejus* (0,40) Art. 617 do CPP (0,15)	0 / 0,15 / 0,40 / 0,55
Incidência da prescrição da pretensão punitiva. (0,30) Desenvolvimento jurídico. (0,45)	0 / 0,30 / 0,45 / 0,75
Não incidência da qualificadora de abuso de confiança OU desclassificação para furto simples. (0,3) Desenvolvimento jurídico. (0,45)	0 / 0,30 / 0,45 / 0,75
Atipicidade material da conduta OU Princípio da bagatela (0,3). Desenvolvimento jurídico. (0,45)	0 / 0,30 / 0,45 / 0,75
Desenvolvimento jurídico acerca da incidência, em caráter eventual, da figura do furto privilegiado	0 / 0,25
Desenvolvimento jurídico acerca da substituição da pena privativa de liberdade por multa OU suspensão condicional da pena (*sursis*) e do processo OU diminuição da pena por *bis in idem*	0 / 0,25
Pedido correto, contemplando as teses desenvolvidas	0 / 0,25

Distribuição dos Pontos – Gabarito 2

ITEM	PONTUAÇÃO
Endereçamento ao juiz que proferiu a sentença recorrida.	0 / 0,50
Fundamento no art. 382 do CPP.	0 / 0,50
Indicação do prazo legal de 2 dias.	0 / 0,50
Desenvolvimento jurídico acerca da obscuridade quanto ao artigo que embasou a condenação, levando-se em conta que houve perfeita narrativa de furto cometido com abuso de confiança, mas a capitulação dada não existe.	0 / 0,50 / 1,00
Desenvolvimento jurídico acerca da obscuridade quanto aos critérios utilizados pelo magistrado para embasar o aumento da pena levando-se em conta a gravidade do crime cometido com abuso de confiança. Referido juiz não foi claro quanto ao critério utilizado, não informando em sua decisão, objetivamente, por que considerou mais gravosa a conduta de Eliete.	0 / 0,50 / 1,00
Desenvolvimento jurídico acerca da contradição existente entre a condenação de 8 horas semanais de serviços comunitários, considerando-se que o art. 46, parágrafo 3º, do CP estabelece que a fração é de apenas uma hora de prestação de serviços por semana.	0 / 0,50 / 1,00
Data em que deveriam ser opostos os embargos: 18/02/11 (último dia, levando-se em conta que a sentença foi publicada em 16/02/11 e que o prazo legal é de 2 dias).	0 / 0,50

PRÁTICA PENAL – 10ª EDIÇÃO   291   PEÇAS PRÁTICO-PROFISSIONAIS

(OAB/Exame Unificado – 2011.3 – 2ª fase) Peça Prático-Profissional. No dia 10 de março de 2011, após ingerir um litro de vinho na sede de sua fazenda, José Alves pegou seu automóvel e passou a conduzi-lo ao longo da estrada que tangencia sua propriedade rural. Após percorrer cerca de dois quilômetros na estrada absolutamente deserta, José Alves foi surpreendido por uma equipe da Polícia Militar que lá estava a fim de procurar um indivíduo foragido do presídio da localidade. Abordado pelos policiais, José Alves saiu de seu veículo trôpego e exalando forte odor de álcool, oportunidade em que, de maneira incisiva, os policiais lhe compeliram a realizar um teste de alcoolemia em aparelho de ar alveolar. Realizado o teste, foi constatado que José Alves tinha concentração de álcool de um miligrama por litro de ar expelido pelos pulmões, razão pela qual os policiais o conduziram à Unidade de Polícia Judiciária, onde foi lavrado Auto de Prisão em Flagrante pela prática do crime previsto no artigo 306 da Lei 9.503/1997, c/c artigo 2º, inciso II, do Decreto 6.488/2008, sendo-lhe negado no referido Auto de Prisão em Flagrante o direito de entrevistar-se com seus advogados ou com seus familiares.

Dois dias após a lavratura do Auto de Prisão em Flagrante, em razão de José Alves ter permanecido encarcerado na Delegacia de Polícia, você é procurado pela família do preso, sob protestos de que não conseguiam vê-lo e de que o delegado não comunicara o fato ao juízo competente, tampouco à Defensoria Pública.

Com base somente nas informações de que dispõe e nas que podem ser inferidas pelo caso concreto acima, na qualidade de advogado de José Alves, redija a peça cabível, exclusiva de advogado, no que tange à liberdade de seu cliente, questionando, em juízo, eventuais ilegalidades praticadas pela Autoridade Policial, alegando para tanto toda a matéria de direito pertinente ao caso.

(Valor: 5,0)

Resolução da peça prático-profissional – modelo de RELAXAMENTO DE PRISÃO EM FLAGRANTE

início da peça

Excelentíssimo Senhor Doutor Juiz de Direito da ___ Vara Criminal da Comarca de...

[deixe espaço de aproximadamente 10 cm, para eventual despacho ou decisão do juiz]

José Alves, nacionalidade..., estado civil..., profissão..., portador da cédula de identidade nº..., inscrito no Cadastro de Pessoas Físicas do Ministério da Fazenda sob nº..., residente e domiciliado na Rua..., nº..., nesta comarca, por seu advogado infra-assinado, conforme procuração anexa, vem, respeitosamente, à presença de Vossa Excelência requerer o RELAXAMENTO DE PRISÃO EM FLAGRANTE com fundamento nos arts. 5º, LXV, da CF e 310, I, do CPP, pelos seguintes motivos:

1. DOS FATOS

O indiciado foi preso em flagrante por suposta violação ao art. 306 da Lei 9.503/1997, c/c o art. 2º, II, do Decreto 6.488/2008.

Segundo consta, o requerente, depois de percorrer cerca de dois quilômetros em estrada deserta que tangencia sua propriedade rural, foi surpreendido por uma equipe da Polícia Militar que procurava por um indivíduo foragido do presídio da região.

Abordado pelos policiais, o indiciado teria saído do veículo que conduzia apresentando sinais de embriaguez. Por essa razão, foi forçado, de forma incisiva, a submeter-se a teste de alcoolemia em aparelho de ar alveolar. Concluído o exame, constatou-se que o indiciado tinha concentração de álcool de um miligrama por litro de ar expelido pelos pulmões, quantidade superior ao limite estabelecido no art. 2º, II, do Decreto 6.488/2008, em razão do que foi conduzido à Unidade de Polícia Judiciária, onde foi lavrado o respectivo auto de prisão em flagrante pelo cometimento do crime previsto no artigo 306 da Lei 9.503/1997, c/c o artigo 2º, II, do Decreto 6.488/2008.

Por ocasião da lavratura do auto flagrancial, fora negado ao indiciado o direito de entrevistar-se com seus advogados ou com seus familiares. Além disso, transcorridos dois dias da lavratura do auto de prisão, com o indiciado ainda preso, a autoridade policial não providenciara a comunicação do fato ao juiz competente nem à Defensoria Pública.

2. DO DIREITO

O auto de prisão em flagrante lavrado em desfavor do indiciado é, pelas razões que a seguir serão expostas, nulo, sendo a sua prisão, portanto, ilegal.

Em primeiro lugar, porque a prova produzida contra o requerente é ilícita, dado que este foi coagido pelos policiais que o detiveram a submeter-se ao bafômetro. Esta prova deve, portanto, a teor do art. 5º, LVI, da CF, ser desentranhada dos autos.

Com efeito, como é consabido, ninguém pode ser compelido a autoincriminar-se, a produzir prova contra si mesmo (princípio do *"nemo tenetur se detegere"*). É o teor do art. 8º, 2, "g", do Decreto 678/1992 (Pacto de San José da Costa Rica).

Em segundo lugar, porque a autoridade policial, ao não providenciar a comunicação da prisão ao juiz, ao Ministério Público e à Defensoria Pública dentro de vinte e quatro horas, deixou de cumprir a exigência contemplada nos arts. 5º, LXII, da CF e 306, *"caput"* e § 1º, do CPP. Também por essa razão a prisão, decorrente de auto flagrancial nulo, visto que contém vício formal, deve ser relaxada, pois ilegal.

Ademais disso, a nulidade do auto de prisão em flagrante decorre também do fato de a autoridade policial não ter permitido a comunicação entre o preso e seu advogado, bem assim com seus familiares, em patente violação aos arts. 5º, LXIII, da CF e 7º, III, do Estatuto da Ordem dos Advogados do Brasil.

3. DO PEDIDO

Ante todo o exposto, requer a Vossa Excelência o reconhecimento da ilicitude da prova produzida, com o seu desentranhamento dos autos, bem assim o relaxamento da prisão em flagrante, expedindo-se em favor do indiciado o competente alvará de soltura.

Nesses Termos,

Pede Deferimento.

Local ..., data ...

Advogado

fim da peça

PRÁTICA PENAL – 10ª EDIÇÃO 293 PEÇAS PRÁTICO-PROFISSIONAIS

CONSIDERAÇÕES PRELIMINARES

Entendemos inapropriada a qualificação "nulo" atribuída pelo gabarito da peça prático-profissional ao *auto de prisão em flagrante*, visto que as nulidades são observadas no curso do processo.

Dessa forma, inobservada, na lavratura do auto de prisão em flagrante, a regra que impõe à autoridade policial o dever, por exemplo, de comunicar a prisão ao juiz competente, dizemos que o auto flagrancial é *ilegal* (prisão ilegal), o que acarretará o relaxamento da prisão em flagrante.

GABARITO COMENTADO – EXAMINADORA

O examinando deverá redigir uma petição de relaxamento de prisão, fundamentado no art. 5º, LXV, da CRFB/88, ou art. 310, I, do CPP (embora os fatos narrados na questão sejam anteriores à vigência da Lei 12.403/2011, a Banca atribuirá a pontuação relativa ao item também ao examinando que indicar o art. 310, I, do CPP como dispositivo legal ensejador do pedido de relaxamento de prisão. Isso porque estará demonstrada a atualização jurídica acerca do tema), a ser endereçada ao Juiz de Direito da Vara Criminal.

Na petição, deverá argumentar que:

1. O auto de prisão em flagrante é nulo por violação ao direito à não autoincriminação compulsória (princípio do *nemo tenetur se detegere*), previsto no art. 5º, LXIII, da CRFB/88 ou art. 8º, 2, "g" do Decreto 678/1992.

2. A prova é ilícita em razão da colheita forçada do exame de teor alcoólico, por força do art. 5º, LVI, da CRFB/88 ou art. 157 do CPP.

3. O auto de prisão em flagrante é nulo pela violação à exigência de comunicação da medida à Autoridade Judiciária, ao Ministério Público e à Defensoria Pública dentro de 24 horas, nos termos do art. 306, § 1º, do CPP ou art. 5º, LXII, da CRFB/1988, ou art. 6º, inciso V, c/c. artigo 185, ambos do CPP (a banca também convencionou aceitar como fundamento o artigo 306, *caput*, do CPP, considerando-se a legislação da época dos fatos).

4. O auto de prisão é nulo por violação ao direito à comunicação entre o preso e o advogado, bem com familiares, nos termos do art. 5º, LXIII, da CRFB ou art. 7º, III, do Estatuto da Ordem dos Advogados do Brasil ou art. 8º, 2, "d" do Decreto 678/92;

Ao final, o examinando deverá formular pedido de relaxamento de prisão em razão da nulidade do auto de prisão em flagrante, com a consequente expedição de alvará de soltura.

Distribuição dos Pontos:

ITEM	PONTUAÇÃO
1 – Estrutura correta (divisão das partes / indicação de local, data, assinatura)	0 / 0,25
2 – Indicação correta dos dispositivos legais que dão ensejo ao pedido de relaxamento de prisão – art. 5º, LXV, da CRFB OU art. 310, I, do CPP.	0 / 0,5
3 – Endereçamento correto – Juiz de Direito da XX Vara Criminal da Comarca...	0 / 0,25

EDUARDO DOMPIERI

294

4.1 – Desenvolvimento jurídico acerca da nulidade do auto de prisão em flagrante por violação ao direito a não produzir prova contra si (0,5) [art. 5º, LXIII, da CRFB OU art. 8º, 2, "g" do Decreto 678/92 (Pacto de San José da Costa Rica)] (0,25) *Obs.: A mera indicação do artigo não é pontuada.*	0 / 0,5 / 0,75
4.2 – em razão da colheita forçada do exame de teor alcoólico e consequente ilicitude da prova (0,5) [art. 5º, LVI, OU art. 157 do CPP] (0,25) *Obs.: A mera indicação do artigo não é pontuada.*	0 / 0,5 / 0,75
5 – Desenvolvimento jurídico acerca da nulidade do auto de prisão em flagrante por violação ao direito à comunicação entre o preso e o advogado, bem como familiares (0,8), nos termos do art. 5º, LXIII, da CRFB OU art. 7º, III, do EOAB (0,2). *Obs.: A mera indicação do artigo não é pontuada.*	0 / 0,8 / 1,0
6 – Desenvolvimento jurídico acerca da nulidade do auto de prisão em flagrante por violação à exigência de comunicação da medida à autoridade judiciária e à defensoria pública dentro de 24 horas (0,8), nos termos do art. 306, § 1º, do CPP OU art. 5º, LXII, da CRFB (0,2). *Obs.: A mera indicação do artigo não é pontuada.*	0 / 0,8 / 1,0
7 – Pedido de relaxamento de prisão em razão da nulidade do auto de prisão em flagrante (0,25) e expedição de alvará de soltura (0,25).	0 / 0,25 / 0,5

(OAB/Exame Unificado – 2012.1 – 2ª fase) Leia com atenção o caso concreto a seguir:

Grávida de nove meses, Ana entra em trabalho de parto, vindo dar à luz um menino saudável, o qual é imediatamente colocado em seu colo. Ao ter o recém-nascido em suas mãos, Ana é tomada por extremo furor, bradando aos gritos que seu filho era um "monstro horrível que não saiu de mim" e bate por seguidas vezes a cabeça da criança na parede do quarto do hospital, vitimando-a fatalmente. Após ser dominada pelos funcionários do hospital, Ana é presa em flagrante delito.

Durante a fase de inquérito policial, foi realizado exame médico-legal, o qual atestou que Ana agira sob influência de estado puerperal. Posteriormente, foi denunciada, com base nas provas colhidas na fase inquisitorial, sobretudo o laudo do expert, perante a 1ª Vara Criminal/Tribunal do Júri pela prática do crime de homicídio triplamente qualificado, haja vista ter sustentado o Parquet que Ana fora movida por motivo fútil, empregara meio cruel para a consecução do ato criminoso, além de se utilizar de recurso que tornou impossível a defesa da vítima. Em sede de Alegações Finais Orais, o Promotor de Justiça reiterou os argumentos da denúncia, sustentando que Ana teria agido impelida por motivo fútil ao decidir matar seu filho em razão de tê-lo achado feio e teria empregado meio cruel ao bater a cabeça do bebê repetidas vezes contra a parede, além de impossibilitar a defesa da vítima, incapaz, em razão da idade, de defender-se.

A Defensoria Pública, por sua vez, alegou que a ré não teria praticado o fato e, alternativamente, se o tivesse feito, não possuiria plena capacidade de autodeterminação, sendo inimputável. Ao proferir a sentença, o magistrado competente entendeu por bem absolver sumariamente a ré em razão de inimputabilidade, pois, ao tempo da ação, não seria ela inteiramente capaz de se autodeterminar em consequência da influência do estado puerperal. Tendo sido intimado o Ministério Público da decisão, em 11 de janeiro de 2011, o prazo recursal transcorreu *in albis* sem manifestação do Parquet.

Em relação ao caso acima, você, na condição de advogado(a), é procurado pelo pai da vítima, em 20 de janeiro de 2011, para habilitar-se como assistente da acusação e impugnar a decisão.

PRÁTICA PENAL – 10ª EDIÇÃO

PEÇAS PRÁTICO-PROFISSIONAIS

Com base somente nas informações de que dispõe e nas que podem ser inferidas pelo caso concreto acima, redija a peça cabível, sustentando, para tanto, as teses jurídicas pertinentes, datando do último dia do prazo. (valor: 5,00)

GABARITO COMENTADO

O candidato deve redigir uma apelação, com fundamento no artigo 593, I, CPP (OU art. 416 CPP) c/c 598 do CPP.

A petição de interposição deve ser endereçada ao Juiz de Direito da 1ª Vara Criminal/ Tribunal do Júri.

Na petição de interposição da apelação, o candidato deverá requerer a habilitação do pai da criança como assistente de acusação.

Acerca desse item, cumpre salientar que será atribuída a pontuação respectiva se o pedido de habilitação tiver sido feito em peça apartada.

Todavia, também resta decidido que não será pontuado o item relativo à estrutura se o indivíduo que solicitar a habilitação como assistente de acusação não possuir legitimidade para tanto.

Por fim, a petição de interposição deverá ser datada de 31/01/2011 OU 01/02/2011.

No tocante às razões recursais, as mesmas deverão ser dirigidas ao Tribunal de Justiça.

Nelas, o examinando deve argumentar que o juiz não poderia ter absolvido sumariamente a ré em razão da inimputabilidade, porque o Código de Processo Penal, em seu artigo 415, parágrafo único, veda expressamente tal providência, salvo quando for a única tese defensiva, o que não é o caso, haja vista que a defesa também apresentou outra tese, qual seja, a de negativa de autoria.

Também deverá argumentar que a incidência do estado puerperal não é considerada causa excludente de culpabilidade fundada na ausência de capacidade de autodeterminação. O estado puerperal configura elementar do tipo de infanticídio e não causa excludente de imputabilidade/culpabilidade.

As duas teses principais da peça, acima citadas, somente serão passíveis de pontuação integral se preenchidas em sua totalidade, descabendo falar-se em respostas implícitas.

Do mesmo modo, deverá o examinando, em seus pedidos, requerer a reforma da decisão com o fim de se pronunciar a ré pela prática do delito de infanticídio, de modo que seja ela levada a julgamento pelo Tribunal do Júri.

Ao final, também deverá datar corretamente as razões recursais.

Acerca desse ponto, tendo em vista o prazo de três dias disposto no art. 600, § 1º, do CPP, serão aceitas as seguintes datas nas razões: 31/01/2011; 01/02/2011; 02/02/2011; 03/02/2011 e 04/02/2011 (essa última data só será aceita se a petição de interposição tiver sido datada de 01/02/2011).

Cumpre salientar que tais datas justificam-se pelo seguinte: o dia 16 de janeiro de 2011 (termo final do prazo recursal para o Ministério Público) foi domingo e por isso o termo inicial do assistente de acusação será dia 18 de janeiro de 2011 (terça-feira), terminando em 1º de fevereiro de 2011. Todavia, considerando que nem todos os examinandos tiveram acesso ao calendário no momento da prova, permitiu-se a contagem dos dias corridos e, nesse caso, o prazo final para a interposição da apelação seria dia 31 de janeiro de 2011.

Por fim, ainda no tocante ao item da data correta, somente fará jus à respectiva pontuação o examinando que acertar as hipóteses (petição de interposição e razões recursais).

EDUARDO DOMPIERI

Distribuição dos Pontos:

QUESITO AVALIADO	FAIXA DE VALORES
Item 1 – Estrutura correta (divisão das partes / indicação de local, assinatura). *Obs.: a falta de legitimidade para requerer a habilitação implicará na não atribuição de pontos nesse item.*	0,00 / 0,25
Item 2 – Indicação correta dos dispositivos legais que dão ensejo à apelação (art. 593, I, do CPP OU art. 416 do CPP (0,20) E art. 598 do CPP (0,30)	0,00 / 0,20 /0,30 / 0,50
Item 3 – Endereçamento correto da interposição (1ª Vara Criminal /Tribunal do Júri)	0,00 / 0,25
Item 4 – Endereçamento correto das razões (Tribunal de Justiça).	0,00 / 0,25
Item 5 – Pedido de habilitação, na interposição, do pai da vítima como assistente de acusação. *Obs.: não será pontuado o pedido de habilitação feito nas razões do recurso.*	0,00 / 0,25
Item 6 – Desenvolvimento jurídico acerca da impossibilidade de se absolver sumaria-mente pela inimputabilidade por não ser a única tese defensiva alegada na primeira fase do júri (0,95) e consequente violação ao art. 415, parágrafo único, do CPP (0,30). *Obs.: a mera indicação do artigo não pontua.*	0,00 / 0,95 /1,25
Item 7 – Desenvolvimento jurídico acerca da impossibilidade de se absolver sumaria-mente pela inimputabilidade por não ser o estado puerperal considerado como tal (0,95), já que é elemento do tipo no art. 123 do CP.(0,30). *Obs.: a mera indicação do artigo não pontua.*	0,00 / 0,95 /1,25
Item 8 – Pedidos: 8.1) Reforma da sentença de absolvição sumária (0,40);	0,00 / 0,40
8.2) Pronúncia da ré nos exatos termos da denúncia OU pronúncia por homicídio triplamente qualificado OU pronúncia da ré por infanticídio (0,40)	0,00/ 0,40
Item 9 – Indicação do prazo (art. 598, parágrafo único, do CPP). *Obs.: somente será atribuída pontuação se houver indicação correta do prazo nas duas peças (interposição e razões recursais).*	0,00/0,20

(OAB/Exame Unificado – 2012.2 – 2ª fase) Peça Prático-Profissional. Leia com atenção o caso concreto a seguir:

Visando abrir um restaurante, José pede vinte mil reais emprestados a Caio, assinando, como garantia, uma nota promissória no aludido valor, com vencimento para o dia 15 de maio de 2010. Na data mencionada, não tendo havido pagamento, Caio telefona para José e, educadamente, cobra a dívida, obtendo do devedor a promessa de que o valor seria pago em uma semana.

Findo o prazo, Caio novamente contata José, que, desta vez, afirma estar sem dinheiro, pois o res-taurante não apresentara o lucro esperado. Indignado, Caio comparece no dia 24 de maio de 2010 ao restaurante e, mostrando para José uma pistola que trazia consigo, afirma que a dívida deveria ser saldada imediatamente, pois, do contrário, José pagaria com a própria vida. Aterrorizado, José entra no restaurante e telefona para a polícia, que, entretanto, não encontra Caio quando chega ao local.

PRÁTICA PENAL – 10ª EDIÇÃO 297 PEÇAS PRÁTICO-PROFISSIONAIS

Os fatos acima referidos foram levados ao conhecimento do delegado de polícia da localidade, que instaurou inquérito policial para apurar as circunstâncias do ocorrido. Ao final da investigação, tendo Caio confirmado a ocorrência dos eventos em sua integralidade, o Ministério Público o denuncia pela prática do crime de extorsão qualificada pelo emprego de arma de fogo. Recebida a inicial pelo juízo da 5ª Vara Criminal, o réu é citado no dia 18 de janeiro de 2011.

Procurado apenas por Caio para representá-lo na ação penal instaurada, sabendo-se que Joaquim e Manoel presenciaram os telefonemas de Caio cobrando a dívida vencida, e com base **somente** nas informações de que dispõe e nas que podem ser inferidas pelo caso concreto acima, **redija, no último dia do prazo, a peça cabível, invocando todos os argumentos em favor de seu constituinte.**

GABARITO COMENTADO – EXAMINADORA

O examinando deverá redigir uma resposta à acusação, prevista no artigo 396 do CPP (e/ ou art. 396-A do CPP), a ser endereçada ao juízo da 5ª Vara Criminal e apresentada no dia 28 de janeiro de 2011.

Na referida peça, o examinando deverá demonstrar que a conduta descrita pelo Ministério Público caracterizaria apenas o crime de exercício arbitrário das próprias razões, previsto no artigo 345 do CP, uma vez que para a configuração do delito de extorsão seria imprescindível que a vantagem fosse indevida, sendo a conduta, com relação ao delito do artigo 158, atípica.

Outrossim, o examinando deverá esclarecer que o Ministério Público não é parte legítima para figurar no polo ativo de processo criminal pelo delito de exercício arbitrário das próprias razões, pois não houve emprego de violência, sendo este persequível por ação penal privada.

Em razão disso, o examinando deverá afirmar que caberia a José ajuizar queixa-crime dentro do prazo decadencial de seis meses, contados a partir do dia 24 de maio de 2010 e, uma vez não tendo sido oferecida a queixa-crime até o dia 23 de novembro de 2010, incidiu sobre o feito o fenômeno da decadência, restando extinta a punibilidade de Caio.

Ao final, o examinando deverá pedir a absolvição sumária de Caio, com fundamento no artigo 397, III (pela atipicidade do delito de extorsão) e IV (pela incidência da decadência), do CPP. Além de tais pedidos, com base no princípio da eventualidade, deverá requerer a produção de prova testemunhal, com a oitiva de Joaquim e Manoel.

Por fim, o examinando deverá apontar em sua peça a data de 28 de janeiro de 2011.

Não sendo observada a correta divisão das partes, indicação de local, data e assinatura, será impossível atribuição dos pontos relativos à estrutura.

Distribuição dos Pontos:

QUESITO AVALIADO	VALORES
Endereçamento correto (juízo da 5ª Vara Criminal).	0,00 / 0,25
Indicação correta do dispositivo legal que fundamenta a resposta à acusação (art. 396 do CPP e/ou art. 396-A do CPP).	0,00 / 0,30
A) Desenvolvimento fundamentado do argumento de que a conduta de extorsão seria atípica (1,00) por ausência da elementar "vantagem indevida" (0,50).	0,00 / 0,50 / 1,00 / 1,50

EDUARDO DOMPIERI

B1) Desenvolvimento fundamentado do argumento de que a conduta se amoldaria ao delito de exercício arbitrário das próprias razões (0,40) previsto no artigo 345, *caput*, do CP (0,10). *OBS.: A mera indicação do dispositivo legal não pontua.*	0,00 / 0,40 / 0,50
B2) Desenvolvimento fundamentado de que o delito de exercício arbitrário das próprias razões é persequível por ação penal privada.	0,00 / 0,30
B3) Incide sobre a hipótese o fenômeno da decadência do direito de queixa (0,30), razão pela qual está extinta a punibilidade (0,20). *OBS.: A indicação apenas de que houve extinção de punibilidade, dissociada da correta fundamentação, impede atribuição de pontos.*	0,00/0,30/0,50
Pedidos: a) absolvição (0,25) com fundamento no art. 397, III do CPP (0,25) e art. 397, IV, do CPP (0,25); b) requerimento de produção de prova testemunhal ou indicação de rol de testemunhas (0,25).	0,00 / 0,25 / 0,50 / 0,75/1,00
Indicação do último dia do prazo (art. 396 do CPP): 28/01/2011.	0,00/0,40
Estrutura correta (divisão das partes / indicação de local, data, assinatura).	0,00 / 0,25

(OAB/Exame Unificado – 2012.3 – 2ª fase) Peça Prático-Profissional. Gisele foi denunciada, com recebimento ocorrido em 31/10/2010, pela prática do delito de lesão corporal leve, com a presença da circunstância agravante, de ter o crime sido cometido contra mulher grávida. Isso porque, segundo narrou a inicial acusatória, Gisele, no dia 01/04/2009, então com 19 anos, objetivando provocar lesão corporal leve em Amanda, deu um chute nas costas de Carolina, por confundi-la com aquela, ocasião em que Carolina (que estava grávida) caiu de joelhos no chão, lesionando-se.

A vítima, muito atordoada com o acontecido, ficou por um tempo sem saber o que fazer, mas foi convencida por Amanda (sua amiga e pessoa a quem Gisele realmente queria lesionar) a noticiar o fato na delegacia. Sendo assim, tão logo voltou de um intercâmbio, mais precisamente no dia 18/10/2009, Carolina compareceu à delegacia e noticiou o fato, representando contra Gisele. Por orientação do delegado, Carolina foi instruída a fazer exame de corpo de delito, o que não ocorreu, porque os ferimentos, muito leves, já haviam sarado. O Ministério Público, na denúncia, arrolou Amanda como testemunha.

Em seu depoimento, feito em sede judicial, Amanda disse que não viu Gisele bater em Carolina e nem viu os ferimentos, mas disse que poderia afirmar com convicção que os fatos noticiados realmente ocorreram, pois estava na casa da vítima quando esta chegou chorando muito e narrando a história. Não foi ouvida mais nenhuma testemunha e Gisele, em seu interrogatório, exerceu o direito ao silêncio. Cumpre destacar que a primeira e única audiência ocorreu apenas em 20/03/2012, mas que, anteriormente, três outras audiências foram marcadas; apenas não se realizaram porque, na primeira, o magistrado não pôde comparecer, na segunda o Ministério Público não compareceu e a terceira não se realizou porque, no dia marcado, foi dado ponto facultativo pelo governador do Estado, razão pela qual todas as audiências foram redesignadas. Assim, somente na quarta data agendada é que a audiência efetivamente aconteceu. Também merece destaque o fato de que na referida audiência o *parquet* não ofereceu proposta de suspensão condicional do processo, pois, conforme documentos comprobatórios juntados aos autos, em 30/03/2009, Gisele, em processo criminal onde se apuravam outros fatos, aceitou o benefício proposto.

PRÁTICA PENAL – 10ª EDIÇÃO   299   PEÇAS PRÁTICO-PROFISSIONAIS

Assim, segundo o promotor de justiça, afigurava-se impossível formulação de nova proposta de suspensão condicional do processo, ou de qualquer outro benefício anterior não destacado, e, além disso, tal dado deveria figurar na condenação ora pleiteada para Gisele como outra circunstância agravante, qual seja, reincidência.

Nesse sentido, considere que o magistrado encerrou a audiência e abriu prazo, intimando as partes, para o oferecimento da peça processual cabível.

Como advogado de Gisele, levando em conta tão somente os dados contidos no enunciado, elabore a peça cabível. (Valor: 5,0)

GABARITO COMENTADO – EXAMINADORA

O examinando, observando a estrutura correta, deverá elaborar MEMORIAIS, com fundamento no Art. 403, § 3º, do CPP.

A peça deve ser endereçada ao Juiz do Juizado Especial Criminal.

Preliminarmente, deve ser alegada a decadência do direito de representação. Os fatos ocorreram em 01/04/2009 e a representação apenas foi feita em 18/10/2009 (Art. 38, CPP).

Também em caráter preliminar deve ser alegada a nulidade do processo pela inobservância do rito da Lei 9.099/1995, anulando-se o recebimento da denúncia, com a consequente prescrição da pretensão punitiva. Isso porque os fatos datam de 01/04/2009 e a pena máxima em abstrato prevista para o crime de lesão corporal leve é de um ano, que prescreve em quatro anos (Art. 109, inciso V, do CP). Como se trata de acusada menor de 21 anos de idade, o prazo prescricional reduz-se pela metade (Art. 115, do CP), totalizando dois anos. Com a anulação do recebimento da denúncia, este marco interruptivo desaparece e, assim, configura-se a prescrição da pretensão punitiva.

No mérito, deve ser requerida absolvição por falta de prova. A materialidade do delito não restou comprovada, tal como exige o Art. 158, do CPP. O delito de lesão corporal é não transeunte e exige perícia, seja direta ou indireta, o que não foi feito. Note-se que não foi realizado exame pericial direto e nem a perícia indireta pôde ser feita, pois a única testemunha não viu nem os fatos e nem mesmo os ferimentos.

Também no mérito, deve ser alegado que não incidem nenhuma das circunstâncias agravantes aventadas pelo Ministério Público. Levando em conta que Gisele agiu em hipótese de erro sobre a pessoa (Art. 20, § 3º, do CP), devem ser consideradas apenas as características da vítima pretendida (Amanda) e não da vítima real (Carolina), que estava grávida. Além disso, não incide a agravante da reincidência, pois a aceitação da proposta de suspensão condicional do processo não acarreta condenação e muito menos reincidência; Gisele ainda é primária.

Ao final, deve elaborar os seguintes pedidos: a extinção de punibilidade pela decadência do direito de representação; a declaração da nulidade do processo com a consequente extinção da punibilidade pela prescrição da pretensão punitiva; a absolvição da ré com fundamento na ausência de provas para a condenação. Subsidiariamente, em caso de condenação, deverá pleitear a não incidência da circunstância agravante de ter sido, o delito, cometido contra mulher grávida; a não incidência da agravante da reincidência; a atenuação da pena como consequência à aplicação da atenuante da menoridade relativa da ré.

EDUARDO DOMPIERI

Distribuição dos Pontos:

QUESITO AVALIADO	VALORES
1) A peça deve ser endereçada ao Juiz do Juizado Especial Criminal. (0,25)	0,00/0,25
2) Indicação do dispositivo legal que fundamenta a peça: Art. 403, § 3º, do CPP (0,20).	0,00/0,20
3) Arguição da preliminar de decadência do direito de representação (0,50). Desenvolvimento fundamentado no sentido de que os fatos ocorreram em 01/04/2009 e a representação apenas foi feita em 18/10/2009 (Art. 38, do CPP). (0,75) *OBS.: A mera indicação do artigo não pontua.*	0,00/0,50/1,25
4) Também em caráter preliminar deve ser alegada a nulidade do processo pela inobservância do rito da Lei n. 9.099/95 (0,25), anulando-se o recebimento da denúncia (0,25) com a consequente prescrição da pretensão punitiva. (0,25)	0,00/0,25/0,50/0,75
5) Desenvolvimento fundamentado acerca da absolvição por falta de prova (0,25), bem como da ausência de materialidade do delito (0,50).	0,00/0,25/0,50/0,75
6) Desenvolvimento fundamentado acerca da não incidência da agravante de crime praticado contra mulher grávida, pois a hipótese é de erro quanto à pessoa(0,30) na forma do Art. 20, § 3º do CP (0,10), *OBS.: A mera indicação do artigo não pontua.*	0,00/0,30/0,40
7) Desenvolvimento fundamentado acerca da não incidência da agravante da reincidência (0,35).	0,00/0,35
8) Pedidos: A) extinção de punibilidade pela decadência do direito de representação (0,20); B) declaração da nulidade do processo (0,10) com a consequente extinção da punibilidade pela prescrição da pretensão punitiva (0,10); C) Absolvição (0,10) por falta de provas para a condenação OU por não haver prova da existência do fato (0,10);	0,00/0,10/0,20/0,30/ 0,40/0,50/0,60
D) Subsidiariamente, em caso de condenação: d1) não incidência da agravante de crime cometido contra mulher grávida (0,10); d2) não incidência da agravante da reincidência (0,10); d3) incidência da atenuante da menoridade relativa da ré (0,10)	0,00/0,10/0,20/0,30
9) Estrutura correta (indicação das partes/ local/ data/ assinatura).	0,00/0,15

(OAB/Exame Unificado – 2013.1 – 2ª fase) Leia com atenção o caso concreto a seguir:

Jane, no dia 18 de outubro de 2010, na cidade de Cuiabá – MT, subtraiu veículo automotor de propriedade de Gabriela. Tal subtração ocorreu no momento em que a vítima saltou do carro para buscar um pertence que havia esquecido em casa, deixando-o aberto e com a chave na ignição. Jane, ao ver tal situação, aproveitou-se e subtraiu o bem, com o intuito de revendê-lo no Paraguai. Imediatamente, a vítima chamou a polícia e esta empreendeu perseguição ininterrupta, tendo prendido Jane em flagrante somente no dia seguinte, exatamente quando esta tentava cruzar a fronteira para negociar a venda do bem, que estava guardado em local não revelado.

PRÁTICA PENAL – 10ª EDIÇÃO 301 PEÇAS PRÁTICO-PROFISSIONAIS

Em 30 de outubro de 2010, a denúncia foi recebida. No curso do processo, as testemunhas arroladas afirmaram que a ré estava, realmente, negociando a venda do bem no país vizinho e que havia um comprador, terceiro de boa-fé arrolado como testemunha, o qual, em suas declarações, ratificou os fatos. Também ficou apurado que Jane possuía maus antecedentes e reincidente específica nesse tipo de crime, bem como que Gabriela havia morrido no dia seguinte à subtração, vítima de enfarte sofrido logo após os fatos, já que o veículo era essencial à sua subsistência. A ré confessou o crime em seu interrogatório.

Ao cabo da instrução criminal, a ré foi condenada a cinco anos de reclusão no regime inicial fechado para cumprimento da pena privativa de liberdade, tendo sido levada em consideração a confissão, a reincidência específica, os maus antecedentes e as consequências do crime, quais sejam, a morte da vítima e os danos decorrentes da subtração de bem essencial à sua subsistência.

A condenação transitou definitivamente em julgado, e a ré iniciou o cumprimento da pena em 10 de novembro de 2012. No dia 5 de março de 2013, você, já na condição de advogado(a) de Jane, recebe em seu escritório a mãe de Jane, acompanhada de Gabriel, único parente vivo da vítima, que se identificou como sendo filho desta. Ele informou que, no dia 27 de outubro de 2010, Jane, acolhendo os conselhos maternos, lhe telefonou, indicando o local onde o veículo estava escondido. O filho da vítima, nunca mencionado no processo, informou que no mesmo dia do telefonema, foi ao local e pegou o veículo de volta, sem nenhum embaraço, bem como que tal veículo estava em seu poder desde então.

Com base somente nas informações de que dispõe e nas que podem ser inferidas pelo caso concreto acima, redija a peça cabível, excluindo a possibilidade de impetração de *Habeas Corpus*, sustentando, para tanto, as teses jurídicas pertinentes.

GABARITO COMENTADO – EXAMINADORA

O candidato deve redigir uma revisão criminal, com fundamento no art. 621, I e/ou III, do Código de Processo Penal. Deverá ser feita uma única petição, dirigida ao Desembargador Presidente do Tribunal de Justiça do Estado de Mato Grosso, onde o candidato deverá argumentar que, após a sentença, foi descoberta causa especial de diminuição de pena, prevista no art. 16 do Código Penal, qual seja, arrependimento posterior. O agente, anteriormente ao recebimento da denúncia, por ato voluntário, restituiu a *res furtiva*, sendo certo que tal restituição foi integral e que, portanto, faz jus ao máximo de diminuição. Assim, deverá pleitear, com base no art. 626 do Código de Processo Penal, a modificação da pena imposta, para que seja considerada referida causa de diminuição de pena.

Além disso, o fato novo comprova que o veículo não chegou a ser transportado para o exterior, não tendo se iniciado qualquer ato de execução referente à qualificadora prevista no § 5º do artigo 155 do Código Penal. Por isso, cabível a desclassificação do furto qualificado para o furto simples (artigo 155, *caput*, do Código Penal).

Como consequência da aplicação da causa especial de diminuição de pena prevista no art. 16 do CP e da desclassificação do delito, o examinando deverá desenvolver raciocínio no sentido de que, em que pese a reincidência da revisionanda, o STJ tem entendimento sumulado no sentido de que poderá haver atribuição do regime semiaberto para cumprimento da pena privativa de liberdade (verbete 269 da Súmula do STJ).

Além disso, o fato de a revisionanda ter reparado o dano de forma voluntária prepondera sobre os maus antecedentes e demonstra que as circunstâncias pessoais lhe são favoráveis. Por

EDUARDO DOMPIERI

isso, a fixação do regime fechado se mostra medida desproporcional e infundada, devendo ser abrandado o regime para o semiaberto, com base na no verbete 269 da Súmula do Superior Tribunal de Justiça.

Ao final, o examinando deverá elaborar, com base no art. 626 do CPP, os seguintes pedidos: i. a desclassificação da conduta, de furto qualificado para furto simples; ii. a diminuição da pena privativa de liberdade; iii. a fixação do regime semiaberto (ou a mudança para referido regime) para o cumprimento da pena privativa de liberdade.

Com o fim de privilegiar a demonstração de conhecimento, será pontuada, também, a estrutura da peça prático-profissional apresentada. Assim, deve haver a correta divisão das partes, indicação de local, data, assinatura e observância às demais formalidades inerentes à estrutura da peça em análise.

Também com a finalidade de privilegiar a demonstração de conhecimento jurídico, a Banca aceitará, subsidiariamente, como peça prático-profissional adequada, o PEDIDO DE JUSTIFICAÇÃO.

Para garantir a atribuição dos pontos pertinentes, o examinando deve redigir um Pedido de Justificação, com fundamento no art. 861 do Código de Processo Civil (art. 381, § 5º, do NCPC) c/c art. 3º do Código de Processo Penal.

Deverá ser feita uma única petição, dirigida à Vara Criminal do Tribunal de Justiça do Estado de Mato Grosso.

Em sua peça, o examinando deverá requerer oitiva da testemunha Gabriel, tendo em vista que as novas provas autorizariam diminuição especial de pena (nos termos do art. 621, III do CPP). Deverá, outrossim, argumentar acerca da impossibilidade de produção de provas em sede de revisão criminal.

Por tais razões o examinando deverá, ao final, pleitear: i. a intimação da testemunha Gabriel para comparecer à audiência a ser designada; ii. que, efetuada a justificação, seja, a mesma, homologada por sentença, entregando-se os autos ao requerente após decorridas 48 horas da decisão judicial, nos termos do art. 866 do CPC (sem correspondente no NCPC).

Ao final, o examinando deverá atribuir valor à causa, conforme art. 282, V, do CPC (art. 319, V, do NPCP) bem como apresentar o rol de testemunhas.

Distribuição dos Pontos:

Distribuição dos Pontos – Tipo 1 – REVISÃO CRIMINAL	
QUESITO AVALIADO – REVISÃO CRIMINAL	**VALORES**
Item 01 – Endereçamento correto: Tribunal de Justiça do Estado de Mato Grosso (0,25)	0,00 / 0,25
Item 02 – Indicação correta do dispositivo legal que embasa a Revisão Criminal: art. 621, I, do CPP **OU** art. 621, III, do CPP (0,25).	0,00 / 0,25
Item 03.1 – Da tese do arrependimento posterior: incide na hipótese o instituto do arrependimento posterior (0,50) nos termos do Art. 16 do CP (0,25) *Obs.: A mera indicação do artigo não pontua.*	0,00 / 0,50 / 0,75
Item 03.2 – Desenvolvimento jurídico no sentido de que a restituição do bem ocorreu antes do recebimento da denúncia (0,25) e tal restituição foi integral (0,25), razão pela qual a revisionanda faz jus à diminuição da pena (0,25). *OBS.: a simples reprodução de dados contidos no enunciado, dissociada da correta indicação do instituto cabível ao caso (qual seja, arrependimento posterior), impede atribuição de pontos.*	0,00 / 0,25 / 0,50 / 0,75

Item 04 – Desenvolvimento jurídico acerca da desclassificação para furto simples (0,50), pois não houve efetivo deslocamento do bem para o exterior (0,50), restando então o crime do Art. 155, *caput*, do CP (0,25). *OBS.: A mera indicação do artigo não pontua.*	0,00 / 0,50 / 0,75 / 1,00 / 1,25
Item 05 – Desenvolvimento jurídico acerca da consequente modificação do regime para o semiaberto (0,25), conforme a Súmula 269 do STJ (0,25). *OBS.: Deverá haver indicação expressa e única do regime semiaberto.*	0,00 / 0,25 / 0,50
Item 06 – Dos pedidos: Com fundamento no art. 626 do CPP (0,25): 6.1) Desclassificação para o delito de furto simples(0,25); 6.2) Diminuição da pena (0,25); 6.3) Fixação/mudança para regime semiaberto (0,25). *OBS.: não será aceito como desenvolvimento relativo ao item 5 o simples pedido de mudança para o regime semiaberto com base no verbete 269 da Súmula do STJ.*	0,00 / 0,25 / 0,50 / 0,75 / 1,00
Item 07 – Estrutura correta (divisão das partes, indicação de local, data, assinatura e demais formalidades inerentes à estrutura da peça em análise).	0,00/0,25

Distribuição dos Pontos – Tipo 2 – JUSTIFICAÇÃO	
QUESITO AVALIADO – JUSTIFICAÇÃO	**VALORES**
Item 01 – Endereçamento correto: Vara Criminal do Tribunal de Justiça do Estado de Mato Grosso (0,25).	0,00 / 0,25
Item 02 – Indicação correta do dispositivo legal que embasa o pedido de Justificação: art. 861 do CPC (art. 381, § 5º, do NCPC) c/c art. 3º do CPP (0,50). *OBS.: Para obter a pontuação, o examinando deve, necessariamente, citar os dois dispositivos legais.*	0,00 / 0,50
Item 03 – Desenvolvimento no sentido da necessidade da oitiva da testemunha Gabriel, tendo em vista que as novas provas autorizariam diminuição especial de pena, nos termos do art. 621, III, do CPP (0,75). Isto porque não é possível a produção de provas em sede de revisão criminal (0,75).	0,00 / 0,75 / 1,50
Item 04 – Dos pedidos: a) Seja a testemunha intimada para comparecer à audiência; (0,75). b) Efetuada a justificação, pede-se seja a mesma homologada por sentença, entregando-se os autos ao requerente, decorridas 48 horas da decisão, nos termos do art. 866 do CPC (sem correspondente no NCPC) (0.75).	0,00 / 0,75 / 1,50
Item 05 – Atribuição de valor à causa, conforme art. 282, V, CPC (art. 319, V, do NCPC) (0,5).	0,00 / 0,50
Item 06 – Rol de testemunhas (0,5).	0,00 / 0,50
Item 07 – Estrutura correta (divisão das partes, indicação de local, data, assinatura e demais formalidades inerentes à estrutura da peça em análise). (0,25).	0,00 / 0,25

EDUARDO DOMPIERI

(OAB/Exame Unificado – 2013.2 – 2ª fase) Jerusa, atrasada para importante compromisso profissional, dirige seu carro bastante preocupada, mas respeitando os limites de velocidade. Em uma via de mão dupla, Jerusa decide ultrapassar o carro à sua frente, o qual estava abaixo da velocidade permitida. Para realizar a referida manobra, entretanto, Jerusa não liga a respectiva seta luminosa sinalizadora do veículo e, no momento da ultrapassagem, vem a atingir Diogo, motociclista que, em alta velocidade, conduzia sua moto no sentido oposto da via. Não obstante a presteza no socorro que veio após o chamado da própria Jerusa e das demais testemunhas, Diogo falece em razão dos ferimentos sofridos pela colisão. Instaurado o respectivo inquérito policial, após o curso das investigações, o Ministério Público decide oferecer denúncia contra Jerusa, imputando-lhe a prática do delito de homicídio doloso simples, na modalidade dolo eventual (art. 121 c/c Art. 18, I parte final, ambos do CP). Argumentou o ilustre membro do *Parquet* a imprevisão de Jerusa acerca do resultado que poderia causar ao não ligar a seta do veículo para realizar a ultrapassagem, além de não atentar para o trânsito em sentido contrário. A denúncia foi recebida pelo juiz competente e todos os atos processuais exigidos em lei foram regularmente praticados. Finda a instrução probatória, o juiz competente, em decisão devidamente fundamentada, decidiu pronunciar Jerusa pelo crime apontado na inicial acusatória. O advogado de Jerusa é intimado da referida decisão em 02 de agosto de 2013 (sexta-feira).

Atento ao caso apresentado e tendo como base apenas os elementos fornecidos, elabore o recurso cabível e date-o com o último dia do prazo para a interposição. (Valor: 5,0)

A simples menção ou transcrição do dispositivo legal não pontua.

GABARITO COMENTADO

O examinando deverá elaborar um recurso em sentido estrito com fundamento no Art. 581, IV, do CPP. A petição de interposição deverá ser endereçada ao Juiz da Vara Criminal do Tribunal do Júri. Deverá, o examinando, na própria petição de interposição, formular pedido de retratação (ou requerer o efeito regressivo/iterativo), com fundamento no Art. 589, do CPP. Caso não seja feita petição de interposição, haverá desconto no item relativo à estrutura da peça, além daqueles relativos aos itens de referida petição. As razões do recurso deverão ser endereçadas ao Tribunal de Justiça. No mérito, o examinando deve alegar que Jerusa não agiu com dolo e sim com culpa. Isso porque o dolo eventual exige, além da previsão do resultado, que o agente assuma o risco pela ocorrência do mesmo, nos termos do Art. 18, I (parte final) do CP, que adotou, em relação ao dolo eventual, a teoria do consentimento. Nesse sentido, a conduta de Jerusa amolda-se àquela descrita no Art. 302 do CTB, razão pela qual ela deve responder pela prática, apenas, de homicídio culposo na direção de veículo automotor. Em consequência, não havendo crime doloso contra a vida, o Tribunal do Júri não é competente para apreciar a questão, razão pela qual deve ocorrer a desclassificação, nos termos do Art. 419, do CPP.

Ao final, o examinando deverá elaborar pedido de desclassificação do delito de homicídio simples doloso, para o delito de homicídio culposo na direção de veículo automotor (Art. 302 do CTB).

Levando em conta o comando da questão, que determina datar as peças com o último dia do prazo cabível para a interposição, ambas as petições (interposição e razões do recurso) deverão ser datadas do dia 09/08/2013.

PRÁTICA PENAL – 10ª EDIÇÃO   305   PEÇAS PRÁTICO-PROFISSIONAIS

(OAB/Exame Unificado – 2013.3 – 2ª fase) Rita, senhora de 60 anos, foi presa em flagrante no dia 10/11/2011 (quinta-feira), ao sair da filial de uma grande rede de farmácias, após ter furtado cinco tintas de cabelo. Para subtrair os itens, Rita arrebentou a fechadura do armário onde estavam os referidos produtos, conforme imagens gravadas pelas câmeras de segurança do estabelecimento. O valor total dos itens furtados perfazia a quantia de R$ 49,95 (quarenta e nove reais e noventa e cinco centavos).

Instaurado inquérito policial, as investigações seguiram normalmente. O Ministério Público, então, por entender haver indícios suficientes de autoria, provas da materialidade e justa causa, resolveu denunciar Rita pela prática da conduta descrita no Art. 155, § 4º, inciso I, do CP (furto qualificado pelo rompimento de obstáculo). A denúncia foi regularmente recebida pelo juízo da 41ª Vara Criminal da Comarca da Capital do Estado 'X' e a ré foi citada para responder à acusação, o que foi devidamente feito. O processo teve seu curso regular e, durante todo o tempo, a ré ficou em liberdade.

Na audiência de instrução e julgamento, realizada no dia 18/10/2012 (quinta-feira), o Ministério Público apresentou certidão cartorária apta a atestar que no dia 15/05/2012 (terça-feira) ocorrera o trânsito em julgado definitivo de sentença que condenava Rita pela prática do delito de estelionato. A ré, em seu interrogatório, exerceu o direito ao silêncio. As alegações finais foram orais; acusação e defesa manifestaram-se. Finda a instrução criminal, o magistrado proferiu sentença em audiência. Na dosimetria da pena, o magistrado entendeu por bem elevar a pena-base em patamar acima do mínimo, ao argumento de que o trânsito em julgado de outra sentença condenatória configurava maus antecedentes; na segunda fase da dosimetria da pena o magistrado também entendeu ser cabível a incidência da agravante da reincidência, levando em conta a data do trânsito em julgado definitivo da sentença de estelionato, bem como a data do cometimento do furto (ora objeto de julgamento); não verificando a incidência de nenhuma causa de aumento ou de diminuição, o magistrado fixou a pena definitiva em 4 (quatro) anos de reclusão no regime inicial semiaberto e 80 (oitenta) dias-multa. O valor do dia-multa foi fixado no patamar mínimo legal. Por entender que a ré não atendia aos requisitos legais, o magistrado não substituiu a pena privativa de liberdade por pena restritiva de direitos. Ao final, assegurou-se à ré o direito de recorrer em liberdade.

O advogado da ré deseja recorrer da decisão.

Atento ao caso narrado e levando em conta tão somente as informações contidas no texto, elabore o recurso cabível. (Valor: 5,0)

GABARITO COMENTADO

O examinando deverá elaborar recurso de apelação, com fundamento no art. 593, I, do CPP.

A petição de interposição deve ser endereçada do Juiz da 41ª Vara Criminal da Comarca da Capital do Estado 'X'.

As razões deverão ser endereçadas ao Tribunal de Justiça do Estado X.

Nas razões, o examinando deverá arguir o seguinte:

I. Atipicidade da conduta pela falta de tipicidade material: a subtração de cinco tintas de cabelo, embora esteja adequada, formalmente, à conduta descrita no tipo penal, não importa em efetiva lesão ao patrimônio da farmácia. Incide, portanto, o princípio da insignificância. Assim, ausente a tipicidade material, a conduta é atípica.

II. Subsidiariamente, caso mantida a condenação, requer a aplicação do privilégio contido no § 2º do artigo 155 do CP, já que a coisa furtada é de pequeno valor (R$ 49,95), bem como

EDUARDO DOMPIERI

306

Rita seria considerada primária já que o furto foi cometido antes do trânsito em julgado da condenação do crime de estelionato.

III. Impossibilidade de *bis in idem*: o magistrado, ao utilizar uma mesma circunstância (trânsito em julgado da sentença condenatória por crime de estelionato) para elevar a pena-base na primeira fase da dosimetria e também para elevar a pena-intermediária na segunda fase da dosimetria, feriu o princípio do *ne bis in idem*.

IV. Não configuração da reincidência: o Art. 63, do Código Penal disciplina que somente haverá reincidência se o novo crime (no caso, o furto) for cometido após o trânsito em julgado definitivo de sentença condenatória de crime anterior. Não foi esse o caso da ré, pois o furto foi cometido antes do trânsito em julgado definitivo da sentença relativa ao estelionato. Não se verifica, portanto, a reincidência.

V. A fixação errada do regime inicial semiaberto para cumprimento de pena: como a ré não é reincidente, faz jus ao regime aberto, conforme disposto no Art. 33, § 2°, 'c', do CP.

VI. A possibilidade de substituição da pena privativa de liberdade por pena restritiva de direitos: não sendo, a ré, reincidente, encontram-se presentes os requisitos do Art. 44 do CP. Assim, faz jus à substituição da pena privativa de liberdade por pena restritiva de direitos.

Ao final, o examinando deverá elaborar os seguintes pedidos:

I. Absolvição com base na atipicidade da conduta;

II. Subsidiariamente, requer-se a aplicação do § 2° do artigo 155 do CP (furto privilegiado);

II. Caso não reconhecida a atipicidade, deverá requerer a diminuição da pena pelo afastamento da circunstância agravante da reincidência;

III. A fixação do regime aberto para o cumprimento da pena;

IV. A substituição da pena privativa de liberdade por pena restritiva de direitos

Distribuição dos Pontos:

	ITEM	PONTUAÇÃO
1	**Endereçamento da petição de interposição:** Juiz da 41ª Vara Criminal da Comarca da Capital do Estado 'X'. (0,20)	0,00 / 0,20
2	**Demonstração do cabimento do recurso:** Art. 593, I, do CPP. (0,20)	0,00 / 0,20
3	**Endereçamento correto das razões:** Tribunal de Justiça do Estado 'X'.	0,00 / 0,20
	4.1 Mérito: **Desenvolvimento acerca da atipicidade da conduta pela falta de tipicidade material:** a conduta de Rita não configurou efetiva lesão ao patrimônio da grande rede de farmácias, assim, o fato é atípico (0,50) pela falta de tipicidade material (0,30);	0,00 / 0,30 / 0,50 / 0,80
	4.2 Desenvolvimento do pedido subsidiário: aplicação do chamado furto privilegiado (0,30), já que Rita é primária e o objeto furtado é de pequeno valor (0,20), conforme previu o § 2° do artigo 155 do CP (0,10) *Obs.: A simples menção aos artigos não pontua.*	0,00 / 0,20 / 0,30 / 0,40 / 0,50 / 0,60
	4.3 Desenvolvimento correto acerca da impossibilidade de bis in idem: o trânsito em julgado da sentença de estelionato não pode ensejar, ao mesmo tempo, elevação da pena-base e da pena intermediária (0,25), pois não se admite o *bis in idem* (0,15);	0,00 / 0,15 / 0,25 / 0,40

PRÁTICA PENAL – 10ª EDIÇÃO   307   PEÇAS PRÁTICO-PROFISSIONAIS

4	**4.4 Desenvolvimento correto acerca da não configuração da reincidência:** Não há reincidência (0,10), pois o delito de furto foi cometido antes do trânsito em julgado definitivo do delito de estelionato (0,20), ausentes, pois, os pressupostos do Art. 63, do CP (0,10). *Obs.: a mera indicação de artigo não pontua.*	0,00 / 0,10 / 0,20 / 0,30 / 0,40
	4.5 Desenvolvimento correto acerca da fixação errada do regime inicial fechado para cumprimento de pena: como a ré não é reincidente, faz jus ao regime aberto (0,25), conforme disposto no Art. 33, § 2º, 'c', do CP ou súmula 269 do STJ (0,15). *Obs.: a mera indicação do artigo ou súmula não pontua.*	0,00 / 0,25 / 0,40
	4.6 Desenvolvimento correto acerca da possibilidade de substituição da pena privativa de liberdade por pena restritiva de direitos (0,25), conforme Art. 44, do CP (0,15) **OU** Desenvolvimento correto acerca da possibilidade de aplicação da pena de multa (0,25), conforme art. 155, § 2º, do CP. (0,15) *Obs.: a mera indicação de artigo não pontua.*	0,00 / 0,25 / 0,40
	Pedidos: a) Absolvição (0,10) com base na atipicidade da conduta ou art. 386, inciso III, do CPP (0,20);	0,00 / 0,10 / 0,30
5	Alternativamente, não reconhecida a atipicidade, deverá requerer: b.1) a aplicação do furto privilegiado ou aplicação do previsto no § 2º do artigo 155 CP (0,25); b.2) a diminuição da pena pelo afastamento da circunstância agravante da reincidência (0,25); b.3) A fixação do regime aberto para o cumprimento da pena (0,25); b.4) A substituição da pena privativa de liberdade por pena restritiva de direitos (0,25).	0,00 / 0,25 / 0,50 / 0,75 / 1,00
6	Fechamento da Peça: (0,10) Data, Local, Advogado, OAB ... nº...	0,00/0,10

(OAB/Exame Unificado – 2014.1 – 2ª fase) Diogo está sendo regularmente processado pela prática dos crimes de violação de domicílio (artigo 150, do CP) em concurso material com o crime de furto qualificado pela escalada (artigo 155, § 4º, II, do CP). Isso porque, segundo narrou a inicial acusatória, no dia 10/11/2012 (sábado), Diogo pulou o muro de cerca de três metros que guarnecia a casa da vítima e, então, após ingressar clandestinamente na residência, subtraiu diversos pertences e valores, a saber: três anéis de ouro, dois relógios de ouro, dois aparelhos de telefone celular, um *notebook* e quinhentos reais em espécie, totalizando R$ 9.000,00 (nove mil reais).

Na audiência de instrução e julgamento, realizada em 29/08/2013 (quinta-feira), foram ouvidas duas testemunhas de acusação que, cada uma a seu turno, disseram ter visto Diogo pular o muro da residência da vítima e dali sair, cerca de vinte minutos após, levando uma mochila cheia. A defesa, por sua vez, não apresentou testemunhas. Também na audiência de instrução e julgamento foi exibido um DVD contendo as imagens gravadas pelas câmeras de segurança presentes na casa da vítima, sendo certo que à defesa foi assegurado o acesso ao conteúdo do DVD, mas essa se manifestou no sentido de que nada havia a impugnar.

Nas imagens exibidas em audiência ficou constatado (dada a nitidez das mesmas) que fora Diogo quem realmente pulou o muro da residência e realizou a subtração dos bens. Em seu interrogatório o réu exerceu o direito ao silêncio.

EDUARDO DOMPIERI

Em alegações finais orais, o Ministério Público exibiu cópia de sentença prolatada cerca de uma semana antes (ainda sem trânsito em julgado definitivo, portanto), onde se condenou o réu pela prática, em 25/12/2012 (terça-feira), do crime de estelionato. A defesa, em alegações finais, limitou-se a falar do princípio do estado de inocência, bem como que eventual silêncio do réu não poderia importar-lhe em prejuízo. O Juiz, então, proferiu sentença em audiência condenando Diogo pela prática do crime de violação de domicílio em concurso material com o crime de furto qualificado pela escalada. Para a dosimetria da pena o magistrado ponderou o fato de que nenhum dos bens subtraídos fora recuperado. Além disso, fez incidir a circunstância agravante da reincidência, pois considerou que a condenação de Diogo pelo crime de estelionato o faria reincidente. O total da condenação foi de 4 anos e 40 dias de reclusão em regime inicial semiaberto e multa à proporção de um trigésimo do salário mínimo. Por fim, o magistrado, na sentença, deixou claro que Diogo não fazia jus a nenhum outro benefício legal, haja vista o fato de não preencher os requisitos para tanto. A sentença foi lida em audiência.

O advogado(a) de Diogo, atento(a) tão somente às informações descritas no texto, deve apresentar o recurso cabível à impugnação da decisão, respeitando as formalidades legais e desenvolvendo, de maneira fundamentada, as teses defensivas pertinentes. O recurso deve ser datado com o último dia cabível para a interposição. **(Valor: 5,0)**

GABARITO COMENTADO – EXAMINADORA

O examinando deverá elaborar um recurso de apelação, com fundamento no artigo 593, I do CPP, apenas. A petição de interposição deverá ser endereçada ao Juiz da Vara Criminal.

As razões do recurso deverão ser endereçadas ao Tribunal de Justiça.

No mérito, o examinando deve alegar que:

(i) O crime de violação de domicílio deve ser absorvido pelo delito de furto qualificado, pois configurou um crime-meio, essencial à execução do crime-fim, que era o furto qualificado. Assim, deve ser excluída a condenação pelo delito de violação de domicílio, restando, apenas, o delito de furto qualificado;

ii) Não há que se falar em reincidência, nos termos do artigo 63, do CP. Note-se que o delito em análise não foi praticado após o trânsito em julgado de condenação anterior. Uma simples sentença condenatória não tem o condão de gerar reincidência;

(iii) Levando em conta o afastamento do delito de violação de domicílio, bem como o afastamento da circunstância agravante da reincidência, o réu fará jus à diminuição da pena e consequente modificação de seu regime de cumprimento, passando do semiaberto para o aberto, nos termos do artigo 33, § 2º, c, do CP;

(iv) Levando em conta o afastamento da reincidência, verifica-se que o réu faz jus à substituição da pena privativa de liberdade por pena restritiva de direitos, nos termos do artigo 44, do CP.

Ao final, o examinando deverá elaborar os seguintes pedidos:

(i) Absolvição do crime de violação de domicílio;

(ii) Afastamento da circunstância agravante da reincidência;

(iii) Consequente diminuição da pena;

(iv) Consequente fixação do regime aberto para cumprimento de pena;

PRÁTICA PENAL – 10ª EDIÇÃO 309 PEÇAS PRÁTICO-PROFISSIONAIS

(v) Substituição da pena privativa de liberdade por pena restritiva de direitos.

Levando em conta o comando da questão, que determina datar as peças com o último dia do prazo cabível para a interposição, ambas as petições (interposição e razões do recurso) deverão ser datadas do dia 03/09/2013.

Distribuição dos Pontos:

ITEM	PONTUAÇÃO
1) Endereçamento da petição de interposição: Juiz de Direito da Vara Criminal da Comarca	0,00 / 0,20
2) Fundamento legal da petição de interposição: artigo 593, I do CPP.	0,00 / 0,30
3) Data: 03/09/2013 Obs.: É necessária a data correta na petição de interposição.	0,00 / 0,25
4) Endereçamento das razões: Tribunal de Justiça do Estado	0,00 / 0,20
5) Mérito: 5.1) Da aplicação do princípio da consunção ou absorção (0,30): O crime de violação de domicílio deve ser absorvido pelo delito de furto qualificado, pois configurou um crime-meio, essencial à execução do crime-fim, que era o furto qualificado. Assim, deve ser excluída a condenação pelo delito de violação de domicílio, restando, apenas, o delito de furto qualificado (0,50).	0,00 /0,30/ 0,50 /0,80
5.2.a) A inaplicabilidade da reincidência: Não há que se falar em reincidência (0,30), nos termos do artigo 63, do CP (0,10). Obs. A mera indicação de artigo não será pontuada.	0,00 /0,30/ 0,40
5.2.b) O delito em análise não foi praticado após o trânsito em julgado de condenação anterior. Uma sentença condenatória recorrível não tem o condão de gerar reincidência (0,25).	0,00 /0,25
5.3) Da consequente diminuição de pena: Levando em conta o afastamento do delito de violação de domicílio, bem como o afastamento da circunstância agravante da reincidência, o réu fará jus à diminuição da pena (0,30)	0,00/0,30
5.4) Da consequente fixação de regime aberto: Levando em conta o afastamento do delito de violação de domicílio, bem como o afastamento da circunstância agravante da reincidência, o réu fará jus à modificação de seu regime de cumprimento, passando do semiaberto para o aberto (0,25), nos termos do artigo 33, § 2º, c, do CP (0,15). Obs. A mera indicação de artigo não será pontuada e a indicação do regime aberto é essencial para atribuição de pontos.	0,00 / 0,25 / 0,40
5.5) Da consequente possibilidade de substituição da pena privativa de liberdade por pena restritiva de direitos: Levando em conta o afastamento da reincidência, verifica-se que o réu faz jus à substituição da pena privativa de liberdade por pena restritiva de direitos (0,25), nos termos do artigo 44, do CP (0,15). Obs. A mera indicação de artigo não será pontuada.	0,00 / 0,25 / 0,40
6) Pedido: a) Absolvição do crime de violação de domicílio OU Absolvição nos termos do art. 386, III, do CPP (0,25);	0,00 / 0,25

EDUARDO DOMPIERI

b) Afastamento da circunstância agravante da reincidência (0,25);	0,00 / 0,25
c) Consequente diminuição da pena (0,25);	0,00 / 0,25
d) Consequente fixação do regime aberto para cumprimento de pena (0,25);	0,00 / 0,25
e) Substituição da pena privativa de liberdade por pena restritiva de direitos (0,25).	0,00 / 0,25
7) Estrutura: duas petições (interposição e razões); colocação de endereçamento nas petições; aposição de local, data, assinatura (0,25)	0,00 / 0,25

(OAB/Exame Unificado – 2014.2 – 2ª fase) Felipe, com 18 anos de idade, em um bar com outros amigos, conheceu Ana, linda jovem, por quem se encantou. Após um bate-papo informal e trocarem beijos, decidiram ir para um local mais reservado. Nesse local trocaram carícias, e Ana, de forma voluntária, praticou sexo oral e vaginal com Felipe.

Depois da noite juntos, ambos foram para suas residências, tendo antes trocado telefones e contatos nas redes sociais.

No dia seguinte, Felipe, ao acessar a página de Ana na rede social, descobre que, apesar da aparência adulta, esta possui apenas 13 (treze) anos de idade, tendo Felipe ficado em choque com essa constatação.

O seu medo foi corroborado com a chegada da notícia, em sua residência, da denúncia movida por parte do Ministério Público Estadual, pois o pai de Ana, ao descobrir o ocorrido, procurou a autoridade policial, narrando o fato.

Por Ana ser inimputável e contar, à época dos fatos, com 13 (treze) anos de idade, o Ministério Público Estadual denunciou Felipe pela prática de dois crimes de estupro de vulnerável, previsto no artigo 217- A, na forma do artigo 69, ambos do Código Penal. O *Parquet* requereu o início de cumprimento de pena no regime fechado, com base no artigo 2º, § 1º, da Lei 8.072/90, e o reconhecimento da agravante da embriaguez preordenada, prevista no artigo 61, II, alínea "l", do CP.

O processo teve início e prosseguimento na XX Vara Criminal da cidade de Vitória, no Estado do Espírito Santo, local de residência do réu.

Felipe, por ser réu primário, ter bons antecedentes e residência fixa, respondeu ao processo em liberdade.

Na audiência de instrução e julgamento, a vítima afirmou que aquela foi a sua primeira noite, mas que tinha o hábito de fugir de casa com as amigas para frequentar bares de adultos.

As testemunhas de acusação afirmaram que não viram os fatos e que não sabiam das fugas de Ana para sair com as amigas.

As testemunhas de defesa, amigos de Felipe, disseram que o comportamento e a vestimenta da Ana eram incompatíveis com uma menina de 13 (treze) anos e que qualquer pessoa acreditaria ser uma pessoa maior de 14 (quatorze) anos, e que Felipe não estava embriagado quando conheceu Ana.

O réu, em seu interrogatório, disse que se interessou por Ana, por ser muito bonita e por estar bem vestida. Disse que não perguntou a sua idade, pois acreditou que no local somente pudessem frequentar pessoas maiores de 18 (dezoito) anos. Corroborou que praticaram o sexo oral e vaginal na mesma oportunidade, de forma espontânea e voluntária por ambos.

A prova pericial atestou que a menor não era virgem, mas não pôde afirmar que aquele ato sexual foi o primeiro da vítima, pois a perícia foi realizada longos meses após o ato sexual.

PRÁTICA PENAL – 10ª EDIÇÃO   311   PEÇAS PRÁTICO-PROFISSIONAIS

O Ministério Público pugnou pela condenação de Felipe nos termos da denúncia.

A defesa de Felipe foi intimada no dia 10 de abril de 2014 (quinta-feira).

Com base somente nas informações de que dispõe e nas que podem ser inferidas pelo caso concreto acima, redija a peça cabível, no último dia do prazo, excluindo a possibilidade de impetração de *Habeas Corpus*, **sustentando, para tanto, as teses jurídicas pertinentes.**

GABARITO COMENTADO – EXAMINADORA

O examinando deve redigir alegações finais na forma de memoriais, com fundamento no art. 403, § 3º, do Código de Processo Penal, sendo a petição dirigida ao juiz da XX Vara Criminal de Vitória, Estado do Espírito Santo.

Conforme narrado no texto da peça prático-profissional, o examinando deveria abordar em suas razões a necessidade de absolvição do réu diante do erro de tipo escusável, que colimou na atipicidade da conduta. Conforme ficou narrado no texto da peça prático-profissional, o réu praticou sexo oral e vaginal com uma menina de 13 (treze) anos, que pelas condições físicas e sociais aparentava ser maior de 14 (quatorze) anos.

O tipo penal descrito no artigo 217- A do CP, estupro de vulnerável, exige que o réu tenha ciência de que se trata de menor de 14 (quatorze) anos. É certo que o consentimento da vítima não é considerado no estupro de vulnerável, que visa tutelar a dignidade sexual de pessoas vulneráveis. No entanto, tal reforma penal não exclui a alegação de erro de tipo essencial, quando verificado, no caso concreto, a absoluta impossibilidade de conhecimento da idade da vítima.

Na leitura da realidade, o réu acreditou estar praticando ato sexual com pessoa maior de 14 (quatorze) anos, incidindo, portanto, a figura do erro de tipo essencial, descrita no artigo 20, *caput*, do CP.

Como qualquer pessoa naquela circunstância incidiria em erro de tipo essencial e como não há previsão de estupro de vulnerável de forma culposa, não há outra solução senão a absolvição do réu, com base no artigo 386, III, do CPP.

Por sua vez, o examinando deveria desenvolver que no caso de condenação haveria a necessidade do reconhecimento de crime único, sendo excluído o concurso material de crimes. A prática de sexo oral e vaginal no mesmo contexto configura crime único, pois a reforma penal oriunda da Lei 12.015/2009 uniu as figuras típicas do atentado violento ao pudor e o estupro numa única figura, sendo, portanto, um crime misto alternativo.

Prosseguindo em sua argumentação, o examinando deveria rebater o pedido de reconhecimento da agravante da embriaguez preordenada, pois não foram produzidas provas no sentido de que Felipe se embriagou com intuito de tomar coragem para a prática do crime, também indicando a presença da atenuante da menoridade.

Por fim, por ser o réu primário, de bons antecedentes e por existir crime único e não concurso material de crimes, o examinando deveria requerer a fixação da pena-base no mínimo legal, com a consequente fixação do regime semiaberto.

Apesar do crime de estupro de vulnerável, artigo 217- A do CP, estar elencado como infração hedionda na Lei 8.072/90, conforme artigo 1º, VI, o STF declarou a inconstitucionalidade do artigo 2º, § 1º desta lei, sendo certo que o juiz ao fixar o regime inicial para o cumprimento de pena deve analisar a situação em concreto e não o preceito em abstrato. Assim, diante da ocorrência de crime único, cuja pena será fixada em 8 (oito) anos de reclusão, sendo o réu

EDUARDO DOMPIERI   312

primário e de bons antecedentes, o regime semiaberto é a melhor solução para o réu, pois o artigo 33, § 2º, alínea "a", do CP, impõe o regime fechado para crimes com penas superiores a 8 (oito) anos, o que não é o caso.

Ao final o examinando deveria formular os seguintes pedidos:

a) Absolvição do réu, com base no art. 386, III, do CPP, por ausência de tipicidade;

Diante da condenação, de forma subsidiária:

b) Afastamento do concurso material de crimes, sendo reconhecida a existência de crime único.

c) Fixação da pena-base no mínimo legal, o afastamento da agravante da embriaguez preordenada e a incidência da atenuante da menoridade.

d) Fixação do regime semiaberto para início do cumprimento de pena, com base no art. 33, § 2º, alínea "b", do CP, diante da inconstitucionalidade do artigo 2º, § 1º, da Lei 8.072/90.

Por derradeiro, cabe destacar que o texto da peça prático-profissional foi expresso em exigir a apresentação dos memoriais no último dia do prazo. Considerado o artigo 403, § 3º, do CPP, o prazo será de 5 (cinco) dias, sendo certo que o último dia para apresentação é o dia 15 de abril de 2014.

Distribuição dos Pontos:

ITEM	PONTUAÇÃO
1 – Endereçamento correto: Interposição para o Juiz da XX Vara Criminal de Vitória, Estado do Espírito Santo (0,10).	0,00 / 0,10
2 – Indicação correta do dispositivo legal que embasa a alegação final em forma de memorial: art. 403, § 3º, do CPP (0,10).	0,00 / 0,10
Mérito	
3.1 – Absolvição pelo erro de tipo essencial (0,75), instituto descrito no artigo 20, *caput*, do CP (0,10) que gera a atipicidade da conduta (0,25).	0,00 / 0,25 / 0,35 / 0,75 / 0,85/ 1,00 / 1,10
3.2 – Da tese da prática de crime único (0,50), pois o delito de estupro de vulnerável é um tipo misto alternativo (de conteúdo múltiplo ou variado) (0,25).	0,00 / 0,25 / 0,50 / 0,75
3.3 – Da tese do afastamento da agravante da embriaguez preordenada (0,50).	0,00 / 0,50
3.4 – Da tese da incidência da atenuante da menoridade penal relativa (0,20)	0,00 / 0,20
3.5 – Desenvolvimento jurídico acerca da necessidade de manutenção da pena--base no mínimo legal para o crime de estupro de vulnerável (0,20)	0,00 / 0,20
3.6 – Em consequência da pena base no mínimo legal deve ser fixado o regime semiaberto (0,20), pois a imposição obrigatória do regime inicial fechado é inconstitucional (0,35).	0,00 / 0,20 / 0,35 / 0,55
Dos pedidos: 4.1. Absolvição do réu (0,20), com base no art. 386, III ou VI, do CPP (0,10), OU Absolvição do réu (0,20) por ausência de tipicidade; (0,10).	0,00 / 0,10 / 0,20 / 0,30

PRÁTICA PENAL – 10ª EDIÇÃO   313   PEÇAS PRÁTICO-PROFISSIONAIS

4.2 – Diante da condenação, de forma subsidiária:	0,00 / 0,20
a) Afastamento do concurso material de crimes, ou reconhecimento de crime único. (0,20).	
b) Incidência da atenuante da menoridade penal relativa. (0,20).	0,00 / 0,20
c) Afastamento da agravante da embriaguez preordenada. (0,20).	0,00 / 0,20
d) Fixação da pena-base no mínimo legal ou diminuição da pena (0,20)	0,00 / 0,20
e) Fixação de regime semiaberto (0,20).	0,00 / 0,20
5. Data (15/04/2014, último dia do prazo) (0,10)	0,00 / 0,10
6. Estrutura correta (indicação de local, data, assinatura, OAB) (0,10).	0,00 / 0,10

(OAB/Exame Unificado – 2014.3 – 2ª fase) Enrico, engenheiro de uma renomada empresa da construção civil, possui um perfil em uma das redes sociais existentes na Internet e o utiliza diariamente para entrar em contato com seus amigos, parentes e colegas de trabalho. Enrico utiliza constantemente as ferramentas da Internet para contatos profissionais e lazer, como o fazem milhares de pessoas no mundo contemporâneo.

No dia 19/04/2014, sábado, Enrico comemora aniversário e planeja, para a ocasião, uma reunião à noite com parentes e amigos para festejar a data em uma famosa churrascaria da cidade de Niterói, no estado do Rio de Janeiro. Na manhã de seu aniversário, resolveu, então, enviar o convite por meio da rede social, publicando postagem alusiva à comemoração em seu perfil pessoal, para todos os seus contatos.

Helena, vizinha e ex-namorada de Enrico, que também possui perfil na referida rede social e está adicionada nos contatos de seu ex, soube, assim, da festa e do motivo da comemoração. Então, de seu computador pessoal, instalado em sua residência, um prédio na praia de Icaraí, em Niterói, publicou na rede social uma mensagem no perfil pessoal de Enrico.

Naquele momento, Helena, com o intuito de ofender o ex-namorado, publicou o seguinte comentário: *"não sei o motivo da comemoração, já que Enrico não passa de um idiota, bêbado, irresponsável e sem vergonha!"*, e, com o propósito de prejudicar Enrico perante seus colegas de trabalho e denegrir sua reputação acrescentou, ainda, *"ele trabalha todo dia embriagado! No dia 10 do mês passado, ele cambaleava bêbado pelas ruas do Rio, inclusive, estava tão bêbado no horário do expediente que a empresa em que trabalha teve que chamar uma ambulância para socorrê-lo!"*.

Imediatamente, Enrico, que estava em seu apartamento e conectado à rede social por meio de seu *tablet*, recebeu a mensagem e visualizou a publicação com os comentários ofensivos de Helena em seu perfil pessoal.

Enrico, mortificado, não sabia o que dizer aos amigos, em especial a Carlos, Miguel e Ramirez, que estavam ao seu lado naquele instante. Muito envergonhado, Enrico tentou disfarçar o constrangimento sofrido, mas perdeu todo o seu entusiasmo, e a festa comemorativa deixou de ser realizada. No dia seguinte, Enrico procurou a Delegacia de Polícia Especializada em Repressão aos Crimes de Informática e narrou os fatos à autoridade policial, entregando o conteúdo impresso da mensagem ofensiva e a página da rede social na Internet onde ela poderia ser visualizada. Passados cinco meses da data dos fatos, Enrico procurou seu escritório de advocacia e narrou os fatos acima. Você, na qualidade de advogado de Enrico, deve assisti-lo. Informa-se que a cidade de Niterói, no Estado do Rio de Janeiro, possui Varas Criminais e Juizados Especiais Criminais.

EDUARDO DOMPIERI

Com base somente nas informações de que dispõe e nas que podem ser inferidas pelo caso concreto acima, redija a peça cabível, excluindo a possibilidade de impetração de *habeas corpus*, sustentando, para tanto, as teses jurídicas pertinentes.

A peça deve abranger todos os fundamentos de Direito que possam ser utilizados para dar respaldo à pretensão.

GABARITO COMENTADO – EXAMINADORA

O examinando deve redigir uma queixa-crime (ação penal de iniciativa privada, exclusiva ou propriamente dita), com fundamento no Art. 41 do CPP ou no Art. 100, § 2º, do CP, c/c o Art. 30 do CPP, dirigida ao Juizado

Especial Criminal de Niterói.

Os crimes contra a honra narrados no enunciado são de menor potencial ofensivo (Art. 61 da Lei n.º 9.099/95). Não obstante a incidência de causa especial de aumento de pena e do concurso formal, a resposta penal não ultrapassa o patamar de 2 anos.

Ainda em relação à competência, o entendimento da 3ª Seção do Superior Tribunal de Justiça, no sentido de que, no caso de crime contra a honra praticado por meio da Internet, em redes sociais, ausentes as hipóteses do Art. 109, IV e V, da CRFB/88, sendo as ofensas de caráter exclusivamente pessoal, e a conduta, dirigida a pessoa determinada e não a uma coletividade, afastam-se as hipóteses do dispositivo constitucional e, via de consequência, a competência da Justiça Federal.

No campo do processo penal, como é cediço, o direito de punir pertence ao Estado, que o exerce ordinariamente por meio do Ministério Público. Extraordinariamente, porém, a lei autoriza que o ofendido proponha a ação penal (ação penal privada); nesse caso, o direito de punir não deixa de ser do Estado, que apenas transfere ao particular o exercício do direito de ação, como no caso dos crimes contra a honra (Art. 145, do CP). Nesse sentido, entende-se que a queixa-crime deve apresentar as condições para o regular exercício do direito de ação.

A queixa-crime, como petição inicial de uma ação penal, assim como o é a denúncia, deve conter os mesmos requisitos que esta (Art. 41, do CPP). Como principal diferença, destaca-se que, enquanto a denúncia é subscrita por membro do Ministério Público, a queixa-crime será proposta pelo ofendido ou seu representante legal (querelante), patrocinado por advogado, sendo exigida para esse ato processual capacidade postulatória, de tal sorte que, da procuração, devem constar poderes especiais (Art. 44 do CPP).

O examinando, deveria, assim, redigir a queixa-crime de acordo com o Art. 41 do Código de Processo Penal, observando, necessariamente, os requisitos ali estabelecidos, a saber: "a exposição do fato criminoso, com todas as suas circunstâncias, a qualificação do acusado ou esclarecimentos pelos quais se possa identificá-lo, a classificação do crime e, quando necessário, o rol das testemunhas".

Quanto à qualificação, deveria o examinando propor a queixa-crime em face da querelada, Helena.

Em relação à estrutura, deveria o examinando, ainda, apresentar breve relato dos fatos descritos no enunciado, com exposição dos fatos criminosos (injúria e difamação) e todas as suas circunstâncias (causa de aumento de pena), bem como a tipificação dos delitos, praticados em concurso formal (artigos 139 e 140, c/c o Art. 141, III, n/f Art. 70, todos do CP). Além

PRÁTICA PENAL – 10ª EDIÇÃO   315   PEÇAS PRÁTICO-PROFISSIONAIS

disso, também é observado na estrutura da peça o respeito às formalidades técnico-jurídicas pertinentes, tais como: existência de endereçamento, divisão das partes, aposição de local, data e assinatura, dentre outros.

Acerca da ocorrência de concurso formal de delitos, cumpre destacar que o enunciado da questão, de modo expresso, indicou que Helena publicou, em sua rede social *"uma mensagem no perfil pessoal de Enrico"*.

Com efeito, a questão narra a existência de desígnios autônomos (dolo de injúria e dolo de difamação), razão pela qual trata-se de concurso formal imperfeito. Apenas para ratificar a existência de uma única mensagem publicada por Helena, o próprio enunciado, mais uma vez de modo expresso, indica que Enrico *"recebeu a mensagem e visualizou a publicação"* e mais a frente acrescenta: *"Enrico procurou a delegacia de polícia (...) entregando o conteúdo impresso da mensagem ofensiva"*. Sendo assim, percebe-se que houve uma única conduta de Helena, qual seja, uma única publicação, sendo certo que em tal publicação, com desígnios autônomos, Helena praticou dois crimes, a saber: injúria e difamação.

Ao final o examinando deveria formular os seguintes pedidos:

a) a designação de audiência preliminar ou de conciliação;

b) a citação da querelada;

c) o recebimento da queixa-crime;

d) a oitiva das testemunhas arroladas;

e) a procedência do pedido, com a consequente condenação da querelada nas penas dos artigos 139 e 140 c/c o Art. 141, III, n/f com o Art. 70, todos do CP;

f) a fixação de valor mínimo de indenização, nos termos do artigo 387, IV, do CPP.

Deveria, ainda, apresentar o rol de testemunhas, indicando expressamente os nomes das testemunhas apontadas no próprio enunciado, a saber: Carlos, Miguel e Ramirez.

Levando em conta o enunciado da prova, que não exigia data determinada, não se fazia necessário que o examinando datasse sua peça com o último dia do prazo decadencial de seis meses.

Distribuição dos Pontos:

ITEM	PONTUAÇÃO
Item 1 – Endereçamento correto: Juizado Especial Criminal de Niterói (0,10).	0,00 / 0,10
Item 2 – Indicação correta do dispositivo legal que embasa a queixa-crime: art. 41 do CPP OU Art. 100, § 2º, do CP OU o Art. 30, do CPP OU Art. 145 do CP (0,10)	0,00 / 0,10
Item 3.1 – Qualificação do querelante e da querelada: Indicação da qualificação do querelante (0,10) e da querelada (0,10)	0,00 / 0,10 / 0,20
Item 3.2 – Existência de Procuração com poderes especiais de acordo com o artigo 44 do CPP em anexo ou menção acerca de sua existência no corpo da qualificação. (0,30)	0,00 / 0,30
Item 4.1 – a exposição dos fatos criminosos: Descrição do delito de injúria (0,50) e sua classificação típica (Art. 140 do CP) (0,10)	0,00 / 0,10 / 0,50/ 0,60
Item 4.2 – Descrição do delito de difamação (0,50) e sua classificação típica (Art. 139 do CP) (0,10)	0,00 / 0,10 / 0,50 / 0,60

EDUARDO DOMPIERI

Item 4.3 – Incidência da causa de aumento de pena por estar na presença de várias pessoas ou por meio que facilite a divulgação da calúnia, da difamação ou da injúria- (0,20), nos termos do Art. 141, III, do CP. (0,10)	0,00 /0,10 / 0,20 / 0,30
Item 4.4 – Incidência do concurso formal de delitos (0,30), previsto no Art. 70, do CP (0,10)	0,00 / 0,10 / 0,30 /0,40
Item 5 – Dos pedidos: a) designação de audiência preliminar ou de conciliação (0,20)	0,00 / 0,20
b) a citação da querelada (0,20);	0,00 / 0,20
c) recebimento da queixa (0,20)	0,00 / 0,20
d) a oitiva das testemunhas arroladas (0,20);	0,00 / 0,20
e) a condenação da querelada (0,50) pelo crime de injúria (Art. 140 do CP) (0,10) e pelo crime de difamação (Art. 139 do CP) (0,10) com a causa de aumento de pena (Art. 141, III do CP) (0,10) em concurso formal de delitos (Art. 70 do CP) (0,10)	0,00 / 0,50 /0,60 / 0,70 / 0,80/ 0,90
f) a fixação de valor mínimo de indenização (0,30), nos termos do Art. 387, IV, do CPP (0,10). OBS:. *A mera indicação de dispositivo legal não pontua.*	0,00 / 0,30 / 0,40
Item 6 – Rol de testemunhas: Arrolar as testemunhas Carlos, Miguel e Ramirez (0,20). OBS:. *É necessária indicação do nome das testemunhas.*	0,00 / 0,20
Item 7 – Estrutura correta (divisão das partes / indicação de local, data, assinatura). (0,10)	0,00 / 0,10

(OAB/Exame Unificado – 2015.1 – 2ª fase) Gilberto, quando primário, apesar de portador de maus antecedentes, praticou um crime de roubo simples, pois, quando tinha 20 anos de idade, subtraiu de Renata, mediante grave ameaça, um aparelho celular. Apesar de o crime restar consumado, o telefone celular foi recuperado pela vítima. Os fatos foram praticados em 12 de dezembro de 2011. Por tal conduta, foi Gilberto denunciado e condenado como incurso nas sanções penais do Art. 157, *caput,* do Código Penal a uma pena privativa de liberdade de 04 anos e 06 meses de reclusão em regime fechado e 12 dias multa, tendo a sentença transitada em julgado para ambas as partes em 11 de setembro de 2013. Gilberto havia respondido ao processo em liberdade, mas, desde o dia 15 de setembro de 2013, vem cumprindo a sanção penal que lhe foi aplicada regularmente, inclusive obtendo progressão de regime. Nunca foi punido pela prática de falta grave e preenchia os requisitos subjetivos para obtenção dos benefícios da execução penal. No dia 25 de fevereiro de 2015, você, advogado(a) de Gilberto, formulou pedido de obtenção de livramento condicional junto ao Juízo da Vara de Execução Penal da comarca do Rio de Janeiro/RJ, órgão efetivamente competente. O pedido, contudo, foi indeferido, apesar de, em tese, os requisitos subjetivos estarem preenchidos, sob os seguintes argumentos: a) o crime de roubo é crime hediondo, não tendo sido cumpridos, até o momento do requerimento, 2/3 da pena privativa de liberdade; b) ainda que não fosse hediondo, não estariam preenchidos os requisitos objetivos para o benefício, tendo em vista que Gilberto, por ser portador de maus antecedentes, deveria cumprir metade da pena imposta para obtenção do livramento condicional; c) indispensabilidade da realização de exame criminológico, tendo em vista que os crimes de roubo, de maneira abstrata, são extremamente graves e causam severos prejuízos para a sociedade. Você, advogado(a) de Gilberto, foi intimado dessa decisão em 23 de março de 2015, uma segunda-feira.

PRÁTICA PENAL – 10ª EDIÇÃO

317

PEÇAS PRÁTICO-PROFISSIONAIS

Com base nas informações acima expostas e naquelas que podem ser inferidas do caso concreto, redija a peça cabível, excluída a possibilidade de *habeas corpus*, no último dia do prazo para sua interposição, sustentando todas as teses jurídicas pertinentes. (Valor: 5,00)

Responda justificadamente, empregando os argumentos jurídicos apropriados e a fundamentação legal pertinente ao caso.

CONSIDERAÇÕES PRELIMINARES:

Quanto ao tema livramento condicional, é importante que se diga que a Lei 13.964/2019, com vigência a partir de 23 de janeiro de 2020, introduziu novo requisito para a sua concessão. Até então, tínhamos que o inciso III do art. 83 do CP continha os seguintes requisitos: comportamento satisfatório no curso da execução da pena; bom desempenho no trabalho atribuído ao reeducando; e aptidão para prover à própria subsistência por meio de trabalho honesto. O que fez a Lei 13.964/2019 foi inserir, neste inciso III, um quarto requisito. Doravante, além de preencher os requisitos contemplados no art. 83 do CP (nos seus cinco incisos), é de rigor que o reeducando, para fazer jus à concessão do livramento, não tenha cometido falta grave nos últimos 12 meses. O inciso III, que passou a abrigar esta modificação, foi fracionado em quatro alíneas ("a", "b", "c" e "d", cada qual correspondente a um requisito), os três aos quais me referi acima e este novo requisito introduzido pela *novel* lei. Além disso, a redação anterior do inciso III do art. 83 do CP exigia do sentenciado comportamento *satisfatório* durante a execução da pena. Com a modificação operada pela Lei 13.964/2019 neste dispositivo, passa-se a exigir *bom* comportamento como requisito à concessão do livramento condicional.

GABARITO COMENTADO – EXAMINADORA

O examinando deve interpor um recurso de Agravo em Execução, com fundamento no Art. 197 da Lei de Execução Penal – Lei nº 7.210/84.

Prevê o Art. 197 da LEP que, das decisões proferidas pelo juiz em sede de Execução Penal, caberá o recurso de agravo, sem efeito suspensivo. Em que pese a Lei de Execução Penal trazer a previsão do recurso cabível, não estabeleceu, de maneira expressa, qual seria o procedimento a ser adotado para tramitação desse recurso.

Prevaleceu, então, no âmbito da doutrina e da jurisprudência, que o procedimento a ser adotado seria semelhante àquele previsto para o recurso em sentido estrito.

Assim, é necessária a elaboração de uma petição de interposição, direcionada ao Juiz da Vara de Execuções Penais do Rio de Janeiro, acompanhada das respectivas Razões, estas endereçadas ao Tribunal de Justiça do Rio de Janeiro, órgão competente para o julgamento do recurso.

Considerando que o procedimento a ser seguido pelo agravo de execução é semelhante ao do recurso em sentido estrito, deverá, na petição de interposição, ser formulado pedido de retratação por parte do magistrado. Em caso de não acolhimento, deve haver requerimento para o encaminhamento do feito para instância superior.

Em relação ao prazo, absolutamente pacificado o entendimento de que seria de 05 dias, na forma da Súmula 700 do Supremo Tribunal Federal. Assim, a petição de interposição deveria ser datada em 30 de março de 2015, tendo em vista que o dia 28 de março de 2015 é um sábado, dia sem expediente forense.

EDUARDO DOMPIERI

Nas razões de recurso, deveria o candidato requerer a concessão do benefício do livramento condicional, argumentando que a fundamentação apresentada pelo juiz da Vara de Execução Penal foi inadequada para indeferimento do pedido formulado.

Em um primeiro momento, deveria ser destacado que o crime de roubo simples não é hediondo, tendo em vista que não está previsto no rol trazido pelo Art. 1º da Lei nº 8.072/90. Assim, não há que se falar em cumprimento de 2/3 da pena para concessão do benefício previsto no Art. 83 do Código Penal.

Posteriormente, deveria ser rebatido o fundamento apresentado pelo magistrado, no sentido de que Gilberto deveria cumprir metade da pena privativa de liberdade aplicada, pois seria portador de maus antecedentes. Isso porque o princípio da legalidade afasta qualquer conclusão nesse sentido. O princípio da legalidade, previsto no texto constitucional em matéria penal, tem como um de seus subprincípios a vedação da aplicação da analogia prejudicial ao réu em matéria penal. O Art. 83 do Código Penal prevê que apenas o condenado reincidente na prática do crime doloso tem que cumprir mais de metade da pena aplicada para fazer jus ao livramento condicional. Apesar de o Art. 83, inciso I, do Código Penal falar em cumprimento de 1/3 da pena pelo condenado não reincidente e portador de bons antecedentes, deve essa fração ser também aplicada caso o acusado seja portador de maus antecedentes, além de não reincidente. Houve uma omissão do legislador ao não prever o requisito objetivo para concessão do livramento condicional para o condenado primário, mas portador de maus antecedentes. Diante da omissão, deve ser aplicado o percentual que seja mais favorável ao acusado, pois não cabe analogia *in malam partem*. Diante do exposto, a jurisprudência pacificou o entendimento de que o condenado não reincidente, ainda que portador de maus antecedentes, deverá observar o requisito objetivo para o livramento condicional após cumprimento de 1/3 da pena. Por fim, também inadequado o argumento do juiz pela indispensabilidade da realização do exame criminológico. Desde a Lei nº 10.792/03 que não existe mais obrigatoriedade da realização de exame criminológico para fins de obtenção da progressão de regime ou do livramento condicional. Basta, para o livramento, que seja atestado comportamento satisfatório durante a execução da pena. Apesar disso, nada impede que, no caso concreto, entenda o magistrado pela necessidade de sua realização. Contudo, deverá a decisão que o determina ser fundamentada nas particularidades da hipótese concreta, não sendo suficiente a simples afirmação da gravidade em abstrato do delito, na forma da Súmula 439 do STJ. No caso, não houve fundamentação idônea, pois simplesmente foi mencionado que o crime de roubo é grave. Além do fato do delito ser de roubo simples, Gilberto nunca foi punido pela prática de falta grave dentro do estabelecimento prisional, de modo que desnecessária a realização do exame. Por todas as razões acima expostas, na conclusão, deveria o candidato formular pedido de concessão do livramento condicional em favor de Gilberto, com consequente expedição de alvará, eis que, quando do recurso, já preenchia todos os requisitos.

Distribuição dos Pontos:

ITEM	PONTUAÇÃO
PETIÇÃO DE INTERPOSIÇÃO	
Item 1 – Endereçamento correto: Juízo da Vara de Execuções Penais do Rio de Janeiro/RJ (0,10).	0,00/0,10
Item 2 – Fundamento legal: Art. 197 da Lei nº 7.210/84 (0,10).	0,00/0,10
Item 3 – Pedido de retratação (0,30).	0,00/0,30

PRÁTICA PENAL – 10ª EDIÇÃO 319 PEÇAS PRÁTICO-PROFISSIONAIS

RAZÕES DO RECURSO	
Item 4 – Endereçamento correto: Tribunal de Justiça do Rio de Janeiro (0,10).	0,00/0,10
Item 5 – Desenvolvimento jurídico acerca da concessão do livramento condicional, pois a fundamentação trazida pelo magistrado é equivocada (0,40).	0,00/0,40
Item 6 – Afastamento da hediondez do crime de roubo simples (0,50), pois este não está no rol dos crimes hediondos ou por violação ao princípio da taxatividade (0,20).	0 , 0 0 / 0 , 2 0 / 0,50/0,70
Item 7.1 – O requisito objetivo para a concessão do livramento condicional de condenado não reincidente portador de maus antecedentes é de 1/3 e não de metade (0,50);	0,00/0,50
Item 7.2 – Aplicação do Art. 83, I, do CP (OU não aplicabilidade do Art. 83, II, do CP) (0,20), diante do princípio da legalidade, que veda a aplicação de analogia in malam partem (OU aplicação da interpretação mais favorável ao apenado) (0,50).	0 , 0 0 / 0 , 2 0 / 0,50/0,70
Item 8 – A realização do exame criminológico não é indispensável (0,50), porque a decisão que determina o exame criminológico deve ser devidamente fundamentada em fatores concretos (OU a mera gravidade em abstrato do delito não é suficiente para a exigência do exame criminológico) (0,40), conforme Súmula 439 do STJ (0,10).	0,00/0,40/0,50/ 0,60/0,90/1,00
Item 9 – Dos Pedidos: Conhecimento e provimento do recurso OU concessão do livramento condicional (0,50); com a consequente expedição do alvará de soltura (0,20)	0 , 0 0 / 0 , 2 0 / 0,50/0,70
Item 10 – Prazo: 30.03.2015 (0,30).	0,00/0,30
Item 11 – Estrutura – duas petições (interposição e razões); aposição de local, data, assinatura e OAB (0,10).	0,00/0,10

(OAB/Exame Unificado – 2015.2 – 2ª fase) Daniel, nascido em 02 de abril de 1990, é filho de Rita, empregada doméstica que trabalha na residência da família Souza. Ao tomar conhecimento, por meio de sua mãe, que os donos da residência estariam viajando para comemorar a virada de ano, vai até o local, no dia 02 de janeiro de 2010, e subtrai o veículo automotor dos patrões de sua genitora, pois queria fazer um passeio com sua namorada.

Desde o início, contudo, pretende apenas utilizar o carro para fazer um passeio pelo quarteirão e, depois, após encher o tanque de gasolina novamente, devolvê-lo no mesmo local de onde o subtraiu, evitando ser descoberto pelos proprietários. Ocorre que, quando foi concluir seu plano, já na entrada da garagem para devolver o automóvel no mesmo lugar em que o havia subtraído, foi surpreendido por policiais militares, que, sem ingressar na residência, perguntaram sobre a propriedade do bem.

Ao analisarem as câmeras de segurança da residência, fornecidas pelo próprio Daniel, perceberam os agentes da lei que ele havia retirado o carro sem autorização do verdadeiro proprietário. Foi, então, Daniel denunciado pela prática do crime de furto simples, destacando o Ministério Público que deixava de oferecer proposta de suspensão condicional do processo por não estarem preenchidos os requisitos do Art. 89 da Lei nº 9.099/95, tendo em vista que Daniel responde a outra ação penal pela prática do crime de porte de arma de fogo.

Em 18 de março de 2010, a denúncia foi recebida pelo juízo competente, qual seja, da 1ª Vara Criminal da Comarca de Florianópolis. Os fatos acima descritos são integralmente confirmados durante a instrução, sendo certo que Daniel respondeu ao processo em liberdade. Foram ouvidos os policiais militares como testemunhas de acusação, e o acusado foi interrogado, confessando que, de fato, utilizou o veículo sem autorização, mas que sua intenção era devolvê-lo, tanto que foi preso quando ingressava na garagem dos proprietários do automóvel.

EDUARDO DOMPIERI

Após, foi juntada a Folha de Antecedentes Criminais de Daniel, que ostentava apenas aquele processo pelo porte de arma de fogo, que não tivera proferida sentença até o momento, o laudo de avaliação indireta do automóvel e o vídeo da câmera de segurança da residência. O Ministério Público, em sua manifestação derradeira, requereu a condenação nos termos da denúncia. A defesa de Daniel é intimada em 17 de julho de 2015, sexta feira.

Com base nas informações acima expostas e naquelas que podem ser inferidas do caso concreto, redija a peça cabível, excluída a possibilidade de *habeas corpus*, no último dia do prazo para interposição, sustentando todas as teses jurídicas pertinentes. **(Valor: 5,00)**

Obs.: o examinando deve fundamentar suas respostas. A mera citação do dispositivo legal não confere pontuação.

GABARITO COMENTADO – EXAMINADORA

O examinando deve elaborar, na condição de advogado de Daniel, *Alegações Finais por Memoriais*, com fundamento no Art. 403, § 3°, do Código de Processo Penal, devendo a petição ser direcionada ao Juízo da 1ª Vara Criminal da Comarca de Florianópolis.

Preliminarmente, deve o examinando requerer a extinção da punibilidade do fato em favor de Daniel pela ocorrência da prescrição da pretensão punitiva estatal. Daniel foi denunciado como incurso nas sanções penais do Art. 155, *caput,* do Código Penal; logo, a pena máxima a ser aplicada para o caso é de 04 anos. Na forma do Art. 109, inciso IV, do Código Penal, sendo a pena máxima superior a 02 anos e não excedendo 04 anos, o prazo prescricional será de 08 anos. Ocorre que Daniel era menor de 21 anos na data dos fatos, pois nascido em 02/04/1990, e os fatos ocorreram em 02/01/2010. Assim, impõe o Art. 115 do Código Penal que o prazo prescricional seja contado pela metade, ou seja, 04 anos no caso concreto. O último marco interruptivo do prazo prescricional ocorreu em 18 de março de 2010, data do recebimento da denúncia. Desde então, passaram-se mais de 05 anos e não foi proferida sentença condenatória. Diante disso, o advogado de Daniel deve pleitear, preliminarmente, a extinção da punibilidade com base na prescrição da pretensão punitiva do Estado. Destaca-se que a modalidade de prescrição que se verifica na hipótese é pela pena em abstrato e não pela pena em concreto ou intercorrente, tendo em vista que nem mesmo foi proferida sentença até o momento.

No mérito, a defesa de Daniel deve defender sua absolvição, sob o fundamento de que não houve prática de crime de furto. Estamos diante do que a doutrina e a jurisprudência costumam chamar de "furto de uso", que, na verdade, não configura crime de furto.

Prevê o Art. 155 do Código Penal que é crime subtrair, para si ou para outrem, coisa alheia móvel. Uma das elementares do crime é a intenção de subtrair a coisa para si, chamado pela doutrina de *animus furandi* ou *animus rem sibi habendi*. No caso, está narrado de maneira clara que Daniel não tinha o dolo de ter a coisa para si ou para outrem; ele não tinha a vontade de se assenhorar do bem subtraído. O interesse era, apenas, de usar a coisa alheia e devolvê-la sem qualquer prejuízo ao proprietário, sendo certo que até mesmo se preocupou em repor a gasolina utilizada. Ademais, quando foi abordado por policiais, a coisa estava sendo devolvida exatamente nas mesmas condições e no mesmo lugar em que fora subtraída, preenchendo, assim, todos os requisitos para que sua conduta possa ser considerada um indiferente penal.

Subsidiariamente, para a eventualidade de condenação do denunciado, deve o advogado analisar eventual pena a ser aplicada a Daniel. De início, deverá ser requerida a fixação da

PRÁTICA PENAL – 10ª EDIÇÃO   321   PEÇAS PRÁTICO-PROFISSIONAIS

pena-base no mínimo legal, sendo certo que ações em curso não podem justificar o reconhecimento de maus antecedentes, nos termos do enunciado 444 da Súmula do STJ, sob pena de violação do princípio da presunção de inocência.

Na segunda fase, ausente qualquer agravante e presente a atenuante da menoridade relativa, com fulcro no Art. 65, inciso I, do Código Penal, tendo em vista que Daniel era menor de 21 anos na data dos fatos. Em caso de condenação, deverá ser reconhecida, ainda, a atenuante da confissão, nos termos do Art. 65, inciso III, alínea *d*, uma vez que Daniel confessou os fatos.

Não existem causas de aumento ou de diminuição a serem aplicadas.

O regime adequado para cumprimento de pena é o aberto, na forma do Art. 33, § 2º, alínea *c*, do Código Penal, pois a pena final não ultrapassará 04 anos, o acusado é primário e não existem circunstâncias do Art. 59 do Código Penal prejudiciais.

Caberá, ainda, a conversão da pena privativa de liberdade em restritiva de direitos, pois preenchidos os requisitos do Art. 44 do Código Penal.

Em conclusão, deve o examinando formular os seguintes pedidos:

a) preliminarmente, o reconhecimento da extinção de punibilidade com base na prescrição da pretensão punitiva do Estado, nos termos do Art. 107, inciso IV, do CP, OU no Art. 109, inciso IV, c/c o Art. 115, ambos do CP.;

b) no mérito: a absolvição de Daniel pela atipicidade de sua conduta, com fulcro no Art. 386, inciso III, do CPP;

c) subsidiariamente: aplicação da pena-base no mínimo legal, pois ações penais em curso não podem funcionar como maus antecedentes, na forma do enunciado 444 da Súmula do STJ;

d) reconhecimento das atenuantes da menoridade relativa e da confissão espontânea;

e) aplicação do regime aberto para início do cumprimento de pena;

f) substituição da pena privativa de liberdade por restritiva de direitos.

A data a ser indicada é o dia 24 de julho de 2015, tendo em vista que o prazo para Alegações Finais é de 05 dias, mas este somente se iniciará na segunda-feira, dia 20 de julho de 2015.

Distribuição dos Pontos:

ITEM	PONTUAÇÃO
1) Endereçamento: 1ª Vara Criminal da Comarca de Florianópolis (0,10)	0,00 / 0,10
2) Fundamento legal: Art. 403, § 3º, do Código de Processo Penal (0,10).	0,00 / 0,10
3) Preliminarmente: Extinção da punibilidade, em razão da prescrição da pretensão punitiva pela pena em abstrato (0,40), pois ultrapassados 4 anos desde o recebimento da denúncia, considerando a redução do prazo pela menoridade relativa (0,35), com fulcro no Art. 107, IV, do CP OU no Art. 109, IV, c/c Art. 115, ambos do CP. (0,10)	0,00 / 0,35 / 0,40 / 0,45 / 0,50 / 0,75 / 0,85
4) No mérito: Absolvição OU atipicidade (0,55), pois não houve dolo de ter a coisa para si OU não há a elementar "para si ou para outrem" OU "furto de uso" é indiferente penal (1,00)	0,00 / 0,55 / 1,00 / 1,55
5) Subsidiariamente, em caso de condenação: Pena base no mínimo legal, pois a existência de ações penais em curso não justifica o reconhecimento de maus antecedentes (0,25). Violação do princípio da presunção de inocência (0,10)	0,00 / 0,10 / 0,25 / 0,35

6) Reconhecimento de atenuante: menoridade relativa OU confissão espontânea (0,20), na forma do Art. 65, I, do CP OU Art. 65, III, "d", do CP, respectivamente. (0,10)	0,00 / 0,20/0,30
7) Regime inicial aberto para início do cumprimento de pena (0,20), na forma do art. 33, § 2°, "c", do CP. (0,10)	0,00/0,20/0,30
8) Substituição da pena privativa de liberdade por restritiva de direitos (0,20), na forma do Art. 44 do CP. (0,10)	0,00 / 0,20/0,30
9) Pedidos: Preliminarmente, a extinção da punibilidade. (0,15)	0,00 / 0,15
10) No mérito, absolvição (0,30), na forma do Art. 386, III, do CPP. (0,10)	0,00 /0,30/0,40
11) Subsidiariamente: fixação da pena base no mínimo legal (0,10); reconhecimento da atenuante da menoridade relativa OU da confissão espontânea (0,10); fixação de regime aberto (0,10) e substituição da pena privativa de liberdade por restritiva de direitos. (0,10)	0,00 / 0,10 / 0,20 / 0,30 / 0,40
12) Indicação da data correta: 24 de julho de 2015 (0,10)	0,00 / 0,10
13) Estrutura: endereçamento, data, local, assinatura e OAB (0,10)	0,00 / 0,10

(OAB/Exame Unificado – 2015.3 – 2ª fase) Durante o carnaval do ano de 2015, no mês de fevereiro, a família de Joana resolveu viajar para comemorar o feriado, enquanto Joana, de 19 anos, decidiu ficar em sua residência, na cidade de Natal, sozinha, para colocar os estudos da faculdade em dia. Tendo conhecimento dessa situação, Caio, vizinho de Joana, nascido em 25 de março de 1994, foi até o local, entrou sorrateiramente no quarto de Joana e, mediante grave ameaça, obrigou-a a praticar com ele conjunção carnal e outros atos libidinosos diversos, deixando o local após os fatos e exigindo que a vítima não contasse sobre o ocorrido para qualquer pessoa.

Apesar de temerosa e envergonhada, Joana contou o ocorrido para sua mãe. A seguir, as duas compareceram à Delegacia e a vítima ofertou representação. Caio, então, foi denunciado pela prática como incurso nas sanções penais do Art. 213 do Código Penal, por duas vezes, na forma do Art. 71 do Estatuto Repressivo. Durante a instrução, foi ouvida a vítima, testemunhas de acusação e o réu confessou os fatos. Foi, ainda, juntado laudo de exame de conjunção carnal confirmando a prática de ato sexual violento recente com Joana e a Folha de Antecedentes Criminais (FAC) do acusado, que indicava a existência de duas condenações, embora nenhuma delas com trânsito em julgado. Em alegações finais, o Ministério Público requereu a condenação de Caio nos termos da denúncia, enquanto a defesa buscou apenas a aplicação da pena no mínimo legal. No dia 25 de junho de 2015 foi proferida sentença pelo juízo competente, qual seja a 1ª Vara Criminal da Comarca de Natal, condenando Caio à pena privativa de liberdade de 10 anos e 06 meses de reclusão, a ser cumprida em regime inicial fechado. Na sentença consta que a pena base de cada um dos crimes deve ser aumentada em seis meses pelo fato de Caio possuir maus antecedentes, já que ostenta em sua FAC duas condenações pela prática de crimes, e mais 06 meses pelo fato de o acusado ter desrespeitado a liberdade sexual da mulher, um dos valores mais significativos da sociedade, restando a sanção penal da primeira fase em 07 anos de reclusão, para cada um dos delitos.

Na segunda fase, não foram reconhecidas atenuantes ou agravantes. Afirmou o magistrado que atualmente é o réu maior de 21 anos, logo não estaria presente a atenuante do Art. 65, inciso I, do CP. Ao analisar o concurso de crimes, o magistrado considerou a pena de um dos delitos, já que eram iguais, e aumentou de 1/2 (metade), na forma do Art. 71 do CP, justificando o acréscimo no

PRÁTICA PENAL – 10ª EDIÇÃO   323   PEÇAS PRÁTICO-PROFISSIONAIS

fato de ambos os crimes praticados serem extremamente graves. Por fim, o regime inicial para o cumprimento da pena foi o fechado, justificando que, independente da pena aplicada, este seria o regime obrigatório, nos termos do Art. 2º, § 1º, da Lei nº 8.072/90. Apesar da condenação, como Caio respondeu ao processo em liberdade, o juiz concedeu a ele o direito de aguardar o trânsito em julgado da mesma forma.

Caio e sua família o (a) procuram para, na condição de advogado (a), adotar as medidas cabíveis, destacando que estão insatisfeitos com o patrono anterior. Constituído nos autos, a intimação da sentença ocorreu em 07 de julho de 2015, terça-feira, sendo quarta-feira dia útil em todo o país.

Com base nas informações acima expostas e naquelas que podem ser inferidas do caso concreto, redija a peça cabível, excluída a possibilidade de *Habeas Corpus*, no último dia do prazo para interposição, sustentando todas as teses jurídicas pertinentes. **(Valor: 5.00 pontos)**

Obs.: o examinando deve fundamentar suas respostas. A mera citação do dispositivo legal não confere pontuação.

GABARITO COMENTADO – EXAMINADORA

O candidato deve elaborar, na condição de advogado, um *Recurso de Apelação*, com fundamento no Art. 593, inciso I, do Código de Processo Penal.

Em um primeiro momento, deve ser redigida a petição de interposição do recurso, direcionada ao Juízo da 1ª Vara Criminal da Comarca de Natal/RN, requerendo o encaminhamento do feito para instância superior. A petição de interposição deve constar o local, estar devidamente datada, contendo as expressões "assinatura" e "número da OAB". Posteriormente, devem ser apresentadas as respectivas razões recursais, peça essa endereçada diretamente ao Tribunal de Justiça do Estado do Rio Grande do Norte. No conteúdo das Razões Recursais, não haveria necessidade de o examinando pleitear a absolvição de Caio, tendo em vista que os fatos foram provados, assim como houve confissão em juízo dos mesmos por parte do réu em seu interrogatório. Contudo, existem questões técnicas, envolvendo o mérito, que devem ser alegadas pelo advogado de modo a reduzir a pena aplicada ao agente, sendo certo que houve alguns equívocos por parte do magistrado no momento de elaborar a sentença.

Inicialmente, deve o advogado alegar que a conduta de Caio, no caso concreto, configura um único crime de estupro e não dois crimes em concurso. Desde 2009, com a edição da Lei nº 12.015, a conduta que era prevista como crime autônomo de atentado violento ao pudor passou a ser abrangida pelo tipo penal previsto no Art. 213 do Código Penal. Hoje, responde pelo crime de estupro aquele que constrange alguém, mediante violência ou grave ameaça, a praticar conjunção carnal ou outro ato libidinoso diverso. A jurisprudência entende que, de acordo com a nova redação, o Art. 213 do CP passou a prever um tipo misto alternativo. Assim, quando praticada conjunção carnal e outro ato libidinoso diverso em um mesmo contexto e contra a mesma vítima, como exatamente ocorreu no caso concreto narrado, haveria crime único. Dessa forma, deveria o advogado de Caio requerer, em suas razões, o afastamento do concurso de crimes, com o consequente reconhecimento de crime único de estupro, pois a conjunção carnal e os demais atos libidinosos foram praticados em um mesmo contexto fático.

Ademais, deve o advogado requerer que seja refeita a dosimetria da pena, pois contém uma série de incorreções. Primeiramente, deve ser requerida a fixação da pena base no mínimo legal. A fundamentação do magistrado para incrementar a pena base pela existência de maus

EDUARDO DOMPIERI

antecedentes foi inadequada, pois as ações penais em curso não podem justificar o reconhecimento prejudicial desta circunstância judicial, nos termos do Enunciado 444 da Súmula de Jurisprudência do STJ, sob pena de violação do princípio da presunção de inocência. O fato de existirem sentenças condenatórias não afasta o que foi aqui defendido, tendo em vista que estas não são definitivas, não ostentando trânsito em julgado. Ademais, o aumento pelo fato de o acusado ter desrespeitado a liberdade sexual da vítima também deve ser afastado, tendo em vista que é inerente ao tipo penal. Na segunda fase, deve ser reconhecida a atenuante da confissão espontânea, na forma do Art. 65, inciso III, alínea 'd' do Código Penal. Além disso, incorreto o magistrado ao afirmar que não aplicaria a atenuante da menoridade relativa pelo fato do réu, hoje, ser maior de 21 anos. O que deve ser considerado é a data do fato e não da sentença. Em caso de ser mantida a decisão pela existência de dois crimes de estupro em concurso, subsidiariamente deve o advogado pleitear a redução do *quantum* de aumento pela continuidade delitiva. Isso porque o magistrado aplicou o aumento de metade (1/2) em razão da gravidade dos delitos praticados. Ocorre que é pacífico o entendimento doutrinário e jurisprudencial no sentido de que a fração a ser adotada pelo concurso de crimes deverá considerar o número de delitos praticados e não outros critérios em abstrato. No caso, foram dois os crimes de estupro, no entendimento do magistrado, logo o aumento de pena pela aplicação do Art. 71 do CP deveria ser de 1/6, ou seja, do mínimo legal.

Por fim, em sendo reduzida a pena aplicada para até 08 anos, o regime aplicado deveria ser o semiaberto. Apesar de o crime de estupro, de fato, ser hediondo, o Supremo Tribunal Federal, em sede de controle difuso de constitucionalidade, reiteradamente vem decidindo que é inconstitucional a imposição em abstrato de regime inicial fechado trazida pelo Art. 2º, § 1º, da Lei nº 8.072/90, devendo o magistrado justificar o regime aplicado com base em fatores concretos.

Diante do exposto, deve o examinando formular os seguintes pedidos:

a) reconhecimento do crime único de estupro;

b) aplicação da pena-base no mínimo legal;

c) reconhecimento das atenuantes da confissão e da menoridade relativa;

d) em caso de manutenção da condenação pela prática de dois crimes de estupro em continuidade, redução da fração de aumento do Art. 71 do CP para o mínimo legal;

e) aplicação de regime semiaberto.

O prazo a ser indicado é o dia 13 de julho de 2015. O prazo para interposição de apelação é de 05 dias. Ocorre que o dia 12 de julho é domingo, logo o prazo é prorrogado para segunda-feira, dia 13.07.2015.

Obs.: a falta de data em qualquer uma das peças implicará na perda de pontos pela estrutura; a colocação de datas diferentes nas peças implicará na perda dos pontos relativos ao item "prazo", pois a questão exige uma única data.

Distribuição dos Pontos:

ITEM	PONTUAÇÃO
Petição de interposição	
1) Endereçamento correto: 1ª Vara Criminal da Comarca de Natal/RN (0,10)	0,00 / 0,10
2) Fundamento legal para petição de interposição: Art. 593, inciso I, do CPP. (0,10)	0,00 / 0,10

PRÁTICA PENAL – 10ª EDIÇÃO   325   PEÇAS PRÁTICO-PROFISSIONAIS

Razões de apelação	
3) Endereçamento correto: Tribunal de Justiça do Estado do Rio Grande do Norte (0,10)	0,00 / 0,10
4) Desenvolvimento jurídico acerca da necessidade de reforma da decisão. (0,30)	0,00 / 0,30
5) Afastar o concurso de crimes, com o reconhecimento de um crime único de estupro (1,0), tendo em vista que o Art. 213 do CP traz um tipo misto alternativo **OU** tendo em vista que os atos foram praticados em um mesmo contexto e contra a mesma vítima (0,35).	0,00 / 0,35 / 1,0 / 1,35
6) Afastar o aumento da pena-base pelo reconhecimento de maus antecedentes, pois ações penais em curso não funcionam como circunstância judicial desfavorável (0,25), na forma da Súmula 444 do STJ **OU** em face do princípio da presunção de inocência (0,10).	0,00 / 0,10 / 0,25 / 0,35
7) Afastar o aumento da pena-base pela violação da liberdade sexual da mulher, tendo em vista que é inerente ao tipo. (0,20).	0,00 / 0,20
8) Reconhecimento da atenuante da menoridade relativa (0,20), na forma do Art. 65, inciso I, do CP. (0,10).	0,00 / 0,20 / 0,30
9) Reconhecimento da atenuante da confissão espontânea (0,20), na forma do Art. 65, inciso III, alínea *d*, do CP (0,10).	0,00 / 0,20 / 0,30
10) Subsidiariamente, em caso de manutenção da condenação por dois crimes de estupro, redução do *quantum* de aumento pelo concurso de crimes para o mínimo legal (0,20), pois o critério a ser adotado é o número de delitos e não sua gravidade em abstrato (0,15).	0,00 / 0,15 / 0,20 / 0,35
11) Fixação do regime semiaberto (0,30), pois a imposição trazida pelo Art. 2º, § 1º, da Lei nº 8.072 é inconstitucional **OU** viola o princípio da individualização da pena (0,15).	0,00 / 0,15/ 0,30 / 0,45
12.1) Pedidos: provimento do recurso (0,30).	0,00/0,30
12.2) Reconhecimento de crime único de estupro (0,10); aplicação da pena-base no mínimo legal (0,10); reconhecimento da atenuante da confissão (0,10) e da menoridade relativa (0,10); subsidiariamente, redução do *quantum* de aumento pelo concurso de crimes M(0,10); e fixação do regime semiaberto (0,10).	0,00 / 0,10 / 0,20 / 0,30 / 0,40 / 0,50 / 0,60
13) Prazo: 13 de julho de 2015 (0,10).	0,00 / 0,10
14) Estrutura – duas petições (interposição e razões); aposição de local, data, assinatura e OAB	(0,10). 0,00 / 0,10

(OAB/Exame Unificado – 2016.1 – 2ª fase) No dia 24 de dezembro de 2014, na cidade do Rio de Janeiro, Rodrigo e um amigo não identificado foram para um bloco de rua que ocorria em razão do Natal, onde passaram a ingerir bebida alcoólica em comemoração ao evento festivo. Na volta para casa, ainda em companhia do amigo, já um pouco tonto em razão da quantidade de cerveja que havia bebido, subtraiu, mediante emprego de uma faca, os pertences de uma moça desconhecida que caminhava tranquilamente pela rua. A vítima era Maria, jovem de 24 anos que acabara de sair do médico e saber que estava grávida de um mês. Em razão dos fatos, Rodrigo foi denunciado pela prática de crime de roubo duplamente majorado, na forma do Art. 157, § 2º, incisos I e II, do Código Penal.

Durante a instrução, foi juntada a Folha de Antecedentes Criminais de Rodrigo, onde constavam anotações em relação a dois inquéritos policiais em que ele figurava como indiciado e três ações penais que respondia na condição de réu, apesar de em nenhuma delas haver sentença com trânsito em julgado. Foram, ainda, durante a Audiência de Instrução e Julgamento ouvidos a vítima e os policiais que encontraram Rodrigo, horas após o crime, na posse dos bens subtraídos. Durante seu interrogatório, Rodrigo permaneceu em silêncio. Ao final da instrução, após alegações finais, a pretensão punitiva do Estado foi julgada procedente, com Rodrigo sendo condenado a pena de

EDUARDO DOMPIERI

05 anos e 04 meses de reclusão, a ser cumprida em regime semiaberto, e 13 dias-multa. O juiz aplicou a pena-base no mínimo legal, além de não reconhecer qualquer agravante ou atenuante. Na terceira fase da aplicação da pena, reconheceu as majorantes mencionadas na denúncia e realizou um aumento de 1/3 da pena imposta.

O Ministério Público foi intimado da sentença em 14 de setembro de 2015, uma segunda-feira, sendo terça-feira dia útil. Inconformado, o Ministério Público apresentou recurso de apelação perante o juízo de primeira instância, acompanhado das respectivas razões recursais, no dia 30 de setembro de 2015, requerendo:

i) O aumento da pena-base, tendo em vista a existência de diversas anotações na Folha de Antecedentes Criminais do acusado;

ii) O reconhecimento das agravantes previstas no Art. 61, inciso II, alíneas 'h' e 'l', do Código Penal;

iii) A majoração do *quantum* de aumento em razão das causas de aumentos previstas no Art. 157, §2º, incisos I e II, do Código Penal, exclusivamente pelo fato de serem duas as majorantes;

iv) Fixação do regime inicial fechado de cumprimento de pena, pois o roubo com faca tem assombrado a população do Rio de Janeiro, causando uma situação de insegurança em toda a sociedade.

A defesa não apresentou recurso. O magistrado, então, recebeu o recurso de apelação do Ministério Público e intimou, no dia 19 de outubro de 2015 (segunda-feira), sendo terça feira dia útil em todo o país, você, advogado(a) de Rodrigo, para apresentar a medida cabível.

Com base nas informações expostas na situação hipotética e naquelas que podem ser inferidas do caso concreto, redija a peça cabível, excluída a possibilidade de *habeas corpus*, no último dia do prazo, sustentando todas as teses jurídicas pertinentes. (Valor: 5.00)

Obs.: O examinando deve indicar todos os fundamentos e dispositivos legais cabíveis. A mera citação do dispositivo legal não confere pontuação.

GABARITO COMENTADO – EXAMINADORA

O examinando deve elaborar, na condição de advogado, *Contrarrazões de Apelação*, com fundamento no Art. 600 do Código de Processo Penal (CPP). Em um primeiro momento, deve ser redigida a petição de juntada das contrarrazões, direcionada ao Juízo da Vara Criminal da Comarca do Rio de Janeiro/RJ, requerendo o encaminhamento do feito para instância superior. Posteriormente, devem ser apresentadas as respectivas razões do apelado (e não razões de apelação) ou contrarrazões de apelação, peça essa endereçada diretamente ao Tribunal de Justiça. No conteúdo das Contrarrazões, o examinando, em preliminar, deve requerer o não conhecimento do recurso apresentado pelo Ministério Público, tendo em vista ser intempestivo. Na forma do Art. 593 do CPP, o prazo para interposição de Apelação é de 05 dias. O Ministério Público foi intimado, no caso concreto, em 14 de setembro de 2015, somente vindo a interpor recurso no dia 30 de setembro de 2015, ou seja, mais de 15 dias após sua intimação. O enunciado deixa claro que a petição de interposição foi apresentada junto com as razões recursais, logo, apesar do magistrado de 1ª instância ter conhecido do recurso, o Tribunal, ao realizar nova análise, deverá não conhecer do recurso interposto.

Contudo, pelo princípio da eventualidade, em caso de conhecimento do recurso, deverá o examinando, na condição de advogado de Rodrigo, rebater as teses apresentadas pelo Ministério Público, buscando a manutenção da sentença de primeira instância.

De início, em relação à pena-base, deverá ser destacado que a existência de ações penais em curso, sem sentença condenatória com trânsito em julgado, e de inquéritos policiais não justificam um aumento da pena-base, sob pena de violação do princípio da presunção de inocência. Antes do trânsito em julgado, não pode um acusado ou indiciado ser considerado culpado, logo não há que se falar em maus antecedentes. Ademais, o Enunciado 444 da Súmula de Jurisprudência do STJ impede que ações em curso sejam consideradas não somente como maus antecedentes, mas valoradas de qualquer forma na pena-base.

Posteriormente, deverá o examinando enfrentar os argumentos apresentados pelo Ministério Público para aumento da pena na segunda fase do critério trifásico.

Em relação à agravante da gravidez, deverá ser afirmado que ela não deve ser reconhecida, sob pena de configurar responsabilidade penal objetiva. Apesar da vítima ser Maria, que tinha acabado de descobrir que estava grávida, para que uma circunstância prejudicial ao réu seja reconhecida, é preciso que ele tenha conhecimento do fato ou, ao menos, que fosse possível a ele ter conhecimento da situação. No caso concreto, Rodrigo não conhecia Maria e ela estava grávida apenas de um mês, logo não havia como o acusado ter conhecimento de que a vítima era mulher grávida. Assim, para evitar a responsabilidade penal objetiva, a agravante do Art. 61, inciso II, alínea *h*, do Código Penal não deve ser aplicada.

Da mesma forma, não deve ser reconhecida a agravante da embriaguez preordenada. Não existe qualquer prova nos autos de que Rodrigo se embriagou para tomar coragem para prática do crime. A embriaguez preordenada não se confunde com a culposa ou voluntária. Nos dois últimos casos, existe imputabilidade, mas não justificam, por si sós, o reconhecimento da agravante. Na embriaguez preordenada o agente se embriaga exatamente para fins de reduzir sua censura pessoal e realizar um crime doloso determinado e pretendido. Rodrigo ingeriu bebida para comemorar o Natal, não para tomar coragem e praticar o crime de roubo.

No terceiro momento, deverá o examinando rebater a pretensão do Ministério Público de incrementar o aumento da pena em razão do número de majorantes. Pacificado o entendimento atual, inclusive com a edição do Enunciado 443 da Súmula de Jurisprudência do STJ, no sentido de que a mera indicação do número de majorantes não configura fundamentação idônea para justificar a aplicação da fração de aumento acima do mínimo previsto em lei. É necessária fundamentação concreta.

Por fim, em relação aos argumentos do Promotor de Justiça, deverá o examinando afirmar que o regime de pena aplicado foi adequado, não se justificando a aplicação do regime fechado pelo fundamento apresentado no recurso de apelação, pois a gravidade em abstrato do delito não pode justificar um regime de pena mais gravoso do que o cabível de acordo com a pena aplicada. Tal entendimento é trazido pelos Enunciados 718 e 719 da Súmula do STF e pelo Enunciado 440 da Súmula do STJ.

Assim, ao final, deverá o candidato formular os seguintes pedidos: a) Não conhecimento do recurso de apelação em razão da intempestividade; b) Caso seja conhecido o recurso, pelo seu não provimento, mantendo-se, integralmente, a sentença.

A data a ser indicada ao final na peça é o dia 27 de outubro de 2015. A intimação ocorreu em 19 de outubro de 2015, uma segunda-feira, iniciando-se o prazo de 08 dias, previsto no Art. 600 do CPP, no dia seguinte.

EDUARDO DOMPIERI

Distribuição dos Pontos:

ITEM	PONTUAÇÃO
PETIÇÃO DE JUNTADA	
1 – Endereçamento: Vara Criminal da Comarca do Rio de Janeiro (0,10)	0,00 / 0,10
2 – Fundamento legal: Art. 600 do CPP (0,10)	0,00 / 0,10
RAZÕES DO APELADO OU CONTRARRAZÕES DE APELAÇÃO	
3 – Endereçamento: Tribunal de Justiça do Rio de Janeiro	0,00 / 0,10
4 – Preliminarmente: Não conhecimento do recurso de Apelação, em razão da intempestividade (0,50), nos termos do art. 593 do CPP (0,10) *Obs.: A mera indicação do dispositivo legal ou do número de súmula não pontua.*	0,00 / 0,50 / 0,60
5 – No mérito: manter a pena-base no mínimo legal (0,15), pois a existência de ações penais em curso sem trânsito em julgado ou inquéritos policiais não justificam o reconhecimento de circunstâncias judiciais prejudiciais (0,40), sob pena de violação do princípio da presunção de inocência (art. 5°, inciso LVII, da CF/88) **OU** na forma do Enunciado 444 da Súmula do STJ (0,10). *Obs.: A mera indicação do dispositivo legal ou do número de súmula não pontua.*	0,00 / 0,15 / 0,25 / 0,40 / 0,50 / 0,55 / 0,65
6 – Não deve ser aplicada a agravante da gravidez da vítima (0,15), pois Rodrigo não tinha conhecimento de tal circunstância **OU** sob pena de configurar responsabilidade objetiva (0,40)	0,00 / 0,15 / 0,40 / 0,55
7 – Não deve ser aplicada a agravante da embriaguez preordenada (0,15), pois não existe prova que Rodrigo ingeriu bebida alcoólica com objetivo de cometer crime **OU** para aumentar sua coragem para cometer o delito **OU** porque a embriaguez foi voluntária ou culposa, mas não preordenada (0,40).	0,00 / 0,15 / 0,40 / 0,55
8 – A fração do aumento de pena em razão do roubo circunstanciado não deve ser aumentada (0,15), pois o número de majorantes, de maneira isolada, não configura fundamentação idônea **OU** porque deve ser apresentada fundamentação concreta para o aumento de pena acima do mínimo previsto, não sendo o número de majorantes suficientes (0,40), na forma do Enunciado 443 da Súmula do STJ (0,10). *Obs.: A mera indicação do dispositivo legal ou do número de súmula não pontua.*	0,00 / 0,15 / 0,25 / 0,40 / 0,50 / 0,55 / 0,65
9 – Deverá ser mantido o regime semiaberto para cumprimento de pena 0,00 / 0,15 / 0,25 / 0,40 / (0,15), pois a gravidade em abstrato do crime não configura motivação idônea para aplicação de regime mais severo do que o compatível com a pena aplicada (0,40), na forma do Enunciado 718 **OU** 719 da Súmula do STF **OU** do Enunciado 440 da Súmula do STJ (0,10) *Obs.: A mera indicação do dispositivo legal ou do número de súmula não pontua.*	0,50 / 0,55 / 0,65
10 – Pedido: Não conhecimento do recurso (0,35) e, subsidiariamente, não provimento do recurso **OU** que seja mantida a sentença de 1° grau em sua integralidade (0,50)	0,00 / 0,35 / 0,50 / 0,85
11 – Data específica (último dia do prazo): 27.10.2015 (0,10)	0,00 / 0,10
12 – Data, local, OAB e assinatura (0,10)	0,00 / 0,10

PRÁTICA PENAL – 10ª EDIÇÃO   329   PEÇAS PRÁTICO-PROFISSIONAIS

(OAB/Exame Unificado – 2016.2 – 2ª fase) Astolfo, nascido em 15 de março de 1940, sem qualquer envolvimento pretérito com o aparato judicial, no dia 22 de março de 2014, estava em sua casa, um barraco na comunidade conhecida como Favela da Zebra, localizada em Goiânia/ GO, quando foi visitado pelo chefe do tráfico da comunidade, conhecido pelo vulgo de Russo. Russo, que estava armado, exigiu que Astolfo transportasse 50 g de cocaína para outro traficante, que o aguardaria em um Posto de Gasolina, sob pena de Astolfo ser expulso de sua residência e não mais poder morar na Favela da Zebra. Astolfo, então, se viu obrigado a aceitar a determinação, mas quando estava em seu automóvel, na direção do Posto de Gasolina, foi abordado por policiais militares, sendo a droga encontrada e apreendida. Astolfo foi denunciado perante o juízo competente pela prática do crime previsto no Art. 33, *caput*, da Lei 11.343/2006. Em que pese tenha sido preso em flagrante, foi concedida liberdade provisória ao agente, respondendo ele ao processo em liberdade. Durante a audiência de instrução e julgamento, após serem observadas todas as formalidades legais, os policiais militares responsáveis pela prisão em flagrante do réu confirmaram os fatos narrados na denúncia, além de destacarem que, de fato, o acusado apresentou a versão de que transportava as drogas por exigência de Russo. Asseguraram que não conheciam o acusado antes da data dos fatos. Astolfo, em seu interrogatório, realizado como último ato da instrução por requerimento expresso da defesa do réu, também confirmou que fazia o transporte da droga, mas alegou que somente agiu dessa forma porque foi obrigado pelo chefe do tráfico local a adotar tal conduta, ainda destacando que residia há mais de 50 anos na comunidade da Favela da Zebra e que, se fosse de lá expulso, não teria outro lugar para morar, pois sequer possuía familiares e amigos fora do local. Disse que nunca respondeu a nenhum outro processo, apesar já ter sido indiciado nos autos de um inquérito policial pela suposta prática de um crime de falsificação de documento particular. Após a juntada da Folha de Antecedentes Criminais do réu, apenas mencionando aquele inquérito, e do laudo de exame de material, confirmando que, de fato, a substância encontrada no veículo do denunciado era "cloridrato de cocaína", os autos foram encaminhados para o Ministério Público, que pugnou pela condenação do acusado nos exatos termos da denúncia. Em seguida, você, advogado (a) de Astolfo, foi intimado (a) em 06 de março de 2015, uma sexta-feira.

Com base nas informações acima expostas e naquelas que podem ser inferidas do caso concreto, redija a peça cabível, excluída a possibilidade de *Habeas Corpus*, no último dia do prazo, sustentando todas as teses jurídicas pertinentes. (Valor: 5,00)

Obs.: O examinando deve indicar todos os fundamentos e dispositivos legais cabíveis. A mera citação do dispositivo legal não confere pontuação.

GABARITO COMENTADO – EXAMINADORA

O candidato deveria redigir Alegações Finais por memoriais, com fundamento no Art. 403, § 3º, do Código de Processo Penal, sendo a peça endereçada a uma das Varas Criminais da Comarca de Goiânia/GO.

No mérito, deveria o candidato pleitear, em um momento inicial, a absolvição do acusado por inexigibilidade de conduta diversa. Para que determinada conduta seja considerada crime, deve ela ser típica, ilícita e culpável. Um dos elementos da culpabilidade é a exigibilidade de conduta diversa, sendo, portanto, a inexigibilidade de conduta diversa uma causa de exclusão da culpabilidade.

EDUARDO DOMPIERI

Deveria o examinando alegar que Russo, estando armado, ao exigir o transporte das substâncias entorpecentes por parte de Astolfo, um senhor de 74 anos de idade, sob pena de expulsá-lo de sua casa e da comunidade da Favela da Zebra, sem ele ter outro local para residir, praticou uma coação moral irresistível. Diante das circunstâncias e das particularidades do caso concreto, em especial considerando a idade de Astolfo e o fato de não ter familiares para lhe dar abrigo, não seria possível exigir outra conduta do acusado. Conforme previsão do Art. 22 do Código Penal, no caso de coação irresistível, somente deve responder pela infração o autor da coação. Assim, na forma do Art. 386, inciso VI, do Código de Processo Penal, deveria o réu ser absolvido.

Caso se entenda que o fato foi típico, ilícito e culpável e que a coação foi resistível, o examinando, com base no princípio da eventualidade, deveria passar a enfrentar eventual sanção penal a ser aplicada.

Inicialmente deveria solicitar a aplicação da pena base em seu mínimo legal, pois, na forma do enunciado 444 da Súmula de jurisprudência do STJ, a existência de inquéritos policiais ou ações penais em curso não são suficientes para fundamentar circunstâncias judiciais do Art. 59 do Código Penal como desfavoráveis.

Na fixação da pena intermediária, deveria o examinando requerer o reconhecimento da atenuante do Art. 65, inciso I, do Código Penal, já que o réu era maior de 70 anos na data da sentença, e a atenuante da confissão, prevista no Art. 65, inciso III, alínea *d*, do Código Penal, cabendo destacar que a chamada confissão qualificada, ou seja, quando, apesar de confessar o fato, o acusado alega a existência de causa de exclusão da ilicitude ou da culpabilidade, vem sendo reconhecida pelo Superior Tribunal de Justiça como suficiente para justificar o seu reconhecimento como atenuante. Deveria, ainda, ser alegada a atenuante da coação resistível, já que o crime somente foi praticado por exigência de Russo (Art. 65, inciso III, *c*, do CP).

Considerando que o acusado é primário, de bons antecedentes, e que não consta em seu desfavor qualquer indício de envolvimento com organização criminosa ou dedicação às atividades criminosas, cabível a aplicação do redutor de pena previsto no Art. 33, § 4º, da Lei 11.343/2006. As circunstâncias da infração tornam até mesmo possível a aplicação da causa de diminuição em seu patamar máximo.

Em sendo reconhecida a existência do tráfico privilegiado do Art. 33, § 4º, da Lei 11.343/2006, cabível o requerimento de substituição da pena privativa de liberdade por restritiva de direitos, pois não mais subsiste a vedação trazida pelo dispositivo. O Supremo Tribunal Federal reconheceu a inconstitucionalidade dessa vedação em abstrato, além da Resolução 05 do Senado, publicada em 15.02.2012, suspendendo a execução da expressão "vedada a conversão em penas restritivas de direito" do parágrafo acima citado.

Da mesma forma, o STF também reconheceu a inconstitucionalidade da exigência da aplicação do regime inicial fechado para os crimes hediondos ou equiparados trazida pelo Art. 2º, § 1º, da Lei 8.072/1990 por violação do princípio da individualização da pena, de modo que nada impede a fixação do regime inicial aberto de cumprimento da reprimenda penal.

Diante do exposto, deveriam ser formulados os seguintes pedidos:

a) absolvição do crime de tráfico, na forma do Art. 386, inciso VI, do Código de Processo Penal;

b) subsidiariamente, aplicação da pena base no mínimo legal;

PRÁTICA PENAL – 10ª EDIÇÃO   331   PEÇAS PRÁTICO-PROFISSIONAIS

c) reconhecimento das atenuantes do Art. 65, incisos I e III, alíneas "c" e "d", do Código Penal;

d) aplicação da causa de diminuição do Art. 33, § 4º da Lei 11.343/2006;

e) aplicação do regime inicial aberto de cumprimento da pena;

f) substituição da pena privativa de liberdade por restritiva de direitos.

A peça deveria ser assinada, além de constar como data 13 de março de 2015, pois o prazo só se iniciou na segunda-feira seguinte à intimação.

(OAB/Exame Unificado – 2016.3 – 2ª fase) Gabriela, nascida em 28/04/1990, terminou relacionamento amoroso com Patrick, não mais suportando as agressões físicas sofridas, sendo expulsa do imóvel em que residia com o companheiro em comunidade carente na cidade de Fortaleza, Ceará, juntamente com o filho do casal de apenas 02 anos. Sem ter familiares no Estado e nem outros conhecidos, passou a pernoitar com o filho em igrejas e outros locais de acesso público, alimentando-se a partir de ajudas recebidas de desconhecidos. Nessa época, Gabriela fez amizade com Maria, outra mulher em situação de rua que frequentava os mesmos espaços que ela.

No dia 24 de dezembro de 2010, não mais aguentando a situação e vendo o filho chorar e ficar doente em razão da ausência de alimentação, após não conseguir emprego ou ajuda, Gabriela decidiu ingressar em um grande supermercado da região, onde escondeu na roupa dois pacotes de macarrão, cujo valor totalizava R$18,00 (dezoito reais). Ocorre que a conduta de Gabriela foi percebida pelo fiscal de segurança, que a abordou no momento em que ela deixava o estabelecimento comercial sem pagar pelos bens, e apreendeu os dois produtos escondidos.

Em sede policial, Gabriela confirmou os fatos, reiterando a ausência de recursos financeiros e a situação de fome e risco físico de seu filho. Juntado à Folha de Antecedentes Criminais sem outras anotações, o laudo de avaliação dos bens subtraídos confirmando o valor, e ouvidos os envolvidos, inclusive o fiscal de segurança e o gerente do supermercado, o auto de prisão em flagrante e o inquérito policial foram encaminhados ao Ministério Público, que ofereceu denúncia em face de Gabriela pela prática do crime do Art. 155, *caput*, c/c Art. 14, inciso II, ambos do Código Penal, além de ter opinado pela liberdade da acusada.

O magistrado em atuação perante o juízo competente, no dia 18 de janeiro de 2011, recebeu a denúncia oferecida pelo Ministério Público, concedeu liberdade provisória à acusada, deixando de converter o flagrante em preventiva, e determinou que fosse realizada a citação da denunciada. Contudo, foi concedida a liberdade para Gabriela antes de sua citação e, como ela não tinha endereço fixo, não foi localizada para ser citada.

No ano de 2015, Gabriela consegue um emprego e fica em melhores condições. Em razão disso, procura um advogado, esclarecendo que nada sabe sobre o prosseguimento da ação penal a que respondia. Disse, ainda, que Maria, hoje residente na rua X, na época dos fatos também era moradora de rua e tinha conhecimento de suas dificuldades. Diante disso, em 16 de março de 2015, segunda-feira, sendo terça-feira dia útil em todo o país, Gabriela e o advogado compareceram ao cartório, onde são informados que o processo estava em seu regular prosseguimento desde 2011, sem qualquer suspensão, esperando a localização de Gabriela para citação.

Naquele mesmo momento, Gabriela foi citada, assim como intimada, junto ao seu advogado, para apresentação da medida cabível. Cabe destacar que a ré, acompanhada de seu patrono, já manifestou desinteresse em aceitar a proposta de suspensão condicional do processo oferecida pelo Ministério Público.

EDUARDO DOMPIERI

Considerando a situação narrada, apresente, na qualidade de advogado(a) de Gabriela, a peça jurídica cabível, diferente do *habeas corpus*, apresentando todas as teses jurídicas de direito material e processual pertinentes. A peça deverá ser datada no último dia do prazo. **(Valor: 5,00)**

Obs.: a peça deve abranger todos os fundamentos de Direito que possam ser utilizados para dar respaldo à pretensão. A simples menção ou transcrição do dispositivo legal não confere pontuação.

GABARITO COMENTADO – EXAMINADORA

Considerando a situação narrada, o(a) examinando(a) deve apresentar Resposta à Acusação, com fundamento no Art. 396-A E/OU Art. 396, ambos do Código de Processo Penal, em busca de evitar o prosseguimento do processo em desfavor de Gabriela.

A peça deveria ser encaminhada para uma das Varas Criminais da Comarca de Fortaleza, Ceará, local onde foi praticado o último ato de execução.

Diante das informações constantes do enunciado, caberia ao advogado da denunciada pleitear a absolvição sumária de sua cliente, tendo em vista que o fato evidentemente não constitui infração penal, que há causa manifesta de exclusão da ilicitude e causa de extinção da punibilidade.

Em um primeiro momento, é possível perceber a existência de causa de extinção da punibilidade, qual seja, a ocorrência de prescrição da pretensão punitiva estatal. Isso porque os fatos ocorreram em 24 de dezembro de 2010, ocasião em que Gabriela tinha apenas 20 anos, já que nascida em 28 de abril de 1990. Nos termos do Art. 115 do Código Penal, o prazo prescricional do menor de 21 anos na data dos fatos deverá ser computado pela metade, sendo tal disposição aplicável ao caso concreto.

Foi imputada a Gabriela a prática do crime de furto simples em sua modalidade tentada. A pena máxima em abstrato prevista para o delito imputado é de 04 anos (com a causa de diminuição, seria de 02 anos e 08 meses de reclusão); logo, o prazo prescricional de 08 anos, previsto no Art. 109, inciso IV, do Código Penal, cairá para 04 anos na hipótese. Desde a data do último marco interruptivo do prazo prescricional, qual seja, o recebimento da denúncia em 18 de janeiro de 2011, já se passaram mais de 04 anos, de modo que se impõe o reconhecimento da prescrição da pretensão punitiva estatal, com a consequente extinção da punibilidade, com fulcro no Art. 107, inciso IV, do Código Penal. Menciona-se que o Código de Processo Penal trata a causa de extinção da punibilidade como hipótese de absolvição sumária, nos termos do Art. 397, inciso IV, do CPP.

Ademais, deveria o(a) advogado(a) alegar que o fato narrado evidentemente não constitui crime, porque adequado ao caso o reconhecimento da atipicidade material da conduta pela aplicação do princípio da insignificância.

A jurisprudência e a doutrina pátrias, de maneira absolutamente majoritárias, reconhecem que a tipicidade é formada por um caráter formal e por um caráter material. A tipicidade formal é adequadação da conduta praticada àquela prevista no tipo. No caso, Gabriela subtraiu coisa alheia móvel; logo, sua conduta é formalmente típica. Já a tipicidade material seria a significativa lesão ao bem jurídico protegido pela norma. Nesse contexto, as lesões ínfimas, insignificantes, não seriam suficientes para atingir o bem jurídico protegido e, com base no princípio da lesividade, tais condutas sequer seriam materialmente típicas. Como conclusão, a aplicação do princípio da bagatela leva ao reconhecimento da atipicidade da conduta.

PRÁTICA PENAL – 10ª EDIÇÃO 333 PEÇAS PRÁTICO-PROFISSIONAIS

Gabriela subtraiu dois pacotes de macarrão que totalizavam R$ 18,00 (dezoito reais). O valor subtraído por Gabriela permite a aplicação do princípio da bagatela, afastando a tipicidade material da conduta e justificando sua absolvição sumária com base no Art. 397, inciso III, do CPP. Cabe mencionar as circunstâncias do caso: poderia Gabriela subtrair mais bens; o valor era ínfimo para um grande supermercado da cidade; e a autora nunca praticara tais fatos anteriormente.

Se isso não fosse suficiente, ainda deveria o advogado destacar a existência de manifesta causa de exclusão de ilicitude, qual seja, o estado de necessidade. Prevê o Art. 24 do Código Penal que atua em estado de necessidade aquele que pratica fato descrito como crime para salvar de perigo atual, que não causou por sua conduta, direito próprio ou alheio, cujo sacrifício não era razoável exigir naquelas circunstâncias. Claramente, Gabriela estava com seu direito e de seu filho em situação de risco atual e concreto, em especial porque a criança estava ficando doente em razão da ausência de alimentação. Ademais, a situação de perigo não fora por ela criada, já que expulsa do imóvel por seu ex-companheiro que lhe agredia, além de não conseguir emprego ou ajuda financeira de outras pessoas. Por fim, não era razoável exigir que Gabriela sacrificasse a integridade física de seu filho em detrimento de lesão de ínfimo valor para grande supermercado da região.

Assim, diante do estado de necessidade, deve ser formulado pedido de absolvição sumária com fundamento no Art. 397, inciso I, do CPP. Após os pedidos, deve o(a) examinando(a) apresentar rol de testemunhas, indicando Maria para o caso de não acolhimento do requerimento de absolvição sumária.

O prazo para elaboração da peça processual, nos termos do Art. 396 do CPP, é de 10 dias, sendo que a citação/intimação da ré e de seu advogado ocorreu em 16 de março de 2015, iniciando-se o prazo em 17 de março de 2015 e terminando em 26 de março de 2015.

A petição deverá ter indicação de local, data, assinatura e número de inscrição na OAB.

Distribuição dos Pontos:

ITEM	PONTUAÇÃO
RESPOSTA À ACUSAÇÃO	
1 – Endereçamento: Vara Criminal da Comarca de Fortaleza, Ceará (0,10)	0,00 / 0,10
2 – Fundamento legal: Art. 396-A **OU** 396, ambos do Código de Processo Penal (0,10)	0,00 / 0,10
TESES JURÍDICAS DE DIRETO MATERIAL E PROCESSUAL	
3 – Reconhecimento da extinção da causa de punibilidade (0,25), em razão da ocorrência de prescrição da pretensão punitiva estatal (0,30), citação do art. 107, IV, do CP (0,10)	0,00 / 0,25 / 0,30 / 0,35 / 0,40 / 0,55 / 0,65
3.1 – Prescrição em razão de entre a data do recebimento da denúncia e a manifestação do advogado ter sido ultrapassado o prazo prescricional de 04 anos (0,20), já que Gabriela era menor de 21 anos na data dos fatos, devendo o prazo ser computado pela metade (0,15). Citação do Art. 109, IV **E** do art. 115 do CP (0,10)	0,00 / 0,15 / 0,20 / 0,25 / 0,30 / 0,35 / 0,45
4 – Arguição de que a conduta narrada evidentemente não constituir crime em razão da atipicidade (0,40), diante da aplicação do princípio da bagatela/insignificância (0,80).	0,00 / 0,40 / 0,80 / 1,20

5 – Arguição da existência de manifesta causa da exclusão da ilicitude (0,40), pois Gabriela agiu em estado de necessidade diante da situação de fome e risco para a saúde se seu filho (0,70), nos termos do Art. 24 do Código Penal (0,10).	0,00 / 0,40 / 0,50 / 0,70 / 0,80 / 1,10 / 1,20
PEDIDOS	
6 – Absolvição Sumária (0,50), com fundamento no Art. 397, inciso I (0,10), no Art. 397, inciso III (0,10) e no Art. 397, IV, todos do CPP (0,10).	0,00 / 0,50 / 0,60 / 0,70 / 0,80
7 – Rol de testemunhas (0,30).	0,00 / 0,30
FECHAMENTO 8 – Prazo: 26 de março de 2015 (0,10).	0,00 / 0,10
9 – Local, data, advogado(a) e OAB (0,10)	0,00 / 0,10

(OAB/Exame Unificado – 2017.1 – 2ª fase) Desejando comprar um novo carro, Leonardo, jovem com 19 anos, decidiu praticar um crime de roubo em um estabelecimento comercial, com a intenção de subtrair o dinheiro constante do caixa. Narrou o plano criminoso para Roberto, seu vizinho, mas este se recusou a contribuir. Leonardo decidiu, então, praticar o delito sozinho. Dirigiu-se ao estabelecimento comercial, nele ingressou e, no momento em que restava apenas um cliente, simulou portar arma de fogo e o ameaçou de morte, o que fez com ele saísse, já que a intenção de Leonardo era apenas a de subtrair bens do estabelecimento. Leonardo, em seguida, consegue acesso ao caixa onde fica guardado o dinheiro, mas, antes de subtrair qualquer quantia, verifica que o único funcionário que estava trabalhando no horário era um senhor que utilizava cadeiras de rodas. Arrependido, antes mesmo de ser notada sua presença pelo funcionário, deixa o local sem nada subtrair, mas, já do lado de fora da loja, é surpreendido por policiais militares. Estes realizam a abordagem, verificam que não havia qualquer arma com Leonardo e esclarecem que Roberto narrara o plano criminoso do vizinho para a Polícia.

Tomando conhecimento dos fatos, o Ministério Público requereu a conversão da prisão em flagrante em preventiva e denunciou Leonardo como incurso nas sanções penais do Art. 157, § 2º, inciso I, c/c o Art. 14, inciso II, ambos do Código Penal.

Após decisão do magistrado competente, qual seja, o da 1ª Vara Criminal de Belo Horizonte/MG, de conversão da prisão e recebimento da denúncia, o processo teve seu prosseguimento regular. O homem que fora ameaçado nunca foi ouvido em juízo, pois não foi localizado, e, na data dos fatos, demonstrou não ter interesse em ver Leonardo responsabilizado. Em seu interrogatório, Leonardo confirma integralmente os fatos, inclusive destacando que se arrependeu do crime que pretendia praticar. Constavam no processo a Folha de Antecedentes Criminais do acusado sem qualquer anotação e a Folha de Antecedentes Infracionais, ostentando uma representação pela prática de ato infracional análogo ao crime de tráfico, com decisão definitiva de procedência da ação socioeducativa. O magistrado concedeu prazo para as partes se manifestarem em alegações finais por memoriais. O Ministério Público requereu a condenação nos termos da denúncia. O advogado de Leonardo, contudo, renunciou aos poderes, razão pela qual, de imediato, o magistrado abriu vista para a Defensoria Pública apresentar alegações finais.

Em sentença, o juiz julgou procedente a pretensão punitiva estatal. No momento de fixar a pena-base, reconheceu a existência de maus antecedentes em razão da representação julgada procedente em face de Leonardo enquanto era inimputável, aumentando a pena em 06 meses de reclusão. Não foram reconhecidas agravantes ou atenuantes. Na terceira fase, incrementou o magistrado em 1/3 a pena,

PRÁTICA PENAL – 10ª EDIÇÃO

335

PEÇAS PRÁTICO-PROFISSIONAIS

justificando ser desnecessária a apreensão de arma de fogo, bastando a simulação de porte do material diante do temor causado à vítima. Com a redução de 1/3 pela modalidade tentada, a pena final ficou acomodada em 4 (quatro) anos de reclusão. O regime inicial de cumprimento de pena foi o fechado, justificando o magistrado que o crime de roubo é extremamente grave e que atemoriza os cidadãos de Belo Horizonte todos os dias. Intimado, o Ministério Público apenas tomou ciência da decisão.

A irmã de Leonardo o procura para, na condição de advogado, adotar as medidas cabíveis. Constituída nos autos, a intimação da sentença pela defesa ocorreu em 08 de maio de 2017, segunda-feira, sendo terça-feira dia útil em todo o país.

Com base nas informações expostas acima e naquelas que podem ser inferidas do caso concreto, redija a peça cabível, excluída a possibilidade de *habeas corpus*, no último dia do prazo para interposição, sustentando todas as teses jurídicas pertinentes. **(Valor: 5,00)**

Obs.: a peça deve abranger todos os fundamentos de Direito que possam ser utilizados para dar respaldo à pretensão. A simples menção ou transcrição do dispositivo legal não confere pontuação.

GABARITO COMENTADO – EXAMINADORA

O candidato deve elaborar, na condição de advogado, um *Recurso de Apelação*, com fundamento no Art. 593, inciso I, do Código de Processo Penal.

Em um primeiro momento, deve ser redigida a petição de interposição do recurso, direcionada ao Juízo da 1ª Vara Criminal da Comarca de Belo Horizonte/MG, requerendo o encaminhamento do feito para instância superior. A petição de interposição deve ser devidamente datada, contendo as expressões "assinatura" e "número da OAB". Posteriormente, devem ser apresentadas as respectivas razões recursais, peça essa endereçada diretamente ao Tribunal de Justiça do Estado de Minas Gerais.

No conteúdo das Razões Recursais, preliminarmente, deveria o advogado alegar a nulidade da sentença, devendo os atos desde a apresentação das alegações finais pela defesa serem anulados. Isso porque Leonardo tinha advogado constituído nos autos que veio a renunciar. Diante disso, deveria o magistrado intimar o réu, que estava preso, para informar se tinha interesse em constituir novo advogado ou ser assistido pela Defensoria Pública. A decisão do juiz de, de imediato, encaminhar os autos para Defensoria Pública viola o princípio da ampla defesa na vertente da defesa técnica. Certamente houve prejuízo, pois as Alegações Finais foram apresentadas sem qualquer contato do Defensor com o acusado e este foi condenado.

Superada a preliminar, no mérito deve o advogado requerer a absolvição de Leonardo com fundamento na desistência voluntária. Prevê o Art. 15 do Código Penal que o agente que, voluntariamente, desistir de prosseguir na execução só responde pelos atos já praticados. A desistência voluntária não se confunde com a tentativa.

Nesta, o agente inicia atos de execução, mas não consuma o crime por circunstâncias alheias à sua vontade. Naquela, por sua vez, o agente tem possibilidade de prosseguir na empreitada criminosa, mas antes de esgotar todos os meios que tem à sua disposição, desiste voluntariamente de prosseguir e consumar o delito. A particularidade da desistência voluntária é que ela é uma chamada "ponte de ouro" de volta para legalidade, pois o agente somente responderá pelos atos já praticados e não pela tentativa do crime que pretendia cometer originariamente. No caso, claramente Leonardo poderia prosseguir na empreitada criminosa, mas optou por desistir. Iniciada a execução, teve acesso ao caixa do estabelecimento comercial contendo dinheiro, mas, ao verificar que o funcionário do local possuía dificuldades de locomoção, se arrependeu e abandonou a empreitada criminosa.

Leonardo nem mesmo tinha sido visto pelo funcionário, logo poderia prosseguir.

Restaria, apenas, os atos já praticados, no caso uma ameaça ao cliente que estava no local. Ocorre que o crime de ameaça é de ação penal pública condicionada à representação e como esta nunca ocorreu, não poderia Leonardo ser por este delito condenado neste momento.

Diante do exposto, Leonardo deve ser absolvido do roubo que lhe foi imputado.

Com base na eventualidade, em sendo mantida a condenação, deve o examinando, como advogado, requerer revisão da dosimetria da pena.

Em um primeiro momento, deve requerer a aplicação da pena base em seu mínimo legal. A existência de representação pela prática de ato infracional não justifica o reconhecimento de maus antecedentes, pois a punição de Leonardo quando inimputável não pode prejudicá-lo penalmente, gerando o aumento de sua pena.

Na segunda fase, deve ser considerada a atenuante da menoridade relativa, pois Leonardo era menor de 21 anos na data dos fatos, assim como a atenuante da confissão, nos termos dos Artigos 65, inciso I e inciso III, alínea d, CP.

Na terceira fase, o advogado deve pleitear o afastamento da causa de aumento pelo emprego de arma de fogo, tendo em vista que não há prova de sua utilização. O enunciado apenas narra que o agente simulou estar portando arma de fogo, sendo certo que a vítima nem mesmo foi ouvida e não foi apreendida qualquer arma de fogo com o mesmo. O objetivo do legislador ao prever a punição mais severa em caso de emprego de arma foi que a integridade física da vítima é colocada em maior risco. A simulação de porte de arma, contudo, não traz este incremento do risco, além de nem mesmo se adequar ao princípio da legalidade, já que não houve prova de emprego de arma de fogo, mas tão só Leonardo simulou estar armado para configurar a grave ameaça. Deve, ainda, o examinando requerer a redução máxima da tentativa, o que permitiria aplicação do *sursis* da pena.

Por fim, deve requerer a aplicação do regime aberto ou semiaberto a depender da pena aplicada, pois a fundamentação do magistrado para aplicação do regime fechado foi insuficiente. Nos termos dos Enunciados 718 e 719 da Súmula de Jurisprudência do STF (ou 440, STJ), a gravidade em abstrato do crime não justifica o reconhecimento de regime inicial de cumprimento de pena mais severo do que aquele de acordo com a pena aplicada.

Por fim, deve o advogado pleitear o provimento do recurso, com consequente expedição do alvará de soltura.

Em relação ao prazo, deve a peça ser datada em 15 de maio de 2017, tendo em vista que o prazo para apelação é de 05 dias, mas o dia 13 de maio de 2017 é um sábado, logo o prazo é prorrogado para segunda-feira.

PRÁTICA PENAL – 10ª EDIÇÃO 337 PEÇAS PRÁTICO-PROFISSIONAIS

Distribuição dos Pontos:

ITEM	PONTUAÇÃO
PETIÇÃO DE INTERPOSIÇÃO	
1 – Endereçamento correto: Juízo da 1ª Vara Criminal da Comarca de Belo Horizonte-MG (0,10)	0,00 / 0,10
2 – Fundamentação legal: Art. 593, inciso I, do CPP (0,10)	0,00 / 0,10
RAZÕES DE APELAÇÃO	
3 – Endereçamento correto: Tribunal de Justiça do Estado de Minas Gerais	0,00 / 0,10
4 – Preliminarmente: Nulidade da sentença ou de todos os atos processuais desde as alegações finais apresentadas pela Defensoria Pública (0,25), tendo em vista que não houve intimação do réu para manifestar interesse em indicar novo advogado OU tendo em vista que houve prejuízo para ampla defesa (0,15).	0,00 / 0,15 / 0,25 / 0,40
5 – Absolvição de Leonardo OU desclassificação para o delito de ameaça com o consequente reconhecimento da decadência (0,40).	0,00 / 0,40
5.1 – Houve desistência voluntária (0,80), nos termos do Art. 15 do CP (0,10)	0,00 / 0,80 / 0,90
5.2 – Leonardo deve responder apenas pelos atos já praticados OU não deve responder pela tentativa (0,45).	0,00 / 0,45
6 – Subsidiariamente: a pena deve ser fixada no mínimo legal (0,20), pois a existência de ação socioeducativa julgada procedente não justifica o reconhecimento de maus antecedentes (0,15).	0,00 / 0,15 / 0,20 / 0,35
7 – Reconhecimento da atenuante da menoridade relativa (0,15), nos termos do Art. 65, inciso I, do CP (0, 10)	00, 0,15 / 0,25
8 – Reconhecimento da atenuante da confissão (0,15), nos termos do Art. 65, inciso II, alínea d, do CP (0,10)	00, 0,15 / 0,25
9 – Afastamento da causa de aumento do Art. 157, § 2º, inciso I, do CP (0,30), pois houve apenas simulação de porte de arma de fogo sem incremento do potencial lesivo OU pois não existe prova do emprego de arma de fogo (0,20)	0,00 / 0,20 / 0,30 / 0,50
10 – Redução da tentativa em seu patamar máximo (0,10), permitindo aplicação da suspensão condicional da pena (0,05)	0,00 / 0,05/ 0,10 / 0,15
11 – Aplicação do regime inicial semiaberto ou aberto do cumprimento de pena (0,20), pois a gravidade em abstrato não justifica regime de pena mais severo OU a fixação de regime de cumprimento mais severo exige motivação concreta (0,15), nos termos da Súmula 718/STF OU 719/STF OU 440/STJ (0,10)	0,00 / 0,15/ 0,20 / 0,25 / 0,30 / 0,35 / 0,45
12 – Pedido de provimento do recurso (0,30), com expedição de alvará de soltura (0,10)	0,00 / 0.10/ 0,30 / 0,40
13 – Prazo: 15 de maio de 2017 (0,10)	0,00 / 0,10
14 – Fechamento: aposição de local, data, assinatura e OAB (0,10)	0,00 / 0,10

EDUARDO DOMPIERI

(OAB/Exame Unificado – 2017.2 – 2ª fase) No dia 23 de fevereiro de 2016, Roberta, 20 anos, encontrava-se em um curso preparatório para concurso na cidade de Manaus/AM. Ao final da aula, resolveu ir comprar um café na cantina do local, tendo deixado seu notebook carregando na tomada. Ao retornar, retirou um notebook da tomada e foi para sua residência. Ao chegar em casa, foi informada de que foi realizado registro de ocorrência na Delegacia em seu desfavor, tendo em vista que as câmeras de segurança da sala de aula captaram o momento em que subtraiu o notebook de Cláudia, sua colega de classe, que havia colocado seu computador para carregar em substituição ao de Roberta, o qual estava ao lado.

No dia seguinte, antes mesmo de qualquer busca e apreensão do bem ou atitude da autoridade policial, Roberta restituiu a coisa subtraída. As imagens da câmera de segurança foram encaminhadas ao Ministério Público, que denunciou Roberta pela prática do crime de furto simples, tipificado no Art. 155, caput, do Código Penal. O Ministério Público deixou de oferecer proposta de suspensão condicional do processo, destacando que o delito de furto não é de menor potencial ofensivo, não se sujeitando à aplicação da Lei nº 9.099/95, tendo a defesa se insurgido.

Recebida a denúncia, durante a instrução, foi ouvida Cláudia, que confirmou ter deixado seu notebook acoplado à tomada, mas que Roberta o subtraíra, somente havendo restituição do bem com a descoberta dos agentes da lei.

Também foram ouvidos os funcionários do curso preparatório, que disseram ter identificado a autoria a partir das câmeras de segurança. Roberta, em seu interrogatório, confirma os fatos, mas esclarece que acreditava que o notebook subtraído era seu e, por isso, levara-o para casa. Foi juntada a Folha de Antecedentes Criminais da ré sem qualquer outra anotação, o laudo de avaliação do bem subtraído, que constatou seu valor de R$ 3.000,00 (três mil reais), e o CD com as imagens captadas pela câmera de segurança. O Ministério Público, em sua manifestação derradeira, requereu a condenação da ré nos termos da denúncia.

Você, como advogado(a) de Roberta, é intimado(a) no dia 24 de agosto de 2016, quarta-feira, sendo o dia seguinte útil em todo o país, bem como todos os dias da semana seguinte, exceto sábado e domingo. Considerando apenas as informações narradas, na condição de advogado(a) de Roberta, redija a peça jurídica cabível, diferente de habeas corpus, apresentando todas as teses jurídicas pertinentes. A peça deverá ser datada no último dia do prazo para interposição. (Valor: 5,00)

Obs.: o examinando deve indicar todos os fundamentos e dispositivos legais cabíveis. A mera citação do dispositivo legal não confere pontuação.

GABARITO COMENTADO – EXAMINADORA

O examinando deve redigir Alegações Finais na forma de Memoriais ou Memoriais, com fundamento no Art. 403, § 3º, do Código de Processo Penal, devendo a petição ser direcionada ao juiz de uma das Varas Criminais da Comarca de Manaus/AM.

De início, deveria o examinando, na condição de advogado, requerer a nulidade dos atos processuais realizados durante a instrução probatória ou encaminhamento dos autos ao Ministério Público, tendo em vista que não foi oferecida proposta de suspensão condicional do processo. Prevê o Art. 89 da Lei nº 9.099/95 que caberá ao Ministério Público oferecer proposta de suspensão condicional do processo quando a pena mínima cominada ao delito imputado for de até 01 ano, abrangidas ou não por esta Lei, preenchidos os demais requisitos legais, dentre os quais se destacam a primariedade e a presença dos requisitos do Art. 77 do Código Penal.

Roberta era primária, de bons antecedentes e as circunstâncias do crime não justificam a recusa na formulação da proposta de suspensão condicional do processo. Ademais, o delito de furto simples tem pena mínima prevista em abstrato de 01 ano, logo irrelevante o fato da infração não ser de menor potencial ofensivo. Assim, não estamos diante de mera faculdade do Promotor de Justiça, mas sim de um poder-dever limitado pela lei, de modo que deveria ter sido oferecida a proposta do instituto despenalizador.

Em seguida, quanto ao mérito, deveria o examinando alegar a ocorrência de erro de tipo. Prevê o Art. 155 do Código Penal que pratica crime de furto aquele que subtrai coisa alheia móvel. Ocorre que Roberta estava em erro em relação a uma das elementares do tipo, qual seja, a coisa alheia, tendo em vista que acreditava estar levando para casa o seu próprio notebook, o que não configuraria crime.

De acordo com o Art. 20 do Código Penal, o erro sobre elemento constitutivo do tipo exclui o dolo, mas permite a punição do agente a título de culpa, caso previsto em lei. Inicialmente deve ser destacado que o erro de tipo, na hipótese, era escusável, de modo que não há que se falar em dolo ou culpa. Ademais, ainda que assim não fosse, não existe previsão da modalidade culposa do furto, logo, ainda assim, Roberta deveria ser absolvida.

Com base no princípio da eventualidade, o examinando deveria enfrentar eventual pena a ser aplicada em caso de condenação da ré. Na aplicação da pena base, deveria o candidato destacar que deveria ser fixada no mínimo legal, tendo em vista que a agente possui bons antecedentes e as circunstâncias do Art. 59 do CP são favoráveis.

Na determinação da pena intermediária, deveria ser solicitado o reconhecimento da atenuante da confissão espontânea, prevista no Art. 65, inciso III, alínea *d*, do Código Penal, assim como da menoridade relativa, uma vez que Roberta era menor de 21 anos na data dos fatos, conforme o Art. 65, inciso I, do CP.

Não havia causas de aumento a serem reconhecidas. Todavia, considerando que houve restituição do bem subtraído antes do recebimento da denúncia, que tal ato decorreu de conduta voluntária da denunciada e que o delito não foi praticado com violência ou grave ameaça à pessoa, cabível o reconhecimento da causa de diminuição do arrependimento posterior, prevista no Art. 16 do CP.

Em caso de aplicação de pena privativa de liberdade, deveria ser requerida a substituição desta por restritiva de direitos, pois preenchidos os requisitos do Art. 44 do Código Penal.

O regime inicial de cumprimento de pena a ser buscado é o aberto.

Diante do exposto, deveriam ser formulados os seguintes pedidos, requerendo:

a) Nulidade da instrução, com oferecimento de proposta de suspensão condicional do processo;

b) Absolvição do crime de furto, na forma do Art. 386, inciso III ou inciso VI, do CPP;

c) Aplicação da pena base no mínimo legal;

d) Reconhecimento das atenuantes da menoridade relativa e confissão espontânea;

e) Aplicação da causa de diminuição do arrependimento posterior;

f) Substituição da pena privativa de liberdade por restritiva de direitos;

g) Aplicação do regime aberto.

A data a ser indicada é 29 de agosto de 2016, tendo em vista que o prazo para Alegações Finais é de 05 dias. Por fim, deve o examinando finalizar a peça, indicando o local, data, assinatura e OAB.

Distribuição dos Pontos:

ITEM	PONTUAÇÃO
1 – Endereçamento: Vara Criminal da Comarca de Manaus/AM (0,10)	0,00 / 0,10
2 – Fundamento legal para apresentação de Alegações Finais por Memoriais: Art. 403, § 3º, do CPP (0,10)	0,00 / 0,10
3 – Preliminarmente, reconhecimento da nulidade dos atos da instrução OU requerimento de aplicação, por analogia, do art. 28 do CPP (0,20), diante do não oferecimento de proposta de suspensão condicional do processo, pois preenchidos os requisitos do Art. 89 da Lei 9099/95 OU pois irrelevante o fato do delito imputado não ser infração de menor potencial ofensivo (0,40).	0,00 / 0,20 / 0,40 / 0,60
4-A – No mérito, absolvição de Roberta (0,30).	0,00 / 0,30
4-B – Reconhecimento da ocorrência de erro de tipo (0,90), previsto no Art. 20 d Código Penal (0,10)	0,00 / 0,90 / 1,00
4-C – O reconhecimento do erro de tipo tem como consequência a exclusão do dolo ou atipicidade da conduta (0,20).	0,00 / 0,20
5 – Subsidiariamente, aplicação da pena base no mínimo legal, já que as circunstâncias do Art. 59 são favoráveis (0,20).	0,00 / 0,20
6 – Reconhecimento da atenuante da menoridade relativa, já que menor de 21 anos na data dos fatos (0,20), conforme Art. 65, inciso I, do CP (0, 10)	00, 0,20 / 0,30
7 – Reconhecimento da atenuação da confissão (0,20), nos termos do Art. 65, inciso II, alínea d, do CP (0,10)	00, 0,20 / 0,30
8 – Reconhecimento da causa de diminuição do arrependimento posterior (0,40), tendo em vista que teve restituição da coisa subtraída (0,15), nos termos do Art. 16 do Código Penal (0,10)	0,00 / 0,15 / 0,25 / 0,40 / 0,50 / 0,55 / 0,65
9 – Aplicação do regime inicial aberto (0,20), nos termos do Art. 33, § 2º, alínea c, do Código Penal (0,10)	0,00 / 0,20/ 0,30
10 – Substituição da pena privativa de liberdade por restritiva de direitos, já que preenchidos os requisitos do Art. 44 do Código Penal (0,10)	0,00 / 0,20/ 0,30
11 – Pedidos: Nulidade dos atos da instrução em razão do não oferecimento de proposta de suspensão condicional do processo OU encaminhamento dos autos ao Ministério Público para o oferecimento de proposta de suspensão condicional do processo (0,05)	0,00 / 0,05
11.1 – Absolvição de Roberta (0,10), em razão da atipicidade da conduta (0,10)	0,00 / 0,10 / 0,20
11.2 – Aplicação da pena no mínimo legal OU reconhecimento das atenuantes (0,10)	0,00 / 0,05
11.3 – Reconhecimento do arrependimento posterior OU aplicação da causa de diminuição do Art. 16 do CP (0,05)	0,00 / 0,05
11.4 – Substituição da pena privativa de liberdade por restritiva de direitos (0,05)	0,00 / 0,05
11.5 – Aplicação do regime inicial aberto (0,05)	0,00 / 0,05
12 – 29 de agosto de 2016 (0,10)	0,00 / 0,10
13 – Fechamento (data, local, assinatura, OAB) (0,10)	0,00 / 0,10

PRÁTICA PENAL – 10ª EDIÇÃO 341 PEÇAS PRÁTICO-PROFISSIONAIS

(OAB/Exame Unificado – 2017.3 – 2ª fase) Lucas, 22 anos, foi denunciado e condenado, definitivamente, pela prática de crime de associação para o tráfico, previsto no Art. 35 da Lei nº 11.343/06, sendo, em razão das circunstâncias do crime, aplicada a pena de 06 anos de reclusão em regime inicial semiaberto, entendendo o juiz de conhecimento que o crime não seria hediondo, não tendo sido reconhecida a presença de qualquer agravante ou atenuante. No mês seguinte, após o início do cumprimento da pena, Lucas vem a sofrer nova condenação definitiva, dessa vez pela prática de crime de ameaça anterior ao de associação, sendo-lhe aplicada exclusivamente a pena de multa, razão pela qual não foi determinada a regressão de regime. Após cumprir 01 ano da pena aplicada pelo crime de associação, o defensor público que defende os interesses de Lucas apresenta requerimento de progressão de regime, destacando que o apenado não sofreu qualquer sanção disciplinar. O magistrado em atuação perante a Vara de Execução Penal da Comarca de Belo Horizonte/MG, órgão competente, indefere o pedido de progressão, sob os seguintes fundamentos:

a) o crime de associação para o tráfico, no entender do magistrado, é crime hediondo, tanto que o livramento condicional somente poderá ser deferido após o cumprimento de 2/3 da pena aplicada;

b) o apenado é reincidente, diante da nova condenação pela prática de crime de ameaça;

c) o requisito objetivo para a progressão de regime seria o cumprimento de 3/5 da pena aplicada e, caso ele não fosse reincidente, seria de 2/5, períodos esses ainda não ultrapassados;

d) em relação ao requisito subjetivo, é indispensável a realização de exame criminológico, diante da gravidade dos crimes de associação para o tráfico em geral.

Ao tomar conhecimento, de maneira informal, da decisão do magistrado, a família de Lucas procura você, na condição de advogado(a), para a adoção das medidas cabíveis. Após constituição nos autos, a defesa técnica é intimada da decisão de indeferimento do pedido de progressão de regime em 24 de novembro de 2017, sexta-feira, sendo certo que, de segunda a sexta-feira da semana seguinte, todos os dias são úteis em todo o território nacional.

Considerando apenas as informações narradas, na condição de advogado(a) de Lucas, redija a peça jurídica cabível, diferente de *habeas corpus* e embargos de declaração, apresentando todas as teses jurídicas pertinentes. A peça deverá ser datada no último dia do prazo para interposição. **(Valor: 5,00)**

Obs.: a peça processual deve abranger todos os fundamentos de Direito que possam ser utilizados para dar respaldo à pretensão. A simples menção ou transcrição do dispositivo legal não confere pontuação.

GABARITO COMENTADO – EXAMINADORA

O examinando deve redigir, na condição de advogado, recurso de *Agravo em Execução*, com fundamento no Art. 197 da Lei nº 7.210/84 – Lei de Execução Penal (LEP). Isso porque, nos termos do dispositivo mencionado, das decisões proferidas pelo magistrado em sede de Execução Penal, sempre caberá recurso de agravo, sem efeito suspensivo. No caso, claro está que a decisão a ser combatida foi proferida pelo juiz em atuação na Vara de Execuções Penais de Belo Horizonte/MG, de fato em sede de execução, já que o requerimento formulado era de progressão de regime.

Apesar de o Art. 197 da LEP trazer a previsão de que o recurso cabível é o de Agravo, não estabelece a Lei nº 7.210/84 qual seria o procedimento a ser seguido, de modo que a doutrina e a jurisprudência pacificaram o entendimento de que seria o mesmo do Recurso em Sentido Estrito. Diante disso, primeiramente deveria o examinando apresentar petição de interposição,

EDUARDO DOMPIERI

direcionada ao Juízo da Vara de Execução Penal da Comarca de Belo Horizonte/MG, com formulação de pedido de retratação por parte do juízo *a quo*, na forma do Art. 589 do CPP, por analogia. Em caso de não acolhimento, deve haver requerimento de encaminhamento do feito para instância superior, com as respectivas razões recursais.

Após, o examinando deveria apresentar Razões do Recurso, direcionadas ao Tribunal de Justiça do Estado de Minas Gerais, com a fundamentação necessária para rebater a decisão do magistrado de primeira instância.

Lucas foi condenado pela prática de crime de associação para o tráfico, delito este previsto no Art. 35 da Lei nº 11.343/06, a pena de 06 anos de reclusão em regime inicial semiaberto, destacando o magistrado do conhecimento que o delito não teria natureza hedionda. Após cumprimento de 1/6 da pena, não havendo notícia de não atendimento aos requisitos subjetivos, já que não sofreu qualquer sanção disciplinar, faria jus o apenado à progressão para o regime aberto.

O advogado de Lucas deveria combater todos os fundamentos apresentados pelo magistrado para indeferir o requerimento de progressão de regime.

A priori deveria ser destacado que o delito praticado por Lucas não tem natureza de crime hediondo. Em que pese a Constituição e a Lei nº 8.072/90 (Lei de Crimes Hediondos) tenham equiparado o crime de tráfico, tortura e terrorismo aos crimes hediondos, o mesmo não o fez em relação ao delito de associação para o tráfico. Da mesma forma, o rol de delitos de natureza hedionda trazido pelo Art. 1º da Lei 8.072/90 não menciona o crime de associação para o tráfico. Exatamente em razão disso a jurisprudência, inclusive dos Tribunais Superiores, não considera o delito previsto no Art. 35 da Lei nº 11.343/06 como de natureza hedionda ou equiparado. Ademais, o próprio juízo de conhecimento havia decidido que o delito não teria natureza hedionda.

Conforme vem sendo destacado pela jurisprudência, o simples fato de o Art. 44, parágrafo único, da Lei nº 11.343/06 exigir para a concessão do livramento condicional o cumprimento de mais de 2/3 da pena não tem o condão de transformar o crime de associação para o tráfico em hediondo, de modo que o livramento exige o cumprimento de 2/3 da pena, enquanto que para progressão de regime basta o cumprimento de 1/6 da pena aplicada.

Além disso, não há que se falar em reincidência na hipótese, tendo em vista que a condenação pela prática do crime de ameaça ocorreu após o trânsito em julgado da decisão que condenou Lucas pela prática do crime de associação para o tráfico. De acordo com o Art. 63 do Código Penal, configura-se a reincidência quando o agente vem a ser condenado pela prática de crime cometido após condenação anterior, com trânsito em julgado, pela prática de delito pretérito. Assim, não há que se falar em reincidência na hipótese. Exatamente em razão da natureza não hedionda do crime e da ausência de reincidência, o requisito objetivo para Lucas fazer jus à progressão de regime é o cumprimento de 1/6 da pena, período esse já atendido pelo apenado, que cumpriu em regime semiaberto mais de 01 ano de uma sanção penal de 06 anos.

Por fim, deveria o examinando rebater o argumento do magistrado em relação ao requisito subjetivo, que, segundo a decisão questionada, exigiria a realização de exame criminológico. Desde a Lei nº 10.792/03 que não mais existe obrigatoriedade da realização de exame criminológico para obtenção de progressão de regime, bastando o atestado de bom comportamento carcerário, comprovado pelo diretor do estabelecimento. Certo é que não existe vedação à requisição de realização de exame criminológico para análise de eventual progressão de regime ou livramento condicional. Todavia, a justificativa para tal requerimento deverá ser embasada

PRÁTICA PENAL – 10ª EDIÇÃO   343   PEÇAS PRÁTICO-PROFISSIONAIS

em fundamentos sólidos de acordo com o caso concreto, não bastando a mera alegação da gravidade em abstrato do delito. Assim, a fundamentação utilizada pelo magistrado *a quo* não foi idônea, nos termos do Enunciado 439 da Súmula de Jurisprudência do Superior Tribunal de Justiça e do Enunciado 26 da Súmula Vinculante do Supremo Tribunal Federal (STF). Na conclusão, deveria o examinando apresentar pedido de conhecimento e provimento do recurso, com requerimento de progressão de regime.

Em relação ao prazo, absolutamente pacificado o entendimento de que seria de 05 dias, na forma do Enunciado 700 da Súmula de Jurisprudência do STF. Considerando que a intimação ocorreu em 24 de novembro de 2017, sexta-feira, o prazo somente teve início em 27 de novembro de 2017, findando em 01 de dezembro de 2017.

O examinando deveria, ainda, concluir sua peça com local, data, advogado e número de OAB.

Distribuição dos Pontos:

ITEM	PONTUAÇÃO
PETIÇÃO DE INTERPOSIÇÃO	0,00 / 0,10
1 – Endereçamento: Juízo da Vara de Execuções Penais de Belo Horizonte/MG (0,10)	0,00 / 0,10
2 – Fundamento legal: Art. 197 da Lei nº 7.210/84 (0,10)	0,00 / 0,10
3 – Pedido de retratação pelo juízo *a quo* (0,30)	0,00 / 0,30
RAZÕES DE RECURSO	0,00 / 0,90 / 1,00
4 – Endereçamento: Tribunal de Justiça do Estado de Minas Gerais (0,10)	0,00 / 0,10
5 – Possibilidade de concessão de progressão do regime, tendo em vista que a decisão do magistrado foi equivocada (0,30).	0,00 / 0,30
6 – O crime de associação para o tráfico não pode ser considerado crime hediondo ou equiparado (0,60).	0,00 / 0,60
7 – O afastamento da hediondez decorre da não previsão do crime de associação no rol trazido pela Lei nº 8.072/90 (0,10) **OU** o crime não é hediondo por não se confundir com crime de tráfico, sendo proibida analogia *in malam partem* **OU** em razão de o próprio magistrado do conhecimento ter afastado a hediondez do delito (0,35)	0,00 / 0,35
8 – Afastamento do argumento de existência de reincidência (0,60).	0,00 / 0,60
9 – O apenado não é tecnicamente reincidente, tendo em vista que a condenação pelo crime de ameaça foi posterior à condenação pela prática do crime de associação **OU** tendo em vista que a agravante não foi reconhecida na sentença que transitou em julgado (0,25), em desacordo com o Art. 63 do Código Penal (0,10).	0,00 / 0,25 / 0,35
10 – O requisito objetivo para a obtenção da progressão de regime é o cumprimento de 1/6 da pena, período esse atendido por ucas (0, 60)	0,00/ 0,60
11 – Não existe obrigatoriedade na realização de exame criminológico (0,60)	0,00/ 0,60
12 – A fundamentação apresentada pelo magistrado para exigência do exame criminológico é insuficiente para a realização do mesmo **OU** a fundamentação apresentada pelo magistrado considerou a natureza em abstrato do delito e não em concreto (0,30), violando os termos da Súmula 439 do STJ **OU** Súmula Vinculante 26 do STF (0,10)	0,00 / 0,30 / 0,40

EDUARDO DOMPIERI

13 – Pedidos: Conhecimento (0,10) e provimento do recurso **OU** concessão da progressão de regime (0,30)	0,00 / 0.10/ 0,30 / 0,40
14 – Prazo: 01 de dezembro de 2017 (0,10)	0,00 / 0,10
14 – Fechamento: data, local, assinatura OAB (0,10)	0,00 / 0,10
11.5 – Aplicação do regime inicial aberto (0,05)	0,00 / 0,05
12 – 29 de agosto de 2016 (0,10)	0,00 / 0,10
13 – Fechamento (data, local, assinatura, OAB) (0,10)	0,00 / 0,10

(OAB/Exame Unificado – 2018.1 – 2ª fase) Patrick, nascido em 04/06/1960, tio de Natália, jovem de 18 anos, estava na varanda de sua casa em Araruama, em 05/03/2017, no interior do Estado do Rio de Janeiro, quando vê o namorado de sua sobrinha, Lauro, agredindo-a de maneira violenta, em razão de ciúmes. Verificando o risco que sua sobrinha corria com a agressão, Patrick gritou com Lauro, que não parou de agredi-la. Patrick não tinha outra forma de intervir, porque estava com uma perna enfaixada devido a um acidente de trânsito. Ao ver que as agressões não cessavam, foi até o interior de sua residência e pegou uma arma de fogo, de uso permitido, que mantinha no imóvel, devidamente registrada, tendo ele autorização para tanto. Com intenção de causar lesão corporal que garantisse a debilidade permanente de membro de Lauro, apertou o gatilho para efetuar disparo na direção de sua perna. Por circunstâncias alheias à vontade de Patrick, a arma não funcionou, mas o barulho da arma de fogo causou temor em Lauro, que empreendeu fuga e compareceu à Delegacia para narrar a conduta de Patrick. Após meses de investigações, com oitiva dos envolvidos e das testemunhas presenciais do fato, quais sejam, Natália, Maria e José, estes dois últimos sendo vizinhos que conversavam no portão da residência, o inquérito foi concluído, e o Ministério Público ofereceu denúncia, perante o juízo competente, em face de Patrick como incurso nas sanções penais do Art. 129, § 1º, inciso III, c/c. o Art. 14, inciso II, ambos do Código Penal. Juntamente com a denúncia, vieram as principais peças que constavam do inquérito, inclusive a Folha de Antecedentes Criminais, na qual constava outra anotação por ação penal em curso pela suposta prática do crime do Art. 168 do Código Penal, bem como o laudo de exame pericial na arma de Patrick apreendida, o qual concluiu pela total incapacidade de efetuar disparos. Em busca do cumprimento do mandado de citação, o oficial de justiça comparece à residência de Patrick e verifica que o imóvel se encontrava trancado. Apenas em razão desse único comparecimento no dia 26/02/2018, certifica que o réu estava se ocultando para não ser citado e realiza, no dia seguinte, citação por hora certa, juntando o resultado do mandado de citação e intimação para defesa aos autos no mesmo dia. Maria, vizinha que presenciou a conduta do oficial de justiça, se assusta e liga para o advogado de Patrick, informando o ocorrido e esclarecendo que ele se encontra trabalhando e ficará embarcado por 15 dias. O advogado entra em contato com Patrick por email e este apenas consegue encaminhar uma procuração para adoção das medidas cabíveis, fazendo uma pequena síntese do ocorrido por escrito. Considerando a situação narrada, apresente, na qualidade do advogado de Patrick, a peça jurídica cabível, diferente do *habeas corpus*, apresentando todas as teses jurídicas de direito material e processual pertinentes. A peça deverá ser datada do último dia do prazo. (Valor: 5,00) Obs.: a peça deve abranger todos os fundamentos de Direito que possam ser utilizados para dar respaldo à pretensão. A simples menção ou transcrição do dispositivo legal não confere pontuação.

PRÁTICA PENAL – 10ª EDIÇÃO

PEÇAS PRÁTICO-PROFISSIONAIS

GABARITO COMENTADO – EXAMINADORA

Considerando a situação narrada, o examinando deveria apresentar Resposta à Acusação, com fundamento no Art. 396-A do Código de Processo Penal, em busca de evitar o prosseguimento do processo em desfavor de Patrick. A peça deveria ser encaminhada para a Vara Criminal da Comarca de Araruama, Rio de Janeiro, local onde o delito imputado teria sido praticado. Já de início, preliminarmente, deveria o advogado requerer o reconhecimento da nulidade do ato de citação. O Código de Processo Penal, em seu Art. 362, prevê a chamada "citação por hora certa", que será admitida na hipótese de o réu estar se ocultando para não ser citado, devendo tal informação ser devidamente certificada por oficial de justiça. Ocorre que, no caso, não seria possível a citação por hora certa, já que não havia nenhum indício concreto de que o acusado estaria se ocultando para não ser citado. Simplesmente a residência de Patrick encontrava-se fechada porque ele estava trabalhando em embarcação, sendo prematura a conclusão do oficial de justiça apenas com base em um único comparecimento na residência daquele que pretendia citar. Dessa forma, a citação foi inválida e certamente houve prejuízo ao exercício do direito de defesa, tendo em vista que o advogado não conseguiu conversar com o réu sobre os fatos antes de apresentar resposta à acusação. Superada tal questão, diante das informações constantes do enunciado, caberia ao advogado do denunciado pleitear a absolvição sumária de seu cliente, tendo em vista que o fato evidentemente não constitui infração penal e ocorreu causa manifesta de exclusão da ilicitude. O fato narrado evidentemente não constitui crime. De acordo com o Art. 17 do Código Penal, não se pune a tentativa quando, por ineficácia absoluta do meio ou por absoluta impropriedade do objeto, é impossível consumar-se o delito. Trata-se de aplicação do instituto do crime impossível, onde se valoriza mais a vertente objetiva em detrimento da subjetiva. No crime impossível, o agente age com dolo na prática do crime e efetivamente este não se consuma por circunstâncias alheias à sua vontade. Todavia, a tentativa não é punida pelo fato de ser impossível a consumação, logo o bem jurídico não seria colocado em risco suficiente para justificar a intervenção do Direito Penal. Na situação apresentada, Patrick buscou praticar um crime de lesão corporal grave mediante disparo de arma de fogo. Ocorre que aquela arma era totalmente incapaz de efetuar disparos, conforme consta do laudo pericial acostado, logo houve ineficácia absoluta do meio utilizado, impedindo a punição da tentativa. O reconhecimento do crime impossível gera a atipicidade da conduta e, consequentemente, cabível a absolvição sumária pelo fato evidentemente não constituir crime, com fulcro no Art. 397, inciso III, do CPP. Por outro lado, diante da legítima defesa, deveria ser formulado pedido de absolvição sumária com fundamento no Art. 397, inciso I, do CPP. Consta do enunciado que Patrick somente agiu com intenção de lesionar Lauro para resguardar a integridade física de sua sobrinha. De acordo com o Art. 25 do Código Penal, haverá legítima defesa quando alguém, usando moderadamente dos meios necessários, repele injusta agressão, atual ou iminente, a direito seu ou de outrem, sendo esta causa de exclusão da ilicitude, nos termos do Art. 23, inciso II, do Código Penal. Patrick agiu para proteger direito de terceiro (sua sobrinha) e para repelir injusta agressão, já que Lauro estava agredindo Natália de maneira relevante e exagerada em razão de ciúmes. Os meios utilizados foram moderados e necessários, já que Patrick encontrava-se imobilizado na perna e no braço, impedindo que entrasse em luta corporal sem utilizar outro meio que não a arma de fogo. Ademais, Patrick não pretendia matar Lauro, mas apenas lesionar. Após os pedidos de absolvição sumária e de nulidade, deveria o examinando apresentar rol de testemunhas, indicando Maria, José e Natália, no máximo de 08. O prazo para elaboração da peça processual, nos termos do Art. 396 do CPP, é de 10 dias, sendo que a intimação do réu ocorreu em 27 de fevereiro de 2018, iniciando-se o prazo em 28 de fevereiro de 2018 e terminando em 09 de março de 2018. A petição deveria ter indicação de local, data, assinatura e advogado OAB n.

EDUARDO DOMPIERI

346

(OAB/Exame Unificado – 2018.2 – 2ª fase) Em 03 de outubro de 2016, na cidade de Campos, no Estado do Rio de Janeiro, Lauro, 33 anos, que é obcecado por Maria, estagiária de uma outra empresa que está situada no mesmo prédio em que fica o seu local de trabalho, não mais aceitando a rejeição dela, decidiu que a obrigaria a manter relações sexuais com ele, independentemente da sua concordância. Confiante em sua decisão, resolveu adquirir arma de fogo de uso permitido, considerando que tinha autorização para tanto, e a registrou, tornando-a regular. Precisando que alguém o substituísse no local do trabalho no dia do crime, narrou sua intenção criminosa para José, melhor amigo com quem trabalha, assegurando-lhe que comprou a arma exclusivamente para ameaçar Maria a manter com ele conjunção carnal, mas que não a lesionaria de forma alguma. Ainda esclareceu a José, que alugara um quarto em um hotel e comprara uma mordaça para evitar que Maria gritasse e os fatos fossem descobertos. Quando Lauro saía de casa, em seu carro, para encontrar Maria, foi surpreendido por viatura da Polícia Militar, que havia sido alertada por José sobre o crime prestes a acontecer, sendo efetuada a prisão de Lauro em flagrante. Em sede policial, Maria foi ouvida, afirmando, apesar de não apresentar documentos, que tinha 17 anos e que Lauro sempre manteve comportamento estranho com ela, razão pela qual tinha interesse em ver o autor dos fatos responsabilizado criminalmente. Após receber os autos e considerando que o detido possuía autorização para portar arma de fogo, o Ministério Público denunciou Lauro apenas pela prática do crime de estupro qualificado, previsto no Art. 213, §1º c/c Art. 14, inciso II, c/c Art. 61, inciso II, alínea f, todos do Código Penal. O processo teve regular prosseguimento, mas, em razão da demora para realização da instrução, Lauro foi colocado em liberdade. Na audiência de instrução e julgamento, a vítima Maria foi ouvida, confirmou suas declarações em sede policial, disse que tinha 17 anos, apesar de ter esquecido seu documento de identificação para confirmar, apenas apresentando cópia de sua matrícula escolar, sem indicar data de nascimento, para demonstrar que, de fato, era Maria. José foi ouvido e também confirmou os fatos narrados na denúncia, assim como os policiais. O réu não estava presente na audiência por não ter sido intimado e, apesar de seu advogado ter-se mostrado inconformado com tal fato, o ato foi realizado, porque o interrogatório seria feito em outra data. Na segunda audiência, Lauro foi ouvido, confirmando integralmente os fatos narrados na denúncia, mas demonstrou não ter conhecimento sobre as declarações das testemunhas e da vítima na primeira audiência. Na mesma ocasião, foi, ainda, juntado o laudo de exame do material apreendido, o laudo da arma de fogo demonstrando o potencial lesivo e a Folha de Antecedentes Criminais, sem outras anotações. Encaminhados os autos para o Ministério Público, foi apresentada manifestação requerendo condenação nos termos da denúncia. Em seguida, a defesa técnica de Lauro foi intimada, em 04 de setembro de 2018, terça-feira, sendo quarta-feira dia útil em todo o país, para apresentação da medida cabível. Considerando apenas as informações narradas, na condição de advogado(a) de Lauro, redija a peça jurídica cabível, diferente de habeas corpus, apresentando todas as teses jurídicas pertinentes. A peça deverá ser datada do último dia do prazo para interposição. (Valor: 5,00) Obs.: a peça deve abranger todos os fundamentos de Direito que possam ser utilizados para dar respaldo à pretensão. A simples menção ou transcrição do dispositivo legal não confere pontuação.

GABARITO COMENTADO – EXAMINADORA

O examinando deve redigir Alegações Finais na forma de memoriais ou Memoriais, com fundamento no artigo 403, § 3º, do CPP, devendo a petição ser direcionada ao juiz de uma das Varas Criminais da Comarca de Campos, RJ. Preliminarmente, deveria o examinando, na condição de advogado, requerer a nulidade dos atos processuais realizados durante a instrução probatória, a partir da realização da primeira audiência de instrução e julgamento, tendo em vista que Lauro não foi intimado para comparecimento e sua defesa técnica manifestou o inconformismo com o ato. O princípio da ampla defesa, assegurado pelo Art. 5º, inciso LV, da CRFB/88, garante ao acusado não somente o direito a sua defesa técnica, mas também a autodefesa, que, por sua vez, inclui o direito de presença. A não intimação de Lauro para realização da audiência de instrução e julgamento, ainda que não tenha ocorrido o interrogatório, certamente causa prejuízo a sua defesa, pois não estava o réu presente quando toda a prova da acusação foi produzida. Assim, a nulidade dos atos praticados desde a primeira audiência de instrução e julgamento deve ser reconhecida. Após a preliminar, deveria o examinando passar a analisar o mérito. No mérito, caberia ao examinando pleitear a absolvição de Lauro, na forma do Art. 386, inciso III, do Código de Processo Penal, pois o fato narrado não constitui crime. Isso porque não foi iniciada a execução do crime imputado na denúncia, havendo meros atos preparatórios, que, em regra, são impuníveis. Os atos preparatórios constituem atividades materiais ou morais de organização prévia dos meios ou instrumentos para o cometimento do crime. A compra de uma arma e a reserva do quarto configuram atos preparatórios e não início de execução. Em respeito ao princípio da lesividade, prevaleceu na doutrina brasileira o entendimento de que, salvo quando expressamente previsto em lei, os atos preparatórios não são puníveis, pois não colocariam em risco, de maneira concreta, o bem jurídico protegido. Ainda que presente o elemento subjetivo, não haveria crime em razão de objetivamente não haver risco próximo ao bem jurídico. Diante disso, não há tentativa de estupro, já que não havia sido iniciada a execução do delito, devendo o agente ser absolvido, porque sua conduta não configura crime. O porte de arma de fogo por si só não configura infração penal, já que Lauro possuía autorização para tanto, nos termos do enunciado. Pela eventualidade do caso de condenação, deveria o examinando analisar eventual pena a ser aplicada. Já de início, deveria o examinando defender que eventual condenação de Lauro deveria ser pela prática do crime do Art. 213, *caput*, do CP e não por seu parágrafo primeiro, já que não havia nos autos prova da idade da vítima. Prevê o Art. 155, parágrafo único, do CPP que, quanto ao estado das pessoas, serão observadas as restrições estabelecidas pela lei civil. Ademais, o Enunciado 74 da Súmula de Jurisprudência do Superior Tribunal de Justiça prevê que a prova da menoridade do réu requer prova com documento hábil. Assim, a mesma ideia deve ser aplicada para comprovação da idade da vítima. No caso, não foi feito qualquer exame pericial, já que o ato não chegou a se consumar. A vítima não apresentou qualquer documento que comprovasse sua idade, sendo certo que a mera alegação em audiência não é suficiente para provar a idade, em especial porque a vítima já possuía 17 anos, logo não há como se ter certeza, por sua aparência física, se maior de 18 anos. Em razão disso, deve ser afastada a qualificadora do Art. 213, § 1º, do CP. Necessário ao examinando buscar afastar o reconhecimento da agravante do Art. 61, inciso II, alínea f, do CP, descrita na denúncia. Isso porque, apesar de a vítima ser mulher, não há que se falar em violência na forma da Lei nº 11.340/06, já que não existia relação familiar, de coabitação ou qualquer outro relacionamento anterior entre as partes. Não basta para o reconhecimento da agravante a simples situação de vítima do sexo feminino. Ademais, deveria o examinando requerer o reconhecimento da atenuante da confissão espontânea, prevista no Art. 65, inciso III, alínea d, do CP, pois, apesar de a conduta não ser crime, Lauro confessou integralmente os fatos descritos na denúncia. Na terceira fase, a diminuição em razão da tentativa deveria ser do máximo, em razão de o delito ter ficado longe da consumação, adotando-se o entendimento pacificado de que o *quantum* de redução deve considerar o *iter criminis* percorrido. Por fim, o regime de pena a ser aplicado seria o aberto ou semiaberto, considerando a pena mínima e a redução aplicável.

EDUARDO DOMPIERI

Diante do exposto, deveria ser formulado pedido requerendo:

a) Preliminarmente, reconhecimento da nulidade dos atos praticados desde a primeira audiência de instrução e julgamento.

b) No mérito, absolvição de Lauro, com fulcro no Art. 386, inciso III, do CPP.

c) Na eventualidade de condenação, afastamento da qualificadora do Art. 213, §1º do CP e aplicação da pena base no mínimo legal.

d) Afastamento da agravante do Art. 61, inciso II, alínea f, do CP.

e) Reconhecimento da atenuante da confissão espontânea.

f) Redução máxima em razão da tentativa.

g) Aplicação do regime aberto ou semiaberto.

A data a ser indicada é 10 de setembro de 2018, tendo em vista que o prazo para Alegações Finais é de 05 dias, mas o prazo se encerraria em um domingo, devendo ser prorrogado para o primeiro dia útil seguinte.

(OAB/Exame Unificado – 2018.3 – 2ª fase) João, 22 anos, no dia 04 de maio de 2018, caminhava com o adolescente Marcelo, cada um deles trazendo consigo uma mochila nas costas. Realizada uma abordagem por policiais, foi constatado que, no interior da mochila de cada um, havia uma certa quantidade de drogas, razão pela qual elas foram, de imediato, encaminhadas para a Delegacia.

Realizado laudo de exame de material entorpecente, constatou-se que João trazia 25 g de cocaína, acondicionados em 35 pinos plásticos, enquanto, na mochila do adolescente, foram encontrados 30 g de cocaína, quantidade essa distribuída em 50 pinos. Após a oitiva das testemunhas em sede policial, da juntada do laudo e da oitiva do adolescente e de João, que permaneceram em silêncio com relação aos fatos, foram lavrados o auto de prisão em flagrante em desfavor do imputável e o auto de apreensão em desfavor do adolescente. Toda a documentação foi encaminhada aos Promotores de Justiça com atribuição. O Promotor de Justiça, junto à 1ª Vara Criminal de Maceió/AL, órgão competente, ofereceu denúncia em face de João, imputando-lhe a prática dos crimes previstos nos artigos 33 e 35, ambos com a causa de aumento do Art. 40, inciso VI, todos da Lei nº 11.343/06. Foi concedida a liberdade provisória ao denunciado, aplicando-se as medidas cautelares alternativas. Após a notificação, a apresentação de resposta prévia e o recebimento da denúncia e da citação, foi designada a audiência de instrução e julgamento, ocasião em que foram ouvidas as testemunhas de acusação. Estas confirmaram a apreensão de drogas em poder de Marcelo e João, bem como que eles estariam juntos, esclarecendo que não se conheciam anteriormente e nem tinham informações pretéritas sobre o adolescente e o denunciado. O adolescente, ouvido, disse que conhecera João no dia anterior ao de sua apreensão e que nunca o tinha visto antes vendendo drogas. Em seguida à oitiva das testemunhas de acusação e defesa, foi realizado o interrogatório do acusado, sendo que nenhuma das partes questionou o momento em que este foi realizado. Na ocasião, João confirmou que o material que ele e Marcelo traziam seria destinado à ilícita comercialização. Ele ainda esclareceu que conhecera o adolescente no dia anterior, que era a primeira vez que venderia drogas e que tinha a intenção de praticar o ato junto com o adolescente somente aquela vez, com o objetivo de conseguir dinheiro para comprar uma moto.

Foi acostado o laudo de exame definitivo de material entorpecente confirmando o laudo preliminar e a Folha de Antecedentes Criminais de João, onde constava uma anotação referente a crime de furto, ainda pendente de julgamento.

PRÁTICA PENAL – 10ª EDIÇÃO 349 PEÇAS PRÁTICO-PROFISSIONAIS

O juiz, após a devida manifestação das partes, proferiu sentença julgando parcialmente procedente a pretensão punitiva estatal. Em um primeiro momento, absolveu o acusado do crime de associação para o tráfico por insuficiência probatória. Em seguida, condenou o réu pela prática do crime de tráfico de drogas, ressaltando que o réu confirmou a destinação das drogas à ilícita comercialização. No momento de aplicar a pena, fixou a pena-base no mínimo legal, reconhecendo a existência da atenuante da confissão espontânea; aumentou a pena em razão da causa de aumento do Art. 40, inciso VI, da Lei nº 11.343/06 e aplicou a causa de diminuição de pena do Art. 33, § 4º, da Lei nº 11.343/06, restando a pena final em 1 ano, 11 meses e 10 dias de reclusão e 195 dias multa, a ser cumprida em regime inicial aberto. Entendeu o magistrado pela substituição da pena privativa de liberdade por duas restritivas de direitos.

O Ministério Público, ao ser intimado pessoalmente em 22 de outubro de 2018, apresentou o recurso cabível, em 25 de outubro de 2018, acompanhado das respectivas razões recursais, requerendo:

a)   nulidade da instrução, porque o interrogatório não foi o primeiro ato, como prevê a Lei nº 11.343/06;

b)   condenação do réu pelo crime de associação para o tráfico, já que ele estaria agindo em comunhão de ações e desígnios com o adolescente no momento da prisão, e o Art. 35 da Lei nº 11.343/06 fala em "reiteradamente ou não";

c)   aumento da pena-base em relação ao crime de tráfico diante das consequências graves que vem causando para a saúde pública e a sociedade brasileira;

d)   afastamento da atenuante da confissão, já que ela teria sido parcial;

e)   afastamento da causa de diminuição do Art. 33, § 4º, da Lei nº 11.343/06, independentemente da condenação pelo crime do Art. 35 da Lei nº 11.343/06, considerando que o réu seria portador de maus antecedentes, já que responde a ação penal em que se imputa a prática do crime de furto;

f)   aplicação do regime inicial fechado, diante da natureza hedionda do delito de tráfico;

g)   afastamento da substituição da pena privativa de liberdade por restritiva de direitos, diante da vedação legal do Art. 33, § 4º, da Lei nº 11.343/06.

Já o acusado e a defesa técnica, intimados do teor da sentença, mantiveram-se inertes, não demonstrando interesse em questioná-la.

O magistrado, então, recebeu o recurso do Ministério Público e intimou, no dia 05 de novembro de 2018 (segunda-feira), sendo terça-feira dia útil em todo o país, você, advogado(a) de João, a apresentar a medida cabível.

Com base nas informações expostas na situação hipotética e naquelas que podem ser inferidas do caso concreto, redija a peça cabível, excluídas as possibilidades de *habeas corpus* e embargos de declaração, no último dia do prazo, sustentando todas as teses jurídicas pertinentes. **(Valor: 5,00)**

Obs.: a peça deve abranger todos os fundamentos de Direito que possam ser utilizados para dar respaldo à pretensão. A simples menção ou transcrição do dispositivo legal não confere pontuação.

GABARITO COMENTADO

O examinando deve elaborar, na condição de advogado, *Contrarrazões de Apelação (Razões do Apelado)*, com fundamento no Art. 600 do Código de Processo Penal (CPP). Em um primeiro momento, deve ser redigida a petição de juntada das contrarrazões, direcionada ao Juízo da 1ª Vara Criminal da Comarca de Maceió/Alagoas, juízo competente, requerendo o encaminhamento do feito para instância superior. Posteriormente, devem ser apresentadas as respectivas razões do apelado (e não razões de apelação) ou contrarrazões de apelação, peça essa endereçada diretamente ao Tribunal de Justiça do Estado de Alagoas.

Não haveria que se falar na interposição de recurso de apelação, tendo em vista que consta expressamente a informação de que tanto a defesa técnica quanto o acusado foram intimados, se mantiveram inertes e não manifestaram interesse em confrontar o teor da sentença.

Nas Contrarrazões de Apelação, caberia ao examinando rebater todas as teses apresentadas pelo Ministério Público em busca de prejudicar a situação do réu.

Inicialmente, caberia ao examinando destacar que não haveria que se falar em nulidade da instrução e, consequentemente, da sentença. Em que pese, de fato, o Art. 57 da Lei nº 11.343/06 preveja o interrogatório como primeiro ato da instrução, a realização do mesmo como último ato da audiência de instrução e julgamento não gera nulidade. Importante recordar que a Lei nº 11.343/06, que previu o procedimento dos crimes previstos neste diploma legal, foi publicada em 2006, período em que o próprio Código de Processo Penal ainda previa o interrogatório como primeiro ato da instrução. Em 2008, todavia, houve mudança do procedimento previsto no Código de Processo Penal, que, valorizando o fato de que o interrogatório poderia ser visto não somente como meio de prova, mas também como instrumento de defesa, passou a prever sua realização como último ato, após oitiva das testemunhas e produção das demais provas. Diante disso, atualmente a jurisprudência dos Tribunais Superiores vem defendendo a adequação do rito da Lei nº 11.343/06 àquele previsto no Código de Processo Penal, possibilitando a realização do interrogatório como último ato, no interesse da defesa. Não haveria, então, nulidade. Ademais, todo requerimento de nulidade depende da demonstração de prejuízo e da alegação em momento oportuno. No caso, em momento algum o Ministério Público questionou ou requereu que o interrogatório fosse realizado como primeiro ato, logo não poderia agora, em sede de apelação, buscar a nulidade da instrução.

Quanto aos pedidos de mérito do Ministério Público, caberia ao examinando defender a manutenção da absolvição de João em relação ao crime de associação para o tráfico. Em que pese o Art. 35 da Lei nº 11.343/06 afirme que haveria associação quando duas ou mais pessoas associarem-se para o fim de praticar, reiteradamente ou não, crimes previstos na lei, pacífico o entendimento doutrinário e jurisprudencial no sentido de que o crime de associação não se confunde com a prática de tráfico por dois agentes em comunhão de ações e desígnios. É necessário, para a condenação, que fique demonstrada a existência de uma conduta permanente por parte dos agentes, ainda que esses efetivamente só venham a praticar um crime de tráfico. No caso, os policiais disseram que não conheciam João e nem Marcelo, destacando que não tinham informações pretéritas sobre o vínculo deles com o tráfico de drogas. Da mesma forma, tanto João quanto Marcelo também asseguraram que se conheceram no dia anterior ao da prisão em flagrante, **não havendo relação de estabilidade e permanência**. Dessa forma, deve ser mantida a absolvição.

Em relação ao crime de tráfico, deveria o examinando combater o requerimento de aplicação da pena base acima do mínimo, já que os argumentos do Ministério Público são abstratos, não valendo-se de peculiaridades da hipótese. Ademais, argumentar em violação à saúde pública representa *bis in idem*, já que este já é o bem jurídico protegido pela norma.

No tocante à atenuante da confissão, incorreto o requerimento do órgão ministerial. Durante muito tempo houve controvérsia sobre o reconhecimento ou não da confissão parcial

PRÁTICA PENAL – 10ª EDIÇÃO

PEÇAS PRÁTICO-PROFISSIONAIS

ou qualificada como atenuante. Pacificando a questão, o Superior Tribunal de Justiça editou a Súmula 545, prevendo que sempre que a confissão for valorada pelo magistrado na sentença, deverá ser reconhecida a redução da pena em razão da atenuante do Art. 65, inciso III, alínea d, do CP. Na situação apresentada, o juiz valorizou o fato de que o réu disse que o material seria destinado à ilícita comercialização, logo a atenuante deve ser mantida.

Deveria, ainda, o candidato enfrentar o pedido de afastamento da causa de diminuição de pena do Art. 33, § 4º, da Lei nº 11.343/06. Quis a lei beneficiar com a figura do "tráfico privilegiado" o "traficante de primeira viagem", aquele que não se dedica ao crime de tráfico de drogas, exigindo, ainda, a primariedade e bons antecedentes, além de não integrar organização criminosa. No caso, não há informações sobre o envolvimento pretérito de João com o tráfico de drogas, seja a partir das informações dos policiais seja das declarações do adolescente e do próprio denunciado. O fato de responder a ação penal por crime de furto, sem condenação definitiva, não justifica o reconhecimento de maus antecedentes, sob pena de violação ao princípio da não culpabilidade. Poderia ser aplicada, por analogia, a Súmula 444 do STJ, que diz que ações em curso não podem justificar o incremento da pena base em razão de supostos maus antecedentes.

Em consequência, deveria ser mantido o regime aberto aplicado, não somente diante do entendimento do Supremo Tribunal Federal no sentido de que o crime do Art. 33, § 4º, da Lei nº 11.343/06 não seria de natureza hedionda, mas também porque, mesmo que fosse hediondo, a previsão do Art. 2º, § 1º, da Lei nº 8.072, é inconstitucional por violação ao princípio da individualização da pena.

Por fim, possível a substituição da pena privativa de liberdade por restritiva de direitos, já que, também sob o fundamento de violação ao princípio da individualização da pena, o STF considerou inconstitucional a vedação trazida pelo Art. 33, § 4º, da Lei nº 11.343/06, inclusive havendo a Resolução 05 do Senado suspendido a eficácia de tal expressão.

Assim, ao final, deveria o candidato formular o pedido de não provimento do recurso, mantendo-se, integralmente, a sentença.

A data a ser indicada ao final na peça é o dia 13 de novembro de 2018. A intimação ocorreu em 05 de novembro de 2018, uma segunda-feira, iniciando-se o prazo de 08 dias, previsto no Art. 600 do CPP, no dia seguinte.

Distribuição dos Pontos

ITEM	PONTUAÇÃO
Petição de Juntada	
1) Endereçamento: 1ª Vara Criminal da Comarca de Maceió/AL (0,10).	0,00/0,10
2) Fundamento legal: Art. 600 do CPP (0,10).	0,00/0,10
Razões do Apelado ou Contrarrazões de Apelação	
3) Endereçamento: Tribunal de Justiça do Estado de Alagoas (0,10).	0,00/0,10
4) Afastamento da nulidade requerida (0,20), considerando que não foi arguida em momento adequado (0,15).	0,00/0,15/0,20/0,35

5) O interrogatório, como instrumento de defesa, poderá ser realizado como último ato da instrução **OU** o procedimento da Lei n° 11.343/06 deve se adequar àquele previsto no CPP (0,25).	0,00/0,25
6) Manutenção da absolvição em relação crime de associação para o tráfico (0,20), tendo em vista que não restou provada situação de permanência/estabilidade entre o adolescente e o acusado (0,40).	0,00/0,20/0,40/0,60
7) Manutenção da pena base no mínimo legal (0,20), uma vez que o argumento utilizado pelo Ministério Público considera a gravidade em abstrato do delito **OU** tendo em vista que haveria bis in idem no aumento da pena em razão de violação ao bem jurídico protegido pela norma (0,40).	0,00/0,20/0,40/0,60
8) Manutenção do reconhecimento da atenuante da confissão espontânea (0,20), considerando que foi a confissão utilizada como argumento/para formação da convicção do juiz (0,35), nos termos da Súmula 545 do STJ (0,10).	0,00/0,20/0,30/0,35/ 0,45/0,55/0,65
9) Manutenção do reconhecimento da causa de diminuição do Art. 33, § 4°, da Lei n° 11.343 (0,15), eis que o fato de o réu responder à ação penal por crime de furto não justifica o reconhecimento de maus antecedentes (0,35), nos termos da Súmula 444 do STJ, por analogia **OU** conforme o Art. 5°, LVII, da CRFB/88 (princípio da não culpabilidade ou da presunção de inocência) (0,10).	0,00/0,15/0,25/ 0,35/0,45/0,50/0,60
10) Afastamento do pedido de aplicação do regime inicial fechado (0,20), pois o crime de tráfico privilegiado não é considerando hediondo pelo STF **OU** porque é inconstitucional a previsão do Art. 2°, § 1°, da Lei n° 8.072/90 de aplicação obrigatória do regime inicial fechado aos crimes hediondos (0,40).	0,00/0,20/0,40/0,60
11) Manutenção da substituição da pena privativa de liberdade por restritiva de direitos (0,20), já que a vedação em abstrato viola o princípio da individualização da pena **OU** porque o STF declarou a inconstitucionalidade da vedação trazida pelo Art. 33, § 4°, da Lei n° 11.343/06 **OU** porque a Resolução 05 do Senado suspendeu a eficácia da expressão que vedava a substituição (0,40).	0,00/0,20/0,40/0,60
Pedido	
12) Não provimento do recurso **OU** manutenção da sentença (0,25).	0,00/0,25
13) Prazo: 13 de novembro de 2018 (0,10).	0,00/0,10
Fechamento	
14) Local, data, advogado e OAB (0,10).	0,00/0,10

(OAB/Exame Unificado – 2019.1 – 2ª fase) Túlio, nascido em 01/01/1996, primário, começa a namorar Joaquina, jovem que recém completou 15 anos. Logo após o início do namoro, ainda muito apaixonado, é surpreendido pela informação de que Joaquina estaria grávida de seu ex-namorado, o adolescente João, com quem mantivera relações sexuais. Joaquina demonstra toda a sua preocupação com a reação de seus pais diante desta gravidez quando tão jovem e, em desespero, solicita ajuda de Túlio para realizar um aborto.

Diante disso, no dia 03/01/2014, em Porto Alegre, Túlio adquire remédio abortivo cuja venda era proibida sem prescrição médica e o entrega para a namorada, que, de imediato, passa a fazer uso dele. Joaquina, então, expele algo não identificado pela vagina, que ela acredita ser o feto. Os pais presenciam os fatos e levam a filha imediatamente ao hospital; em seguida, comparecem à Delegacia e narram o ocorrido. No hospital, foi informado pelos médicos que, na verdade, Joaquina possuía um cisto, mas nunca estivera grávida, e o que fora expelido não era um feto.

PRÁTICA PENAL – 10ª EDIÇÃO   353   PEÇAS PRÁTICO-PROFISSIONAIS

Após investigação, no dia 20/01/2014, Túlio vem a ser denunciado pelo crime do Art. 126, *caput,* c/c. o Art. 14, inciso II, ambos do Código Penal, perante o juízo do Tribunal do Júri da Comarca de Porto Alegre/RS, não sendo oferecido qualquer instituto despenalizador, apesar do reclamo defensivo. A inicial acusatória foi recebida em 22/01/2014.

Durante a instrução da primeira fase do procedimento especial, são ouvidas as testemunhas e Joaquina, assim como interrogado o réu, todos confirmando o ocorrido. As partes apresentaram alegações finais orais, e o juiz determinou a conclusão do feito para decisão. Antes de ser proferida decisão, mas após manifestação das partes em alegações finais, foram juntados aos autos o boletim de atendimento médico de Joaquina, no qual consta a informação de que ela não estivera grávida no momento dos fatos, a Folha de Antecedentes Criminais de Túlio sem outras anotações e um exame de corpo de delito, que indicava que o remédio utilizado não causara lesões na adolescente.

Com a juntada da documentação, de imediato, sem a adoção de qualquer medida, o magistrado proferiu decisão de pronúncia nos termos da denúncia, sendo publicada na mesma data, qual seja, 18 de junho de 2018, segunda- feira, ocasião em que as partes foram intimadas.

Considerando apenas as informações narradas, na condição de advogado(a) de Túlio, redija a peça jurídica cabível, diferente de *habeas corpus,* apresentando todas as teses jurídicas pertinentes. A peça deverá ser datada no último dia do prazo para interposição, considerando-se que todos os dias de segunda a sexta-feira são úteis em todo o país. **(Valor: 5,00)**

Obs.: a peça deve abranger todos os fundamentos de Direito que possam ser utilizados para dar respaldo à pretensão. *A simples menção ou transcrição do dispositivo legal não confere pontuação.*

GABARITO COMENTADO

O examinando deveria apresentar, na qualidade de advogado de Túlio, *Recurso em Sentido Estrito*, com fundamento no Art. 581, inciso IV, do Código de Processo Penal.

Inicialmente, deveria o examinando apresentar petição de interposição do recurso, que deveria ser direcionada ao Juízo do Tribunal do Júri de Porto Alegre, Rio Grande do Sul, local onde foi praticado o ato de execução do delito imputado, sendo certo que o crime em questão é considerado doloso contra a vida. Já na petição de interposição, deveria ser formulado pedido de retratação por parte do juízo *a quo,* nos termos do Art. 589 do Código de Processo Penal. Em seguida, caso mantida a decisão de pronúncia, os autos deveriam ser encaminhados para o Tribunal de Justiça, com as respectivas razões recursais.

Após a petição de interposição, deveria o examinando apresentar as Razões do Recurso em Sentido Estrito, dessa vez direcionando as mesmas ao Tribunal de Justiça do Estado do Rio Grande do Sul.

Já no início de sua manifestação, a defesa de Túlio deveria requerer o reconhecimento da extinção da punibilidade em razão da prescrição da pretensão punitiva pela pena em abstrato. Isso porque os fatos ocorreram em 03/01/2014, quando o réu era menor de 21 anos. A denúncia foi recebida em 22/01/2014, funcionando como causa de interrupção do prazo prescricional, nos termos do Art. 117, inciso I, do CP.

Durante a instrução passaram-se mais de 04 anos sem que houvesse suspensão do prazo prescricional ou nova causa de interrupção. Apenas em 18/06/2018 foi proferida e publicada decisão de pronúncia, que funciona como causa de interrupção, nos termos do Art. 117, inciso II, do CP.

EDUARDO DOMPIERI

O crime imputado ao agente possui pena máxima de 04 anos, certo que, ainda que reduzido pela tentativa (mínimo previsto) o prazo prescricional, a princípio, seria de 08 anos, conforme Art. 109, inciso IV, do Código Penal. Ocorre que o agente era menor de 21 anos na data dos fatos, logo o prazo deveria ser computado pela metade (Art. 115 do CP), fazendo com que o prazo prescricional seja de 04 anos, período esse ultrapassado entre o recebimento da denúncia e a pronúncia.

Ainda preliminarmente, deveria o examinando destacar que existia nulidade a ser reconhecida, anulando-se toda a instrução, tendo em vista que o crime imputado ao acusado possui pena prevista de 01 a 04 anos, logo possível a proposta de suspensão condicional do processo. De acordo com o Art. 89 da Lei nº 9.099/95, independente de o crime ser ou não de menor potencial ofensivo, ainda que doloso contra a vida, em sendo a pena mínima prevista de até 01 ano, preenchidos os demais requisitos legais, cabível a proposta de suspensão condicional do processo. No caso, Túlio era primário e não respondia a qualquer outra ação penal, não havendo motivação razoável para que não fosse oferecida a proposta do instituto despenalizador. Com a suspensão condicional do processo, sequer haveria que se falar em instrução e pronúncia, então deveria ser anulada a decisão de pronúncia, encaminhando-se os autos ao Ministério Público para manifestação sobre a proposta do benefício.

Superada tal questão, ainda haveria outra nulidade a ser alegada. Após as alegações finais das partes, foram juntados documentos aos autos relevantes para o julgamento da causa, tendo o magistrado, de imediato, sem dar vistas às partes, proferido decisão de pronúncia considerando a documentação apresentada. Diante disso, houve violação ao princípio da ampla defesa e do contraditório, já que a defesa não teve acesso a provas que foram acostadas ao procedimento.

No mérito, o principal argumento a ser apresentado em favor de Túlio é a necessidade de absolvição sumária, tendo em vista que o fato evidentemente não constitui crime, sendo sua conduta atípica. Isso porque estamos diante da hipótese de crime impossível.

Prevê o Art. 17 do Código Penal que não se pune a tentativa quando por ineficácia absoluta do meio ou por absoluta impropriedade do objeto é impossível consumar o crime. O legislador brasileiro decidiu, então, valorizar, nesse momento, a efetiva violação/risco do/ao bem jurídico protegido, em detrimento do elemento subjetivo. Na hipótese apresentada, estamos diante de clara situação de impropriedade do objeto, tendo em vista que a intenção do agente era causar aborto em uma pessoa que não estava sequer grávida. Em que pese Túlio acreditar estar praticando o delito e ter dolo de praticá-lo, no mundo fático não havia feto em risco e bem jurídico a ser protegido. Diante disso, ao entregar remédio abortivo para pessoa que não estava grávida, não sendo causada qualquer lesão, a conduta é atípica, devendo ser o agente absolvido de imediato, nos termos do Art. 415, inciso III, do CPP.

Em sua conclusão, deveria o examinando formular o pedido de conhecimento e provimento do recurso para:

a) ser reconhecida a prescrição da pretensão punitiva;

b) anulação da decisão de pronúncia;

c) absolvição sumária, nos termos do Art. 415, inciso III, do CPP.

O prazo para apresentação do Recurso em Sentido Estrito é de 05 dias, nos termos do Art. 586 do CPP, logo se encerra em 25 de junho de 2018, segunda-feira, uma vez que a intimação ocorreu em 18 de junho de 2018, então o prazo se encerraria no sábado, devendo ser estendido até o primeiro dia útil seguinte.

No fechamento, deveria o candidato indicar local, data, advogado e nº OAB.

PRÁTICA PENAL – 10ª EDIÇÃO   355   PEÇAS PRÁTICO-PROFISSIONAIS

Distribuição de Pontos

ITEM	PONTUAÇÃO
Petição de interposição	
1. Endereçamento: Juízo de Direito do Tribunal do Júri da Comarca de Porto Alegre/ RS (0,10).	0,00/0,10
2. Fundamento legal: Art. 581, inciso IV, do CPP (0,10).	0,00/0,10
3. Requerimento do exercício do juízo de retratação (0,30), nos termos do Art. 589 do CPP (0,10).	0,00/0,30/0,40
Razões de Recurso	
4. Endereçamento: Tribunal de Justiça do Estado do Rio Grande do Sul (0,10).	0,00/0,10
5. Requerimento de reconhecimento da prescrição da pretensão punitiva do Estado (0,30), com consequente extinção da punibilidade do agente (0,15), nos termos do Art. 107, inciso IV, do CP (0,10).	0,00/0,15/0,25/0,30/ 0,40/0,45/0,55
6. A prescrição ocorreu porque, entre a data do recebimento da denúncia e da pronúncia foi ultrapassado o prazo de 4 anos **OU** o prazo de 4 anos foi ultrapassado porque o prazo prescricional deveria ser computado pela metade, já que o réu era menor de 21 anos (0,15).	0,00/0,15
7. Preliminarmente, nulidade da decisão de pronúncia: (0,30).	0,00/0,30
7.1. Nulidade em razão do não oferecimento de proposta de suspensão condicional do processo (0,30), nos termos do Art. 89 da Lei 9.099 (0,10), já que a pena mínima do delito imputado é de 1 ano (0,15).	0,00/0,15/0,25/0,30/ 0,40/0,45/0,55
7.2. Nulidade em razão do cerceamento de defesa **OU** violação ao princípio da ampla defesa **OU** violação ao princípio do contraditório (0,30), já que o juiz proferiu decisão após juntada de documentação, sem dar vista às partes (0,15).	0,00/0,15/0,30/0,45
8. No mérito, absolvição sumária (0,20) em razão de o fato evidentemente não constituir crime **OU** diante da atipicidade da conduta (0,25), nos termos do Art. 415, III, CPP (0,10)	0,00/0,20/0,25/0,30/ 0,35/0,45/0,55
9. A conduta de Túlio configura crime impossível (0,80), nos termos do Art. 17 do CP (0,10).	0,00/0,80/0,90
10. Houve absoluta impropriedade do objeto (0,15), tendo em vista que Joaquina não estava grávida quando da ação visando causar aborto (0,10).	0,00/0,10/0,15/0,25
Pedidos	
11. Conhecimento (0,10) e provimento do recurso (0,30).	0,00/0,10/0,30/0,40
12. Prazo: 25 de junho de 2018 (0,10).	0,00/0,10
Fechamento	
13. Local, data, advogado e OAB (0,10).	0,00/0,10

EDUARDO DOMPIERI

(OAB/Exame Unificado – 2019.2 – 2ª fase) Guilherme foi condenado definitivamente pela prática do crime de lesão corporal seguida de morte, sendo-lhe aplicada a pena de 06 anos de reclusão, a ser cumprida em regime inicial fechado, em razão das circunstâncias do fato.

Após cumprir 01 ano da pena aplicada, Guilherme foi beneficiado com progressão para o regime semiaberto. Na unidade penitenciária, o apenado trabalhava internamente em busca da remição. Durante o cumprimento da pena nesse regime, veio a ser encontrado escondido em seu colchão um aparelho de telefonia celular.

O diretor do estabelecimento penitenciário, ao tomar conhecimento do fato por meio dos agentes penitenciários, de imediato reconheceu na ficha do preso a prática de falta grave, apenas afirmando que a conduta narrada pelos agentes, e que teria sido praticada por Guilherme, se adequava ao Art. 50, inciso VII, da Lei nº 7.210/84.

O reconhecimento da falta pelo diretor foi comunicado ao Ministério Público, que apresentou promoção ao juízo da Vara de Execuções Penais de São Paulo, juízo este competente, requerendo a perda de benefícios da execução por parte do apenado. O juiz competente, analisando o requerimento do Ministério Público, decidiu que, "considerando a falta grave reconhecida pelo diretor da unidade, impõe-se: a) a regressão do regime de cumprimento de pena para o fechado; b) perda da totalidade dos dias remidos; c) reinício da contagem do prazo de livramento condicional; d) reinício da contagem do prazo do indulto."

Ao ser intimado do teor da decisão, em 09 de julho de 2019, terça-feira, Guilherme entra em contato, de imediato, com você, na condição de advogado(a), esclarecendo que nunca fora ouvido sobre a aplicação da falta grave, apenas tendo conhecimento de que a Defensoria se manifestou no processo de execução após o requerimento do Ministério Público.

Considerando apenas as informações narradas, na condição de advogado(a) de Guilherme, redija a peça jurídica cabível, diferente de *habeas corpus* e embargos de declaração, apresentando todas as teses jurídicas pertinentes. A peça deverá ser datada no último dia do prazo para interposição, considerando que, em todos os locais do país, de segunda a sexta-feira são dias úteis. **(Valor: 5,00).**

Obs.: a peça deve abranger todos os fundamentos de Direito que possam ser utilizados para dar respaldo à pretensão. A simples menção ou transcrição do dispositivo legal não confere pontuação.

GABARITO COMENTADO

O examinando deve redigir, na condição de advogado, recurso de Agravo em Execução, com fundamento no Art. 197 da Lei nº 7.210/84 – Lei de Execução Penal (LEP). Isso porque, nos termos do dispositivo mencionado, das decisões proferidas pelo magistrado em sede de Execução Penal, sempre caberá recurso de agravo, sem efeito suspensivo. No caso, claro está que a decisão a ser combatida foi proferida pelo juiz em atuação na Vara de Execuções Penais de São Paulo, de fato em sede de execução, já que o requerimento formulado pelo Ministério Pública referia-se à perda de benefícios durante execução de pena privativa de liberdade aplicada em sentença penal com trânsito em julgado.

Apesar de o Art. 197 da LEP trazer a previsão de que o recurso cabível é o de Agravo, não estabelece a Lei nº 7.210/84 qual seria o procedimento a ser seguido, de modo que a doutrina e a jurisprudência pacificaram o entendimento de que seria o mesmo do Recurso em Sentido Estrito. Diante disso, primeiramente deveria o examinando apresentar petição de interposição, direcionada ao Juízo da Vara de Execução Penal da Comarca de São Paulo/SP, com formulação de pedido de retratação por parte do juízo *a quo*, na forma do Art. 589 do CPP, por analogia. Em caso de não acolhimento, deveria haver requerimento de encaminhamento do feito para instância superior, com as respectivas razões recursais.

Após, o examinando deveria apresentar Razões do Recurso, direcionadas ao Tribunal de Justiça do Estado de São Paulo, com a fundamentação necessária para rebater a decisão do magistrado de primeira instância.

Inicialmente, deveria o examinando destacar que o reconhecimento da falta grave não observou as formalidades legais. Nos termos do Art. 50 da Lei 7.210/84, realmente como mencionado pelo diretor do estabelecimento penitenciário, a conduta de esconder celular configura prática de falta grave. Todavia, para assegurar o direito ao exercício do princípio da ampla defesa e do princípio do contraditório, pacificou a jurisprudência o entendimento de que o reconhecimento de falta grave depende de regular procedimento administrativo disciplinar, devidamente assegurado o acompanhamento de defesa técnica. Nesse sentido é o teor da Súmula 533 do Superior Tribunal de Justiça. Na situação apresentada, o diretor do estabelecimento reconheceu a prática de falta grave sem observar as exigências antes mencionadas, ou seja, sem instaurar procedimento administrativo e sem garantir o direito de defesa. Dessa forma, não pode aquele reconhecimento ser considerado pelo juízo da execução.

Não sendo válido o reconhecimento da prática de falta grave, sequer seria possível a regressão do cumprimento da pena para o regime fechado, apesar de, abstratamente, essa ser uma sanção possível na hipótese de reconhecimento válido de falta grave, nos termos do Art. 118, inciso I, da LEP e Súmula 534 do STJ.

Superada a invalidade no reconhecimento da falta grave, deveria o examinando destacar que, ainda que o reconhecimento da falta grave fosse considerado válido, impossível seria a sanção de perda da integralidade dos dias remidos.

O Art. 127 da LEP admite que a punição por falta grave gere perda dos dias remidos. Todavia, o mesmo dispositivo assegura um limite de perda de até 1/3, sendo incorreta a decisão do magistrado que determina a perda de TODOS os dias remidos.

Da mesma forma, incorreta a decisão que determinou o reinício da contagem do prazo para fins de obtenção de livramento condicional e indulto. A explicação é simples: em que pese muitos defendam que o ideal seria o reinício da contagem desses prazos, fato é que a execução penal está sujeita ao princípio da legalidade, sendo certo que tais sanções não estão previstas na lei. Diante da ausência de previsão legal, não pode o magistrado impor o reinício da contagem do prazo do livramento condicional, nos termos da Súmula 441 do STJ. Pelas mesmas razões, foi editada a Súmula 535 do STJ, prevendo que a prática de falta grave não interrompe o prazo para fins de comutação de pena ou indulto, sem prejuízo de esta ser considerada no momento de analisar o preenchimento dos requisitos subjetivos deste benefício.

Na conclusão, após o mérito, deveria o examinando apresentar pedido de conhecimento e provimento do recurso, afastando-se o reconhecimento da falta grave e suas consequências.

Em relação ao prazo, absolutamente pacificado o entendimento de que seria de 05 dias, na forma do Enunciado 700 da Súmula de Jurisprudência do STF. Considerando que a intimação ocorreu em 09 de julho de 2019, terça-feira, o prazo se iniciou em 10 de julho de 2019, quarta-feira, encerrando-se em 15 de julho de 2019, porque 14 de julho de 2019 seria domingo.

O examinando deve, ainda, concluir sua peça, indicando local, data, advogado e número de OAB.

EDUARDO DOMPIERI

Distribuição dos Pontos

ITEM	PONTUAÇÃO
Petição de interposição	
1. Endereçamento: Juízo da Vara de Execução Penal da Comarca de São Paulo/SP (0,10).	0,00/0,10
2. Fundamento legal: Art. 197 da LEP (0,10).	0,00/0,10
3. Pedido de retratação pelo juízo *a quo* (0,30).	0,00/0,30
Razões de recurso	
4. Endereçamento: Tribunal de Justiça do Estado de São Paulo (0,10).	0,00/0,10
5. Invalidade no reconhecimento da prática de falta grave (0,40), não permitindo a regressão para o regime fechado de cumprimento de pena (0,25).	0,00/0,25/0,40/0,65
5.1. O reconhecimento de falta grave depende de prévio procedimento administrativo (0,30), garantido o direito de defesa (0,25), conforme a Súmula 533 do STJ (0,10)	0,00/0,25/0,30/0,35/0,40/ 0,55/0,65
6. Não é possível a perda da totalidade dos dias remidos (0,50), conforme Art. 127 da LEP (0,10).	0,00/0,50/0,60
6.1. Ainda que válido o reconhecimento da falta grave, o juiz somente poderia decretar a perda de até 1/3 dos dias remidos (0,40)	0,00/0,40
7. A prática de falta grave não gera o reinício da contagem do prazo do livramento condicional (0,50), nos termos da Súmula 441 do STJ (0,10).	0,00/0,50/0,60
8. A prática de falta grave não gera o reinício da contagem do prazo de indulto (0,50), nos termos da Súmula 535 do STJ (0,10).	0,00/0,50/0,60
9. Incabível o reinício da contagem dos prazos do indulto e livramento condicional em razão do princípio da legalidade, que também é aplicável na execução penal (0,30).	0,00/0,30
Pedidos	
10. conhecimento (0,10) e provimento do recurso (0,30).	0,00/0,10/0,30/0,40
Prazo e Fechamento	
11. 15 de julho de 2019 (0,10).	0,00/0,10
12. Local, data, advogado e OAB (0,10).	0,00/0,10

(OAB/Exame Unificado – 2019.3 – 2ª fase) Carlos, primário e de bons antecedentes, 45 anos, foi denunciado como incurso nas sanções penais dos artigos 302 da Lei nº 9.503/97, por duas vezes, e 303, do mesmo diploma legal, todos eles em concurso material, porque, de acordo com a denúncia, "no dia 08 de julho de 2017, em São Gonçalo, Rio de Janeiro, na direção de veículo automotor, com imprudência em razão do excesso de velocidade, colidiu com o veículo em que estavam Júlio e Mário, este com 9 anos, causando lesões que foram a causa eficiente da morte de ambos". Consta, ainda, da inicial acusatória que, "em decorrência da mesma colisão, ficou lesionado Pedro, que passava pelo local com sua bicicleta e foi atingido pelo veículo em alta velocidade de Carlos". As mortes de Júlio e Mário foram atestadas por auto de exame cadavérico, enquanto Pedro foi atendido em hospital público, de onde se retirou, sem ser notado, razão pela qual foi elaborado laudo indireto de corpo de delito com base no boletim de atendimento médico. Pedro nunca compareceu em sede

PRÁTICA PENAL – 10ª EDIÇÃO

PEÇAS PRÁTICO-PROFISSIONAIS

policial para narrar o ocorrido e nem ao Instituto Médico Legal, apesar de testemunhas presenciais confirmarem as lesões sofridas. No curso da instrução, foram ouvidas testemunhas presenciais, não sendo Pedro localizado. Em seu interrogatório, Carlos negou estar em excesso de velocidade, esclarecendo que perdeu o controle do carro em razão de um buraco existente na pista. Foi acostado exame pericial realizado nos automóveis e no local, concluindo que, realmente, não houve excesso de velocidade por parte de Carlos e que havia o buraco mencionado na pista. O exame pericial, todavia, apontou que possivelmente haveria imperícia de Carlos na condução do automóvel, o que poderia ter contribuído para o resultado. Após manifestação das partes, o juiz em atuação perante a 3ª Vara Criminal da Comarca de São Gonçalo/RJ, em 10 de julho de 2019, julgou totalmente procedente a pretensão punitiva do Estado e, apesar de afastar o excesso de velocidade, afirmou ser necessária a condenação de Carlos em razão da imperícia do réu, conforme mencionado no exame pericial. No momento da dosimetria, fixou a pena base de cada um dos crimes no mínimo legal e, com relação à vítima Mário, na segunda fase, reconheceu a agravante prevista no Art. 61, inciso II, alínea h, do CP, pelo fato de ser criança, aumentando a pena base em 3 meses. Não havendo causas de aumento ou diminuição, reconhecido o concurso material, a pena final ficou acomodada em 04 anos e 09 meses de detenção. Não houve substituição da pena privativa de liberdade por restritiva de direitos em razão do quantum final, nos termos do Art. 44, inciso I, do CP, sendo fixado regime inicial fechado de cumprimento da pena, com fundamento na gravidade em concreto da conduta. O Ministério Público foi intimado e manteve-se inerte. A defesa técnica de Carlos foi intimada em 18 de setembro de 2019, quarta-feira, para adoção das medidas cabíveis. Considerando apenas as informações narradas, na condição de advogado(a) de Carlos, redija a peça jurídica cabível, diferente de habeas corpus e embargos de declaração, apresentando todas as teses jurídicas pertinentes. A peça deverá ser datada no último dia do prazo para interposição, considerando que de segunda a sexta-feira são dias úteis em todos os locais do país. (Valor: 5,00). Obs.: a peça deve abranger todos os fundamentos de Direito que possam ser utilizados para dar respaldo à pretensão. A simples menção ou transcrição do dispositivo legal não confere pontuação.

GABARITO COMENTADO

O examinando deveria apresentar, na condição de advogado de Carlos, Recurso de Apelação, com fundamento no Art. 593, inciso I, do Código de Processo Penal. A petição de interposição do recurso de apelação deveria ser direcionada ao juízo da 3ª Vara Criminal da Comarca de São Gonçalo/RJ, enquanto que as razões recursais deveriam ser apresentadas ao Tribunal de Justiça do Estado do Rio de Janeiro. Inicialmente, deveria o examinando buscar a extinção da punibilidade de Carlos no que tange ao crime de lesão corporal praticada na direção de veículo automotor, que teria como vítima Pedro, tendo em vista que não houve representação por parte da vítima, condição essa indispensável para o oferecimento da denúncia por parte do Ministério Público. De acordo com o Art. 291, §1º da Lei 9.503/97 (CTB), aplica-se ao crime de lesão corporal culposa praticada na direção de veículo automotor o previsto no Art. 88 da Lei 9.099/95, ou seja, o dispositivo legal que exige a representação do ofendido nos crimes de lesão corporal leve ou culposa. Consta do enunciado que Pedro nunca compareceu na Delegacia e nem em juízo, não havendo qualquer circunstância a indicar que ele tinha interesse em ver o autor do fato responsabilizado criminalmente. Dessa forma, passados mais de 06 meses da identificação da autoria, houve decadência, nos termos do Art. 38 do CPP, o que funciona como causa de extinção da punibilidade, conforme Art. 107, inciso IV, do CP. Superada tal questão, restariam os crimes de homicídio culposo praticado na direção de veículo automotor.

EDUARDO DOMPIERI

Em relação a tais delitos, deveria o examinando requerer a absolvição de Carlos, tendo em vista que a própria sentença reconhece que não houve imprudência por parte do réu em razão de excesso de velocidade, assim como a perícia acostada ao procedimento. Não havendo prova da conduta imputada na denúncia, restaria a absolvição, nos termos do Art. 386, inciso VII, do CPP. Cabe mencionar que não poderia o magistrado ter condenado Carlos com fundamento de que houve imperícia do denunciado na direção do veículo, tendo em vista que tal conduta não foi narrada na denúncia, violando o princípio da correlação, sendo certo que o Ministério Público não aditou a inicial acusatória em momento adequado. Não sendo comprovado o fato imputado na denúncia, a absolvição é medida que se impõe. Subsidiariamente, caso mantida a condenação, deveria o examinando analisar aspectos relacionados à aplicação da pena. No que tange ao processo dosimétrico, primeiro caberia ao advogado de Carlos requerer o afastamento da agravante do Art. 61, inciso II, alínea h, do CP, tendo em vista que tal agravante somente pode ser aplicada aos crimes dolosos. Quis a lei punir mais severamente aquele que, dolosamente, pratica crime contra criança. Na hipótese de crime culposo, não há que se falar em agravante, sob pena de adotarmos a responsabilidade penal objetiva. Em seguida, deveria buscar o advogado o afastamento do reconhecimento do concurso material de crimes. Claramente, de acordo com o enunciado, teria ocorrido concurso formal entre os delitos, já que com uma única conduta o agente teria causado mais de um resultado. Assim, aplica-se a regra do Art. 70 do Código Penal, em detrimento do Art. 69 do CP, devendo haver exasperação da pena mais grave e não soma das penas aplicadas. Sem prejuízo, ainda que mantida a condenação, não poderia ser aplicado o regime inicial fechado. Caberia ao examinando requerer o afastamento do regime mais severo, seja aplicando-se o regime aberto ou semiaberto, pois o Art. 33, *caput*, do Código Penal não admite, em nenhuma hipótese, que seja aplicado regime inicial fechado ao crime punido unicamente com pena de detenção, como ocorre nos crimes culposos da Lei 9.503/97. Seria ainda cabível a substituição da pena privativa de liberdade por restritiva de direitos, independentemente do quantum de pena aplicada, já que o limite do Art. 44, inciso I, do Código Penal aplica-se apenas aos crimes dolosos. Em conclusão, caberia ao examinando formular pedido de conhecimento e provimento do recurso. O prazo a ser indicado é o dia 23 de setembro de 2019, uma vez que o prazo do recurso de apelação é de 05 dias. No fechamento, deveria ser mencionado local, data, advogado e OAB.

Distribuição dos Pontos

ITEM	PONTUAÇÃO
Petição de interposição	
1. Endereçamento: 3ª Vara Criminal da Comarca de São Gonçalo/RJ (0,10).	0,00/0,10
2. Fundamento legal: Art. 593, inciso I, do CPP (0,10).	0,00/0,10
Razões de recurso de apelação	
3. Endereçamento: Tribunal de Justiça do Estado do Rio de Janeiro (0,10).	0,00/0,10
4. Extinção da punibilidade em relação ao crime de lesão corporal (0,15), em razão da decadência (0,20), nos termos do Art. 107, IV, do CP OU 38 do CPP (0,10).	0,00/0,15/0,20/0,25/0,30/0,35/0,45
4.1. Não houve representação do ofendido (0,20), sendo que essa seria indispensável OU e o crime era de ação penal pública condicionada à representação (0,15), nos termos do Art. 291, §1º, do CTB OU do Art. 88 da Lei 9.099/95 (0,10).	0,00/0,15/0,20/0,25/0,30/0,35/0,45

PRÁTICA PENAL – 10ª EDIÇÃO | 361 | PEÇAS PRÁTICO-PROFISSIONAIS

ITEM	PONTUAÇÃO
5. Absolvição de Carlos em relação aos crimes de homicídio culposo (0,30), já que comprovado que não houve imprudência e nem excesso de velocidade (0,20).	0,00/0,20/0,30/0,50
5.1. Não poderia o magistrado ter condenado em razão de imperícia (0,15), já que esta não foi narrada na denúncia OU em razão da violação ao princípio da correlação (0,30).	0,00/0,15/0,30/0,45
6. Afastamento da agravante em razão da idade da vítima (0,30), já que tal agravante somente pode ser aplicada aos crimes dolosos OU não pode ser aplicada aos crimes culposos OU sob pena de configuração de responsabilidade penal objetiva (0,15).	0,00/0,15/0,30/0,45
7. Afastamento do concurso material de crimes (0,25), devendo ser reconhecido o concurso formal de delitos (0,20), nos termos do Art. 70 do CP (0,10).	0,00/0,20/0,25/0,30/ 0,35/0,45/0,55
7.1. Com uma única ação o réu causou mais de um resultado (0,15).	0,00/0,15
8. Afastamento do regime inicial fechado (0,30), tendo em vista que tal regime inicial não pode ser fixado aos crimes punidos exclusivamente com pena de detenção OU considerando a pena aplicada (0,15), nos termos do Art. 33 do CP (0,10).	0,00/0,15/0,25/0,30/ 0,40/0,45/0,55
9. Possível a substituição da pena privativa de liberdade por restritiva de direitos (0,30), pois o limite do quantum de pena do Art. 44, I, do CP é aplicável exclusivamente aos crimes dolosos OU porque não existe limite de pena quando o crime for de natureza culposa (0,25).	0,00/0,25/0,30/0,55
Pedidos	
10. Conhecimento (0,10) e provimento do recurso (0,30).	0,00/0,10/0,30/0,40
Prazo e Fechamento	
11. Prazo: 23 de setembro de 2019 (0,10)	0,00/0,10
12. Local, data, advogado e OAB (0,10).	0,00/0,10
ORDEM DOS ADVOGADOS DO BRASIL	

(**OAB/Exame Unificado – 2020.1 – 2ª fase**) Rômulo, nascido em 04 de abril de 1991, em Maricá, ficou inconformado por encontrar, em 02 de janeiro de 2010, mensagens de sua esposa Paola, nascida em 06 de junho de 1992, para Bruno, desejando a este, um próspero ano. Em razão disso, desferiu golpes de faca nas mãos de Paola, pretendendo, em seguida, utilizar a arma branca para golpear a vítima e causar sua morte. Ocorre que Rômulo ficou sensível ao sofrimento de sua esposa após as facadas na mão, decidindo deixar o local dos fatos para se acalmar, apesar de ter consciência de que os atos praticados seriam insuficientes para causar a inicialmente pretendida morte de Paola.

Paola informou os fatos à sua mãe, que a levou ao hospital e, em seguida à Delegacia, onde ela narrou o ocorrido à autoridade policial. O Delegado instaurou inquérito policial, realizando, por vários anos, diligências para a confirmação da versão da vítima, ouvindo testemunhas, realizando laudo de exame de local, acostando o exame de corpo de delito de Paola, que constatou a existência de lesão corporal de natureza grave, dentre outras. Por fim, ouviu o indiciado, que confirmou sua pretensão inicial e todos os fatos descritos pela vítima.

Concluído o procedimento, após relatório final, os autos foram encaminhados ao Ministério Público, que ofereceu denúncia em face de Rômulo, no dia 22 de janeiro de 2020, perante o Tribunal do

EDUARDO DOMPIERI

362

Júri da comarca de Maricá/Rio de Janeiro, imputando-lhe a prática do crime previsto no Art. 121, § 2º, inciso VI (feminicídio), com redação dada pela Lei 13.104/15, c/c. Art. 14, inciso II, todos do Código Penal. A inicial acusatória foi recebida em 24 de janeiro de 2020, sendo o denunciado citado pessoalmente, e juntada Folha de Antecedentes Criminais, em que constava apenas uma outra anotação por ação penal em curso pela suposta prática de crime de furto qualificado.

Após regular prosseguimento do feito até aquele momento, foi designada audiência na primeira fase do procedimento do Tribunal do Júri, ocasião em que foram ouvidas a vítima e as testemunhas de acusação e defesa. Todos prestaram declarações que confirmaram efetivamente o ocorrido. Rômulo não compareceu porque não foi intimado, mas seu advogado estava presente e consignou inconformismo com a realização do ato sem a presença do réu. O magistrado, contudo, destacou que designaria nova data para interrogatório e que a defesa técnica estaria presente, não havendo, então, prejuízo.

De fato, foi marcada nova data para a realização do interrogatório, ocasião em que Rômulo compareceu e permaneceu em silêncio. Após, as partes apresentaram manifestação, reiterando, a defesa, o inconformismo com a realização da primeira audiência. Os autos foram para conclusão, e foi proferida decisão pronunciando o réu nos termos da denúncia. Pessoalmente intimado, o Ministério Público se manteve inerte. A defesa técnica e Rômulo foram intimados em 10 de março de 2020, uma terça-feira.

Considerando apenas as informações expostas, na condição de advogado(a) de Rômulo, apresente a peça jurídica cabível, diferente de *habeas corpus* e embargos de declaração, apresentando todas as teses jurídicas de direito material e direito processual cabíveis. A peça deverá ser datada no último dia do prazo para interposição, considerando que de segunda a sexta-feira são dias úteis em todo o país. (**Valor: 5,00**).

Obs.: a peça deve abranger todos os fundamentos de Direito que possam ser utilizados para dar respaldo à pretensão. A simples menção ou transcrição do dispositivo legal não confere pontuação.

GABARITO COMENTADO

O examinando deve apresentar, na qualidade de advogado(a) de Rômulo, *recurso em sentido estrito,* com fundamento no Art. 581, inciso IV, do Código de Processo Penal.

Inicialmente, o examinando deve apresentar *petição de interposição do recurso*, que deve ser direcionada ao Juízo do Tribunal do Júri da Comarca de Maricá/RJ, local em que foram praticados os atos, sendo certo que o crime imputado era de natureza dolosa contra a vida, logo, órgão competente para o julgamento, de acordo com a infração penal imputada na denúncia. Já na petição de interposição, deve ser formulado pedido de retratação por parte do juízo *a quo*, nos termos do Art. 589 do CPP. Em seguida, caso mantida a decisão de pronúncia, os autos devem ser encaminhados para o Tribunal de Justiça, com as respectivas razões recursais.

Após a petição de interposição, deve o examinando apresentar as Razões do Recurso em Sentido Estrito, dessa vez direcionando-as ao Tribunal de Justiça do Estado do Rio de Janeiro.

Já no início de sua manifestação, a defesa de Rômulo deve requerer o reconhecimento da extinção da punibilidade em razão da prescrição da pretensão punitiva pela pena em abstrato. Isso, porque os fatos ocorreram em 02 de janeiro de 2010, quando o réu tinha 18 anos de idade, ou seja, era menor de 21 anos. A denúncia foi recebida em 24 de janeiro de 2020,

PRÁTICA PENAL – 10ª EDIÇÃO   363   PEÇAS PRÁTICO-PROFISSIONAIS

funcionando como primeira causa de interrupção do prazo prescricional, nos termos do Art. 117, inciso I, do CP.

O Ministério Público imputou na denúncia a prática do crime de homicídio qualificado, que, a princípio, possui pena máxima em abstrato de 30 anos de reclusão. Foi, contudo, incluída a causa de diminuição de pena da tentativa. Considerando o mínimo de diminuição (1/3), a pena máxima do delito passa a ser 20 anos de reclusão, que, nos termos do Art. 109, inciso I, do CP, prescreve em 20 anos.

Ocorre que o Art. 115 do Código Penal estabelece que o prazo prescricional será computado pela metade quando o agente for, na data dos fatos, menor de 21 anos. Considerando a idade de Rômulo quando os fatos teriam ocorrido, o prazo prescricional a incidir, na hipótese, é de 10 anos, período esse ultrapassado entre a data dos fatos e a data do recebimento da denúncia.

Importante recordar que o Art. 110 do CP não mais admite o reconhecimento da prescrição retroativa entre a data dos fatos e do recebimento da denúncia, ou seja, considerando a pena em concreto aplicada, não havendo vedação ao reconhecimento da prescrição entre esses marcos quando for considerada a pena em abstrato, sem desconsiderar que o fato é anterior ao advento da Lei 12.234/10.

Preliminarmente, deve o examinando destacar que existia nulidade a ser reconhecida, anulando-se a instrução a partir da primeira audiência realizada. Isso porque o réu não foi intimado para comparecer em juízo, não sendo adequada a realização da audiência, com oitiva da vítima, testemunhas de acusação e defesa, sem a presença do acusado. Ainda que o interrogatório tenha sido realizado em outra data, a produção de praticamente toda a prova sem a presença de Rômulo, tendo a defesa manifestado inconformismo, justifica o reconhecimento de nulidade em razão da violação ao princípio da ampla defesa, previsto no Art. 5º, inciso LV, CRFB.

No mérito, o principal argumento a ser apresentado em favor de Rômulo é a ocorrência de desistência voluntária, o que levaria a uma desclassificação em relação à infração penal imputada, segundo o Art. 419 do CPP.

De acordo com o que consta do procedimento, efetivamente a intenção inicial de Rômulo era causar a morte de sua esposa, Paola. Todavia, após desferir golpes na mão da esposa, sensibilizado com o sofrimento dela, desistiu de prosseguir na empreitada delitiva e deixou o local dos fatos, estando ciente de que os atos praticados seriam insuficientes para a consumação do delito inicialmente pretendido.

Na tentativa, o crime não se consuma por circunstâncias alheias à vontade do agente, o que não ocorreu na hipótese. Aplica-se o Art. 15 do CP, no sentido de que o agente, que voluntariamente desiste de prosseguir na empreitada delitiva, responde apenas pelos atos já praticados. No caso, foi praticado crime de lesão corporal grave, de acordo com o exame de corpo de delito acostado, de modo que apenas essa infração penal pode ser imputada ao agente.

Observe-se que não haveria que se falar em proposta de suspensão condicional do processo diante da Folha de Antecedentes Criminais do réu.

Por fim, de maneira subsidiária, não reconhecida a necessidade de desclassificação, cabe ao examinando pugnar pelo afastamento da qualificadora prevista no Art. 121, § 2º, inciso VI, do CP, tendo em vista que, conforme expresso no enunciado, a mesma foi inserida por meio da Lei nº 13.104/15, enquanto os fatos teriam ocorrido em 2010. Aplica-se a previsão do Art. 5º, inciso XL, da CRFB, não podendo a lei mais grave retroagir para atingir situações pretéritas.

EDUARDO DOMPIERI

Dessa forma, mesmo em caso de pronúncia, necessário o afastamento da qualificadora imputada.

Em sua conclusão, deve o examinando formular o pedido de conhecimento e provimento do recurso para:

a) ser reconhecida a prescrição da pretensão punitiva;

b) anulação da decisão de pronúncia;

c) desclassificação, nos termos do Art. 419 do CPP;

d) afastamento da qualificadora do Art. 121, § 2º, inciso VI, do CP.

O prazo para apresentação do Recurso em Sentido Estrito é de 05 dias, nos termos do Art. 586 do CPP, logo se encerraria em 15 de março de 2020, domingo, uma vez que a intimação ocorreu em 10 de março de 2020, devendo ser prorrogado para o primeiro dia útil seguinte, qual seja, 16 de março de 2020.

No fechamento, deveria o candidato indicar local, data, advogado e nº OAB.

(OAB/Exame Unificado – 2020.2 – 2ª fase) Na madrugada do dia 1º de janeiro de 2020, Luiz, nascido em 24 de abril de 1948, estava em sua residência, em Porto Alegre, na companhia de seus três filhos e do irmão Igor, nascido em 29 de novembro de 1965, que também morava há dois anos no mesmo imóvel. Em determinado momento, um dos filhos de Luiz acionou fogos de artifício, no quintal do imóvel, para comemorar a chegada do novo ano. Ocorre que as faíscas atingiram o telhado da casa, que começou a pegar fogo. Todos correram para sair pela única e pequena porta da casa, mas Luiz, em razão de sua idade e pela dificuldade de locomoção, acabou ficando por último na fila para saída da residência. Percebendo que o fogo estava dele se aproximando e que iria atingi-lo em segundos, Luiz desferiu um forte soco na cabeça do irmão, que estava em sua frente, conseguindo deixar o imóvel. Igor ficou caído por alguns momentos, mas conseguiu sair da casa da família, sangrando em razão do golpe recebido.

Policiais chegaram ao local do ocorrido, sendo instaurado procedimento para investigar a autoria do crime de incêndio e outro procedimento para apurar o crime de lesão corporal. Luiz, verificando as consequências de seus atos, imediatamente levou o irmão para unidade de saúde e pagou pelo tratamento médico necessário. Igor compareceu em sede policial após ser intimado, narrando o ocorrido, apesar de destacar não ter interesse em ver o autor do fato responsabilizado criminalmente.

Concluídas as investigações em relação ao crime de lesão, os autos foram encaminhados ao Ministério Público, que, com base no laudo prévio de lesão corporal de Igor atestando a existência de lesão de natureza leve na cabeça, ofereceu denúncia, perante a 5ª Vara Criminal de Porto Alegre/RS, órgão competente, em face de Luiz como incurso nas sanções penais do Art. 129, § 9º, do Código Penal. Deixou o órgão acusador de oferecer proposta de suspensão condicional do processo com fundamento no Art. 41 da Lei nº 11.340/06, que veda a aplicação dos institutos da Lei nº 9.099/95, tendo em vista que aquela lei (Lei nº 11.340/06) estabeleceu nova pena para o delito imputado.

Após citação e apresentação de resposta à acusação, na qual Luiz demonstrou interesse na aplicação do Art. 89 da Lei nº 9.099/95, os fatos foram integralmente confirmados durante a instrução probatória. Igor confirmou a agressão, a ajuda posterior do irmão e o desinteresse em responsabilizá-lo. O réu permaneceu em silêncio durante seu interrogatório. Em seguida, foi acostado ao procedimento o laudo definitivo de lesão corporal da vítima atestando a existência de lesões de natureza leve, assim como a Folha de Antecedentes Criminais de Luiz, que registrava uma única condenação, com trânsito em julgado em 10 de dezembro de 2019, pela prática de contravenção penal.

PRÁTICA PENAL – 10ª EDIÇÃO   365   PEÇAS PRÁTICO-PROFISSIONAIS

O Ministério Público apresentou a manifestação cabível requerendo a condenação do réu nos termos da denúncia, destacando, ainda, a incidência do Art. 61, inciso I, do CP. Em seguida, a defesa técnica de Luiz foi intimada, em 19 de janeiro de 2021, terça-feira, para apresentação da medida cabível.

Considerando apenas as informações expostas, apresente, na condição de advogado(a) de Luiz, a peça jurídica cabível, diferente do *habeas corpus* e embargos de declaração, expondo todas as teses cabíveis de direito material e processual. A peça deverá ser datada no último dia do prazo para apresentação, devendo segunda a sexta-feira serem considerados dias úteis em todo o país. (Valor: 5,00)

Obs.: o(a) examinando(a) deve abordar todas os fundamentos de Direito que possam ser utilizados para dar respaldo à pretensão. A mera citação do dispositivo legal não confere pontuação.

GABARITO COMENTADO

Considerando as informações expostas, o examinando, na condição de advogado(a) de Luiz, deveria apresentar Alegações Finais na forma de memoriais ou Memoriais, com fundamento no Art. 403, § 3º, do CPP.

A petição deveria ser direcionada ao juízo da 5ª Vara Criminal da Comarca de Porto Alegre, Rio Grande do Sul, local onde teriam ocorrido os fatos, constando do enunciado que esse seria o juízo competente.

Consta que Luiz foi denunciado pela prática do crime do Art. 129, § 9º, do CP, sendo realizada instrução probatória, de modo que não haveria que se falar em resposta à acusação. Ademais, não houve sentença, logo não caberia apresentação de apelação. O Ministério Público apresentou manifestação, após a instrução probatória ser encerrada, pugnando pela condenação nos termos da denúncia, razão pela qual a única medida cabível seria apresentação de alegações finais.

Inicialmente, o examinando deveria ter demonstrado que todo o procedimento é nulo, considerando que não houve a indispensável representação por parte da vítima.

O Art. 88 da Lei nº 9.099/95 estabelece que quando a lesão for de natureza leve, a ação será pública condicionada à representação. Apesar de Igor ter comparecido à Delegacia após intimação, a todo momento deixou claro não ter interesse em ver o autor do fato responsabilizado criminalmente. Passados mais de 06 meses sem que houvesse representação da vítima, houve decadência e, consequentemente, deveria ter ocorrido a extinção da punibilidade do acusado, conforme o Art. 107, inciso IV, do CP.

Ademais, não foi oferecida proposta de suspensão condicional do processo ao réu. Argumentou o Ministério Público que não seria cabível a proposta, porque o Art. 129, § 9º, do CP, foi introduzido pela Lei nº 11.340/06, que, em seu Art. 41, veda a aplicação dos institutos despenalizadores previstos na Lei nº 9.099/95. Apesar de, efetivamente, a forma qualificada da lesão prevista no Art. 129, § 9º, do CP, ter sido introduzida pela Lei nº 11.340/06, o crime imputado não necessariamente envolve situação de violência doméstica e familiar contra a mulher. Quando o crime do Art. 129, § 9º, do CP, for praticado no contexto da Lei nº 11.340/06, desnecessária será a representação e impossível será a aplicação do Art. 89 da Lei nº 9.099/95, nos termos do Art. 41 da Lei Maria da Penha. Todavia, apesar de o dispositivo ter sido introduzido por tal lei, na situação em análise, os fatos teriam sido praticados contra vítima do sexo masculino, não sendo aplicáveis os dispositivos, vedações e procedimento trazidos pela Lei nº 11.340/06. Dessa forma, seria necessária a representação da vítima diante da natureza leve da lesão e cabível proposta de suspensão condicional do processo, sendo certo que a condenação anterior por contravenção não impede o benefício.

No mérito, o examinando deveria defender que os fatos foram praticados em situação de estado de necessidade, causa excludente da ilicitude, na forma do Art. 23, inciso I, e do Art. 24, ambos do CP. De acordo com o que consta do enunciado, o imóvel onde estaria Luiz e Igor estava pegando fogo em razão da conduta descuidada de terceiro.

Havia perigo atual, já que o fogo estava se aproximando de Luiz, que não conseguia deixar a residência em razão de ter diversas pessoas na sua frente e de sua dificuldade de locomoção. O perigo não foi provocado por vontade própria de Luiz, mas sim por descuido de seu filho. O réu violou a integridade física de seu irmão para resguardar a sua própria integridade de perigo atual, não sendo exigível o sacrifício na ocasião. Ademais, não poderia o acusado de outra forma deixar o imóvel e se proteger, já que o fogo estava se aproximando.

Preenchidos os requisitos do Art. 24 do CP, afastada estará a ilicitude da conduta.

De maneira subsidiária, caso não houvesse absolvição, deveria o examinando tratar sobre eventual pena a ser imposta. Não havendo circunstâncias judiciais do Art. 59 do CP a ser consideradas na primeira fase do processo dosimétrico, deveria a pena base ser aplicada no mínimo legal.

Na segunda fase, deveria o examinando afastar a agravante do Art. 61, inciso I, do CP, solicitada pelo Ministério Público, tendo em vista que o Art. 63 do CP afirma que somente será reincidente aquele que praticar fato após condenação com trânsito em julgado pela prática de CRIME anterior. Consta da Folha de Antecedentes Criminais de Luiz apenas condenação pela prática de contravenção, sendo tecnicamente primário.

Em seguida, deveria pugnar pelo reconhecimento da atenuante prevista no Art. 65, inciso I, do CP, considerando que o réu é maior de 70 anos. Também aplicável a atenuante prevista no Art. 65, inciso III, alínea *b*, do CP, pois Luiz procurou, logo após o crime, evitar ou minorar as consequências de seus atos, levando Igor para o hospital e pagando por seu tratamento.

Não foram narradas causas de aumento ou diminuição de pena.

O regime inicial a ser fixado, diante da primariedade técnica, seria o aberto, destacando-se que o delito imputado é punido apenas com pena de detenção.

Considerando que o crime imputado envolveria violência à pessoa, não seria cabível a substituição da pena privativa de liberdade por restritiva de direitos.

Todavia, na forma do Art. 77 do CP, não sendo cabível a substituição da PPL por PRD e considerando a primariedade técnica e a pena a ser aplicada, possível a suspensão condicional da pena.

Diante do exposto, deveria ser formulado pedido requerendo:

a) preliminarmente, reconhecimento da decadência ou extinção da punibilidade;

b) reconhecimento da nulidade em razão do não oferecimento de proposta de suspensão condicional do processo;

c) no mérito, absolvição, com fulcro no Art. 386, inciso VI, do CPP;

d) na eventualidade de condenação, aplicação da pena no mínimo legal, com fixação de

PRÁTICA PENAL – 10ª EDIÇÃO | 367 | PEÇAS PRÁTICO-PROFISSIONAIS

regime aberto e suspensão condicional da pena.

A data a ser indicada é 25 de janeiro de 2021, tendo em vista que o prazo para Alegações Finais é de 05 dias, mas o prazo se encerraria em um domingo, devendo ser prorrogado para o primeiro dia útil seguinte.

No fechamento, deve o examinando indicar local, data, advogado e nº da OAB.

(OAB/Exame Unificado – 2020.3 – 2ª fase) Breno, 19 anos, no dia 03 de novembro de 2017, quando estava em uma festa em que era proibida a entrada de menores de 18 anos, conheceu Carlos. Após ingerirem grande quantidade de bebida alcoólica, Breno conta para Carlos que estava portando uma arma de fogo e que tinha a intenção de subtrair o dinheiro da loja de conveniência de um posto de gasolina. Carlos concorda, de imediato, com o plano delitivo, desde que ficasse com metade dos bens subtraídos.

A dupla, então, comparece ao local, anuncia o assalto para o único funcionário presente e, no exato momento em que abriram o caixa onde era guardado o dinheiro, são abordados por policiais militares, que encaminham a dupla para a Delegacia. Em sede policial, foi constatado que Carlos era adolescente de 16 anos e que tinha se valido de documento falso para ingressar na festa em que conheceu Breno. A arma de fogo foi apreendida e devidamente periciada, sendo identificado que estava municiada e que era capaz de efetuar disparos. Houve, ainda, a juntada da Folha de Antecedentes Criminais de Breno, onde constava a existência de 03 inquéritos policiais em que figurava como indiciado em investigações relacionadas a crimes patrimoniais, além de 05 ações penais em curso, duas delas com condenações de primeira instância, pela suposta prática de crimes de roubo majorado, em nenhuma havendo trânsito em julgado.

Antes do oferecimento da denúncia, o Ministério Público solicitou que fossem realizadas diligências destinadas à obtenção da filmagem do estabelecimento onde os fatos teriam ocorrido, razão pela qual houve relaxamento da prisão de Breno. Após conclusão das diligências, sendo acostado ao procedimento a filmagem que confirmava a autoria delitiva de Breno, em 05 de junho de 2019, Breno foi denunciado pelo Ministério Público, perante a 1ª Vara Criminal da Comarca de Florianópolis/SC, órgão competente, como incurso nas sanções penais do Artigo 157, § 2º, inciso II e § 2º-A, inciso I, do Código Penal e do Art. 244-B da Lei 8.069/90, na forma do Art. 70 do Código Penal.

Após regular processamento, durante audiência de instrução e julgamento, o magistrado optou por perguntar diretamente para as testemunhas de acusação e defesa, não oportunizando manifestação das partes, tendo a defesa demonstrado seu inconformismo com a conduta. A vítima confirmou os fatos narrados na denúncia, destacando que ficou muito assustada porque Breno e Carlos eram muito altos e fortes, parecendo jovens de aproximadamente 25 anos de idade, além de destacar que havia cerca de R$ 5.000,00 no caixa do estabelecimento que seriam subtraídos se não houvesse a intervenção policial. O réu, em seu interrogatório, permaneceu em silêncio.

Após apresentação de manifestação derradeira pelas partes, foi proferida sentença condenatória nos termos da denúncia, conforme requerido pelo Ministério Público. Na primeira fase, fixou o magistrado a pena base dos crimes de roubo e corrupção de menores acima do mínimo legal, em razão da personalidade do réu, que seria voltada para prática de crimes, conforme indicaria sua folha de antecedentes criminais, restando a pena do roubo em 4 anos e 06 meses de reclusão e 12 dias multa e da corrupção em 01 ano e 02 meses de reclusão. Na segunda fase, não foram reconhecidas agravantes e nem atenuantes. Na terceira fase, a pena base do crime de corrupção de menores foi confirmada como definitiva, enquanto a pena de roubo foi aumentada em 2/3, em razão do emprego

EDUARDO DOMPIERI

de arma de fogo, diante das previsões da Lei nº 13.654/18, restando a pena definitiva do roubo em 07 anos e 06 meses de reclusão e 20 dias multa, já que não foram reconhecidas causas de diminuição de pena. O regime inicial fixado foi o fechado, em razão da pena final de 8 anos e 8 meses de reclusão e 20 dias multa (Art. 70, parágrafo único, CP).

O Ministério Público, intimado da sentença, manteve-se inerte. Você, como advogado(a) de Breno, é intimado(a) no dia 03 de dezembro de 2019, terça-feira, sendo o dia seguinte útil em todo o país, bem como todos os dias da semana seguinte, exceto sábado e domingo.

Considerando apenas as informações narradas, na condição de advogado de Breno, redija a peça jurídica cabível, diferente de *habeas corpus* e embargos de declaração, apresentando todas as teses jurídicas pertinentes. A peça deverá ser datada no último dia do prazo para interposição. (Valor: 5,00)

Obs.: o(a) examinando(a) deve abordar todas os fundamentos de Direito que possam ser utilizados para dar respaldo à pretensão. A mera citação do dispositivo legal não confere pontuação.

GABARITO COMENTADO

De acordo com o exposto na situação apresentada, considerando que foi proferida sentença condenatória julgando procedente a pretensão punitiva estatal, deve o examinando apresentar recurso de apelação, com fundamento no Art. 593, inciso I, do CPP, elaborando petição de interposição acompanhada das respectivas razões recursais. A peça de interposição deve ser direcionada para o Juízo da 1ª Vara Criminal da Comarca do Florianópolis/SC, enquanto que as razões recursais devem ser endereçadas para o Tribunal de Justiça do Estado de Santa Catarina. Na petição de interposição deve constar o correto fechamento, indicando local, data, advogado e OAB, sendo certo que a data indicada deve ser o dia 09 de dezembro de 2019, tendo em vista o prazo de 05 dias para interposição da apelação, bem como que o prazo se encerraria no dia 08 de dezembro de 2019, domingo, devendo ser estendido para o primeiro dia útil seguinte.

Em suas razões recursais, inicialmente o examinando deve requerer a nulidade desde a audiência de instrução e julgamento e, consequentemente, da sentença condenatória, tendo em vista que não houve respeito às previsões do Art. 212 do Código de Processo Penal. Desde a reforma referente ao procedimento comum ordinário, realizada no ano de 2008, que as perguntas às testemunhas devem ser realizadas diretamente pelas partes, podendo o magistrado complementá-las, se houver ponto não esclarecido. O Código de Processo Penal adotou o sistema do *cross examination* e não mais o "sistema presidencialista" de perguntas. Na situação apresentada, o magistrado iniciou as perguntas, desrespeitando a previsão legal. Sem prejuízo, ainda que tal inversão seja considerada nulidade relativa, deveria a audiência ser anulada no caso em análise, tendo em vista que a defesa técnica do réu manifestou seu inconformismo e houve prejuízo, já que as partes sequer puderam complementar a inquirição realizada pelo magistrado. Tal conduta do juiz representou cerceamento de defesa e violação ao princípio da ampla defesa, disciplinado no Art. 5º, inciso LV, da CRFB.

Em seguida, no que tange ao crime de corrupção de menores, o examinando deve pleitear a absolvição por atipicidade da conduta, nos termos do Art. 386, inciso III, do CPP, pois claramente o agente não tinha conhecimento sobre a idade de Carlos. Carlos e Breno se conheceram em festa em que era proibida a entrada de menores de 18 anos, poucos momentos antes do crime, e ainda consta a informação que Carlos aparentava ser mais velho. Dessa forma, Breno não tinha conhecimento sobre a elementar do crime referente à idade, ocorrendo erro de tipo, afastando, então, o dolo e a culpa.

PRÁTICA PENAL – 10ª EDIÇÃO

369

PEÇAS PRÁTICO-PROFISSIONAIS

Após o requerimento de absolvição em relação a um dos delitos, cabe ao examinando enfrentar a pena aplicada pelo magistrado. Nesse aspecto, deve requerer a redução da pena base dos crimes de roubo e corrupção para o mínimo legal, tendo em vista que inquéritos policiais e ações penais em curso não podem justificar o reconhecimento de qualquer circunstância desfavorável do Art. 59 do CP, nos termos da Súmula 444 do STJ. Não se trata, nesse momento, de afirmar apenas que não haveria maus antecedentes, já que nem mesmo o juiz reconheceu essa circunstância. Aumentou o magistrado a pena base em razão de suposta personalidade voltada para a prática do crime. Todavia, além de questionável a constitucionalidade dessa circunstância, entendem os Tribunais Superiores que a valoração negativa da personalidade, com base em ações em curso, representaria violação indireta ao princípio da não culpabilidade.

Na segunda fase, deve o examinando requerer o reconhecimento da atenuante da menoridade relativa, já que o réu era menor de 21 anos na data dos fatos, nos termos do Art. 65, inciso I, do CP.

Já na terceira fase, em relação ao crime de roubo, questão importante deve ser reconhecida pelo examinando. O próprio enunciado deixa claro que o crime teria ocorrido no ano de 2017. Apenas no ano de 2018 foi editada a Lei nº 13.654, que tornou mais severa a punição do crime de roubo praticado com emprego de arma de fogo. Especificamente em relação ao emprego de arma de fogo (diferente do que ocorreu com a arma branca), houve *novatio legis in pejus*. Antes, o agente que praticasse crime de roubo com arma de fogo poderia ter sua pena aumentada de 1/3 até 1/2. Atualmente, o aumento é de 2/3.

Na situação apreciada, com base nas informações expostas, de fato está presente a causa de aumento do emprego de arma de fogo, inclusive havendo laudo indicando que a arma estava municiada e tinha potencial ofensivo. Todavia, o magistrado aumentou a pena de 2/3, embora o crime tenha sido praticado antes da entrada em vigor da nova lei. Dessa forma, considerando que o Art. 5º, inciso XL, da CRFB, prevê a irretroatividade da lei penal mais gravosa, deveria haver redução em relação ao aumento operado na terceira fase pela presença da majorante. Importante esclarecer que ainda que considerada a previsão anterior e a presença de duas causas de aumento (arma e concurso de pessoas), o aumento máximo permitido (metade da pena) seria inferior ao realizado pelo magistrado.

Ainda em relação à terceira fase, deveria o examinando requerer a redução da pena em razão da tentativa, porquanto a infração não restou consumada, não tendo ocorrido inversão da posse dos bens que se pretendia subtrair como exige a Súmula 582 do STJ, na forma do Art. 14, inciso II, do CP.

O regime de pena também deve ser abrandado, não só porque a pena base deve retornar ao mínimo, mas também em razão do seu *quantum* final, podendo o examinando requerer a aplicação do regime aberto ou semiaberto, a depender do *quantum* de pena aplicado.

Em razão de todo o exposto, deve o examinando formular, em conclusão, o pedido de conhecimento e provimento do recurso.

O prazo, a ser indicado ao final, era o dia 09 de dezembro de 2019, tendo em vista que a previsão do prazo da apelação em 05 dias. Como a intimação foi em uma terça-feira, o prazo se encerraria no domingo, devendo ser estendido para segunda.

No fechamento, deve o examinando indicar local, data, advogado e OAB.

EDUARDO DOMPIERI

Distribuição dos Pontos:

ITEM	PONTUAÇÃO
Petição de interposição	
1. Endereçamento: 1ª Vara Criminal da Comarca de Florianópolis/SC (0,10).	0,00/0,10
2. Fundamento legal: Art. 593, inciso I, do CPP (0,10).	0,00/0,10
Razões de apelação	
3. Endereçamento: Tribunal de Justiça de Santa Catarina (0,10).	0,00/0,10
4. Preliminar: Nulidade da instrução (0,20), tendo em vista que houve inversão na ordem da realização das perguntas para as testemunhas **OU** tendo em vista que o juiz iniciou as perguntas para as partes, não permitindo complementação (0,25), o que viola o Art. 212 OU o Art. 564, inciso IV, ambos do CPP (0,10).	0,00/0,20/0,25/0,30 /0,35/0,45/0,55
4.1. A conduta do magistrado de não permitir complementação viola o princípio da ampla defesa OU do devido processo legal OU gera cerceamento de defesa (0,20), em desconformidade com Art. 5º, inciso LIV OU LV, da CRFB (0,10).	0,00/0,20/0,30
5. No mérito, deveria ser buscada a absolvição do réu em relação ao crime de corrupção de menores (0,20), tendo em vista que ocorreu erro de tipo (0,40), nos termos do Art. 20, caput, do CP (0,10).	0,00/0,20/0,30/0,40 /0,50/0,60/0,70
6. Breno não agiu com dolo nem culpa OU sua conduta foi atípica em relação ao crime de corrupção de menores (0,15).	0,00/0,15
7. No que tange à aplicação da pena, deveria ser reduzida a pena base (0,20), considerando que inquéritos policiais e ações em curso não podem ser valoradas negativamente na pena base, nem mesmo para avaliar personalidade (0,15), nos termos do Art. 5º, inciso LVII, da CRFB, OU da Súmula 444 do STJ (0,10).	0,00/0,15/0,20/0,25 /0,30/0,35/0,45
8. Reconhecimento da atenuante da menoridade relativa, já que o réu era menor de 21 anos na data dos fatos (0,30), nos termos do Art. 65, inciso I, do CP (0,10).	0,00/0,30/0,40
9. Redução do quantum de aumento realizado na terceira fase da dosimetria do crime de roubo (0,20), já que os fatos foram praticados antes da entrada em vigor da lei que aumentou o percentual de aumento em razão do emprego de arma de fogo OU em razão do princípio da irretroatividade da lei penal prejudicial ao réu (0,35), conforme Art. 5º, inciso XL, da CRFB (0,10).	0,00/0,20/0,30/0,35 /0,45/0,55/0,65
10. Reconhecimento da causa de diminuição de pena da tentativa (0,35), já que o crime não se consumou por circunstâncias alheias à vontade dos agentes OU porque não houve subtração do dinheiro que estava no caixa do estabelecimento OU porque não houve inversão da posse como exige a Súmula 582 do STJ (0,15).	0,00/0,15/0,35/0,50
11. Aplicação do regime inicial semiaberto ou aberto com base na pena a ser aplicada e primariedade do réu (0,30), nos termos do Art. 33, § 2º, alíneas b ou c, do CP (0,10).	0,00/0,30/0,40
Pedidos	
12. Conhecimento (0,10) e provimento do recurso (0,30).	0,00/0,10/0,30/0,40
Prazo e Fechamento	
13. Prazo: 09 de dezembro de 2019 (0,10).	0,00/0,10
14. Local, data, advogado e OAB (0,10).	0,00/0,10

ANOTAÇÕES